3판

인간행동과 사회환경

구혜영 지음

HUMAN BEHAVIOR AND SOCIAL ENVIRONMENT

신정

머리말
preface

'열길 물속은 알아도 한 길 사람 속은 모른다'라는 속담이 있습니다. 사람의 행동과 그 행동이 담고 있는 의미를 이해하는 것이 그만큼 어렵다는 것을 나타내는 말이라고 생각합니다. 그 이유는 한 사람의 말과 행동, 그리고 성격은 과거와 현재 그리고 미래를 포함하며, 신체적, 본능적, 정신적, 정서적, 학습적, 환경적 상황을 복합적으로 담고 있기 때문입니다. 또한, 사람들은 다른 사람을 있는 그대로 객관적으로 바라본다고 스스로 느끼고 생각하지만, 사실은 자신의 견해나 인식에 담긴 주관과 편견, 선입견이 가득한 상황에서 그 사람을 바라보기도 하기 때문입니다.

이와 같이 복합적인 성격과 행동을 갖고 있는 인간의 다양한 문제와 위기해결을 돕는 휴먼서비스에서 가장 기초가 되는 과목이 『인간행동과 사회환경』입니다. 인간에 대한 이해는 휴먼서비스에 바탕을 둔 모든 학문의 핵심입니다. 사회복지학, 아동학, 상담학, 심리학, 청소년학 등에서 필수과목으로 다루고 있습니다. 많은 이론들과 인간발달에 대한 방대한 내용으로 다소 힘들고 복잡하지만, 그래도 기초과목인 만큼 피해갈 수 없는 중요한 과목입니다.

이번 저의 『인간행동과 사회환경 3판』에서는 인간의행동과 사회환경을 설명하는 이론들을 특성, 개념, 원칙, 사례와 적용, 실무원칙 등으로 구분하여 정리서술하였습니다.
1부(1장~7장)에서는 정신역동이론, 행동주의이론과 사회학습이론, 인지이론과 인본주의이론, 일반체계이론과 생태체계이론을 구체적으로 살펴봄으로써 인간행동의 이해를 높이는 기초적 개념을 설명하고자 하였습니다.

2부(8장~13장)에서는 인간이 태어나고 늙고 죽을 때까지의 발달단계에 따라 그 단계별 신체적, 인지적, 사회심리적 변화과정을 설명하고, 각 단계의 발달과업과 문제유형을 제시하며, 사회복지적 개입기술들을 다루었습니다.

마지막 14장에서는 이상행동에 대한 특성과 판단기준, 평가와 진단, 이상행동유형 및 사회복지사의 역할에 대해 기술하였습니다. 3판에서는 DSM-5의 최신버전을 포함하였습니다.

이 책을 읽으시는 분들은 이 책을 통해 좀 더 인간을 이해하고 새롭게 바라보는 좋은 계기가 되었으면 좋겠고, 다양한 문제들을 통해 학습의 시간이 되었으면 좋겠습니다. 부족한 부분은 예비사회복지사들이 채워 주시면 감사하겠습니다.

2022년 2월

행당동 한양사이버대학교 연구실에서

차 례
contents

Chapter 01 인간행동과 사회환경에 대한 이해와 사회복지실천 11

1. 인간행동의 개념과 이해의 관점 13
2. 사회환경의 개념과 이해의 관점 15
3. 사회복지실천에서의 사회복지사의 역할 16

Chapter 02 정신역동이론 21

1. 프로이트의 이론 22
2. 에릭슨의 이론 49
3. 아들러의 이론 58
4. 융의 이론 64

Chapter 03 행동주의이론 및 사회학습이론 73

1. 초기 행동주의이론 75
2. 스키너의 신행동주의 이론 79
3. 반두라의 사회학습이론 91

Chapter 04 인지이론 101

1. 피아제의 이론 102
2. 콜버그의 이론 119
3. 벡의 이론 126
4. 엘리스의 이론 130

Chapter 05 인본주의 139

1. 로저스의 이론 140
2. 매슬로의 이론 149

Chapter 06 체계이론 157

1. 일반체계이론 158
2. 생태체계이론 172

Chapter 07 사회체계들 185

1. 개인 186
2. 가족 187
3. 집단 194
4. 조직 205

5. 지역사회 213
6. 문화 216

Test 01~07 문제은행 / 225

Chapter 08 인간의 성장과 발달, 태내기와 영아기 273

1. 인간의 발달과 심리적 특성 274
2. 태내기 278
3. 신생아기 293
4. 영아기 297

Chapter 09 유아기와 아동기 311

1. 유아기 312
2. 아동기 327

Chapter 10 청소년기 343

1. 신체적 발달 345
2. 인지적 발달 349

3. 자아정체감의 발달 351
4. 정서적 발달 352
5. 사회심리적 발달 354
6. 사회복지실천의 관심 대상이 되는 청소년기 문제와 사회복지사의 역할 355

Chapter 11 청년기 363

1. 신체적 발달 365
2. 인지적 변화 366
3. 사회심리적 발달 366
4. 자율성 발달 367
5. 청년기의 발달과업 368
6. 사회복지실천의 대상이 되는 청년기의 문제와 사회복지사의 역할 373

Chapter 12 장년기 381

1. 신체적 변화 383
2. 성적 변화 384
3. 인지적 변화 385
4. 사회심리적 변화 386
5. 장년기의 발달과업 388
6. 사회복지실천의 대상이 되는 장년기의 문제와 사회복지사의 역할 389

Chapter 13 노년기 393

1. 신체적 변화 395
2. 인지적 변화 397
3. 정서 및 성격 변화 398
4. 노년기의 발달과업 399
5. 사회복지실천의 대상이 되는 노년기의 문제와 사회복지사의 역할 404

Chapter 14 이상행동의 이해 411

1. 이상행동의 개념 412
2. 이상행동의 특성 413
3. 이상행동의 판단기준 415
4. 이상행동에 대한 설명모델 416
5. 이상행동의 평가 420
6. 이상행동의 진단 425
7. 이상행동의 유형 428
8. 이상행동과 관련된 사회복지사의 역할 441

Test 08~14 문제은행 / 443

- 참고문헌 / 471
- 찾아보기 / 479

Chapter 01

인간행동과 사회환경에 대한 이해와 사회복지실천

CHAPTER

01 인간행동과 사회환경에 대한 이해와 사회복지실천

사회복지의 관심은 인간의 성격에 대한 이해를 통해 인간의 행동을 이해하는 것이다. 즉 인간은 어떤 개체이고, 왜 그렇게 행동하며, 어떻게 하면 행동이 변할 것이며, 인간이 서로 어떻게 다르고, 현재와 미래의 행동은 어떨 것이라는 설명은 그 인간의 성격에 대한 이해를 통해 가능해진다는 것이다.

바로 인간행동과 사회환경이라는 과목은 인간에 대한 이해를 알려주는 과목이라고 할 수 있다. 인간에 대한 이해는 인간 그 자체로도 이해되어야 하고, 인간을 둘러싼 환경과의 관계 속에서도 이해가 이루어져야 한다. 인간행동과 사회환경 과목은 이론적인 면이 많다. 그래서 지식이라고 하는 부분에 훨씬 더 초점을 맞추고 있다. 하지만 이 이론은 단순한 이론이 아니라 실생활에서 만날 수 있는 바로 현장형 이론이기 때문에 실천적 이론이라고 말할 수 있다. 그리고 사회복지의 실천 관련 과목들에서 다루고 있는 내용들이 인간행동과 사회환경이라는 과목에 토대를 두고 있다. 인간행동과 사회환경을 통해서 인간의 생물학적, 심리학적, 사회학적 그리고 문화인류학적 발달과 행동을 설명하는 내용을 습득함으로써 인간과 인간과의 관계를 다룰 수 있게 된다.

또한 인간행동과 사회환경은 우리 인간이 살아가면서 일어나는 발달단계와 그것이 사회복지현장실천에서 갖는 의미와 관련성을 파악하려는 것이다. 그리고 각 연령 단계별로 나타날 수 있는 어떤 이상행동과 문제행동에 대해서 우리 사회복지사가 어떻게 실질적으로 활용할 수 있을지에 대한 학습을 함께 하게 된다. 그리고 사회복지사의 역할을 이해하고 또 사회적, 경제적 정의에 관한 입장을 정립하는 것이 목적이다.

1 인간행동의 개념과 이해의 관점

사회복지학은 인간을 향한 실천영역이다. 즉 다른 사람을 도와주는 기술을 배우는 학문인 것이다. 다른 사람을 제대로 도와주기 위해서는 기본적으로 상대방이 어떤 상황에 처해 있고 어떤 욕구와 어떤 문제가 있는지에 대한 파악이 중요하다. 이러한 파악은 인간에 대한 이해를 기본으로 하는 것이며, 한 인간이 갖고 있는 성격과 행동 그리고 인간을 둘러싸고 있는 환경들과의 상호작용의 이해를 통해서 가능해진다. 그러므로 인간을 이해하는 일은 사회복지에 있어서 필수적인 일임에는 틀림없다.

인간행동이란 과거로부터의 인간의 생활, 경험, 타인과의 관계 등에 의해 형성된 일정한 인과관계 유형으로 정의내릴 수 있다(임은희, 2005). 즉, 개인으로 하여금 세상에 나름대로 적응하게 만드는 그 개인에 내재하는 정신신체적 체계들의 역동적 조직이라 할 수 있다. 이것은 인간행동이 개인의 독특한 성질이면서도 통합성과 안정성 그리고 일관성을 갖고 있기 때문에 상황이 달라지고 시간이 지나도 어느 정도 같은 방식을 띠게 된다는 것을 의미한다.

사회복지에서 인간행동에 대한 이해가 필요한 이유는 개인 간의 인간관계에서 나타나는 갈등을 줄이고 효율적이면서도 질적으로 자연스럽고 편안한 인간관계를 유지하며 삶의 만족을 얻도록 하기 위해서이다. 또한 인간의 자발적인 사회적 참여를 통해 집단의 목표달성과 공동체의 복지 증진에 기여할 수 있는 기본적인 원리를 터득하게 하기 위해서이다(이근홍, 2006).

인간행동에 영향을 주는 요인으로는 생물학적인 요인과 자연환경적 요인, 개인 고유의 생활사, 문화적 요인을 들 수 있다. 이러한 특정 요인이 한 개인의 특정 유형의 행동을 형성한다고들 하지만, 어떤 하나의 요인들이 직접적으로 행동 유형을 형성한다기보다는 다른 요인들과의 상호작용으로 인간행동에 영향을 미친다고 보는 것이 타당하다.

생물학적인 요인으로는 체질적 특성, 정신적 능력, 신체적 구조, 지능, 신체적 결함 유무와 같은 유전적이고 선천적인 요인이 포함된다. 생물학적인 요인에 의해 인간은 성격의 결함 혹은 열등감 극복으로 또 다른 성격의 인간으로 나타난다. 이러한 생물학적 특징은 그 사회가 갖고 있는 생물학적 특성에 대한 가치관에 의해 재해석되어 인간의 행동에 차이를 보이게 된다. 그리고 지형적 특성, 기후적 특성, 음식물 등과 같은 자연환경적인 요인이 인간행동에 영향을 미치게 되는데 예를 들면 사계절이 뚜렷한 지방의 사람은 계절에 맞는 농사를 짓기 위해 노력해야 하기 때문에 창의적이고 근면한 행동 유형을 보인다고 한다. 또한 맵고 짠 음식물을 섭취하는 사람들이 다혈질적이고 급한 성격의 행동을 보이는 반면, 날 음식을 즐기는 사람들이 호전적인 성향을 갖는다는 연구결과들이 이를 뒷받침한다(이건인, 2008).

그리고 개인 고유의 생활사 혹은 생활경험, 자아개념과 가치관 등도 인간의 행동에 영향을 주게 되며, 개인이 속해 있는 문화도 인간의 행동에 영향을 주게 된다. 문화는 올바른 행동은 무엇이고, 정상적인 행동은 무엇인지 그 유형과 환경을 제시하기 때문에 개인행동의 지침서 역할을 한다.

이러한 인간행동을 이해하려는 접근은 크게 두 가지로 나누어질 수 있다. 하나는 인간행동을 심리학적인 차원에서 이해하는 미시적인 입장이고 다른 하나는 개인을 둘러싼 환경적인 요소, 즉 사회 · 문화와의 관계에서 이해하는 거시적인 차원의 접근에서 이해하는 입장이다. 미시적인 접근인 성격이론은 '인간은 왜 그렇게 행동하는가'에 대해 다양한 이론을 전개한다. 프로이트(Freud)를 중심으로 한 정신분석학적 성격이론가들은 인간행동이 유전적 기질, 특성, 또는 다른 내부의 심리적 힘에서 비롯된다고 보며, 스키너(Skinner)와 같은 행동주의 성격이론가들은 인간행동이 환경 속의 강화인자에 의해 비롯되고 변화한다고 말한다. 또 이 두 입장과는 달리 인본주의적 성격이론가들은 인간의 자유 선택을 강조하여 사람은 자기가 하려고 마음먹은 것을 할 수 있다고 한다. 그리하여 전통적으로 인간의 행동은 유전적 기질, 환경의 변인 그리고 인간이 소유하고 있는 자율성에 의한다고 본다. 그러나 사회학습이론을 강조한 반두라(Bandura)와 같은 성격이론가들은 유전적 요인과 환경적 요인 그리고 그 사람의 행동 자체가 상호작용되어 행동이 이루어지며 세 요소 중 어느 것을 도외시하고서는 인간행동의 결정요인을 설명할 수 없다는 상호결정론의 입장을 취한다.

거시적 접근인 사회체계적 이론들은 인간행동의 근거를 문화와 사회라는 사회체계

속에서 찾는다. 사회학자나 문화인류학자들은 인간은 출생과 동시에 가족이라는 집단에서 성장하며 학교 조직체계에서 교육받고 사회라는 조직체계 속에서 일하고 살아가며, 그리고 전통적으로 내려오는 문화 속에서 언어를 습득하고 행동양식과 가치를 내면화한다고 본다. 이러한 사회체계는 개인, 가족, 집단, 조직, 지역사회, 그리고 문화로 구성되며 모두 인간행동에 영향을 주는 기본 체계이다. 그러나 이러한 체계들 중에 어디에 초점을 두느냐에 따라 학자들 간에 입장이 달라진다.

이 두 가지 견해는 오래전부터 각각 서로 다른 입장에서 많은 이론가들에 의해 연구되어 왔으나 근래에 인간과 함께 일하는 분야인 사회복지, 교육, 간호, 가정관리 등에서 통합적 접근이 모색되고 있다. 인간의 부적응을 규명하고 치료하는 데 있어서도 정신분석학적 차원의 관심뿐 아니라, 사회문화적인 환경의 영향에 관심을 가져야 한다는 입장이다.

2 사회환경의 개념과 이해의 관점

사회환경이란 일반적으로 풍토 · 기후 등의 자연환경(물리적 환경)과 가정환경, 학교환경, 인간이 만든 제도 · 조직 · 계급 · 풍습 · 규범 등의 문화환경을 말하며, 이러한 환경들은 사회적 인간을 형성하게 되는 요소가 된다. 가정환경은 가정의 재정적 상태, 의식주의 만족과 불만족, 부모 및 기타 가족과의 관계, 욕구 충족 방식, 부모의 교육 정도 및 교양 수준, 가정의 분위기, 가정의 질서 및 문화 등을 포함하는데, 특히 부모의 양육태도와 방법, 수유 방법, 배변 훈련 등은 성격 형성에 큰 영향을 미친다. 학교 환경은 공식적인 학교생활뿐만 아니라 친구나 선생님과의 비공식적인 관계를 포함한다. 문화환경은 사회가 기대하는 행동양식, 사회의 가치와 규범이 이에 속하는데 이러한 환경들은 인간의 행동을 형성하는 데 중요한 기능을 담당한다.

인간행동은 상호작용하고 서로의 행동에 영향을 주는 사람들이나 사람들의 집단, 조직, 지역사회, 문화 등과 같은 사회환경의 관계에서 이루어진다. 그리고 체계들은 개인들로부터 집단, 조직, 지역사회, 문화에 이르기까지 모든 수준에 존재한다고 본다. 인간과 인간의 행동들은 우리가 살고 있는 체계들과 함께 어우러져서 상호작용하면서 발달하고, 성숙해 나간다.

3 사회복지실천에서의 사회복지사의 역할

사회복지사는 인간이 경험하는 다양한 문제를 해결하고 상황에 적응하도록 돕는 사람들이다. 그러므로 사회복지사에게는 도움을 전문적으로 제공하기 위해서 사람들의 욕구와 필요로 하는 서비스에 대한 명확한 이해가 요구된다. 인간행동과 관련된 지식이나 이론을 토대로 사회서비스 기관이나 지역사회, 정부조직 등과 같은 외부체계를 활용해서 클라이언트를 돕는 기술들에 대해 알아야 한다는 것이다. 사회복지사를 통해 클라이언트는 자신에게 필요한 자원이나 기회를 얻고자 하며 환경체계와 연계를 통해 스스로의 문제를 해결하고자 하기 때문에 그런 것들을 도와주고 지원해 주는 역할이 바로 사회복지사의 역할이라 할 수 있다.

인간이 속해 있는 사회와 문제들은 항상 다양한 상황 속에서 존재하기 때문에 사회복지사의 역할도 다양해질 수밖에 없다. 특히 어떤 특정한 상황에서 하나의 문제를 해결하는 데에도 시기별 혹은 단계별로 다양한 역할이 요구되기 때문에 사회복지사의 역할에 대해 명확한 이해를 하는 것은 매우 중요한 일이다. 구체적으로 그 역할을 살펴보면 다음과 같다.

첫째, 조력자의 역할이다. 조력자는 도움을 주는 사람이다. 즉, 어려운 사람, 혹은 문제를 가진 사람들이 그 문제를 해결할 수 있도록 도와주는 그런 역할들이다. 예를 들어 이혼이나 실직 같은 위기상황에서 긴급하게 도움을 줄 수 있는 주거서비스나 보육서비스, 기타 상담서비스 등을 통해 각자가 갖고 있는 문제를 대처하고 또 해결할 수 있도록 도와주는, 돕는 역할이 바로 조력자의 역할이라 할 수 있다.

둘째, 중재자의 역할이다. 중재자는 견해가 서로 다른 개인이나 집단 사이에 의사소통을 향상시키고 타협하도록 도와 논쟁이나 갈등을 해결해 주는 역할이다. 이때 중재자는 항상 중립을 유지해야 하기 때문에 상대방 양쪽의 입장을 정확히 이해해야 되고 서로가 갖고 있는 여러 가지 측면의 장점과 단점을 토대로 갈등을 해결해야 한다.

셋째, 사회복지실천현장에서 사회복지사는 통합과 조정자 역할을 한다. 옹호나 조정 가능성을 파악하는 일에서부터 기술적으로 지원하고 또 서비스를 연계하고 수행하기 위해서 직접 개입하는 역할까지 수행하는 것을 말한다.

넷째, 관리자의 역할을 수행한다. 관리자란 사회복지기관이나 부서의 책임행정자의 역할로서 조직의 어떤 목표설정이나 서비스 프로그램 운영, 재정 확보, 실무자들의 과업 조정 등과 같은 업무를 수행하는 역할이다.

다섯째, 교육자의 역할도 한다. 교육자는 클라이언트나 또 클라이언트를 둘러싸고 있는 다양한 형태의 체계라고 하는 부분들에 대한 정보를 주고, 또 그 정보를 활용할 수 있는 기술들에 대해 가르치는 역할을 한다.

여섯째, 분석, 평가자의 역할을 담당한다. 사회복지사의 개입이나 기관의 프로그램과 기능을 분석해서 그 효과성을 평가하는 기능을 의미한다.

일곱째, 사회복지사는 중개자의 역할을 담당하기도 하는데, 마치 집을 사겠다는 사람과 집을 팔겠다는 사람을 연결해 주는 공인중개사처럼 양쪽에 필요한 자원들을 연결해 주고 또 서비스를 연계해 주는 것을 의미한다.

여덟째, 촉진자의 역할을 한다. 이 촉진자는 집단의 지도자 역할을 의미하는 것으로써 사람도 모으고 의사전달 통로도 만들어 활동이나 자원을 전달하는 그런 변화 노력을 하는 것을 말한다.

아홉째, 주창자라는 역할이다. 주창자는 개선해야 될 문제에 대해서 관심을 불러일으키고 캠페인 같은 것을 통해서 우리 지역에 이런 문제가 있다든가 지금 현재 이런 부분에서 굉장히 힘든 상황에 놓인 클라이언트가 있다는 부분들을 알리고 밝혀주는 일을 한다.

열 번째, 사회복지사는 협상가의 역할을 한다. 협상가는 각각의 집단에서 이슈가 되는 무언가를 얻어내는, 그래서 양쪽에서의 어떤 변화 같은 것들을 얻어내서 필요한 것들을 클라이언트들에게 주는 역할을 담당하게 된다. 중재자가 갈등을 해결하기 위해서 양쪽 집단의 어떤 이해관계나 대립요소들을 설명하고 설득하는 것과는 달리 협상가는 협상을 통해 클라이언트의 문제해결에 초점을 두고 클라이언트 욕구를 강하게 알려주는 역할을 담당해야 한다.

열한 번째, 옹호자의 역할이다. 옹호자는 클라이언트가 필요한 것을 얻을 힘이 없을 때 그 입장을 대변해 주는 역할이라고 할 수 있다. 클라이언트들은 대부분이 힘도 없고 또 가진 것도 없고 아는 것도 없어 매우 위축되어 있기 때문에 사회복지사는 클라이언트의 입장과 처지, 상황의 역기능적인 부분들을 다른 사람에게 알리는 역할을 담당해야 한다.

열두 번째 역할은 사회변화대행자라는 역할이다. 이 역할은 주민의 삶의 질을 향상시키는 영역에 대해 확인하고 변화를 위한 새로운 자원들을 획득하기 위해 이익 집단을 동원하는 것을 의미한다. 즉, 각각의 흩어져 있는 이익집단들을 활용해서 클라이언트나 주민들의 삶의 질을 위해서 노력하는 활동들을 의미한다.

사회복지사의 이러한 다양한 역할은 사회복지현장에서도 많이 볼 수 있는데, 적절히 역할을 수행하기 위해서는 인간행동에 대한 정확한 이해와 사회환경과의 상호작용의 분석이 필수적이다. 〈표 1-1〉은 각 차원별로 학자들이 설정한 사회복지사의 역할을 설명하고 있다.

표 1-1 사회복지실천 수준별 사회복지사의 역할

구분	Miley 외	Federico	Sheafor 외	Zastrow
미시적 차원의 역할 (개인/가족)	• 조성자(문제파악 및 문제해결능력강화, 전문적 관계형성기술 필요) • 중개자(자원과 정보, 서비스 연결, 사례관리) • 옹호자(권리 확보 및 정책변화유도) • 교사(정보, 적응기술지도, 의사소통 및 대인실천기술 필요)	• 서비스 제공자 • 행동변화 유발자 • 촉진자 • 중개자 • 교사	• 상담가/임상가 • 사례관리자 • 중개자 • 옹호자 • 교사	• 조성자 • 집단촉진자 • 중개자 • 옹호자 • 교육가
중간범위 차원의 역할(집단/조직)	• 촉진자(구성원 상호작용, 정보교환, 연결망 강화) • 중재자(의사소통의 갈등 해소, 중립적 입장, 상대방 이해) • 훈련가(전문가적 계발을 위한 교육훈련 담당)	• 행정가 • 자문가	• 행정가 • 업무량 관리자 • 직원개발자	• 중재자 • 협상가 • 조정가

거시적 차원의 역할(지역사회/사회)	• 계획가(욕구파악 및 서비스개발, 목표설정 및 정책계획) • 행동가(사회적 불평등인식, 기본 권리의 행사, 대중의 지원활성화) • 현장 개입가(대상자의 적절한 서비스 지원을 위한 지역사회활동, 홍보와 교육으로 접근성 향상)	• 계획가 • 현장개입가	• 사회변화 대행자	• 주창자 • 행동가
전문가 차원의 역할(전문가집단)	• 동료(전문가로서의 윤리 준수, 동료지지) • 촉매자(타전문직과의 협조, 전문조직을 통한 국가적, 국제적 활동) • 연구자/학자(이론 발전, 자료 기록 관리, 효과성 평가)	• 자료관리자 • 평가자	• 전문가	• 연설가 • 연구자

Chapter 02
정신역동이론

CHAPTER

02 정신역동이론

정신역동이론은 프로이트의 정신분석이론에서 출발하여 그의 제자인 아들러(Alder)와 융(Jung), 그리고 자아의 중요성에 초점을 둔 에릭슨(Erikson)으로 연결되는 자아심리학과 설리반(Sullivan)의 대인관계이론까지 폭넓게 포함한다. 이러한 이론들을 정신역동(psychodynamic)이론이라 하는 이유는 이 이론들이 대부분 인간의 행동을 정신 내적 운동과 상호작용에 초점을 두기 때문이다. 이론에 따라 주요 초점과 관점의 출발점은 서로 다르지만 대부분 정신이 행동을 어떻게 자극하는지, 그리고 정신과 행동이 개인의 사회환경과 어떻게 서로 영향을 주고받는지를 강조한다는 점에서 모두 정신역동이론이라 할 수 있다.

1 프로이트의 이론

1) 프로이트의 생애

정신분석학의 창시자 프로이트(Freud, 1856~1939)는 1856년 5월 6일, 지금의 체코에 속하는 프라이부르크라에서 유태인 부모 슬하에서 칠 남매 중 맏이로 태어났다. 이후 네 살 되던 해에 비엔나로 이사해 80년 가까이 살았으며 의학을 전공하였다. 26세부터 35세경까지 신경학에 관심을 가져 히스테리를 연구 중인 샤르코를 통해 최면술 연구에 몰두하였다. 히스테리 환자라든가 정신신경증적인 환자의 대부분 원인이 성적 욕망에 대한 억압에서 기인한다는 가정과 인간의 행동이 인간 스스로 실제로 생각하고 느껴 의식적으로 행동하는 것도 있지만 무의식 속에서 이루어는 행동이 더 많다는 가정하에, 『신경증 연구』를 비롯하여 『꿈의 해석』 등과 같은 저서를 출간하였다. 그 이후에도 꿈, 착각이라든지 또 해학 같은 정상심리에도 관심을 가지면서 인간 내부에 있는 역동이라든지 심리 내적인 성적인 발달단계 등에 관심을 가지게 되었다. 아들러나 융과 같은 그의 이론을 지지하는 젊은 학자들을 통해 프로이트이론은 인간의 행동을 설명하는 고전이 되었다. 프로이트는 죽을 때까지 그의 이론을 계속 발전시켰다.

2) 인간을 보는 관점

프로이트는 인간이란 의식되는 세계보다도 비합리적이면서도 충동적이고 통제할 수 없는 본능들이 작용하는 무의식의 세계가 훨씬 많은 존재로 이해하였다. 그리고 인간은 기본적인 성격구조를 갖고 있는데, 이 성격구조는 다섯 살 이전인 아동기 때 이미 형성된다고 보았다. 즉, 성인에게 나타나는 문제는 이 시기에 잘못된 부분이나 해결되지 못한 문제로 이해하였다. 그래서 현재의 문제를 해결하기 위해서는 과거로 돌아가서 문제가 되었던 부분을 재구조화해 주고 변화해 주는 역할이 필요하다고 강조하였다. 또한 인간은 무의식적인 내적 충동이 발생하면 긴장상태가 되는데 그 긴장상태를 해결하여 쾌락을 추구하거나 심리적인 안정을 되찾으려는 존재로 설명하였다.

3) 주요 개념

프로이트이론은 인간의 마음을 나타내는 두 가지 형태의 모형을 제시하고 있는데, 인간의 행동과 동기가 서로 다른 의식수준에 뿌리를 두고 있기 때문이다. 첫 번째는 우리의 심리를 나타내는 지형학적인 모형이고, 두 번째는 마음을 나타내는 구조적 모형이다.

(1) 마음의 지형학적 모형

프로이트는 인간의 마음을 빙산에 비유하고 물 위에 떠 있는 작은 부분이 의식이라면 물속의 훨씬 더 큰 부분을 무의식에 비유할 수 있다고 하였다. 이러한 지형학적인 부분을 그림으로 나타내 보면 삼각형으로 그릴 수 있는데, 맨 위가 의식, 중간이 전의식, 마지막의 가장 많은 부분을 차지하는 무의식이다.

① 의식(conscious)

의식이란 어떤 순간에 우리가 실제로 알거나 느낄 수 있는 모든 경험과 감각을 말하는 것으로 정신생활의 극히 일부분을 차지한다. 즉, 사고, 느낌, 지각, 기억만이 의식의 범위 안에 포함된다.

② 전의식(preconscious)

전의식은 시간이 지나 잊어버리거나 다른 곳으로 주의를 돌리게 되어 잠시 잊혀져 있지만, 조금만 노력하면 의식의 상태로 되돌릴 수 있는 경험, 기억을 의미한다. 의식들이 저장되어 있는 것을 말하는 것이다. 예를 들어 결혼 전이나 혹은 어려서부터 아주 좋아했던 사람이 있을 경우, 그 사람이 항상 자신의 의식 속에 존재하지는 않지만, 어떤 특정한 시간이 되면 그 사람이 다시 의식 속으로 끌어올려지고 보고 싶어지게 되는데, 이러한 기억을 전의식이라고 한다.

③ 무의식(unconscious)

마지막으로 무의식은 인간의 가장 크고 깊은 심층에 잠재해 있으면서 의식적 사고와 행동을 전적으로 통제하는 힘이다. 예를 들면 성욕이라든지 욕망 같은 것들이 무의식에서 의식화되려고 할 때 사회문화적 관습이나 종교적 관념들에 의해 억압되게 되는데, 이러한 무의식적 욕망들은 억압되어지면 없어지는 것이 아니라 무의식의 세계로 빠져들게 된다. 욕망들은 무의식으로 잠재하면서 다양한 형태로 발산하기 위해서 준비하게 되고, 욕구를 해결할 수 있는 준비상태로 유지되게 된다. 무의식의 내용은 변장되고 상징화되거나 변형된 형태로 인간의 행동으로 나타나게 된다. 즉, 프로이트는 이 무의식의 세계에 있는 욕구나 욕망이 제대로 해결되지 못하고 변형되어 있는 것을 의식 세계로 끌어올려서 편안하게 행동하게끔 해야 한다고 주장한다(김정일, 1996).

(2) 마음의 구조적인 모형

마음의 지형학적 모형과 구조적인 모형은 다음의 〈그림 2-1〉로 나타낼 수 있는데, 각각 삼차원의 성격으로 구분된다. 지형학적 모형은 무의식, 전의식, 의식으로 구분되며, 구조적인 모형은 원초아, 자아, 초자아로 구분된다. 이 각각의 삼차원의 구조가 상호작용하여 전체 성격체계를 구성하고, 각각의 하위체계는 개인의 행동에 각기 다른 영향을 미친다.

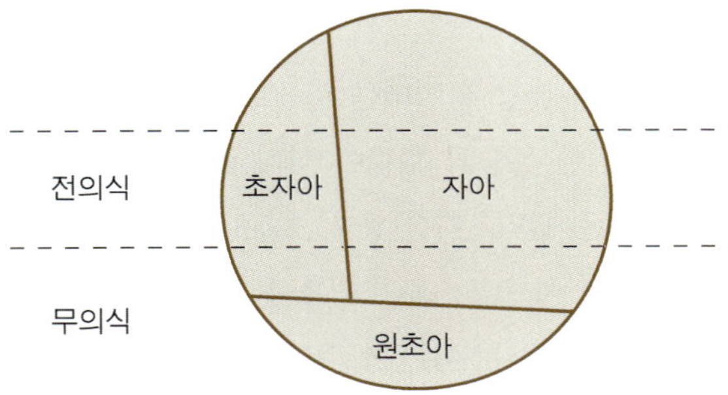

그림 2-1 마음의 지형학적 및 구조적 모형

① 원초아(id)

인간의 모든 행동은 본능(instinct)의 지배를 받으며 정신 에너지를 발산하게 되는데 본능이란 신체구조의 긴장상태에서 유발되는 정신적 표상, 즉 욕구의 집합체이다(나동진, 2008). 본능의 구성요소로는 원천, 목표, 대상, 추동(drive)으로 구분될 수 있다. 원천은 신체 내의 긴장상태를 의미하는데, 예를 들면 위가 비게 되면 배고픔과 허기를 느끼는 것을 말한다. 목표는 신체적 긴장상태의 해소를 위해서 어떠한 행동을 통해 쾌락을 획득하는 것으로 허기진 상태에서 음식을 섭취하여 포만감을 느끼는 것을 말한다. 대상은 목표성취에 활용되는 수단으로 허기진 상태에서는 음식물이 이에 속한다고 설명할 수 있다. 추동은 특정 본능이 가지고 있는 에너지의 양 혹은 본능의 강도로서,

허기진 상태에서 음식물을 섭취하고자 하는 강도를 말한다(민영순, 1994).

본능은 죽음에 대한 본능과 성적 본능으로 구분한다. 죽음의 본능인 타나토스(thanatos)는 생물체가 무생물체로 환원하려고 하는 공격적 욕구로서 자기주장, 야심, 경쟁심, 성공하고 싶은 욕구, 에너지 활용, 결단력, 정력을 의미하는데, 죽음의 본능이 자신에게 향할 경우는 자살이나 자기파괴와 같은 행동을 하게 되며, 죽음의 본능이 타인에게 향할 경우는 공격성, 전쟁과 같은 형태로 나타난다. 성적 본능은 삶의 본능인 에로스(eros)와 성적 본능인 리비도(libido)로 다시 구분된다. 에로스는 삶의 본능 에너지로서 배고픔, 자기보호 등의 욕구로 개인과 종족의 생존에 관련된 모든 본능을 의미하는데, 즐거움을 추구하는 모든 활동과 고통을 피하고 쾌락을 얻는 것을 의미한다. 반면 리비도는 성적 본능에 의해 야기되는 에너지를 의미하는데, 사랑, 열정, 생식에 대한 욕망, 타인의 필요성, 일이나 예술에 대한 창조성 등을 의미한다. 고정된 양의 정신에너지가 삶의 본능과 죽음의 본능에 어떠한 비율로 배분되는가, 서로 어떤 영향을 미치며 융합되어 있는가, 이러한 본능의 힘들이 심리 내적으로 어떻게 발현되는가에 따라 각 개인이 보이는 행동은 달라진다(안창일, 2008).

이러한 본능을 프로이트는 이드(id) 혹은 원초아라고 불렀다. 마음의 구조학적 모형에서 맨 아래에 있는 부분이다. 원초아는 성격의 원형이며 본질적인 체계로서 본능을 포함하고 있다. 출생 시부터 타고나는 것이며, 정신 에너지의 저장고이다. 원초아 속에 내재된 본능적 충동은 긴장상태를 만들어 내고 이를 활동이나 꿈, 환상과 같은 상상에 의해 긴장을 해소하려 한다. 원초아는 쾌락의 원칙(pleasure principle)에 기본을 두고 있기 때문에 충동적이고 본능적이며 또 내가 원하는 것 모든 것을 충족하려는 성향으로 자애적인 특성을 갖는다.

원초아는 자기가 원하는 것들을 얻기 위해서는 반사행동과 1차 과정 사고에 의한 행동을 취하게 된다. 반사행동은 대뇌를 거치지 않고 중추신경을 거쳐 나타나는 의식되지 않는 행동을 말한다. 또한 1차 과정 사고는 본능을 해결하기 위해서 움직여지는 행동들로서 무의식중에 대상을 기억 속에 떠올리면서 만들어 내는 것을 의미한다. 예를 들어 신생아가 배가 고프다는 느낌이 들면 긴장을 해소하고 쾌감을 경험하려고 젖을 먹으려고 할 것이고 젖을 먹기 위해 과거의 맛, 냄새, 젖병, 어머니와 같은 심상들을 머릿속에 먼저 떠올리게 되는 것이다. 신기루 현상처럼 실제 대상이 아니라 대상의 이미지를 만들어 냄으로써 본능적 충동을 만족시키려는 것을 말한다(신용일 외, 1992).

② 자아(ego)

그 다음 우측에 있는 것이 자아라고 하는 이성적인 부분을 말한다. 우리가 머리로 생각하고 판단하는 것들이다. 이 자아는 현실의 원리에 따른다. 즉, 내가 지금 처해 있는 곳에서 이 선택이 가장 적합할까 하지 않을까를 끊임없이 생각하는 것이다. 자아는 원초아가 느끼는 어떤 욕구들을 현실화시키는데 필요한 방법과 욕구의 정당성을 끊임없이 확인하는 작업을 한다. 자아는 6개월이나 8개월에서부터 혹은 2~3세 정도에 형성되는데, 이 시기의 유아들은 자기만이 아닌 외부세계가 있다는 것을 판단하면서 외부사회, 세계와 접촉하는데 사회적 요구나 압력을 고려해서 행동하는 것이 훨씬 더 유리하고 필요하다는 것을 인식하며 자신의 욕구를 조정하게 된다. 이것이 2차 과정 사고이다. 1차 과정 사고는 쾌락의 원리에 따라서 행동하는 것이라면, 2차 과정 사고는 바로 현실의 원리에 맞게 자기 스스로가 행동하는 것을 의미한다(신용일 외, 1992).

③ 초자아(superego)

다음은 좌측에 있는 초자아라고 하는 초이성적인 부분을 말한다. 이것은 도덕성의 원리에 의해 판단하고 행동하게 되는 영역으로, 내면화된 어떤 표준, 도덕으로서의 표준, 양심과 자아상, 혹은 '내가 어떤 사람이 되어야지 하는 것'에 의해서 행동을 통제하는 것을 의미한다. 주로 3~5세에서 발달하기 시작하는데, 부모가 아이에게 전달하는 어떤 가치나 규범, 관습, 또 사회에서 통용되고 있는 관습, 금기사항이 함께 어우러져서 아동들의 행동들을 통제하게 된다.

초자아는 인정할 수 없는 어떤 본능적인 욕구가 표출되려고 할 때는 자아가 그것들을 또 통제하게 되면서 원초아와 자아가 심리 내적으로 끊임없이 갈등이 발생하게 된다. 우리가 어떤 일을 결정을 할 때 "이걸 할까, 저걸 할까, 아니야, 안 돼, 이것보다 이게 더 낫겠지." 하며 갈등을 하는 경험이 이러한 경우이다. 또한 현실적으로는 이것이 더 유리하지만, 도덕적으로 합당한 것이 아니라면 혼날 것이 두려워서 망설이는 경우도 이러한 심리내적 갈등을 담고 있다고 하겠다(김남순, 2006). 이와 같이 프로이트는 이 세 가지의 성격구조가 움직여 인간의 행동을 만들어 낸다고 보았다.

(3) 불안(anxiety)

이러한 세 가지의 성격구조들이 서로 갈등하는 경우에 불안한 상태가 나타난다. 불안이란 각각 이 세 개의 단계가 긴장상태를 해결하고 심리의 내적인 에너지가 끊임없이 왕래하면서 나타나는 갈등을 해소하기 위해서 선택하는 과정으로 적절한 대처를 요구하는 신호라고 할 수 있다(김청송, 2006).

첫 번째로 신경증적 불안(neurotic anxiety)은 원초아와 자아 사이에서 일어나는 갈등 혹은 불안이다. 대부분의 정신질환자들이 이러한 상황에 속하게 되는데, 원초아의 본능이 강해져서 자아 기능이 약해진 경우 개인이 원초아의 본능이 표출되는 것에 대해 불안해지는 것을 말한다. 신경성 불안이 압박을 가해 오면 올수록 인간은 이성을 잃고 충동적인 사건을 저지르게 된다. 그 이유는 충동적 행동을 저지름으로써 초래될 결과가 불안보다는 덜 고통스럽다고 여기기 때문이다.

다음은 현실적 불안이 있다. 현실적 불안(reality anxiety)은 구체적인 외부 세계로부터 오는 신체적 상해나 빈곤, 열악한 환경 조건과 같은 위험을 인식함으로써 발생되는 불안이나 고통스러운 정서적 경험이라고 할 수 있다.

초자아가 느끼는 도덕적 불안도 있는데, 이것은 양심에 대해서 계속해서 두려움을 갖는 것이다. 자신의 도덕성이 발달된 사람을 초자아가 강한 사람이라고도 하는데, 초자아가 강한 사람들은 자신의 도덕률을 위배할 때 죄책감을 느끼게 된다. 도덕적 불안은 신경성 불안과 밀접한 관계를 갖고 있는데, 예를 들어 덕망 있는 사람은 그렇지 않은 사람보다 더 많은 수치감을 경험하게 되는 경우이다. 단순히 나쁜 일을 도모하려는 생각만으로도 부끄러워하며, 자제력이 강한 사람일수록 본능적 유혹에 대한 생각을 더 많이 하게 마련이다. 반면 덕을 갖추지 못한 사람은 초자아가 그다지 강하지 않으므로 도덕률을 벗어난 일을 생각하거나 도모할 때 비교적 양심의 가책을 덜 느낀다. 신경성 불안과 도덕적 불안은 자아에 위험이 닥쳤음을 알리는 적신호일 뿐 아니라 그 스스로에게도 위험이 된다.

(4) 방어기제(defence mechanism)

인간은 불안한 상황에 놓이거나 현실적으로 받아들이기 힘든 본능적 충동에 빠지면 이를 인식하지 않으려고 하면서도 본능적 충동을 충족하려고 시도하는데, 그러한 역할을 담당하는 것이 바로 방어기제이다. 방어기제는 무의식적으로 갈등의 원천을 왜곡하거나 대처하고 차단하여 갈등과 불안을 해소하도록 하기 때문에 습관적으로 사용하지 않는다면 누구에게나 다 가지고 있을 수 있는 부분이라 할 수 있다(김홍규 · 원애경, 2007). 예를 들어 사람들이 불쾌한 일을 당했을 때 빨리 잊어버리려 하고, 잘못된 행동을 했을 때 자기도 모르게 변명하게 되며, 욕구 불만에 직면했을 때 자신을 방어하기 위해 자동적으로 취하는 적응 방법이다.

성공적인 방어기제는 자아와 초자아가 받아들일 수 있는 대리적 충족을 찾아냄으로써 본능에서 생긴 에너지를 간접적으로 발산하도록 하는데, 무의식적으로 작용한다는 것과 불안을 감소시켜 준다는 특징을 갖는다. 그러나 방어기제는 현실을 왜곡해서 스스로 지각하게 하고, 자기 기만적인 성격을 갖기 때문에 불안을 일시적으로 감소시켜 줄 수 있을지는 몰라도 최선의 대처 방안은 아니라고 할 수 있다. 그러므로 개인의 방어기제에 대한 이해는 겉으로 드러나는 인간의 행동 뒤에 흐르고 있는 혹은 이를 변형하고자 하는 본래적 의미의 분석을 통해 인간의 행동을 정확히 분석하는데 필요한 것이다. 특히 자신의 방어기제에 대한 이해는 사회복지사와 같이 다른 사람을 이해하고 도와야 하는 일들을 담당하는 사람들에게는 꼭 필요한 것이라 할 수 있다. 방어기제는 성격의 성숙 수준을 나타내며 일반적으로 성격발달에 밀접하게 관련되는데, 위계서열에 의해 결정된다. 위계서열에 따라 방어기제의 종류를 구체적으로 설명해 보면 다음과 같다.

① 합리화(rationalization)

합리화란 자기 보호와 체면 유지를 위해서 우리가 가장 많이 사용하는 방어기제이다. 자신의 부적응 행동이나 실패의 원인이 의식에서 용납할 수 없는 내용일 경우 현실을 왜곡하여 자존심을 보호하고자 하는 경우에 사용된다. 또한 사회적으로 용납하지 않는 충동이나 동기를 용납하는 동기로 바꿀 수 있는 구실과 핑계 거리를 통해 자기만족을 얻으려는 방법이다. 자신의 비이성적 행동이 타인과 자기 자신에게 합리적이고 정당한 것처럼 보이게 하기 위해서 자기 자신을 속이는 것이기 때문에 사실은 불합리하며, 지나칠 경우에는 핑계와 변명만을 늘어놓는 인간으로 보여질 수 있다.

예를 들어 실수나 잘못된 판단, 실패로 인해 어떤 일을 이루지 못했을 때 자신은 처음부터 그것을 원하지 않았다고 말하거나, 현재 자기가 가지고 있는 것이 바로 자기가 원했던 것이라고 스스로 믿는 것이다. 『이솝 우화』에 나오는 '여우와 신포도 이야기'에서 여우는 높이 달려 있는 포도를 따 먹지 못한 이유가 키가 작아서라고 말하면 자신이 너무 초라해 보이는 것 같아 "너무 시어서 먹을 수 없어."라고 말하는 경우이다.

② 억압(repression)

스트레스나 불안에 대처하기 위해 가장 많이 사용하는 방어기제로, 의식 수준에서 용납되기 어려운 위협이나 고통스런 생각, 충동 등을 무의식으로 눌러 의식화시키지 않으려는 무의식적인 반응을 말한다. 즉, 억압을 통해서 죄의식이나 창피 또는 자존심의 손상의 경험, 위험한 기억이나 사고 또는 지각을 의식 밖으로 몰아내어 그것들이 어떤 형태이든 행동으로 나타나지 않도록 한다.

억압은 정상적인 성격 발달에 꼭 필요한 것이며, 정상적인 사람들은 누구나 어느 정도 억압을 사용하고 있다. 억압이 성공적이 될 때 본능적인 욕구나 사회적으로 금지된 욕망의 노골적인 표현을 막는 것이 가능해지므로 사회적 · 도덕적으로 순응하고 잘 적응할 수 있다. 그러나 억압은 원초아의 집중을 완전히 해소시킨 것이 아니기 때문에 본능적인 욕구나 충동은 끊임없이 의식의 상태로 떠오른다(프로이트, 1901; 김정일, 1996 재인용). 억압은 착오 행위로 나타나 일시적인 만족을 얻기도 하지만 심할 경우에는 신경증적 행동, 히스테리, 위궤양, 관절염, 근육통, 천식 같은 정신 · 신체장애와 발기불능, 불감증 같은 성 심리적 장애의 원인이 되기도 한다.

③ 전치(displacement)

전치는 본능적 욕구나 충동의 표현을 재조정해서 자신의 감정을 표출하여도 덜 위험하거나 편안한 대상 혹은 사람을 향해 에너지를 분출함으로써 긴장을 완화시키는 방법이다. 그렇다고 본능적 욕구나 충동의 원천과 목표가 바뀌는 것이 아니라 다만 대상이 변하는 것뿐이다. 충분히 만족시킬 수가 없는 욕구를 포기하는 대신 덜 만족스럽지간 충분히 만족시킬 수 있는 욕구를 충족시키는 방법이라 할 수 있다. 전치는 사회의 전통과 관습을 따르는 경향을 보이며, 본래의 대상과 유사한 것으로 나타난다. '종로에서 뺨 맞고 한강에서 눈 흘기기', '만만한 게 수수팥떡'과 같은 속담이 이에 속한다.

예를 들어 선생님이나 부모님께 꾸지람을 들은 아이가 동생을 때리거나, 자기의 장난감을 부수는 행동, 자식이 없는 부부가 강아지나 고양이 같은 애완동물을 귀여워하는 것, 직장 상사로부터 무능하다는 소리를 들은 남편은 아내나 아이들의 작은 자극에도 벌컥 화를 내는 경우 등을 전치의 예로 볼 수 있다. 어린 시절 어머니에 대해 가졌던 사랑의 감정을 어머니에게 직접 표현하지 못할 경우, 어머니와 유사한 사람을 자기의 연인으로 삼는다든가, 젖꼭지를 빨고자 하는 욕구가 차단될 경우에 그와 유사한 손가락을 빠는 경우도 이에 속한다. 그러나 본래의 대상과 유사한 것이라도 원래의 대상이 주는 만족보다는 못하기 때문에 긴장이 완전히 해소되지는 않는다.

④ 동일시(identification)

동일시는 부모 등 주위의 영향력 있는 사람이나 중요한 인물이 갖고 있는 특성을 자신의 성격 속에 흡수하여 일체화하는 과정이다. 자신이 목표로 한 다른 사람의 성격과 행동을 그대로 따라하면서 다른 사람을 본받고 모방하려는 동일시는 성격 발달을 결정하는 중요한 요소가 되며 특히 아이들의 성격 발달에서 매우 중요한 위치를 차지하고 있다. 남자아이가 아버지를, 여자아이가 어머니를 동일시하는 것은 아동이 성역할을 배워나가는 발달적 과정의 한 부분이지만 이것 역시 방어기제의 하나이다.

동일시를 통해 개인은 자기 존중감을 고양시키거나 실패감에 대처하게 된다. 그래서 근본적으로 열등감을 느끼는 사람은 자신을 성공적인 사례나 조직, 또는 그들이 가치 있다고 생각하는 사람들과 동일시하여 그 열등감을 해소하고자 한다. 동일시는 어떤 두려움을 극복하려는 측면에서는 방어기제이지만 규율을 배우고 자기보다 나은 사람을 모방하는 과정을 통해 세상을 배워 나간다는 측면에서는 중요한 발달기제일 수 있다.

예를 들어 자기가 예수라고 믿는 신경증 환자는 동일시를 통해 자기만족을 얻는 것이며 독서 · 연극 · 영화 관람 또는 운동 경기에서 주인공의 강점을 자기 것으로 만드는 동일시를 통해 자신의 미래에 대한 불안을 해소한다.

⑤ 함입(introjection)

외부의 대상을 자기 나름대로 느끼고 생각하여 자기의 자아 속에 받아들이는 것을 말한다. 외부 대상에게 주었던 사랑이나 증오가 자기 내면세계 속의 대상으로 자리 잡게 함으로써 실제 대상에게 얻을 수 없었던 욕구를 충족시키려는 방어기제이다. 자기와 자기가 아닌 것은 구분하지만 자기 아닌 것을 자기 속에 내재시키려는 동일시 현상인 것이다. 예를 들어 부부싸움을 하다가 화가 난 남편이 머리를 벽에 부딪히는 행위 등이 이에 속한다. 우울증 환자의 대부분이 이 방어기제를 많이 사용한다.

⑥ 상징화(symbolization)

금기의 대상에게 갖는 감정을 비난받지 않을 무난한 다른 대상에게 이동시키는 방어기제이다. 억압된 충동이 상징화를 통하여 증상으로 나타나면 그 양상이 원래의 충동과 너무나도 다르므로 그 상징의 의미를 파악하는 것이 매우 어렵다. 꿈은 대표적인 상징화의 산물이며, 무의식의 언어이다.

⑦ 전환(conversion)

심리적 갈등이 신체 감각기관과 근육기관의 증상으로 나타나는 것을 말한다. 예를 들어 자신을 버리고 떠난 애인을 죽이고 싶다는 마음이 들 때 갑자기 전신마비가 오거나 심리적인 이유로 실명하는 경우이다.

⑧ 격리(isolation)

과거의 고통스러운 사실은 기억하지만 그 사실과 관련되었던 감정은 의식에서 무의식 속으로 격리되어 느끼지 못하게 된 것으로, 강박장애에서 흔히 볼 수 있다. 즉, 고통스런 사실은 의식 세계에, 감정은 무의식 세계에 각기 분리되어 있는 것이다. 예를 들어 상사를 죽이고 싶다는 부도덕하고 무서운 살해 공격충동을 느낀 사람이 자기 업무에 대해 잘못이 있을까 하여 서류 확인 행동을 반복하는 것은 격리라는 방어기제의 한 예이다. 또한 아버지와 관련된 죽음에는 별 반응이 없다가 아버지를 연상시키는 영화를 보면서 비통하게 우는 경우가 이에 속한다.

⑨ 반동형성(reaction formation)

반동형성은 겉으로 나타나는 태도나 언행이 마음속의 생각이나 욕구와는 정반대인 경우의 방어기제이다. 위협적인 충동에 대처하기 위해 적극적으로 그런 충동에 반대되는 행동을 하는 것이다. 사랑 대 증오, 생명 대 죽음, 능동 대 수동, 지배 대 복종과 같이 한 쌍을 이루는 감정은 다른 사람을 증오하는 감정이 초자아 때문에 불안해지면 자아는 그 증오를 감추기 위해 반동형성적으로 사랑의 감정을 촉발시킨다. 반동형성은 불안을 감소시키기 위한 방어기제이지만 비합리적이고, 기만적이고, 위선적이다. 그렇기 때문에 반동형성이 자주 나타나는 사람은 현실을 왜곡해서 보거나 엄격하고 융통성 없는 성격으로 발달할 수 있다. 그러므로 이따금 자신을 돌아보며 자신이 이러한 방어기제를 지나치게 사용하는 것은 아닌지 생각해 보아야 할 것이다.

반동형성은 흔히 두 단계를 거쳐서 일어난다. 먼저 받아들일 수 없는 충동을 억압하고, 다음 단계에서는 충동에 반대되는 행동을 의식적으로 한다. 그래서 반동형성은 강박적이고 과장되고 엄격한 특징을 가진 사람들에게 잘 나타난다. 예를 들어 누군가를 미워하거나 싫어하는 감정이 생길 때 거꾸로 그 사람과 친해지려고 하거나 친절하게 대하려고 한다. 그리고 사회를 두려워하는 사람은 사회의 관습을 철저하게 지키려고 한다. 또한 어떤 부모들은 의붓자식들을 미워하고 있다는 사실을 숨기기 위해 '미운 놈 떡 하나 더 주는 식'으로 과잉보호를 진정한 사랑으로 보이고자 한다.

⑩ 취소(undoing)

반동형성과 밀접한 관계가 있는 방어기제로서, 죄책감을 느끼는 일을 하고 나서 안 한 것처럼 원상복귀라도 하듯이, 또는 죄의식을 완화라도 하듯이 상징적인 행동이나 생각을 하는 경우이다. 자신의 욕구와 실제 혹은 상상의 행동으로 인해 타인에게 피해를 주었다고 느낄 때 그 피해 행동에 대한 일종의 속죄 행위이다. 예를 들어 부정하게 번 돈의 일부를 자선사업에 쓰고자 하는 것, 부인을 때린 남편이 쇼핑을 할 수 있도록 신용카드를 주는 것, 종교적 속죄의식 등이 이에 속한다.

⑪ 투사(projection)

투사는 억압 다음으로 중요한 방어기제로 현실에서 받아들일 수 없는 욕구나 충동으로 불안을 일으키는 원인이 자신의 내부에 있음에도 불구하고 타인에게 있는 것으로 간주해 버리거나 외부 세계로 전가하는 것을 말한다. 즉, 자신이 수용하기 싫은 소망이나 충동, 실패, 자신에게 발생한 문제, 자기 결점을 남의 탓이나 환경 탓으로 돌리면서 자기의 불안을 해소하고 자신을 방어하려고 한다.

예를 들면 어떤 사람이 미울 때 그가 자기를 미워한다고 말하는 경우가 이에 속한다. 또 아내가 바람필까 봐 두려워 밖에도 나가지 못하게 하고, 화장도 진하게 하지 못하게 하는 사람은 자신이 바람피고 싶은 욕망을 아내에게 투사한 것이다. 그리고 테니스 칠 때 실수로 공을 잘못 치면 자신의 라켓을 탓하는 경우, 자기의 성적 욕망을 숨기려고 자기와 데이트하는 모든 남자들이 자신을 유혹하려 한다고 말하는 경우도 투사의 예이다. 시험문제가 이상해서 성적이 나쁘다고 불평하거나, 다른 학생들이 부정행위를 해서 자기가 상대적으로 피해를 봤다고 생각하는 경우도 이에 속한다. 투사의 정도가 심하고 오래 지속되면 인간관계는 비뚤어지고 사람들과의 관계는 더 멀어지는 악순환이 계속된다. 투사를 하면 할수록 세상 사람들은 못 미더워 보이고, 그들을 의심하게 되고, 적대시하게 되며, 더 나아가서 피해망상에 이르게도 된다.

⑫ 부정(denial)

가장 원초적인 자아의 단순한 방어기제 중 하나이다. 의식화된다면 도저히 감당할 수 없는 어떤 생각, 욕구, 또는 위협적인 현실에 대해 그 사실 자체를 부정해 버림으로써 마음의 평정을 찾고 불안을 피하려는 반응을 말한다. 현실을 존재하지 않는 것처럼 여기든지 또는 그 현실을 소원대로의 공상으로 대신함으로써 고통을 피하는 것이다. 예를 들어 전쟁에서 사망한 남편의 유품을 보고도 남편의 죽음을 인정하지 않고 뭔가 착오가 있다고 말하는 경우가 이에 속한다. 또한 두 다리가 절단된 환자가 잘린 부분이 아직도 있는 것처럼 착각하는 현상도 부정의 일종이다. 부정하는 사람은 자신의 느낌이나 죄악감을 용인하기에는 괴롭고 힘들며 두려워서 이러한 반응을 보이는 것이다. 부정은 물론 무의식적인 심리기제이며, 의식적으로 거부하는 거짓과는 구별되어야 한다.

⑬ 보상(compensation)

자신의 신체적 구조, 성격의 특성, 지적인 성취, 환경조건 등 실제 또는 상상의 결함 혹은 열등을 보완하고 극복하기 위해서 취하는 무의식적 심리적 기제가 곧 보상이다. 남보다 못하다는 생각이나 느낌이 사실 여부를 떠나 스스로의 결점으로 인식하여 이를 해결하고자 하는 행동이나 말로 나타날 경우가 이에 속한다. 예를 들어 작은 '고추가 맵다'는 말처럼 키가 작은 사람이 작은 체구가 암시하지 못하는 힘과 권위를 찾기 위해서 공격적인 언동을 하고 덤벼드는 성격으로 되는 경우가 이에 속한다. 또한 신체적인 열등감으로 소실된 자존심을 찾기 위해 사회적으로 유용한 일을 하려고 하고 공부에 열중하는 등 건설적인 성격을 갖게 되는 것이다. 또한 성적이 좋지 못한 학생이 운동으로 명성을 얻는 경우 등도 있다.

⑭ 승화(sublimation)

승화는 전치의 일종으로, 직접 표현되면 문제가 될 수 있는 본능적 욕구나 성적 에너지, 참기 어려운 충동 에너지를 다른 돌파구 즉, 사회 규범에 맞게, 양심에 어긋나지 않게 사회적으로 용납되고 인정받으며 존경받는 방향으로 바꾸어 사용하는 가장 건전하고 건설적인 방어기제이다. 결국 승화는 성욕과 공격성 에너지를 직접 표현하지 않고 변형시켜 지적이고, 인도주의적이며, 문화적이고, 예술적인 방향으로 공격성이 없는 행동으로 전환시켜 표현한다. 승화는 다른 방어기제와는 달리 원초아를 반대하지 않으며 자아의 억압이 없고 충동 에너지를 그대로 유용하게 전용하는 것이 특징이다. 승화가 이루어진다고 해서 본능적인 욕구나 충동이 완전히 사라지는 것은 아니다. 다만 긴장을 감소시켜 주는 대상이나 수단이 바뀔 뿐이다.

예를 들면, 위대한 예술작품들은 성적 또는 공격적 에너지를 창조적 활동으로 승화시킨 결과라고 할 수 있다. 또한 경쟁적인 운동도 공격 충동의 승화에 해당한다. 소년이 성장하는 동안 자위행위가 불안을 일으킨다면 자신의 성 충동을 축구나 수영 또는 다른 운동과 같이 사회적으로 인정되는 대치 행동으로 해소시킬 수 있다.

⑮ 퇴행(regression)

퇴행은 심하게 좌절했을 때 또는 아주 심한 스트레스를 받았을 때 과도한 긴장이나 도전에 직면할 때 발달 초기 단계로 돌아가는 미성숙하거나 부적절한 행동을 함으로써 어려움을 피하거나 불안에 대처하는 것을 말한다. 퇴행은 생존과 책임을 다하려는 데에서 오는 두려움이나 불안정을 덜어 주기는 하겠지만, 결코 건설적인 해결은 못된다. 예를 들어 대소변을 잘 가리던 어린이가 동생을 보게 되자 빼앗긴 어머니의 관심을 되찾으려고 오줌을 싸거나 젖병을 빨려고 하는 것은 퇴행의 좋은 예다. 실수한 어린이가 손가락을 빠는 것이나, 실수를 했을 때 어린아이처럼 우는 것도 이에 속한다. 성인이 된 사람들이 중학교 동창회에 모여 중학생처럼 까부는 것이나 꿈이나 공상 등도 정상적인 상태에서 잠깐 동안의 퇴행의 예라고 할 수 있다.

⑯ 고착(fixation)

충족과 좌절이 지나칠 때, 새로운 것에 대한 두려움으로 발달이 특정 발달단계에서 정지되어 정신적 에너지가 병적 애착을 보이는 것을 말한다. 고착이 생기고 퇴행이 일어날 때 전부가 그렇게 되는 것은 아니며, 성격의 어느 일부가 다른 부분보다 뒤떨어지게 되고, 후퇴도 일부만 생겨나게 된다. 예를 들어 신체적으로나 지적으로 생각하고 느끼고 행동하는 것은 제 나이대로 성숙했지만, 애기 말투를 쓰거나 어리광을 부린다든지, 어린아이 같은 요구행위를 하는 것은 고착의 좋은 예다.

⑰ 전이(transference)

전에 알았던 사람과 현재의 사람을 동일시하여 전에 알았던 사람에게 가졌던 사랑이나 미움의 감정을 현재의 사람에게 옮겨와 반복시키고 있는 착각의 현상으로 대부분 무의식적 현상이다. 정신적인 치료를 할 때 환자가 의사에게 느끼는 감정으로 어떤 경우는 의사가 좋아 보이기도 하고 밉게 느껴지기도 한다. 일상생활에서도 흔히 일어나는데, 어떤 사람이 까닭 없이 좋고 싫고 한 이유를 잘 알아보면 새로 알게 된 사람이 전에 알았던 어떤 사람과 동일시되었음을 알게 된다. 어린 시절 아버지의 지나친 권위나 폭력에 주눅 들어 있는 사람은 커서도 권위를 상징하는 사람이나 사회에서 아버지의 역할을 담당하는 사람에게 같은 모습을 보이게 되는 경우이다.

⑱ 역전이(counter-transference)

전에 다른 사람에게 가졌던 동일한 감정을 관리자나 치료자가 아랫사람에게 갖게 되는 착각의 현상이다. 전이는 보통 아랫사람 또는 클라이언트에게 많은 반면, 역전이는 반대의 경우이다. 업무나 치료를 하는 과정에서 부하직원 혹은 클라이언트로 인해 마음속에 분노나 증오심, 우울감과 슬픔이 이유 없이 생겼다면 이것이 바로 역전이 현상이다. 이것은 아랫사람의 문제가 관리자를 자극해서 관리자의 무의식 속에 감추어져 있었던 숨겨진 갈등이 표출되어 나온 현상이라 할 수 있다.

⑲ 해리(dissociation)

마음을 편치 않게 하는 성격의 일부가 그 사람 자신의 지배를 벗어나 하나의 독립된 성격인 것처럼 행동하는 방어기제로서 지킬박사와 하이드처럼 이중인격이 대표적인 사례이다. 현실적인 고통을 참고 처리할 만큼 성숙되지 못한 사람이 감당할 수 없는 큰 고통에 직면했을 때 보이게 된다.

⑳ 압축(condensation)

동일한 본능 에너지 값을 갖고 있는 두 가지 이상의 이미지가 합병된 것을 말한다. 예를 들어 꿈속에서 만난 여인이 아내 같기도 하고 어머니 같기도 한 것 같은 경우이다.

㉑ 환상(illusion)

이루지 못하는 욕구를 상상 속에서 충족시키려는 현상이다.

㉒ 억제(suppression)

억제는 스트레스나 불안을 일으키는 생각이나 충동을 의식화하지 않으려고 의식적으로 잊으려고 노력하는 방어기제이다. 다른 방어기제들은 무의식 속에서 일어나는 데 비해 억제는 의식적인 방어기제이므로 순수한 방어기제라고 볼 수는 없다.

4) 발달단계

프로이트는 인간이 일련의 다른 심리성적 발달단계(구강기, 항문기, 남근기, 잠복기, 생식기)를 거치는데 각 단계 동안의 수유방식, 부모의 양육방식, 사회적 제한 등의 경험이나 사건은 성인으로서 갖게 될 적응 유형과 성격 특성에 영향을 준다고 보았다. 각 단계에 나타나는 생물학적인 성숙요인과 갈등과 장애가 원만하게 해결되지 못할 때 욕구좌절을 겪으면서 해결 여부가 개인의 궁극적인 성격발달에 영향을 미친다는 것이다. 각 단계마다 정신(원초아, 자아, 초자아)이 각기 다른 자각 수준(의식, 전의식, 무의식)에서 그 기능을 담당하게 되는데, 프로이트가 제시하는 5단계의 성격발달 과정을 구체적으로 살펴보면 다음과 같다.

(1) 구강기(oral stage)

첫 번째 단계는 구강기로서 출생에서부터 약 18개월 사이이다. 이 시기는 입으로 모든 욕구를 충족시키며 주장하고 요구하면서 자신의 생명을 유지하는 1차적 단계이다. 아기들이 무엇이든 집으면 입으로 가져가고 손가락을 빨거나 엄마의 젖을 먹으면서 안심하고, 말을 배우기 시작하고 울면서 자기의 요구를 표현한다. 유아의 1차적 활동이 젖을 먹는 것에 집중되어 있으며 그 활동이 입, 입술, 혀 등의 구강 기관에 집중되어 있기 때문에 구강기라 한다. 음식물 섭취는 이 시기에 갈등을 일으키는 주요 영역이며, 이때 만일 적절하게 요구가 받아들여지지 않거나 아기들의 요구보다 너무 과하게 충족이 된다면, 성장기 이후에 미식가, 말이 많은 사람, 술, 담배 등 입을 통하여 자극을 얻고 욕구를 충족시키려고 한다. 젖을 달라고 할 때 미루거나, 먹고 싶지 않은데 자꾸 먹이는 경우에는 논쟁적이거나 비판적이며, 모든 것을 비꼬는 등 구강 가학적인 성격이나 손톱 물어뜯기, 껌 씹기, 담배 깨물기, 키스, 과식 등의 행위로 나타난다고 본다. 구강기의 행동을 성인기와 관련지어 보면, 집어넣기는 붙임성과 당김성으로, 물고 떨어뜨리지 않기는 고집과 결단성으로, 깨물기는 파괴성과 공격성으로, 토하기는 거부와 거만으로, 입 다물기는 거부와 소극성으로 나타난다.

(2) 항문기(annal stage)

두 번째 단계는 항문기로 약 18개월부터 3년 사이이다. 이 시기의 유아는 신경계의 발달로 괄약근을 스스로 조절하게 되어 변을 참을 수 있게 되며, 참았던 변을 시원하게 배출할 때 쾌감을 느낀다. 이 시기에 이루어지는 대소변 가리기 훈련은 갈등의 중요한 영역이 되며 그 훈련방법이나 부모의 태도에 따라 성격 형성에 지대한 영향을 미치게 된다.

가끔은 엄마들이 급한 마음에 18개월이나 그 이전부터 억지로 시키게 되는데 아이들의 정서발달엔 그리 좋지 않다. 아기들은 자신의 대소변을 장난감처럼 철퍼덕거리면서 가지고 놀기도 하고 입에 넣어 맛을 보기도 한다. 그저 호기심 때문이지, 지저분하다거나 배설물이라는 개념은 없다. 어른들의 야단과 호들갑에 아기들은 놀라고 위협을 느끼면서 자신이 아주 큰 잘못을 했다고 여기고 두려워한다. 죄책감과 적개심, 수치심과 위협 등을 한꺼번에 느끼는 시기이다.

너무 일찍부터 배변훈련이 시작되면, 실수할까 봐 불안하고 자신감이 떨어져서 강박적 사고나 강박신경증에 걸릴 확률이 높다. 또 자신의 몸에서 나온 것들이 아주 더럽다고 부모가 말을 하니 자신도 더러운 존재라고 여겨 계속해서 씻거나 청결을 지나치게 강조하기도 한다. 건강하게 훈련이 된다면, 계획적이고 체계적이면서 일의 순서를 알고 문제 상황에 대한 대처 능력을 발달시킬 수 있다. 정리정돈을 잘하게 되기도 하고 정서적으로 안정되어 있다.

(3) 남근기(phallic stage)

세 번째 단계는 남근기로, 3세에서 5세 사이이다. 아동의 관심은 성기로 이동하여 주로 성기를 자극하고 자신의 몸을 보여주거나 다른 사람의 몸을 보면서 쾌감을 얻는다. 이 단계에 고착된 사람은 지나친 자부심, 난잡한 성행위, 자기 증오 등의 성격 특성을 보인다. 성인 남성의 경우는 경솔하고 과장된 강인함과 남자다움을 드러내려고 하는 경향성이 짙게 나타나거나 성적 무기력을 보이며, 여성의 경우에는 불감증이 야기된다(나병현, 2004).

이 시기에 남자아이는 오이디푸스 콤플렉스(Oedipus complex), 여자아이는 엘렉트라 콤플렉스(Electra complex)를 경험한다. 아버지에게 큰 소리로 따진다거나 화를 내고, 귀엽다고 안아올릴 때 정색을 하면서 싫어할 때가 있다. 부모 사이에 와서 잠을 자려고 하고, 혼자 무섭다면서 울고 엄마에게 자기 방에 와서 같이 자자고 하기도 한다. 또 허리띠를 할 수 있는 바지를 입으려고 하거나 남자들이 갖고 다니는 지갑과 수첩에 카드를 넣고 바지 주머니에 손을 넣고 다닌다. 엄마를 보호하고 아버지에게 싸움을 걸어지게 되면 무척 자존심 상해한다. 이때 많은 아버지들은 아들을 아이로 취급하는데 남자인 인격체로 간주해 준다면 바람직하게 성장한다. 어머니들은 이 시기에 아들이 독립할 수 있도록 만들어 주어야 하나, 아들이 더더욱 엄마를 동정하고 연약한 존재로 인식하여 보호본능을 갖게 만들고 아버지를 적대하게 되면서 점점 사이가 나빠진다(손정락 역, 1995).

반면, 엘렉트라 콤플렉스란 여자아이가 아버지를 사랑하면서 어머니에게 적개심을 품게 된다는 가설이다. 여자아이는 남근 선망(penis envy)으로 자신이 남자아이보다 열등하다고 느낀다. 딸은 엄마가 예쁜 것을 갖고 있으면 자기도 갖고 싶어 하고 자신이 더 예쁘다는 소릴 듣고 싶어 하며, 아버지 곁에 더 있고 싶어 한다. 그러나 그 맘을 그대로 표현하면 엄마에게 밀쳐질까 봐 숨기고 아버지를 싫어하거나 징그럽다는 등의 표현으로 엄마가 더 좋다면서 엄마 편을 든다. 이때 엄마들은 좋겠지만, 딸은 마음이 아프다. 사실은 아버지가 더 좋기 때문이다.

차츰 나이가 들어가면서 아들은 아버지를 이길 수 없음을 인정하고 아버지처럼 행동을 따라하게 되고 딸도 마찬가지로 엄마처럼 해야 아버지의 사랑을 받는다고 느낀다. 이 시기를 잘 성장하면 성인기에 성정체감과 성역할을 잘 알고 사람들과 원만한 관계를 맺을 수 있다.

• **오이디푸스(Oedipus) 신화**

테베의 왕 라이우스는 자신의 아내 이오카스테 사이에서 낳게 될 아들에 의하여 자신은 죽고 그 아들이 아내와 결혼하게 된다는 신탁을 받고 신하를 시켜 아들을 죽이라는 명을 내린다. 그러나 이를 불쌍히 여긴 신하는 왕 몰래 아기를 살려 준다. 장성한 오이디푸스는 테베의 왕을 죽이고 왕위에 올랐으며 자신의 생모를 아내로 맞이하였다. 그러나 자신의 출생의 비극을 알게 된 오이디푸스는 자신의 눈을 찔러 스스로 장님이 되고 테베를 떠났다고 한다. 프로이트는 이 오이디푸스 신화에서 오이디푸스 콤플렉스라는 개념을 사용하게 되었는데, 이것은 남자아이가 어머니를 사랑하면서 아버지를 라이벌로 생각하여 적대적인 감정을 가지게 된다는 가설이다. 아버지에 대한 두려움은 거세불안으로 나타나며, 억압, 반동형성, 동일시 등의 방어기제를 사용하여 이를 해결한다.

• **엘렉트라(Electra) 신화**

트로이 원정의 총지휘관인 아가멤논은 10년 만에 고향으로 돌아왔으나 그날 자신의 왕비인 클리타임네스트라와 아이기스토스의 손에 살해된다. 아버지의 살해자로부터 모진 학대를 받던 엘렉트라는 이 사실에 분개하여, 망명 중인 동생 오레스테스와 함께 왕비를 죽이고 아버지의 복수를 한다. 그래서 프로이트는 어머니를 경쟁상대로 여기고 아버지를 사랑하는 여아의 욕구를 엘렉트라 콤플렉스라 명명하였으나, 엘렉트라 신화는 오이디푸스 신화만큼 메시지가 분명하지 않아, 남근기를 총칭하여 오이디푸스기라고 한다.

(4) 잠복기(latent stage)

네 번째 단계는 잠복기로, 남근기의 콤플렉스가 해결되는 시기에 시작해서 사춘기 전까지이다. 성, 가족, 부모에 대한 관심보다는 초등학교를 입학하면서 이성이나 동성에 관계없이 친구, 또래관계에 민감해지고, 사회적 관계에 관심을 가진다. 하루 종일 나가서 놀고 싸우고 다음날 놀고 하는 것들이 이때 가장 성행한다. 부모들이 아이의 친구를 욕하거나 나쁘게 말하면 이해를 못하고 오히려 부모에게 거짓말을 할 수 있으니 조심해야 한다. 아동은 사회화, 교육, 학습의 과정에 적극 참여하게 된다.

(5) 생식기(genital stage)

다섯 번째 단계는 생식기단계로, 사춘기부터가 이에 속한다. 무의식 속에 가라앉았던 성적 에너지가 의식으로 다시 떠올라오는 시기로 리비도가 이성에게로 향하며 이성에 대해 눈뜨고 관심이 생기기 시작한다. 이때는 외모에 관심을 갖고 잘 씻고 글도 쓰고 비밀이 많아진다. 신체적인 변화도 많아지면서 접촉과 자극을 얻고자 한다. 성인처럼 대접을 받고 싶어 하기 때문에 아이로 다루기보다 대화로서 성인기를 잘 적응하도록 정당한 권리로 아이의 변화를 인정해 주고 받아들여야 한다. 이성에 대한 성적 욕구는 운동이나 독서, 자원봉사 등 다른 활동을 통해 승화되기도 한다(나병현, 2004). 각 단계의 주요 내용을 정리해 보면 〈표 2-1〉과 같다.

표 2-1 프로이트의 발달단계와 성격의 특성

발달단계	주요 과업	신체 중심	주요 활동	갈등 원인	성격의 특성
구강기 (0~8개월)	빨기, 먹기, 깨물기의 쾌감, 신뢰감	입, 혀	받기 먹기	음식 섭취	수다, 냉소, 험담, 과잉섭취, 손톱 물어뜯기, 지나친 흡연
항문기 (18개월 ~3세)	배설물의 보유와 배설의 쾌감 사회적 통제	항문	사회적 통제	배변 훈련	결벽증, 지나치게 지저분, 폭발적 성격, 잔인, 파괴성, 적대감 높음
남근기 (3~5세)	성기를 통한 쾌감 이성부모에 대한 사랑	성기	초자아 발달	오이디푸스 콤플렉스 일렉트라 콤플렉스	마마보이 성격, 고부갈등
잠복기 (6세~사춘기 전)	친구에 대한 관심 집중, 자의식 발달	성본능 잠재 사회화, 학습			리비도가 잠재되어 특별한 성격유형이 나타나지 않음
생식기 (사춘기)	이성에 대한 갈망, 호르몬의 변화, 성행위 추구	신체	성교	오르가슴	의존적인 성격, 반사회적 성격

5) 사회복지실천에의 적용

프로이트는 최소한의 갈등과 긴장을 경험하면서 성공적으로 심리성적 발달단계를 통과하기 위해서는 적절한 만족이 필요하며, 성장을 방해하는 고착상태에 빠지지 않도록 해야 한다고 하였다. 또한 불안, 즉 외부적 요인에 의해 촉발된 긴장상태는 언제 어디서나 존재하며, 개인을 형성하는 데에 중요한 역할을 하지만, 그 정도가 심해질 때,

특히 원초아와 자아, 초자아 사이에 심한 갈등이 일어날 때 신경증적 불안이 야기되기 때문에 이때 사회복지실천의 개입이 필요함을 강조하였다.

프로이트의 정신분석을 통한 사회복지실천의 개입목표는 증상의 심리 내적인 상징적 속성의 파악과 해석을 통하여 어려운 과거 생활사건, 특히 아동기의 외상을 재구조화하는 것이며, 지속적으로 억압된 무의식을 발견하여 이를 의식수준으로 끌어올려 보다 융통성 있고 성숙한 인간으로 만드는 것이다. 이러한 목적을 성취하기 위하여 자아의식을 강화하여 무의식적인 정신과정에 대한 의식적인 자아 통제력을 증진시키고 정서적 갈등의 표출을 통해 외상적 기억에서 벗어나는 데 도움을 주는 사회복지사와 클라이언트의 원조관계를 성립해야 한다고 보았다.

정신분석을 통한 사회복지실천에서의 사회복지사의 주된 기능으로는 클라이언트로 하여금 그의 마음속에 떠오르는 어떤 기억이나 생각 그리고 어떤 연상이나 감정 등 무엇이든지 말하게 하는 것이다. 가능한 한 왜곡되지 않고, 억압이나 억제 없이 중요하다거나 중요하지 않다거나 하는 것과 같은 사전 판단 없이 자유롭게 연상된 내용들을 표현하게 하는 것이다. 이 과정에서 클라이언트의 연상 내용들 간의 가능한 관련성과 그 의미를 관찰하고 반성하게 함으로써 클라이언트로 하여금 능동적인 관찰자 혹은 해석자로서의 역할을 하게 하는 것이다. 사회복지사는 클라이언트의 연상의 자유스러운 흐름 속에 개입한다(홍대식 역, 1988). 즉, 정신분석을 통한 사회복지실천은 클라이언트가 자신의 문제에 대해 통찰하고 자신의 문제를 변화시키는 방법을 인식해서 자신의 삶을 보다 합리적으로 통제할 수 있도록 도와주는 것이라 할 수 있다. 그 구체적인 실천과정을 살펴보면 다음과 같다(Walter Mischel, 1995).

(1) 초기단계

정신분석적 사회복지실천은 클라이언트가 사회복지사를 처음 만나는 때부터 시작되는데, 클라이언트에 대한 많은 정보 즉, 생활 형편, 문제들, 그가 성취한 것들, 인간관계, 그리고 가정배경 및 아동기의 발달사, 개인 역사 등을 알아야 한다. 시작의 단계는 보통 3개월에서 6개월 정도 지속한다.

(2) 전이단계

분석과정이 발전되어 가는 과정에서 클라이언트는 자신의 무의식적인 갈등의 문제들을 표출하게 되는데, 갈등과 관계되는 어떤 중요한 인물에 대한 정서적 반응이 사회복지사를 향하여 나타나게 된다. 클라이언트의 무의식 속에 잠재해 있던 갈등과 관련되어 있는 인물이 어머니일 때는 사회복지사가 어머니로, 아버지일 때는 아버지로, 또는 애인이나 교사일 때는 애인이나 교사로 전이현상이 일어난다. 이러한 전이의 분석은 정신분석 기술의 초석이 되는데, 현실과 환상을, 과거와 현재를 분별할 수 있게 도와주고, 어린 시절의 무의식적인 환상적 소원들의 욕구나 충동을 현실적으로 이해할 수 있게 해준다. 또한 전이의 분석은 클라이언트로 하여금 잘못 지각하고 있는 것과 잘못 반응하고 있는 것을 현실적으로 이해할 수 있도록 도와준다.

(3) 정서적 재교육단계

전이의 분석은 여러 번 그리고 여러 면에서 계속되어야만 행동의 변화를 가져올 수 있다. 지속적인 전이인 정서적 재교육을 통해 클라이언트는 자신의 억압된 감정이나 충동을 이해하고, 이해하는 바를 느끼게 된다. 그 결과로 현실을 부정하기보다는 직면할 수 있게 되며, 보다 성숙되고 효과적인 방법으로 반응하는 것을 배운다.

(4) 종결단계

종결의 단계에서는 클라이언트가 상담을 청하게 된 원인이 되었던 증상들이 약화되고, 지금까지 억압되어 있던 기억이나 욕구들이 표출되면서 개입 초기에 이루어졌던 해석이나 문제에 대해 재구성하고 정교화시켜 주는 과정이 필요하다.

6) 개입기법

정신분석을 통한 개입은 클라이언트의 증상에 대한 자각을 증진시키고 비정상적 행동에 대한 통찰을 얻게 함으로써 증상의 의미를 이해하게 하고, 성격구조를 재구조화하는 목적을 지니고 있다. 그러므로 개입과정은 클라이언트와의 대화를 통해 정화, 통찰, 무의식적인 지적 · 정서적 문제를 이해하고, 재교육의 순서로 이어지는 클라이언트와 사회복지사의 노력의 과정이라고 할 수 있다. 이러한 과정 속에서 사회복지사들이 활용할 수 있는 기법들은 다음과 같다.

(1) 자유연상(free association)

자유연상은 정신분석적 개입의 주된 기법의 하나로, 문제행동의 증상과 관련된 것에만 한정시켜 말하게 하는 것이 아니라 클라이언트가 선입견을 배제하고 어떤 감정이나 생각도 억압하지 않은 채 마음에 떠오르는 것이면 무엇이든 즉시 말하는 기법이다. 클라이언트의 무의식 속에 숨겨진 억압된 생각이나 감정들을 확인할 수 있다. 두서없이 하는 이야기들이라 하더라도 모든 이야기는 서로 역동적으로 어느 정도 관련성이 있으며, 마음의 미로를 통한 연상의 연쇄를 따라가면 클라이언트의 마음의 역사와 현재의 상태를 파악할 수 있다. 그리하여 사회복지사는 이것들의 관련성과 의미를 해석해 주면, 클라이언트는 자신의 무의식적인 동기를 이해하고 통찰할 수 있게 되는 것이다.

예를 들면, “지금 떠오르는 생각이나 이야기가 있으면 이야기해 보십시오.” 혹은 다양한 형체가 그려진 그림을 보여주면서 “이 그림을 보면 무엇이 연상되는지 그냥 자유스럽게 이야기 하십시오.”라고 말할 때 이때 부모로부터 학대를 받고 있는 아동은 “자꾸만요 누구누구에게 맞아서 엉덩이가 파랗게 피멍이 든 그림이에요.”라고 말하면서 스스로가 어려움에 처해 있는 문제 혹은 욕구라고 하는 것들을 이야기하게 된다. 또 어떤 경우는 누군가를 심하게 미워하고 있다면, “누군가를 굉장히 미워해서 그 사람을 죽이는 그런 그림 같습니다.”라고 이야기하게 된다. 자연스럽게 그 사람이 도대체 무의식 속에 잠재되어 있는 문제나 갈등, 억압들이 무엇인지를 알 수 있도록 해주는 것, 그것이 바로 자유연상법이다.

(2) 해석(interpretation)

두 번째 기법인 해석은 정신분석의 과정에서 자유연상, 꿈, 저항, 그리고 전이를 분석할 때 사용하는 기본적인 한 절차다. 해석의 과정에서 분석가는 꿈이나 자유연상의 내용, 저항, 그리고 상담관계 자체의 의미를 지적하기도 하고, 설명하기도 하며, 가르치기도 한다. 행동에 대한 단순한 설명이 아닌 자아가 더 깊은 무의식의 자료를 탐색할 수 있도록 도와주는 기능을 하게 된다. 해석과정은 직면 → 명료화 → 말로 전달 → 통합 → 저항극복의 과정을 거친다. 정확한 해석을 위해서 사회복지사는 클라이언트의 준비상태를 민감하게 지각하고 있어야 한다.

(3) 훈습

분석과정에서 해석된 것을 통합하고 해석과 더불어 유발된 저항을 극복하는 것을 말한다.

(4) 꿈의 분석

프로이트는 꿈이란 바로 무의식의 세계로 통하는 길이라고 생각하였다. 그는 꿈의 내용들을 억압된 소원들로 구성되어 있는 것으로 보기 때문에 클라이언트의 현시된 꿈의 내용이 갖는 상징들을 탐구하여 가장되어 있는 의미를 파악하는 것이다. 사회복지사는 클라이언트의 꿈속에 잠재해 있는 의미의 파악을 위해서 꿈에 나타난 내용과 관련시켜 자유연상을 하도록 내담자에게 요청하거나 꿈을 통하여 무의식적 욕구를 찾아내고 클라이언트의 해결되지 않은 문제에 대한 통찰을 얻을 수 있도록 해주어야 한다(조대경 역, 1993).

(5) 저항의 분석

다섯 번째는 저항의 분석기법이다. 대체로 정신분석의 초기 단계에서 클라이언트는 억압된 감정이나 생각들을 회상할 수 없거나 혹은 그 표현을 주저하는 경향을 보이는데, 이것은 일종의 저항현상이다. 즉, 저항은 치료적 발전을 저해하고 클라이언트가 무의식적 욕구 표출을 방해하는 것이라 할 수 있다. 사회복지사는 클라이언트의 주의를 집중하게 하고 저항 가운데서도 가장 분명한 저항현상을 해석하여 거부의 가능성을 최소한으로 줄이도록 해야 한다. 사회복지사는 효과적인 개입을 위하여 이 저항을 지적하고 해석함으로써 클라이언트가 이에 대한 통찰을 더 깊이 할 수 있도록 도와야 하며, 클라이언트도 실제적으로 갈등을 해결하고자 한다면 이런 저항에 직면할 수 있어야 한다.

(6) 전이의 분석

전이는 치료과정에서 클라이언트가 사회복지사에게 과거의 부모와 같이 중요한 인물에 대하여 가졌던 사랑이나 증오의 감정이 현재 자신에게 어떻게 영향을 미치는지 통찰할 수 있는 기회를 부여하며, 통찰된 그 전이 감정을 적절히 해석하고 훈련함으로써 클라이언트가 자신을 변화시킬 수 있는 기회를 갖게 한다. 전통적인 정신분석가들은 전이의 분석이야말로 성공적인 치료 결과의 결정적인 생명력으로 생각하고 있다.

(7) 버텨주기(holding)와 간직하기(containing)

버텨주기란 클라이언트가 경험하고 있거나 혹은 뭔가 막연하게 느끼기는 하지만 감히 직면할 수 없는 끝없이 깊고 깊은 불안과 두려움을 견딜 수 있는 힘을 제공하는 것을 의미한다. 클라이언트의 약한 자아를 보조해 주는 보조자아의 역할을 수행할 수 있어야 한다.

간직하기는 클라이언트가 두려워하는 모든 충동과 경험들을 간직하여 완화시켜 주는 기법으로, 클라이언트가 보이는 강한 정서적 움직임을 마음에 간직하여 뜸들이고 길들여서 위험하지 않도록 변화시켜 클라이언트가 준비되었을 때 해석을 통하여 전달하는 기법이다(나병현, 2004).

7) 사회복지사의 역할과 실무원칙

프로이트의 정신분석학이론을 사회복지현장에 접목할 경우 사회복지사의 실무원칙은 다음과 같다. 모든 행동은 의미가 있고, 설명이 가능하다는 점에 대해 이해하고, 원조관계에서 클라이언트가 제시한 정보가 지니는 의미를 파악할 수 있도록 경청해야 한다. 현재의 박탈된 행동을 관찰하고 분석함으로써, 심리성적 발달단계의 결과를 평가하고 사정해야 한다. 자아방어기제의 활용 유형과 활용 정도를 사정하고 자아방어의 성숙한 수준뿐만 아니라 융통성, 유약성을 평가해야 한다. 또한 자신의 동기와 감정에 주의를 기울여 클라이언트가 원조자인 사회복지사에게 보이는 반응에 대해 해석해야 한다. 특히 비강요적인 상태에서 클라이언트가 감정, 사고 그리고 행동을 돌이켜볼 수 있도록 해야 한다. 그리고 환상, 감정, 사건에 대해 해석해야 한다. 클라이언트에게 해석이 효율적인지에 대해 환류 혹은 피드백을 받을 수 있는지 확인하는 작업을 거쳐야 한다. 이러한 실무원칙들은 사회복지현장에서 사회복지사로서 꼭 기억해 두어야 하는 부분으로 이해하면 된다(이종복 · 전남련, 2007).

8) 평가

프로이트는 정신분석학이론으로 1920년대 이후에 사회복지실천에 아주 지대한 영향을 미친 학자이다. 사회복지에서는 진단학파라고 하는 최초의 어떤 전문적 지식을 쌓게 하는 학문이자 사회복지실천과정에서 인간이 갖고 있는 문제를 진단하고 분석하는 데에 초점을 둠으로써 사회복지가 우리 사회에 필요한 학문으로, 전문성을 갖는 학문으로 자리 잡게 하는 기본이 되는 지식을 주었다. 실제로 다양한 인간의 행동들을 설명할 수 있도록 과거와 연결되는 부분을 설명하고 있는 것과 인류의 원초적 심성에 대한 이해를 도운 점, 특히 개인의 인성발달에 많은 시사점을 주었다(김계현, 1995).

그럼에도 불구하고 프로이트이론은 유아기의 경험들과 억압된 무의식의 내용을 중요시하고 인간을 결정론적이고 비합리적인 존재로 봄으로써 인간의 성격과 행동에 인간의 자율성과 책임성 그리고 합리성을 무시하고 주변 사람들과 환경의 격려, 인정, 처벌 등의 영향력을 간과했다는 것이 한계점으로 지적되고 있다. 그리고 인간의 욕망, 특히 성적 욕구를 지나치게 강조하고 인간을 성욕과 과거의 경험에 지배되는 수동적이고 소극적인 존재로 보는 점도 비판의 대상이 되고 있다. 또한 프로이트이론은 특정문화에 한하여 설명되기 때문에 다른 문화나 민족에게는 적용되기 힘들다는 점과, 이 이론의 자료가 신경증 환자의 치료 과정에서 이루어진 것으로 이것을 거꾸로 추적해 정상인을 설명하는 데 무리가 있다고 비판받기도 한다.

2 에릭슨의 이론

1) 에릭슨의 생애

에릭슨(Erik Erikson, 1902~1994)은 1902년 독일의 프랑크푸르트 근교에서 출생하였다. 그의 아버지는 덴마크인이고 어머니는 유태인이었다. 에릭슨의 어머니는 결혼 첫날밤에 범법행위와 여성편력의 문제로 해외 도피를 해야 하는 남편과 헤어지게 되었다. 그후 누가 아버지인지 추측만 난무한 상황에서 어머니는 에릭슨을 낳게 된다. 어머니는 에릭슨이 세 살 때 그를 치료해 준 유태계 소아과 의사와 재혼했고, 유태인 율법에 따라 유태인으로서 양육을 받게 된다. 외모가 덴마크인에 가까웠던 에릭슨은 이방인 취급을 받게 되고, 내적으로 정체성의 위기를 심하게 겪게 된다. 형식적인 학교 분위기를 싫어했고 자유로운 분위기와 여행을 좋아해서 의학을 전공하는 학생으로 졸업 후 의사가 되라는 양부의 독려를 일축하고 유럽횡단 여행을 떠났다.

25세 때 비엔나에 온 안나 프로이트와의 만남으로 정신분석학적 원칙에 근거한 진보적인 작은 학교 건립에 관여하면서, 프로이트 학파의 핵심집단에 속하게 되었고, 프로이트 직계 제자들에 의해 정신분석 훈련을 받게 되었다. 에릭슨은 1936년~1939년에 인간관계연구소와 예일대학교 의과대학 정신과에 재직하면서 인류학에 관심을 가졌고 인간 형성을 문화사회와 관련지어 설명하고자 하였다. 1961년 하버드대학교의 인간발달에 관한 교수로 취임하면서 정체성 개념을 통해 정신분석학적 자아심리학을 비약적으로 발전시켰으며, 심리학뿐만 아니라 교육, 사회, 정치, 경제, 문화에 지대한 영향을 주었다. 하버드대학교에서 은퇴한 이후에도 그는 인간 삶의 주기에 대한 그의 이론을 역사적인 인물, 미국 아동, 특히 소수집단에 대한 연구에 적용하며 많은 노력을 하였다. 주요 저서로는 『아동기와 사회』(1950), 『정신분석과 역사의 연구』(1958), 『젊은 청년 루터』(1962), 『청년, 변화와 도전』(1963), 『통찰과 책임감』(1964), 『정체성, 청년과 위기』(1968), 『간디의 진실』(1969), 『장난감과 이성』(1977), 『성인기』(1978) 등이 있다.

2) 인간을 보는 관점

에릭슨은 인간을 자아에 의해 동기화되는 내적 통합성, 판단력, 성공지향 능력을 지니고 있는 합리적 존재, 창조적 존재, 이성적 존재로 보았다. 즉, 인간 내부에 있는 자아가 개인이 직면하는 갈등이나 문제에 대한 합리적인 해결방안을 탐색하고, 현실을 검증하고 창조적으로 문제를 해결해 나가며, 실패 시 새로운 대안을 모색할 수 있는 존재라는 것이다. 또한 에릭슨은 인간을 이해하기 위해서는 인간은 생리, 심리, 사회적인 총체적 존재이자 환경 속의 존재(person in environment)라는 인식이 필요함을 강조하였다. 즉, 지리적, 역사적 환경과 다른 유기체와의 지속적인 상호 적응과정에서 개인적 질서와 사회질서를 따르는 통합적 존재로 본 것이다. 그러므로 각 개인의 심리적 발달은 선천적이고 유전적인 요소와 부모의 양육방식, 학교에서의 경험, 또래집단과의 경험, 그 외 사회적 관계망의 관계 등의 상호작용에 의해 결정된다고 보았다. 이와 같이 인간은 환경적 어려움에 도전하여 이를 극복하고 끊임없이 새로운 발달과업과 투쟁하여 더 나은 자아를 획득하려 하며, 변화와 성장을 하는 가변성의 존재라고 하였다. 인간의 발달은 끝이 없으며, 전체 생활주기를 통하여 지속적으로 발달한다고 보았다.

프로이트에 있어서 자아는 원초아의 노예 또는 보조자 역할을 하는 것으로 간주하였으나, 에릭슨은 자아란 원초아에서 파생되는 것이 아니고 독립적으로 형성되고 지속적으로 발달해 가며 외부환경에 대하여 선천적으로 적응력이 있는 인간행동의 조정자, 집행자라고 보았다. 자아가 주인으로서 자율적 위치에서 기능하면서 스스로 지각하고 인지하고 사고하는 인지적 과정을 처리할 수 있다고 하였다.

또한 프로이트는 개인의 성격은 정신내적 갈등의 결과물이라고 본 반면, 에릭슨은 인간의 전 생애에 걸친 발달과 변화를 강조하면서 사회문화적 환경이 성격발달에 지대한 영향을 미친다고 보았다. 어떤 심리적 현상이라도 반드시 생물학적, 행동적, 경험적, 사회적 요인 간의 상호작용으로 이해해야 하며, 병리적인 것보다는 정상적인 측면과 건강한 측면을 강조하였다. 그리고 자아정체감 확립의 중요성, 문화적 · 역사적 요인과 성격구조의 관련성을 중시하였다. 이러한 자아를 강조하는 에릭슨이론의 영향으로 사회복지실천에서는 클라이언트가 자신의 환경을 지배하는 방법을 어떻게 학습하게 되었는가에 초점을 두게 되었으며, 성격과 상황적 요인 사이의 균형을 이루는데 관심을 갖게 만들었다(손광훈, 2008).

3) 주요 개념

(1) 발달(development)

에릭슨은 인간의 발달이란 생물학적 요인에 의하여 발달이 추진되긴 하지만, 심리, 사회적 속성을 지니며 전체 생애에 걸쳐 일어나는 것으로 보았다. 이러한 발달은 심리사회적 위기가 일어나는 8단계로 구분될 수 있는데, 인간의 성격은 각 단계의 위기를 어떻게 해결하였는가에 대한 결과물이라 할 수 있다. 각 발달단계는 이전 단계의 성공에 기반을 두고 있으며, 새로운 사회적 요구와 새로운 기회를 제공한다. 발달단계에 동반되는 심리사회적 위기는 보편적인 것이며, 그 개인이 속해 있는 문화에 따라 각 생활단계의 해결방안이 서로 다르다.

(2) 자아(ego)

자아란 일생 동안의 신체, 심리, 사회적 발달과정에서 외부 환경에 성공적으로 대처하고 적응하는 과정에서 형성되는 역동적인 힘이자, 필수적인 기본적 기능을 수행하는 성격의 일부분으로 정의한다. 자아기능은 타고난 것이며, 성숙과 신체, 심리, 사회적 요인 간의 상호작용을 통하여 발달한다. 개인과 환경 간의 관계를 중재할 뿐 아니라 성격의 다양한 요인들 사이의 내적 갈등을 중재한다. 자아기능 정도를 파악하기 위해서는 성, 연령 및 생활양식의 차이뿐 아니라 문화적, 인종적, 그리고 민족적 다양성을 반드시 고려하여야 한다. 자아의 대처능력 결여뿐만 아니라 개인의 욕구와 능력이 환경적 조건이나 자원과 합치되지 않을 때, 사회적 기능상의 문제가 나타난다. 자아는 환경에 대한 유능성과 지배력을 확보하려고 하기 때문에 발달에 중요한 역할을 한다.

(3) 자아정체감(self identity)

자아정체감이란 내가 도대체 누구이고, 다른 사람과 구별될 수 있는 나만의 어떤 위치, 나만의 형태를 알고자 하는 노력의 결과로 형성되는 것으로, 내적인 측면과 외적인 측면으로 구성되어 있다. 내적인 측면은 자기 동일성과 자기 연속성으로 구성되며, 외적인 측면은 자기가 속한 문화의 이상을 받아들여 동일시하는 것을 의미한다. 각 개인의 발달단계에서 발생하는 위기를 성공적으로 해결하지 못하고, 사회제도로부터 소외될 경우 자아정체감은 혼란이 야기된다.

(4) 점성의 원칙(epigenetic principle)

발달의 점성원칙이란 인생주기의 각 단계에서 발달단계마다의 특성이 특별하게 혹은 우세하게 나타나는 최적의 시간이 있는데, 이것을 점성원칙이라고 한다. 이 모든 단계가 계획대로 전개될 때 완전한 기능을 하는 성격이 형성될 수 있다. 성장이라고 하는 것은 모두 기본 도안(ground plan)을 가지고 있는데, 전체적으로 기능하기 위해서는 각 부분들이 분화되고, 또 분화과정에서 우세하게 나타나는 특징적인 시기에 한 개인의 특성들을 나타내고 있는 것이다.

4) 발달단계

에릭슨은 심리사회적 발달단계마다 각 개인은 위기상황에 직면하게 되는데 이러한 위기는 하나의 전환점으로써 개인 내부의 변화와 개인과 환경 사이의 상호 연관성의 변화를 일으킨다. 위기를 개인이 자신의 자아기능이나 균형을 재정립하여야 하는 시기라고 보는데, 이는 새로운 경험을 위한 기회를 제공해 주고, 자기 자신과 세계에 대한 관점의 변화를 요구하며, 그 결과로 성격은 계속해서 새롭게 성장하거나 방해를 받게 된다. 에릭슨은 이러한 단계를 8단계로 구분하여 설명하고 있다(나병현, 2004).

(1) 신뢰감 대 불신감(basic trust vs mistrust)의 단계

첫 번째 단계는, 기본적 신뢰감 대 불신감의 단계이다. 프로이트가 말한 구강기에 해당한다. 신뢰감은 다른 사람을 믿을 수 있고 또 그들의 행동이 예측 가능한 것이라고 인식하는 것이다. 유아가 처음 가지게 되는 신뢰감은 모성 인물에 대한 기본적인 믿음으로써, 만약 유아가 모성 인물을 믿을 수 있게 되면 즉시 보살펴 주지 않아도 보채지 않고 기다릴 줄 안다. 이와 반대로 유아에 대한 보살핌이 적절치 못하여 일관성이 없고 거부적인 경우에는 유아는 불신감을 형성한다.

(2) 자율성 대 수치심과 의심(autonomy vs shame and doubt)의 단계

두 번째 단계는 자율성 대 수치심과 의심의 단계이다. 프로이트의 항문기에 해당되는 시기이다. 이 시기의 아동은 독립적으로 무엇을 성취하고자 애쓰며, 특히 혼자서 먹을 수 있으며 화장실을 사용할 수 있게 되는 등 다양한 일들을 스스로 해내면서 자존감과 자신감을 얻게 된다. 이때 자존감을 유지하면서 자아통제를 발휘하거나 타인의 통제에 적응할 수 있게 되면 자율성이 발달하게 되지만, 이 시기에 줄곧 억눌리고 규제받고 처벌받기만 한다면, 아동은 수치심을 가지게 되며 자기 능력을 의심하게 된다.

(3) 주도성 대 죄의식(initiative vs guilt)의 단계

세 번째 단계는 주도성 대 죄의식의 단계이다. 미취학의 4~6세의 아동은 육체적으로 활동적이며 왕성한 상상력과 탐구력으로 열심히 배우고자 하며, 이 시기에 탐구하고 학습하는 데에서 주도성을 발휘하도록 격려받은 아동은 성장하면서 이러한 주도성을 활용하게 된다. 그러나 아동이 탐구하고 경험하기를 원하지만 그것이 허용되지 않는다면 주도성을 배우는 대신 그렇게 많은 것을 시도하고 싶은 자신의 욕망에 대해 죄책감을 느끼게 된다.

(4) 근면성 대 열등감(industry vs inferiority)의 단계

네 번째 단계는 근면성 대 열등감의 단계이다. 학령 아동기에 해당하는 6세에서 12세 사이의 아동은 학교가 생활의 중심이 되고 학습 기술과 내용의 숙달이 중요하다. 일을 성취하기 위해 열정적으로 참여하고 과업을 완수하게 되면 근면성이 발달한다. 반면에 아동이 자신의 능력이나 지위가 또래에 비해 낮다고 느끼면 과제 수행에 대한 용기를 잃게 되고 실패를 경험한 아동은 열등감을 가지게 된다.

(5) 정체성 대 역할혼란(identity vs identity confusion)의 단계

다섯 번째 단계는 정체성 대 역할혼란의 단계이다. 청소년기는 자신이 누구인지를 탐색하고 자신의 정체성을 형성하는 시기로, 자아정체감은 개인의 내적 충동, 타고난 재능, 기회, 아동기에 획득한 자아가치 등이 모두 합해져서 내적 동일성과 연속성을 형성하면서 타인에게 주는 의미에 대한 확신을 가지게 되었을 때 확고해지게 된다. 청소년에게는 여러 가치, 신념, 역할 등을 시험해 볼 기회가 주어지는데, 이를 심리사회적 유예(psychosocial moratorium)라고 한다. 만일 자신의 다양한 역할을 통합하지 못하고 상충하는 역할에 적응하지 못할 경우 역할혼란을 겪게 된다.

(6) 친밀감 대 고립감(intimacy vs isolation)의 단계

여섯 번째 단계는 친밀감 대 고립감의 단계이다. 청년기에는 친밀성을 추구하여, 이성을 만나 결혼을 할 뿐만 아니라 넓은 범위의 사람들과 상호관계를 맺게 된다. 자신의 정체성을 희생하지 않으면서 다른 사람들과 친밀한 관계를 형성하고 내면을 공유하는 것이다. 이 단계의 위기를 만족스럽게 극복하지 못하면 자아도취에 빠지거나 친밀한 사회적 관계를 회피하는 고립 상황에 놓이게 된다.

(7) 생산성 대 침체성(generativity vs stagnation)의 단계

일곱 번째 단계는 생산성 대 침체성의 단계이다. 장년기의 사람들은 다음 세대를 지원하고 그들을 위해 생산하고 인도하는 일에 관심을 가지게 된다. 생산성은 단순히 자신의 자녀를 낳는 것 이상의 미래에 대한 진정한 관심을 내포하며, 따라서 모든 문화적 진보는 생산성을 가진 사람이 타인을 배려하고 보호하고 가르치는 것에서 비롯된다. 생산성이 결여된 사람은 타인보다 자신의 관심과 욕구에만 주목하기 때문에 인간관계가 황폐화되고 그 결과 중년의 위기에 빠지며 침체된다.

(8) 자아통합 대 절망(integrity vs despair)의 단계

여덟 번째 단계는 자아통합 대 절망의 단계이다. 노년기의 사람들은 인생을 돌아보고 음미하는 경향이 있으며, 만일 자신의 인생을 인정하고 성취에 만족한다면 자아통합을 이루게 된다. 그럴 경우 평안함을 누리고 인생의 종결을 수용한다. 반면에 과거의 인생 위기에 성공적으로 대처하지 못하고 많이 후회하는 사람은 절망감을 경험하게 된다.

각 단계의 주요 내용과 발달과업을 정리해 보면 다음과 같다.

프로이트와 에릭슨의 발달단계에 대한 관점의 차이를 분석해 보면 우선 프로이트는 폐쇄 에너지 체계에 근거하고 있고, 강한 성적 및 공격적 충동인 원초아에 의해 행동이 추진된다고 보았다. 또한 개인은 불안이나 무의식적 욕구에 의해 위협을 받고, 갈등 감소와 환경을 지배하려고 시도하는 행동에 의해 지배된다고 보았다. 그리고 상반된 충동과 사회적 기대 사이에 갈등이 일어나게 되며, 인간의 발달은 초기 유아기에서 형성되어, 초기 성인기에 끝난다고 보았다.

반면, 에릭슨은 개방체계에 근거하고 있고, 행동은 자아에 의해 지배되는 약한 성적 충동과 강한 사회적 충동에 의해 형성된다고 보았다. 또한 인간의 행동은 사회적 상호작용에 기반을 두고 발달하고, 역사적 및 민족적인 집단연합에 의해 강화된다고 브았다. 그리고 인간의 행동은 자아지배력과 사회적 지지를 통해 형성되며, 역사적 및 민족적인 세대 간의 상호 관련성에 기반을 두고 있어 사회에 긍정적인 기여를 할 수 있는 건강한 사회성원을 양성하려 한다고 하였다. 특히 인간의 발달은 전체 생애를 통하여 이루어지며, 사회질서의 원칙을 다음 세대로 전달하는 역할을 담당한다고 보았다.

5) 사회복지실천에의 적용

에릭슨은 성인기의 병리나 증상은 각 개인이 심리사회적 발달단계에서 야기되는 신체적, 심리적, 사회적 측면이 융합되어 갈등과 긴장에 적절히 대처하지 못하여 자신의 정체감에 대해 혼란을 겪기 때문에 야기된다고 보고 있다. 따라서 클라이언트의 발달 및 역사적 왜곡에 대한 정확한 사정이 필요하다고 보고 표현된 감정이나 행동 유형을 탐색함으로써 병리를 야기한 원인이 되는 개인의 발달적 역사를 재구성할 수 있는 실마리를 찾아낼 수 있다고 보았다. 프로이트는 인간관 자체가 병리적이라고 본 것에 비에릭슨은 심리적인 건강한 관점을 갖고 있기 때문에 자아와 환경이 끊임없이 상호작용

표 2-2 에릭슨의 인간의 심리사회발달 8단계

단계	생활주기	연령	발달과업과 위기	주요관계	적응방법	양육방법	강점	심리적 문제	프로이트단계
1	영아기	출생~2세	신뢰감 대 불신감	모성인물	자신의 욕구과정 해소 – 타인에 대한 신뢰감을 배움	양육자의 일관성 있는 양육태도 필요(신뢰감의 경험이 중요)	희망	철회	구강기
2	유아기	2~4세	자율성 대 수치심·의심	부성인물	대소변 훈련 – 사회의 기대나 압력을 배움 – 자신에 대한 긍정감 가짐	대소변 통제의 실패에 대한 부모의 긍정적 격려 필요	의지	강박	항문기
3	학령전기	4~6세	주도성 대 죄의식	가족	– 상상력, 목표 지향적, 경쟁적 – 부모의 간섭과 제한이 심하거나 자신의 욕구가 사회 속에서 좌절될 때 죄책감 가짐	부모의 과잉보호가 정상적인 사회·정서적 발달에 문제 가짐	목적	억제	남근기
4	아동기	6~12세	근면성 대 열등감	이웃, 학교	– 생활도구 습득과정 성공 – 근면성 발달 – 생활도구 습득과정 실패: 무능과 부적응에서 오는 열등의식(자아개념 발달에 부정적인 영향)	아동의 잠재력 파악 – 아동에게 필요한 도구 습득훈련: 학습과정에서 성공적인 경험을 할 수 있도록 지도	유능성	비활성	잠복기
5	청소년기	12~22세	정체감 대 정체감 혼란	또래집단	– 사회와의 적응에 관심: 성인문화와 어린이 문화와의 겹치는 부분으로 갈등 경험 – 육체미, 외모에 관심	독자적인 사람으로서의 자신에 대한 통합된 이미지 향상	성실	거절	생식기
6	청년기	23~34세	친밀성 대 고립감	친구와 이성	우정, 성, 경쟁, 협동	친밀하고 지속적 관계형성 능력, 경력 쌓기 시작	사랑	배타성	
7	장년기	35~60세	생산성 대 침체성	직장과 확대가족	가사의 공동부담	가족, 사회 및 미래 후손에 대한 배려	보호	거부	
8	노년기	60세~사망	자아통합 대 절망	인류	자녀, 이웃, 죽음	충만감과 자기 인생에 대한 만족, 죽음을 떳떳이 대함	지혜	경멸	

하면서 인간의 성장을 건강하게 한다고 보았다. 그래서 위기를 적절히 대처할 수 있도록 도와주는 것이 사회복지사의 중요한 역할이라고 볼 수 있다.

에릭슨이론을 사회복지현장에 접목해 볼 때 개입의 목표는 개인이 가지고 있는 자아의 통찰력을 증진시켜서 자아의 인식을 토대로 환경과 상호작용하고 또 환경에 대한 자아지배력을 회복하는 것이다. 이를 위해서는 클라이언트가 속한 연령대의 발달적 위기와 그 대처방안을 이해하는 것이다. 자아 기능의 회복을 위해서 사회복지사는 왜곡과 망상, 방어 등과 같은 병리적 증상에서 벗어날 수 있도록 원조해야 한다. 자신의 인생에 대한 선택권을 자유롭게 행사하고 삶을 창조적으로 영위할 수 있도록 원조해 주는 것이 치료의 궁극적 목적이라고 할 수 있다.

6) 개입기법

에릭슨이론을 우리가 사회복지실천에서 활용할 때 가장 대표적인 기법은 잘 들어주는 것이다. 프로이트이론에서 치료자가 모든 것들을 분석하고 해석하는 데 비해 에릭슨이론에서는 개인이 가지고 있는 자아가 문제해결능력도 함께 갖고 있다고 보기 때문에 본인 스스로가 이야기함으로써 자기 문제를 인식하고 문제에 대한 해결책도 찾도록 도와주어야 한다는 것이다. 그리고 부적절한 추론을 억제해야 한다. 클라이언트 스스로가 개입을 통해 자신의 문제를 명료화하고 해석할 수 있도록 도와야 한다.

특히 노인에 대한 치료와 서비스에서는 인생의 회상기법(life review) 같은 것이 유용한데, 어렸을 때부터 살아오면서 잘못되었던 부분, 좋았던 기억들을 떠올리면서 과거 사건을 재구조화하는 것이다. 과거 경험으로 점진적으로 되돌아감으로써 과거의 왜곡된 경험을 해결하고 통합할 수 있으며, 마지막 발달과업인 자아통합 대 절망의 위기를 해결할 수 있다. 이러한 인생회상 기법은 사회복지실천에서 폭넓게 사용되고 있으며, 노인들이 노화과정에 대처할 수 있도록 원조함에 있어서 대인관계기능과 적응기능을 증진시켜 준다. 결국 에릭슨이론은 건강한 우리 심리 내부에 있는 자아의 기능을 회복시켜 문제를 가진 클라이언트들에게 스스로 힘을 갖게 해서 문제해결할 수 있도록 도와주는 관점을 사회복지사에게 제공해 주고 있다고 말할 수 있다.

7) 사회복지사의 역할과 실무원칙

에릭슨이론의 심리사회적인 접근방법에 의한 사회복지사의 실무원칙은 다음과 같다. 클라이언트의 일생에 걸친 성격발달과정을 이해하고 클라이언트가 자기분석에 참여하도록 하여 발달적 역사를 파악해야 한다. 클라이언트가 심리사회적 위기를 해결하는 과정에서 경험한 성공과 실패를 파악하고 현실을 왜곡하며 자아기능을 축소시킨 발달영역을 결정할 수 있어야 한다. 다양한 사회제도가 어떤 방식으로 클라이언트의 심리적 안녕을 지지하고 방해하는지 확인하고 클라이언트가 환경 속에서 자신의 위치에 관해 새로운 인식을 가지도록 해주어야 한다 등으로 요약될 수 있다(나병현, 2004).

3 아들러의 이론

1) 아들러의 생애

1870년에 태어난 아들러(Alfred Adler, 1870~1937)는 1895년 빈에서 의사 자격을 취득하였다. 그는 환자를 전체적 환경과의 관계에서 치료할 것을 강조했으며, 인간의 문제에 대하여 인도주의적이고 유기적으로 접근하는 방법을 개발하기 시작했다. 1900년경에는 프로이트와 긴밀한 관계를 가졌으나, 프로이트를 비판하면서 개인심리학을 발전시켰다. 1927년 컬럼비아대학교의 초빙교수가 되었다가, 1932년 뉴욕의 롱아일랜드의과대학에 초청교수로 임명되었다.

아들러는 첫째, 둘째, 막내, 독자 등 특정 출생 순위에 태어난 아이들의 공통적인 특징을 연구하면서 개인의 출생 순위가 생활양식의 형성에 중요한 영향을 미친다고 주장했다. 같은 부모와 가정환경에서 자란 아이들도 그 출생 순위에 의한 사회적 요인에 의해 크게 영향을 받는다는 것이다. 그의 주요 저서로는 『신체적 열등과 그에 대한 정신적 보상에 관한 연구』(1907), 『신경증적인 체질』(1912), 『인간의 본성에 대한 이해』(1927) 등이 있다.

2) 인간을 보는 관점

아들러에 의하면 인간은 총체적 존재이며, 주관적 존재로 설명하고 있다. 각 개인이 지닌 창조적인 힘과 성장지향적인 동기가 인간의 본성을 결정한다고 보았다. 인간의 발달이란 완전한 것을 향한 능동적인 노력, 즉 성장을 위한 노력이다. 유전, 문화적 압력이나 본능적 욕구는 발달에 영향을 미치는 요인이긴 하지만 대부분의 발달은 개인의 능동적 선택에 의하여 이루어진다.

인간의 모든 행동은 신체적 장애와 이에 수반되는 열등감 등의 미완성을 심리적으로 극복하여 완성에 도달하려는 힘, 즉 우월함에 의해 동기화된다. 모든 개인은 협동하고 상호작용하는 사회적 관계를 맺을 수 있는 선천적 능력, 즉 공동체 의식이나 사회적 관심을 가지고 있기 때문에 환경에 대한 개인의 주관적 지각이 반영된 사회적 맥락 안에서 고려되어야 한다. 인간의 사회화는 타고난 사회적 본능의 발달을 통해 이루어진다. 개인의 독특한 목표와 이를 추구하는 방법 등을 포함한 개인의 독특한 성격구조가 생활양식을 구성하는데, 생활양식의 중요한 요소들은 출생 순서, 육체적인 열등함, 자랄 때 방치되었는지 또는 응석받이로 자랐는지 등이다. 발달은 5세경에 거의 형성되며, 이후에는 근본적인 변화가 없다. 만족스럽지 못한 보상은 신경증 및 수많은 감정과 정신의 기능적 장애를 가져올 수 있다고 보았다(김필진, 2007).

3) 주요 개념

(1) 열등감과 보상(inferiority & compensation)

아들러는 인간이란 본질적으로 열등감을 가지고 있고, 이러한 열등감을 극복하여 완성의 단계에 이르고자 하는 힘이 있기 때문에 심한 신체적 약점이나 결함이 있는 사람도 연습이나 훈련을 통해서 이를 보상받으려고 노력을 한다고 하였다. 일부는 결국 그

약점을 보상받게 된다. 보상은 잠재력을 발휘하도록 인간을 자극하는 건전한 반응이고, 열등감은 항상 긴장을 낳기 때문에 개인을 더 높은 수준으로 자기 발달을 하도록 동기를 유발시킨다.

(2) 우월을 향한 노력(striving for superiority)

아들러는 인간이란 누구나 출생에서 사망에 이르기까지 우월감을 추구하기 위해 노력하는 존재로 보았다. 이 노력은 선천적으로 타고 나지만 출생 시에는 잠재력으로 존재하다가 자신의 인생목표를 정할 때, 일반적으로 모호하고 무의식적이지만 동기의 방향이 결정되는 것이다. 또 심리적 운동을 구체화하고 의미를 부여하게 된다. 우월의 목표는 사회적인 관심이나 다른 사람의 행복을 지향하는 이타적인 목표인 긍정적인 경향과 개인적인 우월성을 추구하는 자기존중, 권력, 개인적인 허세와 같은 이기적인 목표인 부정적인 경향을 갖는다.

(3) 생활양식(life style)

생활양식이란 문제해결에 있어 대처하는 방법, 삶에 공헌하려는 소망, 인생의 목표에 도달하기 위해 스스로 설계한 독특한 좌표라고 정의내릴 수 있다. 그러므로 모든 사람은 각자의 생활양식이 있지만, 어느 누구도 생활양식의 유형이 똑같지 않다. 이러한 생활양식을 결정하는데 있어 출생 5년 동안의 가족 내에서의 경험이나 형제관계가 중요한 요인이 되는데, 이것은 개인의 외부 세계에 대한 전반적인 태도를 결정하게 된다. 또한 개인의 생활양식은 열등감과 이를 보상하려는 노력에 의하여 형성된다.

(4) 사회적 관심(social interest)

아들러가 말하는 사회적 관심은 인간은 태어나는 그날부터 가족관계 및 아동기 경험의 사회적 맥락 속에서 발달하게 된다. 예를 들어 협동심, 연대의식, 동료의식은 어머니에 의해서 발달된다. 또한 아버지가 배우자나 직업, 사회에 대해 긍정적인 태도로 성숙된 관심을 보여준다면, 아동이 사회적 관심을 발달시키는데 있어 보다 쉽고, 긍정적으로 발달한다. 특히 부부관계가 자녀의 사회적 관심의 발달에 지대한 영향을 미친다.

(5) 창조적 자아(creative self)

창조적 자아란 생의 의미를 제공해 주는 원리로서 목표를 직시하고, 결정하고, 선택하고, 개인의 목표와 가치관에 부합하는 모든 종류의 배려를 나타내는 능력을 말한다. 성격형성에 있어서 주어진 재료는 이차적인 것이고, 사람들은 스스로가 자신을 건축하기 때문에 창조적인 자아에 의해서 사람들 간에 성격적 차이가 발생한다.

(6) 가족형상(family constellation)

가족형상이란 가족성원 간의 정서적 유대, 가족의 크기, 가족의 성적 구성, 출생 순위, 가족역할 모델 등을 포함하는 가족 분위기를 말한다. 가족형상에서 가족의 출생순위에 따라 형제들의 성격이 달라지는데, 첫째 아이는 스스로 고립에 대한 적응력과 욕구에 초연하면서 생존 전략을 습득한 성격을 가지며, 중간 아이는 경쟁심이 강하고, 대부분 야망을 많이 갖고 있다. 막내는 형제를 능가하려는 강한 동기가 작용하여 혁명가나 예술가들이 많다고 한다. 반면, 외동자녀의 경우는 의존심이 강하고 자기중심적 성향을 갖는다고 한다.

4) 발달단계

아들러는 구체적인 발달단계를 구분하지는 않았지만 성격발달은 아동의 객관적 출생순위보다는 그 출생순위에 대한 주관적 지각에 더 영향을 받는다고 보았다. 인간은 선천적으로 성장경향을 지니고 태어나며 인간발달은 유아기와 아동기에 주관적으로 경험한 열등감이 미래지향적인 그리고 완전과 우월을 성취하기 위한 노력의 결과로 이루어진다. 그러므로 아들러의 개인심리학에서는 외적인 환경적 자극에 대해 단순히 반응함으로써 발달이 이루어지는 것이 아니라 개인의 자기발생적인 그리고 미래지향적인 노력의 결과로 발달이 이루어진다고 규정한다(권형자, 2006).

5) 사회복지실천에의 적용

아들러의 이론은 사회복지현장에서 심리학적인 정상과 비정상을 설명할 수 있도록 도움을 준다. 정상인은 용기를 가지고 문제에 직면하며, 삶을 현실적으로 바라보고 타인의 안녕과 행복에 기여하려는 의지를 갖고 있는 사람이자 생활의 유용한 측면에 노력을 기울여 공공복지서비스를 받음으로써 열등감을 극복하여 보상을 하는 사람이다. 반면에 비정상의 사람은 문제를 과제 중심적이고 상식적인 방식에 의하지 않고 해결하려 하기 때문에 결국 문제해결에 실패하게 되어 적응장애를 보이거나 불완전한 생활양식과 잘못된 인생목표를 가지게 되고 사회적인 관심이 부족하여 열등감 증대, 사회적 관심 저하, 과장되고 비협동적인 우월감, 불안과 공격성을 나타내는 사람이다.

결국 아들러이론에 의한 사회복지실천은 면접 때 클라이언트가 제공하는 자료를 통해 클라이언트에게 자신의 잘못된 생활양식을 깨닫게 하여 클라이언트가 자신의 사고, 느낌, 행동에 책임을 질 수 있도록 원조하는데 목표를 둔다. 클라이언트의 사회적 관심, 즉 잘못된 사회적 가치를 바꾸고 증상의 경감이나 제거보다는 기본적인 삶의 전제를 수정하고 왜곡된 삶의 동기를 수정하는데 초점을 둔다. 그래서 개입과정은 보다 지시적이며 사회복지사는 능동적 참여자여야 한다. 사회복지사와 클라이언트는 동등하게 문제에 대해 토론하는 개입을 통해 건전한 인간관계와 사회적인 관심을 강화시켜야 한다.

개입의 과정은 클라이언트로 하여금 자신의 역동성과 삶에 대한 잘못된 신념을 확인하고 자신의 부적응적 정서와 행동을 야기시키는 잘못된 생각과 신념을 변화시키도록 돕기 위하여 적절한 관계의 형성, 개인의 역동성 탐색과 분석, 통찰의 격려, 재교육을 통한 원조 등의 단계를 거친다. 구체적인 개입 내용으로는 사회적 관심을 증진시키고, 실망감과 열등감을 극복하도록 클라이언트를 도와 생활방식을 변화시킨다. 또한 잘못된 동기를 변화시켜 사회에 기여하는 구성원이 되도록 돕는 것 등을 들 수 있다.

6) 개입기법

아들러이론을 사회복지현장에서 활용할 때 가장 대표적인 기법으로는 즉시성과 격려의 기법이 있다. 즉시성은 현재 이 순간에 무엇이 일어나고 있는지를 다루는 기법이고, 격려는 클라이언트의 신념을 변화시킬 수 있는 가장 강력한 방법으로 자기 신뢰와 용기를 갖도록 원조하는 기법이다. 다음은 역설적 개입으로 클라이언트의 의도와 반대되는 방향으로 개입하는 것으로 제지 혹은 반대처방 등이 있다.

다음은 역지사지기법이 있다. 이것은 클라이언트가 마치 자신이 그런 상황에 있는 것처럼 상상하고 행동하는 역할극 기법이다. 수프 엎지르기 기법도 있는데, 이것은 사회복지사가 클라이언트가 보는 앞에서 어떤 행동의 유용성을 감소시킴으로써 부적절한 게임을 종식시키는 기법이다. 단추누르기 기법은 클라이언트에게 의도적으로 유쾌한 감정이나 불유쾌한 감정을 갖도록 하고, 그런 경험에 수반되는 감정에 대해 토론하는 기법으로 스스로 자신의 감정을 통제할 수 있도록 원조하는데 중점을 두게 된다. 과제부여기법은 클라이언트의 문제해결을 위해 특정한 과제를 개발하여 부과하고 이행하도록 하게 함으로써, 성공감을 맛보게 하고 새로운 일에 대한 자신감을 갖고 도전할 수 있도록 하는 기법이다.

사회복지사는 클라이언트의 기능에 대한 종합적 진단을 하기 위해서 가족구성원에 대한 정보를 수집하거나 초기 회상을 사용하기도 한다. 초기회상 기법은 현재의 신념, 평가, 태도, 편견 등을 반영하는 생활양식을 요약하여 해석한 후 클라이언트의 생애에서 중요한 성공과 실수를 확인하는 기법이다. 여기서 클라이언트는 자신의 행동이나 증상의 목적과 자신의 대처와 연합된 기본적 오류를 밝히게 되며, 잘못된 가정과 결론을 교정하게 된다.

7) 사회복지사의 역할과 실무원칙

일반적으로 아들러이론의 개입과정의 기본 목표는 클라이언트의 소속감을 발전시키고 공동체감과 사회적 관심이라는 특징을 가진 행동과 과정을 받아들이도록 돕는 데 있기 때문에 자기인식을 증가시켜서 기본 전제와 생활목표, 기본 개념들을 반박하여 수정하도록 돕는 것이다. 이를 위해서는 사회복지사는 클라이언트를 환자로 보지 않는 것이 중요하며, 상호신뢰와 존경에 기초를 둔 동등한 관계로 인식해야 한다. 클라이언트 삶 속에서 잘못된 가정과 결론을 발견하고, 그것을 교정하도록 원조하는 역할을 수행해야 하며, 현재를 변화시키고 미래행동과 목표들을 선택하고 추구하도록 제안해야 한다.

사회복지사의 실무원칙으로는 인간은 통합적인 존재이므로, 모든 행동을 전체적 관점에서 이해해야 하며, 인간행동을 목적론적인 개념의 맥락에서 이해할 수 있어야 한다. 클라이언트 자신이 지닌 열등감을 직시하고, 용기를 가지고 문제에 직면할 수 있도록 격려할 수 있어야 한다. 클라이언트의 생활양식을 이해하도록 노력하며 현재를 변화시키고 미래의 행동과 목표를 선택하고 추구하는 것에 강조점을 두어야 한다. 클라이언트의 환경에 대한 반응양식과 지각을 이해하고, 왜곡된 지각을 해결하는데 초점을 두어야 한다. 클라이언트의 우월한 추구를 방해하는 환경적 요소를 찾아 해결하고 클라이언트의 사회적 관심을 증진시켜야 한다.

4 융의 이론

1) 융의 생애

융(Carl Gustav Jung, 1875~1961)은 스위스 케스빌에서 출생하여 바젤에서 초등학교를 졸업하였다. 1895년 바젤대학에 입학하여 의학을 전공하고, 학위를 받아 정신과의사가 되었다. 1900년 졸업과 동시에 취리히대학의 요양소 조수, 1905년에는 취리히대학교 강사가 되었다. 그때부터 프로이트의 저작이 마음에 들어 프로이트와 편지를 교환하기 시작하다가 1907년 취리히에 프로이트연구소를 설립하였고, 1910년 국제정신분석학회가 창설되자 초대 회장이 되었다. 리비도이론에 대한 의견차이 때문에 1914년 프로이트와 결별하고 분석심리학파를 창설하였으며 대학도 사직한 뒤 정신병원을 개업했다. 1920년 이후에는 원시문화 연구여행을 계속하면서, 신화·종교·연금술·신비주의 등에 홍미를 가지게 되었으나 1961년 퀴스나흐트에서 급사했다. 1948년 취리히에 융연구소가 설립되었다. 융은 프로이트의 무의식 개념을 완전히 버린 것이 아니라 거기에 집단 무의식이라는 개념을 첨가하였다.

2) 인간을 보는 관점

융은 개인적, 사회문화적 원형이 갖는 힘의 상호작용, 즉 주관적·경험적 방법을 고려하지 않고는 정신을 이해할 수 없다고 믿었다. 또한 인간의 마음이 마치 하나의 기계처럼 움직이는 것으로 보는 것은 아직 그 깊이를 측정할 수 없는 정신 영역의 무한한 가능성에 대한 이해를 박탈하고 있다고 믿었다. 그리고 융은 인간의 성격 구조에 관한 연구를 통해 성격은 분리되면서도 상호작용하는 세 가지 체계인 자아(ego), 개인 무의식(personal unconsciousness), 집단 무의식(collective unconsciousness)으로 이루어져 있다고 하였다. 이러한 성격은 사고(thinking), 감정(feeling), 감각(sense), 직관(intuition)의 네 가지 심리적 기능이 상호작용하면서 내향성(introversion)과 외향성(extraversion)의 방향성을 갖고 있다고 하였다. 내향적인 사람은 내적이고 주관적인 삶을 강조하며, 다소 위축되어 있는 경향이 있다. 외향적인 사람은 객관적 현실의 외부 세계로 지향하기 때문에 대인관계가 솔직하고 사교적이며, 타인들과의 진실한 교제를 즐긴다. 이 두 가지 태도가 성격에 포함되어 있으나 보통 하나가 우세하여 의식되는 반면 다른 하나는 무의식 속에 있다고 보았다. 결국 네 가지의 심리적 기능과 두 가지의 방향성이 상호작용하여 여덟 가지의 심리적 유형이 형성된다고 하였다.

3) 주요 개념

(1) 사이키(psyche)

융은 한 인간의 전인격적 심리 구조를 통틀어 사이키라고 표현했는데, 의식의 심층을 둘러싼 자아, 그 의식을 둘러싼 개인 무의식, 그리고 집단 무의식과 원형으로 구성되어 있다고 보았다. 개인의 발전은 사이키의 모든 원형들이 완전히 성숙한 후에야 비로소 가능하다는 입장을 취했다.

(2) 자아(ego)

자아란 의식적인 마음을 의미하는데, 의식적인 지각, 기억, 사고와 감정으로 구성되어 있어 자신에 대한 의식뿐만 아니라 외계에 대한 지각을 포함하게 된다. 이 자아는 자신이 의식하는 세계에 대한 태도가 합리적이냐 혹은 비합리적이냐를 결정하는데, 합리적인 기능은 사고와 감정이고 비합리적 기능은 감각과 직관이 담당한다.

사고는 인간으로 하여금 관념적이며 지적인 기능을 수행함으로써 세계와 자신의 본질을 이해하는 매체이다. 객관적 진실과 원리원칙에 의해 판단하고 논리적이고, 분석적이며 규범과 기준을 중시한다. 감정은 주체의 입장에서 사물의 가치를 평가하는 개념이다. 유쾌, 고통, 분노, 공포, 비애, 즐거움, 그리고 사랑의 주관적 경험을 주게 된다. 타인과의 관계나 보편적 선 등에 관심을 가지며 상황적이거나 우호적인 판단을 한다.

감각은 인간으로 하여금 지각적 혹은 현실적 기능에 의해 외계의 구체적 사실들이나 표상을 만들어 내는 작업을 수행한다. 구체적이고 사실적인 경험에 초점을 두고 매우 일관성 있는 현실 수용을 추구하는 경향이 있다. 직관은 미래의 가능성과 육감에 초점을 두어 기능하며, 변화와 다양성을 추구한다.

(3) 개인적 무의식과 집단적 무의식

융은 의식의 영역이 중요하기는 하지만 무의식의 영역이 더욱 중요하다고 보았다. 무의식은 개인적 무의식과 집단적 무의식 두 개의 층으로 나누어져 있다. 개인적 무의식은 상부의 표면에 있는 것으로 상실된 기억이나 억압된 불쾌한 여러 상징, 사건들이 의식 속에 남아 있지는 않지만 쉽게 의식의 영역으로 떠오를 수 있는 자료의 창고라고 할 수 있다. 자아와 지속적으로 상호작용하여 꿈 등으로 지각된다. 프로이트의 전의식과 유사한 개념이다.

집단무의식은 과거 세대의 누적된 경험이 저장되어 있는 것으로, 모든 인간이 공유하는 것이며, 사고하고 느끼는 방식, 인생과 세계를 인식하는 방식, 신과 인류에 대한 인식 등에 영향을 주는 인간의 기본 성향이다. 개인적인 특성과는 관계없이 모든 인간에게서 발견되는 보편적인 내용을 담고 있다. 지리적 차이, 문화나 인종의 차이와 관련 없이 존재하는 인간의 원초적이고 근원적인 행동 유형으로써 인간의 특성을 부여하는 요소라고 할 수 있다. 또한 신화나 종교적 원천을 산출하는 그릇이라 할 수 있다. 융은 처음에 콤플렉스가 어린 시절의 외상적인 사건에 의해 생긴다고 믿었지만 나중에는 종의 진화사에서 어떤 경험, 즉 유전 기제를 통해서 한 세대에서 다음 세대로 전달되는 경험에 의해 영향을 받는다고 보았다. 이러한 보편적인 진화 경험의 저장소인 집단적 무의식은 인간의 성격이 가장 접촉하기 어려운 가장 깊은 수준에 존재하며 한 개인의 성격의 토대가 된다고 보았다.

(4) 콤플렉스(complex)

개인적 무의식에서 하나의 공통된 주제에 대한 감정, 사고, 지각, 기억 등의 조직된 무리를 콤플렉스라고 하였다. 콤플렉스를 가진 사람은 콤플렉스가 인식되는 의식 영역의 부분이 아니라 개인적 무의식 속에 있기 때문에 자신이 콤플렉스에 의해서 얼마나 통제를 받고 있는가를 알지 못한다.

(5) 원형(archetype)

인간들의 보편적인 경험들이 우리 내부의 심상으로 나타나거나 표현되어 집단적으로 조직적으로 구성된 무의식의 형태이다. 융은 어떠한 것이 만들어지게 되는 기본 모형으로 설명하였다. 여러 개의 원형 중에 몇몇 원형은 매우 발달이 되어 있고 세력도 강한데 그중에는 페르소나, 아니마, 아니무스, 그림자와 자기가 포함된다.

(6) 페르소나(persona)

자아의 가면으로 우리 자신을 우리가 아닌 다른 어떤 것으로 표현하는, 개인이 외부에 보이는 이미지이다. 페르소나는 배역에 따라 상황과 역할에 따라 행동과 태도가 달라지는데, 사회가 인간에게 생활에서 담당하기를 기대하는 배역이라 할 수 있다. 따라서 페르소나의 목적은 남에게 뚜렷한 인상을 주는 것이며 사람의 본성을 감추는 것이다. 건강한 성격은 페르소나를 축소시키고 본성을 발달시키는 것이라 할 수 있다.

(7) 아니마(anima)와 아니무스(animus)

인간은 생물학적으로나 심리적으로 양성의 특징과 성격을 지니고 있는데, 남성적인 성분(아니무스)과 여성적인 성분(아니마)이다. 건강한 심리 상태를 위해서는 이러한 두 원형이 남녀 모두 자신의 성별에 맞는 성격에 나타나야 하는 동시에 남성은 여성적인 성격을, 여성은 남성적인 성격을 함께 갖고 있어야 한다.

(8) 그림자(shadow)

그림자는 가장 근본적이면서도 강력하고 잠재적인 원형으로, 조상 이전부터 진화하면서 의식에서 도외시되는 동물적 본능을 의미한다. 그림자는 긍정적인 자기상과 반대되는 부정적인 성격을 갖게 되는데, 예를 들어 남자가 흉악한 살인자의 꿈을 꾸거나 여자가 창녀의 꿈을 꾸는 것은 그림자가 투사된 결과라 할 수 있다. 그림자는 다른 사람들과의 원만한 인간관계를 위해서는 억압되어야 하지만, 그림자를 전적으로 억압하여 긍정적인 면만을 표현하는 것은 바람직하지 못하다고 보았다. 즉, 그림자가 균형을 이루고 있을 때 인간은 활동적이며 열정적일 수 있다.

(9) 자기(self)

융은 자기가 인생의 궁극적인 목표이자 가장 중요한 원형이라고 하였다. 성격의 상반되는 측면들을 균형 있고 조화롭게 만들려는 통일성과 통합성, 중심성, 전체성, 안정성을 향해 나아가게 하는 힘이 된다. 완전한 자기인식이나 자기실현은 어렵다고 하더라도 항상 목표를 향해 동기를 유발시키는 힘으로 작용한다. 자신에 대한 객관적인 지식을 갖기 위해서는 훈련, 인내, 지속성 및 여러 해 동안의 고된 작업이 필요하다. 자기인식을 위해서 요구되는 또 한 가지의 필요조건은 성격의 모든 체제가 충분히 나타나 발달하는 것인데, 이것은 중년층에 가서야 비로소 발달하기 때문에 융 자신의 일생에서와 같이 중년기가 인간의 성장 단계에서 심리적 건강을 성취하기 위한 결정적인 시기라고 하였다.

4) 발달단계

융은 자아, 개인 무의식, 집단 무의식이라는 세 가지가 서로 분리되어 있으나 서로 교류하는 체계로 구성되어 인간의 일생에 걸쳐 연속적 과정으로 발달하며, 변화를 만들어 낸다고 보았다.

네 단계로 성격의 발달을 설명하고 있다(민성길, 1998).

첫째, 아동기는 출생부터 사춘기 전까지의 시기로 본능에 지배되기 때문에 주로 부모에게 의존한다. 그래서 구체적인 심리적 문제는 사실상 있지 않고, 의식의 연속성이나 자아정체감의 감각도 없는 시기라고 할 수 있다. 아동기 후반부부터 기억이 지속되고 자아정체감의 감각과 관련된 지각이 축적되면서 자아가 형성된다. 두 번째는 청소년기와 성인기로 사춘기에 일어나는 생리적 변화를 시작으로 13~34세 사이에 속하는 시기이다. 융은 이 시기를 정신적 탄생이라 불렀다. 자아의 의식적 분리는 청소년기에 일어난다고 보았다. 성인기는 외형적으로 팽창하는 시기이며, 성숙의 힘에 이끌려 자아가 발달하고 외부 세계에 대처하는 능력이 발달하는 시기이다. 세 번째는 중년기로 35~40세를 전후해 정신적 변화가 오는 시기이다. 외형적 목표와 야망이 중년이 되면 그 의미를 잃어가고 사회가 보상한 성취란 성격의 어떤 측면들을 희생시킨 대가로 얻어진 것으로 보게 된다. 그래서 중년기에는 외부 세계를 정복하는데 쏟았던 에너지를 자신의 내부에 초점을 맞추도록 자극을 받으며 자신의 잠재력에 깊은 관심을 갖게 된다. 네 번째는 노년기로 자신에 대해 진지한 관심을 가지는 것이 의무이고 필수인 시기이다. 사람이 나이가 들어가면서 명상과 회고를 많이 하게 되고 자연적으로 내적 이미지가 이전과 달리 큰 비중을 차지하게 되기 때문이다. 노년기에는 죽음 앞에서 생의 본질을 이해하려고 애쓰게 된다.

5) 사회복지실천에의 적용

융의 이론에서 사회복지실천의 개입이 필요한 상황은 인간의 심리 내부의 의식과 자아가 무의식과 자기로부터 벗어나 있는 상태를 의미한다. 인간의 전반기에서는 외부

세계와의 적응을 통해 자아를 강화하는 것이 목적이라면, 후반기는 내면세계로 시선을 돌려 무의식을 의식화하여 자기를 강화하는 것이 목적이다. 그러므로 자아강화를 통한 자기실현은 결국 자신의 개성을 찾는 개성화 과정을 말하며, 사회복지의 개입의 목표도 자기실현을 지원하는 것에 있다고 할 수 있다.

개입목적을 달성하기 위한 구체적인 개입단계를 살펴보면 다음과 같다. 첫 번째는 고백 단계인데, 자신의 개인사를 고백함으로써 정화를 경험하며 의식적 및 무의식적 비밀을 사회복지사와 공유하는 단계이다. 고백을 통해 클라이언트와 사회복지사의 치료적 동맹관계가 이루어지면서 전이를 형성하게 된다. 두 번째는 명료화 단계로써 클라이언트가 정서적이거나 지적으로 자신의 문제에 대한 통찰을 얻게 하는 것이다. 증상적 의미, 아니마와 아니무스, 그림자, 현재 생활상황과 고통 등을 명료화함으로써 문제의 기원에 대해 알게 된다. 세 번째는 교육 단계로 클라이언트가 사회적으로 부적응이나 불균형적 삶을 초래하게 한 발달과정 문제에 초점이 맞춰진다. 페르소나와 자기(self)에 초점을 맞춰서 슬기롭게 현실적인 사회적응을 할 수 있도록 안내한다. 네 번째는 변형 단계이다. 클라이언트와 사회복지사 간의 역동적인 상호작용을 통해 자기실현으로의 변화가 이루어지는 단계이다. 의식과 무의식을 포함한 전체적 성격이 자기실현을 이루기 위한 과정, 즉 개성화를 지향하는 과정에 맞춰진다(김홍류 · 원애경, 2007).

6) 개입기법

융 이론을 사회복지실천현장에서 활용할 때 구체적인 개입기법으로는 상징의 사용기법을 들 수 있다. 이 기법은 클라이언트의 사고, 감정, 행동을 추동하는 역동성과 패턴을 상징적으로 생각하고 이해할 수 있는 능력을 필요로 한다. 다음 기법은 단어연상검사 기법으로 개인이 어떤 자극 단어에 마음에 떠오르는 어떤 단어로 반응하는 투사기법이다. 증상분석 기법은 클라이언트가 보고하는 증상에 초점을 두고 증상 원인에 대한 해석을 통해 감소되거나 사라지게 하는 기법이다. 마지막으로 사례사(case history) 기법은 클라이언트로 하여금 과거 경험에 대해 회상하도록 하여 조사함으로써 현재의 신경증을 설명하는 발달 패턴을 확인하여 생애사를 재구성하도록 하는 기법이다.

7) 사회복지사의 역할과 실무원칙

융은 프로이트보다 훨씬 꿈의 해석을 상담 및 심리치료의 방법으로 중요시하였다. 꿈 분석은 융의 분석심리학에서 가장 중요한 방법으로 환자의 무의식을 이해하는 데 사용된다. 사회복지사는 클라이언트의 꿈을 해석함으로써 혹은 무의식적 목소리를 경청함으로써 클라이언트의 문제를 해결하는데 초점을 둔다. 그러므로 융이론을 사회복지실천현장에 접목할 때 사회복지사는 깊은 무의식과 외침인 꿈을 파악하여 부단한 자기분석을 통해 자기실현을 이루도록 도와야 한다.

첫 시간에 가져오는 꿈은 그 사람의 문제의 소재와 그 해결의 전망을 표시하는 경우가 있어 큰 의미를 지니므로 이에 대한 민감성을 지녀야 한다. 꿈의 미래에 대한 예견성 분석은 오랫동안 보지 못했던 친구를 꿈에서 보았는데, 다음날 그 친구가 전날 밤에 죽었다는 소식을 듣는 것으로 설명될 수 있다. 또한 적응과 결함을 교정하려는 꿈의 보상성 분석은 몹시 수줍어하는 사람이 파티에서 매우 활동적인 역할을 하는 꿈을 꾸는 것으로 설명될 수 있다. 꿈의 확충법 분석은 꿈을 통해 무의식에서 반복되는 주제와 상징들이 재평가와 재해석을 통해 문제로 발견되는데 도움을 준다.

꿈을 알기 위해서는 그 사람의 의식의 상황, 즉 현실과 과거의 생활 배경을 알아야 한다. 꿈을 의식의 방향을 보상하는 지표로 삼는 것이며, 꿈의 내용에 무조건 맹종하는 것이 아니라 꿈을 꾼 사람에게 알맞고 이해하기 쉽게 해석해야 한다. 꿈의 분석은 클라이언트에게 항상 편안한 마음을 가져다주는 것이 아니라, 때로는 심한 고통을 주는 것이기 때문에 분석을 받으려면 상당한 자아의 강도를 갖추고 있는지 탐색해야 한다. 분석의 기간은 일정한 규칙이 없으며 미리 정하는 것 또한 어렵다. 하나하나의 시간이 시작이며 또한 끝이라고 생각하는 것이 옳고 그 시간을 어떻게 만나느냐 하는 것이 중요하다(송대현 역, 1998).

융은 성인기와 노년기의 환자를 이해하고 치료하는 데 상당한 기여를 하였으나 신비스럽고 이해하기 어려운 개념을 사용하였으며, 현실을 떠나 종교적인 환상적 생활을 하게 하는 경향이 있다는 비판을 받았다.

Chapter 03
행동주의이론 및 사회학습이론

CHAPTER

03 행동주의이론 및 사회학습이론

철학으로부터 심리학이 독립하여 현대의 과학적 심리학으로 출발한 시발점은 독일의 의사, 생리학자, 철학자, 그리고 심리학자였던 분트(Wundt, 1832~1920)에 의해서라고 할 수 있다. 분트에게 심리학은 경험의 주체를 포함한 '직접 경험의 학문'이었다. 자기관찰에 의한 내성법(introspective method)으로 구성주의 심리학을 주창하였다. 뒤이어 러시아의 생리학자 파블로프는 개의 타액분비에 관한 연구를 통하여 고전적 조건형성이론을 제시하였는데, 공포증 개입에 활용되어 체계적 둔감법이라는 기법을 발달시키게 되었다.

이어 왓슨은 인간행동을 연구하는 심리학이란 물리학, 화학, 생물학과 같은 학문 분야에서 사용되어 왔던 엄격한 과학적 원리와 방법론의 바탕 위에서만 이루어져야 한다고 보았다. 인간의 행동에 대한 이해를 위하여 실험적 방법과 과학적 분석을 적용하는 행동주의 심리학을 주창함으로써 과학적 심리학 운동을 촉발하였다. 이것은 객관적으로 증명될 수 없거나 과학적 검증도 이루어질 수 없는 주관적인 내성적 경험, 정신, 인간본성이나 지성과 의지, 느낌, 의식 등의 개념을 거부하고 인간의 외현적이고 관찰 가능한 행동만이 심리학의 유일한 연구대상이 될 수 있다는 가정에서 출발한 것이다. 모든 인간행동은 개인의 목적이나 의도 또는 성향, 동기와는 상관없이 외적인 힘 혹은 자극에 의한 조건화로 이루어진다고 보았다. 인간만이 가지는 독특한 행위로 생각되어 왔던 사고, 의지, 사랑까지도 사실상 이전에 경험한 조건화의 결과에 지나지 않는다고 보았다.

손다이크는 고양이를 이용한 '문제상자' 실험을 통해 시행착오법이라는 이론을 수립하였다. 손다이크의 가장 위대한 업적 중의 하나는 인간에게 적용할 수 있는 정보들을 얻을 수 있는 계기가 될 수 있도록 많은 동물실험을 수행한 점이다. 파블로프와 왓슨은 인간의 행동이 습관형성의 일차적 수단인 반사적인 행동이라는 것에 초점을 둔 반면, 손다이크는 강화원리에 의한 자발적인 행동이라는 것을 강조하였다.

손다이크의 이론을 발전시킨 스키너는 인간의 행동에 대해 설명력이 있는 조작적 조건형성의 이론을 수립하였다. 행동주의는 1920년대 이후 부분적인 수정이 이루어졌으나 아직도 많은 행동주의자들에 의해서 일반적으로 받아들여지고 있다.

뒤이은 반두라(A. Bandura)는 스키너 등의 행동주의 심리학자들이 인간 행동을 관찰 가능한 외현적인 행동에 관심을 가졌지만, 인간의 행동은 다른 사람의 행동을 관찰하고 모방한 결과로 형성된다는 인간 내적 과정을 인지론적 입장에서 접근하는 경향을 보였다.

1 초기 행동주의이론

1) 파블로프의 고전적 조건형성이론(classical conditioning)

파블로프(I. P. Pavlov, 1849~1936)는 1849년 9월 26일 러시아의 랴잔에서 출생하였다. 1879년 상트페테르부르크대학교 의학아카데미를 졸업하고 육군 군의학교에서 심장의 신경지배를 주로 연구하였다. 특히 소화와 관련된 연구를 통해 소화액의 분비메커니즘을 실험적으로 밝혀냈다. 이 소화샘을 연구하는 중에 침은 단지 음식을 먹었을 때에만 분비되는 것이 아니라 실험용의 개가 주인의 발자국 소리만 들어도 침을 분비하는 것을 발견하고 그것은 대뇌의 작용에 의한 것임을 깨닫게 되었다. 연구의 업적을 인정받아 1904년 노벨생리의학상을 수상하였다.

파블로프는 개에게 무조건자극인 고기를 줄 때마다 중성자극인 종소리를 들려주었다. 이와 같이 고기를 줄 때마다 종소리를 함께 들려주는 실험을 반복한 결과, 개에게 고기 없이 종소리만 들려주어도 침을 흘리게 된다는 사실을 발견하게 되었다.

개는 무조건자극 없이도 종소리만으로 침을 흘리도록 조건화되었으며, 이때의 종소리는 중립자극이 아닌 조건자극(conditioned stimulus: CS)으로 작용하며, 이렇게 종소리만으로 침을 흘리게 되는 것을 조건반응(conditioned response: CR)이라고 한다. 고기(UCS)와 침(UCR) 사이에는 무조건적인 관계성이 존재하는 반면, 종소리(CS)와 침(CR) 사이에는 조건화(conditioning)가 형성되는 것이다. 이를 그림으로 나타내 보면 다음 〈그림 3-1〉과 같다(나병현, 2004).

고전적 조건형성 과정의 현상은 무조건자극과 조건자극이 짝지어지는 횟수와 두 자극 간의 시간 간격이 매우 중요하다. 조건자극과 무조건자극은 짝짓는 횟수가 증가하는 일정 수준까지는 조건반응의 정도가 급속도로 증가하나 그 수준을 지나 횟수가 더욱 많아지면 속도가 점차 줄어들고 어느 수준에 이르면 증가를 멈춘다. 일반적으로 조건자극을 무조건자극보다 0.5초 정도 먼저 제시했을 때 조건자극과 조건반응이 가장 강하게 연결된다. 시험불안, 공포증 등의 정서적 반응은 주로 고전적 조건형성에 의해 학습된다.

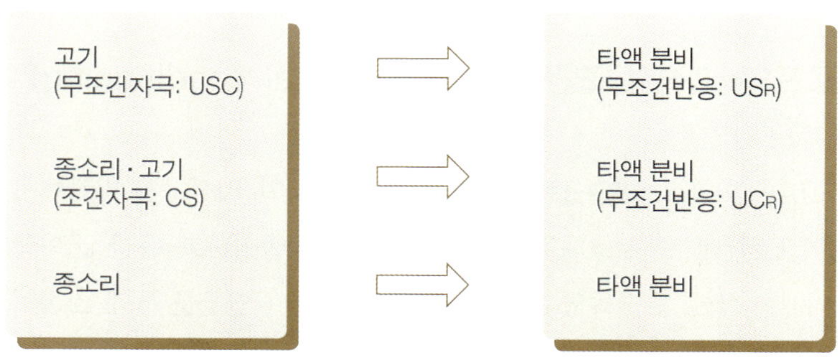

그림 3-1 파블로프의 고전적 조건형성 과정

2) 왓슨의 이론

1878년에 출생한 왓슨(Watson, 1878~1958)은 퍼어먼대학교를 졸업하고 시카고 대학원에서 엔젤과 듀이의 지도를 받아 1903년에 학위를 받았다. 왓슨은 1913년에 발표한 논문을 계기로 행동주의를 처음으로 선언했다. 행동주의는 그 전에 유행하던 연구 방법론의 하나인 내성법에 대한 반발이라 볼 수도 있다. 내성법은 자기가 어떻게 느끼고 생각하는지에 대하여 관찰하는 것을 지칭한다. 그는 앨버트라는 생후 11개월이 된 유아가 공포증을 습득하는 과정을 통해 선천적인 것으로 여겨지던 정서반응이 중립자극에 대해 조건형성된다는 사실을 입증하였다. 처음 앨버트는 흰쥐(중립자극)에 대해 공포감을 전혀 나타내지 않았다. 그러나 흰쥐를 보여주면서 망치소리(무조건자극)를 들려주었더니 앨버트는 격렬하게 몸부림치며 울음을 터뜨렸다(무조건반응). 이러한 과정을 여러 차례에 걸쳐 반복했더니 앨버트는 흰쥐만 보아도 울음을 터뜨렸으며(조건반응) 그 후 토끼나 쥐와 비슷한 털을 가진 다람쥐, 개, 모피, 외투, 목화, 산타클로스의 수염에도 공포감을 나타낸다는 사실을 알아냈다.

이러한 원리로 왓슨은 정상적인 아이를 맡기면 부모가 원하는 성격, 직업, 능력을 갖춘 사람으로 만들어 주겠다는 공언을 하기도 했다. 나에게 건강하고 잘생긴 아이 열둘과 나에게 모든 것을 일임한다면 어느 아이든 그의 재능, 기호, 성향, 능력, 적성 그리고 조상의 피부색과는 상관없이 의사, 변호사, 예술가, 사장, 심지어 거지, 도둑 중에서 내가 선택하는 유형의 전문가로 훈련시킬 수 있음을 보장한다(Watson, 1924)라고 하였다.

왓슨의 행동주의이론의 핵심은 행동의 예언과 통제에 있다. 비록 인간의 행동은 고등하고 복잡할지라도 동물의 행동으로부터 이해될 수 있고 심적 상태, 마음, 내용, 심상과 같은 용어들을 사용해서는 안 되며, 그러한 것들을 관찰의 대상으로 삼아서도 안 된다고 주장했다.

행동의 단위는 자극에 대한 반응이기 때문에 조건형성 과정은 수없이 새로운 자극-반응 연결을 생성시켜, 또 다른 상황에 대한 반응을 만든다고 보았다. 즉, 재채기, 무릎 굴절과 같은 반사들을 지속적으로 하다 보면 복잡한 행동도 하게 되는데 예를 들면, 몸무게를 한 발에 두기, 다른 발을 앞으로 내밀기, 몸무게를 한 발에서 다른 발로 옮겨 놓기 등의 순서로 반복하면 걷기라는 숙련된 동작을 하게 되는 것이다. 이처럼 새롭고 복잡한 행동은 간단한 반사가 연속적으로 결합되어 습득된다고 하였다.

또한 왓슨은 빈도(frequency)와 최신성(recency)의 원리를 통해 인간의 복잡한 행동이 수행된다고 보았는데, 빈도 원리는 제시된 자극에 대하여 어떤 반응이 더 빈번할수록, 그 자극이 또 다시 제시될 때 그 반응을 할 가능성이 더 많음을 뜻하는 것이다. 최신성 원리는 제시된 자극에 대하여 보다 최근에 한 반응일수록, 그 자극이 또 다시 제시되면 그 최근의 반응을 할 가능성이 많음을 뜻하는 것이다.

이 원리를 세 살짜리 남자아이가 캔디가 들어 있는 문제 상자 열기를 학습한 예로 설명하고 있다. 아이는 상자를 이리저리 돌려보고, 바닥에 대고 탕탕 치기도 하고, 쓸모없는 여러 행동인 시행착오를 하다가 우연히 상자의 단추를 누르니 문을 열 수 있고 캔디를 가질 수 있게 된다. 지속적인 행동반복(빈도)을 통해 단추누르기와 문이 열리는 것과의 관계를 파악하고 나면 가장 최근의 성공행위였던 단추누르기가 자동적으로 이루어진다. 복잡한 연속 과정에서 특정한 자극-반응 단위가 완성된다고 보았다. 1920년 이후 왓슨은 극단적인 환경결정론을 취하면서 본능 같은 유전적인 측면을 전적으로 부정했다(홍순정, 2004).

3) 손다이크의 이론

손다이크(Thorndike, 1874~1949)는 고양이의 문제함 실험과 쥐의 미로 실험을 통해 인간행동에 대한 설명을 하고자 하였다. 우리 안에 감금된 배고픈 고양이는 우리 밖의 생선 한 토막을 먹으려고 우리의 주변을 걸어다니거나, 벽면을 발로 긁는 등 다른 여러 행동을 거친 후, 비로소 끈의 고리를 잡아당겨서 우리를 빠져나갈 수 있었다. 우리 안에서 여러 번 테스트를 반복한 결과, 고양이가 끈을 잡아당기는 시간이 점점 더 짧아졌다.

또한 쥐의 미로 실험에서도 시행착오적인 행동들이 반복되는 가운데 우연히 쥐가 지렛대를 밟고 문이 열리자 이와 비슷한 행동을 계속하게 되고 마침내 그 시간도 매우 짧아진다는 사실을 밝혔다. 즉, 실패를 가져온 행동과 반응은 약화되고 성공적인 행동과 반응은 강화되어서 학습이 성립된다고 생각하였다. 행동의 결과에 따른 쾌와 불쾌의 결합, 만족과 불만족의 결합이 학습을 적극적인 방향이나 소극적인 방향으로 강화시킨다는 효과의 법칙을 강조한 것이다. 뿐만 아니라 여러 번 되풀이함으로써 속도가 빠르고 익숙해진다는 연습의 법칙 등도 강조하였다. 손다이크는 행동이란 특정자극에 대하여 시행착오적인 반응을 만족한 자극-반응이론에서 연습 외에도 먹이와 같은 보상이 필요하다는 이론을 주장하였다(안영진, 2002).

2 스키너의 신행동주의 이론

1) 스키너의 생애

1904년 미국 펜실베이니아 주의 서스퀴해나에서 태어난 스키너(Skinner, 1904~1990)는 지역에서 존경받는 변호사인 아버지 슬하의 안정된 가정에서 두 아들 중 장남으로 출생하였다. 스키너의 아버지는 정직하였으나 비사교적인 성품을 지녔고 어머니는 자애롭고 가정에 충실하고 현명한 여자로 알려져 있다. 하버드대학교 심리학과에서 동물행동에 관한 연구로 박사학위를 받고 미네소타 · 인디애나 · 하버드대학교 교수를 역임하였다. 1948년 하버드대학교 심리학교수로 재직하면서 '조작적 조건형성의 원리'에 대한 다양한 저서와 강연으로 이후 30여 년 동안 여타 심리학자들에게 많은 영향을 주고 행동주의를 이끈 영향력이 큰 심리학자로서 인정받고 있다.

과학과 인간행동(1953)과 같은 학습 분야에서의 탁월한 공헌 외에 이상향 소설 『월든 투』, 자신의 철학을 담은 『자유와 존엄을 넘어서』(1971) 등을 집필하였으며, 1972년 미국 인도주의협회로부터 올해의 휴머니스트상을 수상하였다. 1990년에 사망하였다.

2) 인간을 보는 관점

스키너는 인간의 행동이 자신의 심리적 역동성이나 감정, 자아나 무의식 등 실증적 연구가 불가능한 무의식적 동기에 의해 형성되는 것이 아니라 환경적 자극이나 외적 강화에 의한 외부환경의 학습에 의해 이루어지는 것으로 보았다. 그러므로 인간을 자극–유기체–반응(S-O-R)의 연결 속에서 유기체를 우리가 알 수 없는 검은 상자(black box)로 취급하고 있다. 이것은 인간의 성격과 행동을 형성하는데 환경의 역할이 매우 중요함을 강조하는 것이라 할 수 있다. 그러므로 인간의 부적절한 행동은 특정한 상황에서 부적절한 보상을 받았거나 바람직한 새로운 행동을 학습받지 못한 결과에 의해서 형성되었다고 본다. 즉, 프로이트의 정신분석에서처럼 문제행동을 병리적으로 보기보다는 매우 중립적인 입장에서 바라보고 있다.

그리고 스키너는 인간의 행동과 개입의 대상이 되는 행동이 측정 가능한 것이어야 한다고 보았다. 이러한 주장은 개입의 과정과 목표를 측정하고 평가할 수 있어야 한다는 사회복지실천의 효과성을 보여주는 객관적 이론으로 인식되도록 하였으며, 단일체계연구방법의 개발과 실증적 실천 모델로 활용되는데 기여하였다. 개입과정에서 클라이언트가 문제행동을 지속시키는 선행조건과 강화요인이 무엇인지 사정하는데 유용하며 문제행동의 강도와 빈도를 양적으로 측정하여 개입을 통한 문제행동의 해결정도와 목표달성의 정도를 지속적으로 평가하는 데도 도움을 주었다(최순남, 2002). 이때 사회복지사는 개입과정의 주체가 되며, 사회복지사와 평가자의 역할을 동시에 수행하게 된다. 그러나 인간을 환경에 수동적으로 반응하는 존재로 규정하는 인간관이 한계라고 할 수 있다.

3) 주요 개념

(1) 조작적 조건형성(operant conditioning)

스키너는 인간의 행동은 고전적 조건형성에서 설명하고 있듯이 수동적이고 기계적인 반응행동만 있는 것이 아니라 유기체 스스로 행동을 일으키고 환경을 통제하고 그것에 의해 통제받는 의지적이고 자발적인 조작행동이 더 많다고 보았다. 스키너의 조작적 조건형성이론은 강화에 의해 반응행동을 변화시키려는 방법이기 때문에 강화이론이라고 불린다. 따라서 강화이론에서는 강화를 어떻게 주는 것이 학습에 효과적인가를 밝히는 연구가 활발하게 이루어졌다. 중요한 연구결과는 유기체가 원하는 반응을 할 때마다 강화를 주는 것보다는 간헐적으로 강화를 제공하는 것이 반응을 유지하는데 효과적이고, 벌이나 혐오자극에 의한 강화보다는 칭찬, 격려, 상 등의 긍정적인 강화물이 학습에 보다 효과적이며, 반응을 보인 후 즉시 강화물을 제공하는 것 등도 반응유지에 도움이 된다는 점을 밝히고 있다.

조작적 조건형성은 조작하는 반응(R)을 먼저하고 나면 그에 따른 강화자극(S)이 주어진다는 것이다. 이렇게 우연한 행동 후에 보상을 받게 되면 다음 행동의 결과에 대해 기대를 가지게 되며, 이러한 기대는 이전 행동을 더 많이 하고 싶은 동기를 유발하게 된다. 예를 들어 며칠 굶은(박탈) 쥐는 이런 저런 행동을 하다가 우연히 지렛대를 건드리게 되는데, 이때 먹이(강화물)가 툭 튀어나온다. 이런 일이 반복되면 지렛대를 누르는 반응(조작적 행동)의 횟수가 증가한다는 사실을 알게 되었다. 그러나 그 이후에 지렛대를 눌러도 먹이가 나오지 않게 된다면 지렛대를 누르는 반응은 점차 감소하다가 마침내 사라진다(소거)는 것이다(원호택 외, 2000).

이와 같이 스키너는 인간의 행동은 어떤 행동을 한 후 강화물이 주어지면 그 행동을 더 빈번히 하게 되고 처벌이 주어지면 그 행동을 더 이상 수행하지 않는다는 조작적 조건형성의 과정을 통해 만들어진다고 보았다. 예를 들어 어린이가 TV 채널을 돌리다가 어느 채널에서 갑자기 자기가 좋아하는 만화영화를 보게 되었다면 그 어린이는 다음에도 그 채널을 선택하게 되는 것이다.

고전적 조건형성과 조작적 조건형성에 대한 주요 내용을 정리해 보면 〈표 3-1〉과 같다.

표 3-1 고전적 조건형성과 조작적 조건형성의 비교

	고전적 조건화	조작적 조건화
용어	조건자극, 무조건자극, 조건반응, 무조건 반응	반응, 강화
행동의 효과	무조건자극을 통제	강화를 통제함
습득절차	조건자극과 무조건자극을 짝지음	특정 자극하에서 반응과 결과를 짝지음
학습되는 반응	주로 장기 반응	주로 골격근 반응
소거 절차	무조건자극 없이 조건자극만 제시	반응 후에 강화 생략
일반화	조건자극과 유사한 자극이 조건반응과 유사한 반응 유발	강화를 받았을 때와 유사한 자극이 제시되면 유사한 반응률이 나타남

(2) 강화(reinforcement)

강화는 조건을 강하게 하거나 반응이 일어나는 확률을 증가시키는 자극을 의미한다. 긍정적 강화(positive reinforcement)와 부정적 강화(negative reinforcement)가 있는데, 긍정적 강화는 유기체가 유쾌하게 느끼거나 좋아하는 자극을 제공하거나 늘이는 것(상, 칭찬, 금전, 장난감, 사탕 등)을 의미하고, 부정적 강화는 유기체가 불쾌하거나 싫어하는 자극을 제거해 주거나 줄여주는 것(숙제 양 줄이기, 청소면제 등)을 의미한다.

(3) 벌(punishment)

벌은 반응의 빈도를 감소시키는 자극을 의미한다. 적극적인 벌(positive punishment)과 소극적인 벌(negative punishment)이 있는데, 적극적인 벌은 유기체에 불쾌하거나 싫어하는 자극을 제공하거나 늘이는 것(체벌, 심부름, 벌청소 등)을 의미하고, 소극적인 벌은 유기체에 유쾌하거나 좋아하는 자극을 제거하거나 줄이는 것(용돈 줄이기, TV 시청시간 줄이기 등)을 의미한다. 강화와 벌에 대한 내용을 정리하면 〈표 3-2〉와 같다.

표 3-2 강화와 벌

자극의 종류	제공	철회
유쾌한 자극	긍정적 강화	소극적 벌
혐오적 자극	적극적 벌	부정적 강화

(4) 1차 강화물과 2차 강화물

1차 강화물은 음식물이나 물과 같이 생물학적 욕구를 충족시키는 것이며, 2차 강화물은 돈과 같이 과거에 1차 강화물과 연합되어 강화효과를 가지는 것을 말한다.

(5) 강화계획(reinforcement schedule)

강화조건에 대한 패턴화에 따라 반응에 특징적인 현상이 나타나도록 하는 것을 강화계획이라고 한다. 계속적 강화는 계속적으로 강화를 제공하는 것으로 행동을 빨리 변화시키기 때문에 학습 초기 단계에 가장 효과적이다. 간헐적 강화는 간헐적으로 강화를 제공하는 것으로 계속적 강화보다 행동의 중지에 대한 저항이 강하기 때문에 행동을 유지하는 데에 유용하다.

고정비율계획(fixed-ratio schedule)은 일정한 횟수의 반응이 있으면 강화가 주어진다. 대표적인 예로는 완제품을 일정한 수만큼 만들었을 때마다 특정한 액수의 보수를 근로자에게 지불하는 경우이다. 성과급 보수제도 등이 이에 속한다. 변동비율계획(variable-ratio schedule)은 고정비율계획에서와 같이 일정한 수의 반응을 한 뒤에 강화가 주어지지만, 실제 강화가 주어지는 비율이 다른 경우이다. 예를 들면 카지노의 슬롯머신, 도박 등이 이에 속한다.

고정간격계획(fixed-interval schedule)은 바로 앞의 강화로부터 계산하여 일정한 시간이 경과한 뒤에 이루어진 첫째 반응에 강화가 주어지는 계획이다. 5분의 고정간격을 정해 놓은 경우 5분이 경과할 때까지는 아무리 반응을 많이 해도 강화가 주어지지 않는 경우이다. 대표적 예로는 월급이 있다. 변동간격계획(variable-interval schedule)은 보상이 주어지는 평균시간은 정해져 있지만 실제 강화가 주어지는 시간간격은 다른 경우이다. 예를 들면 돌발퀴즈, 마트 깜짝세일 등이 이에 속한다.

강화계획의 구체적인 내용은 다음의 〈표 3-3〉과 같다.

표 3-3 강화계획

구분	간격	반응 횟수
고정	고정간격계획	고정비율계획
변동	변동간격계획	변동비율계획

(6) 자극일반화(stimulus generalization)

자극일반화란 유사한 자극에 대해 유사한 반응이 유발되는 현상을 말한다. '자라보고 놀란 가슴 솥뚜껑보고 놀란다'는 말은 자극의 일반화를 뜻한다. 자극의 일반화를 지배하는 기본 법칙은 새로운 자극이 원래의 조건자극과 유사할수록 일반화의 가능성도 높아진다.

(7) 자극 변별(stimulus discrimination)

조건화가 완전히 이루어졌을 때 최초의 조건자극에 대해서만 조건반응이 나타나고 이와 유사한 다른 자극이나 다양한 자극에 대해 서로 다르게 반응하는 것을 의미한다. 즉, 유사한 두 자극의 차이를 식별하여 각각의 자극에 대해 서로 다르게 반응하는 현상으로 새로운 자극과 원래의 조건자극 사이에 유사성이 적을수록 변별이 더 잘 이루어진다.

(8) 소거(extinction)

조건형성이 이루어진 후 무조건자극 없이 조건자극만 반복해서 제시하면 조건반응이 약해져서 마침내 일어나지 않는다. 즉, 획득된 조건반응에 강화가 주어지지 않을 때 반응이 사라지는 것을 소거라 한다.

(9) 자발적 회복(spontaneous recovery)

소거된 조건반응에 조건자극이 다시 제시되면 소거된 것으로 보이던 조건반응이 되살아나게 되는데 이를 자발적 회복이라 한다.

(10) 재조건 형성(reconditioning)

자발적 회복이 생긴 이후 계속해서 조건자극과 무조건자극을 짝지어 제시하면, 조건반응이 원래의 강도를 되찾게 되는데 이를 재조건 형성이라고 한다. 재조건 형성은 처음 조건형성 때보다 시간이 적게 걸리며 이는 소거 후에도 원래의 조건형성이 어느 정도 남아 있기 때문이다.

4) 사회복지실천에의 적용

행동주의이론을 사회복지실천에 적용했을 때 인간은 선도 아니고 악도 아닌 중립이므로 모든 행동이 가능한 존재라는 가정에서 출발한다. 행동은 학습된 것으로 경험의 산물이며 이는 타인에게 영향을 받기도 하고 영향을 주기도 하기 때문에 이상행동은 질병이 아닌 정상행동처럼 단순히 획득되고 유지된 부적응 생활문제라고 본다. 부적응 행동은 특수한 상황에서 부적절한 반응을 하도록 학습되었거나 바람직한 행동을 학습하지 못함에 기인한다. 부적응 문제는 행동결여, 행동과다, 환경적 자극의 부적절한 통제, 자극에 대한 부적절한 자기 규제, 부적절한 강화 등 다섯 가지 유형으로 구분될 수 있다(정옥분, 2002).

사회복지실천에서 개입의 목표는 심리적 기제들의 문제에 관심을 두는 것이 아니다. 새로운 학습 환경을 구성하여 잘못 학습된 부적응 행동을 제거하고 바람직한 행동이나 기술을 새롭게 학습하도록 클라이언트를 원조하는데 있다고 하겠다. 동일한 증상을 지닌 경우에도 강화의 역사가 각기 다르기 때문에 포괄적 개입목표가 아니라 클라이언트의 특성에 맞는 구체적이고 명료한 행동적 목표를 설정한다. 사회복지실천에서 행동주의이론에 의한 개입이 이루어지는 영역은 객관적으로는 위험하지 않는 대상이나 상황에 대해서 강한 불안을 느끼는 공포증이나 알레르기 반응, 미신행동, 행동장애 및 학습장애 등과 같은 부적응 증상을 보이는 경우이다.

구체적으로 행동주의이론이 적용되는 사회복지실천의 장으로는 학교를 들 수 있다(이종복 · 전남련, 2007). 특정한 발달단계에서 적합하지 않은 행동들을 하는 아동문제를 수정하는데 중요한 역할을 한다. 결석, 수업집중의 어려움, 친구관계 문제, 협동행동의 부적응, 운동기술의 부족, 공격적인 행동의 수정에 적용된다. 바람직한 행동을 했을 때 아동들에게 토큰을 주면 바람직한 행동에 많은 진전을 보이는 것을 알 수 있다. 돈이나 자유시간(예를 들어 별, 스티커 등)주기, 파티 열어주기 등과 같은 강화인자를 사용하는 것도 좋은 방법이 될 수 있다. 바람직하지 못한 행동 시에 제시되는 벌로는 타임아웃과 언어적 경고 등이 있는데, 타임아웃은 아동들에게 짧은 기간 동안 사회적인 고립을 경험하게 하는 방법이다. 이러한 벌은 부정적인 결과를 가져올 수 있으므로, 신중하게 활용하는 것이 바람직하다.

행동주의이론이 적용되는 또 다른 사회복지실천의 장으로 병원을 들 수 있는데, 병원에서 환자가족과 함께 일할 때 토큰경제 프로그램은 매우 효과적이다. 또한 성적인 문제해결에 있어서는 바람직하지 않은 행동의 일면을 혐오적인 상황과 관련하여 개입할 수 있다. 그리고 다른 사람과의 상호작용에서 생겨나는 문제행동을 변화하고자 하는 경우 사회적 기술 습득의 제공에도 행동주의이론이 활용될 수 있다. 특히 알코올과 약물문제를 가진 클라이언트의 개입에도 활용될 수 있는데, 이때 개입의 목표는 약물과 알코올로 강화된 효과를 감소시키고 새로운 행동을 개발하며 클라이언트의 환경을 재구조화시킴으로써 약물과 알코올에 대응하는 대안적 행동을 강화할 수 있게 하는 것이다.

뿐만 아니라 비만과 흡연문제를 해결하기 위한 개입에도 행동주의적 이론이 활용되고 있다. 체중조절에 관한 다이어트 요법보다 더 중요한 것이 과식을 하게 되는 주요 요인들에 대한 통제, 자기 조절, 목표설정, 대안행동에 대한 고려, 생활환경에 대한 분석, 행동계약 등의 방법, 긍정적 강화와 혐오적 통제 등의 행동주의적 접근이 적용된다. 금연도 클라이언트의 동기가 성공과 실패를 결정하는 결정적인 요인이라는 것을 주지시킨다. 그리고 자기 통제기술을 포함한 행동치료는 치료자의 기술로서 지지와 약속하기 등을 활용하기도 한다.

이러한 개입 과정은 교정적인 행동수정을 경험시켜, 인지 · 정서 · 행동적 기능영역에서 광범위한 변화를 추구한다. 개입은 각 회기 사이의 주어진 활동을 강조하기 때문에 클라이언트의 동기와 자발성이 행동변화의 결정적인 요인이 된다. 이를 위해서는 클라이언트와 사회복지사와의 신뢰와 상호 이해관계의 구축이 기본이 되어야 하며, 문제와 관련된 환경적 변인들에 대한 구체적 차원의 상세한 정보가 전제되어야 한다. 구체적인 단계는 상담관계 형성, 문제행동의 규명, 현재의 상태 파악, 구조화된 질문을 통한 목표설정 및 계약, 프로그램 시행 및 개입기술의 적용, 개입결과의 평가, 종결 등의 단계를 거친다.

5) 개입기법

사회복지현장에서 행동주의적 개입기법으로 활용할 기술로는 다음과 같은 것들을 들 수 있다.

(1) 이완훈련(relaxation training)

고전적인 조건화 기법을 활용한 불안대처기법 중의 하나로서, 실제로 행동할 필요가 있지만 불안 수준이 높아서 상황에 맞는 행동을 하지 못하는 클라이언트의 경우, 조용한 환경 속에서 깊고 규칙적인 호흡과 함께 근육을 이완시키고 즐거운 상상이나 생각을 하는 절차를 반복함으로써 불안을 완화하는 기법이다. 매일 20~25분 정도의 근육긴장 이완훈련 연습을 하면 습관적 유형이 형성되게 되며, 긴장상태와 이완상태 간의 차이점을 인식하게 된다.

(2) 체계적 둔감화(systemic desensitization)

체계적 둔감화는 역제지(reciprocal inhibition), 불안계층표(anxiety hierarchy)의 작성, 둔감(desensitization) 등 세 가지로 구성된다. 역제지는 불안을 억제하여 편안하게 하는 것을 말한다. 불안계층표는 불안을 일으키는 자극을 행동적으로 분석하고 불안유발 상황에서 위협을 가장 적게 느끼는 상황에서부터 시작하여 가장 위협적인 상황으로의 위계 목록을 작성한 것이다. 둔감은 불안계층표의 순서에 따라 불안 정도가 제일 낮은 것으로부터 높은 순으로 차례차례 불안을 완화하도록 개입하는 방법이다. 불안유발 자극과 불안반응의 관계가 완전히 소거될 때까지 반복하여 실시한다. 불안증 및 공포증에서 체계적 둔감법이 많이 활용되고 있다.

(3) 토큰경제(token economy)

특정행동이 조작적 조건의 강화로 형성된 행동의 경우, 강화물이 제거될 경우 행동의 지속성이 떨어지는 것에 착안한 것으로써 행동에 대해 토큰으로 보상하였다가 나중에 클라이언트가 원하는 다양한 물건과 교환할 수 있도록 하는 기법이다. 토큰을 강화인자로 활용하여 적응행동을 발달시키거나 토큰을 회수함으로써 바람직하지 않은 행동을 소거하려는 목적으로도 사용된다. 정상아동과 비행소년, 지체아동 등으로 구성된 학급이나 자폐아동을 대상으로 한 언어교육 등에서 활용되고 있다.

(4) 격리, 과잉교정, 반응대가, 혐오기법

바람직하지 못한 행동을 소거하기 위한 기법들이다. 공격적인 행동을 한 아이를 무미건조한 방으로 쫓아내거나(격리), 공격을 당한 사람은 물론 다른 사람에게도 계속 사과하게 하거나(과잉교정), 토큰 등 자신에게 이익이 되는 물건을 내놓아 그 대가를 치르게 하거나(반응대가), 고통스러운 혐오자극을 가하여 문제행동을 소거(혐오기법)하는 기법이다. 혐오기법은 알코올중독, 약물중독, 흡연, 성도착증, 도박 등의 문제행동을 해결하는 데에 활용되고 있다(나병현, 2004).

(5) 행동경제(behavioral economy)

행동경제는 경제이론을 유기체에 적용시킨 개념으로 유기체는 보상이 점점 더 적어질수록 행동을 하고자 하는 마음이 없어지게 되고, 보상이 점점 많아질수록 행동을 하고자 하는 마음이 많아지게 된다는 것이다. 예를 들어서 점진적 고정비율계획 배열로 10 대 1, 40 대 1, 80 대 1, 100 대 1과 같은 식으로 보상이 줄어든다면 점점 더 일을 하지 않는다.

(6) 우연적 강화(chance reinforcement)

실제로 어떤 효험이 있으리라 생각하지 않으면서도 기도의 빈도가 증가하는 현상이나, 어떤 행동에 대한 우연적 결과의 강화로 행동이 계속 취해지는 경우를 의미하는데, 인식되지 않는 경우가 많아 여러 가지 심각한 결과들을 초래하기도 한다.

(7) 홍수법(flooding)

홍수법이란 클라이언트에게 불안을 일깨우는 자극이나 사건에 아예 푹 젖어들게 하는 방법이다. 클라이언트가 불안 상황에서 빠져나올 수 있는 적합한 새로운 기술을 가르침으로써 역할학습과 적당한 행동을 강화하게 된다.

6) 사회복지사의 역할과 실무원칙

행동주의이론에 기반을 둔 사회복지실천에서의 사회복지사는 개입과정에서 능동적이고 지시적인 역할을 수행한다. 관찰 가능한 구체적 행동 및 그 행동을 일으킨 선행요인과 결과에 초점을 두며, 행동 모델로서의 기능을 적극적으로 수행해야 한다. 그래서 개입의 주체가 되며, 끊임없이 평가해 주는 역할까지도 함께 해야 한다.

행동주의이론에 의한 사회복지사의 실무원칙은, 관찰 가능한 문제행동과 환경적 조건에 초점을 두라는 것이다. 그리고 문제행동을 유지하거나 새로운 행동의 학습을 방해하는 환경과 개인 간의 상호작용을 사정해야 하고, 개입은 행동의 선행요인과 결과를 수정하는 것이며 클라이언트의 환경적 조건을 변화시켜야 한다. 사회복지사가 활용하는 개입절차는 정확하게 기술되어야 하며, 그 기법은 실험이나 조사에 의해 효과가 검증된 것을 사용해야 한다. 사회복지사와 클라이언트는 클라이언트의 조건 변화, 즉 구체적인 목표와 관련된 조건뿐만 아니라 변화과정에서 나타날 수 있는 기대하지 않았던 결과에 대해 정기적이고 체계적인 점검을 해야 한다(Greene Ephross, 1991).

행동주의이론을 기반으로 한 사회복지사가 활용하게 되는 강화원리는 다음과 같은 원리에 의해 수행되어야 한다. 우선 칭찬의 원리를 들 수 있는데, 칭찬의 원리란 칭찬에 의한 보상이 행동변화에 긍정적 영향을 준다는 원리로 금전적 보상에 반응하지 않은 사람도 칭찬에는 반응하게 되는 경우가 많기 때문이다. 점진접근의 원리는 강화나 벌은 도달점 행동(최적 행동)과 가장 비슷한 목적에 주어져야 한다는 원리이다. 즉시 강화의 원리는 강화나 벌은 목적 행동이 일어난 즉시 주어져야 한다는 원리이다. 일관성의 원리란 일정한 지도목적을 달성하기 위해서는 교사의 반응에 일관성이 있어야 한다. 시간의 원리란 조건자극은 무조건자극과 시간적으로 동시에 혹은 그에 조금 앞서서 주어야 한다. 강도의 원리는 처음에 제시되는 강도보다 나중에 제공되는 자극물의 강도가 강하거나 동일하여야 조건반사가 성립된다. 계속성의 원리는 자극과 반응의 결합관계에 반복되는 횟수가 많을수록 조건화가 잘 성립한다는 것이다.

프래믹의 원리(premack law)는 선호성이 높은 활동이 낮은 활동에 대해 강화물이 되는 것을 의미하는데, 예를 들어 아이에게 공부 1시간을 하면 TV를 한 시간 정도 보게 해주겠다고 하는 경우이다. 또 다른 예는 금연을 하려고 하는 경우 흡연과 밀접하게 관련된 술좌석과 같은 장소를 피한다면 목표달성이 훨씬 쉬워진다는 것이다.

사회복지실천에서 긍정적 강화에 대한 대안으로 벌을 주기도 하는데 벌을 다룰 때 다음과 같은 점에 유의해야 한다. 벌은 바람직하지 않은 행동 직후에 즉시 적용되어야 한다. 벌을 받은 대상에게 벌을 받게 된 이유와 과정에 대해 알려주어야 한다. 강화나 벌을 줄 때 나이, 그리고 행동적 통제의 관련성 등이 고려되어야 한다. 벌은 일관성이 있어야 한다. 벌에 대한 대안으로 바람직하지 않은 행동에 대한 동기의 축소나 제거를 사용할 수 있다. 바람직하지 않은 행동에 대한 동기가 감소되지 않으면 바람직한 행동을 가르치는 편이 훨씬 낫다. 바람직하지 않은 행동과 상반되는 대안적 반응을 강화시켜 주는 것이 더 이로울 수 있다는 것 등이다(이옥형, 1992).

7) 평가

스키너는 행동연구에 대한 미시적 접근방법의 가치를 믿었던 사람이다. 그는 행동의 단순한 요소에 중점을 두었으며 전체란 부분의 총화에 지나지 않는다고 확신했다. 따라서 스키너의 접근방법은 너무나 단순하고 부분적이어서 인간행동의 복잡성을 나타낼 수 없다고 비판받는다. 스키너는 수많은 반응요소들이 보다 큰 단위로 확대된다고 가정함으로써 복잡한 행동을 설명하려 했으며 이러한 복잡성은 수많은 변인들의 동시적 작용으로 인해 발생한다고 가정하였다. 결국 스키너 연구는 하나의 인위적인 실험형태도 그처럼 단순한 상황들은 실험실 밖에서는 발생하지도 않는다는 것이었다. 스키너 상자보다 실제 상황에서는 훨씬 더 복잡한 내용이 게재되기 때문이다. 스키너를 비롯한 행동주의이론에 대한 비판을 요약해 보면 다음과 같다(안창일, 2008).

첫째, 스키너가 수집한 비판 가운데 가장 많은 부분을 차지하는 내용의 행동주의는 기본적으로 인간의 내면성을 무시하거나 소홀히 취급하고 있다는 것이다.

둘째, 행동주의는 자극-반응의 도식에 의해서 인간을 자동기계나 인형으로 표현하고 동물과 공유하는 특징들만을 제시함으로써 인간을 비인간화하고 궁극적으로 인간의 고유성을 인정하지 않는다는 것이다. 즉 인간의 존엄성을 파괴하고 있다는 것이다.

셋째, 행동주의의 과학 활동과 관련해서는 실험실과 현실은 다른 것이며, 행동주의가 발견한 결과들은 상식을 벗어나지 못하고 있다는 것이다. 실험 자체도 반민주적인 것으로, 행동주의는 과학주의의 화신이라고 반박한다.

넷째, 이상심리치료에 의한 치유가 각각 원인이 아닌 증상의 분석 · 치유라고 지적한다. 심적이든 생리적이든 내적 원인들은 경시되고 있으며 그 증상들만이 다루어지고 있다는 것이다.

다섯째, 기능주의에 치우친 단편적이고 부분적인 미국식 이론이라는 비판을 받기도 한다.

3 반두라의 사회학습이론

반두라는 인간의 행동발달이 보상이나 칭찬, 벌의 조작결과로 형성되는 것이 아니라 다른 사람의 행동을 관찰하고 모방한 결과로 형성된다고 하는 사회학습이론(social learning theory)을 제시하였다. 스키너 등의 행동주의자들이 철저하게 관찰 가능한 외현적 행동에 대해서만 관심을 가진 반면, 사회학습 이론가들은 인간의 내적 과정을 인정함으로써 인간학습의 인지론적 경향을 수용하였다. 관찰학습에서는 가족, 교사, 또래, 친구, 유명인 등 모델 대상의 역할이 중요함을 강조하였다. 또한 자신의 행동에 대해서 직접적 강화를 받지 않더라도 다른 사람의 보상이나 벌을 관찰함으로써 얻는 간접적 강화로 행동을 수정·유지한다고 하였다.

1) 반두라의 생애

반두라(Bandura, 1925~2021)는 1925년 캐나다 앨버타 주의 먼다에서 1남 5녀 중 막내로 출생하였다. 열악한 환경 속에서 초등학교부터 고등학교 과정을 졸업해야 했기 때문에 스스로 공부해야 하는 자유학습 습관이 몸에 배게 되었다고 한다. 캐나다의 브리티시 컬럼비아대학교를 졸업한 후 미국의 아이오와대학교에서 박사학위를 받았고 1953년 이후 스탠포드대학 심리학과 교수가 되어 지금까지 성격심리학 분야에 대한 강의와 연구를 하고 있다. 그는 1974년 미국심리학회(APA) 회장, 1981년 서부심리학회(WPA) 회장, 캐나다 심리학회(CPA) 명예 회장을 역임하였다.

2) 인간을 보는 관점

반두라는 인간의 행동을 내적과정과 외적과정을 결합한 결정체로 보았다. 인간의 행동이 사회적 상황 속에서 개인의 내적 · 인지적 과정과 환경적 영향력 간의 상호작용으로 결정된다는 관점이다. 인간행동은 인지활동을 통해 행동에 영향을 주는 자신의 직접 · 간접경험과 모델에 관한 관찰을 통해 대리강화함으로써 행동의 유형을 결정한다고 보았다. 즉, 행동에 대한 긍정적 강화가 주어지는 것보다도 그 행동결과에 대한 긍정적 혹은 바람직한 승인이 행동을 지속하게 한다는 것을 의미하기 때문에 관찰한 이후에 모델과 같은 행동을 실제로 실천하도록 하기 위해서는 충분한 보상이 주어져야 한다. 모델을 통한 관찰학습은 긍정적인 자극이 주어질 때 동기화되고 행동으로 결정된다. 반두라의 사회학습이론은 교육학에서도 매우 중요하게 다루어지고 있으며, 부모역할 프로그램과 같은 프로젝트에도 이론적인 내용으로 사용되고 있다.

스키너는 학습이란 유기체가 흔히 배우기 위해서 스스로 어떤 행동을 해야만 하는 점진적인 과정으로 설명한 반면, 반두라는 사회적 상황 속에 있는 사람들은 단순히 다른 사람들의 행동을 관찰함으로써 그보다도 더 빨리 학습한다고 주장하였다.

3) 주요 개념

(1) 모방(modeling)

모방은 인간의 모델과 동일시하려는 성향을 의미한다. 즉, 타인을 관찰하여 얻는 정보로 자신의 행동방식을 습득해 가는 것으로 설명할 수 있다. 공격행동, 이타행동, 불쾌감을 주는 행동을 주로 보고 학습하는 경향이 있다. 인간은 실질적인 행동을 반드시 수행하지 않아도 반응을 위해서 즉각적인 보상이 없어도 모방을 통해 행동을 학습하게 되는 것이다.

모방에는 직접모방전형, 동일시전형, 무시행 학습전형, 동시학습전형 등이 있다. 직접모방전형은 관찰학습의 가장 간단한 모형으로 모델의 행위와 스타일을 관찰하여 그대로 시행함으로써 이루어진 학습으로 보상받을 것을 전제로 한다. 동일시전형은 모델의 비도구적인 독특한 행동유형을 우연히 학습하는 것이다. 무시행 학습전형은 행등을 예행해 볼 기회가 없거나 모방에 대한 강화가 없음에도 불구하고 관찰자가 자극-반응의 연결학습을 하는 것을 말한다. 동시학습전형은 모델과 관찰자가 동시에 동일한 학습과제를 학습하는 사태에서 관찰자는 보상을 전제로 하지 않고 모델의 행동을 보고 그대로 행동하는 것을 의미한다.

(2) 인지(Cognition)

일반적으로 사고능력을 의미하며, 기억, 지각, 지능, 언어, 상상력, 창의력, 사고 등을 포함하는 정신과정이다. 학습된 반응을 수행할 의지는 인지의 통제 아래 있기 때문에 사회적 학습은 인지적 학습이라고 할 수 있다.

(3) 내적 과정의 초월

반두라는 인간행동이 동기, 충동, 욕구 등과 같은 내적 과정에 의해서 일어난다는 것에 반대하였다. 이것은 각각의 상황이 다를 때 행동의 강도와 빈도가 다르게 나타나는 점을 설명하지 못하기 때문이다. 인간행동에 대한 이해를 향상시키려면 개념적, 경험적 측면에서 설명능력이 향상되어야 한다. 따라서 인간행동을 이해하기 위해서는 사회적 상황이나 역할에 대해 더 많은 주의를 기울여야 한다.

(4) 상호결정론(reciprocal determinism)

환경은 사람이 행동하는 상황을 제공하고 인간은 인지와 지각을 통한 상황분석으로 본인의 행동을 선택하고, 행동은 사람의 상황분석과 관련된 정보를 제공하여 다시 환경을 수정하는, 행동적 · 인지적 · 환경적 요소들 간의 지속적인 상호작용과정을 거친다. 그러므로 인간은 내적 과정이나 환경에 전적으로 영향을 받는 존재가 아니며, 외적 자극에 대해서 단순히 반응만 하는 존재는 아니기 때문에 행동으로 나타나는 인지과정인 사고와 창조, 계획하는 일들을 할 수 있다. 즉, 한 사람의 행동은 그의 행동적, 인지적, 환경적, 기질적인 요인과 사회적 · 상황적 요인이 지속적으로 상호작용하여 사회학습에 영향을 미친다(David R. Shaffer, 2005). 이 상호결정론 모델을 그림으로 나타내 보면 다음 〈그림 3-2〉와 같다(나병현, 2004).

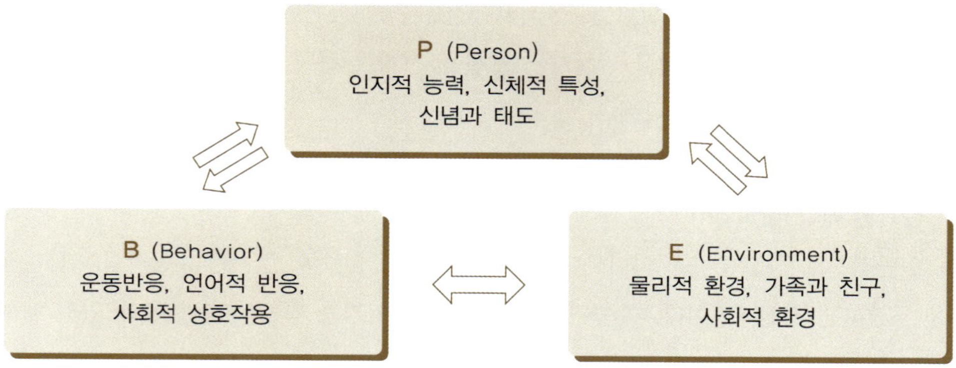

그림 3-2 반두라의 상호결정론 모델

(5) 관찰학습(observational learning)

반두라의 관찰학습이란 인간의 행동은 환경적 자극에 대한 반응을 통하여 형성되는 것이 아니라 타인의 행동을 관찰함으로써 형성되는 것이다. 단순히 모방하는 것이 아니라 다른 사람들이 새로운 행동을 할 때 어떤 결과가 나타나는지를 보게 되는 내적인 인지요소가 포함된다.

관찰학습은 주의집중 과정, 보존 과정, 생산 과정, 동기 과정 등 네 과정을 거쳐서 이루어진다. 이중 한 과정이라도 빠지면 관찰학습에 의한 모방이 제대로 이루어지지 못한다. 그렇다고 각 과정마다 관찰학습에 이 모든 영향력들이 동등하게 기여하지는 않는다.

① 주의집중 과정(attention)

관찰을 통해 학습하기 위해서는 다른 사람의 행동과 그에 따르는 결과에 대해 주의 깊게 집중하며, 모델을 정확하게 지각하는 과정이다. 본인의 의존성, 자존심, 자신의 능력에 대한 지각 등에 따라 자극의 질(특수성, 복잡성, 속도), 과거의 강화에 주의집중 정도가 영향을 받는다. 모델을 모방하는데 이용할 적절한 관련 정보를 이끌어 낼 수 있도록 충분한 지각적 정확성을 가지고 주의를 기울인다. 주의집중 과정에서 모델의 행동에 더욱 밀접하게 주의를 기울일수록 그것을 모방할 가능성은 더욱 높아진다. 주의집중을 많이 받게 되는 모델은 모델의 성, 연령 등이 관찰자와 비슷할 때, 존경을 받을 때, 지위가 높을 때, 유능할 때, 막강할 때 등이다. 많은 청소년들이 연예인의 외모나 행동 등을 모방하는 것이 이에 속한다.

② 보존과정(retention)

기억(파지)단계라고도 한다. 모델을 통해 받은 내용과 인상을 기억하여 장기간 보존하는 과정이다. 관찰을 통해 얻은 정보를 사용하기 위해서는 모델의 행동에 귀 기울이고 그 행동의 사실적 또는 분석적 표상을 형성하여 정보를 보유해야 한다. 이를 위해 기호적 부호화, 인지적 조직화, 기호적 · 운동적 연습의 과정을 거치게 된다. 이 과정에서 모델의 행동을 보고 즉각적으로 반응을 보이는 것이 아니라 필요할 때 사용할 수 있도록 어떤 방법을 통하여 묘사하는 것이다. 관찰학습이 일어난 뒤 오랜 시간이 경과하여도 그것을 내현적으로 인출하고 재현하고 강화시킬 수 있는 것은 고등의 상징화 능력 때문이다. 모델의 행동을 기억하여 장기간 보존하기 위해서 심상적(imaginal) 및 언어적(verbal)인 두 가지의 내적 표상체계를 이용한다. 즉, 단순히 관찰만 하고 있는 경우보다 모방할 행동을 말로 표현하거나 영상으로 그려보는 경우에 학습이 더 잘 된다.

심상적 표상체계란 모델을 관찰할 때 감각조건 형성과정을 통해 관찰된 것을 어떤 준거를 통해 물리적 자극의 심상이나 영상으로 기억하는 것이다. 언어적 표상체계는 관찰한 사건에 대한 언어적 부호화를 만드는 것으로 모델이 행하는 것을 말로 거듭 되풀이할 수 있거나 마음속에서 예행연습을 해두어 기술을 수행하고자 할 때 언어적 실마리를 제공하는 것이다. 반두라는 상징적인 대상물을 저장하고 회상하는 능력에 있어서 언어발달이 중요함을 강조했다.

③ 생산과정(production)

모방하려는 것을 실제 행동으로 옮겨 보기 위한 정신적 표상의 전환단계로 심상에 저장되어 있는 모델행동의 기호화된 상징적 표상을 적절한 외현적 행동으로 수행시키는 운동재생단계라고도 한다. 새로운 행동을 수행할 수 있는 신체적 능력이 전제된다. 적절한 반응을 하는 데 필요한 신체적 도구가 갖추어졌어도 자기 행동에 대한 관찰 후 모델링한 인지적 표상과의 비교를 하는 행동의 교정, 배합 시기인 인지적 시연(cognitive rehearsal)의 시기를 갖는다. 즉, 자기 관찰과 타인의 피드백을 보고 행동을 수정, 조정한다는 것이다. 관찰된 행동을 재생산하는 데는 운동동작의 반복과 교정을 통하여 행동적인 실천 감각을 익히고 각 하위기술을 되풀이할 수 있는 반응 패턴으로 조직할 수 있는 능력이 필요하다.

④ 동기과정(motivation)

관찰한 반응이 자신에게 이익이 될 수 있는 상황이라고 강화되어 관찰된 것을 행동으로 재현시키는 데에 필요한 동기화 단계가 필요하다. 관찰학습에서의 강화는 관찰자에게 강화에 대한 기대를 갖게 하고 동기를 부여한다. 모델이 강화를 받았듯이 자신들도 강화를 받으리라는 기대를 갖게 해줌으로써 학습을 실행에 옮기게 하는 동기의 역할을 한다.

(6) 행동결과 예측성

인간은 실제적으로 경험한 결과가 아니더라도 결과를 상상하여 행동을 할 수 있다. 과거의 경험이나 다른 사람의 경험 결과를 통해서 자신의 행동을 선택하게 된다. 또한 인간은 실제 결과를 상징적으로 표현할 수 있는 능력을 가지고 있으며, 미래결과를 행동에 영향을 미치게 되는 현재의 동기요인을 해석할 수 있다. 인간은 심상, 사고, 계획 등을 할 수 있는 생각하고 인식하는 존재이므로 장래를 계획하고 내적 표준에 근거해 자신의 행동을 조정하며 자신의 행동 결과를 예측할 수 있다.

(7) 자기조정(self-regulation)

인간은 당면한 환경적 상황을 조정하고, 인지적 능력을 발휘, 자신의 행동결과를 산출해 냄으로써 자신의 행동에 어느 정도 영향력을 행사할 수 있다. 인간은 상징화하는 능력을 갖고 있으므로 실제적이고 외부적인 시행착오를 범하지 않고서도 문제를 해결할 수 있으며, 여러 다른 행동의 가능한 결과들을 예상하고 자신의 행동에 대한 제한과 수정을 행할 수 있다.

자기조정은 수행과정, 판단과정, 자기반응과정으로 구성되는데, 성과를 평가하는 개인의 기준에 따라 각기 다르며 또 자기 평가적 반응과 관계가 있다. 활동의 가치는 자기조정 판단요소 중 하나이다. 사람들은 자신에게 중요한 타인들이 자기 행동에 부과한 보상과 처벌을 통해 학습한 내적 기준에 따라 활동의 가치를 판단한다.

(8) 대리강화(vicarious reinforcement), 대리조건형성(vicarious conditioning)

모델이 어떤 행동에 대해 강화를 받는 것을 보는 것이 그 관찰자에게도 강화되는 것을 말한다. 반면, 모델이 벨소리에 이어 고통스런 전기충격을 받는 것을 관찰하면, 벨소리에 공포를 경험, 즉 대리조건형성이 이루어진다. 모델이 정서적으로 경험하는 것과 비슷한 정서적 반응을 학습하는 것으로 슬픈 영화나 연극을 보며 눈물을 흘리는 대리선동, 관찰자의 정서적 반응이 모델의 반응과 동일할 때 나타나는 감정이입, 관찰자의 반응과 모델의 반응이 서로 다를 때 나타나는 동정과 같은 것이 있다.

(9) 자기강화(self reinforcement)와 자기효능감(self efficacy)

자기강화란 자기 자신의 행동에 대해 자기 스스로 내리는 평가로서, 자신이 갖고 있는 기준에 따라 자신의 행동을 강화해 줌으로써 자기 행동을 유지하거나 바꾸는 과정을 통해 자신의 행동을 통제하는 것을 의미한다. 이러한 내적 평가기준과 자기강화기제에 의해 자기효능감이 형성되는데, 자기효능감은 자신이 특정한 행동을 성공적으로 수행할 수 있다는 신념을 말한다. 일정한 행동을 해낼 수 있다는 행위자의 기대가 행동변화에 영향을 주며 행동변화의 주된 결정인자라는 것이다.

4) 사회복지실천에의 적용

반두라의 이론은 사회복지사가 클라이언트를 비롯해 다른 사람의 행동을 명확히 인지하고 이 행동이 서로 어떻게 연관되는지 파악하는 것을 가능하게 함으로써, 행동의 관찰과 결과보상을 추적하는 사정단계에 매우 중요한 시사점을 주고 있다. 또한 일상적으로 모델링을 통해 관찰과 모방이 클라이언트의 문제행동을 제거하는데도 유용한 관점을 제공하고 있다.

반두라는 사회화를 인간이 사회생활을 해나가는 데 필요한 여러 가지 기술의 습득과정으로 파악하고 있는데, 언어를 포함한 사회화 기술의 습득과정은 동일시적 학습이 특히 중요한 역할을 한다는 점은 강조하고 있다. 그가 말하는 동일시라는 것은 어떤 사람이 다른 사람의 성격에 맞추어 그의 사고, 감정, 행위 등을 정형화해 나가는 과정이라고 할 수 있다. 사회화과정을 이해하는 데 있어 외부의 사회문화적 요인보다는 사회화가 되는 당사자의 학습기제라고 하는 인간 내부적 요인에 더 큰 관심을 기울이고 있음을 알 수 있다.

반두라의 이론은 사회복지실천현장에서 구체적인 행동을 소거시키거나 새로운 행동을 획득하도록 개입목표를 정하기 때문에 개입의 목표가 달성되었는지의 여부를 분명히 알 수 있도록 하며, 어떤 행동이 소거되고 획득되었는지도 객관적으로 분명히 알 수 있기 때문에 객관적인 평가가 가능하게 한다. 이러한 객관적인 평가는 사회복지학이 과학으로 발전할 수 있도록 도우며, 사회복지사와 클라이언트의 합의에 따라 개개인에게 맞는 구체적인 개입기술을 다양하게 적용할 수 있다. 또한 행동하는 것을 강조하기 때문에 클라이언트의 행동을 바꾸는데 도움을 주는 많은 행동적 기법 또는 전략이 준비되어 있다(권육상, 2001).

5) 개입기법

구체적인 반두라의 이론에 의한 개입기법으로는 인지적 재구조화(cognitive restructuring)를 들 수 있는데, 이것은 클라이언트의 사고에 들어 있는 잘못된 논리를 표현하게 하고 불합리한 사고과정을 논리적이고 합리적인 사고 유형으로 대치하는 기법이다. 그리고 인지적 자기지시(cognitive self-instruction)기법이 있는데, 이것은 자신에게 힘을 주는 'I can do it'과 같은 내적 대화를 반복함으로써 부적응 행동의 원인이 되는 자기 패배적 사고에서 벗어나게 할 수 있다.

또한 인지적 심상 기법(cognitive imagery techniques)을 들 수 있는데 이것은 공포나 불안을 야기하는 사건에 대한 비생산적 반응을 소거하기 위한 기법으로, 가장 두려웠던 순간을 상상하게 함으로써 실제 두려운 상황에 직면했을 때 이를 극복할 수 있도록 원조하는 것을 말한다. 마지막으로 자기주장훈련(self-assertiveness training)은 분노나 적개심을 잘 표현하지 못하는 사람, 거절하지 못하는 사람, 지나치게 겸손하여 잘 이용당하는 사람, 애정 표현을 잘 못하는 사람 등 자기를 잘 드러내지 못하는 사람들에게 지시, 환류, 모델링, 행동연습, 사회적 강화 등의 기법을 활용하여 자신의 느낌, 생각, 신념, 태도 등을 직접적으로 표현하도록 유도한다. 보상과 칭찬을 받아들이는 것과 다른 사람에게 피드백하는 방법도 배운다. 이를 통하여 현존하는 불안과 사회적인 불안에 대한 금지를 표현하게 하는 것이다.

6) 사회복지사의 역할과 실무원칙

반두라이론을 적용할 때 사회복지사는 개입과정에서 능동적이고 지시적인 역할을 수행해야 한다. 관찰 가능한 구체적인 행동과 그리고 그 행동을 일으켰던 선행조건들, 그리고 그 조건에 의해서 이루어졌던 행동의 결과들에 초점을 두어야 한다. 또한 사회복지사는 행동 모델을 실제로 보여주는 모델가로서의 역할도 수행해야 한다. 사회학습이론에서 인간의 행동변화는 결국 행위자 자신이 그 행동을 능히 해낼 수 있다는 기대에 의해 일어나기 때문에 클라이언트에 대한 자기효능감을 가질 수 있도록 동기부여를 해주어야 한다. 예를 들어 공포상황이 자기의 대처능력을 초월할 정도로 위협적이라고 믿으면 그 상황을 회피하겠지만 대처할 수 있다고 판단되면 자신을 가지고 그 상황에 대처할 것이기 때문이다.

이를 위해 사회복지사는 성공적으로 문제해결 및 행동수정을 해낼 수 있다는 기대를 클라이언트 스스로가 갖도록 해야 하며, 모델기법에 의해 대리경험을 맛보게 해야 한다. 그리고 과거의 실패한 상황에 대한 언어적 설득을 통해 앞으로 성공할 수 있다는 기대를 주고 실제적인 경험을 제공해 주어야 한다. 끝으로 불안이나 공포상황에 당면하게 되면 정서적 생리적 흥분으로 성취감이 약화되므로 오히려 긴장하지 않고 동요하지 않음으로써 성공에 한발 더 다가서도록 해야 한다(이명재 외, 2005).

7) 평가

반두라이론은 인간발달에서 환경의 중요성을 일깨워 주었으며 과학적 연구의 중요성을 강조하였다. 특히 아동의 문제행동을 위한 행동 수정 프로그램 개발에 지대한 영향을 미쳤다고 할 수 있다. 또한 사회학습이론은 인지발달에서 사회적, 정서적, 동기적 측면을 고려함으로써 인지발달에 대한 이해를 넓혔다.

그러나 학습이론적 관점은 다음과 같은 몇 가지 한계점을 갖고 있다.

첫째, 발달에 있어 환경을 강조한 나머지 생물학적 영향을 무시한 것은 잘못된 결론일 수 있다.

둘째, 학습 이론은 외현적 행동에 초점을 맞추기 때문에 창의적 사고력, 독창적인 문제해결력, 감정 등의 고차원적인 정신 활동을 설명하지 못한다.

셋째, 인간을 외부에서 통제 가능한 기계와 같은 존재로 간주함으로써 주어진 환경에 적절히 대처해 나가는 개인의 능동적이며 주관적인 노력과 그 결과로 이루어지는 변화를 무시했다.

넷째, 학습이론이 대부분 실험실에서의 연구결과를 토대로 성립되었기 때문에 단편적인 행동은 설명되나 실험실 밖의 일상생활에 적용하는 데는 무리가 있다고 보고 자연환경에서 연구해야 한다는 비판을 받고 있다.

다섯째, 반두라의 사회학습이론은 초기 학습이론에 비한다면 인간의 인지 체계를 통해 연결된 환경과 행동을 강조하는 것이기 때문에 보다 완성도가 높다고 할 수 있다. 그러나 이러한 인지체계가 어떻게 발달하고, 이러한 발달이 관찰학습에 어떻게 영향을 미치는가 하는 점은 규명되지 않아서 비판받고 있다(윤길근 외, 2008).

Chapter 04
인지이론

CHAPTER

04 인지이론

인지(cognition)란 인간의 감각기관을 통하여 들어오는 여러 가지 자극들을 다양한 방식으로 전환시키고 기억 속에 저장하여 필요할 때 상기해 내는 정신과정을 말한다. 인간은 환경의 요구에 따라 인지구조(cognitive structure)를 끊임없이 재구성해 가기 때문에 인지발달을 이해하는 것은 지적인 능력이 환경과의 상호작용을 통하여 변화해 가는 인지구조의 질적변화 양상을 이해하는 것이다. 그러므로 인지이론은 생물학적 발달이 지적발달을 이해하는 기본적인 역할을 한다는 가정하에 환경의 조직화를 통한 적응행동을 찾고자 하는 이론이다.

1 피아제의 이론

1) 피아제의 생애

피아제(Piaget, 1896~1980)는 1896년 스위스의 뇌샤텔 출신으로, 21세에 생물학 박사 학위를 받았다. 이미 11살 때, 『Albino』라는 참새의 서식을 관찰하고 글을 써서 〈Neuchatel〉의 박물학 학술지에 기고했다는 사실은 너무나 잘 알려진 일이다. 그후 아동심리학 분야에 관심을 가지고 아동의 정신구조의 발생과 변화과정의 연구에 몰두하게 되었으며, 유아의 언어, 판단과 추리, 세계관, 물리적 인과관계 그리고 도덕관에 대한 연구, 인지발달이론의 4단계인 체계화, 표준화, 추리검사, 발생적 인식론(genetic epistemology)의 토대를 마련하였다.

아동지능검사 제작에 참여하면서 아동의 사고체계는 성인과 전혀 다르다는 사실을 확인하였으며 이후 이 분야의 연구에 매진하였다. 자신의 세 자녀를 연구 대상으로 하여 아동의 인지적 행동에 대한 관찰을 하였으며, 그 결과는 150여 편의 논문과 『지능의 기원』, 『아동심리학』, 『아동의 언어와 사고』, 『아동의 지능요인』등 50권의 저서에 수록되어 있다. 그는 임상학 연구방법을 사용해서 아동의 인지과정을 이해하는 일에 몰입하다가 1980년 9월에 작고했다. 현재 그는 20세기의 가장 영향력 있는 발달 심리학자 중의 한 사람으로 인정받고 있으며 그가 제안한 인지발달이론은 학습자와 학습을 이해하는데 중요한 역할을 하고 있다.

2) 인간을 보는 관점

피아제는 인간을 매우 주관적인 존재로 규정하고 있다. 즉, 인간본성에 대한 비결정론적 시각으로 유전적 요인에 의해 결정되어지는 존재가 아니며, 환경적 영향을 받기는 하지만 이러한 환경적 자극을 능동적이고 적극적으로 중재하고 적응하며 재구성할 수 있는 능력이 있고, 지속적으로 성장, 발달, 변화 가능성을 가진 존재로 인정하고 있다. 각 개인의 정서, 행동, 사고는 개인이 환경과의 상호작용을 통하여 현실을 창조해 내는 방식, 즉 현실세계를 구성하는 방식에 따라 달라진다고 보았다.

피아제는 인간의 발달이란 타고난 유전적 기질과 환경과의 상호작용의 결과라고 말함으로써 인지발달에 필요한 세 가지 변인을 암시하고 있다. 그것은 성숙, 물리적 경험, 사회적 상호작용으로 요약될 수 있다. 첫째, 성숙은 주어진 단계에서 인지발달의 가능성과 불가능성의 한계를 규정해 준다. 둘째, 물리적 경험은 감각적인 경험과 신체적인 활동이 사고나 정신적 조작을 통해 내재화된다. 마지막 요인은 사회적 상호작용으로 사물의 용도나 역할에 대해 인지한다. 이중 어느 하나라도 결핍되었을 때 지적발달은 지연된다고 믿었다(송명자, 2004).

인지이론의 기본 가정은 일생을 통하여 인지적 성장과 변화가 이루어진다는 것이다.

특정 연령에서 각 개인의 특정 영역의 인지적 유능성은 개인이 기능하는 맥락에 따라 차이가 있다고 보았다. 인지는 개인이 환경적 사건에 노출된 결과일 뿐 아니라 개인이 이러한 사건의 의미를 활동적으로 구성한 결과이다. 개인의 행동은 환경적 사건을 인지적으로 어떻게 표상하는가에 따라 달라진다. 예를 들어 사건의 어떤 측면에 선택적으로 주의를 기울이며, 어떤 의미를 부여하는가에 따라 행동이 달라진다. 사고, 감정, 행동 그리고 그 결과는 원인과 관련성이 있다. 자신에 대한 사고를 포함한 인지적 표상은 사회적 기능과 정서적 안정에 영향을 미치며, 변화가 가능하다. 인지변화는 행동변화에 영향을 미친다(Meichenbaum, 1977).

3) 주요 개념

(1) 지능(intelligence)

피아제의 인지발달이론은 지능연구에서부터 시작되었다. 피아제는 지능을 생물학적 적응방식의 특수한 예로 정의하면서 역동적인 조직의 체제이자 살아 있는 유기체가 생물적으로 성숙하고 경험을 쌓음으로써 지적활동이 변화하고 통합하는 기능을 하게 하는 원동력으로 보았다. 이러한 정의에는 관찰 가능한 외현적 행동과 그 외현적 행동을 유발하게 하는 개인의 심리구조와, 환경의 요구에 직면하여 개인의 심리구조를 사용하는 기능적인 측면이 동시에 고려되었음을 알 수 있다.

(2) 인지(cognition)

인지란 지식, 의식, 지능, 사고, 상상, 계획과 전략의 개발, 합리화, 추론, 문제해결, 개념화, 분류 및 유목화, 상징, 환상 그리고 꿈과 같은 높은 수준의 정신적 과정, 지각, 기억, 주의집중, 그리고 학습 등이 포함되는 개념이다. 인지는 현실을 해석하는 데 있어서 중재적 역할을 한다. 그러므로 인지과정을 통해 인간은 한 개인이 환경에서 입수한 다양한 정보로부터 주관적이고 개인적인 의미를 현실로 인식하게 된다.

(3) 인지과정(cognitive process)

개인이 활용 가능한 정보를 지각하고, 조직하고, 평가하는 정신과정이 인지적 과정이다. 이것은 개인이 어떻게 생각하느냐는 점과 관련된 것으로, 탐색, 재생 그리고 저장과정이 기억의 기본 과정이다. 개인에 의하여 다양한 방식으로 처리되거나 조작되는 정보처리 과정이라 할 수 있다.

(4) 인지구조

① 도식(schema)

도식은 인간으로 하여금 사건이나 자극을 인식하고 그것에 대응하는 데 사용되는 기본적인 이해의 틀이자 사고를 조직하고 환경에 적응하게 하는 심리적 구조이다. 인간은 자라면서 조직화와 적응의 과정을 통해 새로운 도식을 개발하고 기존의 것들을 변화시킨다. 자신의 경험적 활동에 의해 조직화한 행동양식을 갖게 된다는 것이다. 유아는 빨기반사나 파악반사와 같은 기본적인 몇 가지 반사능력만을 가지고 태어나지만 빨기나 손을 쥐는 동작을 계속 연습함으로써 기본적인 빨기도식과 파악도식이 형성된다. 도식은 생래적인 것이 아니라 환경과의 접촉을 통해 형성되는 것이며, 계속 분화되고 통합되어 복잡하고 고차적인 도식으로 변화하게 된다(나병현, 2004).

② 개념(concept)

다양한 경험에서 나온 정보들이 공유하고 있는 특성을 통합하여 계층 또는 범주로 조직화한 것이다. 즉 개념은 어떤 현상이나 사상의 의미를 머릿속에 그려보는 관념적 구성물이다.

③ 명제(proposition)

두 가지 이상의 개념들 사이에 관련성을 토대로 하여 규칙, 신념 그리고 가설을 설정한 것이다. 예를 들어 정보를 어떻게 유형화하고 조직화하느냐, 신념이나 규칙, 명제를 자기 자신에 대한 관점인 자아개념에 어떻게 적용하느냐에 따라 행동뿐만 아니라 해석, 타인에 대한 지각이 다르다.

(5) 적응(adaptation)

개인이 자신의 주위 환경조건을 조정하는 능력으로써, 주위 환경과 조화를 이루고 생존을 위해 변화하는 과정을 의미한다. 이 적응은 동화와 조절의 두 과정으로 이루어진다(나병현, 2004).

① 동화(assimilation)

동화란 새로운 지각이나 자극, 사건을 현존하고 있는 도식이나 행동양식, 사고의 구조에 잘 받아들여 융합 혹은 통합되게 하는 인지과정이다. 인간은 새로운 사건(혹은 자극)을 만나면 처음에는 기존의 도식으로 해석하려고 시도하다가 불가능하면 새로운 자극을 수용하기 위해 도식을 변용, 수정한다. 동화는 자신이 가지고 있는 도식을 인지적으로 그리고 기능적으로 연습하는 현상이자 자신의 인지구조인 도식을 그 사물에 보다 숙달되게 사용할 수 있도록 만드는 현상을 의미한다. 개인이 환경에 적응하고 조직해 나가는 인지과정의 일부분으로 도식의 성장에 관계하지만 도식의 변화를 나타내는 것은 아니다.

② 조절(accommodation)

조절이란 사물이나 사건의 자극에 대해 인간이 기존의 인지구조를 수정, 보완, 변형, 변화시키는 것을 의미한다. 이를 통해 도식의 발달을 가져온다. 조절을 위해서는 인간을 둘러싸고 있는 환경에 대한 적극적 능동적 탐색이 필요하다. 동화와 조절은 인지발달의 어느 단계에서나 일어나며, 적응(질적 변화)과 지적구조(양적 변화)의 발달을 담당한다.

(6) 평형화(equilibrium)

인간의 심리구조는 일관성 있고 안정된 행동양식으로 조직하고 평형을 이루려는 경향을 갖고 있다. 여기에서 평형이란 개인의 지적적응과 환경에 의한 지적구조 간의 균형의 상태를 의미한다. 즉, 외부 자극과 인지 도식 사이에 지적인 균형을 유지하는 상태이다. 쉽게 동화될 수 없고, 조절할 수 없는 새로운 정보가 들어왔을 때, 개인의 심리구조는 평형을 잃어버리게 되지만, 동화와 조절과정에 의한 상호보완적 평형화를 통한 심리구조의 재구성은 보다 높은 차원의 심리구조를 획득하게 함으로써 더 고차원의 인지발달이 이루어지도록 한다.

(7) 내면화(internalization)

인간이 경험하는 것이 이전의 누적된 경험을 반영하는 인지구조와 물리적 환경 사이에서 물리적 환경에 덜 의존하고 인지구조에 많이 의존하게 되는 것을 말한다. 인지구조가 발달하면서 내면화는 적응과정에서 점차 중요하게 되고, 경험을 더 많이 내면화하면 사고는 환경에 적응하는 도구가 된다.

(8) 학습의 최적 조건

최적의 학습이 일어나기 위해서는 현재의 인지구조 속에 동화될 수 있는 정보를 제공해야 함과 동시에 인지구조의 변화를 필요로 하는 만큼 그 정보들이 상이한 것이어야 한다. 경험을 동화할 수 있는 선행 지식의 실패가 조절이나 새로운 학습을 불러일으킨다. 피아제는 물리적 경험과 사회적 경험이 인지적 발달과 불가분의 관계에 있다고 주장하였다.

(9) 구성(construct)

개인이 자신의 개인적 경험 세계를 해석하고 이해하는 사고의 범주를 말하며, 개인이 현실의 어떤 특징을 유사성이나 대비성과 같은 견제에서 이해하는 지속적인 방법을 의미한다.

(10) 귀인(attribution)

수행에 영향을 미치는 행동의 원인에 대한 신념이다. 개인이 원인과 결과의 관계를 어떻게 지각하느냐에 따라 환경에 대한 반응뿐만 아니라 환경 속의 사건에 부여하는 정서적 의미가 달라진다.

(11) 자아개념(self-concept)

사회적 기능을 이해하는 데 있어서 특히 중요한 인지구조의 한 예이다. 자아개념은 인지기능을 이해하는 데 필수적인 인지구조 간의 역동적인 상호작용, 상호 관련성 그리고 유형화를 보여준다. 자아의 다양한 도식은 타인과의 상호작용, 물리적 세계에 대한 경험, 지식, 반영과 통찰을 통하여 발달하며 유목화되고 계층화된 도식은 자아개념을 형성한다.

(12) 자기효율성(self-efficacy)

자기평가에 근거한 신념체계인 자기효율성은 특정한 목적을 성취하는 데 필요한 행동노선을 조직화하고 실행에 옮기는 능력에 대한 개인적 판단으로, 개인이 가지고 있는 기술이 아니라 소유하고 있는 어떤 기술을 활용할 수 있는 정도에 대한 개인적인 판단을 말한다. 이러한 자기효율성은 행동의 선택, 노력의 정도나 일관성, 과업에 대한 정서적 반응 그리고 사고의 조직화에 영향을 미치며, 자기효율성 정도에 따라 개인의 대처능력과 문제해결능력이 증진되거나 방해받을 수 있다.

4) 인지발달의 주요 원리

피아제는 인지발달의 과정이 몇 가지의 원리에 의해 이루어진다고 하였다. 첫째, 계속성의 원리로 인지적 발달은 계속적으로 이루어진다는 것이다. 둘째는 단계성의 원리를 갖는데, 인지발달은 질적으로 명확하게 구분되는 발달단계를 거쳐서 변화하게 된다는 것이다. 셋째, 인지발달은 기초성의 원리를 띠게 되는데, 한 단계의 인지구조는 항상 전 단계의 인지구조에 기초를 두고 이루어진다는 것이다. 네 번째는 계열성의 원리로 개인의 경험과 문화, 개인의 지능이나 사회환경에 따라 각 단계에 도달하는 개인 간의 연령에는 차이가 있을 수 있으나 그 위계적 순서는 변함이 없이 뒤바뀌지 않는다는 것이다. 아울러 인지발달은 통합성의 원리로 이루어진다. 각 단계는 전단계의 심리적 구조가 통합된 것이며, 다음 단계의 심리적 구조에로 통합될 준비과정이자 주요 행동양식으로 설명될 수 있는 전체적인 심리구조로 특징 지워진다. 이러한 각 단계의 인지발달과정은 시간이 경과함에 따라 더욱 복잡하고, 객관적이고, 타인의 관점을 생각하는 방향으로 발전한다.

5) 인지발달단계

피아제이론에서는 출생부터 청소년기까지 인지발달단계를 제시하고 있다. 각각의 발달단계에서는 새로운 기능과 능력이 성숙해짐에 따라 심리적인 재구조화가 이루어진다. 한 단계에서 다음 단계로의 진보는 생물학적 성숙과 아동의 환경 속에서의 경험과 활동에 의해 이루어진다. 인지발달, 정서발달, 그리고 사회적 발달은 분리될 수 없으며, 병행하여 발달하고, 각 단계에서 인지적 발달은 개인내적 사고뿐만 아니라 대인관계에도 영향을 미친다. 서로 명확히 질적으로 구분되는 몇 개의 단계를 거치는 비연속적인 과정을 거쳐 이루어진다고 보았다. 감각 및 운동능력의 결과로 이루어지는 인지발달에서 출발하여 추상적이고 논리적 사고의 습득과 표현, 즉 형식적 사고로 완결되는 인지발달의 네 단계를 제시하였다.

(1) 감각운동단계(sensory motor period)

출생에서 2세까지의 단계이다. 간단한 반사반응으로부터 환경을 이해하기 시작하는 시기로서, 감각과 운동을 통합하는 과정에서 지적인 능력이 발달한다. 유아는 대상영속성(object permanence), 인과관계, 의도성의 개념을 획득한다. 주요 발달과업으로는 주변의 여러 대상물로부터 자신을 분리시키기, 빛과 소리 자극에 반응하기, 흥미 있는 일을 계속하기, 조작을 통한 물체의 속성 알기, 대상영속성의 개념 획득하기 등을 들 수 있다.

대상영속성

5~6개월이 되면 아이들은 어떤 대상이 사라졌다가 다시 나타나는 것에 흥미를 느끼는데 움직이는 물체를 주시하다가 이불 밑으로 숨겨 보이지 않으면 더이상 존재하지 않는다고 생각하지만, 12~18개월이 되면, 이불을 들추어 찾게 된다. 18개월 정도면 대상영속성 개념이 완전히 발달한다. 대상영속성 개념을 획득함으로써 유아는 눈앞에 보이는 것에만 전적으로 의존하던 것에서 벗어날 수 있으며, 대상의 영상을 마음속에 지속할 수 있는 능력은 복잡한 표현적 사고가 발달할 수 있는 기초가 된다(나병현, 2004).

피아제는 감각운동기를 다시 여섯 가지의 소단계로 구분하고 있는데, 이상의 발달과업은 각 단계별 특징으로 설명될 수 있다.

① 1단계(0~1개월)

타고난 빨기, 울기, 미발달된 운동 등 반사행동을 활성화하는 시기이다. 물체를 입에 닿는 대로 빨면서 빨기 도식을 연습하고, 물체에 대한 정보를 동화시키고자 노력한다. 한편으로, 젖을 빨기 위해 고개를 드는 등 음식을 획득하기 위해 행동조절의 과정도 이어진다.

② 2단계(2~3개월)

1차 순환반응기로, 신체가 중심이 되어 행동을 반복함으로써 기본적, 유전적인 도식의 정교화가 시작된다. 빨기를 계속함으로써 습관을 형성하고, 의도적인 듣기와 보기도 시작된다.

③ 3단계(4~7개월)

2차 순환반응기로, 신체가 아니라 환경에 대한 반복적인 반응과 경험을 통해 인지가 발달하고 인과관계의 법칙을 발견하기 시작한다. 예를 들면, 딸랑이를 흔들면 소리가 난다는 사실을 알게 된다. 물체를 따라 눈을 움직이고, 물체가 시야 밖으로 사라지면 더 이상 찾지 않는다. 보이는 것이 전부라고 생각하는 시기이다.

④ 4단계(8~11개월)

2차 도식협응기로, 바라는 어떤 목적을 성취하기 위해서 행동의 협응 능력과 일어날 사건과 그 원인이 되는 신호 간의 관계를 알 수 있는 능력이 생긴다. 대상영속성 개념이 시작되는 시기로, 물체가 눈에 보이지 않아도 물체가 존재한다는 것을 이해하기 시작한다.

⑤ 5단계(12~18개월)

3차 순환반응기로, 어떤 목적을 달성하기 위해 수단을 사용하는 시기이다. 조직활동이 활발하게 되고, 새로운 것들에 관심이 끌리는 시기이다. 전에 늘 가지고 놀던 인형, 공, 블록 등의 장난감을 다른 방법으로 사용하기 시작하고, 남의 흉내를 내기 시작한다.

⑥ 6단계(18~24개월)

통찰기 혹은 표상단계로, 활동을 실제로 수행하기 전에 활동에 대한 결과를 예상하는 사고가 시작되는 시기이며, 현존하지 않는 사람이나 대상에 대해 정신적 이미지를 형성하기 시작하는 시기이다. 따라서 이 시기의 영아는 자신을 다른 사람과 분리시켜 개인으로서의 자신을 조금씩 알게 된다.

(2) 전조작단계(pre-operational stage)

이 단계는 2세에서 7세까지 지속된다. 조작(operation)이란 정보의 전환을 이해하는 능력, 즉 처음으로 되돌아갈 수 있는 능력을 의미한다. 이 단계에서 언어의 습득을 통하여 사물이나 사건을 내재화할 수 있는 능력이 생기고, 보이지 않는 것을 기억하는 상징적 표상능력을 지닐 수 있게 되며, 개념적 사고를 하기 시작한다. 하지만 자기중심적, 직관적, 비가역적 사고의 특성 때문에 아직 조작적 사고가 이루어지지 않는 상태이다.

지능은 지식에 의해 지배되는 경향이 있으며, 점차 보존, 분류, 서열의 개념이 생겨나기 시작한다. 2세가 지나면서 아동은 감각 동작적 행동에만 의존하던 것을 차츰 새로이 습득한 언어를 사용할 뿐만 아니라 언어 이외의 다양한 상징적 능력도 발달한다. 이 단계에서의 사고는 비논리적이며 환상이나 놀이를 통한 상징적 표상이 문제해결과 지배감을 갖게 되는 중요한 통로가 된다.

이러한 특성을 지닌 전조작단계는 전개념적 사고단계와 직관적 사고단계로 구분된다.

① 전개념적 사고단계

이 단계는 2~4세 시기로 영아기에 발달한 도식이 상징적으로 사물을 조절할 수 있도록 해주는 표상기술을 획득하는 시기이다. 개념발달을 위해서 다양한 언어활동과 신체활동에 참여하는 시기이다. 이 시기의 유아들은 자기중심적이며, 흔히 잘못된 개념, 현실에 위배되는 개념들을 가지고 있다. 이 시기 유아들의 개념 획득에 가장 결정적인 것은 다양한 언어활동과 신체적 활동을 통한 경험이다. 따라서 유아는 더이상 만지거나 보지 않아도 되며, 표상기술을 사용하여 과거에 일어났거나 미래에 일어나기를 원하는 사건을 표현할 수 있다. 이 단계에서는 상징놀이를 통하여 사회, 신체 및 내적 세계를 실험하고 이해하며, 현실적으로 불가능한 것도 다룰 수 있고, 언어적 제한성을 보충할 수 있다.

전개념적 사고단계에 있는 유아들의 특징은 자기중심적이다. 즉, 다른 사람의 관점에서 사물을 이해할 수 없다. 눈에 똑똑히 보이는 한 가지의 사실에만 기초하여 사물을 분류할 수 있고 하나의 준거에 의해서만 물체를 수집할 수 있다. 예를 들면, 여러 가지 단추 중에서 동그랗게 생긴 것들을 가려낼 수는 있지만, 동그랗고 빨간 단추는 가려낼 수 없는 것과 같다. 사물을 단계별로 배열할 수 있다. 그러나 바로 접하지 않는 사물을 추리해서 배열할 수는 없다. 예를 들면, 연필을 길이가 긴 순서로 배열할 수는 있지만, 'a는 b보다 길고, b는 c보다 길기 때문에 a는 c보다 길다'라고 추리할 수는 없다 등이다(서강식 외, 2008).

② 직관적 사고단계

이 단계는 5~7세까지로서 여러 사물과 사건을 표상하기 위하여 많은 개념들을 형성하지만 아직 불완전하며, 부분적 논리를 통해 추론을 한다. 언어화되지 않는 모호한 인상이나 지각적인 판단에 의존한다. 상징적 매체, 즉, 언어가 개입되지 않은 직관에 의존하기 때문에 이 시기 유아의 사물에 대한 판단은 흔히 잘못된 것이 많다. 예를 들면, 마주 하고 있는 선생님이 '오른손을 드세요' 하면서 오른손을 들면 유아는 선생님의 말은 무시하고 선생님의 오른손은 자기의 왼손 방향에 있으므로 왼손을 들곤 한다.

또한 상위개념과 하위개념을 완전히 구분하지 못하므로, 분류능력이 불완전하다. 사물이나 사건의 개별적 특성만을 고려하여 추리하고 특수한 것에서 특수한 것을 추가하는 전도추리 경향이 나타난다. 전체 상황 중에서 하나의 차원이나 측면에만 주의를 기울이고 다른 중요한 차원은 무시하는 중심화 경향이 나타난다. 일련의 논리나 사건을 원래 상태로 역전시킬 수 없는 비가역적 사고 특성이 나타난다. 타인의 관점과 역할을 고려하지 않은 채 자신의 입장에서 세계를 지각하는 자기중심적 사고특성이 나타난다.

수의 개념을 사용하고 보존성의 원리를 어렴풋이 이해하기 시작한다.

이 단계의 유아들에게 나타나는 인지의 유형은 다음과 같다.

• 직관적 사고

이 시기의 유아들은 가시적인 조건에 의지할 뿐 내적 조건이나 객관적 기준에 의한 사고는 불가능하다. 말하자면 유아들은 보이는 대로 대상을 판단하는 것이다.

• 자아중심적 사고

자아중심성이란 유아들이 자신의 조망과 타인의 조망을 구별하지 못하는 것을 의미한다. 이 의미는 이기적이나 독단적인 것과는 다르다. 자아 중심성은 언어사용에서도 나타난다. 독백과 같이 자기 말만 하는 것이 특징이다.

• 물활론적 사고

물활론적 사고란 물건이나 현상이 살아 있고 또 살아서 움직이는 것으로 생각하는 것을 말한다. 생동론적 사고라고 한다. 전조작기의 유아들은 생물과 무생물 사이의 구별을 성인과 같은 관점으로 하지 않는다. 4~6세 사이의 유아들은 활동하는 것은 모두가 살아 있는 것으로 여긴다. 그러나 6~7세 사이의 유아들은 움직이는 것에 한해 생명을 부여한다.

• 상징적 사고

과거에 체험한 것을 마음속에서 재생해서 그것을 상징적인 형태로 재현하려고 한다. 예를 들면 이 시기의 여자아이가 엄마가 자신을 잠재우듯이 인형을 재우려고 노력하는 행동을 보이는 경우, 이 여자아이는 인형인 줄은 알지만 인형을 어린아이의 상징으로 다루는 것이다.

• 인과론적 사고

물체가 인과관계에 의해 만들어진다고 생각하는 것을 말한다. 예를 들면 밤은 어른들이 커튼을 침으로써 만들어진다고 생각하는 것이다. 이것은 유아들의 자기 중심적인 사고에 근거하고 있다고 볼 수 있다.

• 실재론적 사고

유아들이 자기가 보고, 듣고, 느끼고, 생각하고, 상상하는 것은 모두가 외부에 실재하고 있다고 생각한다. 말하자면 심리 현상과 물리 현상을 혼동하는 것이다. 예를 들면 생각이란 소리이기 때문에 입을 다물면 생각은 없어진다고 믿고 고기나 뱀은 소리를 내지 못하기 때문에 생각을 못 한다고 믿는다.

• 도덕적 실재론

이 시기의 유아들은 누군가 잘못했을 때 동기에 의해 잘잘못을 판단하는 것이 아니라 행위에 대한 결과 여부에 따라 잘못한 정도를 판단한다. 바로 현재 나타나 있는 현상을 중심으로 판단한다.

• 꿈의 실재론

자신이 꾼 꿈의 내용이 실제로 일어났을 뿐만 아니라 실재하고 있다고 생각한다. 그러므로 자신의 꿈속에 등장한 사람들은 깨어난 후에도 그 꿈의 내용을 알고 있을 것이라고 생각한다.

• 비가역성

조작 상태의 처음으로 돌아가지 못하는 특성이다. 예를 들면 넓고 짧은 컵에 담긴 우유를 길고 좁은 컵에 옮겨 담았을 때 유아들은 길고 좁은 컵에 담긴 우유의 높이가 높기 때문에 양이 더 많다고 생각하는데, 그 까닭은 다시 원래의 컵에 담으면 똑같아진다는 것을 생각할 수 없기 때문이다(나병현, 2004).

(3) 구체적 조작단계(concrete operational stage)

이 단계는 7세에서부터 11~12세까지 지속되며, 비논리적 사고에서 구체적인 문제에 대한 논리적 사고로 전환된다. 보존, 가역성, 연속성, 분류와 같은 기본적인 논리체계를 획득하며 특정 사실에 따라 사물을 분류할 수 있다. 따라서 이 시기의 아동은 사물을 위계에 따라 분류하는 것이 가능하다. 예를 들면, 이 시기 아동에게 5원, 10원, 100원, 500원짜리 등 다양한 동전을 섞어서 주면 액수대로 분류하고, 이것들의 포괄성을 충분히 이해할 수 있다. 그러나 실제로 돈을 보면서는 가능하지만, 머릿속으로만 조작하기에는 제한이 있다.

또한 이 시기에는 양, 무게, 부피의 보존 개념을 확실하게 획득할 수 있다. 보존(conservation)은 형태와 위치가 변화하더라도 물질의 양은 동일하게 유지된다는 개념이다. 보존개념을 획득한다는 것은 상보성, 가역성의 원리를 충분히 이해한다는 뜻과 같다. 전조작기의 자기중심적 사고는 이 시기에 와서 탈중심적 사고로 바뀐다.

가역성(reversibility)은 시작한 곳까지 합리적으로 거슬러 올라갈 수 있는 능력을 말한다. 연속성(seriation)은 크기가 증가하고 감소함에 따라 요소들을 정신적으로 배열할 수 있는 능력이다. 분류(classification)는 대상을 구분하고 동시에 두 개 이상의 계층을 고려할 수 있는 능력이다. 구체적 조작을 성취함으로써 아동은 논리적으로 사고할 수 있지만, 이러한 논리를 언어나 가설적 문제에 적용하지는 못한다.

① 수의 보존

먼저 수의 보존에서 다섯 개의 흰 돌과 검은 돌을 늘어놓은 모양을 달리 하여 어느 것이 더 많은가 물어보면, 보존 개념이 없는 경우 검은 돌이 더 많다고 답한다(나병현, 2004).

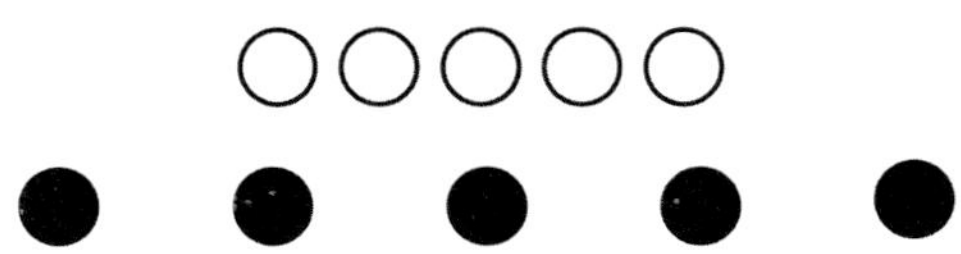

② 질량의 보존

다음은 질량의 보존 개념이 생긴다. 똑같은 크기의 찰흙덩어리 두 개를 보여주고 두 개의 양이 같음을 확인시킨 후 하나를 길게 늘여 모양을 바꾸었을 때 보존 개념이 없는 경우 긴 쪽이 더 많다고 답한다.

③ 부피의 보존

다음은 액체의 보존에 대한 개념이 생기는데, 두 컵에 우유를 똑같이 담아 보여준 후 한 컵의 우유를 길고 좁은 컵에 부은 후 어느 쪽 우유가 더 많은지 물어보면, 개념이 없는 경우 높은 쪽의 우유가 많다고 답한다.

④ 면적의 보존

또한 면적의 보존 개념이 생긴다. 정사각형을 붙여놓았을 때와 펼쳐놓았을 때 면적이 같은가 여부의 판단이 생기게 된다. 보존 개념이 없는 아동은 펼쳐놓은 경우가 더 넓다고 답한다.

⑤ 분류

특히 분류(classification) 개념이 획득되는 시기이다. 대상을 형태, 색깔, 무늬, 크기 등 일정한 특징에 따라 다양한 범주로 나누는 능력이 발달하며, 상위 유목과 하위 유목의 관계를 이해한다. 예를 들어 나무로 만든 빨강 · 노랑 · 파랑색의 공을 섞어놓고 빨간 것이 많을까 나무공이 많을까라고 물어보면, 아직 분류 개념이 없는 경우에는 빨간 것이 많다고 답한다.

⑥ 서열

이 시기에는 서열(seriation) 개념도 획득하게 되는데, 크기, 무게, 부피, 길이 등 일정한 특징에 따라 대상을 배열하는 능력이 발달한다. 예를 들어 여러 길이의 빨대를 주고 긴 것에서 짧은 것 순으로 늘어놓도록 하면, 4~5세의 아동은 가장 긴 것과 가장 짧은 것은 구별하지만 중간 크기를 길이 순서로 배열하는 데에는 어려워한다. 그러나 길이 배열은 6~7세경에, 무게 배열은 9세경에, 소리의 크기 배열은 12세경에 순조롭게 이루어진다(나병현, 2004).

⑦ 가역적 사고

또한 이 시기의 아동은 점차 자기중심성에서 벗어나 상이한 시각에서 사건을 평가할 수 있게 되고, 가역적인 사고를 하며, 기호와 상징을 사용하여 사고를 한다. 그러나 이러한 조작의 대부분은 직접적 경험을 통해 이루어지기 때문에 여전히 지각의 한계를 벗어날 수 없으며, 순수하게 논리적인 사고는 아직 불가능한 상태이다.

⑧ 상상적 추론의 불가능

구체적 조작기에는 시행착오적인 방법으로 문제를 해결하는 경우가 많다. 구체적인 상황을 초월하여 상상적 추론이 불가능하다. 자신의 상황과 다른 상상적인 상황을 가정하지 못하기 때문이다.

(4) 형식적 조작단계(formal operational stage)

이 단계는 11~12세부터 지속되는 단계로서, 아동은 자신의 지각이나 경험보다는 논리적 원리의 지배를 받으며, 추상적 사고가 가능하기 때문에 경험하지 못한 사건에 대한 가설적이고 추상적인 합리화를 통하여 과학적 사고를 할 수 있다. 추상적 사고란 융통성 있는 사고, 효율적인 사고, 복잡한 추리, 가설을 세우고 체계적으로 검증하는 일, 직면한 문제에서 해결 가능한 모든 방안을 종합적으로 고려해 보는 일 등과 같은 것을 말한다. 또 이 시기가 되면 청소년들은 처음으로 도덕적, 정치적, 철학적인 생각과 가치문제 등을 이해하기 시작한다. 타인의 사고과정을 이해하고, 다른 사람들은 문제를 어떻게 보고, 어떻게 생각할까 등의 문제에도 관심을 갖게 된다(이형득, 1991).

이 시기의 구체적인 특징으로는 구체적인 상황을 초월하여 상상적 추론이 가능하다는 것이다. 가설 설정과 미래 사건의 예측이 가능하며, 제시된 문제가 자신의 이전 경험이나 신념과 어긋난다 할지라도 처리가 가능하다. 있을 수 있는 모든 개념적 조합을 체계적으로 고려하고 검증할 수 있다. 관련된 모든 변인들의 관련성을 파악하여 적절한 문제해결방법을 찾아낼 수 있다. 그러나 모든 청소년과 모든 성인이 매사에 형식적 조작을 사용하는 것은 아니다.

6) 사회복지실천에의 적용

피아제의 이론은 개인이 환경 속의 다른 사람의 행동이나 사건, 상황에 어떤 의미를 부여하고 있는가에 접근할 수 있는 이론적 틀을 제시하고 있다. 뿐만 아니라 동화와 적응은 단순히 인간의 환경에 대한 적응뿐 아니라 인간의 욕구 충족을 위해 환경이 적절히 변화할 수 있음을 보여주고 있어 인간과 환경의 이중 초점이 필요한 사회복지실천에 매우 시사하는 바가 크다.

피아제의 이론을 사회복지실천에 적용하는데 관심을 두어야 할 것은 인지발달이란 단계 간의 단락 구분이 있는 일련의 개개의 단계라기보다는 지속적인 과정으로 보아야 한다는 점이다. 그러므로 개입의 핵심도 발달이 충분히 이루어지도록 각 시기를 충분히 거칠 수 있는 환경을 제공해야 한다는 것과 적절한 시기의 교육이 각 단계마다 수행되어야 한다는 점이다. 그리고 발달은 자발적으로 이루어져야 하므로 사회복지실천의 개입의 목표는 개인을 가르치는 것이 아니고 잘 발달하도록 도와주는 것이다.

7) 사회복지사의 역할과 실무원칙

피아제이론에 입각한 사회복지사의 실무원칙은 다음과 같다. 클라이언트가 경험한 사건, 환경, 타인의 행동 그리고 자신의 행동적 반응을 해석하는 방식에 초점을 두고 사정하여야 한다. 클라이언트의 위험과 변화결과에 대한 지각을 탐색하고, 자원의 결여, 불완전한 정보나 지식과 같은 장애물이나 제한점을 사정하여야 한다. 인지적 역기능, 왜곡 그리고 결손으로 인한 개인-환경 간의 상호작용의 부적합성을 파악하여야 한다. 클라이언트의 문제의 선행요인에 주의를 기울이고, 사건과 감정을 돌이켜 봄으로써 현재 문제에 대한 인식을 갖게 하고 다른 관련 문제의 발생과정을 확인할 수 있도록 원조하여야 한다. 코치 또는 교사의 역할이 강조되며 개입과정에서 지시와 지도 기법이 필요하다. 필요 이상으로 클라이언트에게 온화한 태도를 보이는 것은 삼가야 한다(권육상, 2001).

8) 평가

동화와 조절이라는 적응의 과정을 통해 심리구조의 재구성을 이룩함으로써 인지발달이 이루어진다고 설명하고 있는 피아제의 이론은 인간의 전인지적 영역을 포괄하고 있지 않다는 점에서 비판의 대상이 되고 있다. 또한 수학적 · 과학적 사고의 발달에 관해서는 상당히 언급되고 있지만, 문학, 예술, 음악 등의 정서성이 포함된 인지적 측면들은 전혀 언급되지 않고 있다. 공포, 불안, 흥분, 백일몽 등 정서발달의 중요성을 간과하고 인지체계만을 강조함으로써 전인적인 측면에서 발달의 관점을 제시하는 점에 한계를 보이고 있다.

2 콜버그의 이론

1) 콜버그의 생애

콜버그(Kohlberg, 1927~1987)는 1927년 미국 뉴욕 주에서 태어나 명문 사립고인 Andover Academy를 졸업하였지만 곧장 대학에 진학하는 대신 이스라엘 난민들을 수송하는 일을 도왔다. 그후 1958년 시카고대학교에서 박사학위를 취득하였으며, 예일대학교, 시카고대학교를 거쳐 1987년 세상을 떠날 때까지 하버드대학교에서 교육학과 사회심리학을 가르쳤다. 그의 핵심적인 연구는 유년기에서 성년기에 이르기까지 도덕발달의 단계들을 정립시키는 작업이었다. 겸손하며 나서기를 별로 달갑게 여기지 않는 사람으로 도덕성을 중심으로 하여 철학과 심리학의 여러 중요 문제에 관해 깊이 사고하는 사람이었다. 그러나 그는 도덕적 이상주의와 현실 간의 괴리로 인해 심한 우울증으로 고통을 받았으며 59세에 생을 마치기까지 정의를 행동으로 실천하며 살았다. 주요 저서로는 『도덕발달의 철학』, 『도덕발달의 심리학』, 『교육과 도덕발달』 등이 있다.

2) 인간을 보는 관점

콜버그는 인간이란 어떤 전통이나 역사 혹은 상황에 연루되어 있는 구체적이고 특수한 자아로부터 분리되어 '도덕적 입장'이라 불리는 전적으로 초연하고 공평무사한 입장에 서서 판단하는 존재로 보았다. 칸트의 논리를 따라서 도덕성을 궁극적으로 개별적인 합리적 존재들이 스스로 법칙을 세우고, 그의 이성에 의해 만들어진 규칙이나 원리에 따르는 문제로서 생각했던 것이다.

개인의 행동은 심리적 · 인지적 구조와 사회적 환경의 상호작용에 의해 촉진되는 도덕발달의 자연적 과정을 자극하는 데에서 출발한다고 보았다. 도덕적 의식의 보편적 형식들의 원리, 표준, 가치가 모든 시대에 존재하는 것이지만 개인의 도덕성이나 성숙성 정도는 차이를 갖는데, 그 이유는 각자가 갖고 있는 자기완성의 잠재력의 차이 때문이라고 보았다. 이러한 도덕발달의 잠재력은 결국 인간의 행동을 형성하고 계획하게 하는 것이다. 도덕발달은 일차적으로 도덕적 행위를 수행할 수 있는 인간의 심리적인 능력의 산물이지만, 사회적 환경은 개인으로 하여금 어떠한 새로운 상황에서나 새로운 행동 계획을 모색하도록 유인하는 자극제가 된다. 그러므로 콜버그는 개인과 사회 간의 조화의 획득이 중요하며, 그 핵심에는 도덕성의 발달단계와 수준이 있다는 점을 강조하였다.

3) 발달단계

콜버그는 도덕성의 발달에 있어 7단계를 거친다고 보았다. 개인과 환경과의 상호작용의 결과로 도덕성은 한 단계에서 다른 단계로 발전하며, 도덕적 성숙은 최종적인 일곱째 단계에 도달한다. 성숙된 도덕성은 자기 자신을 다른 사람들과 동일시하고, 다른 사람들에 대해 배려를 하며, 무엇보다도 '정의와 휴머니즘' 원리에 입각해 자신의 행동을 할 수 있는 능력을 갖게 된다. 도덕성의 이러한 단계들은 도덕성 진화의 일반적 방향을 반영하고 있다고 하겠다.

콜버그 도덕성의 발달단계의 특성을 보면, 단계들이 극단적으로 신체적, 정신적, 손상을 입은 경우를 제외하고 반드시 일정한 원칙과 순서에 따라 각 단계를 거쳐 간다는 것이다. 또한 낮은 단계는 높은 단계의 도덕적 추론을 이해하지 못하지만, 높은 단계는 낮은 단계의 도덕적 추론을 포괄하고 이해하는 계층적 통합을 이루고 있다. 그리고 도덕성 발달은 딜레마적 상황에서 현재의 인지적 판단으로 해결하지 못하는 경우는 새로운 인지적 구조로 전환하여 해결하려는 과정에서 생겨나게 된다. 7단계를 구체적으로 살펴보면 다음과 같다(남궁달화, 1995).

(1) 제1수준 : 전인습적(전도덕성) 단계

3세에서 11세 사이의 대다수 아동들과 일부 청소년, 범법 청년 및 성인들의 수준이다. 도덕적 선악의 개념은 있으나, 처벌을 피하고 보상을 얻기 위해 판단 준거는 권위자의 힘이나 외적인 기준, 즉 대부분은 부모의 판단 기준, 개인적 욕구에 관련시켜 해석한다.

① 1단계(주관화 - 복종과 처벌지향)

3세~7세에 나타나는 단계로 권위자의 처벌을 피하고, 권위에 복종하는 시기이다. 진정한 의미의 규칙에 대한 개념은 없으며, 행위의 옳고 그름은 위반 행위로 인한 결과의 크기, 즉 처벌의 양, 객관적인 손상의 양 등에 의해 결정된다. 친구를 고자질할 것인가 말 것인가에 대한 판단은 말하지 않아서 받게 될 처벌이 두려워 고자질을 선택하는 것이다.

② 2단계(상대화 - 도구적 목적 및 거래지향)

8세~11세의 어린이에게 나타나는 이 단계는 자신의 욕구충족이 도덕 판단의 기준이 되는 시기이다. 자신에게 당장 이익이 있을 때 보상받을 일들은 하고 처벌받을 일들은 피한다. 또한 즐거운 결과를 가져오는 것이 선이라고 믿기 때문에 순진한 도덕적 상대주의(naive instrumental relativism)라고 한다. 앞선 질문에 대해서 이 시기의 아동들은 다른 아이들과 잘 지낼 수 있도록 고자질하지 않는 것을 선택한다.

또한 이 단계에서는 어떤 환경에서든지 모든 사람이 동등한 분배를 받도록 공명정대한 거래 및 협약, 평등한 교환을 요구한다. 예를 들면 이 시기의 아동들은, 자신들은 잠을 자야 되는데, 왜 어른들은 더 늦게까지 자지 않아도 되는가를 이해하기가 어렵고, '만일 네가 나를 도와준다면 나도 너를 도와줄 것이다.'라는 행동을 취하는 기본적 철학으로 자리 잡는 시기이다.

(2) 제2수준 : 인습 수준(타율 도덕성) 단계

12세~25세 사이의 도덕성 발달 수준으로 대부분의 청년들과 성인들이 이 수준에 속한다. 자신이 속한 집단의 기대나 사회적인 표준이나 가치들을 더 많이 내면화하여 인습적 역할에 대한 일치 수준, 즉 자신의 역할을 인습에 맞게 수행하는 기준에 맞추어 행동하는 것을 이상으로 여기며 사회질서에 동조하고자 하고 힘 있는 사람과의 동일시를 하려 한다. 다른 사람의 상호작용을 고려한 사회지향적 가치기준을 갖는다. 선한 행동을 하기 위해, 또는 사회적인 질서를 유지한 것에 대한 칭찬과 인정을 받기 위해서 부모나 또래집단, 혹은 사회집단이 요구하는 규칙들을 따르려고 애쓴다.

① 3단계(객체화 - 개인 상호 간의 기대, 관계 및 개인 상호 간의 동조 지향)

12세~17세의 청소년에게 나타나는 시기로서 대인관계 및 타인의 승인을 중시하여 상호 인격적 일치가 나타난다. 청소년은 다른 사람의 관점과 의도를 이해할 수 있고, 고려할 수 있다. 정의는 항상 다른 사람을 해하지 않고 옳은 것에 대한 인습적 모습을 포함한다. 아들이나 딸, 형제, 친구 등으로서 자기에게 가까운 사람들의 역할기대에 따라 행동하는 것이 도덕적인 행동이며, 선한 동기를 가지고 타인에 대한 관심을 보이는 것이 선이라고 생각한다. 신뢰, 충성, 존경, 감사, 상호관계의 유지 등을 존중한다. 아무리 부모에게 반항적인 청소년일지라도 항상 그들의 도덕적 개념을 유지해 주는 동년배 집단이 있게 마련이다.

② 4단계(사회화 - 사회질서와 권위 지향)

18세~25세 시기로 사회 속에서 개인의 의무를 다하는 것, 즉 권위와 사회질서 유지의 도덕성을 기준으로 삼는 시기이다. 스스로 동의한 현실적 의무를 준수하는 것이 선이라고 생각하기 때문에 확고한 사회적 의무와 갈등을 일으키는 극단적인 경우를 제외하고는 법과 질서는 준수되어야 한다고 믿는다. 사회, 집단, 제도에 공헌하는 것 역시 선으로 여겨진다.

친구의 비행을 말할 것인가, 안할 것인가 하는 것은 그 행위가 법을 어겼는가 또는 공공의 질서를 심각하게 방해하였는가에 의해 결정한다. 정의는 자신의 의무를 행함으로써 자기 자신의 사회의 가치를 유지하는 것이다. 그러나 아직 소수의 권리에 대한 예리한 감각은 없다.

(3) 제3수준 : 후인습(자율 도덕성) 단계

25세 이상의 시기에 나타나는 단계로 자신의 가치관과 도덕적 원리원칙이 자신이 속한 집단과 별개임을 깨닫게 되면서 개인의 양심, 자율적 도덕의 원리에 근거하여 행위를 한다. 자신을 권위 또는 권위의 일부로 보게 됨으로써 도덕적 기준이 내면화되어 자신의 도덕이 형성되게 된다. 이 수준에 도달하는 시기는 개인에 따라 차이가 있지만 성인 전기에 와서 도달되는데, 상당수의 사람들은 이 수준에 도달하지 못하는 것으로 본다.

① 5단계(일반화 - 사회계약, 공리성과 개인 권리의 지향)

계약, 개인적 권리, 민주적으로 인정된 법률의 도덕성 단계인 이 단계에서는 인간으로서의 기본 원리에 따라 행동하게 되는데, 신념이 서로 다른 사람들의 상호 유익을 위하여 합의를 시도한다. 그러므로 사회적 책임으로서의 공리주의, 가치기준의 일반화를 추구하기 때문에 소수까지 포함된 모든 개인의 권리가 인정되는 것이 모두의 관심거리가 된다. 다양한 가치와 의견으로 가치와 규칙들은 집단에 따라 상대적이라는 것을 알게 되고, 사회질서를 유지하기 위해 법과 규칙은 준수되어야만 하지만, 그 법과 규칙은 바뀔 수 있다고 생각한다. 생명과 자유와 같은 비상대적인 가치는 어떤 사회에서도, 또 다수의 의견과 상관없이 지켜져야 한다고 믿는다.

어떤 친구의 비행을 말할 것이냐 아니냐 하는 문제는 이제는 그 친구가 그 행의를 하게 된 이유에 달려 있고, 가능한 여러 행동이 그 친구와 보다 넓은 공동체에 끼칠 영향력을 고려한다. 그러므로 정의는 개인의 권리를 보호하는 것이라고 정의할 수 있다.

② 6단계(궁극화 - 보편적 원리)

개인적 양심의 원칙, 스스로 선택한 도덕 원리에 의한 도덕성 단계라고도 한다. 스스로 선택한 윤리적 원리를 따르고 그 원칙에 의해서 정의를 판단한다. 법이 대개 자신이 구성한 윤리적 원리에 일치하기 때문에 따르지만, 이 원리와 충돌할 때는 자신의 원리에 따라 행동한다. 법이나 관습 이전에 인간 생명이 관여된 문제로서 생명의 가치는 무엇보다도 우선하여 생각해야 한다고 한다. 극히 소수만이 단계에 도달하게 되기 때문에 이 단계를 특정 나이로 설명할 수 없지만, 보편적 도덕의 원칙을 지향한다. 사회적 질서에 대한 것이 아니라, 모든 사회와 모든 사람을 결속시키는 도덕적 원칙에 대한 존중이 극에 달하게 된다. 정의는 모든 주장에 대하여 동등하게 생각하는 것이며, 모든 사람이 결코 수단으로만 여겨지지 않고 목적으로 여겨지는 것이다.

③ 7단계(우주적 영생을 지향하는 단계)

콜버그는 말년에 7단계를 추가한다. 그것은 도덕 문제는 도덕이나 삶 자체가 문제가 아니라 우주적 질서와의 통합이라고 보는 단계이다. 예수, 간디, 마틴 루터 킹, 공자, 소크라테스, 칸트, 테레사 등의 위대한 도덕가나 종교지도자, 철인들의 목표가 곧 우주적인 원리이다. 우주적인 원리가 속하는 것은 '내가 대접을 받고자 하는 대로 남을 대접하라'는 황금률과 같은 곳에서 드러난다. 생명의 신성함, 최대다수를 위한 최선의 원리, 인간 성장을 조성하는 원리 등이 우주적인 원리에 속한다.

4) 사회복지실천에의 적용

콜버그의 도덕성 발달이론은 인지적 요인을 중시하는 사회복지실천현장에서 상당한 설득력을 가지고 있다. 콜버그는 도덕적 추론 능력 혹은 도덕적 판단 능력을 신장시키기 위한 방법으로 '토론식 교육'을 제안했는데, 도덕성에 관한 문제를 가르치기보다는 도덕성 판단 단계에 맞게 소집단을 형성하여 도덕적 딜레마 문제 및 도덕적 가치 갈등에 대하여 토론을 하게 함으로써 도덕성 발달이 하위 단계에서 다음 상위 단계로 이행하도록 하는 데 도움을 줘야 한다고 하였다.

콜버그의 이론을 사회복지실천현장에 접목하게 될 경우, 가장 중요한 개념은 정의의 개념이다. 즉, 사회복지의 실천은 정의로운 사회를 구축할 수 있는 도덕성을 가진 인간의 형성에 기여해야 한다는 것이다. 실제로 콜버그는 자신의 정의적 삶의 이상을 행동으로 실천하여 사회정의를 구현하고자 했던 진정한 도덕인이며 교육자로서 일생을 살았다.

5) 사회복지사의 역할과 실무원칙

콜버그의 이론이 적용되는 사회복지현장에서 사회복지사는 바로 클라이언트들이 정의를 실천하고 도덕적으로 성숙한 인간으로 자랄 수 있도록 하는 안내가 필요하다(남궁달화, 1995). 여러 대안학교를 통해 정의공동체 접근 이론을 실제 지역사회 활동에 적용하면서 학교를 운영했던 콜버그는 공동체를 학생들 혹은 클라이언트에게 의사결정권을 공유하게 하는 참여 민주주의의 광장으로 만들었다. 이것은 공동체에서 학생 · 교사가 동등한 권리를 행사하는 참여 민주주의를 통해 학교의 공동체 의식과 집단 규범을 발달시키면서 학생들의 진정한 도덕성 발달을 꾀하는 정의로운 공동체를 만들어 나가는 과정이었다(Power, Higgins, & Kohlberg, 1989). 다시 말하면, 정의 공동체적 접근은 학생 개인들의 권리를 보호하는 동시에 그들의 도덕적 성장을 증진시키면서 집단의 강한 호소력을 이끌기 위하여 '정의(justice)'와 '공동체(community)'를 균형 지우려는 콜버그의 노력을 잘 나타내 주고 있다(임현철, 1994). 사회복지실천에서도 사회복지사와 클라이언트의 관계에 있어 민주적인 관계형성의 중요성을 강조하는 계기를 마련하였으며, 진정한 도덕성 발달을 위한 노력과 정의로운 세상을 만들려는 노력이 가능하도록 하였다. 사회복지실천에 중요한 시사점을 주고 있다.

6) 평가

콜버그의 도덕성 발달이론은 도덕성을 지나치게 개인적 차원의 문제로만 환원시키는 오류를 범하고 동시에 일상적인 사회적 상호작용들이 지니고 있는 도덕적 차원을 간과하고 있다는 비판을 받고 있다. 또한 배려 · 애정 · 감정이입 · 동정심 등의 도덕적 정서, 즉 도덕생활에 있어서 도덕성의 비합리적 측면들이 지니고 있는 중요성을 무시한다는 비판도 함께 받고 있다. 그리고 도덕적 이해와 인습이 구별되어야 함을 간과하였다. 특히 도덕적 의사결정의 내용들보다는 그러한 결정을 내리게 된 '도덕적 이유'들에 초점을 맞춤으로써 도덕적 사고와 행동 사이에 매개해 있는 수많은 변수들을 무시하는 결과를 초래하였다. 그리고 도덕성과 자아는 서로 분리된 것이 아니라 서로 얽혀져 있는 관계에 있다는 것을 간과하였다. 대다수의 학자들은 도덕적 태도가 사회화의 산물이 아닌, 아동의 자발적 행동의 결과라고 본다.

3 벡의 이론

1) 벡의 생애

벡(Beck, 1921~2021)은 아버지 Harry Temkin Beck과 어머니 Elizabeth 사이에 셋째 아들이자 막내로 태어났다. 그의 부모는 모두 러시아에서 미국으로 이주한 유태인으로, 문학과 교육을 중시하였으며 주관이 뚜렷하고 정치에 관심이 많았다. 1960년대에 미국 펜실베니아대학에서 현재 지향적인 심리치료 방법을 개발하였는데, 이것이 벡의 인지치료이론이다(Beck, 1964). 처음에 주로 우울증의 치료법으로 개발된 인지치료는, 그 효과가 인정되고 많은 체계적 연구를 통하여 정교화되면서 그 적용범위가 확장되었고, 기법이나 치료기간 등에서는 많은 변화가 있었지만 기본적인 이론적 가정 자체는 유지되어 왔다.

우울증뿐만 아니라 불안장애, 공포증, 강박증, 건강염려증, 섭식장애, 성격장애, 부부갈등 등 다양한 심리적 문제에 이르기까지 확장되어 널리 적용되고 있으며, 심리학과 생물학 두 분야의 관점에서 계속적으로 이론과 치료 또한 통합적이고 절충적 방향으로 진화하고 있다(Marjorie E. Weishaar, 권석만 역, 2006).

2) 인간을 보는 관점

벡은 인간이란 개인이 가지고 있는 자신과 세계에 대한 자극에 대해 선별적인 반응을 보이거나 자극 유형을 선별적으로 결합함으로써 고정된 인지구조인 도식에 의해 정보를 조직화하고 처리하는 존재로 보았다. 이러한 관점에 따라 인간의 문제는 역기능적 도식에 따라 현실을 부정적으로 왜곡하거나 정보 처리과정에 나타나는 오류로 인하여 정서적·행동적인 부적응을 만드는 것이라고 보았다(Beck, 1976).

3) 주요 개념

(1) 자동적 사고

자동적 사고란 한 개인이 어떤 상황에 대해 내리는 즉각적이고 자발적인 평가로서 심사숙고하거나 합리적으로 판단하여 내리는 것이 아니라 자동적으로 그 상황에서 튀어나오는 생각이다. 이것은 모든 것이 부정적일 때 문제가 된다.

(2) 도식(schema)

인간은 자극에 대해 선별적으로 주의를 기울이면서 자극을 유형으로 결합하고 상황을 개념화한다. 도식은 비슷한 사건 유형에 대하여 일관성 있게 반응하거나 특정 자극에만 선택적으로 주의를 기울여 반응하게 되는 고정된 인지구조를 의미한다. 예를 들면 '개는 무섭다'라는 도식은 개에 물린 경험이 있거나 타인이 개에게 물리는 것을 관찰한 경험에 의해 형성된다(민병배 외 역, 2008).

(3) 인지적 오류

잘못된 인지과정을 통해 잘못된 행동이나 판단을 하게 되는 경우를 말한다.

① 임의적 추론

결론을 지지할 만한 증거도 없고 오히려 반대 증거가 있음에도 불구하고 특정결론을 내려 버리는 것으로, 예를 들어 의사가 고개를 갸우뚱하는 것을 보고 '난 불치의 병에 걸렸음에 틀림이 없어'라고 결론을 내려 좌절하는 것이다.

② 선택적 추상화

사소한 한두 가지 특성만으로 전체를 일반화하는 것이다. 예를 들어 타인으로부터 긍정적 평가와 부정적 평가를 같이 받았을 때 부정적 평가에만 초점을 맞추는 경우이다.

③ 과잉 일반화

사소한 사건에 기초하여 그것과 관련되지 않는 상황에까지 광범위하게 적용하는 것을 말한다. 예를 들어 남편이 회사에서 너무 바빠 미처 전화하지 못했다는 말 한마디에 '이제 그의 사랑이 식었어'라고 결론 내리는 것이다.

④ 과장과 축소

어떤 사건의 중요성이나 정도를 심하게 왜곡하여 평가하는 오류이다.

⑤ 개인화

전혀 상관없는 사건을 근거 없이 자신과 관련짓는 것이다.

⑥ 흑백논리/이분법적 사고

모든 경험을 양극단 중 하나로 평가하는 것이다.

4) 사회복지실천에의 적용

벡의 이론을 통한 사회복지실천현장에서의 개입의 목표는 클라이언트가 보다 건설적이고 목표 지향적인 활동에 참여하면서, 자신의 능력에 대한 부정적이고 파괴적인 추론을 변화시키는 것에 있다. 그러므로 개입 초기에는 비교적 인식되기 쉬운 자동적 사고에 초점을 두어 스스로 자동적 사고를 식별하고 평가하여 수정할 수 있도록 돕는다. 그후 역기능적 사고의 기저에 잠재되어 있는 신념체계에 치료의 초점이 옮겨진다.

벡의 인지적 치료는 사회복지실천에서 많이 알려진 접근법으로, 클라이언트의 자동적 사고와 부정적인 생각들을 고집하려는 경향, 인지적 오류, 자기비난 등에 의해 문제가 보이는 클라이언트에게 적용되고 있다. 즉, 인지적 왜곡을 수정하여 정서, 행동상의 문제를 해결하고자 하는 매우 적극적이고, 직접적이며, 시간 제한적이고, 구조화된 접근방법이 인지치료라 할 수 있다.

클라이언트와의 내적 대화는 행동에 중요한 역할을 한다고 보았다. 행동적 기법뿐만 아니라 언어적 기법으로 잘못된 신념을 자기-치료로 교정함으로써 심리적 억압과 부적합한 정서적 반응을 제거하거나 변화시킬 수 있다는 입장이다.

클라이언트가 인지적 왜곡을 수정할 수 있도록 과제를 부과하고 잘못된 가정들에 대한 통계자료를 모으고 기록된 여러 자료를 사용하는 것을 포함한다. 그리고 대안적인 해석을 하는 것을 포함한다. 자기관찰을 할 수 있는 체계적인 기술을 클라이언트에게 가르침으로써 사고와 정서 간의 관계를 볼 수 있도록 해야 한다. 자신의 행동에 대한 어떤 가설을 만들어서 특수한 문제해결법을 적용하며 그러한 상황에 대처하는 기술을 배우게 된다.

5) 사회복지사의 역할과 실무원칙

벡의 인지치료는 우울증에 많은 도움을 주고 있는 것으로 보고되는데, 자기비판과 정서적 왜곡이 주된 원인이 되고 있는 우울증 클라이언트에게 사회복지사는 문제의 목록을 만들고 우선해야 할 과제를 선택하고 현실적 행동계획으로 발전시키는 것을 돕는 데 앞장서야 한다. 그런 계획들은 가끔 자기패배적인 생각에 의해 금지되기 쉬우므로 사회복지사는 부정적 생각을 확인하고 변화시키기 위해 인지적 시연기법을 써야 한다. 만약 클라이언트가 치료기간에 자신을 의심하는 비합리적 생각과 싸우는 방법을 배운다면 그는 새로 학습한 인지적-행동적 기술을 실생활의 상황에 적용할 수 있을 것이다.

4 엘리스의 이론

엘리스의 합리적 정서치료이론에서 개인의 인지적 사고는 특정한 행동이나 사건에 대하여 부정적이거나 긍정적인 감정을 갖게 만들기 때문에 단순히 행동을 변화시키기보다는 인지체계를 변화시키는 것이 중요하다는 것을 전제로 한다.

1) 엘리스의 생애

엘리스(Ellis, 1913~2007)는 여행이 잦은 아버지와 미성숙한 어머니로 인한 부모의 양육태만으로 거의 고아처럼 자랐으며 아울러 신장염으로 어린 시절을 우울하게 보냈다. 백만장자의 꿈을 꾼 상업고등학교의 진학은 대공황으로 물거품이 되었고, 대학에서 영문학을 전공하며 다양한 소설을 쓰기 시작했다. 소설의 주제가 되는 단서를 찾기 위해 친구들의 문제를 듣다가 그들의 문제를 해결하고 도와주는 것을 깨닫고는 콜롬비아대학교에서 석사 및 박사학위를 받고 정신분석가로 비공식적인 훈련을 받았다. 정신분석의 한계를 극복하고 효율적인 방식을 찾던 엘리스는 인지정서 행동치료기법을 수립하였다. 엘리스는 평생 동안 당뇨병, 청각 이상, 시각 이상의 신체장애가 있었지만 고령의 나이에도 불구하고 자신의 기본 원리들을 적용하고 집필하는 활동을 하였다.

2) 인간을 보는 관점

엘리스의 이론에서 인간은 인간 그 자체이지 그 이상도 그 이하도 아니다라는 입장을 고수한다. 현실적으로 모든 인간은 죽고 죽은 후에 어떤 의미 있는 생활을 한다는 증거도 없다는 것을 가정한다. 인간의 주된 생의 목적은 생존하는 것이고, 그것도 행복한 상태, 즉 불필요한 고통과 불편함에서 비교적 해방된 상태에서 생존하는 것이다. 또한 인간은 단기간의 쾌락보다는 장기간에 걸친 행복과 쾌락을 선택하는 것이 현명하고 합리적이라고 생각하는 존재이다. 인간의 가치는 자기 이외의 그 무엇에 의해 절대적으로나 완전히 주어지는 것이 아니다. 인간은 성장과 자기실현을 할 수 있는 경향이 있음과 동시에 자기파괴, 실수의 반복, 비논리적 학습 등의 생물학적 경향에서 완전히 벗어날 수 없음도 가정하고 있다. 그리하여 인간의 감정과 문제는 개인의 비합리적인 사고의 산물이라는 것이다.

인간의 정서에는 적절한 정서와 부적절한 정서가 있는데 적절한 정서는 다시 행복, 기쁨, 호기심, 사랑과 같은 긍정적 정서와 불쾌감, 걱정과 같은 부정적 정서가 있으며, 부적절한 정서란 우울, 불안, 적개심, 초조감, 무가치감과 같은 감정으로 이런 감정은 싫어하는 어떤 조건을 바꾸도록 돕기보다는 오히려 악화시키는 경향이 있다. 이러한 비합리적인 생각이 부적절한 정서로 이어지고, 또한 부적절한 정서는 결국 부적절한 행동으로 이어지므로 합리적인 생각이 적절한 정서와 행동으로 이어지게 해야 한다고 주장하였다(Ellis, 1993).

3) 주요 개념

(1) 합리적-정서적 치료법(RET)

RET의 기본 가정은 우리의 정서는 주로 신념, 평가, 해석 그리고 삶의 상황에 대한 반동에서 나온다는 것이다. 비합리적인 신념을 확인하고 논박하는 도구를 갖게 되면 자신의 비합리적인 사고방식을 효율적이고 합리적인 인지방식으로 대처할 수 있는 방법을 배우며 그 결과 상황에 대한 정서적 반응을 바꾸게 된다. 치료의 초점은 감정을 표현하는 것보다 생각하고 행동하는 것에 맞춘다. 치료는 교육적인 과정처럼, 치료자의 기능은 교사와 비슷한데 특히 올바른 생각을 하도록 하기 위해 과제를 주거나 교사 전략을 제공할 때 더욱 그러하다. 클라이언트는 학습자와 같은데, 그는 치료에서 얻어지는 것들을 매일의 생활에서 기꺼이 실천해야 한다(Wessler, 1980).

반면 정서장애에 대한 치료에도 활용되는데, 사랑받지 못한 것을 극복하도록 하기 위해 슬픔을 깊이 경험하도록 직면시키며 사람의 마음 깊숙이 자리 잡은 우울, 마음의 상처, 자기가치의 상실 그리고 증오의 모든 감정들을 극복하도록 클라이언트를 돕는다.

(2) 비합리적인 신념의 예

① 우리는 우리가 아는 중요한 사람들 모두에게서 사랑이나 인정을 받아야 한다.

② 우리는 모든 면에서 유능하고 적합하며 성취적이어야 한다.

③ 어떤 사람이 악랄하고 정당하지 못하게 행동한다면 우리는 그를 비난하고 벌주어야 하며 그 사람을 나쁘고 야비한 인간이라고 생각해야 한다.

④ 우리가 좋아하는 대로 일이 되지 않을 때, 이것은 무섭고 파멸적이다.

⑤ 불행은 외부 사건에 의해서 생기며 사람의 힘으로는 통제할 수 없다.

⑥ 위험한 또는 무서운 일은 걱정의 원인이며, 그러한 가능성은 항상 있는 것이다.

⑦ 어떤 곤란과 책임을 직면하는 것보다는 회피하는 것이 더 낫다.

⑧ 사람은 타인에게 의존해야 하므로, 의지할 만한 나보다 더 강한 사람이 있어야 한다.

⑨ 과거의 경험과 사건이 현재 행동에 영향을 주었으므로 그러한 과거의 영향은 제거될 수 없다.

⑩ 인간은 타인의 문제나 곤란에 대해서 당황할 수밖에 없다.

⑪ 모든 문제에는 정당하고 완전한 정답이 언제나 있으며 정답을 찾지 못하면 비참해진다.

⑫ 인간은 아무런 수고 없이도 수동적으로 자기 자신을 즐김으로써 또는 무사안일한 자세로 있으면서도 얼마든지 행복을 얻을 수 있다.

(3) 성격의 A-B-C-D-E

엘리스는 인간의 성격 및 행동을 형성하는데 부정적 행동을 선행하는 사건 → 부정적인 감정 혹은 행동 → 부정적인 행동으로 이끈 비합리적 신념 → 비합리적 신념에 대한 반박 → 효과적인 신념 → 합리적 신념에 따르는 감정과 행동 등의 5단계를 거친다고 보았다. 엘리스의 A-B-C-D-E에서 A는 개인이 정서적 혼란을 가져오게 되는 활동(activity), 행동(action), 또는 사건(accident)이다. B는 A에서 일어나는 활동, 행동 또는 사건에 대한 개인의 신념(belief)이다. 이 신념에는 두 가지가 있는데 이성적, 현실적, 합리적 신념(rational beliefs)과 비이성적, 비현실적, 비합리적 신념(irrational beliefs)

으로 나뉜다. C는 B에 대한 정서적, 인지적, 행동적 결과이거나 반응(consequence)이다. 합리적 신념에 의한 결과는 이성적, 현실적, 합리적 결과(rational consequence)이며, 비합리적 신념에 의한 결과는 비이성적, 비현실적, 비합리적 결과(irrational consequence)이다. D는 비합리적 신념을 바꾸도록 돕는 과학적 방법을 적용하는 논박(dispute)이며, E는 논의 또는 논쟁하여 획득하는 효과(effect)를 의미한다. 이 과정을 〈그림 4-1〉로 정리할 수 있다.

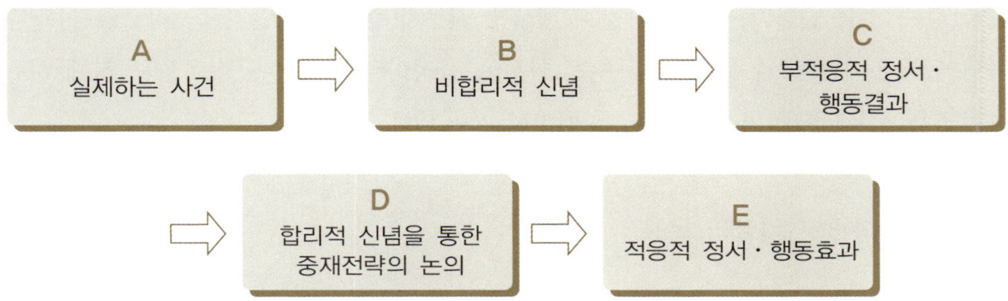

그림 4-1 엘리스의 성격의 A-B-C-D-E

예를 들면 어떤 사람이 이혼 후에 우울증을 겪는다면 그것은 이혼 자체가 우울증의 원인이 된 것이 아니고 그가 자신의 삶에 실패하고 배우자에게 거부당했으며 사랑을 잃었다고 믿는 잘못된 신념 때문이다. 엘리스는 거부당하거나 실패했다는 신념(B지점에서)이 우울증을 일으키는 것(C지점에서)이지 결코 이혼 당했다는 그 사실 자체(A지점에서)가 우울증을 일으키는 것이 아니라고 주장한다. 따라서 자신의 비합리적 신념이 현재 어떤 정서반응이나 장애를 갖게 하는지 알게 해야 한다.

정서장애는 본인의 무능과 자기비판의 비합리적 문장들을 반복하는 데 있다. 우울증이나 불안 같은 정서장애는 자기패배적인 신념체계에 의해 영속화되기 때문에 어떻게 능동적이고 활발하게 그 비합리적 신념들을 논박할 수 있는가를 가르친다. 자기파괴적 생각에서 벗어나 보다 합리적인 인지와 현실적인 생의 철학, 자신과 다른 사람 또는 피할 수 없는 일상사의 좌절에 대해 보다 폭넓은 수용이 이루어지도록 하는 것이다. 이혼에 대한 우울증으로 자신을 경멸하거나 처벌하는 대신, 이혼하게 된 것에 대한 유감은 갖되 결혼 실패가 곧 내 삶이 실패한 것을 의미하는 것은 아니기 때문에 이혼으로 내 삶이 끝장나는 것이 아니라는 것을 알게 해 주어야 한다. 이혼의 전적인 책임과 책망을 수용하는 것은 어리석다는 합리적이고 경험적인 결론에 이르게 되면서 우울과 자기경멸의 감정은 제거되는 것이다.

(4) 재구조화

비합리적 신념을 규명하고 도전하여 긍정적인 사고로 인지 혹은 인격체계를 변화하도록 하는 것을 말한다. 재구조화를 위해서는 전문가 행동 모방을 통한 리모델링, 상대방의 역할을 수행하게 하는 역할연습, 의사나 감정의 자유로운 표현을 가능하게 하는 자기주장법이나 사회기술훈련 등의 기법이 활용된다.

(5) 합리적 정서치료의 목표

① 자기에 대한 관심(self-interest)

자기 자신에게 완전히 빠져 버리지 않으면서도 정서적으로 건강한 사람은 자신에게 관심을 가질 수 있다.

② 사회에 대한 관심(social-interest)

건강한 사람은 소외된 실존을 택하지 않고 사회집단에서 다른 사람과 효과적으로 사는 데 관심을 갖는다.

③ 자기지시(self-direction)

정서적으로 건강한 사람은 다른 사람과의 행동이나 지지보다도 자신 스스로의 지시에 의해 행동한다.

④ 관용(tolerance)

성숙한 개인은 다른 사람이 실수하거나 잘못하는 것을 허용하며 그런 행동을 경멸하지 않는다.

⑤ 유연성(flexibility)

건강한 사람은 사고가 유연하며, 변화에 개방적이고 다른 사람들에 대해 고집스럽지 않은 관점을 갖고 있다.

⑥ 불확실성의 수용(acceptance of uncertainty)

성숙한 개인은 자신이 불확실한 세상에 살고 있음을 인식한다. 비록 질서정연함을 좋아하지만 이런 질서나 확실성에 대한 감각을 투덜대며 요구하는 것은 아니다.

⑦ 이행(commitment)

건강한 개인은 자기 외부의 어떤 일에 생기 있게 빠져들 수 있다.

⑧ 과학적 사고(scientific thinking)

성숙한 개인은 깊이 느끼고 확실하게 행동한다. 그러나 또한 자신과 결과에 대해 반성함으로써 그런 감정과 행동들을 조절해 간다.

⑨ 자기수용(self-acceptance)

건강한 개인은 그가 살아 있다는 것만으로도 자신을 수용하며 자신의 가치를 외적 성취나 남과의 비교로 평가하지 않는다.

⑩ 모험실행(risk taking)

정서적으로 건강한 개인은 어리석게 빠져들지는 않지만 모험적인 경향을 지닌다.

⑪ 반유토피아주의(non-utopianism)

성숙하고 정서적으로 건강한 사람은 자신이 유토피아적인 실존을 할 수 없다는 사실을 받아들인다. 그는 자신이 얻고자 하는 모든 것들을 다 얻을 수는 없으며 원하지 않는 모든 것들을 다 회피할 수 없다는 것을 인식한다.

4) 사회복지실천에의 적용

엘리스의 이론이 사회복지실천현장에 자주 적용되는 부분은 자기경멸이 정서장애의 근본이라는 것을 클라이언트에게 알려주는 것에서부터 시작된다. 힘든 작업과 과제이행을 통해 내담자는 감정과 행동의 장애를 가져오는 비합리적 신념을 스스로 제거하도록 돕는 것이다. 너무 많은 시간이 소요되어야 하는 자유연상법, 꿈을 통한 작업, 개인의 과거사, 끊임없는 감정의 표현과 탐색, 전이현상 등을 중요하게 다루지 않고 명백하고 강력한 인지적 방법 중 합리적 정서치료를 개입과정에 통합한다.

언어유형에 특히 주의를 갖도록 하는데, 클라이언트의 '해야 한다'를 '하고 싶다'로 대치하도록 돕는 것이 필요하다. '만약 ~한다면 정말 두려울 거야'라고 말하는 대신에 '만약 ~한다면 좀 불편할 거야'로 말할 수 있게 한다.

5) 개입기법

엘리스이론은 사회복지현장에서 현장에 정서적인 면의 많은 기법들을 제공한다. 무조건적 수용, 합리적-정서적 역할놀이, 모델링, 합리적-정서적 이미지, 부끄러움을 공격하는 연습, 활발한 이미지 상상 등이 이에 속한다. 또한 조작적 조건화, 자기관리의 원리들, 체계적 둔감법, 도구적 조건화, 기술훈련 주장훈련, 이완훈련 그리고 모델링 등의 기법을 통해 행동적 변화도 유도한다. 행동적 과제를 실제 생활 속에서 이행하는 것이 중요하다. 이 과제들은 체계적으로 실시되고 기록되며 분석되어야 한다(Walen, 2005).

사회복지현장에서 클라이언트들의 특성으로 자주 접촉하게 되는 증상인 불안, 적개심, 성격장애, 정신장애, 우울증 등의 처치에 엘리스의 기법들은 폭넓게 적용된다. 또한 성, 사랑, 결혼, 아동의 육아, 청소년, 사회적 기술훈련과 자기관리 등에도 적용되고 있다. 개인치료, 집단치료나 마라톤식 만남의 집단, 간이치료나 위기치료, 결혼치료, 가족치료 등에서 자주 이용될 수 있다.

6) 사회복지사의 역할과 실무원칙

엘리스의 합리적 정서치료이론에서는 클라이언트의 핵심적인 자기 파괴적 생각을 최소화하고 삶에 있어 더욱 현실적이고 관대한 철학을 갖도록 하는 것이 중요하다. 삶에 있어 바람직하지 못한 결과가 나왔을 경우 자기 자신이나 다른 사람에 대한 비난을 줄이는 것을 도와야 한다. 이를 위해 자기에 대한 관심의 촉진, 사회에 대한 관심의 촉진, 자기지도력, 관용성, 융통성을 기르는 것이 중요하다. 또한 불확실성의 수용, 심신몰입 등을 기르도록 지원해야 한다. 뿐만 아니라 과학적으로 생각할 수 있도록 도와야 하며, 자기 자신을 수용할 수 있도록 해야 한다. 특히 클라이언트 스스로 모험하고 위기에 대처할 수 있는 격려가 필요하다.

구체적인 사회복지사의 실무원칙으로는 클라이언트의 문제를 장애 행동에 동기가 되는 기본적인 몇 가지의 비합리적 사고가 무엇인지를 알아야 한다. 클라이언트가 그런 자신의 신념들을 확인하도록 도전하게 하고 클라이언트에게 그의 사고가 비합리적인 본질을 지녔음을 보여주어야 한다. 클라이언트의 비합리적 사고를 공격하기 위해 논리적인 분석을 하고 이런 신념들이 얼마나 비효율적이며 그의 미래에 어떻게 정서적 · 행동적인 장애를 가져다주는지를 설명해야 한다. 자기 파괴적인 감정과 행동으로 이끄는 현재나 장래의 비합리적 · 비논리적 신념에 대해 어떻게 과학적인 사고방식을 적용하는가를 클라이언트에게 가르쳐야 한다. 특히 클라이언트가 자신의 감정에 대해 직접적으로 작업하고 장애에 대처해서 활동하도록 돕기 위해 여러 가지 정서적 · 행동적 방법들을 사용해야 한다.

7) 평가

엘리스의 합리적 정서치료이론에서는 인간의 인지 혹은 신념이 부적응의 원인이라고 전제하면서 실천과정에서 이에 대한 통찰의 중요성을 주장하고 있다. 이러한 관점은 다양한 문제를 볼 수 있는 시각을 제공하고 있을 뿐만 아니라 클라이언트 스스로의 삶에 대한 책임을 강조하며 교육을 통한 능동적인 변화방법을 제시하였다는 점에서 사회복지실천에 크게 기여하였다고 볼 수 있다.

하지만, 인간의 인지구조와 불합리한 신념을 분석하는 것은 지적 수준이 낮거나 현실감이 없는 클라이언트 혹은 사고가 지나치게 경직되어 있는 클라이언트에게는 효과를 기대할 수 없다는 점이 한계로 지적되고 있다. 또한 치료방법이 매우 지시적이고 교육적이므로 사회복지사의 가치와 철학을 클라이언트에게 강요할 수 있어 사회복지사는 가치중립적이어야 한다는 전문적 윤리원칙과 갈등을 초래할 수 있다. 인지와 신념에 대한 강조는 자칫 사건 자체의 중요성을 간과할 수 있다. 즉 빈곤, 박탈, 학대, 차별 등의 사회적 사건이 인간의 행동에 영향을 미칠 수 있다는 점을 간과할 수 있다. 신체적인 질병, 유전적 영향까지 인지와 신념으로 설명할 수 없다는 것 등을 문제점으로 들 수 있다(Maultsby, 1984).

Chapter 05

인본주의

CHAPTER

05 인본주의

인본주의는 인간을 무의식적 결정론(정신분석학), 환경결정 기계론(행동주의) 입장으로 보는 것을 반대한다. 그 대안으로 인간을 자율적 존재로 보고, 인간의 주관적 가치를 강조하며 존재론적 입장에서 인간의 변화 가능성과 자유의지(free will)의 제3의 힘이라고 주장한 1962년 창립된 학파가 인본주의 심리학파이다. 인본주의 심리학의 대표적 학자로는 로저스(Rogers)의 인간중심 접근과 매슬로(Maslow)의 자아실현 접근, 메이(May), 의미치료(logotherapy)의 창시자인 프랭클(Frankl)의 실존주의적 접근 등이 있다.

1 로저스의 이론

로저스이론은 각 개인에게 현상이 나타나는 방식과 각 개인이 그 현상을 경험하고 느끼는 방식에 관심을 두기 때문에 현상학적 이론이라고도 하며, 인간의 성장과 자기실현을 강조하는 등 인간에 대해 긍정적으로 접근하기 때문에 인본주의이론이라고 한다. 사회복지사와 클라이언트의 관계를 중시하며, 클라이언트를 무조건적으로 수용하는 클라이언트 중심의 접근법을 제시하고 있다.

1) 로저스의 생애

로저스(Rogers, 1902~1987)는 1902년 미국 일리노이주 시카고의 기독교 집안에서 태어났다. 1914년 시카고의 서부 농장으로 이사를 가면서 농업에 관심을 가져 1919년에 위스콘신대학교에 과학적 경작법을 배우기 위해 입학했다가 1924년에는 중세사학과를 졸업하였다. 대학생활 중에는 중국 북경에서 개최된 국제기독학생연합회에 미국 대표 중 한 사람으로 6개월간 참석하는 등 종교활동에도 깊이 관여하였다. 그곳에서 다양한 종교와 문화 특성을 지닌 외국인들을 만나면서 그의 사상과 종교관이 보다 자유롭게 바뀌는 경험을 하였다. 1926년 유니온신학교를 졸업하고, 1931년에 콜럼비아대학교에서 임상과 교육심리학 박사과정을 마쳤다. 그 이후 로체스터사회기관의 아동연구 부서에서 심리학자로 일하면서 사회복지사들과 9년간을 보내게 되었는데, 개인의 존엄성에 대한 사회복지적 철학을 공유하게 되었다.

1940년 오하이오 주립대학교 임상심리학 교수가 되면서 비지시적 상담을 발전시켰고, 1945년에는 시카고대학교로 옮겨 상담센터를 설립하여 내담자 중심적 치료를 발전시켰다. 1957년에 그는 다시 모교인 위스콘신대학교로 옮겨가서 심리학 및 정신과 교수로 1963년까지 재직하면서 정신분열증 환자에 대한 상담을 적용하였다. 1968년에는 인간연구센터를 창설하여 참만남집단, 대인관계 등에 초점을 두고 활동하였으며 인간중심 상담으로 실천교육과 인종 간의 긴장완화와 세계평화를 위해 노력하였다. 1987년 2월, 86세에 생을 마감하였다. 주요 저서로는 『상담과 심리요법』, 『내담자 중심 요법』 등이 있다.

2) 인간을 보는 관점

로저스는 인간은 누구나 자신의 자유로운 선택에 따라 행복하고 가치 있는 삶을 살 수 있는 가능성을 지니고 있으며, 자유롭고, 선하며, 진실되고 이성적이며 합리적이고 통합적인 존재로 본다. 또한 자신의 행동에 책임을 지며, 유목적적이고, 건설적인 방향으로 지속적으로 성장해 나가는 미래지향적 존재로 인식하고 있다. 그리고 환경조건이 적당하기만 하면 자신의 잠재능력을 실현해 나갈 수 있는 존재라고 보았다. 이것은 모든 사람에게 자신을 유지하거나 향상시키는 방향으로 자신의 능력을 발달시키려는 자아실현의 경향이 있다는 기본 전제에 기인한다. 즉, 인간의 존재를 사랑, 창조성, 선택,

의미, 가치, 자아실현과 같은 긍정적인 측면에 초점을 두고 있다.

3) 주요 개념

인본주의 성격이론에서 다루어지는 주요 개념은 다음과 같다.

(1) 현상학적 장(phenomenal field)

현상학적 장이란 특정한 순간에 개인이 지각하고 경험하는 모든 것을 의미한다. 동일한 현상이라도 개인에 따라 다르게 지각하고 경험하기 때문에 이 세상에는 개인적 현실, 즉 현상학적 장만이 존재하게 되는 것이다. 프로이트가 과거 경험이 인간의 행동을 결정하는 요인이라고 본 데 비해, 로저스는 현재의 행동을 결정하는 것은 과거 그 자체가 아니라 과거에 대한 각 개인의 해석이라고 보는 것이다. 이것은 인간을 이해하는 데 있어 문제의 역사보다 '지금 여기에'를 강조하는 것을 의미한다.

(2) 자아(self)

갓난아이부터 인간은 부모와 같은 중요한 타인과의 상호작용과 자아실현 경향으로 '자기(I)' 또는 '자기개념(self)'으로 분화된다. 이때 자아는 의식적 지각과 가치를 포함한다. 이는 자신이 어떤 존재인가에 대한 개인의 개념으로 현실자아(real self)와 이상적 자아(ideal self)로 구성되어 있고, 현재의 경험이 자아구조와 불일치할 때 개인은 불안을 느끼게 되며, 불안을 완화하기 위해 자아는 방어기제를 사용하기도 한다.

(3) 긍정적 지향

인간은 합목적적이며 건설적이고 현실적인 존재로서 어떤 힘에 의해서 이끌려 가는 피동적인 존재가 아니라 미래의 목적과 자기지시적인 목적의 방향으로 에너지를 지향시킬 수 있는 활동적인 존재이다.

(4) 주관적 경험과 행동

인간의 행위를 지배하는 것은 자극 상황에 대한 주관적인 해석과 그것에 대한 개인적 의미이다. 현재의 행동에 영향을 끼치는 것은 과거의 경험이 아니라 과거의 경험에 대한 현재의 해석이다.

(5) 긍정적 관심에 대한 욕구

중요한 사람으로부터 조건 없이 따뜻함, 존경, 사랑, 그리고 수용을 얻고 싶은 기본적인 욕구를 의미한다. 아이에 대한 부모의 양육에 있어서 중요한 것은 부모가 아이에게 모든 것을 용서하고 수용하는 것이 아니라 그 존재 자체로 귀중한 한 인간으로서 평가받고 사랑받고 있다는 분위기를 제공하는 것을 말한다. 긍정적 관심은 개인의 올바른 성장과 발달에 도움이 되는 중요한 과정이다.

(6) 가치부여 과정

자신 이외의 외부에서 주어지는 일련의 가치들을 자기 자신 내부로 통합시키는 과정을 말한다. 이러한 가치부여 과정을 통해 개인은 융통성 있고 변화하는 모습을 보인다. 그러나 나이가 들수록 타인의 투사된 가치들이 내면화되면서, 실제로 자신의 가치부여 과정과 고리가 끊어지게 되어 자신의 가치에 대해 불분명한 태도와 불안을 보인다.

(7) 자아실현 경향

선천적으로 인간이 갖고 태어난 자신의 능력과 잠재력을 최대한 개발하려는 욕구를 의미한다. 이 경향은 일생을 통하여 이루어지는 과정이다. 인간은 외적인 힘에 의존하고 통제되기보다는 독립성, 자기책임성, 자기 규제, 자율성, 높은 수준의 자기 통제로 나아가려는 속성을 지니며, 이를 위해 직면하게 되는 고통이나 방해 요인을 극복할 수 있는 성장 지향적 유기체이다(나병현, 2004).

(8) 완전히 기능하는 인간

자신의 경험에 대한 개방성을 갖고 실존적인 삶을 살며, 신뢰와 자유로움, 창조적인 삶을 사는 사람을 의미한다. 그리고 자신의 잠재력을 인식하고 능력과 재질을 발휘하여 자신을 완벽히 이해하며, 경험을 풍부하게 하는 방향으로 나아가는 훌륭한 삶을 사는 사람을 의미한다. 즉 창조주의 피조물이 아닌 미래의 목적과 자기 지시적 목적으로 향하는 에너지를 가진 활동적 존재인 것이다.

(9) 의미 있는 타인(significant others)

개인의 목표와 가치, 신념, 삶에 대한 의사결정에 영향을 미치는 중요한 사람, 주로 부모, 가족, 친구, 존경하는 사람을 일컫는다. 인간은 단순히 긍정적 관심을 받는 존재로부터의 인정에서 의미 있는 타인의 기대와 태도에 민감하게 반응한다. 의미 있는 타인으로부터 가치와 규범을 내면화하게 되고, 개인은 자신을 가치 있는 존재로 판단하게 되며 자아구조가 더욱 심화된다.

(10) 가치조건화

진정한 자신의 욕구에 따라 살지 못하고 다른 사람의 관심과 애정을 받기 위해 그들의 기준이나 조건에 맞추어 살아가려는 상태를 말한다.

4) 발달단계

로저스는 성격발달 그 자체에 대해서는 관심을 두지 않았기 때문에 발달단계에 관한 언급은 하지 않았다. 다만, 유아기나 아동기 초기에 타인의 평가가 자아개념의 긍정적 혹은 부정적 발달을 촉진한다는 점을 강조하였다.

(1) 신생아기

이 시기에는 자기 자신을 다른 대상과 분리된 존재로서 지각하지 못하기 때문에 자아는 존재하지 않으며, 포괄적이고 분화되지 않은 현상학적 장만이 존재한다고 보았다.

(2) 유아기

이 시기에는 자신과 자신이 아닌 것을 구분하여 인식하기 시작하고 그 과정에서 자아가 발달하며, 이때 내적인 유기체적 평가과정에 의해 지배된다. 즉 모든 새로운 경험은 그것이 자신의 선천적인 자아실현 경향을 촉진하는지 또는 방해하는지에 따라 평가되며 이에 따라 반응한다. 자아에 대한 각성이 생기면 긍정적인 관심에 대한 욕구가 생긴다.

(3) 아동기

이 시기에는 자신에 대한 외부 세계의 평가를 받아들이게 되고, 점차 부모, 교사, 기타 권위적인 인물이 자신을 어떻게 생각하는가에 따라 스스로 평가하는 방법을 배운다. 개인의 발달에 영향을 미치는 힘은 개인을 둘러싼 환경, 즉 대인 간의 관계 속에 있다고 보았다.

이때, 타인들로부터 긍정적인 관심을 받고자 하는 욕구는 유기체의 실존적인 욕구와 충돌하게 되는데, 자신이 필요로 하는 관심과 욕구를 채워주는 다른 사람의 생각과 가치를 마치 자신의 것인 양 채택한다.

개인은 진정한 자신의 욕구에 따라 살지 못하고 다른 사람의 관심과 애정을 받기 위해 그들의 기준이나 욕구에 맞추어 살아가게 되는데, 타인의 기준에 따라 살아가려는 자아개념과 개인의 경험 간의 불일치가 확대 재생산되어 심한 불안을 경험하게 되면 일상생활에 부적응을 보인다.

5) 사회복지실천에의 적용

로저스가 강조한 사회적 책임, 개인의 자기결정, 절대적 가치에 대한 소신은 사회복지 철학과 조화를 이루는 원칙이라고 볼 수 있다. 원조관계의 본질도 사회복지 개입과정의 핵심이 되고 있다. 즉, 따뜻한 관심을 가져 주고 진실하고 일관성이 있으며 클라이언트에 대한 무조건적인 긍정적 관심을 갖고 있는 사회복지사의 필요성을 깨닫게 해주는 이론으로 평가되고 있다. 이러한 인간중심적 접근방법은 가족치료의 실천에 큰 영향을 미쳤으며, 지역사회 혹은 집단사회복지방법론과 교육에 많은 영향을 주었고, 공동체 생활을 통한 내적 성장을 도모하는 사회변화의 수단으로 활용되고 있다(송명자, 2004). 특히 비위협적인 환경, 비심판적 태도, 공감과 진실성, 문제 해결자로서의 클라이언트의 중요성에 초점을 두는 접근법은 사회복지실천현장에 기본적인 조건으로 생각하였다.

로저스이론의 사회복지실천에서의 개입 목표는 현재를 자각하는 것을 거부하거나 왜곡하고 있는 삶의 영역들을 탐색하는데 필요한 자유를 경험하게 하고, 가치조건화를 새롭게 구성하여 진정한 자신의 자아개념이 경험할 수 있도록 돕는 것이다. 또한 클라이언트가 가지고 있는 문제이기보다는 클라이언트 자체에 초점을 두고 클라이언트를 도와 그들이 현재 직면하고 있는 문제와 미래의 문제들을 더 잘 다룰 수 있도록 자기실현 경향을 인식하고 동기화하는 것이다.

사회복지실천현장의 개입과정은 초기에는 주로 관계설정 및 개입방법 결정, 클라이언트의 긴장이나 억압정도, 변화가능 능력 정도, 도움 필요 정도, 환경으로부터의 독립정도, 개입 가능성 여부, 연령, 지능, 안정성 등이 고려되어야 한다. 중기에는 표현을 통한 자신의 감정 통찰이 가능하도록 돕고, 지적인 내용보다는 감정적인 내용에 반응하여 감정을 두려움 없이 표출하도록 지원해야 한다. 인간관계에 대해 이해하고 수용하도록 지원하고, 새로운 목표선택 및 목표달성을 위한 자발적 행위를 지원해야 한다. 말기에는 새로운 선택과 적절한 행동 실천의 결심이 되면 종결하게 되는데, 자신감 회복, 자율성, 통찰력 등을 고려해야 한다(장진선, 2005).

6) 개입기법

구체적인 개입기법으로는 경청, 반복과 명료화, 비심판적 태도, 칭찬과 보호, 경험의 공유와 같은 것들을 들 수 있으며, 사회복지사와 클라이언트와의 관계는 우정적 관계로 설명될 수 있다. 로저스이론이 사회복지실천현장에 적용되어 사용되는 주요 기법들은 다음과 같다(이소희 외, 2005).

(1) 공감(empathy)

공감이란 사회복지사가 클라이언트의 생각, 감정, 경험에 대하여 본인의 주관적인 입장에서가 아니라, 클라이언트의 입장에서 듣고 반응하는 것으로 자신의 입장을 지키면서도 클라이언트의 감정에 빠지지 않고 마치 자기 자신의 감정인 것처럼 느끼는 것이다. 즉, 타인의 입장에 서게 되는 것 또는 타인의 눈으로 사물을 바라보는 것이라 할 수 있다.

(2) 무조건적 긍정적 배려(unconditional positive regard)

무조건적 긍정적 배려란 속으로든 겉으로든 판단적인 행동을 보이지 않는 것을 의미한다. 조사나 해석을 하지 않고 또 시인이나 부정하는 태도를 보이지 않으며 클라이언트를 전적으로 신뢰하며 수용하는 것을 말한다. 이것은 클라이언트를 있는 그 자체로 존중하고 긍정적인 변화 잠재력을 갖고 있음을 믿는 것이다.

(3) 진실성(genuineness)

진실성은 클라이언트와의 반응이 순간순간 내적으로 경험하고 느끼는 바와 합치되는 상태를 의미한다. 척하는 것이 아니라 인간으로서 사회복지사 자신의 모습을 정확히 인식하고 이를 진솔하게 표현하는 것을 말한다.

7) 사회복지사의 역할과 실무원칙

로저스이론에서 사회복지사는 충고나 해석, 제안을 삼갈 것을 권하고 있다. 클라이언트의 걱정을 야기시키지 않는 감정이입적 이해와 긍정적 관심이 필요함을 강조하였다. 개입원칙으로는 클라이언트의 감정을 표현하도록 격려하고, 경청하며, 감정이입을 통해 깊은 내면에 접근하려는 노력 등을 들 수 있다. 부정적 감정이 생기는 경우 솔직하게 표현하고, 클라이언트로부터 조언도 들을 수 있어야 한다는 것을 강조하였다.

로저스가 강조한 사회복지실천에서의 개입단계는 다음과 같다. 우선 개인은 도움을 청하러 온다. 조력상황이 설정된다. 여기서 사회복지사는 클라이언트의 문제를 해결해 줄 수 있는 것이 아니라 그로 하여금 조력을 얻어 문제를 해결해 나갈 수 있는 소지를 제공해 줄 것이라는 사실을 이해시켜야 한다. 사회복지사는 클라이언트가 문제에 대한 자유로운 감정 표현을 할 수 있도록 격려한다. 이는 사회복지사의 우호적이고 관심어린 수용적인 태도로 조성되며, 또 한편 상담자의 숙련된 기술에 의해서도 조성된다. 사회복지사는 클라이언트의 부정적인 감정들을 수용하고 인식하며 명료화한다. 여기서 중요한 것은 클라이언트가 말한 지적인 내용에만 반응할 것이 아니라, 그러한 내용의 기초가 되는 감정들에 대해 반응할 준비를 갖추고 있어야 한다는 것이다(김흥규 외, 2007).

클라이언트의 부정적인 감정들이 충분히 표현되고 나면 성장을 위한 긍정적인 충동들이 약하고 감정적이긴 하지만 표현된다. 사회복지사는 부정적인 감정을 수용하고 인식했던 태도와 마찬가지로 표현되는 긍정적인 감정을 수용하고 인식한다. 이 과정에서 통찰과 이해가 이루어진다. 이러한 통찰, 자기의 이해, 자기의 수용은 전체 상담과정에서 두 번째로 중요한 측면이다. 감정과 행위의 경로를 명료화하는 과정은 통찰의 과정과 혼합되어 아주 작긴 하지만 매우 의미가 있는 적극적인 행동이 나타난다. 앞의 단계가 잘 달성이 되며 자기의 행위를 더 깊이 보게 됨에 따라 더 완전하고 정확한 자기이해를 할 수 있다. 클라이언트는 점점 더 통합된 긍정적인 행위를 한다. 조력의 필요성이 강조되고 상담관계를 끝내야겠다는 생각을 클라이언트가 갖는다.

8) 평가

로저스이론에 대한 한계로 우선 대안제시가 어렵고 개입의 효과성을 파악하기 어렵다는 점이다. 사회복지사가 비지시적이어서 상담의 주제를 제시하거나 어떤 제안을 하지 않고 또한 해석도 하지 않아야 하는 반면에 클라이언트가 면접의 방향을 잡아야 할 책임이 있다는 것이 일정한 지식과 능력을 갖춘 사람만이 가능하다는 측면에서도 비판을 받고 있다. 그리고 성격발달에 대한 자료를 제공하지 못하여 우울증, 슬픔, 수치심과 같은 정서적인 문제의 원인을 설명하지 못하고 야뇨증, 음주 등과 같은 문제행동의 원인도 설명하지 못한다. 특히 클라이언트가 자유로운 환경에서 자신의 관심사를 이야기하므로 문제가 감소하고 긍정적인 결과가 발생하지만 이것은 오히려 환경을 중시하는 학습이론적인 관점에서 해석될 수 있다는 점도 문제점으로 지적되고 있다.

2 매슬로의 이론

매슬로는 그동안의 부정적인 인간관에서 벗어나 성숙하고 건강하며 긍정적인 인간관으로 전환한 심리학을 강조하였다. 건전한 인간을 대상으로 행복 · 만족 · 쾌감 · 평온한 마음 · 기쁨 · 황홀감 등을 연구하고, 자기실현의 과정에 대한 개념을 완성하였다.

1) 매슬로의 생애

매슬로(Maslow, 1908~1970)는 뉴욕시 브룩클린에서 러시아로 이주한 교육받지 못한 유태인 부모의 일곱 자녀 중 첫째로 출생하였다. 어린 시절 유태인에 대한 편견 및 자신의 신체적 외모로 고립감과 외로움을 느끼면서 성장하였다. 내성적이고 수줍어하는 소극적 성격으로 친구들이 없었으며 주로 도서관에서 책을 읽으며 혼자 시간을 보냈다. 뉴욕시립대학교, 코넬대학교, 위스콘신대학교를 옮겨 다닐 정도로 부적응하였으나, 스무 살에 연상의 사촌누이 베르사와 결혼하면서 소속감과 방향감을 갖는 전환점을 맞았다. 미국 위스콘신대학교 졸업(1934) 후 콜롬비아대학교에서 카네기 특별연구원으로 연구활동(1935~1937)을 한 뒤 임상활동에 종사하였고, 학계로 진출하여 브랜다이스대학교 등 여러 대학에서 심리학을 강의하였으며, 미국 심리학회장을 역임하였다. 주요 저서로는 『가능성의 심리학』(1966) 등이 있다.

2) 인간을 보는 관점

매슬로는 인간의 본성이 원래 선하다는 입장에서 출발하고 있다. 인간은 자유롭고 자율적이며, 능력 있는 존재이고, 기본적인 욕구들이 충족되면 인간성을 성취하고 결국은 자아실현자가 된다는 관점이다. 그래서 인간행동은 내면으로부터 나오지만 무의식적 동기의 산물이 아니라는 전제를 갖고 있다. 인간행동을 연구하고 이해하기 위해서는 인간의 병리적인 측면보다는 건강한 사람의 행동과 지각에 대해서 탐구해야 한다고 보았다(천전효차, 2002).

인간은 자아실현을 위해 노력하는 존재이기 때문에 이 단계에 들어설 수 있는 추진력을 얻기 위해서는 결핍상태가 극복된 기본적 욕구들이 충족돼야 한다고 설명했다. 자신이 신체적으로 혹은 정신적으로 무엇인가 결핍되어 있는 상태라면 자기실현을 위한 노력을 충분히 기울일 수가 없다는 뜻이다.

3) 주요 개념

(1) 결손욕구 혹은 결핍성 욕구

결핍되면 반드시 채워져야 하는 욕구이다. 예를 들면 생리적, 안전, 소속, 인정, 사랑, 자존감의 욕구 등이다.

(2) 성장욕구

결핍되어도 반드시 채워질 필요는 없는, 하지만 한 인간으로 성장·발달하기 위해서는 채워질 필요가 있는 욕구이다. 예를 들면 지적욕구, 심미적 욕구, 자아초월의 욕구 등이다.

(3) 자아실현

인간이 타고나는 거의 무한히 풍부한 잠재가능성을 현실화하는 과정으로서, 인생의 목적이자 평생 동안 이루어지는 과정이다. 자아실현을 위해서는 직·간접적인 다양한 경험이 필요하다. 노자 사상에서의 도(道)의 추구, 불교에서의 해탈의 추구, 기독교에서의 영적 성장의 추구는 모두 인간의 성장 또는 자아실현 욕구와 관련이 있다(홍대식 역, 1988).

(4) 자아실현인의 특성

매슬로는 자아실현적인 삶을 영위한 자신의 친구나 동료로부터, 그리고 인류의 절정에 있었던 가장 훌륭하고 건강한 사람이었던 링컨, 제퍼슨, 아인슈타인, 간디 등과 같이 널리 알려진 역사적 인물이 갖는 성격적 특성을 확인하였다. 이들은 고도로 객관적이며 좌나 우로 치우치지 않은 지각적 능력으로 현실을 있는 그대로 보며 선입관에 치우쳐 상황을 파악하지 않는다는 사실을 알게 되었다.

또한 자신과 다른 사람의 강점뿐만 아니라 약점이나 실패한 일까지도 왜곡하지 않고 부끄러움이나 죄책감 없이 그대로 받아들였다. 그리고 자신의 인생에 대한 사명감과 성장가치에 관심을 갖고, 열심히 일하면서 큰 기쁨과 흥분을 경험하였다. 특히 불만 없이 자신의 본성과 타인을 수용하며, 행동에 솔직하고 자연스러우며, 내적 생활·사고·충동에도 꾸밈이 없는 사람이다.

그리고 일반적으로 자기 자신보다 외부의 문제에 관심이 많고 자신에게 해롭거나 불편해하지 않으면서 고독과 사적인 자유를 즐긴다. 물리적·사회적 환경으로부터 비교적 독립성을 유지하며, 자연, 어린이 등과 같은 삶의 기본적인 것에 대한 경외감을 가지고 감사하는 능력을 가지고 있다. 특히 절정 경험이라는 신비한 경험을 하고 모든 인간에 대해 강한 감정이입과 애정을 느끼며, 인본주의적 관점을 지지한다. 보통 사람들보다 더 깊은 대인관계를 형성, 유지할 수 있으며, 민주적 성격을 가지고, 누구에게나 우호적인 모습을 보여 보편적으로 갖추는 동정과 공감을 보여 주는 사회적 관심을 가진 자로 불린다.

지극히 관대하여 모든 사람들을 받아들이며 인종적이거나 종교적 혹은 사회적 편견을 갖지 않는다. 수단과 목적을 분명하게 구분하고 목적을 수단보다 훨씬 중시한다. 유머감각이 있고 어린이와 같이 순진무구하고 폭넓은 창조성을 지닌다. 사회적 압력에 저항하고 자신이 속한 특정 문화를 초월하는 특성을 가지고 있다고 설명하였다.

(5) 자아실현인의 조건과 방해요인

자아실현인이 되기 위해서는 자유로운 선택과 결정, 몰입과 용기가 필요하다. 그러나 자아실현을 방해하는 요인들도 있는데, 무지와 의심이다. 개인이 갖고 있는 잠재력의 무한함을 모르는 것이나, 실패했을 때 나라는 인간 전체를 부정하고 의심하는 것이다. 노력이 부족해서 가능성을 제대로 발휘하지 못한 것일 뿐, 무한한 가능성의 존재라는 것을 믿어 의심치 않을 때 자아실현에 도달하는 길이 열린다. 또한 환경적 요인으로 방해받기도 하는데, 사회적으로 통용되는 문화와 가치, 가정이나 학교에서의 실패의 자유를 인정해 주지 않는 풍토 등이 그것이다.

4) 발달단계

매슬로가 말하는 구체적인 인간의 욕구위계 단계를 설명하면 다음과 같다.

(1) 생리적인 욕구(physiological needs)

음식, 물, 공기, 수면 그리고 성(性) 등과 같이 생존에 필요불가결한 것들이 포함된다. 그렇기 때문에 이들은 모두 욕구 가운데서 가장 강력하다. 이러한 욕구가 충족되지 못한다면 다른 욕구들이 완전하게 차단될 수 있다. 생존 그 자체가 매일매일의 관심사인 사람들에게 있어서는 생리적인 욕구가 무엇보다 중요하다.

(2) 안전에 대한 욕구(safety needs)

안전, 편안함, 보호, 질서 그리고 불안과 공포로부터의 해방 등이 포함된다. 매슬로는 인간이란 누구나 일정한 규칙적인 생활과 어느 정도 생활에 대한 예측을 바라고 있다고 믿었다. 불확실성은 견디기 어렵기 때문에 우리는 최선을 다해 생활의 안정과 보호 그리고 질서를 위해 노력하는 것이다. 우리가 은행에 저축을 하고 보험에 가입하며, 안전하고 안정된 직업을 가지고 거기서 얻어지는 이익을 손실하지 않으려고 노력하는 것이 좋은 예이다.

어떤 사람들은 안정된 직업을 버리고 새로운 도전을 향해 새 출발을 하기도 한다. 우리들 대부분은 안전의 욕구를 위해 모든 것을 희생하거나 포기하지는 않는다. 그러나 마찬가지로 안전이나 안정의 욕구를 어느 정도 이룩했다고 느낄 때 소속감과 사랑의 욕구로 방향이 전환된다.

(3) 소속감과 사랑의 욕구(belonging and love needs)

소속감과 사랑에 대한 욕구는 반드시 충족되어야만 한다. 매슬로는 오늘날 이런 욕구가 충족되지 못하기 때문에 사람들이 집단 활동에 관심이 많아졌다고 믿는다. 어떤 단체나 클럽에 가입해서 그 단체나 클럽의 특성 혹은 가치에 동조하고, 때로는 소속감을 느끼기 위해 제복을 입기도 한다. 우리는 사랑의 욕구를 충족시키기 위해 어떤 특정한 사람 또는 모든 사람과 매우 가깝게 지내며 서로를 아껴 주는 관계를 이루기도 한다. 그리고 이러한 관계를 통해서 사랑을 주기도 하고 사랑을 받기도 한다. 공동생활, 감수성 훈련, 참만남의 훈련 등과 같은 집단 활동은 외로움과 소외감을 피하기 위한 노력이라고 할 수 있다.

(4) 자존감의 욕구(esteem needs)

매슬로는 자존감의 욕구를 두 가지 형태로 대별했다. 즉, 다른 사람이 소중하게 대해 주기 때문에 갖게 되는 자존감과, 스스로 자기를 높게 생각하는 자존감이 그것이다. 외부적으로 얻어지는 이러한 자존감은 명성, 존경, 지위, 평판, 위신 그리고 사회적인 성공 등에 기초를 두며, 다른 사람들이 나를 어떻게 생각하며 나에게 어떻게 반응하는가에 따라서 모든 특징이 나타난다. 우리가 내적으로 스스로 자기를 높게 생각하는 자존감을 느낄 때, 우리는 자신에 대해 자신감과 안전감을 가지는 것이다. 즉 우리들 자신은 가치 있는 존재이며 어떠한 상황에서도 적절한 존재라고 생각한다. 이러한 자존감을 느끼지 못할 때는 열등감에 사로잡혀 용기를 잃고 생에 대해 낭패감을 맛본다.

(5) 지적인 욕구

하위 네 가지 욕구가 충족되었을 때 발생되며 많은 지식을 배우고 싶은 지적 욕구로 성숙해지는 것을 의미한다. 지식과 기술, 주변 환경에 대한 호기심과 이해의 욕구를 말한다.

(6) 심미적 욕구

예술적 아름다움을 통달하고 싶은 욕구이자 질서와 안정을 바라며 아름다움을 추구하는 욕구이다.

(7) 자아실현에의 욕구(need for self-actualization needs)

자아실현이란 자아의 본질을 완전히 실현하는 일이며 잠재 능력과 소질을 충분히 발휘한 상태라고 정의내릴 수 있다. 앞에서 언급한 (1)~(4)의 욕구가 충족되었다 하더라도 자신의 잠재력을 이용하지 못하는 사람은 불만족스럽고 불안할 것이며 좌절감을 맛볼 것이고 결국에는 다른 어떠한 욕구도 충족시키지 못하게 될 수 있다. 모든 인간은 인생의 노정에서 자신의 잠재력을 충족시킬 만한 자아실현의 기회를 갖고 있다고 지적하였다.

이 각 단계의 욕구를 다음의 〈그림 5-1〉로 나타낼 수 있다.

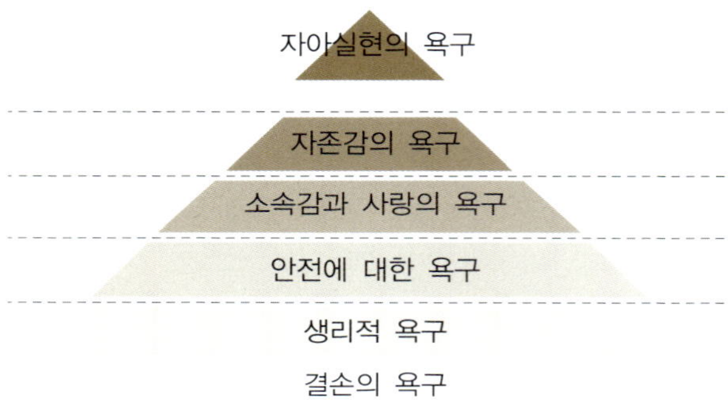

그림 5-1 매슬로의 욕구의 위계

5) 사회복지실천에의 적용

매슬로의 욕구단계이론은 인간이 가지고 있는 일반적인 욕구의 내용을 적절하게 제시함으로써 사회복지학에서 폭넓게 인용되는 이론으로, 인간이 갖고 있는 욕구의 내용과 특성을 이해하는데 많은 도움을 주고 있다(현외성 외, 1998). 문제의 행동은 욕구충족이 실패하였을 때, 상대적으로 역기능적이거나 혼란 상태에서 유발되기 때문에 욕구를 충족시켜 회복됨으로써 역기능을 치유할 수 있다고 보았다. 하나의 기본적인 욕구의 충족은 다음 단계의 욕구의 충족으로 옮아간다(Weiner, 1980)고 보았기 때문에 사회복지실천현장에서는 개인의 욕구충족의 내용과 수준을 파악하는 것이 중요하다. 그러므로 사회복지 개입의 목표는 단순히 문제를 해결하는 것이 아니라 클라이언트의 성장과정을 원조함으로써 현재의 문제, 그리고 미래에 부딪치게 될 문제에 좀더 잘 대처할 수 있도록 도와 독립성과 통합성을 달성하는 데 있다.

사회복지사와 클라이언트의 관계는 촉진적 관계이며, 이러한 관계의 필요충분조건은 일치성 또는 진실성, 무조건적인 긍정적 관심과 수용, 감정이입적 이해와 경청을 통해 이루어진다. 이때 일치성이란 사회복지사가 클라이언트와의 관계에서 일어나는 감정을 솔직하게 표현하고 클라이언트와 정직한 대화를 나눔으로써 가능해진다. 또한 무조건적인 긍정적 관심이란 사회복지사가 클라이언트를 하나의 인격체로서 있는 그대로의 모습을 따뜻하게 수용해야 가능해진다. 그리고 감정이입적 이해란 사회복지사가 클라이언트와 같이 느끼고 이해의 감정을 의사소통할 수 있어야 가능하며, 객관적 관점을 유지해야 한다(현외성 외, 1998).

6) 사회복지사의 역할과 실무원칙

인본주의적 접근방법의 실무원칙은 다음과 같다. 먼저 사회복지사 자신의 신념체계를 검토하여야 하며, 원조관계에서 온화함과 신뢰의 분위기를 증진시킬 능력이 있는지 생각해 보아야 한다. 클라이언트가 자신의 경험과 감정을 표현할 수 있도록 하고 클라이언트의 관심사에 정확하게 반응함으로써 클라이언트의 주관적 경험을 존중해 주어야 한다. 진실성, 감정이입, 일치성을 표현할 수 있는 면접기법을 활용하고 긍정적 자기평가를 방해하는 클라이언트의 생활경험을 수용하고 해석해 주어야 한다(나병현, 2004).

Chapter 06
체계이론

CHAPTER

06 체계이론

인간의 욕구는 자신이 기능하고 있는 가족, 집단, 조직, 지역사회 등의 다양한 사회체계(social system)들과 분리해서 생각할 수 없다. 체계이론은 1960년대 이후 사회복지에 중대한 영향을 끼쳐 왔고 많은 논쟁의 쟁점이 되었다. 사회복지에 있어서 체계이론은 일반체계이론(general system theory)과 생태학적 체계이론(ecological system theory) 두 가지로 구분된다.

1 일반체계이론

일반체계이론은 18세기 물리학 영역에서 출발하여 발전한 이론으로 모든 유기적 조직체는 체계로 구성되어 있고, 그 속의 인간은 사회적 일부이고 순환체계와 세포로 구성되어 있다는 이론이다.

개인과 환경은 어느 한쪽이 다른 한쪽에 일방적인 영향을 끼치는 것이 아니라 양자가 모두 원인인 동시에 결과인 상호적 원인관계로 형성된 전체로 파악한다. 체계란 상호의존적이며 상호 영향을 받는 부분으로 구성되어 있는 전체를 의미한다. 다시 말해, 상호관계를 맺고 있는 구성단위들의 집합체이지만, 구성단위들의 단순 집합이 아니라 구성단위 간의 상호작용 또는 관계 양상을 포함하는 하나의 전체 또는 단위를 뜻한다. 체계의 어느 한 부분의 변화는 전체로서의 체계, 그리고 그 체계를 구성하고 있는 요소들 모두에게 영향을 준다.

처음 이 일반체계이론이 사회복지실천 분야에 도입된 것은 1960년대 말경부터 Hearn, Meyer, Goldstein, Bertalanffy, Pincus와 Minahan, 그리고 Siporin 등에 의해서이다. Hearn(1958)은 일반체계이론을 가장 먼저 사회복지에 적용시킨 대표적인 인물이다.

또한 Bertalanffy(1968)도 사회복지에 체계 아이디어를 응용하였다. 특히 Pincus와 Minahan은 그동안 사회복지실천이 개인 · 환경, 임상적 실천 · 사회행동, 미시체계 · 거시체계와 같이 이분법적으로 구분하여 마치 별개의 것으로 다루어 왔던 잘못에 대해 지적하며, 이들 간의 상호 관련성을 인식하는 일반체계이론을 사회복지실천과정에 응용하였다.

1) 인간을 보는 관점

일반체계이론에서 인간은 자신의 욕구에 맞게 자신의 행동을 수정할 수 있는 능력을 지닌 존재이자 통합된 하나의 체계로 간주하는 전체적 인간관을 갖는다. 이런 관점에서 인간을 신체적, 심리적, 사회적 부분으로 분리된 존재가 아니라 통합된 전체로 본다는 것이다. 이와 같이 인간은 사회적 상황 속에서 살아가고 있는 존재이며, 클라이언트는 그들이 사회적 상황에서 부딪히는 어려움을 가지게 됨으로써 도움을 필요로 하는 사람들이라고 본다. 그래서 문제를 가진 사람을 클라이언트라고 보며, 여기에서 실재적 클라이언트와 잠재적 클라이언트를 포함한다.

실재적 클라이언트는 사회복지사에게 그 자신의 문제해결을 위하여 도움을 받으러 찾아오는 경우를 말한다. 그리고 잠재적 클라이언트는 자신의 문제를 가지고 있으나 스스로 문제로서 받아들이지 않고 있어 타인의 도움을 필요로 하지는 않지만, 앞으로 그 문제가 더욱 악화되어 사회복지사의 적극적인 도움이 필요한 사람이다. 이러한 관점은 사회복지실천에 있어서 인간의 문제를 취급하는데 많은 함축적 의미를 지닌다. 인간의 문제를 상호작용하고 상호의존적인 역동적 상황 속에서 이해하고 해결하기 위해서는 사회체계이론으로부터 나온 인간의 관점을 충분히 이해하여야 할 것이다.

2) 주요 개념

일반체계이론에서 다루고 있는 주요 개념들은 다음과 같다.

(1) 체계(system)

체계는 상호작용하는 단위들, 그 자체의 각 부분들, 그리고 보다 큰 전체의 부분이 되고 있는 각 단위로 구성된다. 즉 부분들의 연합과 통합으로 이루어진 구조, 작용, 개념, 기능에 있어서 유기체와 환경의 전체적인 복합체이다. 즉 상호작용하고 있는 요소들의 총체 또는 구성요소들의 역동적인 상호관계성 또는 체계 부분들의 상호의존성에 의해 기능을 하는 전체로 정의할 수 있다.

(2) 환경(environment)

환경은 유기체에 영향을 미치는 요인들로 형성되며, 그 요인들은 유기체의 행동 변화에 영향을 미친다.

(3) 사회체계(social system)

사회체계는 가족, 소집단, 지역사회를 포함하며, 그리고 학교, 교회, 사회기관과 같은 다양한 사회단체들을 포함한다. 즉, 사회는 하나의 전체이고 그 전체는 여러 가지 부분 또는 요소(parts or elements)로 구성되어 있다고 보는 데서 출발하는 것이다. 그러므로 모든 사람들은 가끔 갈등적인 요구를 가진 여러 가지 큰 체계에 속해 있다. 이러한 체계들은 각 개인의 환경의 일부가 되며, 사회복지사들은 이러한 체계의 요구를 환경적 요구라고 한다. 사회체계이론은 이러한 체계를 이해하고 체계의 욕구를 확인하는 수단을 제공한다.

(4) 상호의존성

체계의 특성 중 하나는 모든 체계들이 에너지와 에너지의 교류로 구성되어 있다는 것이다. 체계의 기본적 개념은 전체와 부분, 한계, 중요한 과정, 그리고 이들 과정을 추진시키는 정보교환의 문제에 대한 관심을 기울이게 되고 서로 관련성을 맺는다. 기본적으로 체계이론은 사회체계들의 일부의 변화가 그 체계 내에 있어서와 마찬가지로 다른 체계에까지 파생적 변화의 영향이 미친다는 것을 가정한다. 그래서 사회체계의 일부에서 변화가 일어나면, 그 영향은 그 체계의 다른 부분에 미치게 된다는 특성이 상호의존성이다.

(5) 평형(equilibrium)

한 체계를 이루는 구성요소 간의 상호 의존관계 때문에 한 부분에 변화가 일어나면 다른 부분에서도 변화를 일으킨다. 그런데 부분 요소의 변화 때문에 전체, 즉 체계 자체의 존속이 위협을 받지 않도록 하기 위해서는 한 부분의 변화가 다른 부분의 변화로 발전됨으로써 평형을 유지한다.

(6) 경계(boundary)

경계는 선택된 구성요소를 둘러싸고 있는 관념적 동그라미 선이다. 반복적으로 일어나는 행동양식으로 체계 내 관계를 특징짓고, 다른 체계나 외부환경으로부터 구별 지으며 독특한 정체성을 제공하는, 선정된 변수들을 둘러싼 폐쇄된 둘레라고 정의내릴 수 있다. 또한 부분적 침투성을 통한 에너지와 정보의 상호교환을 허용한다.

체스와 놀린(Chess & Norlin, 1991)은 경계란 대상체계를 규정함으로써 체계를 구성하는 하위체계 사이에서 이루어지는 적절한 역할을 규정하며, 피부처럼 기능적으로 외부의 부정적인 영향을 받지 않도록 체계를 보호하는 역할을 한다고 설명하였다. 경계는 명확성, 투과성, 유연성 등의 속성을 가지고 있다. 가족을 예로 든다면 가족의 범위는 사람에 따라 포함시키는 사람을 달리할 수 있는데 같이 살지 않는 조부모를 가족에 넣을 수도 있고 넣지 않을 수도 있다.

(7) 경계면(interface)

경계면은 두 개의 체계가 함께 공존하는 곳으로 체계 간의 상호교류가 일어나는 곳이다. 모든 체계의 경계는 투과성이 있어 환경과 에너지를 교환할 수 있다. 경계면은 대화, 긴장, 정서적 지지, 물품의 교환과 같은 에너지가 체계의 경계를 넘어 교환될 때 만나는 접점이다.

(8) 개방체계

개방체계란 어느 정도 투과성이 높은 경계를 갖고 있는 체계를 말한다. 이러한 체계는 외부로부터 성장 및 발달에 필요한 정보나 에너지를 자유롭게 받아들임으로써 체계 자체의 기능을 유지 발전시킬 수 있다. 환경으로부터 투입(input)을 받아들이며, 산출(output)을 생산하여 환경으로 보낸다. 인간체계의 성장과 발전은 이러한 개방성으로부터 기인된다.

(9) 폐쇄체계

폐쇄체계는 다른 체계와 상호교류와 상호작용이 없는 체계이다. 체계요소들의 분화가 적어지고 조직과 기능이 상실되는 경향을 보이며, 정보나 에너지의 투입 또는 산출이 거의 없는 상태를 보인다.

(10) 네겐트로피(negentropy)

체계의 조직과 질서를 유지시키는 힘, 조직이 살아 움직이며 발달하게 하는 힘이 작용하고 있는 상태를 말한다. 이는 개방체계에서 나타날 수 있는 현상이다. 체계가 자기가 쓰는 것보다 많은 에너지를 유입할 수 있다. 그후 체계는 정교하고, 세분화되며, 성장하고, 발달하는 방향으로 진행하는 과정이다.

(11) 엔트로피(entropy)

폐쇄체계를 구성하고 있는 부분들은 시간이 지나감에 따라 구성원들 사이의 구별이 없어지며 점차 동일성을 띠게 되어 체계 내의 조직 구성 및 그 기능이 분해 · 해체 · 사멸 · 사퇴되는 체계들의 경향을 말한다. 쇠약해지는 경향성은 에너지의 유입 없이 체계에서는 해체나 죽음으로 향한다는 자연의 보편법칙이라 할 수 있다. 갇힌 공간 내에 위치한 촛불의 경우와 같다고 할 수 있는데, 외부로부터 더 이상의 산소 공급이 이루어지지 않으므로 촛불은 곧 꺼지게 된다. 예를 들어 외부와의 접촉이 단절된 가족의 경우에는 외부로부터 충고, 도움 등이 차단되어 있기 때문에, 내부 기능이 쇠퇴한다.

(12) 동등종결(equifinality)

각 체계들의 초기 상황이 서로 다르다 할지라도 그 체계들이 개방되어 있어 주변의 체계들과 목적 지향적인 교류를 하면 결국에 가서는 동일한 상태 또는 목적을 이끌어 낼 수 있다는 것을 의미한다.

(13) 다중종결(multifinality)

유사한 조건하에 놓여 있는 체계라 할지라도 체계 내의 구성 요소들 간의 상호작용 양상, 또는 체계 밖의 다른 체계들과의 상호작용 양상과 특성에 따라서는 상이한 최종 상태가 초래될 수 있음을 의미한다. 유사한 문제를 갖고 있는 클라이언트라 하더라도 문제의 결과가 항상 동일한 것은 아닐 수 있다.

(14) 홀론(holon)

특정 체계는 그 체계를 구성하고 있는 보다 작은 체계의 입장에서 보면 전체 체계인 동시에 그보다 큰 체계의 입장에서 보면, 그 큰 체계의 부분 또는 구성분자가 되는 현상이다. 학급이라는 체계는 학급을 이루는 학생 개개인의 입장에서 보면 전체 체계인 것처럼 보이나, 학급보다 더 큰 체계인 학교의 입장에서 보면 학교의 부분이 되는 것이다.

(15) 행동규칙

일반체계이론에 있어 체계들은 일정한 행동규칙을 갖는데, 이것은 체계의 구성원들이 어떻게 행동하여야 할 것인가에 대한 암묵적인 합의사항을 의미한다. 예를 들어 어느 가족체계의 경우 '저녁 10시 이전에는 모든 식구들이 다 들어와 있기 등'과 같이 규칙을 정해서 지킨다는 것이다.

이에 대응한 규칙으로 메타 규칙이 있는데, 이것은 행동규칙에 대한 규칙으로, 지금까지 있어 왔던 규칙에 대해 이의를 제기하고 규칙이 다시 만들어지는 과정에 대한 내용이다. 어떤 체계 내에 메타 규칙이 존재하고 그 메타 규칙이 유연할수록 그 체계는 순기능적이라 할 수 있다. 저녁 10시 이전에는 모든 식구들이 다 들어와 있기라는 규칙이 더이상 지켜지기가 어려울 경우, 가족구성원 중 한 명이 이의를 제기하여, 10시 귀가 규칙을 12시 귀가 규칙으로 바꾸는 것이 가능하다면, 이는 메타 규칙이 존재한다고 볼 수 있다.

(16) 긴장(tension)

체계론적 관점에서 긴장은 긍정적 의미도 부정적인 의미도 아닌, 복잡한 적응체계에 없어서는 안 될 기본 특성으로 간주된다. 예를 들면 시험에 응할 때, 적절한 긴장이 없으면 시험에 최선을 다할 수가 없는 경우가 이에 해당한다.

(17) 위계(hierarchy)

체계 기본 단위들의 활동이나 에너지 기능을 위한 하위체계, 체계 및 상위체계들 사이의 관계를 말한다.

(18) 항상성(homeostasis)

항상성은 비교적 안정적이며 지속적인 균형상태를 유지하기 위한 체계의 경향을 말한다. 즉, 체계들은 끊임없이 변화와 운동의 과정 속에 놓여 있는 동시에 역동적 균형상태를 유지하고자 한다는 것을 의미하는 개념이다. 균형을 깨뜨리려는 것이 있다면, 체계는 적응하기 이전의 안정성을 회복하려고 할 것이다. 그러나 때때로 현상유지는 비효과적이거나 비효율적이며 심각한 문제일 수도 있다. 이것은 정적인 상태를 의미하는 것이 아니라 상당한 정도의 변화를 뜻하지만 안정의 틀 속에서 변화를 원하는 경향이 있다는 것을 말한다.

(19) 안정상태(steady State)

항상성이 체계가 생존을 위해 환경과 성공적으로 타협할 수 있는 능력이라면, 안정상태는 부분들의 관계를 유지시키고 쇠퇴해서 붕괴하지 않게 하려고 에너지가 계속적으로 사용되는 상태로 체계의 지속적인 정체 유지이며 체계가 거쳐 온 이전의 연속상태를 의미한다.

(20) 투입(input)

투입이란 체계가 환경으로부터 필요한 에너지, 정보, 의사소통을 다른 체계에서 유입하는 것을 말한다.

(21) 전환(transference)

전환은 투입을 처리하고 기능유지를 위해 체계가 사용할 수 있는 형태로 활용·전환하는 활동을 의미한다.

(22) 산출(output)

산출은 전환 후 배출된 결과물로써 투입한 것들이 체계의 과정을 거친 후 얻게 되는 것들을 의미한다.

(23) 환류(feedback)

환류는 정보의 투입에 반응하는 행동으로 투입의 특수한 형태이며 다음 행동을 수정하는 의사소통의 조직망을 의미한다. 자신이 수행한 것에 관한 정보를 다시 투입체계가 받는 것이다. 부정적 환류 결과로 체계는 제 방향을 찾고 실수를 수정하여 항상성 상태로 돌아갈 수 있다. 긍정적 환류는 체계의 존재와 성장에 알맞게 실행한 것에 관한 정보를 얻는 것이다. 이를 정리하면 다음의 〈그림 6-1〉로 나타낼 수 있다.

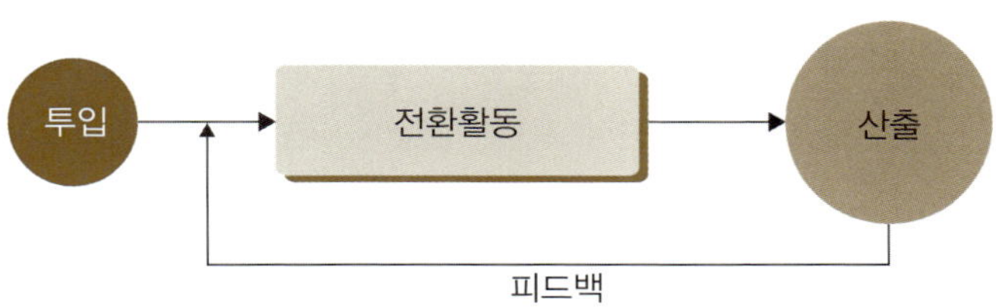

그림 6-1 에너지의 흐름

(24) 시너지(synergy)

서로 관련을 갖고 있는 일련의 체계는 많은 하위체계로 구성되어, 전체 체계는 하위체계의 합보다 더 큰 능력과 효과를 나타내는데 이를 시너지라고 한다. 즉, 부분체계가 상호 결합하여 더 큰 효과를 내는 것을 말한다.

(25) 하위체계(subsystem)

하위체계는 2차적 또는 종속적인 체계로, 큰 체계 속에 있는 보다 작은 체계로 이해할 수 있다. 하위체계는 항상 상 · 하위가 규정되어 있는 것이 아니라 체계를 보는 시각에 따라 달라진다.

(26) 역할(role)

역할이란 특정한 사회관계에 있는 개인에게 기대하는 문화적으로 결정한 행동 유형이다(Chess & Norlin, 1997). 체계 속의 각 개인은 그 체계에서 특정역할을 맡는다.

(27) 관계(relationship)

관계는 둘 또는 그 이상의 사람이나 체계 사이의 상호정서적 교류, 역동적 상호작용, 감정 · 인지 · 행동의 관련성을 뜻한다(Barler, 1999).

(28) 공유영역

서로 다른 체계나 조직들이 접촉하거나 의사소통하는 지점이다.

(29) 분화

분화는 단순한 형태에서 보다 복잡한 형태로 변하려는 체계의 경향을 말한다. 관계, 상황, 상호작용 등은 시간이 지나면서 보다 복잡해지는 경향이 있다.

3) 사회복지실천과 관련된 체계들

사회복지학에 있어서 개인이나 집단뿐만 아니라 가족, 지역사회에 이르기까지 통용할 수 있는 접근방법으로 통합적 사회복지방법론이 자리 잡게 되었다. 이 통합적 방법론은 사회를 하나의 체계로 생각하는 체계이론을 차용하여 사회복지의 전통적 모형 즉 개인, 가족, 소집단 및 지역사회 등을 크기가 서로 다른 체계로 보아 과거 전통적 방법들의 기초가 되는 지식, 기술 및 가치관의 유사성을 토대로 타당한 일반적 원리와 실천모형을 제시하려는 것이다. 핀커스와 미나한(Pincus & Minahan, 1973)은 사회복지사가 실천현장에서 함께 활동하게 되는 이러한 복잡하고 다양한 체계들을 네 종류의 체계로 분류하여 제시하였고, 콤프튼과 갤러웨이(Compton & Gallaway, 1999)는 여기에 전문가 체계를 추가하였다. 구체적인 체계는 다음과 같다.

(1) 변화매개체계(change agent system)

문제를 가진 클라이언트를 지원하고 문제를 해결하기 위해 계획적 변화에 개입하는 사회복지사나 사회복지사가 속해 있는 사회복지관, 상담실, 각종 쉼터, 개입 기관 등이 해당된다.

(2) 클라이언트 체계(client system)

사회복지사에게 도움을 청하거나 어떤 문제해결을 위해 사회복지사와 공동의 노력을 기울이겠다는 묵시적 계약 상태에 있는 사람들이 클라이언트 체계이다. 자녀가 비행청소년인 부모가 사회복지사에게 도움을 청하는 경우, 부모가 클라이언트 체계가 된다. 사회복지사의 서비스를 제공받는 개인 · 가족 · 집단 · 기관 · 지역사회를 포함한다. 클라이언트란 서비스를 받기로 결정하고 계약을 통해 서비스를 요청 · 인정하는 사람으로서 변화 노력의 혜택을 받는 사람들이다.

(3) 표적체계(target system)

변화매개체계가 그 활동목적을 달성하기 위해 영향을 주거나 변화시킬 대상이 표적

체계이다. 클라이언트 체계가 변화의 대상인 경우는 클라이언트 체계가 곧 표적체계가 된다. 비행청소년 사례의 경우, 변화시킬 대상은 비행을 함께하고 있는 친구, 주변 환경요소, 부적절한 부모 등일 수 있는데, 이때 친구와 주변 환경요소, 부모들이 표적체계가 된다.

(4) 행동체계(action system)

사회복지사의 활동 목적을 달성하기 위해 공동으로 노력하는 모든 체계들이 행동체계에 해당된다. 비행청소년 사례의 경우, 이 문제를 해결하기 위해 부모, 학교 교사, 도움이 될 만한 친구 등이 동원될 수 있다. 이때 부모, 학교 교사, 도움이 될 만한 친구 등이 행동체계가 된다.

(5) 전문가체계(Profession system)

한국사회복지사협회와 같이 사회복지사들로 구성되어 있어 사회복지사의 전문성을 강화하고 사회 내에서 사회복지사의 위상을 높이기 위해 노력하는 체계를 말한다.

여기서 강조되어야 할 것은 변화매개체계는 클라이언트를 변화시키려고 노력하는 사람이나 기관을 의미하는 것이지, 막연히 지역사회나 조직 또는 제도와 같은 추상적인 것을 다루는 것이 아니다. 그래서 변화매개체계인 사회복지사는 행동체계를 구성하거나 기존 체계와 일하고, 클라이언트체계와 함께 일하며, 표적체계에 영향을 주면서 그 체계의 일부가 되는 것이다.

종합하여 보면, 변화되어야 할 표적은 클라이언트라는 과거의 관념을 깨고, 문제해결을 위해서는 환경이나 환경의 일부인 사회복지사 · 기관 · 방법이나 제도 등도 변화의 표적이 될 수 있다는 점, 지금까지 서비스 수혜자나 이용자로만 생각되어 온 클라이언트가 변화에 영향을 미치는 행동체계로서 기능할 수 있다는 점, 변화가능성을 하나의 방향이나 대상으로 고정하지 않는다는 점 등이 체계이론의 특징으로 볼 수 있다(이영분 외, 2001).

4) 사회복지실천에의 적용

일반체계이론으로 사회복지실천에 적용하는 데 있어서 가장 중요한 관점은 상호작용하는 인간과 사회체계들이 자체의 성장을 위하여 다른 체계를 필요로 한다는 점이다. 이를 위해 인간은 자신의 욕구를 충족하기 위해 환경을 수정할 수 있을 뿐만 아니라 환경의 요구에 적절하게 자신의 행동을 수정할 수 있는 능력을 가지고 있기 때문에 한 개인의 부적응적 행동은 한 개인에게 원인이 있는 것이 아니라 그를 둘러싸고 있는 사회체계와 역기능적 상호작용에 그 원인이 있다고 할 수 있다.

사회체계가 유지되고 그 기능을 수행하기 위해서 하위체계 또는 부분들은 더 큰 체계의 욕구를 충족시키기 위해 그들 자신의 기능을 조절해야 한다. 사회복지사의 업무는 개인적인 갈등(개인적 욕구)과 사회적인 문제(사회적 욕구) 모두에 초점을 두는 것이다.

체계이론은 사정의 과정에서부터 그 유용성을 갖는다. 한 개인의 문제와 증상을 개인에 국한된 것이 아닌 체계와의 상호작용에 기인한 것으로 보기 때문에 개인과 환경 사이의 매우 복잡한 상호작용적 현상을 분석하여 증상의 원인을 찾으려고 한다. 자기결정과 변화과정에서의 클라이언트 참가에 관한 사회복지사의 관심을 지지하며, 사정과 개입계획에 있어 클라이언트의 목표를 이해하고 고려해야 할 필요성을 강조한다.

이러한 개념에 의해 사정된 문제에 대한 개입단계에서는 문제나 증상을 일으키는 원인을 제거하는데 초점을 두기보다는 체계 내부의 부분들 간의 상호작용이나 체계와 환경 사이의 관계를 변화시킴으로써 증상을 제거하는 데 초점을 둔다. 따라서 체계의 역기능적인 구조적 속성, 역동 및 진화적 속성, 그리고 과정적 속성의 변화를 통하여 증상이 유발되고 유지되는 기본적인 환경을 제거함으로써 그 결과로 문제나 증상의 해결을 하는데 목적을 두고 진행된다. 변화를 가져오기 위하여 전체 체계를 변화시킬 필요가 없으며 개입의 지점을 주의 깊게 선정해야 한다는 사실을 말해 주고 있다. 체계의 관점은 또한 기관을 사회체계로 보며, 그리고 사회복지사와 클라이언트를 동일한 상호교류의 장내에 둔다. 사회복지사 역시 하나의 사회체계이며 사회체계 조직망의 구성요소로서 관여되고 있다(조휘일 외, 1999).

일반체계이론에 의거한 구체적인 개입단계별 사회복지실천기법을 살펴보면, 문제

사정단계에서는 문제의 규정과 서술, 사회적 상황의 역학분석, 목표와 표적의 설정, 과업과 전략의 결정, 변화노력의 안정화 기법이 요구된다. 자료수집단계에서는 직접적 구두질문, 직접적 필기질문, 투사적 구두질문, 필기투사기법 등에 관한 질문기법, 관찰, 기존 기록자료의 활용 등을 들 수 있다. 최초 접촉단계에서는 행동체계의 잠재적 성원, 추가된 잠재적 성원, 표적체계 성원들과의 접촉 및 계약기술과 변화 노력에 참여할 수 있도록 동기를 부여하고 초기 저항을 다룰 수 있는 기술 등이 요구된다. 계약교섭단계에서는 다른 사람들을 개입시키고 상호 수용 가능한 업무 동의를 획득하기 위해 도움이 되는 기법을 사용한다. 구체적으로 계약목적의 확인, 계약조건의 명시, 비밀보장의 한계 설정, 사례제공, 상대 체계와의 의견차이 확인 등을 들 수 있다.

행동체계 구성단계에서는 목적달성을 고려한 행동체계 규모의 구성, 시간이나 장소 등과 관련된 운영절차, 상호작용을 좌우하는 규범이나 절차의 적절한 운영이 필요하다. 또한 행동체계의 유지·조정단계에서는 행동체계에서 일어나는 여러 유형의 문제들을 해결하기 위한 기법이 요구된다. 구체적으로는 다른 역할 맡기기, 운영절차 바꾸기, 프로그램과 활동규제, 행동체계 성원의 구성 바꾸기, 성원에 의한 자발적 진단 조장하기 등을 들 수 있다. 영향력 행사단계에서는 표적체계의 행동·태도·신념을 변화시키기 위해 유도·설득관계의 사용, 환경 사용 등을 배합해서 사용한다. 변화노력의 종결단계에서는 계획적 변화노력을 성공적으로 종결짓기 위해 평가, 관계로부터의 이탈, 변화노력의 안정화에 초점을 둔다(이명재 외, 2005).

5) 사회복지사의 역할과 실무원칙

일반체계이론에 입각해서 활동하는 사회복지사는 변화 노력에 관련된 많은 사람들과 여러 종류의 다른 상황에 적용할 수 있는 기본적 구조 틀을 가져야 하며, 막연하고 추상적인 지역사회나 조직이나 체계가 아닌, 문제를 가진 사람들을 변화시키기 위해 일해야 한다. 그리고 전통적 사회복지개입방법은 일반적으로 문제를 제기하는 클라이언트 체계만을 개입의 주요 표적으로 삼았지만, 체계이론을 활용하는 사회복지사는 클라이언트가 제시한 문제를 처리하는데 가장 효과적인 행동체계를 찾아내야 한다. 사회복지사는 과업을 위해 클라이언트만 아니라, 다른 사람들과 관계를 맺어야 하며, 사회복지사가 한 체계와 일하면서 얻은 지식과 기술을 다른 체계와 일하는데 적용할 수 있다는 것도 인식을 해야 한다. 그리고 조직을 사회변화와 관련된 중요한 체계로 보는 관점을 가져야 하며, 표적체계에 영향을 주고 사회복지사와 함께 일하는 행동체계에 대한 중요성을 인식해야 한다(이종복 · 전남련, 2007).

6) 평가

일반체계이론을 사회복지에 적용하였을 때 다른 이론보다는 실천적 개념의 틀을 제공해 주고 있다. 문제를 보는 시각이 단선적 사고에서 벗어나 여러 가지 원인에서 행동이 일어난다는 순환적 원인론으로 전환하게 하여 개인의 증상 또는 행동에 따른 낙인을 줄여주며, 사회문제와 관련된 전반적인 범위의 요소들을 고려하도록 도와준다. 또한 수집한 정보를 분석해서 조직화하고 통합함으로써 개인의 행동에 초점을 두는 대신 체계 성원 간의 역동적 상호작용에 초점을 둔 분석이 가능하게 하였다. 이러한 관점은 사회복지실천에서 여러 각도의 개입이 가능하도록 하였으며, 문제나 욕구를 상황적이고 환경적인 맥락에서 이해하려는 경향을 가지고 관련체계의 영향력을 인식하게 해주었다.

하지만 일반체계이론은 설명적이기보다는 해설적이며 추상적이고 모호한 면이 많아 사회복지실천과 같은 인간적인 활동에는 맞지 않는 복잡하고 전문적이며 실증적으로 증명하기가 어려운 부분이 많다는 점이 한계로 지적되고 있다. 또한 체계 간의 상호연관성과 상호교류작용을 매우 중요시하면서도 사회복지의 개입의 장이 되는 체계 간의 고유영역에 대해서는 충분한 설명이 없다는 점도 문제점이다. 즉, 요소 간 관계성을 분석적으로 파악하는데 적합하지만, 이를 이용하여 상황에 대한 전체성을 파악하는데 어려움이 있고, 개인마다 상황을 해석하는 방식이 달라 어느 것이 옳고 적합한지의 판단이 어렵다는 것이다(손연숙 외, 2008). 인간과 환경 · 문화 사이의 발달과 기능이 어떠한 영향을 주고받는지를 규명해 줄 유용한 개념의 부족으로 사회복지에서는 일상생활 환경에 더 적합한 이론인 생태학에 더 관심을 기울이게 되었다.

2 생태체계이론

생태체계이론은 1960년대 말경 일반체계이론의 한계점을 보완하고 이에 생태학이론을 덧붙여 등장하게 된다. 즉, 생태체계적 관점은 인간과 물리적, 사회적 환경 사이의 상호교환을 개념화하는 체계적 관점과 생태적 관점이 합성된 것으로 환경과 유기체가 역동적인 평형상태를 유지하면서 성장하는 과정에 관심을 두는 관점이다. 인간과 물리적 · 사회적 · 문화적 환경의 상호작용 과정, 자원의 상호 보충적인 교환과정(Siporin, 1980)을 통해 시간의 경과에 따라 행동이 어떻게 발달되는지를 추적하여, 현재의 행동을 상황 속의 인간의 편안한 적합성으로 기술하는 것이다.

Lutz(1958)와 Hearn(1969)은 논문을 발표하면서 학문적 관심 영역으로 소개되었지만 본격적으로 실천상황에서 고려해야 하는 양식을 재구성한 것은 Genmain과 Gordon 및 Bartlett로 사회복지실천 시 사례를 전체로 보는데 필요한 방법론적 기술 제공을 강조하였다(최순남, 2002). 개인, 가족, 집단, 조직체, 지역사회 및 그들의 상호관계성의 행동들을 고려하기 때문에 일반 사회복지실천을 지원할 수 있는 이상적인 관점을 제공한다고 할 수 있다. 또한 사람과 환경이 어떻게 적응상태를 이루는가에 초점을 두고 있기 때문에 사회복지사는 클라이언트가 본질적으로 결함이 있다고 가정하거나 책임을 한쪽으로 전가시키지 않고 클라이언트와 함께 클라이언트의 상황 간의 적합성에 관심을 기울인다. 이와 같이 이 이론은 상황적, 환경적 맥락에서 클라이언트체계를 보기 때문에 사정과 계획 단계에 매우 유용한 관점이다.

1) 인간을 보는 관점

인간은 사고, 감정, 관찰 가능한 행동을 가진 생물학적, 심리학적, 영적, 정신적, 사회적, 문화적 존재로서 환경과 영향을 주고받는 상호 교환적인 위치에 있는 존재이다. 인간은 환경에 반응할 뿐만 아니라 스스로의 환경을 창조해 내는 주인이기도 하다. 이 관점은 인간을 의식적이고 의도적으로 반응할 뿐만 아니라 무의식적이고 자동적으로 반응하는 존재로 본다. 또한 인간을 전적으로 힘이 있는 존재로 간주하지 않을 뿐만 아니라 전적으로 무력한 존재로도 보지 않는 대신에 삶을 형성하는 사건들을 창조하는 데 있어 적극적인 역할, 즉 환경적인 힘과 상황들에 의해 조절된 역할을 수행한다고 보는 것이다. 인간은 환경적 자원과 사회적 지지를 자율적으로 이용할 수 있으며, 환경 속에서 효과적으로 기능할 수 있는 능력을 지니고 있다고 본다.

생태학적 관점에서의 인간관은 한마디로 '환경 속의 인간(person-in-environment)'이라는 전체적 인간관이다. 이 관점은 인간에 대해 낙관론적 시각을 가지고, 인간은 생활환경 속에서 타인과 가치 있는 사회적 관계를 맺고 존경과 관심을 주고받음으로써 자아를 발달시키고, 사회의 역할 기대를 적절히 이행하며, 일생 동안 타인과 상호의존성을 유지할 수 있어야 생존을 보장받고 삶의 적절성을 확보할 수 있다고 본다(김동배 외, 1998).

또한 생태체계 관점에서 인간은 진화론적 발달과정인 유전적 변화뿐 아니라 성숙 및 선택과정에 의해 인간이 형성된다고 본다. 인간은 환경과의 상호교류를 지지 혹은 방해하는 유전적 잠재력을 가진 것으로 보며, 인간행동은 성장하는 개인과 환경 사이의 상호작용의 산물로서 이해한다. 이것은 개인과 다른 인간체계들이 내외부적 힘들에 반응하여 어떻게 변화하고 안정되는가를 설명한다. 인간이 신체적, 정서적 및 지적으로 성장함에 따라 그들의 행동은 이러한 내적 변화에 반응해서 나타난다.

2) 주요 개념

(1) 적합성(goodness-of-fit)

생태체계 관점에서 현재의 행동은 인간과 환경 모두의 상호 이익(mutual benefits)을 찾는 과정에서 나타나는 것으로 본다. 그래서 적합성은 개인의 적응적 욕구와 환경 자원 사이의 상호 이익을 달성할 수 있는 균형점 혹은 조화상태를 의미한다. 다시 말해 개인의 욕구나 집단의 욕구, 권리, 목표, 능력과 특정한 문화적, 역사적 맥락 속의 환경 간에 상호작용 및 상호교류가 서로에게 적응적이며 양자에게 더욱 유익한 효과를 발생할 때 적합성이 이루어졌다고 본다는 것이다. 반면 어느 일방의 희생으로 상대방의 생존과 발달이 이루어졌을 때, 양자 간에 힘의 평형상태가 깨지고 갈등이 유발되며, 결국 양자의 생존과 발달을 저해하는 결과를 가져올 때 부적합성이 야기된다. 이것이 호의적일 때 지속적 발전을 도모하고 사회적 기능을 만족시키고 환경을 유지하거나 강화하므로 나름대로 적합성의 상태를 나타낸다고 할 수 있다. 적합성은 인간-환경의 계속적 교류를 반영하며 고정되어 있지 않고 상호교육의 변화에 따라 바뀐다. 따라서 부정적 교류가 거듭되면 인간발달과 건강, 사회적 기능은 손상된다.

(2) 적응(adjustment)과 부적응(maladjustment)

생태체계 관점에서 부적응이란 존재하지 않는다. 생태체계적 관점에서 중요한 것은 적응이라는 개념이다. 이것은 개인적 욕구와 사회적 요구 사이의 조화와 균형, 적합한 상태를 말하며, 이 적합(fit)은 개인 또는 집단의 욕구, 권리, 목적, 능력 등과 개인이나 집단이 처한 문화, 역사적 맥락 속에 존재하는 물리적, 사회적 환경의 성질 및 그 운영 상황 사이의 맞물림 상태를 뜻한다.

이와 같이 모든 인간행동은 내적인 욕구와 환경적인 욕구 사이의 조화를 찾기 위한 적응과정으로 보고 있기 때문에, 어떤 행동도 부적응 행동으로 규정할 수 없다. 그러므로 부적응적인 결과 혹은 수용되기 어려운 행동이 나타난다고 할지라도, 적어도 그 환경 안에서는 적응적인 것이며, 모든 행동은 그 상황 안에서는 의미가 있는 것이다. 이러한 시각은 부적응자를 일탈자로 낙인화함으로써 개인과 환경의 상호 책임성을 간과하고, 개인적 관점에서 클라이언트가 비난의 대상이 되었던 전통적인 부적응적 관점과는 명백히 구분되는 것이다.

그러므로 기존 이론에서 문제를 개인의 병리로 규정했다면 생태학적 접근에서는 적응적인 문제로 환경적인 자원의 유무와 관련지어 이해한다. 즉, 문제란 개인적 욕구와 대처능력이 환경자원에 의해 뒷받침되지 못해서 생겨나는 것이므로, 부적응적인 행동은 환경 안에서의 체계와 자원 조정을 통하여 변화될 수 있다고 본다.

(3) 적응성(adaptiveness)

적응성이란 인간이 환경에 대한 적응수준을 유지하거나 높이고자 사용하는, 지속적이고 변화지향적이며, 인지적, 감각적, 지각적, 행동적인 과정으로 설명될 수 있다. 그래서 생태학적 관점에서는 적응상의 문제를 병리적으로 보지 않고 개인적 욕구와 대처가 환경적 자원이나 혹은 지지와 일치되지 못한 것으로 간주하는 것이다.

(4) 변화(change)

생태체계 관점은 변화에 대해 매우 개방적이다. 병리보다는 강점에 초점을 두고 클라이언트와 파트너십을 형성하여 개인과 환경 간의 상호작용에 개입함으로써 변화를 위한 가능성을 확대하고자 하기 때문이다. 따라서 생태체계 관점을 가진 사회복지사에게 있어 모든 수준의 사회적체계가 클라이언트일 수 있고, 이들 체계 수준은 클라이언트체계의 변화라는 목표달성을 위해 모두 선택되어질 수 있다.

예를 들어 중증의 장애아동에 대한 보호 부담으로 인하여 소진과 우울증을 호소하는 클라이언트(모)가 있다고 하자. 이 경우 생태체계 관점은 모 자신의 정신건강을 위한 상담서비스 이외에도 모를 둘러싼 환경 안에서 아동에 대한 보호 부담을 감소할 수 있는 다양한 자원체계, 탁아서비스, 가정도우미 등과 연결을 시도할 수 있다. 그러나 사회복지사는 모든 체계에 동시에 개입을 시도할 필요는 없으며 인간체계 혹은 환경의 어느 일부분에 대한 개입 혹은 변화의 시작이 다른 부분의 상호교류에 영향을 미침으로써 전체체계의 변화를 초래할 수 있다. 이 경우, 전체체계 모두는 변화의 객체 혹은 주체로서 기능할 수 있다. 이는 사회복지사가 클라이언트의 문제를 해결함에 있어 클라이언트 개인의 체계에 국한해서 문제를 바라보지 않고, 더 큰 체계와의 역동적인 상호작용에 대한 충분한 이해를 통하여 더 큰 맥락 안에서 문제를 사정하고 개입 틀을 제시해야 한다.

(5) 유능성(competence)

개인이 환경과 효과적으로 상호작용할 수 있는 능력이다. 유능성은 환경과 성공적인 상호작용을 경험하는 데서 형성되는 것으로 일생에 걸쳐 확대될 수 있는 능력이다.

(6) 상호교류(transaction)

상호교류는 개인과 환경이 하나의 단위의 체계로 합쳐져 융합되는 것으로, 개인과 환경 간의 영향 상호관계이자 하나의 반응이 아니라 시간에 따른 사건의 경과 과정 혹은 시간이 지남에 따라 발생하는 관계를 의미한다.

(7) 상호작용(interaction)

상호작용은 개인과 환경이라는 두 요소가 서로 영향을 미치나 분리된 정체성을 보유하면서 체계 간에 공동으로 작용하는 역동적인 호혜적 관계를 말한다.

(8) 스트레스(stress)

스트레스는 사회적 혹은 발달적 변화, 충격적 사건, 다양한 생활문제 등의 요구가 자신이 활용할 수 있는 인적자원 혹은 환경자원을 초과하는 상황에서 야기된다. 즉 개인과 환경 간의 상호교류에서의 불균형이 야기하는 현상이다. 개인, 환경, 문화적 차이에 따라 어떤 사람들은 자신의 성장을 방해하는 생활문제를 스트레스 요인으로 경험하는 반면 다른 사람은 같은 문제를 도전으로 경험한다. 관련된 감정은 불안, 죄의식, 분노, 두려움, 우울, 무기력감, 혹은 절망이며 일반적으로 사회적 관계, 자신감, 자긍심, 자율성 측면에서 빈약 또는 부족을 수반한다.

스트레스 대처는 욕구를 해결해 나가기 위해 고안된 새롭고 특별한 행동들이다. 성공적 대처는 내적, 외적 자원에 달려 있는데, 내적 자원은 자부심과 문제해결 기술 등을 일컬으며 외적 자원은 가족, 사회적 관계망, 조직 차원의 지원 등을 포함한다. 성공적 대처는 인간-환경의 질을 향상시키고 보다 높은 수준의 사회적 관계, 능력, 자긍심, 자율성의 획득으로 적응수준을 향상시킨다.

(9) 거주환경(habitat)

생태학적 접근으로 보았을 때 집, 건물, 농촌마을, 도회지 같은 물리적 환경은 거주하는 사람의 생활양식, 연령, 성 문화적 양식에 적합한 방식으로 가정생활, 대인관계, 직장생활, 종교생활을 하는 사회적 환경을 지원해야 한다. 빈곤의 만연, 불량주택, 열악한 위생상태가 그 특징인 빈곤지역의 거주환경의 물리적 환경은 개인에게 문제를 야기시킨다. 또한 무분별한 철거와 재개발로 지역주민들이 소중하게 여기는 사회적 연결망인 이웃이 파괴된다면 불량주택의 개량이나 다른 사회적 편의시설에도 불구하고 지역주민은 만족하지 않는다. 그리고 쿠퍼(Cooper)가 지적한 것처럼 고층 공공주택의 물리적 설계와 구조가 가치와 존엄성을 가진 독립된 고유한 인간으로서 주민들이 자기 이미지를 해친다고 생각하는 것도 문제로 지적될 수 있다(홍득표, 1999). 더구나 거처할 집이 없다는 것은 인간존엄성에 가장 큰 위협이 된다. 이와 같이 생태체계적 관점에서는 거주환경이 개인에게 미치는 영향을 매우 중요시하고 있다.

(10) 적소(niche)

적소는 특정의 집단이 지역공동체의 사회적 구조에서 차지하는 사회적 지위 혹은 직접적 환경을 일컫는다. 지역공동체는 적소들의 조직체라 할 수 있다. 특정 집단이 한 적소의 수용한계를 초과하면 선택의 압력이 작용한다. 경쟁이 유발될 때 본래의 적소에 적응하지 못하는 성원은 다른 적소로 이주한다. 체계 내에 수용할 수 있는 능력이 한정되어 있고 또 구성원들은 항상 모든 가용자원 공간, 즉 적소를 채워 나가려는 경향이 있다고 가정해 보면 체계는 경쟁관계에 있는 성원들 중 각 적소에 가장 적합한 것들을 선택한다.

(11) 생태계(eco-system)

유기체와 그를 둘러싼 환경으로 구성된 체계이며 여기서 환경은 물리적, 생물적, 사회적, 인공적 등 모든 환경을 포함한다.

(12) 구속력(coercive power)

체계 내의 개인이나 문화적 특징을 기초로 하여 취약한 집단의 힘을 발휘하지 못하게 하는 것이다. 취약한 인간에 대한 억압은 인간을 무기력하게 만든다. 예를 들면, 빈곤, 억압적인 성 역할, 불충분한 교육, 만성 실업자, 무주택자, 높은 유아사망률 등이 이에 속한다.

(13) 착취력(exploitative power)

지배집단의 착취력은 과학기술에 의해 공기, 음식, 물, 토양 및 대양의 오염을 초래하며, 주거, 학교, 직장 및 지역사회에서 유독성 화학물질과 위험한 폐기물을 증가시킨다. 힘의 남용은 사회질서가 일부 사람들로 하여금 다른 사람에게 고통을 주고 심한 불공평으로 상처를 주게 하는 부정적인 인간-환경관계를 말한다.

(14) 생활과정(life course)

인간의 발달은 다양한 환경, 문화 그리고 역사적 시대 속에서 삶의 전 과정에 걸쳐 일어나며 획일적이지 않고 계속 이루어지는 생리적 · 사회적 · 역사적 과정을 거친다. 생활과정 개념은 가족, 학교, 직장, 지역사회의 변화뿐만 아니라 개인의 생각, 가치, 신념과 같은 사회적 변화를 포함하는 일생을 통한 변화과정을 의미한다.

3) 환경의 수준단계

생태체계 관점에서는 체계들 사이에는 경계가 있는 자율성을 가지면서도 다른 체계와의 긴밀한 상호작용을 전제로 하는 위계질서를 갖는다고 본다. 콤프튼과 갤러웨이(Compton & Gallaway)의 생태체계를 사회복지 분야로 소개한 Pincus와 Minahan(1973)의 통합적 4체계 접근법을 소개한다(문인숙 역, 1989). 우선 미시체계(micro system)는 개인과 가족과 같은 직접적인 환경 내에서의 활동, 역할, 그리고 대인관계 유형을 말한다. 중간체계(mezzo system)는 학교 및 가족과 같은 개인을 둘러싸고 있는 두 가지 이상의 환경에서 일어나는 과정과 연결성을 말한다. 외적체계(exo system)는 제도적 조직(학교 등), 지방정부, 지역사회 등 두 가지 이상의 환경 사이에서 일어나는 연결성과 과정으로서, 이중 최소한 한 가지 체계는 부모의 직장과 같이 개인을 둘러싸고 있지 않은 체계이다. 거시체계(macro system)는 국가사회, 사회제도, 민족 집단체계와 같이 특정 문화유형이나 보다 광범위한 사회적 맥락을 의미한다.

생태체계 관점에서는 클라이언트 개인을 원조할 경우라도 위에서 제시된 4체계 내부 및 체계들 사이의 관계의 질을 고려하지 않고는 클라이언트를 완전히 이해할 수 없다고 본다. 따라서 이 관점에서는 사회적 관계망을 개인의 생활공간에서 중요한 변인으로 보고, 클라이언트 행동은 개인, 가족, 집단, 조직, 지역사회, 문화체계 등의 다차원에서 이해되어야 한다고 본다. 그리고 이들은 네 가지 사회복지 기본 체계를 구성하고 있는데 사회복지사는 자신이 다루어야 할 개인들이 어느 시점에서 어떤 체계에 속하게 되는가를 분석하고 체계 간 관계의 속성을 분석해야 한다. 이 체계수준의 단계를 정리하면 〈표 6-1〉과 같다.

표 6-1 체계수준 구분의 예

<table>
<tr><th colspan="2">2차원 구분</th><th colspan="2">3차원 구분</th><th colspan="2">4차원 구분</th></tr>
<tr><th>구분</th><th>예</th><th>구분</th><th>예</th><th>구분</th><th>예</th></tr>
<tr><td rowspan="2">미시체계</td><td rowspan="2">개인, 가족, 소집단</td><td>미시체계</td><td>개인</td><td>미시체계</td><td>개인, 가족, 소집단, 직장</td></tr>
<tr><td rowspan="2">중간체계</td><td rowspan="2">가족, 소집단</td><td>중간체계</td><td>(미시체계 간 관계)
가정-학교, 가정-직장, 학교-이웃</td></tr>
<tr><td rowspan="2">거시체계</td><td rowspan="2">조직, 지역사회, 국가사회</td><td>외적체계</td><td>학교, 지역사회, 지방정부</td></tr>
<tr><td>거시체계</td><td>조직, 지역사회, 국가사회, 사회제도, 문화</td><td>거시체계</td><td>국가사회, 사회제도, 문화</td></tr>
</table>

4) 사회복지실천에의 적용

생태체계이론이 사회복지실천에 도입되어 가장 크게 기여한 것은 클라이언트의 정신 내적 생활을 돕는 직접적 사회복지실천과 이들의 환경적 조건을 개선하는데 목적을 두고 실시되는 서비스를 포함하는 간접적인 사회복지실천의 통합이 가능하게 되었다는 점이다. 그 이유는 이 이론이 개인과 환경 간의 적합성 또는 상호교류에 영향을 미치는 힘에 대한 포괄적인 지식을 제공해 주고 있기 때문이다. 또한 사회복지현장에서 개인과 사회집단의 사회적, 물리적 환경 내 변화를 위한 여러 대안들의 탐색과 인간을 사회적 맥락으로 이해하는 역동적 시각은 인간생태학적 방법을 통한 인간의 삶의 향상에 기여한다. 그리고 환경에 적응하고 필요한 자원을 얻기 위해 경쟁하는 다양한 방식을 이해하게 함으로써 사정과 계획 시에 생태체계적 관점은 매우 유용하게 활용될 수 있다.

그리고 생태체계이론은 어느 하나의 개입기법을 가지는 모델이 아니기 때문에 문제를 가진 개인과 그의 환경에 대한 개입에 있어 다양한 기술과 기법을 필요로 하는 사회복지사가 통합적인 접근을 할 수 있는 기반을 마련해 준다. 특히 급변하는 사회에서 방치되는 아동, 방황하는 청소년, 이혼의 증가, 소외되는 노인세대 등과 같은 사회문제가 개인이나 개별 가족 차원에서는 해결될 수 없는 상황에서 사회적 차원의 개입과 검토를 정당화시킨다(곽형식, 2000).

또한 개인의 성격, 가족생활 양식과 역동, 문화적 가치와 신념, 인종차별주의, 여성차별주의, 노인차별주의와 같은 각종 구조적 요인, 클라이언트의 상황에 기여해 온 과거의 경험 등을 이해하는데 많은 도움을 준다. 사례 상황 평가 시 공생관계 개념을 사용하여 자원의 개발 및 연계의 관점을 제공하며, 사회복지사와의 관계설정에도 사용 가능하다. 또한 전문화의 개념은 클라이언트 직업훈련 결정에 도움을 줄 수 있다.

뿐만 아니라 이 이론은 사회복지실천 과정에서 사회복지사가 권한 부여적 관계를 형성하고 클라이언트체계의 자원을 발견하며, 클라이언트체계의 역량을 강화하는 개념적 도구로서 활용된다. 사회복지실천의 초점은 사람들과 사회환경에 존재하는 체계들 사이의 상호작용이다. 체계에 대한 분석은 사회복지사들로 하여금 자신의 클라이언트가 어떤 사회체계와 관련되어 문제를 겪고 있고 이를 해결하기 위해 어떤 역할을 수행해야 할 것인지 체계적 지침을 제공해 주고 있다. 대표적인 방법으로는 동일한 삶의 공간 내에 존재하는 상호 관련되어 있는 체계들을 찾아내어 그 체계들끼리의 영향을 주고받는 양상들을 그림으로 묘사하는 실천도구인 생태도(eco-map), 가계도, 사회적 관계망 등이 그것이다.

5) 개입기법

사회복지사는 클라이언트의 문제를 파악하기 위해 확인 가능하고 객관적인 클라이언트 상황과 이것이 지니는 문화적 의미와 정보, 클라이언트가 느끼고 인지하는 주관적 현실을 파악해야 한다. 이를 위해 감정이입의 기술이 필요한데, 클라이언트의 생활 스트레스 요인의 탐색과 사정에 활용된다. 다음에는 우선순위, 서로 해야 할 과업 및 책임 등에 관한 명확한 동의의 과정을 통해 클라이언트의 적극적 참여를 유도하고, 클라이언트의 능력, 연관성, 자긍심, 그리고 자기방향성 등을 향상시킴으로써 임파워먼트를 가져오도록 해야 한다.

또한 사회복지사는 개인과 환경 간의 관계를 강화하고 지지하는 단계를 거치게 되는데, 혼란을 초래하는 스트레스가 개인의 요구와 능력, 다른 한편으로는 환경적인 특성 사이의 불일치에 의해 일어나는 사회심리적인 사건이라는 것에 초점을 갖고 다루어야 한다. 게르마인(Germain)과 가터만(Gitterman)은 스트레스란 발달상의 변화, 지위 및 역할의 변화, 위기의 사건들을 포함하는 생활변천(life transition)에 의해 발생하거나 사회적, 물리적 환경에 의한 압박(environmental pressures), 가족 및 기타 일차적 집단에서의 부적응적 의사소통과 관계에 의한 대인관계 과정의 문제(interpersonal processes)에 기인한다고 보았다(Rhodes, 1980).

이러한 클라이언트의 스트레스에 도움을 주는 구체적인 기술로는 클라이언트의 강점과 희망을 고취시키고 가능하게 하는(enabling) 기법, 문제의 초점과 기저에 깔린 의미를 명확히 하는 탐구(exploring)기법, 동기강화를 위한 동원(mobilizing)기법, 모델링이나 역할극 등의 구체적인 대처정보를 강조하는 안내(guiding)기법, 위축 혹은 지나친 순응에 도전정신을 길러주는 촉진(facilitating)기법 등이 사용된다. 또한 활용 가능한 자원과 클라이언트의 에너지를 끌어내는 조정(coordinating)기법, 왜곡된 개인과 환경 혹은 사회망과의 관계를 중재하여 스트레스를 감소시키는 외부적 중재(external mediating)기법, 항거활동 조직 및 순응의 거부를 강조하는 외부적 옹호(external advocacy)기법, 서비스와 자원 간의 틈새를 채우고 예방적 성장 지향적 조직을 만들어 내는 거혁(innovating)기법, 사회정책과 입법에 영향을 미치는 영향력 행사(influencing)기법 등도 활용될 수 있다. 뿐만 아니라 대인관계에 있어 개방적 직접적 의사소통이 가능하도록 하는 내부적 중재(internal mediating)기법, 갈등적 사안에 대한 검토와 기본 규칙을 확립하게 하는 내부적 옹호(internal advocacy)기법 등도 활용되기도 한다(손광훈, 2008).

6) 사회복지사의 역할과 실무원칙

생태체계이론의 관점에서 활동하는 사회복지사는 클라이언트를 둘러싼 다양한 체계와 그에 영향을 미치는 개인, 가족, 집단, 조직 혹은 지역사회 등 다른 사회체계들 간의 구조, 상호작용, 생리 심리학적 차원, 그리고 문화적 특징에 대한 탐색을 통하여 공생적 관계를 가지고 있어야 한다. 또한 하위체계 또는 부분들은 더 큰 체계의 욕구를 충족시키기 위해 그 기능을 조절해 주어야 하기 때문에 사회복지사의 업무는 개인적인 갈등과 사회적인 문제 모두에 초점을 두어야 한다.

그러므로 생태체계이론은 특정 개입방법이나 기술을 제시해 주는 실천 모델이 아니라, 문제현상을 인간체계 상호작용에 대한 조사·사정·평가할 수 있는 구조와 준거틀을 제공해 줌으로써 사회복지사들에게 일반적이고 통합적인 관점을 제공한다. 특히 인간과 환경의 상호이익을 유지하는 최적성의 개념과 변화를 위한 다양한 가능성과, 다양한 체계를 변화표적으로 설정하고 개입하는 시각을 제공함으로써 사회복지 실천개입 시, 한 모델에 국한하지 않고 다양한 모델들을 절충적으로 활용할 수 있게 한다.

생태체계이론의 관점에서 활동하게 되는 사회복지사는 인간이 접하는 환경에 관심을 둔 것으로 인간과 환경은 서로 분리되어 있는 것이 아닌 지속적인 상호교류 안에서 존재하는 하나의 체계로 상호보완성을 설명하는데 초점을 두어야 한다. 그리고 개인과 환경 간의 적합성과 상호교류, 적응을 지지하거나 방해하는 요소를 민감하게 탐색하여야 한다. 문제를 사정할 때 문제와 관련된 많은 체계들을 접촉하여 객관적 정보를 충실히 얻도록 해야 하며, 클라이언트를 돕기 위해 다양한 체계의 사람들과 일하면서 다양한 실천 모델을 적용해야 한다. 개입 후에도 클라이언트 자체가 지지체계로 활용될 수 있도록 해야 한다(문인숙 역, 1989).

이를 위해 사회복지사는 압박감과 스트레스를 가장 많이 주는 생활사들에 대한 클라이언트의 인식을 확인할 필요가 있다. 클라이언트의 방어나 위축을 피하고 신뢰를 확보해야 한다. 뿐만 아니라 사회복지사와 클라이언트는 성공의 기회들을 제공하는 과업들을 선택해야 하는데 이러한 성공은 동반자로서의 참여, 희망의 고취, 활동에 대한 헌신 등을 이끌어 내는 강력한 동기 원천이다(Rhodes, 1980).

7) 평가

인간과 그들 환경과의 적합성과 그로 인해 발생하는 인간의 다양성들을 이해하는 것이 사회복지사의 핵심적인 지식체계가 된다고 할 수 있다. 최근 사회복지사는 인간의 행동, 환경, 및 그 다양성을 이해하여 클라이언트에게 도움을 주기 위해 생태체계이론을 활용하고 있다.

상황 속에서 인간의 다양한 변화 가능성을 제시하는 점, 클라이언트의 강점을 강조하는 것, 현재 행동을 상황 속의 개인의 편안한 적합성으로 설명하고 있다는 점, 역기능을 상황 속에서 적응적이거나 합리적인 것으로 개념화한 것 등은 생태체계이론이 사회복지실천을 전망하고, 중재의 표적을 설정하기에 적절하도록 해준다.

특히 인간행동에 대한 다양한 이론 특히, 생태학과 일반체계이론으로부터 도출된 개념들의 강점들을 통합하였으며, 사물들이 어떻게 상호 적응 상태를 이루고 그들이 어떻게 상호 적응해 가는가에 초점을 둔다. 또한 인간과 그들의 물리적, 사회적 환경 사이의 상호교류를 강조하고 클라이언트의 하나의 상황이나 한 체계, 한 가지 특징에만 관심을 두지 않는다.

생태체계이론은 사회복지실천에서 사정을 위한 모델로서 통합된 관점으로 환경이 인간에 영향을 미치는 방식과 인간이 환경에 영향을 미치는 방식들을 보는 준거틀을 제공한다. 생태체계이론이 주목받는 이유는 일반체계이론, 사회체계이론 등 여러 이론의 강점이 합쳐진 포괄적인 형태의 이론이기 때문이다.

Chapter 07 사회체계들

CHAPTER

07 사회체계들

사회체계는 개인, 가족, 소집단, 지역사회를 포함하며, 학교, 교회, 사회기관과 같은 다양한 사회단체들을 포함한다. 개인은 내적으로는 신체적, 사회적, 정서적, 인지적 측면 등의 하위체계로 구성되어 있고, 수직 외적으로는 개인 내적 체계 → 개인 → 가족 → 소집단 → 조직 → 지역사회 → 국가사회 → 문화 등으로 서열화되어 있으며, 수평 외적으로는 동등한 위상의 등위체계, 하위체계, 상위체계가 있는데, 이들은 위상이나 수준에 관계없이 상호관계를 가지며 영향을 주고받는다.

그러므로 모든 사람들은 가끔 갈등적인 요구를 가진 여러 가지 체계에 속해 있다. 이러한 체계들은 각 개인의 환경의 일부가 되기 때문에 개인을 이해하기 위해서는 이러한 체계를 이해하고 체계의 욕구를 확인하는 과정이 중요하다.

1 개인

개인은 창의적 결과물인 인간의 성격과 행동을 산출해 내는 주체로서 독창적이고 유연한 사고를 지닌 하나의 사회체계이다. 또한 기존의 영역에 어떤 변화를 가져다주는 주체로서 다른 사회체계와의 상호작용을 통해 성장, 발달해 나아간다. 개인의 성격과 행동은 그가 속한 사회, 문화의 영향을 받아 형성되며, 동시에 사회의 문화와 제도는 인간행동에 의해 창조되는 것이다.

개인은 이러한 자신의 산출물을 보존하고 자신이 속한 사회의 규범, 가치, 관습 문화 등을 내면화하여 다음 세대에 전달하는 등 사회화 과정을 거쳐 사회의 구성원이 된다. 이 개인이라는 사회체계는 결국 자신에 의해 산출된 변이를 선별하고, 선별된 변이를 다시 자신이 속해 있는 사회체계 영역에 통합시키는 것을 과제로 삼고 있는 체계라 할 수 있다.

2 가족

개인이 성장하고 발달하는데 가장 친밀하고 영향력 있는 사회적 환경은 가족이다. 가족의 상위체계는 친척 혹은 인척관계에 있는 다른 가족들, 가족구성원의 직장, 지역 공동체 등을 들 수 있다. 하위체계는 부부체계, 부모자녀체계, 형제체계 등인데 세대, 성, 흥미나 기능에 따라 형성된다. 일반적으로 가족은 환경 속의 다양한 요소들과 안정된 방식으로 교류하는 개방체계이므로, 가족을 둘러싼 물리적, 사회적 환경과 끊임없는 상호작용을 통해 에너지와 정보를 교환하고 개인과 사회의 생존과 발전에 중요한 작용을 한다. 가족형태나 상호작용 방식은 가족을 둘러싼 환경과의 상호작용에 따라 영향을 받으며, 다시 이 가족형태나 상호작용 방식이 환경에 영향을 준다. 가족은 부분이면서 전체에 존재하는 사회체계인 것이다.

가족은 그 구성원들에게 친밀한 상호작용을 할 수 있는 사회적 환경으로 구성원들의 개인적 안정에 토대가 된다. 대부분의 가족은 건전한 성장을 도모하는 상호 교류를 통해 관계의 역동적 평형을 유지한다. 이는 융통성 있는 경계가 가족체계 내의 피드백을 용이하게 해주고, 피드백 과정은 바람직하게 평형을 유지하도록 해주기 때문이다. 가족의 구조가 변하면 가족구성원들의 지위가 변하게 되므로 결과적으로 가족구성원 개인의 경험도 변한다. 한 가족구성원의 행동은 다른 가족구성원에게 즉시 영향을 미친다.

1) 가족체계의 특성

로즈(Rhodes, 1980)는 가족체계의 특성을 네 가지로 설명하고 있는데, 가족구성원은 가족 내에서 상호의존 상태에 있기 때문에 한 구성원의 위치, 지위, 행동 혹은 역할의 변화가 다른 구성원들의 행동의 변화를 가져온다는 것이다. 그리고 가족과 가족 외부 체계와의 경계는 가족에 따라 경직성과 침투성이 차이를 보이는 특성이 있으며, 가족은 시간이 지나면서 반복적으로 적응과 균형을 추구하는 특성이 있다고 하였다. 또한 가족은 외부 체계의 요구와 가족구성원들의 내적 욕구를 모두 충족시켜야 하는 과업수행 단위이기 때문에 사회화를 통해 개인적 욕구와 사회적 욕구 간의 상호성을 보인다고 하였다.

이러한 가족체계는 가족구성원에게 지속적인 발달의 기회를 제공하여 가족 안에서 일어나는 사회학습을 통해 가족 외부에서 이루어지는 사회적응에 결정적인 역할을 한다. 사회구성원이 될 자녀를 출산하며, 전반적인 사회생활에 필요한 역할, 성별 사회화, 의사소통 능력, 가치관 등을 학습시키는 역할을 한다. 그리고 경제적 능력이 있는 사람이 일을 하여 경제적 능력이 적거나 없는 식구들과 살아가고, 안정된 관계 속에서 합법적으로 성적욕구를 충족하게 하며, 인정, 소속, 애정에 대한 욕구를 충족시키는 기능을 한다.

가족은 특정 시기에 따른 단계주기를 갖게 되는데, 주기에는 과업이 존재한다(Carter & Mogoldrick, 1980). 가족주기의 단계를 구체적으로 살펴보면, 제1단계는 원가족에서 분리되는 경험으로 청년이 정체감을 형성하는 단계이며, 제2단계는 결혼하여 두 사람이 생활의 기쁨과 책임을 재편하는 시기이다. 제3단계는 자녀를 낳아 자녀의 욕구를 충족하는 시기이며, 제4단계는 청소년기 자녀를 둔 시기로 자녀가 어릴 때와는 다른 상호작용과 부부간의 관계에 다시 초점을 맞추고 늙어가는 부모의 역할이 강조되는 시기이다. 제5단계는 자녀들을 떠나보내는 시기로 중년의 문제에 집중하고 노후 대비를 해야 하는 시기이다. 제6단계는 노화에 적응하고 죽음을 수용해야 하는 단계이다.

2) 가족의 형태

가족은 각 나라마다 고유한 문화적 특성을 보이는데, 전통적인 한국 가족은 부계 위주의 영속성, 개인보다 가족 우선, 가족 내에서의 여성의 낮은 지위, 부부관계보다 부자관계 우선, 가족을 대표하고 구성원을 통제하는 가장의 존재 등의 특성을 보여왔다(최재석, 1982). 하지만 이러한 특성도 현대사회에 들어 가족구조상의 변화와 더불어 가족문화가 변화하고 있다. 즉, 가족 규모가 축소 및 단순화되고, 출산, 양육의 기간이 현저하게 단축되는 등 가족 주기가 변화되며, 친족 간의 유대 약화, 전통적인 부계제에서 양계제 등으로 나타나는 친족관계의 변화, 부부간의 성역할 분업구조가 나타나고 있다.

가족형태는 개인의 가족 내 지위나 가족구성원 간의 관계 패턴 등에 직·간접적 영향을 미친다. 전통적인 확대가족에서 핵가족으로 변화해 왔으며, 현대사회에서 가족형태가 다양화하고 있다. 자녀가 결혼한 후에도 부모와 동거하거나 한 집에서 여러 세대가 살면서 가족의 협동과 공동노동을 통해 농경사회에 유리한 가족 형태인 확대가족, 부부와 미혼인 자녀로 구성되어 도시의 발달, 빈번한 지역적 이동, 개인 사생활을 중시하는 현대사회 경제적 구조에 가장 적합한 가족형태인 핵가족, 한쪽 부모의 사망이나 이혼, 별거 등에 의해 자녀가 부모의 어느 한쪽과 동거하는 가족 형태인 한부모가족·재혼가족(계부모가족), 다양한 국가 및 민족으로 형성된 다문화가족, 노인가족, 보육시설·양로원·행려자 시설 등 비혈연조직으로서 기능적으로 가족을 대행하는 형태인 시설가족 등으로 구분된다.

3) 가족체계의 주요 개념

(1) 가족의 항상성(homeostasis)

모든 체계는 스스로 평형 상태를 유지하려는 내적 기제를 갖고 있다. 따라서 가족도 가족 내의 균형을 이루려는 항상성 기제를 갖는다.

(2) 가족규칙(family rule)

가족규칙이란 가족 내에서 적절한 행동이라고 간주하는 것을 구체화한 것이다. 가족구성원들이 서로 협력하고 조화를 이루기 위해서는 규칙을 지켜야 한다. 만약 한 구성원이 어떤 규칙을 위반하면 다른 가족원이 그것을 통제하는 힘을 행사한다. 이와 같이 가족규칙은 구성원의 행동에 영향을 주는데, 어떤 규칙은 각 구성원들의 역할과 기대와 관련하여 명확한 것도 있으나, 어떤 규칙은 서로 동의하면서도 명시적으로 말하지는 않는 반복된 교류로 이루어지는 불명확하고 암시적인 것도 있다.

(3) 가족 신화(family myth)

가족 신화란 가족구성원들이 가족 내에서 지키는 신념 내지 기대를 말한다. 가족구성원들이 상호작용을 통해서 서로 의문을 제기하지 않으면서 이러한 신념 내지 기대를 공동의 것으로 만들어 간다.

(4) 가족 내 하위체계(sub-system)

한 개인은 가족이라 불리는 보다 큰 체계의 하위체계이며, 가족은 또한 지역사회의 한 하위체계이고, 지역사회는 좀더 큰 전체 사회의 부분이다. 이러한 체계적 시각에서 가족 내부를 들여다보면, 그 안에는 많은 하위체계들이 존재한다. 즉, 가족의 하위체계에는 부부 하위체계, 부모 하위체계, 부모자녀 하위체계, 형제자매 하위체계 등이 있다.

(5) 가족의 경계(family boundary)

가족이 건강하게 기능하기 위해서는 체계 간 경계가 명확해야 한다. 경계는 체계를 보호하는 기능을 한다. 명확한 경계가 있는 가족의 남편과 아내는 자녀들이 부부 하위체계에 지나치게 관여하는 것을 허용하지 않는다. 대신, 남편과 아내는 아버지와 어머니의 역할 안에서는 자녀와 여러 가지로 관여한다. 즉, 부부가 부모라는 하위체계로서 자녀에게 용기를 주며, 때로는 시간을 함께 보내면서 그들을 인정하고 참여시킬 수 있다. 명확한 경계선을 가진 가족의 경우에는 경계가 매우 유연하고 융통성이 있다. 그러나 가족성원들이 서로 지나치게 친밀하여 체계 간의 구분이 어려운 경우에는 밀착된 경계를 나타낼 수 있으며, 반면 경계가 너무 굳어져서 융통성이 없는 경우에는 격리된 경계를 만들어 낼 수 있다.

4) 가족체계의 사회복지실천과 개입

가족은 복잡한 상호작용이 이루어지는 장이기 때문에 사회복지사가 가족에 개입할 때에는 더 많은 관찰과 이해가 필요하다. 가족 간에는 언어적 · 비언어적 의사소통을 하고 있는데, 의사소통이란 언어, 상징, 신호, 행동 등을 사용하여 한 사람이 다른 사람에게 정보를 전달하는 것을 말한다. 문제 가족에는 효과적이고 생산적으로 기능하지 못하는 규칙이 있기 때문인데, 사회복지사는 이를 확인, 지적하고 그 가족이 그것을 교정하고 유익한 규칙을 개발하도록 도움으로써 가족 간 의사소통과 통합에 기여해야 한다.

한편, 가족은 가족구성원의 잠재능력을 저해할 수도 있다. 즉, 가족 전체가 어느 한 구성원이 희생하는 것을 묵과하는 경우, 아이들이 부모의 갈등 표출의 대상이 되는 경우, 자신의 역할을 회피하기 위해 다른 구성원을 갈등 상황으로 끌어들이는 경우, 자신의 욕구충족을 위해 다른 구성원을 도구로 이용하는 경우 등이 바로 역기능적인 가족의 모습이다. 이것은 심각한 가족문제로 이어질 수 있다.

가족체계에는 하위체계 간의 경계선에 의해서 문제가 발생하기도 하는데, 속박된 경계선(enmeshed boundary)은 가족구성원 간의 상호작용에서 그 관계가 지나치게 밀접하고 강력해서 서로의 생활에 지나치게 관여하고 과잉 염려를 하는 경우에 해당된다. 유리된 경계선(disengaged boundary)은 가족에 대한 소속감이 없고 가족구성원 간에 서로 분리되고 독립된 감정을 가지고 있으며, 상호작용이 없는 상태를 말한다. 대부분의 가족은 이 양 극단을 잇는 연속선상의 어느 지점에 위치하게 되는데, 미누친(Minuchin, 1974)은 비행아동의 가족을 조사한 결과 지나치게 속박된 가족이거나 유리된 가족 혹은 속박과 유리가 번갈아 일어나는 가족이라는 사실을 발견하였다(이명홍 역, 1988).

가족체계 내에 존재하는 문제를 해결하기 위한 가족체계의 사정에서 생태도와 가계도의 역할을 이해하는 것이 중요하다. 생태도(eco-map)란 클라이언트 개인과 가족을 환경과의 관련 속에서 나타낸 그림이라고 할 수 있다. 앤 하트먼(Ann Hartman, 1978)에 의해 개발된 것인데, 클라이언트 가족의 생활과 가족이 다른 가족과 개인, 집단, 단체, 조직과 맺는 관계의 본질에 대해 전체적인 혹은 생태학적인 시각을 갖도록 도움을 준다. 생태도는 사회복지사와 클라이언트가 함께 그림으로써 참여의식도 높이고 스스로 그림 그리는 과정에서 환경과의 관계 개선 및 자원을 발견하도록 돕는다. 생태도는 결혼과 가족상담, 입양과 위탁가정 연구 등 다양한 상황에 활용되고 있다.

또한 가계도(genogram)란 가족을 3세대 이상 도표로 그려서 클라이언트 문제의 근원을 조사하는 일종의 그림 기법이다. 가족 나무(family tree)의 이름으로 머레이 보웬(Murrey Bowen)에 의해서 개발되었다. 가족 내의 정서, 행동 패턴은 반복되는 경향이 있어서, 가계도를 보면서 가족관계의 패턴을 확인해 볼 수 있다(나병현, 2004). 생태도가 한 가족이 집단과 자원, 조직, 다른 단체, 다른 가족이나 개인과 맺는 상호작용에 초점을 맞춘다면, 가계도는 여러 세대에 걸친 가족 패턴, 특히 문제가 되거나 역기능적인 가족 패턴에 초점을 맞춘다.

그런데 가족체계 내에서는 가족구성원 한 개인의 문제는 바로 다른 개인 혹은 하위체계에 부정적 영향을 주거나 하나의 문제는 다른 문제와 밀접하게 관련되어 있다. 예를 들어, 아버지의 실직은 외부 환경이 주는 스트레스이자 아버지의 문제라고 볼 수 있지만, 그로 인해 부부간, 부모 자녀 간 관계가 나빠지면서 청소년 비행문제나 자살과 같은 더 큰 문제가 야기하게 되는 경우 등이다.

가계도의 예는 〈그림 7-1〉, 생태도의 예는 〈그림 7-2〉와 같다.

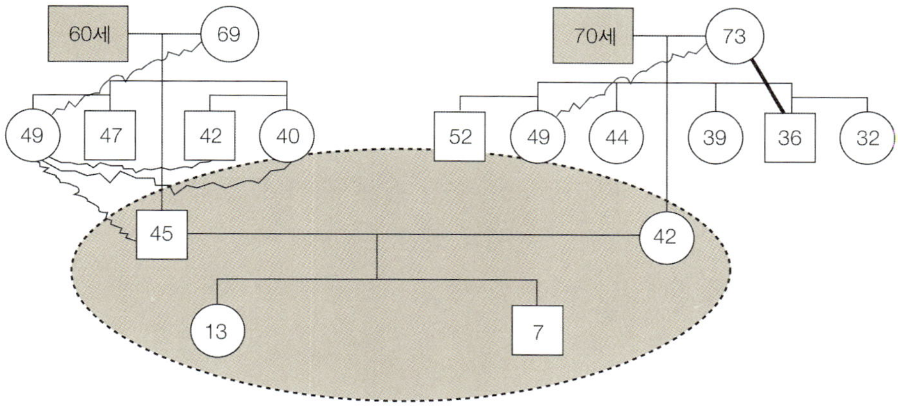

그림 7-1 가계도의 예시

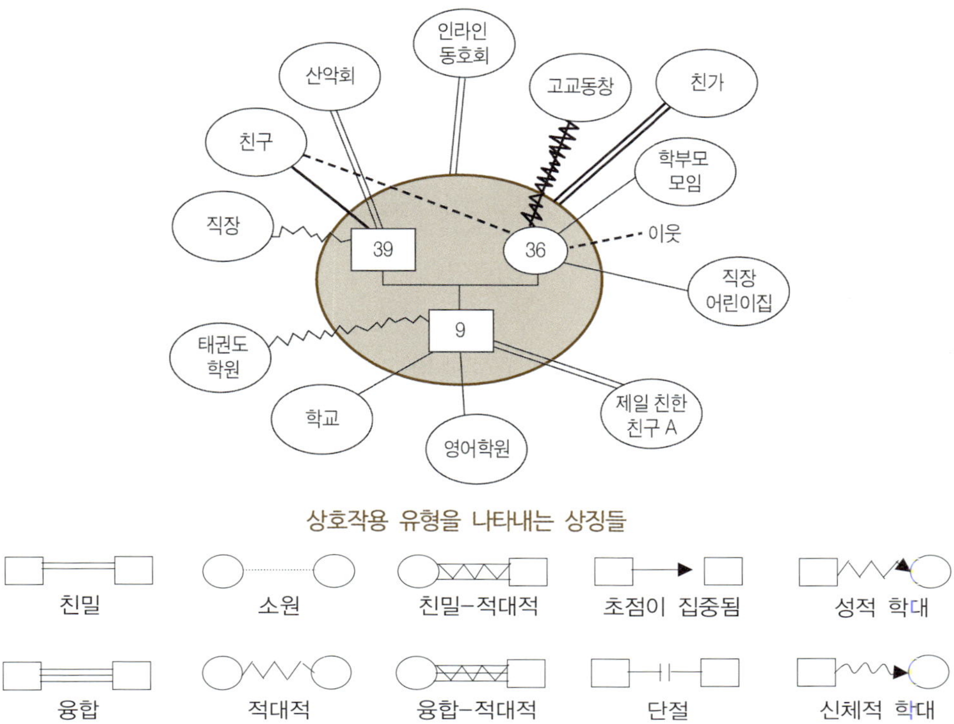

그림 7-2 생태도의 예시

출처: McGoldrick, Gerson & Shellenberge(1999).

3 집단

체계로서 집단은 한 개인이 서로 인식하고 상호작용하며, 사회적 실체로서 집단에 대한 의식을 공유하고, 구성원들의 집단과 연관된 행동에 의해 영향을 받으며, 자연적이고 표현적 행동이 지배적인 두 명 이상으로 구성된 사회조직의 한 형태로 정의된다(Norlin & Chess, 1997). 또한 집단은 공동의 목적 혹은 인지적 · 감정적 · 사회적인 면에서 관심을 공유하면서, 서로에 대한 호감을 가지며, 규범을 형성할 뿐 아니라 집단 활동을 위한 목적을 발달시키고, 스스로 혹은 타인에 의해서 그 집단의 구성원으로 인식할 수 있는 정도의 응집력을 발달시킬 수 있도록 충분한 상호작용과 교류가 이루어지는 상태로 정의할 수 있다(Hartford, 1971).

1) 집단체계의 특성

집단이란 서로 관련되어 있는 사람들의 집합이기 때문에 개인들의 단순한 집합이 아니라 서로 동일한 집단에 소속하고 있다는 집단의식이 있고, 공동의 목적이나 관심사가 있다. 그리고 이들 목적을 성취함에 있어서 상호의존적이며, 의사소통, 인지, 반응 등을 통해 상호작용을 한다. 그러므로 그 안에 있는 사람들의 관계가 서로 구조화되고 유형화되어 있는 조직된 체계라고 할 수 있다.

집단의 최대 면적은 상호작용이 가능한 범위 내로 볼 수 있으며, 최소한의 역할이 분화되어 있어야 한다. 그리고 공통된 집단정체성이 있어야 하며, 구성원에 대한 사회화 및 사회통제 기능이 수행 가능해야 하고, 집단구성원 간의 관계와 상호작용은 자연적 상태를 토대로 하는 정서적 관계를 유지해야 한다.

이러한 집단은 사람이 살아가면서 어딘가에 소속되기도 하고, 참여하기도 하는데, 집단의 경험이 중요한 이유는 집단은 각 성원의 행동에 대한 거울을 제공하고 타 구성원이나 지도자의 피드백이 도움을 주기 때문이다. 그리고 성원 간의 상호작용을 통해 자신의 장단점을 이해하고, 성원들의 인생을 변화시키기 위한 조치를 취할 수 있도록 격려한다는 점에서 중요하다. 특히 집단은 현실검증의 기회와 새로운 행동을 시도할 수 있는 기회를 제공한다는 것과 성원들의 소속 욕구를 충족시켜 준다는 점에서도 매우 중요하다. 그래서 집단은 내적으로 구성원들을 통제하기 위한 독특한 규범과 문화를 발전시킬 뿐 아니라 외적으로 환경체계의 영향을 받는다.

이러한 집단의 특징을 정리해 보면 다음과 같다(Norlin & Chess, 1997).

첫째, 일정한 구성원을 갖는다. 집단의 최소 단위는 2인 이상이고, 전체의 크기는 작다고 할 수 있다. 이러한 집단의 크기는 구성원 상호 간의 상호작용으로 인해 제한을 받는다.

둘째, 공통된 목적이 존재한다. 집단에는 구성원들이 함께 공유하고, 실제로 달성할 수 있는 목적이 있어야 한다.

셋째, 정체성을 갖는다. 모든 구성원은 전체로서의 집단에 대한 정체성을 갖는데, 이는 다양한 집단 활동을 통해 형성되는 '우리 의식'이라 할 수 있다.

넷째, 집단은 개인의 행동에 영향을 미친다. 집단은 구성원들에게 사회통제의 기능뿐 아니라 중요한 사회화의 기능을 수행한다.

다섯째, 상호작용은 일차적으로 구성원의 심리 내적 혹은 자연적인 상태의 정서를 기반으로 한다.

여섯째, 집단참여에는 한계가 있다. 한 개인이 가족 이외의 다양한 집단에 참여하는 것은 일정한 관심과 흥미에 기초하여 자발적으로 결정된다. 그리고 각 집단은 구성원들에게 상호작용을 요구하고, 이는 결과적으로 구성원들의 힘과 에너지를 필요로 한다. 따라서 자연적으로 한 개인이 집단에 참여하는 정도와 수는 제한적이기 마련이다.

2) 집단의 유형

집단의 유형은 집단의 크기, 목적, 활동범위 등에 따라 다양하게 구분된다. 사회복지사가 사회복지실천에서 사회복지실천의 조직적 · 행정적 · 사회적 · 계획적 목표들을 성취하기 위한 집단의 유형은 여러 가지로 서술할 수 있다. 예를 들면, 개입의 수준에 따라서 개별 참가자들에게 중점을 두는 집단, 참가자의 상호관계와 그들이 집단 밖에서 맺고 있는 타인과의 관계에 중점을 두는 집단, 문제해결이나 과업달성에 중점을 두는 집단, 집단 상황에 영향을 주는 요인에 중점을 두는 집단, 그리고 보다 폭넓은 사회나 집단 밖의 제도 등에 중점을 두는 집단 등으로 분류하는 경우가 있다(임상사회사업연구회, 1993).

사회복지실천에서 만나게 되는 다양한 집단들을 구체적으로 살펴보면 다음과 같다.

(1) 1차집단(primary group)과 2차집단(secondary group)

집단을 분류하는 가장 흔한 방법으로 쿨리(Cooley, 1909)가 개인의 사회화과정에 있어 집단적 분위기가 인성형성 과정에 어떤 영향을 미치는가를 설명하기 위한 개념으로 만들어 낸 것이다. 1차집단은 혈연과 지연을 바탕으로 자연발생적으로 이루어지는 집단이고, 이에 반해 2차집단은 목적달성을 위해 인위적으로 계약에 의해 만들어진 집단을 말한다.

1차집단을 자연집단(natural group)이라고 하고, 2차집단을 형성집단(formed group)이라고도 한다. 김종옥 · 권중돈(1993)은 자연집단이란 자연발생적으로 만들어진 집단으로 공식적인 지원체계가 없는 것이 특징이라고 설명하고 있다. 여기에는 또래집단과 갱이 포함된다. 반면 형성집단은 의도적으로 구성된 집단으로 공식적인 지원체계를 갖는 것이 특징이다.

(2) 개방집단(open-ended group)과 폐쇄집단(close-ended group)

개방집단이란 구성원의 가입과 탈퇴의 자율성 여부에 따른 구분으로 집단이 진행되는 동안 언제나 새로운 구성원의 입회가 가능한 집단이다. 이 집단에서는 구성원들의 가입과 탈퇴가 자유로울 뿐 아니라 구성원이 바뀌면서 새로운 생각과 신념, 가치관이 유입될 수 있는 장점이 있다.

한편, 폐쇄집단은 구성원의 자격을 먼저 분명하게 설정한 후, 집단구성원들이 동시에 들어와 집단이 운영되는 기간 동안 새로운 구성원의 유입 없이 처음부터 끝까지 일정하게 운영되는 집단을 말한다. 이 집단에서는 구성원들이 동일하기 때문에 집단에 대한 응집력이 높고, 집단의 공동목표와 개별목표를 모두 효과적으로 달성할 수 있는 가능성이 높다.

(3) 레크리에이션 집단(recreation group)과 레크리에이션-기술 집단 (recreation-skill group)

즐거움과 운동, 수련활동을 제공하는 집단으로 대부분 자발적이며 지도자가 없는 것이 특징이다. 복지관이나 문화센터, 여성센터 및 구민회관 등 지역의 서비스 기관에서 물리적인 공간과 약간의 장비만 갖추면 가능하다. 또한 즐거움을 제공하면서 일련의 기술을 증진시키는 집단이 이 레크레이션-기술 집단이다. 이 집단에는 지도자나 코치, 교사가 있으며 다분히 과제지향적이다. 청소년수련관, 지역문화센터 등에서 지도자를 중심으로 청소년들이 다양한 기술을 습득한다.

(4) 교육집단(educational group)

교육집단의 초점은 지식과 정보의 획득과 좀더 복잡한 기술의 향상에 있다. 정보의 제공은 주로 상당한 훈련과 전문성을 갖춘 전문가에 의해서 강의 형태로 이루어지며 학급과 유사하여 토론이 권장되고 깊은 집단 상호작용을 통해서 학습이 이루어진다. 집단성원은 학습에 대한 공통의 관심사를 가진 사람들로 구성된다. 집단지도자는 성원의 지식, 기술, 경험 등을 고려하여 모든 성원이 최상의 학습효과를 얻도록 해야 한다. 주장훈련, 효과적인 부모되기, 입양부모 준비모임 등이 그것이다.

(5) 과업집단(task group)

특수한 종류의 과제나 목표를 성취하기 위한 집단이다. 기관 프로그램을 관장하고 정책결정의 책임을 지는 행정집단으로서 이사회나 특별위원회 등을 들 수 있다.

(6) 대표집단(representative group)

문제해결을 위해 지역사회의 서로 다른 관점과 시각을 구체적으로 대표할 수 있는 사람으로 구성하여 문제를 조정, 의결, 심의한다.

(7) 자조집단(self-help group)

상호지원과 특수한 목표를 성취하기 위해 자발적으로 이루어진 소집단이다. 공통의 욕구를 충족하고 장애나 생활붕괴의 문제를 극복하고 바람직한 변화를 도출하기 위해 상호 원조하는 사람들이라고 할 수 있다. 자조집단의 종류로는 특정한 습관 문제를 중심으로 조직된 자조집단, 일반적인 목적을 갖고 조직된 자조집단, 생활의 새로운 유형을 지지하고 옹호하는 자조집단, 주요 신체질환과 관련하여 서로를 지지하는 자조집단 등이 있다(Powell, 1987).

(8) 인카운터 집단(encounter group)

대중 앞에서 쓰고 있는 가식을 버리고 자신의 깊숙한 마음속에 있는 진짜 감성을 나눔으로써 원초적인 인간관계를 회복하려고 하는 하나의 운동으로 인본주의 심리학자들에 의해 시작되었다. 구성원들이 감정, 인정, 비판, 애정, 적대감 등 자신의 마음속에 있는 감정을 솔직하게 털어놓도록 자극하는 활동, 게임, 대화 등의 프로그램을 진행한다. 참만남 집단, T-그룹, 감수성 훈련집단(sensitivity training group)이라고도 한다. 구성원들은 친밀한 상호관계와 자기방어적 감정으로부터 자기를 노출하고 자기감정을 자연스럽게 표현하는 훈련을 한다(나병현, 2004).

(9) 치료집단(therapy group)

성원들의 행동 변화, 개인적인 문제의 개선, 또는 상실된 기능의 회복을 원조하는 것을 목표로 하는 집단이다. 대개 집단성원은 전문가에 의해 치료집단이 적합한지를 사정한 후에 공통적으로 심한 정서적 또는 개인적 문제를 가진 사람들로 구성된다. 개입집단의 지도자는 상당한 기술과 감지력, 인간행동과 집단역동에 관한 지식, 집단상담능력, 행동변화를 위해 집단을 활용하는 능력 등을 갖추어야 한다. 집단 사회복지사는 정신분석, 현실개입, 학습이론 등 한 가지 이상의 개입접근법을 사용한다.

(10) 지지집단(support group)

지지집단은 성원들이 스트레스를 주는 생활상의 사건에 잘 대처하고 효과적으로 적응할 수 있도록 원조하는 데 목적을 둔다.

(11) 성장집단(growth group)

성장집단의 목적은 성원들에게 자신과 타인에 대해서 그들의 생각, 감정, 행동을 인식하고 확장하며, 변화할 수 있는 기회를 통하여 자신의 잠재력을 최대한 발휘할 수 있도록 돕는 데 있다.

(12) 사회화집단(socialization group)

사회적 관계에 어려움이 있는 사람을 중심으로 사회생활에서 효과적으로 기능하기 위해 필요한 사회기술을 학습하거나 사회적으로 더 잘 용인될 수 있는 행동과 태도를 배우고, 변화시키며 발달시키는데 사회화집단의 목표가 있다.

(13) 사회적 대화집단

사회적 대화집단은 다른 사람과의 만남과 대화를 통하여 인간관계의 기술을 발전시키고 그 폭을 넓힐 수 있는 기회를 제공해 주기 위한 집단이다.

(14) 문제해결과 의사결정 집단

문제해결과 의사결정 집단에서 각 참여자들은 이러한 과정에 관심이나 이해관계가 있을 수 있으며, 그 결과에 따라 개인적으로는 이득을 보기도 하고 손해를 보기도 한다. 지도자가 있으며, 때로는 과정 중에서 다른 지도자가 나타나기도 한다.

3) 집단의 역동성

집단은 목적을 추구하는 과정에서 집단이 해결해야 할 문제에 초점을 둔 행동을 포함하는 과업활동과 집단 내의 대인관계 문제나 집단 유지에 초점을 둔 행동을 포함하는 사회정서활동을 주로 한다. 과업달성을 위해 구성원은 정보나 제안, 의견을 구하고 제공하는 반면, 사회정서문제를 다루기 위해서는 동의나 반대를 표시하고 긴장을 처리하며 공동체의식이나 적개심과 같은 감정이 보이기도 한다. 집단의 생존을 위해서는 두 활동 간에 역동적 평형을 유지해야 하는데, 과업활동에만 치우치면 집단 내에 불만과 갈등이 심화될 수 있고, 사회정서적 활동에만 관심을 기울이면 집단의 목적달성에 실패할 가능성이 높아진다. 집단체계는 그 구성원인 개인의 동기, 태도, 행위에 영향을 미치게 되는데, 집단과업일 경우 개인적으로 과업을 수행하는 경우보다 개인의 동기가 더 강화되고 집단을 통한 개인의 태도나 행동의 변화가 용이하다. 집단은 구성원들의 행동을 규제하고 제재를 가함으로써 사회적 통제를 한다.

집단 내에서는 구성원과의 관계와 활동 중에 역동성을 갖게 되는데, 역동성은 구성원의 사회적 상호작용을 의미하는 것으로 사람들 간의 접촉은 태도와 행동을 변화시키는 역할을 한다. 집단목적은 구성원이 가진 소망과 욕구가 사회적 상호작용을 통해 집단목적으로 발전하게 되고, 집단감정은 집단 내 의사소통을 통해 의견이나 사실뿐 아니라 감정이 전달되는 것을 의미한다. 집단구조는 서로 소통하고 긍정적, 부정적 감정을 전달하면서 관계의 구조가 발달하게 되고, 집단규범은 사회적 상호작용의 산물로 가치에 대한 구성원들의 합의에 의해 구성된다. 이때 집단 내 구성원들은 긴장 혹은 응집력을 갖게 되는데, 긴장과 같은 적절한 갈등은 집단관계의 건설적 힘이 되기도 하며, 구성원 상호간, 혹은 집단에 대해서 끌림을 의미하는 응집력의 경우는 오히려 너무 강하면 부정적 결과를 초래하기도 한다.

4) 집단체계의 사회복지실천과 개입

(1) 집단 개입모델

사회복지실천에서 집단체계에 개입하여 활동하는 경우는 세 가지 유형의 모델에 의해서 이루어진다.

① 사회적 목표모델

집단을 활용한 사회복지실천의 초기 전통에 근거를 두고 발전되었으며, 민주주의를 유지 발달시키려는 사회적 목표를 강조한다. 이 모델은 아직 모든 구성요소가 체계화된 중심 이론을 가지고 있지 못하며 개인의 문제가 사회문제보다 더 우선할 때 원조할 수 있는 공식을 제시하지 못하는 점이 단점으로 지적되고 있다.

② 치료모델

시설 보호아동의 치료에서 발전되었는데, 집단은 개인의 치료를 위한 수단임과 동시에 상황으로 보는 모델이다. 사회복지사의 역할은 지시적이고 계획적이며 목표지향적인 변화 촉진자, 전문가, 조력자, 중개자의 역할을 수행한다. 이 모델이 집단 지도를 통하여 이루고자 하는 최종 목적인 클라이언트의 치료를 위하여 중간목표를 설정할 수 있다.

③ 상호작용 모델

상호작용 모델에서 집단은 모든 집단 구성원과 사회복지사가 이루는 하나의 체제로 보며 각 체계 또는 집단은 그 자체가 유기체이므로 하나의 실체로서 이해된다. 사회복지사의 역할은 개인과 집단, 지역사회 사이의 상호관계의 중개자, 매개자로서 활동하며 그 초점은 이들 삼자의 체계적 상호 의존성에 둔다. 모델의 목적은 대인관계를 형성하는 것이며 개인과 환경 사이의 상호작용과 욕구에 초점을 둔다.

(2) 집단에 대한 개입의 기본 요소

① 구성원

집단 구성원들은 집단 경험을 통하여 자신이 필요한 기능적 역할을 수행해 나간다. 집단과업 역할은 집단이 소기의 목표로 성취하는 것을 돕는 일정한 역할로서 집단의 사회적 측면을 반영한다. 집단의 응집력이 약해지는 등 집단의 위기에 봉착할 때에 집단 구성원들은 집단목표의 달성보다는 오히려 자신들의 상호관계에 대해 초점을 맞출 필요가 있다. 이런 일들은 집단 형성 및 유지 역할이라고 한다.

② 사회복지사

사회복지사는 전문가로서 집단의 개입을 담당한다. 집단에서 수행되는 사회복지사의 중요한 역할은 가능하게 하는 사람, 변화 매개자, 개입자 또는 자료 제공자 등이다.

③ 프로그램

집단과정은 구체적인 활동 속에서 전개된다. 이 구체적 활동을 기획, 실시, 평가하는 전 과정을 프로그램이라 한다. 집단을 개입하는 사회복지사의 실제적 활동 내용은 대부분 프로그램을 어떻게 조직하고 전개하느냐로 구성된다. 이를 위해 자유스러운 자기 표현의 가능성이 무엇보다 중요하게 고려되어야 하며 집단을 안정시키는 기능을 고려해야 한다. 새로운 집단 과정을 전개할 가능성도 찾아보아야 한다. 프로그램을 실시하기 위해서 필요로 하는 집단의 조직 정도에 대한 고려도 있어야 한다.

(3) 집단 발달의 단계와 사회복지사의 역할

① 형성단계

사회복지사의 과업은 구성원들이 상호관계를 맺으며, 구성원들이 서로 공통적인 관심사를 연계하도록 돕고, 집단결속력이 발달하도록 격려한다. 각자의 소개를 통해 서로를 이해하는 단계이며, 합류하기 전에 구성원들이 정보를 재검토하여 목표를 설정, 이에 대한 동의를 구해야 한다.

집단 초기의 불확실성과 이에 따른 불안과 저항을 인정하며, 제기된 쟁점들을 요약한다. 형성단계에 집단 구성원 간의 경청과 수용에 대한 규범을 확립하면서도 상호작용을 촉진하고, 결석하거나 규범을 어긴 구성원들에게는 이에 상응하는 역할을 주어야 한다. 이때 사회복지사는 각 개인에 대한 관심을 보여주고, 질문에 대해 균형 있게 응답해야 한다.

② 격정단계

'내가 이 집단에 속할까' 혹은 '내가 어떤 영향력을 지닐까'로 대치되는 것이 특징이다. 구성원-구성원 또는 구성원-지도자 간에 갈등이 생길 때 침착하게 행동한다. 사회복지사의 권위가 도전을 받을 경우 보복하지 않는다. 사회복지사의 그러한 행동은 양가감정이나 역전이에서 나올 수 있다. 모델을 수용하며 사람들이 다르다는 것을 터놓고 인정한다. 고립되거나 관계형성이 어려운 구성원을 끄집어 내지 않는다. 촉진할 수 있을 때와 조용히 있을 때를 알아 보조에 맞추어 행동을 취한다. 구성원들에게 책임을 부여하기 시작한다.

③ 규범단계

집단응집력이 형성되고 미래를 동일시하며 '우리'라는 감정이 발달한다. 지시하는 역할에서 경청자의 역할로 물러남으로써 구성원들이 서로를 돕는다. 어떤 일이 일어나는지를 관찰하고, 언급할 때 자신의 생각을 제안하는 것뿐만 아니라 무엇을 지각했는가를 집단에게 물어보는 것이 중요하다. 내용뿐만 아니라 과정을 더 잘 인식한다. 사회복지사 스스로 자문자답해 보는 것이 도움이 된다.

④ 실행단계

집단의 목표를 성취하기 위하여 집단과정이 실행된다는 것은 집단이 문제를 해결하기 위해서 함께 행동하는 것을 의미한다. 집단은 더이상 지도자의 집단이 아니며 사회복지사는 주변 인물이 된다.

집단이 서로 과업을 어떻게 다루는가를 관찰한다. 관심을 보여주고 구성원의 노력에 칭찬과 인정을 제공한다. 확신 있는 태도 그리고 문제해결과 관련하여 계속하여 학습하도록 한다.

⑤ 종결단계

해산단계이기도 한 이 단계는 보통 과업의 성취 뒤에 오며 관계가 해체되어 분리된다. 종결은 반드시 집단의 목표달성과 관련되는 것은 아니다. 사회복지사는 상실감과 때로는 거부감을 가질 수도 있지만 또한 성취감도 느낄 수 있다. 집단과 협력하여 남은 시간에 맞는 목표를 설정한다. 상실감뿐만 아니라 이득을 강조하면서 집단 경험을 재검토 하고 음미한다.

집단 밖에서의 구성원들의 생활에 대한 관심을 환기시킨다. 집단이 어떤 다른 목적을 가지고서 계속하기를 원한다면 계획 단계로 돌아가도록 도울 수 있다. 구성원들에게 세션을 평가하고 피드백을 요청한다.

소시오그램(sociogram)

소시오그램은 사회행동 · 인간관계 · 집단구조 및 역동에 관한 측정이론과 기술로 모레노(Moreno, 1932)에 의해 고안된 것이다. 이것은 인간관계와 집단구조의 심층과 동태를 탐색하는 종합적 기법으로 특정한 상호작용에 대하여 개인의 다른 구성원에 대한 선택(choice)과 거부(rejection) 행동을 타진하는 테스트로 설명할 수 있다. 단순히 좋아하는 사람, 싫어하는 사람을 고르게 하는 게스후테스트(guess-who-test)와는 달리 여러 가지 경우에 대하여 몇 가지 테스트를 동시에 실시한다. 데이터는 일정한 약속, 즉 일반적으로 개인은 원으로, 선택과 거부는 각각 실선과 파선으로 표시하여 공간적으로 도표화한다.
소시오그램은 개인의 퍼스널리티, 집단 내 지위, 지도성 등과 집단구조 특성, 예를 들면 하위집단의 분화와 층화의 정도, 지도성의 구조, 응집성, 집단규범, 외부 압력에 대한 저항성 등을 시각적으로 진단하는 데 유효하다. 또 계산의 편의를 위하여 매트릭스표를 사용하는데 이것을 소시오매트릭스(sociomatrix)라고 한다. 데이터에 근거한 측정법으로는 성원의 지위와 집단구조의 특성에 관한 여러 가지 지표(sociometric index)를 고안하여, 각각에 대하여 연산식으로 지수를 계산하고 있다(김용학, 2004). 소시오그램의 예는 다음의 〈그림 7-3〉과 같다.

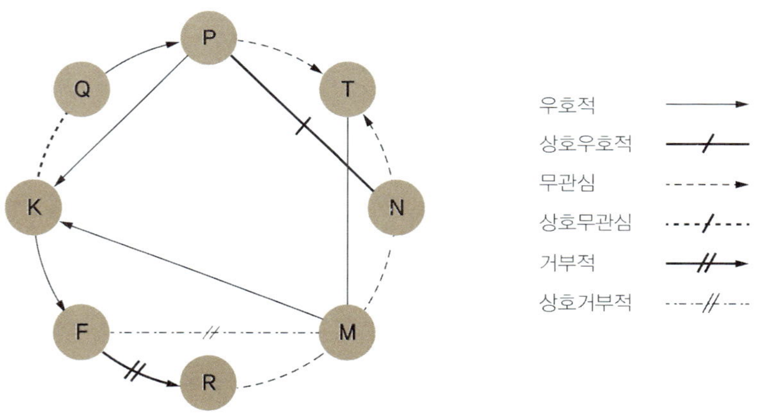

그림 7-3 소시오그램의 예시

4 조직

조직이란 사회적 실체로 목표지향적이며, 세밀하게 구조화되고 외부환경과의 통합적인 활동체계이다. 그리고 특정한 목표를 추구하기 위한 사회적 단위 또는 집단, 회사, 군대, 학교, 병원, 교회, 조합, 형무소 등과 같이 특정한 목적을 수행하기 위해 의도적으로 설립된 집단을 의미한다. 가족, 부족, 친구집단과 같은 1차집단과는 구별된다.

1) 조직체계의 특성과 유형

조직체계는 두 사람 이상이 의식적으로 조정하는 활동 또는 세력의 체계로 활동하는데, 조직은 의사전달, 기여 의지, 공통 목적이라는 세 가지 특성을 갖는다. 특히 조직은 권위에 의해 등급별로 배열된 역할의 복합체라고 할 수 있기 때문에 하나의 체계로서 유기적인 속성을 가지며, 구조적 변화는 합리적 작용에 의해서라기보다 조직의 평형상태를 깨뜨리는 위협에 대한 누적적, 비계획적, 적응적 반응의 결과로 나타난다(Gonldner, 1961). 즉, 조직체의 요구 중 가장 중요한 것은 목표의 달성이라 할 수 있다.

파슨스(Parsons)는 각 조직이 사회의 유지 발전에 어떤 공헌을 하느냐에 따라 생산조직(기업 등), 정치조직(정당, 국회 등), 통합조직(군대), 잠재적 형태유지 조직(교회, 학교 등)으로 구분하였고(정성희, 2001), 블라우와 스코트(Blau & Scott, 1962)는 조직의 활동으로부터 누가 가장 이익을 얻느냐에 따라 분류하였다. 이들의 분류에 의한 조직의 특성은 다음과 같다.

(1) 강제적 조직

감옥이나 군대와 같이 조직구성원의 의사와는 관계없이 물리적인 힘을 사용하거나 음식, 주거 등을 하는 조직체이다.

(2) 자발적 조직

종교나 정치, 자원봉사, 전문직단체 등과 같이 가입과 탈퇴가 자유로운 조직이다. 구성원이 조직체가 바라는 행위를 할 경우 존경, 명예와 같은 보상이 주어진다.

(3) 공리적 조직

회사나 기업체와 같이 구성원들이 실리적인 목적을 위해서 소속하는 조직이다. 구성원은 자신의 이익을 위해 조직체에 가입하기 때문에 그러한 욕구의 충족 여부에 따라 조직체에 머물거나 탈퇴할 수 있다.

(4) 전면적 통제시설(the total institution)조직

유사한 상황에 처한 개인들로 하여금 상당한 기간 동안 사회에서 분리하여 공식적으로 운영되는 생활을 함께 하도록 하는 시설이다. 높은 벽, 철조망, 제한된 출입문, 격리 등의 상징을 갖는다. 구체적으로 정신병원, 양로원, 교도소, 고아원, 기숙사 등이 이에 속한다. 이 조직의 특성으로는 생활의 모든 부분이 동일한 장소에서 이루어진다는 점이며, 개인은 하위 집단에 소속되며, 동일하게 취급된다. 하루 24시간의 일과가 꽉 짜여져 있다는 점과 엄격한 규칙에 따라 생활하며 자기결정의 여지가 적다는 점, 감독관과 하위자 간에 뚜렷한 구분이 있다는 특성 때문에 고프만(Goffman, 1974)은 정신병원 등이 환자에게 도움이 되기보다 사회로부터 더욱 격리된다고 보았다(나병현, 2004).

(5) 투과성 조직

자원봉사 조직이 가장 대표적인 조직이다. 전면적 통제시설의 비투과적 속성과 반대되는 조직체로써, 조직구성원이 자발적으로 참여하고, 다른 조직에 참여하는 데에 제약을 받지 않아 경계유지 구조가 매우 약하다. 조직원은 개인으로서의 주체성과 기존의 문화를 유지하며, 자유롭게 개인의 일을 계획한다.

(6) 관료조직

원래는 행정부의 집행조직을 의미하지만, 일반적으로 계층적 형태를 띠면서 합리적 지배가 제도화되어 있는 대규모 조직을 지칭한다. 이것은 18세기 절대주의 시대의 프로이센 정부조직을 설명하기 위해 처음 사용되었지만, 프로테스탄티즘과 연결된 서구 사회의 독특한 합리성에 기반하여 자본주의체제가 형성·발전되었다고 생각한 베버(M. Weber)에 의해 자본주의체제를 특징지을 조직형태로 제시되었다. 베버는 20세기 초반에 미국에서 시행된 과학적 관리기법에서 이러한 합리적 조직기법이 가장 극단적인 형태로 발견된다고 보았으며, 관료제의 원리를 이상적인 유형(ideal type)으로 제시하였다(김봉호, 1984). 관료조직은 다음과 같은 특성을 갖는데, 권위에 의해 등급별로 배열된 위계서열, 전문화, 특수화된 의무나 기능에 바탕을 둔 역할분화, 모든 과업수행의 절차와 규칙의 표준화, 모든 중요한 업무는 기록되고 문서로 보관, 인간관계에 있어서 비인격성, 전문인의 채용, 효율과 능률에 바탕을 둔 승진 등을 들 수 있다. 관료제적 병리현상을 관료주의라 하며, 관료적 인간은 권위주의적이고 보수적이며 무사안일을 꾀하고 규정에 집착하면서 다양한 상황에 융통성 있게 대처하지 못하는 특성을 보인다(나병현, 2004).

2) 조직 내 인간행동을 설명하는 모델들

한 조직 내에서 소속된 사람들은 자신의 위치나 역할에 따라 다른 행동 유형을 보이게 되는데, 그 종류를 나열하면 다음과 같다.

(1) 독재 모델(autocratic model)

지도부는 일방적으로 명령하고 조직원은 복종하는 전통적 모델로 취급된다. 군대 조직의 원리이며, 산업혁명기 대규모 철도건설이나 거대 철강 제조공장의 운영에 활용되었던 조직유형 모델이다. 피고용인의 헌신을 이끌어 내기 어렵고, 일방적 의사소통은 경영진에 대한 피드백을 방해한다.

(2) 보호 모델(custodial model)

피고용인의 복지 증진을 통해 직장의 안정성을 높이고 조직에 의존하도록 하는 모델이다. 연금, 아동보호 프로그램, 의료보험, 생명보험 등의 복지프로그램이 제공된다.

노동자들의 만족도는 높으나 더 나은 성취를 위한 동기화는 부족하다. 마치 만족스러운 노동자가 반드시 최고의 생산성을 낳지 않는다는 말과 같다.

(3) 관료제 모델

관료제는 베버(Max Weber)에 의해 처음으로 체계적으로 연구되고 분석된 조직구조의 독특한 형태로 합리적이며 합법적인 규칙과 최대한 효율성을 목적으로 한 조직구조의 이론이다. 주요 특징으로는 권위의 위계구조, 규칙과 규정, 사적감정 배제, 분업과 전문화, 경력지향성, 능률성을 강조하고 있다. 관료제의 병리현상으로 동조과잉과 수단의 목표화, 형식주의, 인간성의 상실, 전문화로 인한 무능, 그리고 무사안일주의 등의 폐단이 발생할 가능성이 있다.

(4) 과학적 관리 모델(scientific management model)

테일러(Taylor)에 의해서 개발된 모델이다. 과거의 비과학적인 작업방법을 과학화하여 생산성을 높이고, 노동자 선발이나 인력개발에도 과학적 방법을 도입하였다. 그러나 개인에 따라 최선의 방법이 다를 수 있다는 점을 무시한다는 문제점을 지적받았으며 특히 개별화된 사례를 다루는 서비스 조직에 적용하기 어렵다.

이 이론은 조직의 최상의 목표로서 합리성과 효율성을 강조하고 이를 극대화하기 위해 분업, 작업유인, 시간의 효율적 사용 강조, 동작의 형태 및 소요시간을 표준화하며 과업의 성과에 따라 임금을 지급하므로 조직의 생산성을 높일 수 있다고 본다(이덕훈, 1999).

(5) 인간관계 모델(human relations model)

시카고 서부전기회사 호손(Hawthorne) 공장의 실험을 바탕으로 개발된 모델로 조직에서의 인간적 요소의 중요성 즉, 사회적 요인이 생산성에 영향을 미치는 주요 변수임을 주장한 모델이다. 조직 내의 비공식집단이나 개인의 태도가 생산성과 밀접한 관련이 있으며, 비경제적 요소가 동기부여 요인이라는 점을 강조한다. 따라서 인간관계의 개선과 구성원의 자아실현 등을 통하여 궁극적으로 조직의 능률성과 생산성을 향상시키고자 한다. 호손 효과(Hawthorn effect)란 연구대상이 연구에 참여함을 인식하면서 다르게 행동하게 되고 그 결과에 상당한 영향을 미친다는 연구결과에 기반을 둔 것이다. 에쪼니(Etzioni)는 인간관계 모델의 기본 신념으로 생산 수준은 신체적 능력이 아니라 사회규범에 따라 규정된다고 설정하였으며, 비경제적 보상과 제재는 노동자의 행동에 중대한 영향을 미친다는 사실을 지적하였다. 또한 노동자는 개인이 아니라 집단성원으로 행동하거나 반응한다는 점과 조직의 사회적 요인들을 이해하는 것은 중요한 지도자 역할이라는 점을 들고 있다(정우일, 2004).

(6) X이론과 Y이론 모델

경영자의 사고와 행동은 두 가지 서로 다른 가정에 근거한다고 본 맥그리거(D. McGregor)의 모델이다. X이론은 인간은 일을 싫어하는 경향이 매우 강하기 때문에 보상의 약속만으로는 부족하고 돈이나 처벌의 위협 등에 의해서만이 근로자들이 동기화된다고 여긴다.

조직의 목표를 달성하기 위해서는 인간들은 지시받고 강제되어야 한다고 보고 있다. 명령, 통제, 감시 등의 관리기법을 중시한다. 그러므로 관리자는 부하들을 통제하고 보다 엄격하게 감독하며 과업을 구조화해야 한다. 이러한 외적인 통제는 인간은 근본적으로 믿을 수 없고 책임을 회피하고, 미성숙된 인간을 다루는데 매우 적절하다고 생각하는 데서 비롯된 것이다. 하지만 때때로 부정확하고, 이 이론에 근거하여 관리를 실시하면, 근로자들이 조직의 목적을 성취하도록 하는 동기화에 실패하는 경우들이 생겼다.

Y이론에서는 인간관계적 시각으로서 인간은 본래 일하기를 좋아하며, 조직의 목표가 주어지면 자기통제와 자기지시를 할 수 있다. 이때 목표달성에의 헌신은 인간들이 창의력과 상상력을 발휘하고 조직 내에서 잠재력을 실현할 수 있도록 동기부여가 되면 가능하다는 것이다. 적절한 동기부여를 중시한다. 그러므로 관리자는 종업원을 후원하고 작업조건을 용이하게 하여 조직목표의 달성을 촉진해야 한다. 한 조직의 종업원의 협력이 부족하다면 그것은 인간본질에 관한 문제가 아니라 인간의 잠재능력을 충분히 활용할 줄 모르는 관리자 때문에 기인한다는 것이다. Y이론을 신임하는 경영자는 일을 할 때에 아랫사람을 더 잘 훈련시키고, 더 지지하며, 더 자치권을 줄 수 있는 견해를

가질 것이다. 외재적 위협에 의해 종업원들이 통제되는 것이 아니라 종업원들이 조직 목표 성취를 위해 노력하는 것이 바로 그들 개인의 목표를 달성하는 길이라고 생각하도록, 관리자가 조직상황을 만듦으로써 통제의 목적이 달성된다(장진선, 2005). 이것을 맥그리거는 조직과 개인의 통합의 원리라고 하였다.

(7) 동료 모델(collegial model)

Y이론을 확대한 것으로 팀 개념을 강조한 모델이다. 경영진이 피고용인과 동료의식을 얼마나 쌓느냐에 따라 동료 분위기가 만들어지고, 피고용인은 자신이 필요하고 중요한 인물이라고 느낀다. 파트너십이 수립되면, 피고용인은 양질의 업무를 수행하고 동료와 협력하게 된다.

(8) Z이론 모델

런드스테트(Lundstedt)는 X이론과 Y이론이 지나치게 인간을 단순화시키고 있다고 비판하며, 자유방임형 또는 비조직형에 관한 Z이론을 제시했다. 이 이론은 상황에 따라 변화하면서 중간적 접근을 사용하며, 스스로 행동하도록 분위기만 조성할 뿐 인위적으로 동기부여는 하지 않는다. 자유방임형 리더십으로부터 Z이론의 가능성을 모색하여, 여러 가지 비조직적인 사회활동도 때로는 순기능을 수행한다고 보았다. 레크리에이션 활동은 비체계적인 조직활동 같지만 개인의 욕구를 잘 충족시켜 주고 있으며, 또 어떤 집단 활동은 비조직적으로 형성된 상황 속에서 오히려 좋은 결과를 낳을 수 있다고 주장하였다(행정학 교재편찬회, 2003).

(9) 종합품질관리(Total Quality Management: TQM) 모델

조직이 산출하는 서비스의 질을 향상시켜 궁극적으로 소비자 만족을 추구하기 위해서 조직문화와 질적 향상을 위한 효과적인 관리기법을 통합적으로 운영하는 조직관리 방법인 TQM 모델은 데밍(Deming)에 의해 제시되었다. 일종의 체계적 접근으로, 문제의 85%는 구조와 규범, 실행과 기대, 전통 등 체계를 바꾸어 수정 가능하며, 15%만이 개별 노동자가 해결할 수 있는 문제라고 보았다. 고객 만족을 조직의 최대 목적으로 보고, 품질향상이 고객 만족으로 이어지도록 고객의 요구를 계속 확인할 것을 요구한다. TQM이 전통적인 관리기법과 구별되는 가장 큰 특징은 고객의 욕구나 필요에 따라 조직의 목표가 설정된다는 고객중심의 관리가 강조되어 조직운영과 서비스의 지속적인 개선을 통해 양질의 서비스를 산출하여 조직의 경쟁력을 증대시키고, 이를 위해 전 조직구성원들이 참여하며 노력하는 경영 시스템을 갖추는 것이다(황화진, 2001).

(10) 학습조직이론모델

이 이론은 사회복지조직과 인력을 임파워시켜 클라이언트 집단에 효과적인 서비스를 제공하는 방안으로 제시되는 조직이론이다. 학습조직이란 조직구성원이 진정 바라는 결과를 창조할 능력을 확장하고, 새롭게 확대된 사고 패턴이 육성되며, 집단적 목표나 열망이 자유롭게 선정되고, 함께 학습하는 방법을 지속적으로 배우는 조직이라고 정의된다. 조직이 학습조직화되면 개인적 통제감, 정신적 모델, 비전 공유, 팀학습, 체계적 사고와 같은 영역이 임파워된다.

조직을 학습 조직화하는 것은 매우 어렵고 또한 오랜 시간과 많은 자원이 소요된다. 특히 만성적인 인력과 재원부족을 안고 변화하는 환경에 적응해야 하는 사회복지조직은 더욱 그러하다. 그러나 어려운 여건에서도 학습을 강조하는 조직문화와 리더십을 갖추어 새로운 지식과 기술을 축적하여 활용한다면 그 조직은 경쟁력 있는 조직으로 변모되고 궁극적으로 조직의 역량은 크게 강화될 것이다.

(11) 목표관리(Management by Objectives: MBO) 모델

목표관리는 상하구성원의 참여과정을 통하여 조직의 공통목표를 명확히 하고, 조직구성원 개개인의 목표를 합의하여 체계적으로 부과하며, 그 수행 결과를 사후에 평가하여 환류함으로써 궁극적으로 조직의 효율성을 향상시키고자 하는 관리기법이다. 특징으로는 구성원의 참여를 강조, 자아실현의 인간관, 전체 구성원의 협조 강조, 결과지향적 · 계량적 · 목표중시, 그리고 환류의 중요성을 강조하고 있다.

MBO는 결정사항이나 방향에 대해 조직원이 참여하여 동기를 증진시키고, 조직활동을 조직의 목적성취에 집중시킴으로써 조직의 효과성을 높일 수 있고, 참여적 방법에 의한 관리체계를 통해 조직의 민주화를 실현하고 조직의 인간화를 통해 조직발전에 기여한다는 장점이 있다. 그러나 실현가능성에 대한 욕구에 집착하는 나머지 장기적, 질적 목표보다 단기적, 양적 목표에 치중한다는 것과 운영에 많은 시간이 소요된다는 단점이 있어 사회복지조직에서 한계를 보여주고 있다.

3) 조직체계의 사회복지실천과 개입

사회복지조직이 환경에 의존적이라는 점과 합리성과 효율성을 추구하는 양질의 서비스를 제공해야 하는 전문가의 윤리와 철학이 갖는 특성 때문에 관료적 모델 혹은 독재적인 모델로 설명되기에는 부적절하다고 볼 수 있다.

인간관계이론이 사회복지에 적용되었을 때 갖는 장점은 사회복지조직의 특수성에서 찾을 수 있다. 사회복지조직의 활동이 직원과 클라이언트와의 관계 속에서 이루어지는 것이 일반적이기 때문에 능력과 동기와 자율성이 인정되는 방향으로 사회복지사에 대한 인사관리가 적절히 이루어진다면 조직의 효과성은 극대화될 수 있다. 또한 기본적으로 전문직이라 인정되는 사회복지사의 활동은 관리자가 수퍼바이저에 의한 엄격한 통제보다는 자율성을 인정하고 참여를 권장하는 리더십이 더욱 적합하기에 인간관계이론의 적용 범위는 더욱 넓어질 수 있다. 마지막으로 인간관계이론은 클라이언트의 가치, 독특성, 강점 등을 강조하는 사회복지실천의 근본적 가치와 조화롭기 때문에 사회복지실천이 행해지는 조직관리의 원칙으로도 일반적으로 수용될 수 있다.

그러나 인간관계이론은 인간의 정서적 측면과 조직에서 인간관계인 사회적 측면을 지나치게 강조한 나머지 조직의 효과성을 결정하는 목표, 자원, 기술, 구조적인 특성 등을 소홀히 다루는 경향이 있기 때문에 비판의 여지가 있다. 또한 인간관계이론은 조직구성원이 인간을 너무 단순화한다는 점이 문제로 나타난다. 조직 내에서 인간관계는 협동과 참여가 일어나기도 하지만 갈등과 지배의 본질을 간과할 수 없다. 그리고 인간행동의 동인으로 작용하는 경제적 보상이 전혀 고려되지 않았다는 점이다.

조직에서 일정한 문제가 생기면 우선 기존의 지식체계에서 해답을 구하려고 한다. 그러나 기존의 지식체계에서 즉각적으로 해답을 구하고 문제를 해결할 수 없는 경우가 있다. 그러기에 모든 관리자는 일정한 이론적 시각을 가져야 한다. 상식적인 수준의 이론이 아니라 복잡한 조직상황을 이해하고 행동하기 위해서는 체계적인 이론이 필요하다.

5 지역사회

지역사회란 동일 지역에 근거를 둔 사람들의 구성단위라고 할 수 있다. 지역적 적합성을 지니며 중요한 사회적 기능을 수행하는 사회단위들과 체계들의 결합으로 정의내릴 수 있다.

버나드(Bernard, 1973)는 여러 상황에서 사람들 사이에 발생하는 공동의 유대나 연대를 지칭하는 공동체(community)와 지역적인 차원을 가지는 사회조직체의 단위를 의미하는 지역공동체를 구분하기 위해 'the community'로 표기할 것을 제안하였다(노부호 역, 2003).

1) 지역사회의 특성과 유형

로스(Ross, 1967)는 지역사회를 기능적 공동체(functional community)와 지리적 공동체(geographic community)로 구분하였는데, 기능적 공동체란 복지, 농업, 교육, 종교 등 공동의 관심과 기능을 함께하는 사람들의 집단을 의미하며, 지리적 공동체는 일정한 지리적 영역 내에 사는 모든 사람들을 의미한다(최일섭, 1986). 이처럼 지역사회는 굴리적 또는 지리적 장소에 근거한 사회적 조직형태이자, 지역사회가 추구하는 최상의 목표는 지역공동체 구성원의 삶의 질 향상에 있다. 즉 지역사회란 공통된 욕구, 문제, 성장과 발전을 위한 기회를 전제로 하여 상호 의존되어 있으며, 개인과 전체 사회를 연결하는 매개체이자 전체 사회의 하위체계로 설명될 수 있다. 현대의 지역사회는 그 자체만으로 완전히 이해하기 힘들며, 지역사회 외부와의 관련성을 통해 더 잘 이해될 수 있다.

지역사회가 갖는 중요한 기능(Warren, 1987)은 생산 · 분배 · 소비의 기능 및 구성원에게 지식, 사회적 가치, 행동양태 등을 전수하는 사회화 기능, 공식적 혹은 비공식적으로 구성원들의 행동을 규범에 따르도록 규제하고 규범의 내면화를 강요하는 사회통제 기능, 지역사회가 제공하는 제반 활동에 구성원들이 자발적으로 참여하는 사회참여 기능, 구성원이 개인적으로 욕구를 충족하기 어려울 때 구성원들이 서로 도움을 주고받는 상부상조의 기능 등을 들 수 있다. 지역사회의 유형을 정리해 보면 다음과 같다.

(1) 농촌지역사회

농촌지역사회는 적은 인구규모와 넓은 농토를 기반으로 고립, 정체성, 자연의존성 등의 특징을 보인다. 고립성으로 농촌사회 구성원들은 거의 평생을 동일한 지역에서 생활하기 때문에 집단의식(collective consciousness)과 강한 공동체적 소속감, 유대감이 형성되며, 지역중심주의(ethnocentrism)와 지방주의가 발달하였다. 전통주의, 보수주의, 인정주의, 권위에 대한 존중, 비공식적 통제 등이 우세하다. 그러나 농촌 지역사회는 점차 해체의 경향을 보이고 있다. 산업화에 따라 도시로의 대규모 인구이동이 일어나 농촌의 공동화, 고령화, 노인 단독가구가 증가하고 있으며, 혼인 적령기 여성의 도시 진출로 농촌 총각의 결혼 문제로 인한 성별 구성의 왜곡, 국제결혼 등으로 인한 외국 이주여성들의 농촌사회 참여 등이 주요 현상으로 나타나고 있다.

(2) 도시지역사회

도시지역사회는 인구의 거대성, 밀집성, 이질성 등으로 인해 문화적 다원성, 인간관계의 단편성, 익명성, 소외 등의 특징을 보인다. 합리주의, 문화적 상대주의, 개인주의, 법과 제도 중심의 공식적인 통제 등이 우세하다. 도시집중 경향은 교통, 주택, 공해, 쓰레기, 범죄 등 각종 부정적인 요인을 유발하고 있다. 그리고 도시지역사회가 분리현상을 빚고 있는데, 빈부의 격차에 따라 거주지가 분리되는 경향이 나타난다. 미국의 경우 도심은 슬럼화하고 교외가 부자마을이 되는 경향을 보이며, 한국의 경우 신도시 건설과 도시 재개발 과정에서 계층 간 거주지 분리 현상이 나타나고 있다.

(3) 사이버공동체(cyber community)

컴퓨터 통신망상에서 형성되는 가상적인 공동체, 통신망을 매개로 한 공통의 공간에서 유사한 이해관계와 목적을 가진 사람들이 최소한의 상호작용을 함으로써 형성되는 사회적 네트워크를 말한다. 사이버공동체의 특성은 물리적 공간의 거리를 초월하고 서로 다른 시간대에 소통이 가능하며, 육체 없이 텍스트 등만으로 교류가 가능하고, 인종, 성, 나이 등 사회적 차별을 초월함으로써 반차별적이며, 가상의 이름을 사용하여 현실의 신분을 노출시키지 않아 익명적이라는 특성을 지닌다. 웨인리히(Weinleich, 1997)는 공동체를 공통의 지역과 역사, 가치를 공유하는 유사 네트워크의 집합체라고 규정하면서 사이버공동체의 성립 자체를 부정하고 있다. 그러나 자생적 연대성과 호혜성에 기초한 사이버공동체는 점점 팽창해 나아가고 있으며, 그 결과 지역공동체의 해체를 초래하게 될지도 모른다는 우려가 제기되고 있지만, 반대로 지역사회가 전세계를 상대하기 때문에 오히려 발전의 계기가 될 수 있다는 의견도 많다.

최근 사이버공동체가 사회복지실천에 있는 주요 대상이 되고 있다. 사이버공동체의 긍정적 평가는 공통의 이해관계를 가진 집단의 네트워크를 통해 사회복지를 활성화한다는 측면이지만, 자살, 성매매 사이트 등 부정적인 기능을 담당하는 사이버공동체에 대한 면밀한 감시와 개입이 사회복지실천의 현장이 되고 있다. 뿐만 아니라 사이버공동체에서는 사이버중독의 문제가 발생되고 있는데, 인터넷 정보이용자가 지나치게 컴퓨터에 접속하여 신체적, 정신적, 금전적, 사회적으로 심각한 지장을 받고 있는 상태를 말한다. 인터넷 중독, 게임 중독, 음란물 중독 등이 이에 속한다.

이전부터 심각한 정서적 · 정신적 문제에 시달렸던 사람, 알코올중독자였거나 다른 중독 증세가 있었던 사람, 전업주부나 실업자 등 시간에 여유가 있고 현재 자신의 처지에 불만이 있는 사람들이 걸리기 쉬우나, 인터넷 자체가 중독성을 유발하는 특성이 있다는 점에 비추어 볼 때 누구나 중독의 가능성이 있다고 볼 수 있다(나병현, 2004).

2) 지역사회체계의 사회복지실천과 개입

지역사회에서의 사회복지실천이 일어날 수 있는 영역은 구성원의 능력개발 및 도시

지역 계획과 외부개발에 영향과 변화, 주민의 삶의 질에 초점을 둔 조직화 부분이다. 또한 지역사회의 경제개발에 관심을 갖게 되기도 하는데, 주민의 관점에 입각한 개발과 계획의 주도, 사회경제적 투자를 주민이 이용할 수 있도록 준비하는 것, 저소득층 및 주변 계층, 불이익계층을 위한 교육과 리더십 기술향상 등이 필요하다.

그리고 지역사회서비스의 효과성을 증진시키기 위한 기관 프로그램 확대와 특정 대상자를 위한 서비스 개발 및 연계 부분도 사회복지의 실천 부분이다. 또한 서비스 공급주체 간의 자원과 정보를 공유하고 교환하는 전달체계의 혁신 요구, 클라이언트의 포괄적인 욕구충족을 위한 지역사회 차원의 서비스 연계와 조정을 중요시하는 사례관리 강조, 자발적, 협력의 공동대응의 역할도 담당한다. 클라이언트에게 서비스와 혜택의 제공을 거부할 때, 비인간적 방법 사용, 종교 · 인종 · 신념으로 인한 차별, 곤란과 역기능, 서비스 내용 및 절차의 부정적 영향, 스스로 효과적 행동수행의 어려움, 자원 부족으로 인한 욕구충족이 안 되는 경우, 위기개입, 법적 권리의 거부 시 옹호활동에도 참여한다.

특히 신체적 · 심리적 · 사회적 문제의 예방 및 완화를 위한 상호작용 체계로서 지지체계를 형성해야 하며, 욕구충족 및 사회적 기능 향상을 수행하기 위한 자원의 개발영역과 시민의 안녕을 심각하게 위협하고 잠재력 개발에 방해가 되는 사회의 조건을 수정하는 사회개혁에도 참여할 수 있다(최일섭, 1986).

이러한 역할을 수행하기 위해 사회복지사는 지역사회에 대한 이해를 토대로 지역사회의 문제발견 및 분석이 진행되어야 하며, 정책 및 프로그램의 개발, 실천과 평가가 수행되어야 한다.

6 문화

문화란 진리를 추구하고 끊임없이 진보 · 향상하려는 학문 · 예술 · 종교 · 도덕 등 인간의 정신적 활동, 또는 그에 따른 정신적 · 물질적인 성과를 이르는 말이다(김경희,

2003). 문화 간의 경계는 지역 및 계층 간의 경계유지 행동에서 드러나며 이 경계는 부분적으로 침투할 수 있으며, 경계를 통해 에너지와 정보의 전달이 가능하다. 문화의 상위체계로는 그 사회가 속한 전체 사회를 들 수 있고, 하위체계로는 그 문화를 구성하는 요소로 특별한 생활양식, 언어, 가치체계 등이 있으며, 과업 관련 투입, 전환, 과업 산출이라는 하나의 체계의 기능을 수행한다.

문화란 한 집단의 생활양식(way of life)의 총체라고 할 수 있다. 타일러(Tyler, 1871)는 문화란 지식, 신념, 예술, 법률, 도덕, 관습 그리고 사회의 한 구성원으로서의 인간에 의해 획득된 다른 모든 능력이나 습관들을 포함하는 복합적인 총체라고 설명하였다(이선이, 2003). 굿이너프(Goodenough)는 문화란 사람의 행위나 구체적인 사물 그 자체가 아니라 사람들의 마음속에 있는 모델이요, 그 구체적인 현상으로부터 추출된 하나의 추상에 불과하다고 하였다(김경희, 2003). 윌리엄스(Williams)는 문화란 사회의 발전과정, 특정 집단에 의해서 공유되는 의미가치와 삶의 방식, 의미를 만들어 내는 의미화의 실천이라고 하였다(선준규 외 역, 1984).

문화를 이해하는 관점에는 문화절대주의와 상대주의가 있는데, 문화절대주의에는 자문화중심주의(문화국수주의)와 타문화중심주의(문화사대주의)가 속한다. 자문화중심주의는 자기의 문화만을 가장 우수한 것으로 믿고 자기 문화를 기준으로 하여 다른 문화를 부정적으로 평가하는 입장을 말한다. 그 사회의 결속, 질서유지에는 긍정적이나 대외적으로 고립을 초래할 우려가 있다. 타문화중심주의는 다른 문화를 가장 좋은 것으로 믿고, 그것을 동경하거나 숭상하는 나머지 자기의 문화를 업신여기거나 낮게 평가하는 입장이다.

반면, 문화상대주의는 문화의 상대성을 인정하고 한 사회의 문화를 그 사회의 입장에서 이해하려는 태도를 말한다. 문화의 올바른 이해가 가능하고 국제관계에서 상호이해와 협조에 도움이 되며, 자기문화의 발전에 창조적 통찰력을 얻는 데에 도움이 된다. 2차 대전 이후 민족적, 인종적 우월주의가 범한 과오를 반성하고 편견을 벗어나려는 의도에서 강조되기 시작하였다.

1) 문화의 특성

국가 간 그리고 한 국가 안의 개인을 비롯하여 조직이나 집단 간에서도 문화는 매우 다르게 나타나고 있다. 또한 문화 간 충돌에 의해 새로운 문화가 창조되기도 한다. 이렇게 문화는 다종다양하게 존재하면서 또한 변화를 거듭하지만 나름대로 독특한 성격을 가지고 있다. 우선, 학습성 혹은 고유성의 특성을 갖는데, 이것은 출생과 함께 선천적으로 타고난 것이 아닌 후천적으로 학습에 의해 획득된다는 점에 초점을 두고 사회적 상속으로 전승되어 온 전통 혹은 유산을 강조한다. 문화의 보편성은 인간의 마음은 동일하다는 전체에 근거하여 사회에 공통적인 문화 형태가 있음을 의미한다. 그러므로 한 사회에서 문화의 특징을 파악하기 위해서는 그 사회가 처해 있는 총체적인 사회 성격을 인식하는 것으로부터 출발해야 한다.

문화의 상징성은 모든 문화가 외형으로 드러나는 것 외에 속으로 경험을 해석하고 행동을 유도 및 규제하는 의미가 따로 있음을 뜻한다. 이 상징성은 문화의 축적성이라는 특성과 더불어 인간의 학습능력과 상징체계에 기반하여 인류문명의 발달을 가능하게 하였다. 문화는 체계성(전체성)의 특성이 있는데, 문화의 각 요소들은 상호 연관된 하나의 통합체계이며, 한 영역의 변화는 다른 영역에 전체적으로 영향을 준다는 것이다. 또한 변동성의 특성을 들 수 있는데, 문화의 요소는 시간에 따라 변화한다는 것이다.

이러한 특성을 갖는 문화는 계속적으로 변동되고 다음 세대로 전승된다. 오그번(Ogburn)은 문화변동이란 발명과 발견을 통해 등장한 새로운 문화요소가 한 문화체계 안에 확산되어 발생한다고 하였다. 가끔은 문화접변현상도 일어나게 되는데, 이것은 두 문화 체계가 전면적인 접촉을 함으로써 문화요소가 전파되어 새로운 양식으로 변화하는 것을 말한다. 자발적 문화접변도 있고, 강제적 문화접변이 일어나기도 한다. 또한 문화지체(cultural lag) 현상이 발생하기도 하는데, 이것은 급속하게 변화하는 물질문화와 완만히 변화하는 비물질문화 간에 변동속도의 차이에서 생겨나는 사회적 부조화이다(김병욱, 2004). 변화된 행동과 신념에 적용해야 하기 때문에 문화는 역동적일 수밖에 없다. 이런 맥락에서 문화는 모든 것을 시간 속에서 익숙하게 만들고, 문화가 동반하고 있는 엄청난 물질적 성장과 이윤의 잠재력을 선도하기도 한다.

문화의 다양성은 인간사회의 문화 형태가 매우 상이함을 일컫는다. 문화의 차이를 의미하는 이 특성은 국가 · 지역 · 개인별로 지니는 다양한 문화로부터 짐작할 수 있다.

2) 문화의 유형

문화는 문화의 기능을 중심으로 설명하는 상징적 문화와 문화 요소의 성격에 따라 설명하는 총체론적 문화로 구분된다. 상징적 문화는 현실 또는 실제에 대한 사회적 규정을 내용으로 하는 문화, 세상을 바라보는 눈, 종교, 철학 등을 포함하는 경험적 · 인지적 문화, 아름다운 것, 추한 것을 분별하는 기준, 미적 표준과 관련된 문화 · 예술 등을 포함하는 심미적 · 감상적 문화, 옳고 그른 것, 좋고 나쁜 것, 해야 할 것과 해서는 안 되는 것을 분별하는 표준이자 기준과 관련된 문화인 규범적 · 평가적 문화 등으로 구분된다.

결국 문화는 환경에 적응하는 과정에서 인간이 축적한 모든 능력이나 도구의 복합총체를 의미하는 것이다. 인간이 만든 도구, 기술, 사회조직, 관습, 신앙 등이 모두 문화의 범주에 포함된다. 의식주 기타 인간의 기본적 욕구 충족 및 생존에 필요한 모든 재화와 기술, 구체적으로 인간생활의 기본 문제를 해결하는 수단을 제공하는 물질문화, 사회구성원의 행위를 규제하거나 관계를 규정하는 사회 질서를 유지하게 해주는 민습, 관습, 법, 제도, 민속, 규범이나 기준, 절차에 관한 규범문화, 가치관, 신념체계, 종교, 예술, 학문 등 현실을 인식하는 정신문화를 포함한다.

3) 문화와 인간과의 관계

인간은 사회 속에서 태어나 그 사회가 가지고 있는 문화를 배우며 사회구성원으로 사회화된다. 즉, 한 사회가 가지고 있는 문화를 내면화하여 자아정체의식을 가지면 우리는 그를 사회화된 인간이라고 말한다. 그러나 인간이 반드시 기존의 문화에 의해 영향을 받기만 하는 존재는 아니다. 인간은 다른 개인과의 관계를 통하여 집단이나 조직, 그리고 하나의 지역공동체를 만들고 그에 따른 독특한 문화를 형성하기도 한다. 이렇게 형성된 문화 속에서 한 개인은 자신의 생각과 삶을 만들어 가는 행위자가 된다. 결국 문화와 개인은 서로가 영향을 주고받으면서 변화해 나가는 상호의존적인 관계에 있는 것이다.

화이트(White, 1959)는 인간의 행동은 문화에 대한 반응이기 때문에 문화는 독립변수이며 행동은 종속변수라고 주장하였다. 즉 문화에 의해 개인이 어떻게 생각하고, 느끼며, 행동할지가 결정된다고 보는 것이다. 개인은 사회화의 과정에서 특정 사회에서 바람직한 것으로 인정되는 역할과 태도, 행동양식과 가치들을 학습한다. 이러한 입장을 문화결정론이라고 한다. 리이즈만(Reisman, 1950), 카디너(Kardiner, 1967), 뒤르껭(Durkheim)의 학자들이 이에 속한다(정대연, 2004). 반대로 인본주의 심리학자들이나 미드(Mead)와 같은 사회심리학자들은 자아의 주체성을 강조(송길연 역, 2005)하여 인간이 문화를 창조한다고 하였다. 또한 니스벳(Nisbett, 2003)은 어떤 문화권의 사고방식이든 그 문화권에 속한 사람들에게는 정당한 것으로 어떤 문화가 옳고 그름을 가릴 수 없다고 하였다.

4) 한국문화의 특징

동일 문화에 속하는 성원의 대다수가 가지고 있는 성격구조를 사회적 성격이라고 하는데 이러한 사고방식은 민족의 공통된 풍토에서 공동적인 역사적 과정 속에서 공동생활을 하는 동안에 이루어진 것이므로 문화의 소산이라고 할 수 있다. 우리나라의 경우 기후, 유교, 가족제도, 민간신앙, 농경사회 등의 영향 요인으로 다음 몇 가지의 특성을 갖는다(신수진, 2002).

우선, 정(情)의 문화인데, 가족관계에서 가장 두드러지게 형성되어 사회생활에까지 이어져 사적인 인간관계는 물론 공적인 관계에까지 크게 영향을 미친다. 다음은 한(恨)의 특성으로 한은 자신의 불행에 대해 후회하고 억누를 수 없는 생각과 부당하다는 엇

갈린 심리가 결합된 감정 상태로 불안과 위축의 역사, 계층의식, 남존여비사상, 사대부의 가혹행위 등에 의해 형성되었다. 또한 체면의 특성도 있는데, 사회적으로 바람직한 상태로 남들이 자신을 받아들여 주기를 바라고 드러내는 모습을 의미한다. 자기의 참 모습이나 사실과 다르게 행동함으로써 자신이나 상대의 지위나 명분을 높이거나 유지하려고 하거나 질서유지의 역할을 하기도 한다. 눈치의 문화도 형성되어 있는데, 눈치는 겉으로 드러난 자료가 불충분함에도 불구하고 그 이면에 숨어 있는 진실을 꿰뚫어 보는 의사소통의 고유한 형태이다.

그리고 가족주의적 문화특성이 있다. 가족주의란 일체의 가치가 가족집단의 유지와 지속과 기능과 관련을 맺어 결정되는 사회의 조직형태를 의미하고 개인이 자신보다 가정을 중시하고 나아가 가족적 인간관계를 사회에까지 확대하여 적용하는 가치체계를 일컫는다. 또한 한국의 연줄문화도 특성으로 논의될 수 있는데, 연줄은 한국인의 사회심리학적 속성인 연고주의가 일상의 인간관계로 표면화된 상태로서 인간관계의 끈 또는 유대를 의미한다. 혈연, 지연, 학연, 업연 등과 같은 연줄을 형성하고 이 연줄을 바탕으로 '우리'라는 연계집단을 구성하여 연계적 방식에 입각한 연계적 행위를 통해 삶의 문제를 해결한다.

최근 들어서는 산업사회에서 나타나는 문화의 특성을 살펴보면 비용과 이익을 따지는 경제적 효율성과 합리성이 모든 사회관계를 지배하는 원칙으로 인간경시풍조와 물질만능주의 문화를 낳게 하고 있다. 또한 자신의 재량이나 주체성은 없고 규정과 절차에 따라 기계적으로 움직이는 인간의 획일화, 기계화, 관료화된 문화의 성격을 갖는다. 쉽게 얻고 버리는 임시성 혹은 인스턴트의 생활문화 성격을 함께 갖고 있기도 하다.

5) 문화체계의 사회복지실천과 개입

문화는 개별 클라이언트에게 영향을 미치는 거시체계 중의 하나로, 각 사회집단의 전체로서 하나의 통합된 체계를 이루고 있다. 사회복지실천에서 접촉하는 개인, 가족, 집단, 지역사회 등은 다양한 문화를 가지고 있으며, 이들의 문화는 사회복지사 자신의 문화와는 다른 문화일 수 있다. 그러므로 사회복지사는 자신이 경험하고 자신에게 내재되어 있는 문화를 정확히 이해하고 자신의 문화와 다른 문화에 대해서도 수용적 태도를 취할 수 있어야 한다. 문화의 이런 특성 때문에 사회복지사는 개인의 다양한 문화를 '좋은 문화' 혹은 '나쁜 문화'로 규정해서는 안 된다. 문화를 올바르게 이해하기 위해서는 다른 문화를 소유하고 있는 클라이언트 시각에서 볼 수 있어야 한다.

(1) 개인과 문화

개인은 문화의 창조자인 동시에 문화로부터 지배를 받는다. 개인은 자신이 만든 문화를 벗어나서는 존재할 수 없는 문화의 피지배자가 되기도 한다(전경수, 2005). 따라서 개인에 관한 이해는, 개인이 만들었으면서 또한 영향을 받는 문화를 이해할 필요가 있다. 왜냐하면 개인이 가지고 있는 문화가 바로 그 삶의 원동력 혹은 그 원동력의 주요 배경이 될 것이기 때문이다. 사회복지사는 개인의 문화를 이해하고 나아가 수용함으로써 인간관계 형성에서 문화 차이로 인한 부정적 갈등관계를 피하고 긍정적이고 신뢰할 수 있는 관계를 형성할 수 있어야 한다.

(2) 가족과 문화

가족은 개인의 삶의 터전이자 목표 그리고 종교(신수진, 2002)라고 할 수 있을 정도로 중요한 개인의 활동단위이다. 가족은 인간의 사회화를 위해 중요한 역할을 한다. 가족 내에서 개인은 자신의 독특한 문화를 형성해 간다. 따라서 사회복지사가 개인을 클라이언트로 삼거나 가족 자체를 위해 개입할 때 한국 고유의 가족문화는 물론 그 가족이 독특하게 지니고 있는 문화를 사회의 흐름 속에서 이해할 필요가 있다. 최근 한국사회는 다문화가족의 비율이 높아짐에 따라 언어, 문화, 음식 및 전통 등의 다양한 측면의 문화적 충격과 사회적 문제 등이 나타나고 있다.

(3) 집단과 문화

집단 역시 집단성원 전체가 공통으로 지니는 고유의 문화를 갖는다. 한국의 집단문화를 이해하기 위해서는 '집단의 원초적 단위는 가족'이라는 맥락에서 가족문화를 세심하게 이해할 필요가 있다. 사회의 질서나 발전은 집단 간 자유롭고 평등한 계약이나 협의에 의해서 이루어져야 하나 한국인은 아직 상하 신분서열의식에 의해 유지되어지는 경향이 있고 이 신분서열의식도 가족주의에 뿌리박고 있다. 그런 이유로 한국인은 집단을 파악하는 기본 척도로 가족을 사용하고 있다(최준식, 2000).

특히, 한국인의 사고방식은 서구인의 사고방식에 비해 집단에 순응하는 집단 지향적 경향이 강하다. 따라서 한국인은 집단주의를 지향함으로써 집단 내 성원 간 관계를 중심으로 화목을 중시하는 관계주의적 특성을 지닌다. 사회복지사는 이와 같은 집단의 문화를 고려하여 집단을 위한 효과적인 프로그램 적용이 바람직하다.

(4) 조직과 문화

조직은 조직 내 성원들의 행동이 직접적으로 연관된 어떤 관계, 권리, 의무, 강요, 책임감이라는 체계적인 연계망에서 조직 밖의 사람들에게 영향을 미친다(유태용, 1999). 조직은 그 구성원들의 주관적인 문화적 욕구에 적합하도록 구조화된다. 그러므로 사회복지사는 사회복지실천에서 조직을 활용하거나 조직화할 때 조직성원의 문화적 특성과 조직의 문화를 철저히 이해할 필요가 있다.

(5) 지역사회와 문화

진정한 의미의 개인주의를 용납하지 않는 가족주의를 바탕으로 한 한국인의 공동체 지향의식은 공동체로부터 미분화된 개인을 낳게 한다(최재석, 2002). 이 미분화된 개인은 생활의 전 영역에서 다른 성원과 상호 관련 의식을 갖게 하여 이성과 감정, 정치생활과 사회생활, 공적생활과 사생활을 혼동하게 한다. 뿐만 아니라 공공선의 확립이라는 목표는 호소력이 약하기 때문에 공적인 뜻을 위해 만나는 모임이 활성화되지 않고 있다. 이 같은 문화적 성향은 지역사회를 형성하는 데 걸림돌로 작용하고 있다. 결국 사회복지사가 지역사회를 클라이언트 삼아 활동하거나 지역사회자원을 동원하고 활용하고자 할 때, 지역사회에 영향을 미치는 한국인의 문화적 요인을 간파해야 한다.

Test 01~07 문제은행

다음 중 인본주의에 대해 맞는 설명을 모두 고르시오.

① 개인이 체험하고 지각하는 것은 '현상학적 장'에 근거한다.
② 원조보다 개입방법을 중시한다.
③ 개인의 자아 실천 경향성을 강조한다.
④ 개인의 존엄성과 가치, 자기결정권을 강조한다.
⑤ 환경이 변화하면 개인행동도 변화할 수 있다.

정답 1, 3, 4번(2, 5번은 행동주의에 관한 내용이다.)

체계이론의 주요 개념에 관한 설명으로 틀린 것은?

① 경계: 명확성, 투과성, 유연성 등의 속성을 가지고 있다.
② 엔트로피: 폐쇄체계 내의 분해 혹은 쇠퇴, 무질서와 혼란 상태 소멸과 관련된다.
③ 네겐트로피: 조직보존, 체계발달 촉진, 체계를 살게 하는 힘이다.
④ 개방체계: 체계 자체의 기능을 유지 및 발전시킬 수 있다.
⑤ 다중종결: 결과 한 개의 원인이 아닌 여러 가지의 원인으로부터 기인한다.

정답 5번(다중종결: 원인은 하나인데 결과는 여러 가지일 수 있다는 뜻, 동등종결: 결과가 여러 가지의 원인으로부터 기인)

매슬로의 자아실현에 성공한 사람들의 특징이 아닌 것은?

① 자기나 타인을 있는 그대로 받아들인다.
② 목적과 수단을 구분하지 않는다.
③ 자발적으로 행동하고 문제 중심으로 사고하며 중요한 목표가 있다.
④ 환경에 의존하지 않고 자율적으로 행동한다.
⑤ 고정관념으로 사람을 판단하지 않는다.

정답 2번(매슬로의 자아실현을 한 사람은 목적과 수단을 구분한다.)

스키너이론에 대한 설명으로 옳은 것은?

① 개인이 처한 현실은 매우 주관적이다.
② 인간의 인지적 능력을 중시한다.
③ 인간을 전체적인 관점에서 본다.
④ 성격발달의 심리사회적 측면을 강조한다.
⑤ 기계론적 인간관을 가진다.

정답 5번(인간은 보상과 처벌에 따라 유지되는 기계적 존재로, 모든 인간행동은 법칙적으로 결정되고 예측이 가능하므로 통제할 수 있다고 본다.)

다음에서 방어기제의 예와 연결이 바르게 짝지어진 것은?

① 투사: 심한 열등감을 가진 사람이 열심히 공부해서 성공하는 경우
② 승화: 자신이 현재 가지고 있는 것이 바로 상대가 원하던 것이라고 믿는다.
③ 보상: 자신의 아이를 갖지 못해서 입양하는 경우
④ 반동형성: 시험 결과가 나쁠 때 시험공부할 시간이 없었다고 하는 경우
⑤ 합리화: 여우가 따먹지 못하는 신포도를 원래 맛이 없다고 하는 경우

정답 5번

사회복지사의 역할과 그 기능이 올바르게 짝지어진 것은?

① 조력자: 위기 상황에서부터 지역사회문제에 이르는 다양한 문제에 대처하도록 돕는 역할
② 관리자: 다른 복지사의 개입 혹은 기관의 프로그램과 기능을 분석하여 그 효과를 평가하는 역할
③ 협상가: 미시, 중범위, 거시체계 사이의 논쟁이나 갈등을 해결하는 역할
④ 통합/조정자: 클라이언트와 지역사회의 자원

이나 서비스를 연결하는 역할

⑤ 사회변화대행자: 개선해야 할 문제에 관심을 불러일으키는 일 수행

정답 1번(②번은 분석/평가자의 역할, ③번은 중재자의 역할, ④번은 중개자의 역할, ⑤번은 주창자의 역할)

다음 중 경계를 설명한 것 중 틀린 것은?

① 경계란 체계를 외부 환경으로부터 구분하는 일종의 테두리를 의미한다.

② 사회체계의 경계는 사회적, 물리적 구조가 아니므로 경계를 유지하는 행동을 통해서만 드러난다.

③ 주위환경과의 내적, 외적 교환을 통제한다.

④ 주위환경과 내적, 외적 교환을 통제하기 때문에 부분적인 침투가 불가능하다.

⑤ 에너지와 정보의 전달이 가능하다.

정답 4번(주위환경과 내적, 외적 교환을 통제하는 한편, 부분적인 침투가 가능하다)

반두라의 관찰학습과정을 바르게 나열한 것은?

① 주의집중과정 – 생산과정 – 보존(파지)과정 – 동기과정

② 주의집중과정 – 동기과정 – 생산과정 – 보존(파지)과정

③ 동기과정 – 주의집중과정 – 생산과정 – 보존(파지)과정

④ 주의집중과정 – 보존(파지)과정 – 생산과정 – 동기과정

⑤ 동기과정 – 주의집중과정 – 보존(파지)과정 – 생산과정

정답 4번(주의집중과정 – 보존(파지)과정 – 생산과정 – 동기과정)

피아제(Piaget)와 인헬더(Inhelder)의 인과관계 도식 발달 6단계를 차례대로 배열한 것은?

① 반사 – 최초의 습관 – 순환적 반응 – 통찰력 – 수단과 결과의 통합 – 새로운 수단의 실험

② 반사 – 최초의 습관 – 통찰력 – 순환적 반응 – 수단과 결과의 통합 – 새로운 수단의 실험

③ 최초의 습관 – 반사 – 순환적 반응 – 수단과 결과의 통합 – 통찰력 – 새로운 수단의 실험

④ 최초의 습관 – 반사 – 통찰력 – 수단과 결과의 통합 – 순환적 반응 – 새로운 수단의 실험

⑤ 반사 – 최초의 습관 – 순환적 반응 – 수단과 결과의 통합 – 새로운 수단의 실험 – 통찰력

정답 5번(순서를 외워두어야 한다.)

매슬로와 로저스의 공통점은?

① 인지발달에 따른 성격 형성

② 행동발달에 따른 성격 형성

③ 성격 형성에 있어 열등감의 역할

④ 과거의 강조

⑤ 인간에 대한 전체론적 관점

정답 5번(매슬로와 로저스는 모두 인간을 통합된 전체로서 간주하며, 전체론적 관점에서 접근해야 함을 강조했다.)

인지발달단계와 그에 따른 목표와 성취가 바르게 연결된 것은?

① 전조작기 – 대상의 획득 – 대상영속성

② 전조작기 – 상징의 획득 – 원인과 결과

③ 구체적 조작기 – 현실의 획득 – 언어

④ 형식적 조작기 – 현실의 획득 – 원인과 결과

⑤ 형식적 조작기 – 사고의 획득 – 현실과 환상의 구별

정답 5번(감각운동기 – 대상의 획득 – 대상영속성, 전조작기 – 상징의 획득 – 언어, 구체적 조작기 – 현실의 획득 – 원인과 결과, 형식적 조작기 – 사고의 획득 – 현실과 환상의 구별)

엘리스의 합리적 정서치료이론을 기반으로 한 사회복지사의 역할이 바람직하지 못한 것은?

① 클라이언트의 문제장애행동에 동기가 되는 기본적인 몇 가지의 비합리적 사고에 고정시킨다.
② 클라이언트에게 그의 사고가 합리적인 본질을 지녔음을 보여준다.
③ 클라이언트의 비합리적 사고를 공격하기 위해 논리적인 분석을 한다.
④ 이런 신념들이 얼마나 비효율적이며 그의 미래에 어떻게 정서적, 행동적인 장애를 가져다주는지를 설명한다.
⑤ 클라이언트가 자신의 감정에 대해 직접적으로 작업하고 장애에 대처해서 활동하도록 돕기 위해 여러 가지 정서적, 행동적 방법들을 사용한다.

정답 2번(클라이언트에게 그의 사고가 비합리적인 본질을 지녔음을 보여준다.)

다음의 〈보기〉는 어느 이론의 주요 개념인가?

> 〈보기〉
> • 실존주의 철학에서 기원: 자기실현의 경향성: 완전히/충분히 기능하는 사람
> • 인간의 소외, 무의미, 인간 존재의 제한성에 초점 – 각 개인의 행동과 경험을 중요시
> • 무조건적인 긍정적 존중

① 인본주의이론 ② 행동주의이론
③ 사회학습이론 ④ 심리사회이론
⑤ 정신분석이론

정답 1번

피아제의 인지발달이론에서 객관적 기준에 의한 사고가 이루어지지 못하고 직관적으로 사고하는 것은 어느 단계의 특징인가?

① 반사활동기 ② 구체적 조작기
③ 감각운동기 ④ 형식적 조작기
⑤ 전조작기

정답 5번(전조작기의 특징이다.)

에릭슨의 점성적 심리·사회적 발달 8단계의 연결이 잘못된 것은?

① 영아기: 기본 신뢰 대 불신 – 희망
② 유아기: 자율성 대 수치, 의심 – 의지력
③ 학령전기: 솔선성 대 죄악감 – 목적
④ 아동기: 근면성 대 열등감 – 능력
⑤ 청소년기: 친밀감 대 고립 – 충성심

정답 5번(청소년기 – 자아정체성 대 역할혼란 – 충성심/ 청년기 – 친밀감 대 고립 – 사랑/ 장년기 – 생산성 대 침체 – 배려/ 노인기 – 자아통합 대 절망 – 지혜)

프로이트의 정신분석이론의 인간관과 관계없는 것은?

① 인간을 의식의 영역밖에 존재하는 비합리적이고 통제할 수 없는 무의식적인 본능의 지배를 받는 존재로 본다.
② 인간의 기본적 성격구조는 아동기 5세 이전의 경험에 의해 결정된다.
③ 인간의 행동은 의식수준에서 통제가 가능한 자아에 의해 통제된다.
④ 인간은 무의식적인 내적 충동에 의해 야기된 긴장 상태를 제거하여 쾌락을 추구하려는 속성을 지니고 있다.
⑤ 정신치료에서 아동기의 경험을 재구성하는 것이 필수적이다.

정답 3번(에릭슨의 인간관이다.)

미시, 중범위, 거시체계의 상호작용에 대한 설명이다. 맞지 않는 것은?

① 개별 미시체계는 다양한 중범위 체계와 역동적으로 상호작용하지만 거시체계의 영향은 거의 받지 않는다.
② 인간행동을 이해하기 위해서는 사회환경 내의 다중적인 상호작용을 이해해야 한다.
③ 하나의 미시체계는 역동적으로 상호작용하는 생리, 심리, 사회체계들로 구성되어 있다.
④ 사회환경에 미치는 사회환경의 힘, 즉 정치, 경제, 환경, 사상의 힘 등의 영향력도 포함해야 한다.
⑤ 사회복지사는 개인의 정상적인 주요 사건과 체계들이 어떻게 영향을 주고받는지를 동시에 두 가지 상호작용 측면으로 이해해야 한다.

정답 1번(거시체계의 문화, 지역사회, 제도, 조직 등의 개인 적 미시체계의 행동과 사고에 많은 영향을 미친다)

심리 사회적 접근방법의 실무원칙의 설명이 틀린 것은?

① 클라이언트의 일생에 걸친 성격발달의 과정을 이해하라.
② 클라이언트가 자기분석에 참여하도록 하여 발달적 역사를 파악하라.
③ 현실을 왜곡하고 자아기능을 축소시킨 발달영역을 결정하라.
④ 클라이언트가 환경에서의 자신의 위치에 관해 새로운 인식을 가지도록 하라.
⑤ 클라이언트가 심리사회적 위기를 해결하는 과정에서 성공만을 파악하라.

정답 5번(성공과 실패를 파악해야 한다.)

바보처럼 행동하는 아동에 대해 전혀 관심을 기울이지 않음으로써 아동의 그런 행동을 중단시키는 행동주의적 기법은 무엇인가?

① 자기규제 ② 행동수정
③ 자극일반화 ④ 소거
⑤ 자극변별화

정답 4번(행동의 소거에는 무관심이 더 효과적이다.)

스키너의 조작적 조건형성의 행동주의이론 특성이 아닌 것은?

① 조작적 조건형성은 인간이 환경적 자극에 능동적으로 반응하여 나타내는 행동인 조작적 행동을 설명하고자 한다.
② 보상 후 일정한 시간이 지나야 다시 보상하는 경우 고정간격이라 한다.
③ 인간의 행동은 보상이나 처벌의 조작결과로서 형성되는 것이 아니라, 다른 사람의 행동을 관찰하고 모방한 결과로서 이루어진다.
④ 보상이 주어지는 평균시간은 정해져 있지만 실제 강화가 주어지는 시간간격은 다른 경우 변동간격이라 한다.
⑤ 반응의 빈도를 증가시키는 자극을 강화라 한다.

정답 3번(다른 사람의 행동을 관찰하고 모방한 결과로써 이루어지는 특성은 반두라의 사회학습이론이다.)

반두라의 사회학습이론의 주요 개념들 중 옳지 않는 것은?

① 인간의 행동이 사회적 상황 속에서 개인의 내적, 인지적 과정과 환경적 영향력 간의 상호작용으로 결정된다.
② 인간의 행동을 불러일으키는 것은 환경적 자극이며 외적 강화를 통해 행동을 변화시킬 수 있다.
③ 행동의 영향을 주는 자신의 경험을 통해 대리강화함으로써 인지가 중요한 역할을 한다.
④ 인간행동을 이해하기 위해서는 사회적 상황이나 역할에 대해 더 많은 주의를 기울여야 한다.

⑤ 인간행동에 대한 이해를 향상시키려면 개념적, 경험적 측면에서 설명 능력이 향상되어야 한다.

정답 2번(2번의 내용은 행동주의이론의 기계론적인 환경결정론의 특성이다.)

프로이트의 정신분석적 사회복지사의 기본과정이 아닌 것은?

① 자아의식과 자아통제력을 증진시키는 것이 치료적 개입의 목적이다.
② 지속적으로 억압된 무의식을 발견하여 이를 의식수준으로 끌어올리는 것은 원조과정의 필수적 요소다.
③ 정서적 갈등을 표출하는 것은 외상적 기억에서 벗어나는데 도움이 된다.
④ 초기의 어려운 생활사건을 이해하고 재구성하는 것이 치료적이다.
⑤ 사회복지사와 클라이언트 사이의 원조관계는 이전의 중요한 경험이 내포되어 있다.

정답 1번(에릭슨이론을 의미한다.)

원초아(id)에 대한 설명으로 틀린 것은?

① 무의식 안에 감추어져 있는 일차적인 정신적 에너지이다.
② 쾌락원리를 따른다.
③ 반사행동과 일차과정 사고가 있다.
④ 현실원리의 지배를 받는다.
⑤ 충동적이고 비합리적이다.

정답 4번(자아(ego)에 관한 설명이다.)

매슬로의 욕구단계 중 생리적 욕구 다음 단계의 욕구는?

① 목적성취의 욕구
② 자아실현의 욕구
③ 소속과 애정에 대한 욕구
④ 안전의 욕구
⑤ 자기존중의 욕구

정답 4번(생리적 욕구－안전의 욕구－소속과 애정의 욕구－ 자기존중의 욕구－자아실현의 욕구순으로 발전한다.)

전조작기에 있는 유아의 논리적인 사고를 방해하는 요인들로 묶여진 것은?

① 자아중심성, 비가역성
② 직관적 사고, 상징적 사고
③ 상징적 사고, 비가역성
④ 동일성, 보상성
⑤ 실재론적 사고, 꿈의 실재론

정답 1번(논리적 사고를 방해하는 요인들은 자아중심성, 집중성(직관적 사고), 비가역적 사고이다)

피아제의 인지발달의 각 단계별 특징으로 옳지 않은 것은?

① 구체적 조작기: 분류와 연속성, 역조작의 사고가 가능
② 전조작기: 보존 개념 획득, 비가역적 사고, 물활론적 사고
③ 감각운동기: 대상영속성, 인과관계, 의도성의 개념 획득
④ 형식적 조작기: 추상적 사고, 연역적 추론 가능
⑤ 구체적 조작기: 가역적 사고, 경험에 기초한 사고, 탈중심화

정답 2번(보존 개념은 일정한 수, 질량, 부피는 그 상태와 모양을 달리해도 일정하게 유지된다는 점을 인식하는 것으로 구체적 조작기에 획득한다.)

피아제가 말한 인지발달단계가 순서대로 제시된 것은?

① 전조작기－구체적 조작기－감각운동기－형식적 조작기

② 형식적 조작기－전조작기－구체적 조작기－감각운동기
③ 감각운동기－구체적 조작기－전조작기－형식적 조작기
④ 전조작기－감각운동기－형식적 조작기－구체적 조작기
⑤ 감각운동기－전조작기－구체적 조작기－형식적 조작기

정답 5번(순서가 중요하다.)

한국가족은 전통적 특성을 포함해 전통적인 가치관인 가족주의의 잔재가 남아 있는 가운데 외양적으로는 서구의 영향을 받고 있다. 다음 중 서구의 영향을 받았다고 볼 수 없는 것은?

① 가족규모의 축소 및 단순화
② 가족주기의 기간이 짧아지고 있다
③ 친족관계가 축소되고 약화되었다.
④ 가족이 개인보다 우선시된다.
⑤ 부부간의 성역할 분업구조의 변화

정답 4번(외양상의 변화는 가족규모의 축소, 단순화, 친족관계의 축소 및 약화, 가족주기 즉 결혼한 주부들이 자녀양육 기간이 짧아지고 있다. 부부간에도 어느 한쪽이 전적으로 책임지는 것이 아닌 역할을 분담하고 있다. 4번은 한국가족의 전통적 특성을 설명한 것이다.)

일반적 체계이론을 설명한 것으로 틀린 것은?

① 콤프튼과 갤러웨이는 사회복지사가 실천현장에서 활동하는 체계를 4단계로 분류하였다.
② 변화매개체계는 사회복지사가 속해 있는 사회복지관, 쉼터 등이 해당된다.
③ 클라이언트체계는 도움을 필요로 하는 사람이나 집단을 의미한다.
④ 표적체계는 문제의 원인이 되는 집단을 의미한다.
⑤ 행동체계는 변화매개체계가 클라이언트체계를 지원하는데 도움을 주는 체계이다.

정답 1번(4단계로 구분한 학자는 핀커스와 미나한이다.)

피아제이론의 기본 개념의 설명으로 옳은 것은?

① 환경에 대한 개인 도식의 변화로 주변 환경의 조건을 조정하는 능력을 동화라고 한다.
② 상이한 도식들이 자연스럽게 서로 결합하는 것을 적응이라고 한다.
③ 인간이 자신의 인지발달 수준에 따라 개념을 생각하고 이를 조직화하는 방식이나 틀을 도식이라 한다.
④ 외부의 사물을 인지할 때 주어진 상황에 맞게 기존의 인지구조를 변화시키는 것을 적응이라고 한다.
⑤ 상이한 도식들이 자연스럽게 서로 결합하는 것을 평형이라고 한다.

정답 3번(1번은 적응, 2번은 조직화, 4번은 조절, 5번은 조직화에 대한 설명)

사회체계적 관점 중 단순한 형태에서 복잡한 형태로 변화하려는 체계의 경향을 무엇이라 하는가?

① 엔트로피 ② 산출
③ 환류 ④ 역할
⑤ 분화

정답 5번

생태체계 관점이 아닌 것은?

① 인간과 환경은 지속적인 상호 교류 안에서 존재하는 하나의 체계
② 다양한 체계 수준에서 이루어지는 개인들과의 관련성 강조
③ 인간행동은 성장하는 개인과 환경 사이의 상호작용의 산물

④ 변화에 대해 비관적

⑤ 역동적 교류와 적응에 초점이 주어짐.

정답 4번(변화를 위한 다양한 가능성이 존재하는 것으로 봄.)

일반체계이론을 사회복지에 적용하였을 때 사회복지 지식을 조직하는 준거틀로서 체계이론에 내재된 가치가 아닌 것은?

① 사회문제와 관련된 전반적인 요소들을 적용하는데 필요한 준거틀 제공

② 개인이나 환경이 지닌 특성에서부터 체계들 간의 상호 교류에 관심을 돌리게 한다.

③ 사회복지사는 사회체계가 아니며, 조직망의 구성요소로 관여되지 않고 있다.

④ 목적성을 지닌 체계의 개념은 원인과 변화의 가능성에 대한 견해를 근본적으로 변화시킨다.

⑤ 다른 분석적인 모델보다는 훨씬 더 많은 자료들을 다룰 수 있게 한다.

정답 3번(사회체계에 속하며 조직망의 구성요소로 관여되고 있다.)

반두라(Bandura)의 사회학습이론에 관한 설명으로 옳지 않은 것은?

① 인간의 행동은 다른 사람의 행동을 관찰하고 모방한 결과로서 이루어진다.

② 직접적인 강화나 조건화가 없어도 대리강화나 대리조건화에 의해 학습이 이루어진다.

③ 전통적 행동주의 관점에 인지적 측면을 추가하여 형성된 이론이다.

④ 자신의 기준에 따라 행동을 강화함으로써 그 자신의 행동을 통제할 수 있다고 본다.

⑤ 성격 또는 행동의 결정 요인으로 합리적 신념의 형성을 강조한다.

정답 5번(엘리스의 이론을 설명한 것이다.)

방어기제 중 '부정'에 관한 설명은?

① 위협적인 현실에 대해 '눈감음'으로써 불안에 대처하는 것

② 의식하지 못하는 동기에서 나온 용납할 수 없는 충동에 대해 지적으로 그럴 듯한 설명이나 이유를 대는 것

③ 위협적인 충동에 대처하기 위해 적극적으로 그런 충동에 반대되는 행동을 하는 것

④ 위협이나 고통스런 생각, 용납할 수 없는 충동 등을 무의식으로 추방하여 자각하지 않으며 하는 방어 수단

⑤ 불안을 일으키는 원인이 자신의 내부에 있음에도 불구하고 이를 외부 세계로 전가하는 것

정답 1번(2번은 합리화, 3번은 반동형성, 4번은 억압, 5번은 투사에 관한 설명이다)

정신분석이론 치료기법이 아닌 것은?

① 자유연상법

② 해석

③ 저항의 분석과 해석

④ 경청

⑤ 버텨주기와 간직하기

정답 4번(로저스이론의 치료기법)

생태체계에 대한 설명 중 틀린 것은?

① 외적체계는 학교 및 가족과 같은 개인을 둘러싸고 있는 두 가지 이상의 환경에서 일어나는 과정과 연결성을 말한다.

② 거시체계는 민족 집단체계와 같이 특정 문화유형이나 보다 광범위한 사회적 맥락을 의미한다.

③ 미시체계는 개인과 가족과 같은 직접적인 환경 내에서의 활동, 역할, 그리고 대인관계 유형을 말한다.

④ 미시체계, 중간체계, 외적체계, 거시체계로 설명할 수 있다.
⑤ 이 관점에서는 사회적 관계망을 개인의 생활공간에서 중요한 변인으로 본다.

정답 1번(가족은 미시체계이다.)

매슬로가 설명한 소속과 애정에 관한 욕구에 대한 내용으로 맞는 것은?

① 사회적으로 성공하고자 하는 성취의 욕구이다.
② 기본적인 생리적 욕구이다.
③ 이 욕구를 충족하지 못하면 자신감이 상실된다.
④ 회사 내 모임이나 가정, 동반자에 대한 욕구이다.
⑤ 욕구를 충족하면 존경의 욕구가 실현된다.

정답 4번(소속과 애정에 대한 욕구는 가족과 동반자에 대한 욕구로서 남과 어울려 애정을 나누고 싶어 한다.)

프로이트의 성격발달이론의 세 가지 기본 원칙이 아닌 것 모두 고르시오.

① 정신적 결정론
② 무의식의 중요성
③ 리비도의 영향
④ 점성원칙
⑤ 보상의 중시

정답 4번(에릭슨에 관한 내용이다)과 5번(행동주의)

관찰학습과정에 대해 바르게 설명하고 있는 것은?

① 보존과정: 모델을 모방하기 위해 심상 및 언어로 기호화된 표상을 외형적인 행동으로 전환하는 단계
② 동기과정: 모방한 행동을 상징적인 형태로 기억 속에 담는 것
③ 강화: 관찰학습에서 필수조건
④ 주의과정: 모방할 행동에서 중요한 특징에 관심을 기울이고 정확하게 지각하기 위해 노력하는 과정
⑤ 운동재생과정: 무엇을 선택적으로 관찰할 것인지 결정하는 단계

정답 4번(① 생산과정, ② 보존(파지)과정, ③ 과정이 아님, ⑤ 주의과정)

인지발달단계의 특징을 설명한 것으로 가장 거리가 먼 것은?

① 발달단계는 지속적이고 상호의존적인 관계에 있다.
② 발달 순서는 뒤바뀌지 않는다.
③ 과도기에는 두 단계의 인지적 특징이 함께 나타날 수 있다.
④ 각 단계에 도달하는 연령은 사람마다 다르다.
⑤ 한 단계의 인지구조는 전 단계의 인지구조와는 별개로 이루어진다.

정답 5번(한 단계의 인지 구조는 항상 전 단계의 인지구조에 기초를 두고 이루어진다.)

사회체계로서 조직설명으로 잘못된 것은?

① 조직이란 사회적 실체로서 목표지향적이며 구조화되어 통합적 활동체계로 이루어져 있다.
② 사회적 단위 또는 집단, 사회, 군대, 학교, 병원, 교회, 조합 등 1차집단과는 구별된다.
③ 조직의 유형으로는 강제조직, 자발적 조직, 공리적 조직이 있다.
④ 보호모델에는 피고용인의 복지증진과 안전을 위하여 연금, 보험 등 노동자들의 만족도는 높으나 성취를 위한 동기화는 부족하다.
⑤ X이론과 Y이론은 일본식 경영원칙에 붙인 이름이다.

정답 5번(Z이론에 대한 설명이다)

반두라의 사회학습이론이 사회복지개입 중 교육에 주는 시사점이 아닌 것은?

① 효과적인 학습방법
② 대중매체의 영향도 중요함.
③ 교육기관이 아닌 어느 곳에서도 학습이 일어날 수 있음.
④ 인간의 행동 또는 성격의 결정요인으로 사회적 요소를 중요하게 생각함.
⑤ 외적 강화의 중요성

정답 5번(반두라의 학습이론에 의하면 사람의 행동을 정하는 것은 외부 조건만이 아니라 그 조건에 관한 사람의 인지에 기초한 사람의 판단이다.)

일정한 회수의 반응을 한 후에 보상하는 강화계획은?

① 고정간격 ② 고정비율
③ 변동간격 ④ 변동비율
⑤ 고정변별

정답 2번(① 일정한 시간 후 강화, ③ 보상이 주어지는 시간은 정해져 있지만 실제 시간이 다름, ④ 일정한 수의 반응 뒤에 보상이 정해져 있지만 실제 비율이 다른 경우)

개에게 고기를 주기 전에 매번 종을 울리면 그 개는 종소리만 듣고도 침을 흘린다. 즉 무조건적 자극 없이도 중립자극으로 무조건적 반응을 유도하게 된 이 개는 어떤 상태인가?

① 변별 자극화 ② 긍정적 자극화
③ 부정적 자극화 ④ 고전적 조건화
⑤ 조작적 조건화

정답 4번(고전적 조건형성이란 무조건적 자극인 먹이를 주면 무조건적 반응인 침이 흐르는 것을 이용하여 원래는 침이 나오지 않는 중립 자극인 조건자극 종소리를 울려주고 나서 무조건적 자극인 먹이를 주는 조건화 과정을 거듭하면, 조건자극인 종소리만 들려주어도 조건반응으로 침이 흐른다.)

정신분석치료과정에서 치료적 발전을 저해하고 클라이언트가 무의식적인 욕구 표출를 방해하는 것을 의미하는 것은?

① 자유연상 ② 해석
③ 간직하기 ④ 버텨주기
⑤ 저항

정답 5번(저항의 방법으로 방어기제 등이 있다)

에릭슨의 심리사회학적 성격이론이 사회복지실천방법론에 미친 영향으로 옳은 것은?

① 유아기 경험에 근거하여 성인의 정신병리를 이해하는 데 도움을 주었다.
② 정신 내적인 현상에 대해서 사회복지전문직의 이해를 넓혀주었다.
③ 심리적 유형, 중년기의 마음에 대한 연구가 사회복지실천에 도움을 주었다.
④ 가족상담에 유용한 지식기반을 제공하였다.
⑤ 사회제도가 어떻게 인간발달을 촉진하는지에 대한 사회복지계의 관심에 도움이 되었다.

정답 5번(1번~4번은 프로이트의 이론을 설명한 것이다)

사회복지실천 집단의 유형으로 틀린 것은?

① 인카운터 집단 ② 과업집단
③ 레크리에이션 집단 ④ 자조집단
⑤ 문화집단

정답 5번(사회복지실천과 집단의 유형에는 레크리에이션 집단, 레크리에이션-기술 집단, 교육집단, 과업집단, 대표집단, 자조집단, 인카운터 집단, 치료집단 등이 있다)

모방한 행동을 상징적인 형태로 기억 속에 담는 것으로 이때 행동의 특징을 회상할 수 있는 능력은 관찰학습에서 매우 중요하다는 설명은 무엇에 대한 것인가?

① 운동재생과정 ② 동기화과정

③ 평가과정 ④ 주의과정
⑤ 보존과정

정답 5번(운동재생과정: 기호화된 표상을 외형적인 행동으로 전환하는 단계로 이때 신체적인 능력이 전제조건임. 동기화가정: 관찰학습에서 강화가 꼭 필요한 것은 아니지만 행동을 학습한 후 그 행동을 수행할 여부를 결정하는 데 중요한 역할. 주의과정: 무엇을 선택적으로 관찰할 것인지 결정하는 과정으로 모방할 행동에서 중요한 특징에 관심을 기울이고 정확하게 지각하기 위해 노력)

스키너의 행동주의적 학습이론의 주요 개념이 아닌 것은?

① 반응적 행동 ② 조작적 행동
③ 변별자극 ④ 반동형성
⑤ 강화

정답 4번(프로이트의 방어기제이다.)

에릭슨의 자아발달단계 중 맞는 것을 고르시오?

① 기본적 신뢰감 대 불신－자율성 대 수치, 의심－ 주도성 대 죄의식－근면성 대 열등감－정체성 대 역할혼란－친밀감 대 고립감－생산성 대 침체－자아통합 대 절망
② 기본적 신뢰감 대 불신－주동성 대 죄의식－근면성 대 열등감－자율성 대 수치, 의심－정체성 대 역할혼란－친밀감 대 고립감 생산성 대 침체－자아통합 대 절망
③ 자아통합 대 절망－기본적 신뢰감 대 불신－자율성 대 수치, 의심－주도성 대 죄의식－근면성 대 열등감－정체성 대 역할혼란 친밀감 대 고립감－생산성 대 침체
④ 자율성 대 수치, 의심－주도성 대 죄의식－근면성 대 열등감－정체성 대 역할혼란－친밀감 대 고립감－생산성 대 침체－자아통합 대 절망－기본적 신뢰감 대 불신
⑤ 자아통합 대 절망－기본적 신뢰감 대 불신－자율성 대 수치, 의심－주도성 대 죄의식－근면성 대 열등감－정체성 대 역할혼란 생산성 대 침체－친밀감 대 고립감

정답 1번(단계순서 및 과업은 외워두어야 한다.)

다음은 프로이트의 방어기제로 투사(Projection)에 해당되는 것은?

① 무의식중에 어머니를 향해 화를 품고 있는 사람이 다른 여자에게 적대 감정을 가진다.
② 자기가 싫어하는 사람에게 오히려 친절하게 대한다.
③ 시험성적이 나쁜 학생이 자기 공부를 충분히 하지도 않고 시험문제 출제방식이 잘못되었다고 탓을 한다.
④ 성적 충동을 느끼는 청소년이 다양한 스포츠나 음악활동에 심취하여 해소시킨다.
⑤ 직장에서 받은 스트레스를 가족에게 푼다.

정답 3번(① 전이, ② 반동형성, ④ 승화, ⑤ 전치)

스키너의 행동주의론적 시각에 대한 설명으로 맞지 않는 것은?

① 인간행동은 외적자극에 의해 동기화된다.
② 기계론적인 환경결정론 입장을 취하고 있다.
③ 인간본성에 대한 합리적 여부 논의 자체를 거부한다.
④ 인간의 자기 결정과 자유 가능성을 배제하고 있다.
⑤ 인간은 행동을 모방하는 사회학습 경험으로 성격을 형성한다.

정답 5번(사회학습이론)

피아제의 인지발달이론에 대한 설명이다. 해당되지 않는 것은?

① 구체적 조작기에는 논리적인 가역적 사고가 발달하고 보존개념을 획득하게 된다.
② 사춘기와 사춘기 이후에 해당하는 단계는 형식적 조작단계에 해당한다.
③ 감각운동기는 출생에서 약 세 살까지로 행동적이며, 이 시기의 중요한 지적성취는 대상연속성 개념의 획득과 자연 개방이 이루어진 것이다.
④ 피아제는 적응과정을 동화와 조절로 보았다.
⑤ 인지발달의 단계는 감각운동기－전조작기－구체적 조작기－형식적 조작기의 순으로 이루어진다.

정답 3번(감각운동기는 출생에서 두 살까지를 말한다.)

어떤 대상이 시야에서 사라지거나 소리가 들리지 않아도 계속 존재한다는 것은?

① 자아중심적 사고
② 비가역적 사고
③ 인공론적 사고
④ 도덕적 실제론
⑤ 대상영속성

정답 5번(피아제의 인지발달단계 중 감각운동기에 유아는 대상영속성을 획득한다)

엘리스의 합리적 정서치료이론에 대한 설명으로 바르지 못한 것은?

① 인간의 감정과 문제는 개인의 비합리적인 사고의 산물이다.
② 부적절한 정서는 어떤 조건을 바꾸도록 돕기보다는 오히려 악화시키는 경향이 있다.
③ 성격의 A－B－C－D－E 이론을 제시했다.
④ 개인의 인지적 사고는 행동을 변화시키기보다는 인지체계를 변화시키는 것이 중요하다.
⑤ 인간의 행동은 다른 사람의 행동을 관찰하고 모방한 결과로 형성된다.

정답 5번(반두라의 사회학습이론이다.)

다음 중 엘리스이론의 기법이 아닌 것은?

① 모델링 ② 역할연습
③ 자유연상법 ④ 사회기술훈련
⑤ 문제해결기술에 대한 교육

정답 3번(자유연상법은 정신분석이론이다.)

반두라의 사회학습이론에 대한 설명으로 맞지 않는 것은?

① 행동은 개인과 환경 간의 끊임없는 상호작용의 결과로 본다.
② 자극과 반응을 연결하는 인간의 인지적 기능을 강조한다.
③ 직접적 강화 없이 관찰 또는 대리학습을 통해 행동습득이 가능하다고 본다.
④ 모든 인간행동은 법칙적으로 결정되고 예측가능하므로 통제할 수 있다고 본다.
⑤ 인간은 자기 효율성을 성취하는 방향으로 행동을 규제할 수 있다고 본다.

정답 4번(스키너의 행동주의)

체계의 공통된 특성이 아닌 것은?

① 전체성과 상호 의존성
② 위계성
③ 환경과의 상호교환
④ 균형
⑤ 불변성

정답 5번(체계가 환경에 구조적으로 적응하기 위해서는 변화가 필요하다.)

사물의 외형이 변하더라도 그 사물이 가지고 있던 속성이 변하지 않는다는 것을 알게 된다면 어떤 개념이 형성된 것일까?

① 대상영속성
② 자기중심적 조망
③ 보존
④ 주관적 조망
⑤ 추상적 사고

정답 3번(보존은 질량이나 무게 등 물질의 한 측면이 동일한 동안, 형태나 위치 등 물질의 다른 측면은 변할 수 있다고 생각하는 능력)

행동주의이론의 실무 원칙으로 맞지 않는 것은?

① 관찰가능한 문제 행동과 환경적 조건에 초점을 두라.
② 개입은 행동의 과정을 수정하는 것이며, 클라이언트의 환경조건을 변화시켜서는 안 된다.
③ 문제행동을 유지하거나 새로운 학습을 방해하는 환경과 개인 간의 상호작용을 사정하라.
④ 사회복지사가 활용하는 개입절차는 정확하게 기술되어야 하며, 실험이나 조사에 의해 효과가 검증된 것이어야 한다.

정답 2번(개입은 행동의 선행요인과 결과를 수정하는 것이며 클라이언트의 환경적 조건을 변화시키는 것이다.)

집단의 역동성에 대한 설명 중 틀린 것은?

① 구성원 상호간, 혹은 집단에 대해 끌리는 것을 응집력이라 한다.
② 구성원이 가진 소망과 욕구가 사회적 상호작용을 통해 집단 목적으로 발전한다.
③ 서로 소통하고 긍정적, 부정적 감정을 전달하면서 관계의 구조가 발달한다.
④ 갈등이 생기면 집단관계가 무너질 수 있다.
⑤ 사람들 간의 접촉은 태도와 행동을 변화시키는 원동력이 된다.

정답 4번(적절한 갈등은 집단관계의 건설적 힘이 된다.)

프로이트가 주장한 심리성적 발달단계는?

① 구강기 – 항문기 – 남근기 – 잠복기 – 생식기
② 구강기 – 남근기 – 항문기 – 잠복기 – 생식기
③ 항문기 – 구강기 – 남근기 – 잠복기 – 생식기
④ 항문기 – 남근기 – 잠복기 – 구순기 – 생식기
⑤ 항문기 – 구강기 – 잠복기 – 남근기 – 생식기

정답 1번

행동주의의 사회복지실천의 적용이 아닌 것은?

① 행동주의는 심리적 건강보다는 부적응 행동의 수정에 관심을 둔다.
② 행동결여, 행동과다, 환경적 자극의 부적절한 통제, 자극에 대한 부적절한 자기 규제, 부적절한강화가 있다.
③ 클라이언트는 자아 인식을 토대로 환경과 상호작용, 자아, 지배력을 회복하고 병리적 증상에서 벗어난다.
④ 반두라는 인지적 요인, 특히 자기강화와 자기효능감의 역할을 중시한다.
⑤ 사회복지사는 구체적인 행동 및 그 행동을 일으킨 선행요인과 결과에 초점을 두며, 행동모델로 적극적으로 수행한다.

정답 3번(에릭슨의 심리사회성격이론 중 사회복지실천의 치료목표이다.)

A철망에 있는 쥐가 벨소리와 함께 전기충격을 받고 고통스러워하는 것을 본 B철망의 쥐는 벨소리만 울려도 공포 반응을 보인다. 이러한 현상을 적절하게 규정하는 개념은 무엇인가?

① 대리강화 ② 자기강화
③ 자극일반화 ④ 상호결정론
⑤ 대리조건형성

정답 5번(직접 체험하지 않아도 다른 상황을 보고도 자신의 행동을 규제할 수 있다는 것)

행동주의 치료적 기법에 해당하지 않는 것은?

① 자신에게 힘을 주는 내적 대화를 반복하거나, 공포나 불안을 야기하는 사건을 소거한다.
② 공격적인 행동을 한 아이를 격리, 과잉교정, 반응대가, 혐오기법을 사용한다.
③ 불안수준이 높은 클라이언트에게 조용한 환경 속에서 즐거운 생각을 반복함으로써 불안을 완화한다.
④ 경청, 부적절한 추론 억제, 클라이언트 스스로 치료적 명료화를 하도록 포용하고 해석한다.
⑤ 자기를 잘 드러내지 못하는 사람들에게 자신의 느낌, 생각, 신념 태도 등을 정확하게 표현하도록 가르친다.

정답 4번(심리사회적 치료기법이다.)

스키너의 조작적 조건형성의 주요 개념이 아닌 것은?

① 반응의 빈도를 증가시키는 자극
② 반응의 빈도를 감소시키는 자극
③ 고정간격, 고정비율, 변동간격, 변동비율의 강화계획
④ 어떤 행동이나 반응을 보여야 원하던 결과를 얻을 수 있는지를 알려주는 신호의 역할을 하는 자극
⑤ 환경적 자극에 수동적으로 반응하여 형성되는 행동

정답 5번(고전적 조건형성에 관한 내용이다.)

피드백에 대한 설명 중 옳지 않는 것은?

① 부정적 피드백과 긍정적 피드백으로 나뉜다.
② 적응기제에는 해당하지 않는다.
③ 목표를 달성하기 위한 노력을 좀더 효과적으로 조정할 수 있다.
④ 피드백으로 조정되는 사회체계는 목적지향적이다.
⑤ 긍정적 피드백을 받은 사람은 자신감이 있다.

정답 2번(인간은 사회환경으로부터 반응을 받고 환경의 신호에 적응한다. 그러므로 피드백은 일종의 적응기제이다. 효과적인 피드백과 의사소통 양식을 수입하는 것은 그 체계의 적응능력에 관련된다.)

다음 중 문화에 대한 설명으로 적합하지 않은 것은?

① 문화는 개별 클라이언트에게 영향을 미치는 미시체계 중의 하나다.
② 각 사회집단의 문화는 전체로서 하나의 통합된 체계를 이루고 있다.
③ 한 집단의 생활양식의 총체를 말한다.
④ 문화란 지식, 신념, 예술, 법률, 도덕, 관습 그리고 사회의 한 구성원으로서의 인간에 의해 획득된 다른 모든 능력이나 습관들을 포함하는 복합적인 총체라고 규정한 학자는 타일러이다.
⑤ 문화란 사람의 행위나 구체적인 사물 그 자체가 아니라 사람들의 마음속에 있는 모델이라고 정의한 학자는 굿이너프이다.

정답 1번(문화는 개별 클라이언트에게 영향을 미치는 거시체계 중의 하나다.)

다음 중 문화의 특성으로 볼 수 없는 것은?

① 고유성　② 불변성
③ 학습가능성　④ 전체성
⑤ 축적성

정답 2번(문화의 요소는 시간에 따라 변화한다.)

과업집단에 대한 설명으로 옳지 않은 것은?

① 과업의 달성, 성과물의 산출 또는 명령을 수행하기 위해서 만들어진다.
② 의사소통이 특정과업에 관한 논의에 집중되어 있다.
③ 과업집단에서 하는 역할들은 각 성원들에게

할당될 수도 있다.

④ 과업집단에는 보통 형식적인 일정과 규칙들이 있다.

⑤ 일반적인 목적을 잡고 생활의 새로운 유형을 지지하고 옹호하는 집단이다.

정답 5번(자조집단에 대한 설명이다.)

방어기제에 대한 설명으로 적당하지 않는 것은?

① 프로이트가 신경증적 행동으로 설명하는데 이용했다.

② 불안에서 벗어나려는 기제이다.

③ 현실을 왜곡하면서 불안으로부터 개인을 무의식적으로 방어한다.

④ 방어기제를 통하여 불안을 완전히 해소할 수 있다.

⑤ 일종의 자기기만인 대처로서 갈등을 해소하려는 무의식적 심적 반응이다.

정답 4번(완전히 해소 되지는 않는다.)

로저스의 상담자가 갖추어야 할 사항이 아닌 것은?

① 이성적　　② 일치성

③ 무조건적인 존중　　④ 공감적 이해

⑤ 긍정적인 존중

정답 1번(로저스는 상담자가 갖추어야 할 세 가지 태도를 일치성, 클라이언트가 있는 그대로 수용하는 무조건적 공감적 존중, 클라이언트를 이해하는 공감적 이해에 두었다.)

남근기의 고착으로 일어나는 성격 특성이 아닌 것은?

① 지나친 자부심

② 난잡한 성행위

③ 자기 증오

④ 남자의 오이디푸스 콤플렉스

⑤ 다른 사람의 몸을 보면서 쾌감을 얻는다.

정답 5번(남근기 아동에게 나타나는 현상)

안나 프로이트의 방어기제 중 불안을 일으키는 원인이 자신의 내부에 있음에도 불구하고 이를 외부세계로 전가하는 방어기제는?

① 투사　　② 억압

③ 부정　　④ 합리화

⑤ 전이

정답 1번(남의 탓으로 돌린다.)

다음 중 블라우와 스코트의 조직유형 설명으로 바르게 짝지어진 것은?

① 잠재적 형태 유지 조직: 교회, 학교 등

② 정치조직: 정당, 국회 등

③ 통합조직: 군대 등

④ 생산조직: 기업 등

⑤ 강제적 조직: 감옥 등

정답 5번(1, 2, 3, 4는 파슨스의 조직유형이다.)

다음 중 관료조직의 특성으로 잘못 설명된 것은?

① 전문화, 특수화된 의무나 기능에 바탕을 둔 역할문화

② 권위에 의해 등급별로 배열된 위계서열

③ 전문인의 채용, 효율과 능률에 바탕을 둔 승진

④ 모든 중요한 업무는 문서로 기록되지 않음

⑤ 모든 과업수행의 절차와 규칙의 표준화

정답 4번(모든 중요한 업무는 기록되고 문서로 보관한다.)

전조작기(2~7세)에 나타나는 사고 중 틀린 것은?

① 자아중심적 사고: 아동이 자신의 조망과 타인의 조망을 구별하지 못하는 것을 의미한다. 독백과 같이 자기 말만 하는 것이 특징이다.

② 물활론적 사고: 물건이나 현상이 살아 있고 또 살아서 움직이는 것으로 생각하는 것을 말한다. 생동론적 사고라고 한다.

③ 인공론적 사고: 물체가 인과관계에 의해 만들어지는 것이라고 생각하는 것을 말한다.
④ 도덕적 실재론: 누군가 잘못했을 때 행위에 대한 결과 여부에 따라 판단하는 것이 아니라 동기에 의해 잘잘못을 판단한다.
⑤ 비가역성: 조작 상태의 처음으로 돌아가지 못하는 특성이다.

정답 4번(누군가 잘못했을 때 동기에 의해 잘잘못을 판단하는 것이 아니라 행위에 대한 결과 여부에 따라 잘못한 정도를 파악한다.)

다음은 에릭슨의 심리사회적 발달단계 설명이다. 프로이트의 발달단계와 서로 연결이 잘못된 것은?

① 자율성 대 자기의혹: 항문기
② 적극성 대 죄의식: 남근기
③ 근면성 대 열등감: 구강기
④ 자아정체감과 역할혼미: 생식기
⑤ 신뢰감 대 불신감: 구강기

정답 3번(근면성과 열등감은 6~11세까지이며 프로이트의 잠복기에 해당한다.)

에릭슨의 심리사회적 접근방법의 실무원칙으로 맞지 않는 것은?

① 다양한 사회제도가 어떤 방식으로 클라이언트의 심리적 안녕을 지지하고 방해하는지 확인하라.
② 현실을 왜곡하고 자아 기능을 축소시킨 발달 영역을 결정하라.
③ 클라이언트의 일생에 걸친 성격발달과정을 이해하라.
④ 클라이언트가 원조자인 당신에게 보이는 반응에 대해 해석하라.
⑤ 클라이언트가 자기분석에 참여하도록 하여 발달적 역사를 파악하라.

정답 4번(프로이트이론의 사회복지실천의 적용에 대한 실무원칙이다.)

프로이트의 방어기제에 대한 설명이 틀린 것은?

① 투사: 과도한 긴장이나 도전에 직면할 때 미성숙하거나 부적절한 행동을 함으로써 불안에 대처하는 것
② 억압: 위협이나 고통스런 생각, 용납할 수 없는 충동 등을 무의식적으로 추방하여 자각하지 않으려 하는 방어수단
③ 승화: 성적 에너지를 다른 돌파구, 즉 사회적으로 인정받고 존경받는 방향으로 돌리는 것
④ 합리화: 의식하지 못하는 동기에서 나온 용납할 수 없는 충동에 대해 지적으로 그럴 듯한 설명이나 이유를 대는 것
⑤ 전이: 정신 에너지가 한 대상으로부터 다른 대상으로 옮아가는 것

정답 1번(투사는 불안을 일으키는 원인이 자신의 내부에 있음에도 불구하고 이를 외부 세계로 전가하는 것이다.)

구체적인 상황을 초월하여 상상적 추론이 가능할 수 있는 시기는?

① 유아기　② 전조작기
③ 학령전기　④ 구체적 조작기
⑤ 형식적 조작기

정답 5번

체계로서 가족의 특징을 설명한 내용 중 가장 거리가 먼 것은?

① 가족은 시간이 지나면서 반복되는 상호작용 패턴을 추구한다.
② 가족과 외부 체계를 구분하는 경계는 다양하다.
③ 가족구성원은 가족 내 다양한 위치에서 서로 상호 의존한다.

④ 가족구성원의 욕구를 충족하는 것으로 가족의 모든 과업은 완수된다.
⑤ 가족은 개인이 성장하고 발달하는 데 가장 친밀하고 영향력 있는 사회환경이다.

정답 4번(체계로서 가족의 특징은 다음과 같다. 가족구성원은 가족 내에서 다양한 위치에서 서로 상호 의존한다. 가족은 더 큰 사회체계의 요구와 가족구성원들의 욕구를 모두 충족해야 한다. 이것이 가족의 과업이다. 가족은 시간이 지나면서 반복되는 상호작용 패턴, 즉 적응과 균형을 추구하는 단위다. 가족과 외부체계를 구분하는 경계는 엄격함과 침투성 정도에 따라 다양하다.)

가족체계 역동성에 대한 설명이다. 가장 거리가 먼 것은?

① 가족은 개인의 성격형성의 생물학적 측면과 문화적 측면을 연결하는 사회제도이다.
② 가족은 아동이 적응하고 성숙하는 데 필요한 수단, 제도, 역할 등을 배우는 사회제도이다.
③ 가족구조가 변해도 가족구성원의 고유한 위치와 역할은 변하지 않는다.
④ 가족체계 경계선의 침투성 정도가 가족구성원의 성격과 행동에 영향을 미친다.
⑤ 가족의 중요한 과업은 가족구성원의 사회화와 사회통제이다.

정답 3번(사회체계론적 관점에 따르면 가족구조가 변하면 가족구성원의 위치, 역할, 기능이 변하므로 결과적으로 가족구성원 각자의 행동도 변한다.)

매슬로는 욕구위계이론을 크게 두 가지 형태인 결핍성 욕구와 이것으로 구분한다. 이 욕구는 무엇인가?

① 생리적 욕구 ② 안전욕구
③ 소속과 애정욕구 ④ 성장성 욕구
⑤ 자존의 욕구

정답 4번(매슬로는 욕구를 크게 두 가지 형태인 결핍성과 성장성 욕구로 구분하였다.)

생태학적 관점으로 옳은 것이 아닌 것은?

① 인간과 환경의 상호작용
② 환경 속의 인간
③ 개인과 환경 사이의 상호작용적 산물로서의 인간
④ 단순한 인과관계
⑤ 정확하고 깊이 있는 사정과 평가

정답 4번(단순한 인과관계를 설명하는 것이 아니라 인간과 환경 간의 복잡한 상호관계를 규명한다.)

사회복지사에게 도움을 청하거나 어떤 문제해결을 위해 사회복지사로부터 서비스 지원을 계약하여 함께하는 체계는?

① 변화매개체계 ② 클라이언트체계
③ 표적체계 ④ 행동체계
⑤ 전문가체계

정답 2번(변화매개체계: 사회복지사가 속해있는 기관. 표적체계: 변화매개체계가 그 활동목적을 달성키 위해 변화시킬 대상. 행동체계: 사회복지사가 활동목적을 달성키 위해 공동으로 노력하는 모든 체계. 전문가체계: 사회복지사들로 구성된 전문성을 강화한 체계)

지역공동체(지역사회)의 기능이 아닌 것은?

① 개인의 심리내적인 문제의 해결에 도움을 준다.
② 구성원에게 지식, 사회적 가치, 행동양식 등을 전수한다.
③ 공동체가 제공하는 제반 활동에 구성원들이 자발적으로 참여한다.
④ 구성원이 개인적으로 욕구를 충족하기 어려울 때 구성원들이 서로 도움을 준다.
⑤ 구성원들의 행동을 규범에 따르도록 규제한다.

정답 1번(2~5번은 지역공동체 기능으로, 2번은 사회화 기능, 3번은 사회참여 기능, 4번은 상부상조의 기능, 5번은 사회통제 기능을 의미한다.)

조직 속에서 인간행동의 모델과 설명이 잘못된 것은?

① 보호모델: 피고용인의 복지 증진을 통해 직장의 안전성을 높이고 조직에 의존하도록 함
② 인간관계 모델: 시카고 서부전기회사의 호손 공장에서의 실험을 바탕으로 개발된 모델
③ 종합품질관리: 오우치(Ouchi)가 일본식 경영 원칙에 붙인 이름
④ 독재모델: 지도부는 일방적으로 명령하고 조직원의 복종함
⑤ 과학적 모델: 테일러(Taylor)에 의해 개발됨

정답 3번 (오우치(Ouchi)가 일본식 경영 원칙에 붙인 이름의 모델은 Z 이론이다. 따라서 종합품질관리는 양질의 상품과 서비스를 계속 향상시키기 위해 조직 내의 모든 기능과 과정을 통합하는 것을 말한다.)

우리와 함께하고 있는 사회체계의 순서가 바르게 된 것은?

① 개인－가족－집단－조직－지역사회－문화
② 개인－가족－조직－집단－지역사회－문화
③ 가족－개인－집단－조직－지역사회－문화
④ 개인－가족－집단－지역사회－조직－문화
⑤ 개인－가족－집단－조직－문화－지역사회

정답 1번(개인은 하나의 사회체계로서, 다른 사회체계와의 상호작용을 통해 성장·발달해 나아가며, 개인의 성격은 그가 속한 사회, 문화의 영향을 받아 형성되어 인간행동에 의해 창조된다.)

준비물을 집에 두고 온 한 학생이 학교에 일단 등교하면 집에 갈 수 없다는 학교규칙 때문에 집에 갈 수 없다고 판단했다. 이 판단은 콜버그의 도덕성 발달단계의 어디에 해당하는가?

① 1단계: 벌과 강제에 의한 도덕성
② 2단계: 욕구충족 수단으로서의 도덕성
③ 3단계: 대인관계 유지를 위한 도덕성
④ 4단계: 법과 질서에 의한 도덕성
⑤ 5단계: 사회계약으로서의 도덕성

정답 4번(콜버그의 도덕성 발달단계를 적용해 볼 수 있도록 하기 위해서 1단계－벌과 강제에 의한 도덕성, 2단계－욕구충족 수단으로서의 도덕성, 3단계－대인관계 유지를 위한 도덕성, 4단계－법과 질서에 의한 도덕성, 5단계－사회계약으로서의 도덕성, 6단계－보편적인 도덕법칙단계)

긍정적 자아개념을 형성하기 위한 방법과 거리가 먼 것은?

① 원인제거: 부정적인 자아평가의 원인을 제거
② 자기수용: 자기 자신을 있는 그대로 인정하고 받아들이는 것
③ 인격존중: 상대를 중요하고 특별한 존재로 인식하고 각자가 할 수 있는 방법 구체화
④ 칭찬과 비판 계속적인 강화
⑤ 지도자의 자아관

정답 4번(칭찬의 계속적인 강화)

피아제는 아동기를 구체적 조작기로 구분한다. 이 시기의 특징으로 올바르지 못한 것은?

① 논리적, 가역적 사고기능
② 보존 개념 획득
③ 분류 및 서열 조작
④ 추상적 사고기능
⑤ 조합의 능력발달

정답 4번(추상적 사고기능은 형식적 조작기에 해당된다)

무의식적 결정론에 근거한 정신분석이론과 환경결정론에 근거한 행동주의이론에 반대하는 제3의 심리학에 속하는 것은 무엇인가?

① 인본주의이론 ② 욕구위계이론
③ 자아실현 ④ 현상학적 장
⑤ 공감적 이해

정답 1번(인본주의이론은 정신분석이론, 행동주의이론

과 더불어 미국 심리학의 3대 세력이라고 할 수 있다.)

다음에 제시된 자아방어기제 중 그 예시가 잘못된 것은?

① 억압: 하기 싫고 귀찮은 과제를 하지 않고 '깜박 잊었다'고 말하는 경우
② 반동형성: 미운 놈에게 떡 하나 더 준다.
③ 투사: 어머니를 미워하는 감정을 수용할 수 없기에 자기를 미워하는 것으로 대치하는 경우
④ 대치: 오빠에게 매력을 느끼는 여동생이 오빠와 비슷한 사람과 사귀는 경우
⑤ 승화: 예술은 성적욕망을, 종교는 막강한 아버지를 찾는 의존심으로 전환하여 표출

정답 3번(제시된 예시는 '내면화'에 대한 내용이다. 투사는 '잘못되면 조상 탓'이라는 예를 들 수 있다.)

사회복지실천의 과정이 아닌 것은?

① 문제 또는 상황을 자세히 조사하고 이해한다.
② 명확하고 구체적인 목적을 설정하고 구체적인 행동계획을 세운다.
③ 클라이언트에게 일어나는 일들을 스스로 하게 도와준다.
④ 목적 달성 여부를 알아보기 위해 문제해결 과정을 평가한다.
⑤ 모든 과정의 끝으로 지금까지 성취한 것을 마무리한다.

정답 3번(계획에 따라 실제로 사회복지사가 개입하여 수행하도록 해야 한다.)

에릭슨의 심리사회적 성격이론이 프로이트의 이론과 구별되는 점이 아닌 것은?

① 인간의 행동과 기능의 기초로 자아를 강조하였다.
② 자아를 성격의 자율적 구조로 간주하였다.
③ 삶의 심리사회적 위험을 극복할 수 있는 인간 능력에 관심을 기울였다.
④ 인간을 비합리적이고 통제할 수 없는 무의식적 본능의 지배를 받는 존재로 보았다.
⑤ 가족 상황 속에서 개인과 그 부모의 관계뿐 아니라 그 가족이 위치한 역사적, 문화적 상황 속의 사회적 관계에 관심을 기울였다.

정답 4번(프로이트의 정신분석이론에 관한 설명이다.)

방어기제 중 하나인 '전환'에 대한 설명은?

① 심리적 갈등이 신체 감각기관과 수의근육계의 증상으로 표출되는 것
② 주위의 중요 인물들의 태도와 행동을 닮는 것
③ 본능적 충동이 진짜 대상에서 덜 위협적인 대상으로 옮아가는 것
④ 위협적 요소가 존재한다는 사실을 인정하지 않는 것
⑤ 다른 사람의 태도, 규범, 가치관을 자신의 성격으로 흡수하는 것

정답 1번(2번은 동일시, 3번은 전이, 4번은 부정, 5번은 내면화)

리비도에 대한 설명이 옳은 것은?

① 정신적 에너지 또는 본능적 충동이며, 심리적 혹은 생리적 의미에서 성적 에너지로 지칭한다.
② 본능과 충동의 원천으로서 마음의 에너지 저장고이다.
③ 성숙과 신체, 심리, 사회적 요인 간의 상요작용을 통해 발달한다.
④ 상대적으로 조직적이고 구체적인 정신구조이다.
⑤ 무의식적이다.

정답 1번(2번과 5번은 원초아, 3번과 4번은 자아)

아들러의 개인 심리학적 성격이론의 주요 개념이 아닌 것은?

① 열등감과 보상 ② 우월성 추구
③ 사회적 관심 ④ 가상적 목적론
⑤ 반동형성

정답 5번(방어기제)

체계 내에 불균형이 야기되었을 때 다시 균형을 회복하려는 성향을 무엇이라 하는가?

① 균형 ② 적응
③ 항상성 ④ 안정 상태
⑤ 통합

정답 3번(체계는 스스로 규정한 안정 상태를 유지하려는 경향이 있는데 이것을 항상성이라고 한다.)

사회복지실천과 관련된 체계들 중에서 '사회복지사가 활동 목적을 달성하기 위해 공동으로 노력하는 모든 체계들'을 무엇이라 하는가?

① 변화매개체계 ② 클라이언트체계
③ 표적체계 ④ 행동체계
⑤ 전문가체계

정답 4번(행동체계는 문제를 해결하기 위해 동원되는 부모, 학교교사, 도움이 될 만한 친구 등이 해당된다.)

다음 중 개입과정의 초기 단계로 맞는 것은?

① 표현을 통한 자신의 감정 통찰
② 인간관계에 대해 이해하고 수용하도록 지원
③ 새로운 목표 선택 및 목표달성을 위한 자발적 행위 지원
④ 환경으로부터 독립한다.
⑤ 감정적인 내용에 반응하여 감정을 두려움 없이 표출하도록 지원

정답 4번(나머지는 모두 중기의 단계. 초기 단계는 관계설정 및 개입방법 결정, 클라이언트의 긴장이나 억압정도, 변화가능 능력 정도, 도움 필요 정도, 개입가능 여부, 연령, 지능, 안정성 등을 고려한다.)

로저스의 성격발달 중 특성이 다른 것은?

① 신생아기는 자아가 형성되고, 포괄적이고 분화되어 있다.
② 유아는 자신과 자신이 아닌 것을 구분하여 인식하기 시작한다.
③ 아동은 외부 세계의 평가를 받아들인다.
④ 개인은 자신을 가치 있는 존재로 판단하며 완전한 인간으로 본다.
⑤ 집단은 성장을 촉진하는 대인관계적 상호작용의 기제로써 활용할 수 있다.

정답 1번(신생아기는 자기 자신을 다른 대상과 분리된 존재로 지각하지 못하기 때문에 자아는 존재하지 않으며, 포괄적이고 분화되지 않은 현상학적 장만이 존재한다.)

클라이언트가 경험하고 있거나 혹은 뭔가 막연하게 느끼기는 하지만 감히 직면할 수 없는 끝없이 깊은 불안과 두려움을 견딜 수 있는 힘을 제공하는 것과 클라이언트가 두려워하는 모든 충동과 경험들을 간직하여 완화시켜 주는 기법으로 클라이언트가 준비되었을 때 해석을 통해 전달하는 치료적 기법은?

① 자유연상
② 저항의 분석과 해석
③ 버텨주기와 간직하기
④ 해석 간직하기
⑤ 정화와 통찰

정답 3번(치료적 기법의 종류에 관해 알고 있는지 알아보는 문제이다.)

생태체계적 관점을 반영하여 사회복지실천에 유용하게 사용될 수 있는 도구는 무엇인가?

① 적응 ② 생태도

③ 항상성　　　　　　④ 경계
⑤ 산출

정답 2번(생태도는 동일한 삶의 공간 내에 존재하는 상호 관련되어 있는 체계들을 찾아내어 그 체계들끼리의 영향을 주고받는 양상들을 그림으로 묘사하는 실천도구이다.)

다음 괄호 안에 알맞은 말을 고르시오?

> (가)은 신체 크기의 증대, 근력 증가 등과 같은 양적인 확대를 의미하며, (나)은 유전인자에 포함되어 있는 계획에 따라 전개되는 유기체의 형태, 조직, 복잡성, 통합성, 기능상의 변화를 가르치는 질적인 확대이다. (다)은 경험, 훈련, 연습의 결과로서 일어나는 개인내적인 변화를 말한다.

① 성장－학습－성숙　② 성숙－성장－학습
③ 성장－성격－성숙　④ 성장－성숙－학습
⑤ 성숙－성장－성격

정답 4번(성격은 생리적 욕구나 환경적 자극만으로는 설명될 수 없는 개인의 사고, 감정, 행동의 결정요인으로 간주되는 지속적이고 역동적이며 통합적인 정신기체이다.)

다음 중 이론과 학자의 연결이 잘못된 것은?

① 프로이트(Freud): 정신분석이론(정신역동이론)
② 스키너(Skinner): 행동주의적 학습이론
③ 반두라(Bandura): 사회학습이론
④ 로저스(Rogers): 사회심리학적 성격이론
⑤ 에릭슨(H. Erikson): 사회심리학적 성격이론

정답 4번(로저스는 인본주의적 관점에서 현상학적 성격이론의 학자이다. 사회심리학적 성격이론 학자는 에릭슨이다.)

다음 중 생태도에 해당하지 않은 것은?

① 클라이언트 가족을 환경과의 관련 속에서 나타낸 그림
② 앤 하트먼(Ann Hartman, 1978)에 의해 개발
③ 가족관계의 패턴을 확인해 볼 수 있음
④ 사회복지사와 클라이언트가 함께 그린 그림
⑤ 결혼과 가족상담, 입양과 위탁가정 연구 등 다양한 상황에 활용

정답 3번(가족을 3세대 이상 도표로 그려서 클라이언트 문제의 근원을 조사하는 것은 가계도임.)

행동주의이론에서 설명하는 성격의 발달이다. 가장 거리가 먼 것은?

① 인간의 성격과 행동을 형성하는데 환경의 역할은 매우 중요하다.
② 건전한 성격을 발달시키기 위해서는 자극에 대한 변별능력이 적절하게 발달되어야 한다.
③ 강화된 행동이 습관이 되고 이것이 바로 성격의 일부가 된다.
④ 자극을 변별할 수 있는 능력은 누구나 거의 비슷하다.
⑤ 개인의 독특한 차이는 차별적인 강화 경험에 따라 좌우된다.

정답 4번(강화된 행동이 다양한 관련 상황으로 확장되는 일반화와 자극에 대한 변별능력에 따라 성격이 발달하는데 이 자극을 변별할 수 있는 능력은 개인마다 차이가 있다. 그리고 이는 독특하고 차별적인 강화 경험에 따라 좌우된다.)

반두라의 사회학습이론에서 설명하는 주요 개념이다. 잘못 설명하고 있는 것은?

① 모방: 다른 사람이 행동한 것을 관찰하고 그 행동을 따라하는 것을 말한다.
② 인지: 학습한 반응을 수행할 의지는 인지의 통제 아래 있기 때문에, 사회적 학습은 인지적 학습이라고 할 수 있다.
③ 자기조정: 성과를 평가하는 개인의 기준에 따라 각각 다르다. 자기 평가적 반응과는 무

관하다.

④ 자기강화: 자신에게 스스로 자신이 통제할 수 있는 보상을 주는 것으로 자기 행동을 유지하거나 바꾸는 과정이다.

⑤ 자기효율성: 어떤 행동을 잘 수행할 수 있다는 신념을 말한다. 이런 자기효율성은 자기강화와 내적 표준에 따라 만들어진다.

정답 3번(활동의 가치는 자기조정 판단요소 중 하나이다. 사람들은 자신에게 중요한 타인들이 자기 행동에 부과한 보상과 처벌을 통해 학습한 내적 기준에 따라 활동의 가치를 판단한다. 즉 인간행동은 외부환경이 보상하고 처벌해서만이 아니라 스스로 정한 내적 표준에 따라 조정되는 것으로, 인간행동과 인지가 일관성이 있다.)

인본주의이론에 관한 설명 중 옳은 것을 고르시오.

① 인본주의이론은 스키너의 행동주의이론과 그 맥락을 같이 한다.

② 인본주의이론은 클라이언트를 무조건적으로 수용하는 클라이언트 중심의 접근법을 제시하였다.

③ 인간은 학습되어지고 훈련되어지는 수동적인 존재이다.

④ 인간은 자신의 능력을 발달시키려는 경향, 즉 자아실현의 경향이 있다.

⑤ 로저스는 인간을 전체론적 관점보다는 개인 각자의 관점에서 접근해야 한다고 보았다.

정답 2번과 4번(1번은 인본주의이론은 행동주의이론을 반대한다. 3번은 행동주의이론의 설명이며 인간은 자신의 행동에 책임을 지는 미래지향적 존재로 보았다. 5번은 로저스는 전체론적 관점으로 접근할 것을 강조하였다.)

다음 중 자조집단의 설명으로 옳지 않은 것은?

① 일반적인 목적을 갖고 조직된 집단

② 생활의 새로운 유형을 지지하고 옹호하는 집단

③ 주요 신체질환과 관련하여 서로를 지지하는 집단

④ 특수한 종류의 과제나 목표를 성취하기 위한 집단

⑤ 특정한 습관 문제를 중심으로 조직된 집단

정답 4번(과업집단에 해당됨)

다음의 행동주의에 관한 설명이 아닌 것은?

① 과학적 심리학을 추구하는 움직임 속에서 인간의 내면세계가 아니라 관찰 가능한 행동을 탐구의 대상으로 한다.

② 기계론적인 환경결정론을 가정하고, 무의식의 중요성을 인정하지 않으며, 인간의 자율성과 행동에 대한 책임을 부정한다.

③ 가족이나 집단에서는 잘 적용이 되지만, 사회문화의 분석에는 취약하다.

④ 인간은 법칙적으로 결정되어 있기 때문에 예측가능하고 통제될 수 있는 것이라고 보았다.

⑤ 인간은 자신의 잠재력을 발달, 성장시키고 완성시킬 수 있는 본능적 욕구를 가졌다.

정답 5번(매슬로 욕구이론)

에릭슨의 심리사회적 자아발달이론의 특징이 아닌 것은?

① 일생에 걸친 성장을 논하고 있다.

② 생물학적 혹은 환경적 영향에 전적으로 좌우되지 않는다고 가정하였다.

③ 인간은 매 단계의 심리적 발달을 주도하는 능력을 가지고 있으며, 자신을 보호하고 자신의 삶의 과정을 지시함으로써 경험을 통합하며 조직화한다고 가정하였다.

④ 두 가지 기본적인 심리적 동기인 성적, 공격적 충동이 개인의 심리적 기능에 미치는 영향에 초점을 두었다.

⑤ 개인의 성장에 문화가 기여하는 것을 주목하였다.

정답 4번(프로이트의 연구는 동기들이 행동을 유발하는 과정을 설명하려는 시도였는데, 그는 두 가지 기본적인 심리적 동기인 성적, 공격적 충동이 개인의 심리적 기능에 미치는 영향에 초점을 두었다.)

마음의 지형학적 모형에 관한 설명으로 틀린 것은?

① 의식, 전의식, 무의식으로 구분하였다.
② 현재 알 수 있는 모든 경험과 감각을 의식이라 한다.
③ 자유연상법은 인간의 전의식 속에 억압되었던 기억을 되살리는 방법이다.
④ 현재 인식되지 않지만 전에 인식되었던 감각을 전의식이라 한다.
⑤ 무의식은 인간정신에 가장 크고 깊은 심층에 잠재해 있다.

정답 3번(자유연상법은 무의식 속의 욕구를 표출하는 데 활용)

에릭슨의 심리사회 성격이론의 주요 개념에 대한 설명으로 옳은 것은?

① 자아정체감은 개인의 환경에 성공적으로 적응하는 데에 필수적인 기본적 기능을 수행하는 성격의 일부분으로 성숙과 신체, 심리, 사회적 요인간의 상호작용을 통해 발달함.
② 자아란 자신이 누구이며 어느 위치에 있는가를 알고자 하는 노력의 결과로 형성됨.
③ 성장하는 모든 것은 기초 안을 가지고 있으며 모든 부분이 전체적으로 기능할 수 있게 될 때까지 각 부분으로 분화되며 이러한 분화과정에서 각 부분이 우세하게 나타나는 특정한 시기가 있다고 보는 관점을 점성원칙이라 한다.
④ 점성원칙은 기본적 욕구 충족, 타인과의 동일시, 학습발달의 성취 등의 과정에서 지속적으로 발달한다.
⑤ 자아정체감은 자기 동일성과 자기 연속성이라는 외적측면과 자기가 속한 문화의 이상을 받아들여 동일시하는 내적의 측면으로 이루어진다.

정답 3번(1번은 자아에 대한 설명, 2번은 자아정체감의 설명, 4번은 자아에 대한 설명, 5번은 외적・내적 측면 바뀜.)

프로이트의 정신분석이론의 사회복지실천에의 적용에 있어 기본 가정이 아닌 것은?

① 증상의 상징적 속성을 파악하고 해석하는 것이 과거사건 특히 아동기의 외상을 재구조화하는 첩경이다.
② 지속적으로 억압된 무의식을 발견하여 의식수준으로 끌어올리는 것은 갈등을 유발하므로 적절치 못하다.
③ 클라이언트와 사회복지사 사이의 원조관계에는 이전의 중요한 경험이 내포되어 있다.
④ 어려운 생활 사건의 초기 부분을 이해하고 재구성하는 것이 치료적이다.
⑤ 치료적 개입의 목적은 자아의식과 자아통제력을 증진시키는 것이다.

정답 2번(지속적으로 억압된 무의식을 발견하여 의식순으로 끌어올리는 것은 원조과정의 필수적 요소이다.)

프로이트의 정신분석이론에서 사회복지사의 역할과 실무원칙이 맞는 것은?

① 모든 행동에 의미가 있으나, 설명이 불가능한 부분이 있다는 점을 수용해야 한다.
② 현재의 박탈된 행동을 관찰하고 분석함으로써, 심리성적 발달단계의 결과를 평가하고 사정해야 한다.
③ 원조관계에서 클라이언트가 제시한 정보가 지니는 의미를 반드시 파악할 필요는 없으나

경청하는 자세를 가져야 한다.

④ 강요적인 상태에서 클라이언트가 감정, 사고 그리고 행동을 돌이켜 볼 수 있도록 해야 한다.

⑤ 자신의 동기와 감정에 주의까지 기울일 필요는 없다.

정답 2번(모든 행동에 의미가 있고 설명이 가능함. 원조관계에서 클라이언트가 제시한 정보가 지니는 의미를 파악할 수 있도록 경청해야 함. 강요적 상태가 아니라 비강요적 상태에서 클라이언트가 감정, 사고 그리고 행동을 돌이켜 볼 수 있도록 해야 함. 자신의 동기와 감정에 주의를 기울여야 한다.)

프로이트의 정신분석이론에서 클라이언트와의 대화를 통해 이루어지는 치료과정으로 맞는 것은?

① 무의식적인 지적 – 정서적 문제의 이해 – 정화 – 통찰 – 재교육

② 정서적 문제의 이해 – 무의식적인 지적 – 정화 – 통찰 – 재교육

③ 통찰 – 정화 – 정서적 문제의 이해 – 무의식적인 지적 – 재교육

④ 통찰 – 정화 – 무의식적인 지적 – 정서적 문제의 이해 – 재교육

⑤ 정화 – 통찰 – 무의식적인 지적 – 정서적 문제의 이해 – 재교육

정답 5번(클라이언트의 증상에 대한 자각을 증진시키고 비정상적 행동에 대한 통찰을 얻게 함으로써 증상의 의미를 이해하게 하고, 성격구조를 재구조화하는 목적을 지님.)

체계의 조직과 질서를 유지시키는 힘, 조직이 살아 움직이며 발달하게 하는 힘이 작용하고 있는 상태를 무슨 현상이라고 하는가?

① 동등종결(equifinality)

② 다중종결(multifinality)

③ 엔트로피(entropy)

④ 네겐트로피(negentropy)

⑤ 흘론

정답 4번(개방체계에서 나타날 수 있는 현상이다.)

사회환경에 관한 이론 중 생태학적 관점은 개인이 경험하는 환경이 인간에게 미치는 영향을 중시한다. 이 관점으로 접근하며 살펴볼 수 있는 개념들에 대한 다음 설명 중 틀린 것은 무엇인가?

① 상호작용: 환경 속에서 다른 사람들과 의사소통하고 관계 맺는다.

② 대처: 적응의 한 형태로서, 문제를 극복하기 위해 노력하는 것. 긍정적인 경험을 다루는 방법을 가리킨다.

③ 경쟁: 생태학적인 지역사회 내에서 종들이 살아나기 위해 형성하는 중요한 과정

④ 전문화: 보다 경쟁적이고 변화하는 환경에 성공적으로 대처하기 위해 적응해 가는 형태

⑤ 활동공간: 건강을 유지하고 재생산을 위해 요구되는 물리적, 화학적 생물학적 요인

정답 2번(적응이 긍정적 또는 부정적인 새로운 조건에 모두 반응하는 것이라면, 대처는 부정적인 경험을 다루는 방법을 가리킨다.)

자아방어기제로 틀린 것은?

① 자아가 고통스럽고 위협적인 충동, 감정, 소원, 환상, 기억 등을 무의식 속으로 추방시켜 의식화되는 것을 막아주는 기제는 억압이다.

② 실패 가능성이 있거나 불안한 상황에 대한 해결책으로 초기의 발달단계나 행동양식으로 후퇴하는 기제는 퇴행이다.

③ 의식하지 못하는 동기에서 나온 용납할 수 없는 충동이나 행동에 대해 지적으로 그럴 듯한 설명이나 이유를 대는 기제는 동일시이다.

④ 용납할 수 없는 자기 내부의 문제나 결점이 자기 외부에 있는 것으로 생각하는 기제는

투사이다.

⑤ 마음을 편치 않게 하는 근원인 성격의 일부가 그 사람의 의식적 지배를 벗어나 마치 하나의 다른 독립된 성격인 것처럼 행동하는 기제는 해리이다.

정답 3번(동일시가 아니라 합리화를 설명한 것이다. 동일시란 용납할 수 없는 충동 그 자체를 부정하고 그 충동을 갖고 있는 사람 또는 그 사람의 일면과 동일화하여 받아들이는 과정이다.)

일반체계이론을 사회복지에 적용하였을 때 내재된 가치 설명으로 틀린 것은?

① 사회복지사에 의해 도움을 받는 다양한 클라이언트에게 똑같이 적용된다.
② 개인이 지닌 특성에서부터 체계들 간의 상호 교류에 관심을 돌리게 한다.
③ 모든 사람에 대한 상호 교환의 기회를 제공하고 유지하는 일이다.
④ 기관을 사회체계로 워커와 클라이언트를 상이한 상호 교류의 장내에 둔다.
⑤ 체계 일부에서 변화가 전체에 큰 영향을 미칠 수 있다는 사실을 인정한다.

정답 4번(사회복지사도 하나의 사회체계이며 사회체계 조직망의 구성요소로서 동일하게 관여되고 있다.)

반두라의 주요 개념 중에서 스스로 자신의 감정, 사고 및 행동을 통제할 수 있는 능력을 믿고, 그 능력으로 자신의 행동을 유지 또는 변화시키는 과정은 무엇인가?

① 자기 효율성(self－dfficacy)
② 역량강화(empowerment)
③ 자기규제(self－regulation)
④ 관찰학습(modeling)
⑤ 자기강화(self－reinforcement)

정답 5번

인본주의적 접근방법에서 사회복지실천 적용의 실무 원칙으로 맞지 않는 것은?

① 자신의 신념체계를 검토하라.
② 원조관계에서 온화함과 신뢰의 분위기를 증진시킬 능력이 있는지 생각해 보라.
③ 긍적적 자기평가를 방해하는 클라이언트의 생활경험을 수용하고 해석하라.
④ 클라이언트의 관심사에 정확하게 반응함으로써 클라이언트의 주관적 경험을 존중하라.
⑤ 사회복지사는 클라이언트와의 관계에서 일어나는 감정을 솔직하게 표현하지 말아야 한다.

정답 5번(사회복지사는 클라이언트와의 관계에서 감정을 솔직하게 표현하여야 한다.)

로저스의 인본주의 성격이론에서의 인간관은?

① 자아실현은 인간이 타고나는 거의 무한히 풍부한 잠재가능성을 현실화하는 과정.
② 인간은 자유로우며, 합리적이고 통합적인 존재로서 자신의 행동에 책임을 지고, 유목적적이며, 건설적인 방향으로 지속적으로 성장해 나가는 미래지향적 존재.
③ 개인을 스스로 사고하고 환경에 적응하는 능동적이고 적극적이며 주도적인 존재로 봄.
④ 인간의 지적발달도 동화와 조절에 의해 인지적 균형을 이루어 가는 과정이다.
⑤ 지적 기능의 발달은 서로 명확히 질적으로 구분되는 몇 개의 단계를 거치는 비연속적인 과정을 거쳐 이루어진다.

정답 2번(1번은 매슬로의 욕구위계이론, 3번은 인지발달이론의 인간관, 4번은 인지발달의 주요 원리, 5번은 인지발달의 원리이다.)

부부가 심각한 갈등을 반복하면서 지내오다가 자녀가 아프게 되면 자녀를 치료하는 동안 잠시 덮어 두었다가 자녀가 퇴원하면 예전과 같이 갈등상태에 돌입하는 경우는 체계의 어떤 특성인가?

① 안전상태 ② 동등결과성
③ 평형상태 ④ 항상성
⑤ 환류

정답 4번(체계는 지속적으로 변화의 상태에 놓여 있는 동시에 역동적인 균형상태를 유지한다.)

다음 중 심리사회적 접근방법의 실무원칙에 해당하는 것 두 가지를 고르시오.

① 클라이언트가 원조자인 당신에게 보이는 반응에 대해 해석하라.
② 클라이언트가 자기분석에 참여하도록 하여 발달적 역사를 파악하라.
③ 현실을 왜곡하고 자아기능을 축소시킨 발달영역을 결정하라.
④ 환상, 감정, 그리고 사건에 대해 해석하라.
⑤ 자신의 동기와 감정에 주의를 기울이라.

정답 2번과 3번(나머지는 정신분석적 접근방법의 실무원칙에 해당)

사회체계에 관한 설명으로 옳지 않은 것은?

① 인간의 행동은 환경과의 끊임없는 역동적 상호작용의 산물이다.
② 하나의 사회체계의 변화는 체계자체의 변화에만 국한한다.
③ 규칙적인 상호작용이나 상호의존성에 의해 통합된 조직이다.
④ 다양한 수준에 걸쳐 존재한다.
⑤ 비교적 안정된 구조를 지니고 있다.

정답 2번(한 사회체계의 변화는 체계를 둘러싸고 있는 환경의 변화까지도 야기한다.)

인지발달의 주요 원리로 맞지 않은 것은?

① 적응은 동화와 조절이라는 두 가지 작용에 의해 평형을 이루어 가는 과정이다.
② 발달은 전 단계의 인지구조에 기초를 두고 있으나 순서에는 개인마다 다를 수 있다.
③ 지적 기능은 적응과 조건이라는 불변하는 요소로 존재한다.
④ 인지구조는 질적으로 명확하게 구분되는 발달 단계를 거쳐야 한다.
⑤ 아동의 능동적인 행동을 통해 더 분화되고 포괄적인 구조를 세워 나간다.

정답 2번(순서는 변함이 없으나 시기는 개인차가 있다.)

전조작기 유아의 자아중심성에 관한 설명으로 맞지 않은 것은?

① 자신의 조망과 타인의 조망을 구별하지 못한다.
② 자아중심성은 이기적 독단성과는 다른 의미를 가진다.
③ 독백과 같이 자기 말만 하는 것이 특징이다.
④ 상징적 표상 사용을 한다.
⑤ 추상적 사고가 가능하다.

정답 5번(형식적 조작기에 해당되는 능력임)

지역사회에 대한 네 가지 관점 중 잘못 설명된 것은?

① 구조적 관점: 정부구조, 상·하위 조직의 힘과 영향력, 지리적 구성 등에 관심을 갖는다.
② 사회심리적 관점: 지역사회 구성원 간의 상호작용과 그에 따른 심리적 변화를 중시한다.
③ 인류생태학적 관점: 경쟁, 격리, 통합 등 지역사회 내에서 자원만을 얻기 위한 과정으로 상호의존은 무시할 수 있다.
④ 사회체계적 관점: 지역사회 내의 다양한 사회체계들의 상호작용이 강조된다.

정답 3번(인류생태학점 관점에서 경쟁, 격리, 통합 등을 통해 지역사회 내에서 자원을 얻는 과정과 상호 의존성은 중요하다.)

자아개념의 특성과 가장 거리가 먼 것은?

① 자아개념은 복합적 나이다.
② 자아개념은 비교적 영속적이다.
③ 자아개념은 분석적인 속성이 있다.
④ 자아개념은 평가적인 성격을 지니지 않는다.
⑤ 자아개념은 독립적 의미를 갖는다.

정답 4번(이상적인 표준이나 자기또래나 중요한 타인의 지각된 평가에 의존한다.)

사회복지사의 역할에 대한 설명 중 틀린 것은?

① 이혼이나 실직과 같은 위기 상황에서부터 주거나 탁아와 같은 지역사회문제에 이르는 다양한 문제에 대처하도록 돕는 조력자의 역할을 한다.
② 사회복지 기관이나 부서의 행정책임자로서, 조직의 목표설정, 실무자의 과업 조정, 지역사회의 지지 획득 등의 관리자 역할을 한다.
③ 클라이언트와 지역사회의 자원이나 서비스를 연결하는 중개자 역할을 한다.
④ 집단의 지도자로서 사람을 모으고 의사전달 통로를 만들고 활동이나 자원을 전달하는 등 변화의 노력을 촉진하는 교육자 역할을 한다.
⑤ 개선해야 할 문제에 관심을 불러일으키는 일을 수행하는 주창자 역할을 한다.

정답 4번(촉진자로서의 사회복지사의 역할이고 교육자로서의 역할은 클라이언트 다른 체계에 정보를 제공하고 기술을 가르치는 역할을 수행한다.)

피아제의 인지발달이론에서 구체적 조작기에 해당되는 내용은?

① 탈중심화 ② 추상적 사고
③ 물활론 ④ 상징놀이
⑤ 직관적 판단

정답 1번(2번은 형식적 조작기, 3번~5번은 전조작기 특징이다.)

감각운동기의 세부 단계 내용에 맞지 않은 것은?

① 이차 순환반응: 외부사건과 대상에 열중한다.
② 일차 순환반응: 감각운동 행동을 반복하면서 기존 도식을 수정한다.
③ 삼차 순환반응: 목적 성취를 위해 기존 도식을 시도하다 실패하면 변형한다.
④ 이차 도식의 협응: 분리된 도식을 협응하기 시작해 대상영속성 개념이 나타난다.
⑤ 반사 활동기: 외부세계와 자신을 구분한다.

정답 5번(외부 세계와 자신을 구분하지 못한다.)

매슬로의 욕구 서열을 바르게 표현한 것은?

① 생리적 욕구−안전 욕구−소속과 애정의 욕구− 자존의 욕구−자기실현 욕구
② 생리적 욕구−소속과 애정의 욕구−안전 욕구−자존의 욕구−자기실현 욕구
③ 안전 욕구−생리적 욕구−소속과 애정의 욕구−자존의 욕구−자기실현 욕구
④ 생리적 욕구−안전 욕구−소속과 애정의 욕구−자기실현 욕구−자존의 욕구
⑤ 자기실현 욕구−자존의 욕구−소속과 애정의 욕구−생리적 욕구−안전 욕구

정답 1번(매슬로는 욕구 서열에 관한 피라미드적 개념으로 생리적 욕구, 안전 욕구, 소속과 애정의 욕구, 자존의 욕구, 자기실현 욕구순이다.)

매슬로는 기본적 욕구 혹은 결핍성의 욕구의 특징으로 틀린 것은?

① 결핍되면 병이 생긴다.
② 충족되어 있으면 병이 예방된다.
③ 충족되어도 이미 발생한 병은 회복될 수 없다.
④ 건전한 사람에게는 결핍성의 욕구가 기능적으로 존재하지 않는다.
⑤ 의식적 또는 무의식적 바람이다.

정답 3번(결핍성 욕구는 욕구가 적절히 충족되지 못하여 불만이 생겼을 때 작용하는 동기로 인간에게 결핍상태가 발생하면 이를 극복하기 위해 목표지향적 활동을 한다.)

피아제 인지발달이론에 대한 설명으로 틀린 것은?

① 아동의 인지적 발달은 아동의 능동적인 행동을 통해 더 분화되고 발전된다.
② 외부로부터 전달받은 지식들이 정신적 발달에 절대적 영향을 받는다.
③ 유전적 요인과 직접 경험한 것들로부터 지적 발달이 이루어진다.
④ 인간의 인지적 균형을 이루어 가는 과정이다.
⑤ 문화적 경험이 풍부한 인간의 지적 발달과 성취되는 연령은 차이가 나타난다.

정답 2번(교육에 의한 지식은 인지적 발달에 영향을 끼친다.)

피아제이론의 주요 개념 중 하나인 도식에 대한 설명으로 틀린 것은?

① 인간은 성장해 나가면서 새로운 도식을 개발하고 변화시킨다.
② 인간은 기본적인 도식을 가지고 태어난다.
③ 사람들은 도식을 통해 주위 환경과 조화를 이루며 변화해 간다.
④ 신생아기에 생겨난 도식은 변화되지 않는다.
⑤ 인간은 조직화와 적응의 과정을 통해 고차원적인 도식으로 변화된다.

정답 4번(반복을 통해 도식들은 계속 분화되고 통합되어진다.)

로저스(Rogers)의 현상학적 성격이론에서 설명하는 성격발달 특징이다. 가장 거리가 먼 것은?

① 유아기나 아동기 초기에 타인이 한 개인을 평가하는 방법은 자아개념 발달에 영향을 미친다.
② 자신의 신체적인 면을 환경과 분리된 존재로 경험할 때부터 자기 개념을 갖는다.
③ 자기(self)를 중심으로 성격이 발달한다.
④ 타인이 설정한 기준에 맞게 행동하고 생각하고 느낌으로써 긍정적 관심을 받으려고 한다.
⑤ 무조건적인 긍정과 관심은 건강하게 성격을 발달시키는데 문제를 야기한다.

정답 5번(건강하게 성격을 발달시키려면 무조건적인 긍정적 관심이 가장 중요하며 무조건적인 긍정적 관심과 존경은 자기와 자신이 체험한 것이 일치됨을 느끼게 한다.)

엘렉트라 콤플렉스를 바르게 설명한 것은?

① 남자아이가 어머니를 사랑하면서 아버지를 라이벌이라고 생각한다.
② 여자아이가 아버지를 사랑하면서 어머니에게 적개심을 품게 된다는 가설이다.
③ 아버지에 대한 두려움은 거세불안으로 나타난다.
④ 억압, 반동형성, 동일시 등의 방어기제를 사용하여 이를 해결한다.
⑤ 자신이 남자아이와 동일하다고 느낀다.

정답 2번

사회체계의 역동성에 대한 설명이다. 잘못 설명하고 있는 것은?

① 모든 사회체계는 외적·내적 차원의 수평적 축과 수단·도구·목적·완성 측면의 수직적 축으로 구성된다.
② 체계는 끊임없이 변하고 이동하는 과정에 있으면서 동시에 역동적인 평형을 유지한다.
③ 목적달성 문제를 해결하기 위해서는 상위체계 기대를 충족하도록 과업목적을 달성해야 한다.
④ 사회체계 자체에서 발생하는 변화뿐 아니라 계속 변하는 상위체계에서 체계 자체 기본틀

을 유지해야 하는 것이 바로 형태유지를 위한 노력이다.

⑤ 사회체계가 안정 상태를 유지하기 위해서는 목적달성, 통합, 적응, 형태 유지라는 네 가지 기능상의 문제를 성공적으로 해결해야 한다.

정답 1번(사회체계는 모두 두 개의 축을 중심으로 구조적으로 분화된다. 수직적 축은 외적·내적 차원으로 되어 있고, 수평적 축은 도구, 즉 수단이라는 차원과 완성, 즉 목적이라는 측면으로 되어 있다.)

프로이트의 마음의 지형학적 모형에서 현재 의식되지 않지만 전에 의식했던 것이 저장된 것으로 주의 집중을 통해 쉽게 의식될 수 있는 경험으로 이용 가능한 기억을 말하는 것은?

① 의식 ② 무의식
③ 전이 ④ 초자아
⑤ 전의식

정답 5번

프로이트의 방어기제 중 동생이 태어나 부모의 사랑을 빼앗겼다고 생각한 아이가 갑자기 대소변을 가리지 못하고, 젖병을 빨려고 하는 유아적 행동을 나타내는 것은?

① 억압 ② 승화
③ 퇴행 ④ 합리화
⑤ 동일시

정답 3번

프로이트는 인간의 마음을 빙산에 비유하고, 물 위에 떠 있는 작은 부분이 (a)라면, 물속의 훨씬 더 큰 부분을 (b)로 비유할 수 있다고 했다. 다음 중 a와 b에 적절한 것은?

① a: 의식, b: 전의식
② a: 의식, b: 무의식
③ a: 전의식, b: 의식
④ a: 무의식, b: 전의식
⑤ a: 전의식, b: 무의식

정답 2번

인간발달단계에 대해 거시적인 접근을 한 것은?

① 정신역동이론 ② 행동주의이론
③ 인본주의이론 ④ 생태체계이론
⑤ 심리사회이론

정답 4번

체계가 안정 상태를 유지하기 위해 성공적으로 해결해야 할 기능상 문제는 무엇인가?

① 적응기능 – 목표달성 – 형태유지 – 통합
② 적응기능 – 형태유지 – 목표달성 – 통합
③ 적응기능 – 평형 – 목표달성 – 갈등해결
④ 적응기능 – 조정 – 형태유지 – 항상성 유지
⑤ 통합 – 적응기능 – 형태유지 – 조정

정답 1번(파슨즈는 사회체계의 네 가지 요건을 필수적으로 충족시켜야 한다고 주장하였는데, 체계의 네 가지 기능적 요건은 적응기능, 목표달성기능, 형태유지기능, 통합기능이다.)

엘리스의 합리적 정서치료이론 중 성격의 A–B–C–D–E 이론의 내용 중 틀린 것은?

① A: 개인이 정서적 혼란을 가져오게 되는 활동, 행동, 사건이다.
② B: A에서 일어나는 활동, 행동, 사건에 대한 개인의 신념이다.
③ C: B에 대한 정서적, 인지적, 행동적 결과이거나 반응이다.
④ B: 논의 또는 논쟁하여 획득하는 효과이다.
⑤ D: 비합리적 신념을 바꾸도록 돕는 과학적 방법을 적용하는 논박이다.

정답 4번(엘리스의 합리적 정서치료의 성격이론 중 E에 대한 내용이다.)

인지발달이론의 단계 중 구체적 조작기의 보존개념이 아닌 것은?

① 질량의 보존 ② 도덕적 실재론
③ 분류개념의 획득 ④ 면적의 보존
⑤ 서열개념의 획득

정답 2번(전조작기의 내용이다.)

인지발달이론의 주요 기법이 아닌 것은?

① 어떤 감정이나 생각은 억압하지 않은 채 마음에 떠오르는 것이면 무엇이든 즉시 말한다.
② 비합리적 신념과 합리적 신념을 스스로 구분하도록 교육한다.
③ 자신의 부정적 자동 사고를 모니터한다.
④ 역기능적 사고에 대한 일지를 작성한다.
⑤ 비합리적 신념을 규명하고 도전하여 인격체계의 변화를 도모하는 것이다.

정답 1번(프로이트의 정신분석이론 중 자유연상에 대한 내용이다.)

프로이트가 구분한 불안의 유형 중 신경증적 불안에 관련된 내용은?

① 외부 세계로부터 오는 위협에 대한 두려움
② 원초아의 충동이 의식될지도 모른다는 위험을 느낄 때 생기는 정서적 반응
③ 내적인 호르몬 축적과 외적인 성적 자극으로 생긴 긴장
④ 자아가 초자아로부터 처벌을 예감할 때 생기는 불안
⑤ 자신의 도덕률에 위배되는 일을 할 때 느끼는 죄의식

정답 2번(1번은 현실적 불안, 4번과 5번은 도덕적 불안)

사회복지실천과 관련하여 집단에 대한 설명으로 옳지 않은 것은?

① 집단은 집단의식이 있으며, 상호의존적이다.
② 개인의 행동과 성격형성에 가장 큰 영향력을 미친다고 볼 수 있다.
③ 과업집단은 기관 프로그램을 관장하고, 정책결정의 책임을 지는 행정집단이다.
④ 자조집단은 자발적으로 이루어진 소집단으로 공통의 욕구충족, 장애나 생활붕괴의 문제극복 등 바람직한 변화를 도출한다.
⑤ 집단은 공식적 규칙과 일련의 과업이 있다.

정답 2번(집단을 통한 개인의 태도나 행동변화가 용이하나 행동과 성격형성에 가장 큰 영향력을 미치는 것은 가족체계이다.)

집단의 역동성에 관한 설명이다. 틀린 것은?

① 집단의 역동성을 그림으로 나타낸 것이 소시오그램이다.
② 모든 집단이 목적을 갖고 있는 것은 아니다.
③ 집단구조는 서로 소통하고 긍정적, 부정적 감정을 전달하면서 발달한다.
④ 집단규범은 사회적 상호작용의 산물로서 가치에 대한 구성원들의 합의에 의한다.
⑤ 구성원 상호 간의 강한 응집이 부정적인 결과를 초래하기도 한다.

정답 2번(구성원이 가진 소망과 욕구가 사회적 상호작용을 통해 집단 목적으로 발전하므로 모든 집단에는 목적이 있다.)

사회복지실천에서 인간발달이론이 밀접하게 연관되어 활용되는 내용이 아닌 것은?

① 신체적 발달의 조사 및 사정
② 부모의 지적 수준에 대한 조사 및 사정
③ 개인의 정신 내적 기능에 대한 조사 및 사정
④ 문화와 종교의 영향에 대한 조사 및 사정

⑤ 사회적 역할 수행 정도에 대한 조사 및 사정

정답 2번

국민의 삶의 질을 향상시키는 영역을 확인하고 변화나 새로운 자원 획득을 옹호하기 위해 이익집단을 동원하는 역할은?

① 주창자
② 옹호자
③ 사회변화대행자
④ 촉진자
⑤ 협상가

정답 3번

다음 중 안정 상태에 대한 설명이다. 맞는 것은?

① 안정 상태는 부분들 간의 관계를 유지시키고 쇠퇴해서 붕괴하지 않도록 에너지가 계속적으로 사용되는 상태를 뜻한다.
② 안정 상태는 환경과의 교환뿐 아니라 변화하는 여건에 적응하기 위해 구조를 변화시킬 수 있는 폐쇄체계에 존재한다.
③ 안정 상태는 계속적으로 유지되는 것이 바람직하다.
④ 건전한 개방체계는 현상유지와 욕구 완화를 전제조건으로 한다.
⑤ 긴장은 파괴적 혹은 건설적으로 나타난다.

정답 1번(② 개방체계에 존재한다. ③ 안정 상태는 현상유지에 불과하므로 깨질 필요도 있다. ④ 현상유지와 욕구완화에만 집착하지 않고 긴장이나 갈등을 성장의 전제조건인 건전한 자극으로 간주한다. ⑤ 긴장은 파괴적 혹은 건설적으로 나타나지만 체계이론에서는 긴장 그 자체에 대해서 긍정적이거나 부정적 가치를 부여하지 않는다.)

다음 용어의 의미에 맞게 속담이 잘 연결된 것은?

① 변별: 꿩 잡는 것이 매
② 보상: 닭 쫓던 개 지붕 쳐다보기
③ 대리학습: 열길 물속은 알아도 한 길 사람 속은 모른다.
④ 소거: 무소식이 희소식
⑤ 자극일반화: 자라보고 놀란 가슴 솥뚜껑 보고 놀란다.

정답 5번(자극일반화는 하나의 사실로 다른 유사상황에 대해 비슷하게 인식하는 경우를 의미한다.)

자아실현을 방해하는 요인은?

① 비심판적 태도
② 칭찬과 보호
③ 경험의 공유
④ 반복과 명료화
⑤ 무지와 의심

정답 5번

개방체계가 아닌 것은?

① 조직이 살아 움직이며 발달하게 하는 힘이 작용하고 있는 상태
② 초기 상황이 서로 다르다 할지라도 목적지향적인 교류를 하면 동일한 상태나 목적을 이끌어 낼 수 있다.
③ 시간이 지나감에 다라 구성원들 사이의 구별이 없어져서 점차 동일성을 띤.
④ 외부로부터 성장 및 발달에 필요한 정보나 에너지를 자유롭게 받아들임.
⑤ 투과성이 높은 경계를 갖고 있는 체계

정답 3번(3번은 폐쇄체계 중 엔트로피의 개념이다.)

피아제의 인지발달이론에서 인간에 대한 관점과 기본가정으로 옳지 않은 것은?

① 인간의 본성에 대해 결정론적 시각을 거부하고, 변화와 성장 가능성을 인정한다.
② 개인은 스스로 사고하고 환경에 적응하는 능동적이고 적극적이며 주도적인 존재로 본다.

③ 인지발달은 몇 가지 질적으로 서로 다른 단계를 거쳐 이루어지며, 개인의 특성에 따라 서로 각기 다른 인지발달단계를 거친다.
④ 인간은 매우 주관적 존재이기 때문에 객관적인 현실이란 존재하지 않는다.
⑤ 인간은 유사한 방법으로 생각하는 방법을 배운다.

정답 3번(인간은 모두 동일한 인지발달단계를 거친다.)

체계의 기본 성격 중 틀린 것은?

① 상호 의존적
② 상호 영향을 받는 부분들로 구성되어 있는 전체
③ 한 부분의 변화는 전체로서의 체계
④ 구성단위들의 단순 집합
⑤ 체계를 구성하고 있는 요소들에게 영향을 줌.

정답 4번(상호관계를 믿고 있는 구성단위들의 집합체이지만, 구성단위들의 단순집합은 아니고, 구성단위 간의 상호작용 또는 관계 양상을 포함하는 하나의 전체나 단위를 의미한다.)

사회체계 중 가족체계에 대한 설명이 아닌 것은?

① 생태도 ② 소시오그램
③ 유리된 경계선 ④ 가계도
⑤ 속박된 경계선

정답 2번(소시오그램은 사회력으로 집단역동을 그림으로 나타낸 것이다.)

수업시간에 어려운 문제를 출제한 후 정답을 맞추면 화장실 청소를 면하게 해주었다. 여기에서 활용되고 있는 기법은 무엇인가?

① 자기 강화 ② 긍정적 강화
③ 적극적 벌 ④ 소극적 벌
⑤ 부정적 강화

정답 5번(부정적인 것을 감소해 주는 것은 부정적 강화이다. 2번은 좋은 것을 늘이는 것, 3번은 체벌과 같은 것, 4번은 좋아하는 것을 못하게 하는 것)

피아제의 인지발달이론에서 다른 사람의 생각이나 감정 지각 관점 등이 자신과 동일하다고 생각하는 것은 어느 단계의 특징인가?

① 감각운동기 ② 전조작기
③ 구체적 조작기 ④ 형식적 조작기
⑤ 반사활동기

정답 2번(전조작기의 자아중심적 사고의 특징으로서 이 시기에는 타인의 관점에서 생각하는 가역적 사고가 없다.)

어떠한 접근이라도 동일한 결과를 나타내는 체계이론의 특성을 무엇이라고 하는가?

① 평형상태 ② 동등결과성
③ 엔트로피 ④ 항상성
⑤ 경계

정답 2번(동등결과성은 처음의 조건이 어떠하든 그리고 수단이 어떠하든 그 결과는 동일하다는 개념으로 투입이나 전환에 관계없이 동일하다는 의미하다.)

자기패배적인 사고에 빠져 있는 클라이언트에게 “나는 할 수 있어”라고 반복해서 외치게 함으로써 자신감을 가지고 적절하게 행동할 수 있도록 하는 치료방법은?

① 악마의 옹호 ② ABC모델
③ 비지시적 상담 ④ 체계적 둔감화
⑤ 인지적 자기지시

정답 5번(자신 스스로가 잘못된 인지상태를 회복하기 위해 긍정적 암시를 스스로 하는 기법이다.)

사회체계로서의 문화에 대한 설명으로 맞지 않는 것은?

① 두 문화 체계가 전면적인 접촉을 함으로써 문화 요소가 전파되어 새로운 양식으로 변화하는 것을 문화변동이라 한다.
② 사회구성원의 행위를 규제하거나 관계를 규정하는 사회질서를 유지하게 해주는 문화를

규범문화라 한다.

③ 문화는 후천적 학습에 의해 얻어지는 것이다.

④ 문화의 요소는 시간에 따라 변화한다.

⑤ 각 사회집단의 문화는 전체로서 하나의 통합된 체계를 이루고 있다.

정답 1번(문화변동은 발명과 발견을 통해 등장한 새로운 문화요소가 한문화 체계 안에 확산되어 발생하는 것이다.)

사회체계와 개인의 설명이 잘못된 것은?

① 개인은 하나의 사회체계이며 다른 사회체계와 상호작용을 통해 성장 발달해 나간다.

② 상호작용 성장 발달은 사회체계이며 개인의 발달이다.

③ 개인 성격은 그가 속한 사회 문화의 영향을 받아 형성된다.

④ 사회와 분화와 태도는 인간행동에 의해 창조된다.

⑤ 사회화란 한 개인이 속한 사회화 규범, 가치, 습관 등은 꼭 전승할 필요는 없다.

정답 5번(개인의 차원에서 보면 개인의 퍼스널리티를 형성하는 과정이며, 사회의 차원에서 보면 한 사회가 문화적 유산을 다음 세대로 전승하면서 존속해 가는 과정이다.)

인지발달단계 중에서 전조작기에 대한 설명으로 옳은 것은?

① 감각과 운동을 통합하는 과정에서 지적인 능력이 발달하며 유아는 대상영속성, 인과관계, 의도성의 개념을 획득한다.

② 가설연역적 사고, 조합적 분석능력, 추상적 사고가 가능하다.

③ 아동의 사고능력은 논리적인 수준으로 발달한다.

④ 언어와 표상을 통해 개념적 사고를 하기 시작하지만, 자기중심적, 직관적, 비가역적 사고의 특성 때문에 경험하지 않은 사건이나 대상을 조작하는 능력은 제한된다.

⑤ 직접적 경험을 통해 이루어지기 때문에 여전히 지각의 한계를 벗어날 수 없다.

정답 4번(이 시기의 아동은 정신적 상징이나 말로서 현존하지 않는 대상을 표현할 수 있는 능력을 갖기 시작한다. 장난감이 진짜 자동차를 대신하게 되기도 한다. 이렇게 표상화하는 능력은 아동으로 하여금 새로운 수준에서 사고가 작동할 수 있게 하지만 아직 개념적 조작능력이 충분히 발달되지 못했기 때문에 전조작기라고 한다.)

프로이트가 제시한 성격발달의 세 가지 기본 원칙을 바르게 연결한 것은?

① 정신적 에너지, 마음의 지형학적 모형, 마음의 구조적 모형

② 마음의 지형학적 모형, 마음의 구조적 모형, 성적 에너지(리비도)

③ 자아와 방어기제, 성적 에너지(리비도), 마음의 지형학적 모형

④ 정신적 결정론, 마음의 지형학적 모형, 자아와 방어기제

⑤ 정신적 결정론, 무의식의 중요성, 성적 에너지(리비도)

정답 5번(프로이트는 정신적 결정론, 무의식, 리비도의 중요성을 다루고 있다.)

피아제의 인지발달이론의 인간관에 대한 설명으로 옳지 않은 것은?

① 개인을 스스로 사고하고 환경에 적응하는 능동적이고 적극적이며 주도적인 존재로 본다.

② 인간의 지적능력은 개인이 주어진 환경에 효과적으로 적응할 수 있는 능력이 있다.

③ 인지발달은 몇 가지 질적으로 서로 다른 단계

를 거친다.

④ 개인을 사회화 과정에서 능동적 역할을 하는 존재로 간주한다.

⑤ 인식의 근원은 인간의 심리내적인 역동에 있다고 가정하였다.

정답 5번(프로이트의 이론을 설명한 것)

엘리스의 인간본성에 대한 관점에 대한 설명으로 틀린 것은?

① 인간은 인간 그 자체이지 그 이상도 그 이하도 아니다.

② 현실적으로 모든 인간은 죽는다. 그리고 죽은 후에 어떤 의미 있는 생활을 한다는 증거도 없다.

③ 인간의 주된 생의 목적은 생존하는 것이다.

④ 인간은 단기간의 쾌락보다 장기간 쾌락을 선택하는 것이 현명하다고 생각한다.

⑤ 인간의 가치는 자기 이외의 그 무엇에 의해 완전히 주어진다.

정답 5번(가치는 그 무엇에 의해 절대적으로나 완전히 주어지는 것이 아니다.)

심리치료에 관한 다음 설명 중 옳지 않은 것은?

① RET는 비합리적 사고와 신념에 초점을 맞춘 치료방법이다.

② 우울증이나 조증에 전기 경련치료를 행하기도 한다.

③ 토큰경제란 스키너의 조작적 조건형성의 원리를 활용한 치료기법이다.

④ 다른 사람이 뱀을 두려워하지 않는 것을 보여줌으로써 뱀에 대한 공포증을 치료할 수 있다.

⑤ 정신분열증과 같은 중증의 정신병에는 약물이 효과가 없다.

정답 5번(정신분열증과 같은 중증의 정신병에는 약물치료가 병행되어야 한다.)

인간발달 개념 중 어떤 것을 설명하고 있는가?

나무로 만든 빨강, 노랑, 파랑색의 공을 섞어놓고 빨강 공이 많을까, 나무공이 많을까라고 물어보면 빨강 공이 많다고 대답한다.

① 서열 ② 분류

③ 자기중심적 사고 ④ 보존

⑤ 실제론적 사고

정답 2번(분류는 대상을 형태, 색깔, 무늬, 크기 등 일정한 특징에 따라 다양한 범주로 나누는 능력이 발달하며, 상위 유목과 하위 관계를 이해한다.)

인지이론에 관한 설명 중 잘못된 것은?

① 발달은 능동적인 사고 구성

② 위로부터의 심리학

③ S-R 이론

④ 위계적 순서 변화 없다.

⑤ 지적발달은 불변요소 존재

정답 3번(행동주의이론에 속한다.)

초등학생에 해당하는 아동들은 수, 길이, 넓이, 부피 등을 차례나 형태를 바꾸어 여러 방법으로 보여주어도 그것들이 변하지 않는다는 것을 안다. 어떤 개념이 형성된 것인가?

① 순수성 ② 자기중심성

③ 대상영속성 ④ 적응

⑤ 보존

정답 5번

사회체계에서 경계가 가지고 있는 주요 기능은 무엇인가?

① 그 체계의 정체성을 규정해 주며 주위 환경과의 내적·외적 교환을 통제한다.

② 경계란 서로 다른 체계들이 접촉하거나 의사소통하는 지점이다.
③ 개인 간 혹은 기관 간에 계약의 형태로 이루어진다.
④ 서로 다른 두 체계의 공통된 관심사를 반영한다.
⑤ 상이한 두 체계가 공통된 이익이나 관심을 추구하기 위해 필요하다.

정답 1번(2~5번은 공유영역에 대한 설명이다.)

인지발달단계 중 구체적 조작기에 해당되는 것은?

① 반사작용
② 부부싸움의 과정보다는 결과만 본다.
③ 커튼을 치면 밤이라 생각한다.
④ 시행착오적 사고문제해결
⑤ 남의 물건을 훔쳐도 다른 사람은 모른다고 생각한다.

정답 4번(시행착오적 사고문제해결은 다양한 경험이 중요한 구체적 조작기에 속한다. ① 감각운동기, ②, ③, ⑤ 전조작기)

사회체계이론의 사회복지실천상 적용에 유용한 점이 아닌 것은?

① 인간행동에 관한 이해를 돕는다.
② 개인과 환경 상호 간의 본질을 조명해 준다.
③ 단선적 인과관계 관점을 명확하게 해준다.
④ 사회적 환경에 대한 지식을 제공한다.
⑤ 다원론적인 관점을 적용한다.

정답 3번(단선적이 아니라 복합적인 인과관계이다.)

피아제의 인지이론의 기본 가정이 아닌 것은?

① 모든 인간은 유사한 방법으로 생각하는 방법을 배운다.
② 유아기와 아동기 초기에는 생각하는 것이 매우 기본적이고 구체적이다.
③ 성장하면서 사고는 더욱 복잡하고 추상적이다.
④ 인지발달단계는 개인이 생각하는 일정한 원칙과 특정한 방식이 있다.
⑤ 성격은 인생 초기에 형성된다.

정답 5번(프로이트의 성격발달이론)

조직 속에서의 인간행동 설명 모델 중 팀 개념을 강조하며 Y이론을 확대한 것은?

① 과학적 관리모델 ② 인간관계모델
③ X이론 ④ 동료모델
⑤ Z이론

정답 4번

다음 중 사이버 공동체의 특성이 아닌 것은?

① 물리적 공간의 거리를 초월하며 서로 다른 시간대에 소통이 가능하다.
② 공동체를 공통의 지역과 역사, 가치를 공유하는 유사 네트워크의 집합체라고 규정하면서 사이버 공동체의 성립 자체를 부정하는 학자도 있다.
③ 현실의 신분을 노출시키지 않으며 인종, 성, 나이 등 사회적 차별이 존재한다.
④ 육체 없이 텍스트 등만으로 교류가 가능하다.
⑤ 사이버 공동체의 팽창은 지역공동체의 해체를 초래하게 될지도 모른다는 우려도 제기되고 있다.

정답 3번(사이버 공동체는 인종, 성, 나이 등 사회적 차별을 초월함으로써 반차별적이다.)

다음은 사회복지실천 과정 중 어느 단계인가?

㉮ 문제를 욕구로 전환한다.
㉯ 개입수준의 전략을 선택한다.
㉰ 문제를 해석된 용어로 표현한다.
㉱ 여러 가지 문제 중 우선순위를 정한다.

① 사정 ② 계획
③ 개입 ④ 계약
⑤ 관계형성

정답 2번

인지구조의 발생과 그 발달과정을 처음으로 포괄적이고 일반적으로 기술하여 현재까지 가장 강력한 인지발달이론을 수립한 피아제의 이론에 대한 비판의 내용이다. 성격이 다른 하나는?

① 인지발달은 청소년기에 완성되며, 성인의 30~35%만이 형식적 조작기에 있다는 연구결과
② 인간발달의 왜곡된 영역, 장애요인 등에 대해서는 고려하지 않았다.
③ 피아제의 이론은 개인적 편견의 가능성이 높다.
④ 인간은 모두 동일한 인지발달단계를 거친다.
⑤ 문화적, 사회경제적, 인종적 차이를 충분히 고려했다고 보기 어렵다.

정답 4번(피아제의 인지발달이론의 기본 가정에 대한 내용이다.)

아동은 동일한 양의 물을 모양이 다른 그릇에 담아도 그 양이 같다고 생각하는데 이와 같은 현상을 설명하는 개념으로 맞는 것은?

① 동화 ② 개념화
③ 조건화 ④ 가역적 사고
⑤ 비가역적 사고

정답 4번(구체적 조작기에 획득하며 형태는 변하더라도 양은 변하지 않는다는 보존개념을 획득하고 있어야 한다.)

체계와 관련된 개념을 설명한 것 중 틀린 것을 고르시오.

① 경계: 명확성, 투과성, 유연성 등의 속성을 지님.
② 엔트로피: 개방체계에서 볼 수 있으며 구성하고 있는 부분들은 시간이 지나감에 따라 점차 동일성을 띰
③ 동등종결: 각 체계들의 초기 상황이 다르다 할지라도 종국에 가서는 동일한 목적을 이끌어 낼 수 있음
④ 네겐트로피: 체계의 조직과 질서를 유지시키는 힘
⑤ 홀론: 특정 체계는 그 체계를 구성하고 있는 보다 작은 체계의 입장에서 보면 전체 체계인 동시에 그보다 큰 체계의 입장에서 보면, 그 큰 체계의 부분 또는 구성분자가 되는 현상임

정답 2번

사회체계이론의 주요 관점에 대해 설명한 것 중 틀린 것은?

① 개인과 환경은 양자가 모두 원인인 동시에 결과인 상호적 원인관계로 형성된 전체로 파악됨
② 사회체계이론에서는 인간을 신체적, 심리적, 사회적 부분으로 분리된 존재로 본다.
③ 체계는 스스로 규정한 안정 상태를 유지하려는 경향을 가지며 이것을 항상성이라고 한다.
④ 체계란 독특한 방식으로 상호작용하고 지속적으로 존재하는 구성요소들을 포함한 조직화된 전체이다.
⑤ 체계들은 개인에서 문화와 사회에 이르는 모든 수준들에 존재함으로써 사회체계의 기본 단위를 어디에 두느냐에 따라 관점이 달라진다.

정답 2번(인간을 신체적, 심리적, 사회적인 부분이 통

합된 존재로 본다.)

피아제의 인지발달의 과정과 구조를 설명하는 네 가지의 기본 개념이 아닌 것은?

① 도식 ② 강화
③ 동화 ④ 균형
⑤ 조절

정답 2번(인지발달이론에서 기본이 되는 주요 개념은 도식, 동화, 조절, 평형이다.)

클라이언트가 필요한 것을 얻을 힘이 없을 때 그의 입장을 대변하는 역할을 수행하는 역할은 무엇인가?

① 중개자 ② 관리자
③ 촉진자 ④ 협상가
⑤ 옹호자

정답 5번

다음 체계이론 중 주요 개념이 아닌 것은?

① 경계 ② 항상성
③ 인지 ④ 투입
⑤ 피드백

정답 3번

사회를 구성하는 기본 집단으로 개인이 성장하고 발달하는데 가장 친밀하고 영향력 있는 사회환경은?

① 조직 ② 가족
③ 집단 ④ 문화
⑤ 지역사회

정답 2번

감정이입적 이해, 무조건적인 긍정적 관심, 일치성을 심리치료를 위한 필요충분조건이라고 보는 이론은?

① 개인심리이론 ② 정신분석이론
③ 행동주의이론 ④ 자아심리이론
⑤ 인본주의이론

정답 5번(로저스에 의해 강조되었다.)

가족구조의 특성 설명 중 유리된 경계선(disengaged boundary)에 관한 설명으로 옳은 것은?

① 개개인의 독립적인 자아의식이 발달하기가 어렵다.
② 지나친 일체감과 소속감 때문에 가정 내에 프라이버시란 없다.
③ 경계선이 매우 폐쇄적이고 거리감이 있다.
④ 가족의 상호작용이 밀접하다.
⑤ 결속력이 강하고 개방적이며 거리감이 거의 없다.

정답 3번

파슨스 체계의 네 가지 기능이 아닌 것은?

① 적응 ② 통합
③ 잠재성 ④ 목표달성
⑤ 효과성

정답 5번

다음 사회복지실천의 과정에 관한 설명으로 옳은 것은?

① 개입이나 수행은 즉흥적으로 이루어지는 것이 더욱 효과적이다.
② 구체적인 목표를 설정하는 계획이 제일 먼저 이루어져야 한다.
③ 사회복지실천은 개별 상담으로부터 조직의 정책을 바꾸는 것까지 포함한다.
④ 클라이언트의 문제 상황을 자세히 조사하는 것을 평가라고 한다.
⑤ 사정이란 문제해결 과정이 잘 이루어졌는지 평가하는 것이다.

정답 3번(미시적 접근에서 거시적 접근을 포함한다.)

고전적인 조건형성 기법을 활용한 불안대처 기법 중의 하나로서 불안수준이 높아서 상황에 맞는 행동을 하지 못하는 클라이언트의 경우 규칙적인 호흡과 함께 근육을 이완시키고 즐거운 상상이나 생각을 하는 절차를 반복함으로써 불안을 완화해 주는 기법은?

① 토큰경제 ② 자기주장훈련
③ 단계적 탈감기법 ④ 체계적 둔감화
⑤ 이완훈련

정답 5번(이완훈련: 치료적 기법으로 가장 많이 활용된다.)

피아제이론의 비판적인 평가가 아닌 것은?

① 실험실 상황에서 이루어진 과학적 연구에 기초한 것이 아니라 자신의 자녀를 관찰한 내용을 토대로 하고 있기 때문에 개인적 편견의 가능성이 높다.
② 자극에 대한 선별적 반응 및 자극 유형의 결합으로 상황을 개념화, 도식에 의해 정보를 조직화하였다.
③ 인간발달의 왜곡된 영역, 장애요인 등에 대해서는 고려하지 않았다.
④ 아동에 초점에만 맞추고, 문화적, 사회경제적, 인종적 차이를 충분히 고려했다고 보기 어렸다.
⑤ 인지발달이 청소년기에 완성된다고 본 점은 성인의 30~35%만이 있다는 결과이다.

정답 2번(엘리스의 합리적 정서치료이론에서 벡의 인지치료에 대한 것이다.)

다음은 사회복지실천 과정에 관한 설명이다. 맞지 않는 것은?

① 계획 및 수행단계는 문제 또는 상황을 자세히 이해하는 것이다.
② 평가단계는 목적달성 수행을 알아보기 위해 문제해결과정을 평가하는 것이다.
③ 사회복지실천 과정의 가장 중요한 것은 인간행동에 관한 기본지식과 가정이다.
④ 인간행동은 그의 생물학적 특징을 바탕으로 한다.
⑤ 사람은 그가 속하지 않은 다른 사람 집단 조직으로부터 역동적인 영향을 받는다.

정답 1번(사정단계이다.)

다음 중 인간행동에 관한 정신역동이론과 대표학자의 연결이 틀린 것은?

① 사회심리학적 성격이론: 에릭슨
② 도덕성 발달이론: 콜버그
③ 합리적 인지이론: 엘리스
④ 현상학적 성격이론: 반두라
⑤ 정신분석이론: 프로이트

정답 4번(현상학적성격이론은 로저스이다.)

행동주의적 학습이론은 인간의 성격과 행동을 형성하는데 무엇을 강조하는가?

① 개인의 능력 ② 환경
③ 훈련 ④ 욕구
⑤ 자아

정답 2번(행동주의이론의 인간관－인간의 행동을 불러일으키는 것은 환경적 자극이며, 외적 강화를 통해 행동을 변화시킬 수 있음.)

사회서비스 조직의 예외적인 문제가 아닌 것은?

① 불확실한 과정: 복합적이며 측정하기 어려운 인간적인 요소
② 변하는 환경: 끊임없이 변화
③ 목적 전치: 목적의 수단이 목적 그 자체가 된 것
④ 불확실한 목표: 사회복지사 및 기관의 목표를 측정 가능한 구체적 목표로 제시하기 어

렵다.

⑤ 확실한 과정: 측정하기 쉬운 인간적인 요소.

정답 5번(인간조직은 다양하고 개개인의 복합적이며 측정하기 어려운 인간적인 요소가 있다.)

가족체계의 사정과 개입에 대해 설명한 내용 중 가장 거리가 먼 것은?

① 문제가족의 경우 사회복지사는 가족규칙을 확인하여 지적하고 그 가족이 그것을 교정하고 유익한 규칙을 개발하도록 도와야 한다.
② 가족의 경계선이 속박된 경계선에 있는 경우, 가족에 대한 소속감이 없고 가족구성원 간에 서로 분리되고 독립된 감정이 있다.
③ 사회복지사는 가족문제에 개입할 때에는 가족의 언어적 혹은 비언어적 의사소통 방식에 대한 관찰과 이해가 필요하다.
④ 사회복지사는 클라이언트와 함께 생태도를 그려야 한다.
⑤ 가족 내의 정서, 행동 패턴은 반복되는 경향이 있어서, 가계도를 보면서 가족관계의 패턴을 확인해 볼 수 있다.

정답 2번(문제에 제시된 설명은 유리된 경계선에 대한 내용이다.)

집단의 역동성에 대해 설명한 내용 중 가장 거리가 먼 것은?

① 집단은 목적을 추구하는 과정에서 과업활동과 사회정서적 활동을 주로 한다.
② 집단은 구성원들의 행동을 규제하고 제재를 가함으로써 사회적 통제를 한다.
③ 소시오그램은 집단역동을 그림으로 나타낸 것으로서 파슨스에 의해 개발되었다.
④ 집단체계는 그 구성원인 개인의 동기, 태도, 행위에 영향을 미친다.
⑤ 집단의 생존을 위해서는 두 활동 간에 역동적 평형을 유지해야 한다.

정답 3번(소시오그램은 모레노에 의해 개발되었다.)

피아제의 인지발달단계와 연령을 맞게 짝지은 것은?

① 감각 운동기: 7세
② 구체적 조작기: 5세
③ 형식적 조작기: 출생~2세
④ 전조작기: 11, 12세 이후
⑤ 전조작기: 2－7세

정답 5번(감각 운동기－출생－2세, 구체적 조작기－약 7세－11, 12세, 형식적 조작기－11, 12세 이후, 전조작기－2－7세)

본능에 가까운 반사반응으로부터 환경을 이해하기 시작하는 시기는?

① 감각 운동기 ② 전조작기
③ 구체적 조작기 ④ 도덕적 실재론
⑤ 형식적 조작기

정답 1번(감각 운동기는 출생에서 2세까지이며, 간단한 반사반응으로부터 환경을 이해하기 시작하는 시기이다.)

발명과 발견을 통하여 등장한 새로운 문화요소가 한 문화체계 안에 확산되어 발생하는 것을 무엇이라고 하는가?

① 문화접변 ② 문화지체
③ 문화혁명 ④ 문화변동
⑤ 문화강화

정답 4번(발명과 발견을 통하여 등장한 새로운 문화요소가 한 문화체계 안에서 확산되는 것은 문화변동을 의미한다.)

조직 속에서의 인간행동을 설명하는 모델 중에서 에치오니(Etzioni)의 인간관계 모델의 기본 신념에 해당하지 않는 것은?

① 생산수준은 신체적 능력이 아니라 사회규범에 따라 규정한다.
② 비경제적 보상과 제재는 노동자의 행동에 중대한 영향을 미친다.
③ 파트너십이 수립되면 피고용인은 양질의 업무를 수행한다.
④ 노동자는 개인이 아니라 집단성원으로 행동하거나 반응한다.
⑤ 조직의 사회적 요인들을 이해하는 것이 중요한 지도자 역할이다.

정답 3번(동료 모델의 내용이다.)

블라우와 스코트(Blau & Scott)의 조직 유형에 속하지 않은 것은?

① 호혜조직 ② 기업조직
③ 정치조직 ④ 봉사조직
⑤ 공익조직

정답 3번(블라우와 스코트의 조직 유형은 호혜조직, 기업조직, 봉사조직, 공익조직이다. 따라서 3번은 파슨스(Parsons)의 조직 유형에 해당한다.)

행동주의이론에서 설명하는 성격의 발달이다. 가장 거리가 먼 것은?

① 강화된 행동이 습관이 되고 이것이 바로 성격의 일부가 된다.
② 인간이 성격과 행동을 형성하는 데 환경의 역할은 매우 중요하다.
③ 건전한 성격을 발달시키기 위해서는 자극에 대한 변별능력이 적절하게 발달되어야 한다.
④ 개인의 독특한 차이는 차별적인 강화 경험에 따라 좌우한다.
⑤ 자극을 변별할 수 있는 능력은 누구나 거의 비슷하다.

정답 5번(강화된 행동이 다양한 관련 상황으로 확장되는 일반화와 자극에 대한 변별능력에 따라 성격이 발달하는데 이 자극을 변별할 수 있는 능력은 독특하고 차별적인 강화 경험에 따라 개인마다 차이가 있다.)

행동주의 학습이론에 대한 기본 가정으로 옳은 것은?

① 학습의 결과는 인지구조의 변화이다.
② 지각방식에 따라 유기체의 행동이 달라진다.
③ 인간의 마음 혹은 정신은 다양한 힘들이 상호작용하는 에너지 체계이다.
④ 인간은 태생적으로 학습하려는 의욕을 가지고 있다.
⑤ 유기체의 행동은 자극과 반응의 연합이다.

정답 5번(한 개인의 행동과 그에 따르는 강화 사이의 관계 유형이라 본다.)

다음 설명 중 틀린 것은 무엇인가?

① 성장: 신체 크기의 증대, 근력 증가 등과 같은 양적 확대를 의미한다.
② 학습: 경험, 훈련 또는 연습의 결과로써 일어나는 개인 내적인 변화이다.
③ 발달: 크기의 변화, 구조의 변화, 비율의 변화, 기능의 변화가 모두 포함된다.
④ 성숙: 신체 및 심리적 변화를 의미하며, 발달보다 광의의 개념이다.
⑤ 발달: 양적 감소, 구조의 단순화, 기능의 무능화 현상과 관련된 퇴행적 변화까지도 포함된다.

정답 4번(성숙은 부모로부터 받은 유전인자가 지니고 있는 정보에 따라 일어나는 변화이다. 반면, 발달은 유전과 환경 사이의 상호작용에 의해 이루어지는 변화를 의미하므로 발달이 더욱 광의의 개념이다.)

다음 치료기법 중에서 약물중독, 흡연, 도박 등의 문제행동을 해결하는데 가장 적절한 것은 무엇인가?

① 체계적 둔감화 ② 격리
③ 혐오기법 ④ 이완훈련
⑤ 인지적 재구조화

정답 3번

옹호나 조정가능성을 파악하는 일에서부터, 기술적으로 지원하거나 서비스를 연계하고 수행하기 위해 직접 개입하는 일까지 다양한 역할을 수행하는 것은 사회복지사의 어떠한 역할인가?

① 관리자 ② 주창자
③ 교육자 ④ 협상가
⑤ 통합/조정자

정답 5번(관리자는 사회복지 기관이나 부서의 행정책임자로서, 조직의 목표설정, 서비스 프로그램 운영, 재정자원 확보, 실무자의 과업조정, 지역사회의 지지 획득 등의 역할 수행을 담당하고 주창자는 개선해야 할 문제에 관심을 불러일으키는 일을 수행한다. 교육자는 클라이언트와 다른 체계에 정보를 제공하고 기술을 가르치는 역할을 수행하고 협상가는 다른 집단이나 체계로부터 무엇인가를 얻어내는 역할을 한다.)

특정 기간 동안의 클라이언트 가족의 역사와 그 과정에서의 주된 사건을 한눈에 볼 수 있게 해주는 가족체계의 사정도구로 알맞은 것은?

① 가족 조각 ② 소시오그램
③ 가계도 ④ 생태도
⑤ 가족 나무

정답 3번과 5번(가족 조각이란 가족관찰의 대표적 방법이고 소시오그램은 집단 역동을 그림으로 나타낸 것이고 가계도는 가족을 3세대 이상 도표로 그려서 클라이언트 문제의 근원을 조사하는 일종의 그림기법으로 가족 나무라고 불리기도 한다. 이에 반해 생태도는 가족체계의 요구와 자원 간의 균형을 보여주는 관계이다.)

다음은 일차적 강화와 이차적 강화에 대한 설명이다. 옳지 않은 것은?

① 본래부터 강화 속성을 가진 사건이나 대상이 일차적 강화물이다.
② 관심, 인정, 호의 같은 일차적 강화는 인간행동에 큰 영향을 미친다.
③ 일차적 강화물이 주는 보상의 값어치는 학습과 무관하다.
④ 이차적 강화는 일차적 강화물과 계속 짝지어진 중립적인 자극 그 자체이다.
⑤ 배고픈 사람에게 음식은 일차적 강화물의 예가 될 수 있다.

정답 2번(일차적 강화는 본래부터 강화 속성을 지닌 것이고 이차적 강화는 학습되어 강화의 속성을 갖게 되는 것이다. 관심, 인정, 호의는 이차적 강화물이다.)

다음 중 가장 효과가 큰 강화계획은 무엇인가?

① 고정간격 강화계획
② 변동간격 강화계획
③ 고정비율 강화계획
④ 연속적 강화계획
⑤ 변동비율 강화계획

정답 4번(효과순은 1번－3번－2번－5번)

프로이트의 정신분석이론을 현장에 적용할 때, 행동에 대한 단순한 설명이 아닌 자아가 더 깊은 무의식의 자료를 탐색할 수 있도록 도와주는 기능은 어떤 치료기법인가?

① 자유연상
② 저항의 분석
③ 버텨주기와 간직하기
④ 해석
⑤ 저항의 해석

정답 4번(치료관계에서 나타나는 클라이언트의 행동

의 의미를 설명하고 때로는 가르치기도 하는 기법임.)

프로이트의 정신분석이론의 인간관으로 맞는 것은?

① 인간을 합리적이며 더 나아가 창조적 존재로 보고 있다.
② 인간행동이 의식 수준에서 통제가 가능한 자아에 의해 동기화된다고 보았다.
③ 인간을 가변성을 지닌 존재로 보고 있다.
④ 인간을 의식의 영역 밖에 존재하는 비합리적이고 통제할 수 없는 무의식적 본능의 지배를 받는 존재로 보고 있다.
⑤ 인간을 제대로 이해하기 위해서는 생리・심리・사회적 총체로 보아야 한다고 하였다.

정답 4번(프로이트는 인간을 합리적 존재로 간주하던 당대의 지적 분위기에 저항하여, 인간의 모든 행동, 사고, 감정은 신체적 긴장상태에 의해 유발되는 무의식적인 성적 본능과 공격적 본능에 의하여 결정된다고 보고 있으며, 인간은 이러한 본능적 긴장을 해소하기 위하여 행동을 한다고 보고 있다. ①, ②, ③, ⑤는 에릭슨의 인간관을 설명한 것이다.)

조직 속에서의 인간행동 모델을 잘못 설명한 것은?

① 지도부는 일방적으로 명령하고 조직원은 복종토록 하는 것은 독재모델이다
② 피고용인의 복지증진을 통해 직장의 안정성을 높이고 조직에 의존하도록 하는 것은 보호모델이다.
③ 테일러에 의해 개발된 모델로 과거의 비과학적인 작업방법을 과학화하여 생산성을 높이는 모델을 비과학적 모델이라 한다.
④ 경영자의 사고와 행동은 두 가지 서로 다른 가정에 근거한다고 보는 것을 X이론과 Y이론이라 한다.
⑤ 사회적 요인이 생산성에 영향을 미치는 주요 변수임을 주장한 모델은 인간관계 모델이다.

정답 3번(과학적 모델을 설명한 것이다.)

가족 서로에게 무관심을 보이는 가족의 하위체계의 특성을 가리키는 개념은?

① 속박된 경계선
② 가족체계의 역동성
③ 가족의 주기
④ 가족의 적응성
⑤ 유리된 경계선

정답 5번(각각의 체계들이 무관심하게 떨어져 있는 것은 유리된 경계선이다.)

보편적인 가족의 기능은 자녀출산, 사회화, 경제적 협조, 성적 욕구충족, 가족의 정서적 기능이다. 한국 가족기능의 변화를 가장 잘 설명하고 있는 것은?

① 생산기능이 강화되고 있고 소비기능은 점차 약화되고 있다.
② 가족의 사회보장 기능이 점차 강화되고 있다.
③ 자녀양육의 책임은 강화되고, 사회화 기능이 더욱 약화되면서 가족에게 부담으로 작용한다.
④ 가족의 정서적 유대기능과 여가기능이 점차 소멸되고 있다.
⑤ 출산과 성행위 규제기능이 더욱 강화되고 있다.

정답 3번(한국 가족은 경제적 기능에서 볼 때 생산기능이 약화(상실)되고 소비기능은 강화되고 있다. 또한 출산과 성행위 규제 기능이 약화되고 있는 반면 자녀양육과 사회화 기능이 더욱 강화되면서 가족에게 부담으로 작용하고 있으며, 가족의 사회보장 기능 또한 심각한 위기에 처해 있다. 가족의 정서적 유대기능과 여가기능이 점차 중시되고 있다.)

다음 중 사회복지실천에서 주로 다루는 다양한 유형의 집단과 그에 대한 설명으로 바른 것은?

㉮ 교육집단: 효과적인 부모되기 기술 훈련 모임, 주장훈련 모임 등이 이에 속한다.
㉯ 감수성 훈련집단: 자신의 신념 및 감정을 개방하여 자기성장과 대인관계의 발전을 추구한다.
㉰ 사회화집단: 사회기술 개발, 자신감 증대, 미래 계획 등이 목적이다.
㉱ 대표집단: 즐거움을 제공하면서 일련의 기술을 개발한다.

① ㉮, ㉯, ㉰, ② ㉮, ㉰
③ ㉯, ㉱ ④ ㉱
⑤ ㉮, ㉯, ㉰, ㉱

정답 1번(대표집단은 초점집단의 일종으로 서로 다른 관점과 시각을 구체적으로 대표할 수 있다는 강점이 있다. 가장 최선은 대표집단이 지역의 다양성을 반영하고 다양한 관점을 안건으로 제시할 수 있는 초점집단인 경우이다.)

집단의 발전과정에 대한 설명이다. 옳지 않은 것은?

① 집단은 환경에 적응한다.
② 집단은 목표지향적인 행동을 활동, 감정, 상호작용을 발전시킨다.
③ 집단의 외적 체계가 정교해지면서 유대, 응집력, 규범, 역할, 지위 등이 발달한다.
④ 집단은 피드백을 통해 환경과 함께 발달하는 내적 체계에 의해 영향을 받으려 적응한다.
⑤ 집단의 내적 체계에 따라 집단구성원의 기능을 수정한다.

정답 3번(내적 체계가 정교해지면서 유대, 응집력, 규범, 역할, 지위 등이 발달한다.)

불안을 일으키는 자극에 대해 분석하고 불안유발 상황에 대한 목록을 작성한 다음 완전히 이완된 상태에서 불안을 유발하는 상황을 상상하게 하여 점차로 불안이 완화되도록 하여 치료하는 방법은?

① 꿈의 분석 ② 토큰경제
③ 격리 ④ 자기주장훈련
⑤ 체계적 둔감화

정답 5번(체계 둔감화에 대한 설명이다. 처음에는 그림을, 다음은 비디오를, 다음은 인형을, 다음은 움직이는 인형을, 다음은 실제적인 불안 물체를 보여주는 것이다.)

억압에 대한 방어기제라고 볼 수 없는 것은?

① 불안에 대한 일차적 방어기제로 가장 흔하게 사용함.
② 용납할 수 없는 충동은 무의식으로 추방하는 과정
③ 도덕적 사회적으로 잘 적응된 생활을 가능하게 함
④ 위협적인 현실에 대해 눈감으로써 불안에 대처하는 것
⑤ 개인의 불안을 유발하는 갈등이나 감정, 충동을 스스로 의식하지 못함

정답 4번(부정)

사이버 공동체의 장점이 아닌 것은?

① 시간에 상관없이 편리한 시간에 이용할 수 있다.
② 관심 있는 분야에 참여할 수 있다.
③ 생산과 분배를 증가시킨다.
④ 물리적 사회적 제약이 없다.
⑤ 서로 만나는데 시간과 비용이 많이 들지 않는다.

정답 3번

반두라의 사회학습이론에서 모방에 대해 잘못 설명한 것은?

① 위대하다고 생각하는 사람의 행동을 위대하다고 생각하지 않는 사람의 행동보다 더 잘 모방한다.
② 자기와 동성인 모델의 행동을 이성인 모델의

행동보다 더 잘 모방한다.

③ 돈, 명성, 높은 사회경제적 지위 등을 지닌 모델을 더 잘 모방한다.

④ 벌을 받은 모델을 거의 모방하지 않는다.

⑤ 연령이나 지위와 상관없이 자기와 비슷한 모델을 더 잘 모방한다.

정답 5번(연령이나 지위에서 자기와 비슷한 모델을 상이한 모델보다 더 잘 모방한다.)

자기조정에 대해 잘못 설명한 것은?

① 자기조정의 세 가지 요소는 수행과정, 판단과정, 자기반응과정으로 이루어진다.

② 자기조정은 성과를 평가하는 개인적 기준에 따라 좌우된다.

③ 수행된 행동은 여러 보조적 과정들을 포함하는 판단과정을 통해 자기강화를 낳는다.

④ 어떤 행동이 보상을 받을지 처벌을 받을지는 개인적 기준에 의해 평가된다.

⑤ 자기조정의 판단요소 중 하나는 활동의 가치이다.

정답 3번(수행된 행동은 여러 보조적 과정들을 포함하는 판단과정을 통해 자기반응을 낳는다.)

자기규제를 구성하는 요소로 알맞게 짝지어진 것은?

① 수행과정, 판단과정, 자기반응과정

② 수행과정, 판단과정, 동기화과정

③ 수행과정, 동기화과정, 통제과정

④ 동기화과정, 통제과정, 자기반응과정

⑤ 통제과정, 판단과정, 자기평가과정

정답 1번

문이 잠긴 상자에 갇힌 고양이가 다양한 반응을 하다가 우연히 빠져나오는 과정을 여러 번 시행하는 동안 효과가 있었던 반응은 유지되고 효과가 없었던 반응은 소실되면서 탈출에 걸리는 시간이 점점 짧아졌다라는 실험을 통해 얻은 학습이론은?

① 사회학습이론

② 체계적 둔감법

③ 행동주의 심리학

④ 조작적 조건형성의 이론

⑤ 시행착오법

정답 5번(문제상자 실험을 한 손다이크의 시행착오법 이론)

보상이 주어지는 평균시간은 정해져 있지만 실제 강화가 주어지는 시간간격과 다른 강화계획은?

① 고정간격　② 고정비율

③ 변동비율　④ 변동간격

⑤ 부적강화

정답 4번(고정간격: 보상 후 일정한 시간이 지나야 다시 보상하는 경우, 고정비율: 일정한 회수의 반응을 한 후에 보상하는 경우, 변동비율: 강화를 하는 평균비율은 일정하나 실제 강화가 주어지는 비율은 다른 경우, 부적강화: 유기체에 불쾌한 자극 제거)

행동반응의 지속 순서로 바른 것은 무엇인가?

① 고정비율스케줄－고정간격스케줄－변수간격스케줄－변수비율스케줄

② 변수비율스케줄－고정비율스케줄－변수간격스케줄－고정간격스케줄

③ 변수비율스케줄－고정간격스케줄－변수간격스케줄－고정비율스케줄

④ 고정간격스케줄－고정비율스케줄－변수간격스케줄－변수비율스케줄

⑤ 고정비율스케줄－변수비율스케줄－변수간격스케줄－고정비율스케줄

정답 2번(네 개의 강화스케줄 가운데 변수비율스케줄이 가장 높은 행동반응을 지속시킨다. 그 다음은 고정비율스케줄, 변수간격스케줄, 그리고 고정간격스케줄

순으로 행동반응을 지속시킨다.)

혐오자극을 통한 행동통제에 대해 스키너가 이야기한 것 중 다른 것은?

① 처벌은 부적당하고 부정적인 반응을 일시적으로 금지시킬 수는 있다.
② 상반된 행동을 긍정적 강화를 통해 조건화시키는 것이 더 좋은 방법이다.
③ 처벌받는 행위는 불쾌조건이 없어지면 곧장 나타난다.
④ 긍정적 강화인자는 불쾌한 자극과 관련된 부정적 부산물을 야기하지 않는다고 보았다.
⑤ 처벌을 통해 사회적으로 옳지 못한 행위를 완전히 소멸시킬 수도 있다.

정답 5번(처벌은 부적당하고 부정적인 반응의 일시금지는 가능하나 완전소멸은 불가하다고 주장하였다.)

에릭슨이 말한 점성원칙에 대한 설명으로 바르지 않은 것은?

① 심리사회적 자아발달은 점성원칙을 토대로 한다.
② 성장하는 모든 것은 기초 안을 가진다.
③ 기초 안으로부터 부분이 발생하고 각 부분이 특별히 우세해지는 시기가 있으며 이 모든 부분이 발생하여 기능하는 전체를 이루게 된다는 것이다.
④ 각 요소는 결정적 시기가 정상적으로 도달해야 비로소 존재하게 된다.
⑤ 건강한 성격은 각 요소가 다른 모든 요소에 체계적으로 관련되어 적절하게 연속적으로 발달하는 것이다.

정답 4번

가족의 기능으로 볼 때 현대사회 가족기능의 두드러진 특징은?

① 종족 보존　　② 경제적 부양
③ 딩크족 출현　　④ 성행위의 규제
⑤ 자녀의 사회화

정답 3번(딩크족 출현: 과거에는 존재하지 않았던 새로운 가족의 형태)

적응(adaptation)이란 개인과 환경이 지속적으로 상호작용하는 과정에서 무엇을 획득하는 과정인가?

① 발전
② 발달과업
③ 적합성(goodness－of－fit)
④ 안녕상태(well－being)
⑤ 성숙

정답 3번(적응은 주변 환경의 조건에 맞추어 조절하는 능력으로 클라이언트들의 대부분은 개인과 환경 사이의 균형이 깨졌을 때 사회복지사에게 원조를 요청하는 경향이 있다.)

인간발달이론은 사회복지실천의 원조과정 중에서 어느 단계와 더욱 밀접한 관계를 가지는가?

① 조사(study)와 사정(assessment)단계
② 개입 계획 수립단계
③ 개입단계
④ 평가단계
⑤ 환류단계

정답 1번(사회복지실천에서는 신체, 심리, 사회적 발달과 관련된 이론에 근거하여 적응과 부적응을 결정하기 위한 기준을 설정하는 경우가 많다. 따라서 인간발달이론은 사회복지실천의 원조과정 중에서 조사와 사정 단계와 더욱 밀접한 관련성을 지니고 있다.)

사회복지실천의 과정 중 인간의 발달에 관한 지식을 다루는 단계는?

① 개입　　② 사정

③ 계획수립 ④ 평가
⑤ 종결

정답 2번(개인의 문제의 원인을 파악하고 해결할 수 있는 분석과 진단을 하기 때문이다.)

아들러의 출생순서가 성격에 미치는 영향이 틀리게 연결된 것은?

① 맏이: 집중해서 관심을 받으며 성장한다.
② 둘째: 경쟁심이 강하고 야망이 크다.
③ 막내: 형과 누나의 장점을 능가하기 위해 자극 받고 도전받는다.
④ 외동자녀: 자기중심적이며 응석받이로 자란다.
⑤ 쌍둥이: 서로 의지하기도 하고, 서로 경쟁하기도 한다.

정답 3번(둘째에 해당된다.)

초자아에 대한 설명으로 틀린 것은?

① 내면화된 도덕적 표준이다.
② 양심과 자아 이상으로 이루어진다.
③ 1차적 사고과정을 따른다.
④ 유전되는 것이 아니고 성격구조 중 마지막으로 발달하는 체계이다.
⑤ 사회적 가치를 내면화하여 형성된 것이다.

정답 3번(원초아에 관한 설명이다.)

클라이언트의 사고에 들어 있는 잘못된 논리를 표현하게 하고 불합리한 사고과정을 논리적이고 합리적인 사고 유형으로 대치하는 치료적 기법은?

① 이완훈련 ② 체계적 둔감화
③ 토큰경제 ④ 혐오기법
⑤ 인지적 행동수정기법

정답 5번

사회복지사의 역할에 대한 설명으로 옳지 않은 것은?

① 업무량관리자와 직원개발자의 역할은 사회복지사가 제공하는 서비스의 질적 향상을 위한다.
② 사회복지사에게 있어 가장 중요한 역할은 상담가의 역할이다.
③ 중개자의 역할과 중재자의 역할은 동일한 역할이 아니다.
④ 지역사회복지관의 사회복지사는 사회복지직 공무원에 비해 지역조직 관련 역할이 기대된다.
⑤ 사회복지사는 상황에 따라 수행해야 할 역할이 각기 다르다.

정답 2번(사회복지사의 중요한 역할은 클라이언트의 상황과 문제에 따라 달라진다.)

생태체계이론의 사회복지실천에의 적용 범위 중 틀린 것은?

① 환경에 적응하고 필요한 자원을 얻기 위해 경쟁하는 다양한 방식 이해
② 사정과 계획이 유용
③ 사회복지사의 관계 설정에도 사용 가능
④ 전문화의 개념은 클라이언트 직업 훈련 결정 시 도움
⑤ 내부역동에만 초래

정답 5번(프로이트이론이다.)

어린이를 대상으로 하는 동화는 대개 착한 사람이 잘 되고 못된 사람은 벌을 받는다는 권선징악과 같은 메시지를 담고 있다. 여기에는 어떤 학습이론이 반영되어 있는가?

① 스키너의 조작적 조건형성 이론
② 피아제의 인지발달이론
③ 프로이트의 정신분석이론
④ 로저스의 인본주의 성격이론
⑤ 반두라의 사회학습이론

정답 5번(행동에 대한 보상에 의해 행동의 패턴이 결

정된다고 본다.)

방어기제가 정상적인지 또는 병리적인지를 판단하는 기준이 아닌 것은?

① 한 번에 여러 가지를 사용하는지 혹은 한 가지를 사용하는지
② 방어의 강도가 약한지 강한지
③ 방어기제를 사용한 연령과 내용이 적절한지
④ 불안 회피를 위한 방어기제의 사용 후 철회 가능성은 있는지
⑤ 방어기제 내용의 현실성 여부

정답 5번(1번－균형, 2번－강도, 3번－연령, 4번－철회 가능성이다.)

인간행동을 설명하는 각 성격이론의 주요 개념을 연결한 것이다. 다음 중 틀린 것은?

① 정신분석적 성격이론: 리비도, 원초아, 자아, 초자아
② 인지발달이론: 도식, 조직화, 동화
③ 행동주의적 학습이론: 반응적 행동, 강화
④ 사회학습이론: 모방, 인지, 자기조정
⑤ 인본주의적 성격이론: 앎, 자아중심성, 평형화

정답 5번(인본주의적 성격이론의 주요 개념은 현상학적 장, 자아 또는 자아개념, 자아실현 경향 등이다.)

다음 중 프로이트의 방어기제 중 반동형성에 속한 것은?

① 어려운 과제가 있을 때 그 과제를 아예 잊어버린다.
② 이성에 대한 관심과 욕구가 강한 여자의 경우 남자가 자신을 너무 좋아한다고 생각하는 것
③ 아버지에 혼이 난 아이가 마당의 개를 발로 차버림으로써 화를 푸는 것
④ 작은 고추가 맵다.
⑤ 무의식 속의 받아들여질 수 없는 생각, 소원, 충동 등을 정반대의 것으로 표현하는 것

정답 5번(1번－억압, 2번－투사, 3번－전치, 4번－보상이다.)

Chapter 08
인간의 성장과 발달, 태내기와 영아기

CHAPTER

08 인간의 성장과 발달, 태내기와 영아기

1 인간의 발달과 심리적 특성

1) 발달의 개념과 특성

발달(development)은 삶이 시작되는 순간, 즉 난자와 정자가 수정되는 순간부터 사망에 이르기까지 연령 혹은 시기에 따라 신체성장, 체중증가, 운동능력의 변화, 지능의 발달 등 끊임없이 연속적으로 체계적으로 적응 및 변화하는 과정을 의미한다. 발달은 양적인 변화인 동시에 질적인 변화이다. 인간의 발달은 성장과 성숙, 학습에 의해 이루어지는 변화과정이다.

인간발달에 대해 학자들은 다양한 정의를 내리고 있는데 이를 정리하면 다음과 같다. 코프카(Kopca)는 발달이란 유기체와 신체기관이 양에 있어서 증대하고 구조에 있어서 정밀화되고 기능에 있어서 유능화되어 가는 과정이라고 하였고, 맥그로우(Mcgraw)는 발달은 유기체 내에 있는 에너지와 환경 속에 있는 에너지가 끊임없이 교류한 결과로 인하여 출산되는 과정을 의미한다고 하였으며, 웨런(Warren)은 개체가 발생하면서부터 성숙하기까지 일어나는 구조나 형태의 변화를 발달이라고 하였다(Shaffer, 2005). 또한 휠러(Wheeler)도 발달을 에너지 체제의 확대와 분화로 보고 성숙구조와 성숙가능성의 실제적인 발현이라고 하였다(Eysench, 2004). 허록(Hurlock)은 발달을 크기의 변화, 비율의 변화, 새로운 특징의 획득, 낡은 특징의 소실로 나누고 이것들이 서로 작용해서 일어나는 과정이라고 하였다(김경희, 2001). 이를 종합하여 보면 발달이란 인간의 신체적·심리적 · 사회적인 요인들이 서로 상호작용하여 임신에서부터 사망에 이르기까지 전 생애에 걸쳐 일어나는 질서정연하면서도 안정적이며 체계적인 과정에 따른 일련의 변화라고 볼 수 있다.

이러한 발달은 모든 기간에 걸쳐 일어나는 특성을 갖고 있다. 그래서 인간은 언어, 인지, 신체, 사회, 정서적인 발달의 어느 한 부분만이 아닌 통합적인 방법의 전체로 이해되어야 하는 것이다. 또한 인간의 발달과 행동은 그에 관련된 상황이나 인간관계의 맥락에서 분석되어야 하며, 인간의 행동양식은 성장해 온 문화와 사회적 환경의 적응을 반영한 것으로 보아야 한다.

그리고 인간의 성장과 발달은 일정한 방향의 순서가 있고, 연속적이지만 속도는 일정하지 않는 특성을 갖는데, 이것은 발달의 개인차를 의미한다. 그리고 신체구조와 심리적 기능 발달에는 결정적 시기가 있고 각 발달단계의 경험은 다음 발달단계에 영향을 주게 된다. 모든 개개인의 발달과 특성 및 능력은 유전과 환경의 복잡한 상호작용의 결과에 의해 성숙과 경험으로 이루어진다.

발달과 유사한 의미로 사용되는 용어로는 성장, 성숙, 학습, 분화라는 용어가 있다. 성장과 발달은 유사하지만 구별되어 이해되어야 한다. 성장(growth)은 신장이나 체중, 근력의 증가 등 신체적 · 생리적인 변화, 생물적이고 구조적인 변화로 양적인 확대를 의미하며, 크기, 복잡성, 기능이 정점에 이를 때까지 계속 양적인 확대가 이루어지다가 일정한 시기가 지나면 정지되는 인간의 신체적 부분에 한정하여 변화를 설명하고자 할 때 사용하는 용어이다(Timiras, 1972; Cowden 외 2인, 1998; Heywood & Getchell, 2001, 송길연 외 역, 2005 재인용). 반면 발달은 신체뿐 아니라 심리적인 측면과 사회적인 측면에서의 변화를 모두 포함하며, 양적인 확대뿐만 아니라 양과 질적인 면에서 상승적 또는 퇴행적 변화를 포함하는 등 형태적, 기능적으로 분화하고 복잡해지고 통합되는 것을 모두 포함하기 때문에 성장보다는 넓은 개념이다.

또한 성숙(maturation)은 경험이나 훈련에 관계없이 인간의 내적 또는 유전적 기제의 작용에 의해 나타나는 체계적이고 규칙적으로 진행되어 가는 신체 및 심리적 변화를 의미한다(Tepple, 1978; Cowden 외 2인, 1998; Heywood & Getchell, 2001; 이경화, 1999

재인용). 예를 들면 시각, 청각, 후각처럼 특별한 학습에 의하지 않는다 하더라도 완전한 발육 상태에 도달하는 것을 들 수 있다.

그리고 또 다른 유사 개념으로 학습(learning)을 들 수 있는데, 학습은 경험, 특별한 훈련이나 연습의 결과로 가치관이나 태도 등을 형성하면서 일어나는 개인 내적인 행동변화를 의미한다. 발달은 학습에 의한 경험이나 훈련은 물론 유전적 요인에 의해서 일어나는 변화까지도 포함하고, 내적인 변화뿐만 아니라 외적인 변화까지도 포함하기 때문에 발달의 보다 더욱 넓은 의미를 지니고 있다. 그리고 학습은 연습이나 특별한 훈련에 의해서 생겨나는 행동변화이므로 이러한 점에서는 성숙과도 구별된다.

또한 유사하게 사용되고 있는 용어로 분화를 들 수 있는데, 이것은 구조와 기능이 다원화되고 복잡해지는 현상을 말한다. 상기한 바와 같이 발달의 개념을 한마디로 확정짓는 것은 어려운 일이지만, 여러 학자들의 주장에서 나타나는 공통점은 발달이 연속적이고, 특정 부분에서 일정한 질서를 가지고 있다는 것과 변화 정도는 개인의 특성과 상황에 따라 매우 다양하게 나타난다는 것이다(Malina, 1975; Gallahue & Ozmun, 1995; Payne & Issacs, 1995; Seefelt, 1989; Sherrill, 1998; 김영심, 2003 재인용).

2) 발달의 결정요인

인간의 발달에 영향을 미치는 결정요인으로 내적 요인과 외적 요인을 들 수 있는데, 내적 요인으로는 학습과 성숙, 신체적 조건, 유전, 동기유발, 지능, 지적요인, 건강상태, 정서적 및 사회적 적응성 등이 있다. 외적 요인으로는 연습, 훈련의 양과 질, 방법, 실시된 상황, 학습의 기회를 포함하는 학교환경, 가정의 사회적, 경제적 지위 및 환경, 운동기능의 학습기회, 부모의 양육태도, 학습에 필요한 경험적 배경, 학습에 대한 흥미 및 관심 등이 포함된다.

3) 발달의 원리

인간의 발달은 개인차가 존재하기는 하지만 질서정연하면서도 안정적이며 체계적인 과정에 따라 이루어지는 일관성 있는 규칙적인 변화를 갖는다. 즉, 유아기를 거쳐야 아동기가 오고 아동기를 거쳐야 청년기가 오는 것이다. 그러나 발달은 연속적인 과정을 거치지만 그 속도는 일정하지 않다. 또한 인간의 발달은 일정한 순서와 방향성을 갖는데, 머리부터 하부로, 중심부터 말초 부위로, 걷기 전에 서기, 원 다음에 세모와 네모 그리기 등과 같은 것이다.

그리고 인간의 발달은 미분화→분화→통합의 과정을 거친다. 즉, 전체적이고 미분화된 신체운동으로부터 부분적이고 행동으로 분화 발달된다. 이러한 분화된 기능은 또다시 통합되는 과정을 반복하면서 이루어진다. 신체발달, 인지발달, 언어발달, 정서발달, 사회성발달 등의 각 발달영역은 상호 관련성이 있기 때문에 서로 영향을 미치면서 발달해 나간다(이용남, 2002).

그리고 각 발달영역에는 급격한 성장을 보이는 시기가 있는데, 이를 결정적 시기(critical period)라 한다. 이 시기에 발달과업을 성취하지 못하면 성격형성에 결함이 나타나기도 한다. 즉, 영유아기에 말을 배워야 할 시기에는 말을 배워야 하고 걸음마를 배워야 할 시기에는 걸음마를 배워야 하는 것이다. 그리고 인간의 발달은 유전과 환경의 상호작용에 의해 이루어진다. 특히 발달에는 개인차가 존재하는데, 개인이 타고난 소질과 주어진 환경이 서로 다르기 때문에 개인에 따라 발달의 속도, 정도, 질이 동일하지 않다. 예를 들면 어떤 사람은 어렸을 때 신체적인 성장이 빠른 사람이 있는가 하면 또 어떤 사람은 사춘기에 급격하게 발달하는 경우도 있다(정명숙 역, 2004).

4) 발달과업

인간은 전 생애를 살아가면서 어느 시기에 반드시 해결해야 하는 과제가 있는데 하비거스트(Havighurst, 1952)는 이것을 발달과업(development tasks)이라 하였다. 발달과업이란 신체적 성숙, 사회적 압력 및 개인적 선택에서 나오는 것으로 인간이 그러한 과제를 그 시기에 잘 해결하면 그 이후의 삶이 만족스럽고 행복하게 살 수 있는 가능성이 증가하게 되고, 반대로 잘 해결하지 못한다면 그 이후의 시기는 불만족스럽고 불행한 삶을 살게 될 가능성이 증가하게 되는 것으로 설명하였다(김춘경, 2004).

그러므로 사회복지사는 인간의 각 발달단계에 따른 과업을 이해하기 위해서는 발달적 특징을 정확히 이해해야 하며, 개인 성장의 차이를 알아야 한다. 그리고 각 개인들의 발달의 개인차를 인정하고 발달과업의 양과 수준도 상이함을 파악해야 한다. 이러한 분석은 사회복지현장에서 만나는 다양한 사람들에 대한 폭넓은 이해를 가능하게 하며, 보다 적절한 서비스를 제공하게 한다.

5) 발달단계

인간의 발달과 성장은 수정되는 순간부터 시작된다. 태아기를 시작으로 사망까지의 시기를 발달단계로 구분하여 설명하는 것은 인간의 발달과 그 발달에 따른 과업을 이해하는데 도움을 줄 수 있다. 이 책에서는 태내기와 영아기, 유아기(걸음마기, 학령전기), 아동기, 청소년기, 청년기, 장년기, 노년기로 구분하여 발달단계를 이해하고자 한다. 태내기는 임신에서부터 출산까지 임신한 상태를 포함하는 시기이며, 영아기는 0~2세, 걸음마기는 3~4세, 학령전기는 5~6세, 아동기는 7~12세로 구분한다. 청소년기는 중고등학교의 연령인 13~19세로 규정하며, 청년기는 고등학교를 졸업한 시점인 20~40세를 의미한다. 장년기는 40~64세 사이로 보며, 노년기는 65세 이상에서 사망까지의 시점으로 규정하였다.

2 태내기

인간발달의 전 과정을 통틀어 임신과 출산이 이루어지는 약 10개월만큼 극적인 변화가 일어나는 시기도 없다. 수정 후 몇 주일 내에 단세포에서 수십억 개의 세포로 폭발적으로 불어난다. 이 모든 세포는 귀, 팔다리, 뇌, 내장기관을 형성하는 등 각기 맡은 바 임무를 수행함으로써 인간으로 되어 가는데 이 시기가 태내기이다.

1) 태내의 발달

인간은 난자와 정자가 결합하면서 수태 혹은 수정을 통해 형성되는데, 고정된 순서와 고정된 시간 간격으로 여러 가지의 변화를 수반하면서 성숙의 영향을 받아 발달이 진행된다. 태아는 학습과정을 거치며, 외부의 자극에도 반응한다. 눈, 귀, 내부기관, 신경 계통 등 모두가 유전인자 내에 있는 발달적 암호에 의해 어떤 식으로 통제를 받는다. 태내기는 크게 세 단계로 구분된다.

(1) 임신 1~3개월: 배종기(germinal stage)와 배아기(embryonic stage)

정자와 난자가 수정하여 자궁에 착상하는 2주까지의 기간을 배종기라고 하는데, 임신 중 가장 중요한 시기이다. 배아가 빠른 속도로 분화하고 조직이 발달하기 때문에 임신부가 복용하는 약물이나 건강상태의 영향을 크게 받는다. 난자와 정자는 수정 후 급속하게 세포분열을 하게 되는데 2일 후에는 4개로, 3일 후에는 32개로, 그리고 1주일이 지난 후에는 약 100~150개의 세포로 분열한다. 수정란은 세포분열을 하는 동안 난관 내부의 섬모운동과 수축작용으로 3~4일 후에 자궁에 도착한다. 이때 수정란은 작은 공 모양의 배반포로 변해 자궁 속을 떠다니다가 자궁 내에 착상하게 되며 착상까지는 약 1주일이 걸리고 착상과 동시에 배종기가 끝나고 배아기가 시작된다.

배아기는 여성의 신체가 태아의 존재에 대해 적응하는 시기로 호르몬의 변화로 가슴이 커지고 두통, 구토와 함께 입덧을 한다. 임신 3개월이 되면 손, 발, 손톱, 눈꺼풀 등의 형태가 나타나고 연골도 뼈로 대체되기 시작한다. 또한 생식기관의 분화가 시작된다. 임신부는 피로, 유방 확대, 잦은 소변, 식욕증가, 메스꺼움 등을 느끼기도 한다(나병현, 2004).

(2) 임신 4~6개월

발가락과 손가락이 나뉘고 피부, 손금, 머리카락, 눈이 발달한다. 심장박동도 규칙적으로 이루어지고, 태아는 정해진 시간에 자고 일어나기 시작하며, 엄지손가락을 입에 넣기도 한다. 임신부가 1~3개월에 느꼈던 증상은 대부분 사라지고 태아의 활발한 움직임을 느끼게 된다. 복부가 팽창하고 부종으로 인해 얼굴, 손발 등이 부어오를 수 있다(나병현, 2004).

이 시기는 새로운 기관의 형성보다는 성장이 가속화하는 시기이다. 여러 신체 조직이 급격히 발달하고 기능하기 시작하여 촉각적 자극에 대하여 반응하고 운동기능이 점차 분화되고 복잡해진다. 또한 태아는 신생아와 유사한 수면과 각성 주기를 갖게 되며 소음을 들을 수 있고 큰 소리나 음악은 태아의 움직임을 촉발시킨다. 12주경에는 인간의 형체를 닮기 시작하고 팔다리의 움직임이 나타나며 태아의 성별을 확실하게 구분할 수 있다. 16주경에는 산모가 태동을 느낄 수 있고 이를 통해 태아가 성장하고 있다는 사실에 주목하고 애착을 형성하기 시작한다. 20주에는 태아의 움직임이 활발하게 나타나며 태내에서의 많은 활동들은 출생 후 사용될 반사 능력의 기초가 된다. 태반은 이 시기에 안정되고 그 이전에는 유산의 위험이 있다.

(3) 임신 7~9개월

태아의 발달이 완성되는 시기이다. 피부 아래 지방조직이 만들어지고 두뇌와 신경계가 완전히 발달한다. 이 시기에 가장 중요한 것은 태아의 생존능력이다. 일반적으로 6개월 혹은 24주가 되면 태아의 생존이 가능하다. 종래에는 약 30주 즉, 임신 210일을 생존가능연령으로 보았다. 이 시기 임신부는 자궁이 확대되고 배가 불러와서 불편을 느끼게 된다. 몸무게가 증가하면서 근육과 골격에 무리가 오고 통증과 근육경련을 일으킬 수 있다(나병현, 2004).

28주에 태어나면 미숙아이지만 인큐베이터에서 양육이 가능하다. 일반적으로 체중이 1.5kg 정도면 생존이 가능하고 2.3Kg 이상이면 인큐베이터에서 양육하지 않아도 된다. 마지막 3개월 동안 태아의 체중은 급격히 증가하는데 이는 지방층의 발달에 기인한다. 36주경에는 대부분의 태아는 머리가 아래로 내려가는데 이러한 형태는 자궁 내에서 가장 많은 공간을 확보하게 해주며 출산을 용이하게 해준다(한국심리학회, 2000).

2) 태아에 영향을 주는 요인들

태내환경은 출생 이후의 환경보다 태아에게 절대적 영향을 미친다는 점에서 중요한 의미를 가진다. 임신기간 중 어머니는 자신의 건강과 건강한 자녀의 출산을 위해 최적의 태내환경을 만들어 주어야 하며 충분한 영양섭취는 물론이고 흡연이나 음주, 약물 복용 등을 자제해야 한다.

태아에게 영향을 주는 요인들은 다음과 같다. 이 요인이 결핍 혹은 과잉되면 태아에게 부정적인 결과를 주기도 하므로 적절한 선택이 필요하다.

(1) 환경적 요인

임신 중 태아에게 영향을 줄 수 있는 요인은 여러 종류가 있으며 크게 영양, 임신부의 특성 및 습관, 약물과 질병으로 나누어 살펴보면 다음과 같다.

① 영양

임신기간의 충분한 영양섭취는 태아의 발달뿐 아니라 임산부의 건강에도 필수적이다. 임신 중기부터 태아는 모체로부터 철분을 흡수해 자신의 혈액을 만들기 시작하므로 철분을 충분히 공급하는 것이 좋다. 철분이 부족하면 빈혈과 임신중독증의 원인이 된다. 임신부는 자신과 태아에게 영양을 공급하기 위해 평상시보다 15~30% 정도의 열량을 더 섭취해야 하는데, 하루에 약 300kcal 이상을 더 섭취해야 한다. 영양의 결핍은 조산, 유산, 미숙아 및 저체중아 출산, 신생아 사망률, 성장과정에서의 질병 발생률 등과 연관이 있다. 이외에도 출생 후 호흡기 질환에 감염될 확률이 높으며 중추신경계의 결함을 초래하여 이후 지적발달의 장애, 구루병, 뇌성마미, 발작, 일반적인 허약증세, 질병에 걸릴 가능성 등이 높은 것으로 나타났다.

또한 연구에서 출생 시 저체중아의 경우 성숙 후 심장질환과 뇌출혈로 사망할 확률이 50% 더 높게 나타난다고 보고되고 있다. 반면에 과체중인 경우 성인기에 유방암이 발병할 확률이 높게 나타나고 있다. 개인에 따라 차이가 있지만 임산부의 체중은 11~12kg 정도 증가하며 산모의 체중증가와 태아의 출생 시 체중과는 정적인 관계가 있고 일반적으로 10대 임신, 노산, 교육수준이 낮은 경우 보다 적게 증가하는 경향을 보인다. 그러므로 단백질, 폴산(빈혈의 특효성분), 철분, 칼슘, 비타민 A · B6 · C · D · E를 충분히 섭취해야 한다. 아연과 같은 미량 원소들은 비록 양이 아주 적더라도 정상적인 발달을 위해 필요 불가결한 영양소이다. 성장하고 있는 태아의 영양은 태반의 반수 성막과 탯줄을 통해서 태모의 영양에서 공급되므로 건강한 아기를 낳으려면 태모의 건강유지, 고른 음식 섭취가 필요하다(최미현, 2000).

② 약물

약물은 태아에게 직접적으로 치명적인 영향을 미칠 뿐만 아니라 태반을 통과하는 타 물질이 변화되도록 유도하여 간접 영향을 미치기 때문에 임신 초기에는 약물에 노출되지 않도록 더욱 신경을 써야 한다. 약물은 태아에게 신체, 인지, 운동, 언어, 사회성, 정서발달의 여러 영역에 걸쳐 심각한 결함을 초래한다. 태아는 성인과 달리 약물의 독성을 분해하거나 완화시킬 능력이 없기 때문에 약물의 위험성이 증대된다.

특히 임신 1~3개월이 가장 취약하다. 이 기간에는 임신부가 자신의 임신 여부를 깨닫지 못하는 경우가 많기 때문이다. 임신부가 아침에 생기는 구토증을 진정시키느라고 먹은 진정제나 아스피린, 호르몬 약은 태아의 신체적 장애를 가져오며, 방사선(X-ray)은 태아가 죽거나 기형아가 되거나 뇌 상해 또는 특정한 종류의 암에 걸릴 가능성을 높인다. 코카인, 헤로인, 메타돈과 같은 약물은 일시적으로 어려움을 극복하는데 도움을 주지만, 영아들의 3~7%가 태내기 코카인에 노출되어 약물중독인 채로 태어난다. 이들은 조산, 출생 시 저체중, 신체적 결함, 호흡곤란, 경련, 조기 사망과 같은 위험에 자주 처할 수 있다.

③ 알코올

알코올은 태반을 자유롭게 통과하여 태아의 순환계통과 뇌로 들어감으로써 해를 끼친다. 태아는 알코올 해독에 필요한 효소가 없기 때문에 태아에게 흡수된 알코올이 그대로 누적되어 체내 알코올 농도가 높아져 뇌가 크나큰 해를 입게 되는 것이다. 알코올 중독의 임신부로부터 태어난 신생아는 심장결함이 나타나며 얼굴 모습도 현저하게 다르다.

이들은 아동, 청소년, 성인으로 자라면서 계속적으로 정상인보다 더 작은 머리와 신체를 갖고, 운동, 협응, 기억, 언어 등의 손상과 과도한 활동의 장애, 주의집중력의 이상, 행동장애, 과잉행동, 충동성, 짧은 기억폭, 학습에 영향을 주는 지각 이상 등을 보인다. 느린 신체적 성장과 넓은 미간, 작은 들창코, 얇은 윗입술, 작은 머리의 전형적인 외형을 나타내고 있다. IQ점수도 낮아서 약한 정신지체의 범위에 속한다. Simpson(2005)은 적은 양이지만 지속적인 음주를 한 임신부의 아이들 IQ가 85 이하가 될 위험이 높으며 주의집중 시간이 짧게 나타났다고 지적하였다.

④ 흡연

담배의 니코틴은 중독물질로 혈관을 수축하고 자궁으로 들어가는 혈액을 감소시키며 태반을 비정상적으로 성장시키고 영양물의 전달을 저하하여 태아의 체중을 감소시킨다. 니코틴은 혈액 내 탄산가스의 함량을 증가시켜서 중추신경계에 손상을 입히고 성장의 저하를 가져온다. 담배를 피우면 임신이 잘 안될 뿐 아니라, 한곳에 집중을 못하거나 과잉 행동을 하는 주의력 장애-행동장애 아이를 낳을 확률이 비흡연 여성보다 세 배나 높아진다. 그리고 비흡연자의 3분의 1 정도가 남편이나 주변의 흡연으로 인해 간접흡연을 하게 되고 간접흡연자는 태아기 저산소증에 걸릴 확률이 높아 저체중아 출산, 자연유산, 사산, 유산, 조산, 수면 시 손상된 심장박동과 호흡, 영아사망, 천식, 돌연사 증후군, 암과 같은 심각한 결과 등을 유발한다. 아동기에도 언어발달, 인지발달 지체, 불안, 불순종, 과잉행동 등 정서 및 행동상의 문제를 보인다.

⑤ 환경적 오염

태내기 수은의 노출은 광범위한 두뇌 손상을 일으키며 납은 조산, 출생 시 저체중, 두뇌 손상, 다양한 신체적 결함과 관련된다. 방사선은 난자와 정자에 손상을 일으켜 돌연변이를 일으킬 수 있고, 유산, 작은 머리, 신체적 기형, 신체적 성장이 늦게 나타날 수 있다. 방사선에 노출된 아기가 정상적으로 보여도 나중에 발병할 가능성이 높으며 암에 걸릴 확률 또한 매우 높게 나타난다.

⑥ 나이 및 출산 횟수

10대 임신부의 경우 유산, 조산, 사산의 비율이 높고 저체중아, 지체아를 낳거나 출산 시 결함이 생길 가능성이 높으며 아동은 성장과정에서 신체적 학대, 성장지체를 더 많이 경험한다. 이것은 10대들이 음식을 제대로 먹지 않는 습관이 있어 영양 문제 때문일 가능성이 높고 아직 신체적인 성숙이 충분히 이루어지지 못했기 때문에 수태와 임신의 과정에서 문제가 생긴 것으로 볼 수 있다.

또한 45세 이상의 임신부는 20세 임신부에 비해 다운증후군과 같은 염색체 이상의 아동을 출산할 가능성이 40배 높고 자연유산, 임신중독증, 난산, 미숙아 출산, 기타 신경이나 심장기형, 성장지체 등을 보인다. 최근에는 나이의 영향이 완화되고 있는 추세이지만 사산율이 높고 특히 정신지체아를 낳을 확률이 높다.

⑦ 질병

모체의 질병도 태내 결함을 유발하는 중요한 원인으로 작용한다. 임신 초기의 풍진은 태아의 시각장애나 청각장애와 같이 신체적 장애와 정신지체와 같은 정신적 장애를 초래한다. 후천성면역결핍증(AIDS)은 모체로부터 감염되는데(15~30%), 감염된 태아는 비정상적으로 작은 얼굴과 두개골을 갖게 되며 임신 초기에 감염됐을 경우에 더욱 심각하다. 임신부가 매독이나 임질과 같은 성병에 감염됐을 경우 감염된 태아는 30%가 출산 전에 사망하며 그렇지 않은 경우에도 기형아 출산이나 시각장애를 초래한다. 성기 부분의 헤르페스 감염은 태아가 출산하는 과정 혹은 태반 감염으로 사망할 수도 있다. 그외 B형 간염, 심장질환, 당뇨병도 태아에게 영향을 미친다.

⑧ 태모의 정서

임신부의 장기적 스트레스도 태아에게 부정적인 영향을 미친다. 스트레스나 흥분은 저체중 신생아의 출산, 불안이나 공포에 의한 아동의 행동문제와 정신질환에 문제의 소지가 생긴다. 임신 중에 정서적으로 긴장하는 원인으로는 부부간의 불화, 남편 이외의 다른 가족들 간의 갈등, 가정의 문제, 또는 원치 않는 임신의 경우를 들 수 있다. 불안과 같은 정서 상태는 자율신경계에 영향을 미쳐 부신 호르몬의 분비를 촉진시키고 이는 태반을 통해 태아에게 영향을 미친다. 호르몬은 혈관을 수축하여 혈액의 흐름을 방해하고 이로 인한 태반 내 혈액량의 감소는 태아에게 산소와 영양공급의 부족을 초래할 수 있다. 태내기의 어머니의 정서적 혼란이 계속될 경우 영아는 과잉행동을 보이고 성급한 성격과 소화기 장애를 보인다. 어머니의 스트레스는 조산을 유발하며 스트레스는 음주나 흡연, 약물복용을 초래한다는 점에서 가족들의 협조와 안전이 더욱 중요하다.

임신부의 정서적 긴장은 태아에게 해로운 영향을 끼치지만 임신부가 행복하고 안락함을 느끼는 경우는 태아의 신체적, 정신적 건강에 도움을 줄 수 있다. 임신에 대한 태도는 그 아이를 임신부가 얼마나 바라는가에 달려 있으며, 자녀의 수, 경제적 여건, 남편과의 관계, 정서적 성숙 정도 등에 따라 결정된다.

⑨ 출산과정의 영향

난산, 인공분만 혹은 신생아에게 상해를 주는 분만의 경우에는 아기가 흥분을 잘하고, 감정통제가 미숙한 아이로 성장하기 때문에 출산과정에서 유의가 필요하다.

(2) 유전적 요인

인간의 개인적 차이는 환경이나 그 사람이 성장하면서 부딪히는 경험 이상의 것에 기인한다. 이는 개인적인 변이가 유전에 의해서 영향을 받는다는 것을 의미한다. 유전적 요소들은 태내기에 형성되며 이것이 개인적 차이의 일부분에 기여한다. 유전적 요인은 염색체(DNA)에 의해 전달되는 유전인자에 의해 발생하게 되는데, 유전은 인간의 발달한계 특히 신체적 성숙과 관련된 한계와 성숙속도와 기질적 차이를 만들어 내며, 비정상적 발달을 가져오기도 한다. 유전인자는 광범위한 인간의 특징에 대한 특수한 정보를 담고 있다. 즉, 대다수의 중요한 특징들은 여러 유전자의 결합된 활동에 의해 결정된다. 신체적 특징뿐 아니라 사회성, 활동적인 성격과 같은 기질적인 측면도 유전적 요소의 영향을 받는다.

① 성장률

태내기에 결정되는 유전적 요인들은 사람이 성숙하는 속도에 영향을 미친다. 운동능력의 발달, 연령에 따르는 지적인 능력의 변화, 퍼스낼리티의 발달, 신체적 성숙의 시기 등이 모두 강력한 유전적 영향을 받는다. 성숙은 유전적으로 결정되어 있는 성장률에 어느 정도 의존하기 때문에 특정한 연령에 특정한 기술을 습득하는 것은 전적으로 개인이 조정할 수 있는 것은 아니다.

② 비정상적 발달에 대한 유전적 요소

많은 비정상적 발달이 유전적 요소에 기인한다. 염색체가 없거나 필요 이상의 염색체가 존재하는 것은 태아에게 치명적이다. 불필요한 염색체의 존재로 인해 일어나며 심각한 신체적, 정신적 발달지체를 보이는 다운증후군(Dawn's syndrome)은 대표적인 예이다. 그리고 발달이 불충분하고 성인이 되면 정자가 부족하게 되며, 정신지체는 없으나 언어와 학습 면에서 무능력한 증상을 보이는 클라인펠터 증후군(Klinefelter Syndrome)도 있다. 아프리카에서 발병하는 유전병의 일종인 적혈구성 빈혈 등을 들 수 있다.

③ 임신부의 혈액

부모의 혈액형이 불상승(Rh)일 때 태아는 심한 빈혈증을 일으키게 되어 사산아 또는 조산아가 되거나 뇌손상을 입을 가능성이 높다.

3) 태교

태교는 임신부의 감정 상태나 사고가 태아에게 영향을 미친다고 하여 바른 생활태도를 통해 태아에게 좋은 영향을 미치는 것을 말한다. 1960년대 후반 의료기술의 발달로 태아가 생각하는 것 외에 '본다, 느낀다, 듣는다'는 능력이 증명되었기 때문에 태교의 방식이 주목을 받아왔다. 임신부가 느끼는 태동은 산모의 생활 패턴과 동일하거나 반대로 태아의 태동이 어머니의 생활 리듬에 변화를 줄 수도 있다. 스트레스도 영향을 주는데 단기간의 스트레스나 쇼크는 별로 영향을 미치지 않으나, 장기간에 걸친 지속적인 스트레스는 태아에게 부정적인 영향을 미친다.

임신 3개월 무렵부터 기억 중추가 완성되지는 않았지만 산모의 행동에 의해 어떤 자극을 받게 되면 일부를 기억할 수 있다. 그래서 음악 태교나 태담을 시작할 수 있는데

이 시기에는 태아가 이해하는 것을 목표로 삼기보다는 산모의 마음을 차분하게 하는데 목표를 두는 것이 적절하다. 태아에게 감정이 생기는 4개월은 대뇌 피질이 급속도로 자라서 성숙되는 중요한 시기이자 기억과 관계있는 기관이 생기기 시작하는 시기이므로 태교를 본격적으로 시작할 때이다. 아기와 정서적인 유대를 갖기 위해 태담을 많이 하고 동화책이나 시집을 많이 읽는 것이 좋다. 청각이 완성되고 목소리를 기억하는 5개월부터는 대뇌 피질이 더욱 왕성하게 자라고 청각이 거의 어른과 같은 기능을 하는데 외부에서 들려오는 모든 소리를 들을 수 있다. 이전의 태교가 엄마의 기분을 아기에게 느끼게 하는 것이었다면, 이 시기 이후의 태교는 외부 자극을 태아에게 전달하는 것이 된다.

6개월에는 야외에 나가 태아에게 다양한 자연의 소리를 들려주는 것이 좋다. 엄마가 활동하기 가장 편한 시기로 태아의 움직임이 크고 활발해진다. 태아가 심리적으로 안정을 찾는 상태로 뇌의 신경세포가 왕성하게 발육하여 엄마, 아빠의 소리도 들리는 시기로 이제는 관심을 바깥세상으로 돌려 태아는 깨어 있는 동안 항상 바깥세계에 귀를 기울이게 된다. 7개월에는 삼림욕을 자주하고 몸과 마음을 가볍게 하는 것이 좋다. 두뇌의 발달이 마무리되는 시기로 엄마가 영양과 산소를 충분히 공급해 주어야 하는데 삼림욕을 자주하고 뇌호흡 태교로 몸과 마음을 가볍게 하는 것이 좋다. 이 시기의 태아는 소리의 좋고 싫음을 구별하여 발차기를 하기 때문에 끊임없이 말을 걸고 교감을 나누는 것이 좋다.

8개월에는 소리의 강약과 바깥세상의 어둡고 환한 것을 구별하게 된다. 신경세포가 성숙되어 기억에 유념하며 청각이 완성되어 소리의 강약을 확실히 구별할 수 있는 능력이 생긴다. 동화책을 읽을 때도 실감나게 읽는 것이 좋으며 엄마가 보고 듣고 느끼는 것이 모두 태교가 되는 시기이다. 바깥세상의 밝고 어두운 것을 알게 되는데 이는 눈이 아니라 뇌로 느끼는 것으로 밝으면 줄어들고 어두우면 늘어나는 멜라토닌이라는 호르몬이 엄마의 눈과 뇌를 통해 아기에게 전달된다.

9개월에는 뇌가 완성되고 감정이 풍부해진다. 태아의 뇌가 고등 동물로서 완성되어 복잡한 감정 정서를 잠재적으로 기억한다. 아이 감정이 더욱 풍부해질 수 있도록 엄마는 행복한 생각만을 하며 출산을 준비해야 한다. 10개월에는 기다리던 아기의 탄생이 시작된다. 완전한 인간으로서 세상에 태어날 준비가 완료되어 엄마의 자궁을 떠날 시기만을 기다리게 되는데 태아의 감정과 반사 신경은 어느 때보다 민감하므로 만남을 기대하는 말을 자주 해주는 것이 좋고 출산에 대한 두려움을 가라앉히는 것이 중요하다(한덕웅 외, 2004).

4) 출산

출산은 시작이며 끝이다. 아기가 세상에 첫발을 내딛는다는 점에서 시작이고 수정에서 출발하여 기나긴 10개월의 임신이라는 대사건을 종결짓는다는 점에서 끝이다. 대부분의 아기는 수정 후 266일 만에 태어나지만 수정된 날짜를 정확히 알 수 없기 때문에 마지막 월경주기의 첫날로부터 280일이 되는 시점을 분만 예정일로 본다. 분만 예정일 전후로 2주간은 정상 분만으로 보며 태아의 크기, 자궁의 크기, 호르몬의 수준, 임신부의 생리적 · 심리적 영향에 따라 다를 수 있다. 태아가 골반으로 내려오고 아랫배가 불러오면 분만이 가까워졌으며 가벼운 진통과 요통의 증상이 나타나고 혈액이 섞인 이슬이 비치면 분만이 시작된다.

(1) 분만의 과정

① 개구기

진통이 시작되어 자궁경부가 태아의 머리가 통과할 수 있을 정도로 열리는 기간으로 초산의 경우 12시간, 경산부의 경우 6시간 정도가 소요된다. 진통은 처음에는 15분~20분 간격으로 25초~30초 동안 경미한 진통으로 시작되어 점차 2분 간격으로 강하게 나타난다.

② 출산기

자궁구가 열려 태아가 밖으로 나오는 시기로 자궁이 터지면서 양수가 나온다. 이 시기는 시간상으로는 30분에 불과하지만 태아가 산도에 오랫동안 머물면 질식사의 우려가 있으므로 산모의 적극적인 도움이 필요하다. 태아는 태반으로부터 산소를 일시적으로 공급받지 못하므로 분만시간이 길어지면 산소부족으로 인한 뇌손상을 입을 수 있다.

③ 후산기

태아 출산 후 자궁이 수축되면서 태반이 자궁 밖으로 떨어져 나와 양막과 함께 배출되는 과정으로 5~15분 정도가 소요된다. 이 과정을 끝으로 분만은 종료되며 이후에는 자궁이 예전 크기로 돌아가려는 수축으로 인한 진통을 겪게 되는데 훗배앓이라고 하며 약 6주가 소요된다.

(2) 대안분만법

① 무통분만

분만 시 자궁수축에 따른 공포와 고통을 감소시키기 위해 마취제를 사용하거나 분만시간을 단축시키기 위해 촉진제를 쓰는 분만법이다. 그러나 이 약물들이 태아에게 영향을 미쳐 이후의 인지발달이나 운동능력에 문제를 야기할 수 있으므로 가급적 사용하지 않는 것이 좋다.

② 라마즈분만

라마즈 박사가 개발한 것으로 진통 시 연상법, 이완법, 호흡법을 사용하여 진통 중인 산모의 통증을 완화시키는 방법이다. 산모의 고통뿐 아니라 태아의 고통에 대해서도 관심을 갖고, 아기가 출산하면서 겪는 환경의 변화의 충격을 완화할 수 있도록 태내와 같은 환경을 만들어 줄 것을 강조한다.

③ 수중분만

양수와 동일한 조건하에서 아기를 낳는 방법이다. 수중분만은 앉은 자세에서 중력을 이용하여 골반이 잘 벌어지고 힘을 주기 쉽다는 점에서 착안하였다. 또한 물 자체가 갖고 있는 진통억제 효과로 인해 통증을 덜게 되고 근육을 이완시켜 산모가 편안한 느낌을 갖게 되며 분만시간이 단축된다는 이점이 있다. 태아에게도 탄생의 스트레스를 줄여주는 효과가 있다. 그러나 물의 상태가 청결치 못하거나 분만 시 배출되는 각종 분비물로 인한 산모와 태아의 감염 위험의 문제가 있다.

④ 제왕절개분만

임신부의 복부를 절개하여 자궁으로부터 아기를 꺼내는 방법으로 태아가 거꾸로 있거나 아기의 머리가 너무 클 때 하게 되는데 한 번 제왕절개를 한 경우 대부분의 경우 다음번에도 제왕절개를 하게 된다. 제왕절개분만은 수술 후의 후유증, 세포 감염의 위험 외에도 비용이 많이 들고 자연분만보다 회복기간이 길기 때문에 꼭 필요한 경우가 아니라면 삼가는 것이 좋다.

(3) 출산과 관련된 문제들

① 난산

난산은 분만 시 태아가 산도를 통과하는 과정에서 구조적 또는 기능적 문제로 인하여 분만이 순조롭게 진행되지 않는 경우이다. 산모가 골반이 협소한 경우, 산도의 기형, 자궁기능 부진, 자발적인 복근수축의 문제, 만출력 이상의 문제가 있거나 태아가 위치 이상이나 발육 이상으로 기형인 경우 난산을 하게 된다. 이외에도 전치태반, 태반 조기 박리, 조기 파수 등도 난산의 원인이 된다.

② 산소결핍증

신생아의 1%가 산소결핍증을 경험한다. 둔위전진, 태반 조기 박리, Rh인자, 무통분만을 위한 진통제 사용 등에 기인한다. 신생아는 성인보다 산소 결핍 상태를 오래 견딜 수 있지만 그 상태가 3분을 넘기면 영구적인 손상을 입을 수 있다. 만약 신경세포가 너무 많이 손상당하면 심각한 뇌손상을 입게 되고 사망이나 영구장애를 갖는다. 가벼운 산소결핍증을 경험한 경우 세 살까지는 운동능력이나 지적능력이 평균 이하이지만 점점 정상아와의 차이가 없어져서 일곱 살 이후에는 차이가 없다.

③ 조산

임신 28주에서 37주 사이에 태어난 경우를 말하며 대체로 체중이 2.5kg 미만인 미숙아이다. 조산의 주된 원인은 산모의 영양부족이 대부분이며 가난한 계층의 조산이 부유한 계층보다 높다. 그외에 산모의 생식기관 미숙, 쌍생아 임신, 임신 기간 중 흡연, 음주, 약물복용도 조산의 가능성을 증가시킨다. 조산의 가장 큰 문제는 호흡증후군으로 신체에서 폐를 보호해 주는 물질을 생성하지 못한 결과 호흡이 불규칙하거나 정지되는 것을 말한다. 이와 같은 문제를 해결하기 위해 인큐베이터에서 온도와 산소량을 조절받는다. 산소 농도가 너무 높으면 눈의 망막에 손상을 입어 시각장애가 나타날 수 있다. 또한 초기 모자 격리로 아기와 어머니의 애착형성에 문제가 될 수도 있다. 대부분의 미숙아는 발달속도가 정상아에 비해 느리기는 해도 결국에는 정상적인 발달을 하지만 때로는 학습장애, 과잉활동장애, 주의집중력 결핍, 지능지수가 평균 이하인 경우도 있다.

5) 사회복지실천의 관심 대상이 되는 태내기의 문제와 사회복지의 역할

(1) 임신부의 생물학적 문제

태아기 상태에서의 인간이 사회복지실천의 대상의 경우는 생물학적 문제를 겪는 경우이다. 임신부의 연령이 매우 높거나 낮은 것, 유전적 질병이나 만성질환, 약물 사용이나 중독 등이 이에 속한다. 철저한 의료 진단과 그에 따른 개입이 조속히 요구되는 시기이다.

다른 경우는 불임이 문제일 때이다. 만약 결혼한 부부가 임신을 하지 못하면 가정의 해체로까지 이어질 수 있기 때문에 사회복지사는 실현 가능한 불임대책에 대한 정보를 제공할 수 있어야 한다. 또한 임신부의 연령, 영양상태, 질병 등은 태아의 발달에 큰 영향을 미치므로 가급적 최고 수준의 건강상태를 유지하고 있을 때 임신을 하고 출산하는 것이 바람직하다.

그리고 임신부가 가계에 유전병이 있는 경우, 유전적 결함이 있는 자녀를 출산한 경험이 있는 경우, 습관성 유산의 경험이 있는 경우, 모의 연령이 많은 경우에는 유전상담이 필요하다. 자궁 내 태아에게 약물치료, 골수이식, 호르몬 치료를 함으로써 유전질환을 치료할 수 있다. 또한 심장질환, 신경계, 요도, 호흡기 계통의 유전질환을 수술로도 치료할 수 있다. 조기 발달장애를 예방하기 위하여, 조상의 유전병을 조사하는 가계도를 분석하고, 유전병, 연령 등에 대한 조사, 양수 채취법, 융모막 검사법, 초음파 검사법 등을 사용한다.

그러므로 사회복지사는 가임 여성과 배우자를 대상으로 하여금 임신 전에 철저한 의료적 진단을 받을 수 있도록 권유해야 하며, 또한 임신한 부부를 대상으로 하여 유전적 질병, 흡연, 음주, 방사선, 환경오염, 약물복용 등으로 인한 선천성 장애의 예방 방법과 대책을 알려 주어야 한다. 그리고 만약 임신부의 건강을 위협하는 조건이 존재하면 철저한 의료적 진단과 그에 따른 개입이 이루어져야 한다.

(2) 임신부의 심리적 문제

임신부의 심리적 문제도 사회복지실천의 대상이 되는데, 계획하지 않은 임신, 성폭력에 의한 임신 등에 대한 부정적인 심리적 반응, 임신과 출산과정에 대한 지식 결핍, 부모로서의 역할과 책임에 관한 인식 부족에 의해서 생길 수 있다. 가족, 친지, 친구 등 지지적 관계망을 활성화하고, 가족 및 사회생활계획을 수정하는데 필요한 여러 가지 정보를 제공하며 임신부가 올바른 판단을 할 수 있도록 도와야 한다.

(3) 임신부의 사회적 문제

임신부의 사회적 문제가 제기되기도 하는데, 재정적 결핍 및 열악한 물리적 환경으로 인한 사회경제적 불안정을 해결하기 위해 재정적 보조, 주거 서비스가 필요하다. 그리고 재정적인 결핍으로 임신 중에 필요한 영양과 의료적 보살핌을 받지 못하는 경우 사회복지사는 이들이 적절한 의료적 보호를 받을 수 있도록 필요한 자원을 연결하여야 한다. 의료적 지원 이외에도 직접적으로 재정적인 지원을 해주거나 가사지원 서비스 등 다양한 서비스를 연결하여 안정적인 물리적 환경을 제공하여야 한다.

3 신생아기

신생아기는 출생 후 4주간의 시기를 말하는데, 비록 짧은 기간이지만 태내환경과는 상이한 환경에 적응해야 한다는 점에서 중요한 의미를 갖는다. 이 시기에는 기본적인 생물학적 반사반응만으로 주위에 적응하는 시기이다. 자신에게 필요한 영양의 공급이나 자신에 대한 보호는 전적으로 어머니나 타인에게 의존하여야 하는데, 이때 행동은 주로 내적인 변화나 생물학적 요구에 따라 움직인다. 그러나 이 시기에 신생아는 자신과 외부 세계를 구분하지 못하고 주로 잠을 자면서 보낸다.

자신의 욕구를 충족하는 과정이나 외부로부터의 여러 자극으로 자신과 타인을 점점 구별하게 되고 자신을 보살펴 주는 어머니에게 일관적인 반응을 보인다. 따라서 태어나자마자 눈을 맞추고 신체접촉을 하는 것은 이후 애착관계 형성에 매우 중요한 요인으로 작용한다.

1) 신체적 특징

갓 태어난 아기는 쭈글쭈글한 피부에 붉은색을 띠고 끈끈한 태지로 덮여 있다. 눈은 퉁퉁 부어 있고 온몸은 솜털로 뒤덮여 있는데 몇 주가 지나면 점차 없어진다. 황달도 일주일이 지나면 없어진다. 신생아의 신장은 남아가 50.8cm, 여아가 50.1cm이며 첫돌이 될 때 출생 시의 1.5배가 되고 두 돌 무렵에 88cm로 성인 키의 절반 정도가 된다. 성장이 두미방향으로 진행되기 때문에 출생 시 배꼽은 몸의 중앙보다 위쪽에 위치하지만 두 살이 되면 아래로 내려온다. 체중은 남아가 평균 3.4kg, 여아가 3.2kg이며 2.6~4.1kg 정도면 정상체중으로 본다. 출생 후 3~4일 동안에 체중감소가 있으며 5일부터 증가하여 2주경에는 출생 시의 체중을 회복한다.

출생 시의 뇌는 350g이지만 첫돌 무렵에 800g이 되며 성인 뇌의 무게가 1,350kg인 것을 비추어 본다면 다른 신체기관에 비해 두뇌발달은 출생 초기가 결정적 시기임을 알 수 있다. 출생 시 머리둘레는 가슴둘레보다 크지만 첫돌 무렵에 같아지며 그 이후에는 가슴둘레가 더 커진다. 신체 비율에서도 출생 시 머리 크기는 신장의 4분의 1을 차지한다.

신생아의 뼈는 대부분 연골로 구성되어 있으며, 뼈와 뼈 사이의 공간이 매우 크다. 성인의 뼈보다 물과 흰자질 같은 성분을 더 함유하고 있으며 광물질이 적다. 따라서 아기의 뼈는 부드럽고 몸을 유연하게 구부릴 수 있다. 다른 뼈와 마찬가지로 영아의 두개골도 연하기 때문에 영아가 한쪽으로만 누워 있게 되면 그쪽의 머리가 편평해진다.

2) 생리적 기능

출생 시부터 신생아는 호흡, 맥박, 순환, 체온조절과 같은 기본적인 생리기능은 잘 발달되어 있다. 출생 시 맥박은 1분에 130~150회로 빠르고 불규칙하며 며칠 후 118회 정도로 감소하고(성인은 약 70회), 호흡은 출생 시 40~50회(성인은 약 18회)이며 불규칙한 복식호흡을 한다. 수면시간은 18~20시간(성인은 8시간)으로 깨어 있는 시간보다 잠자는 시간이 훨씬 길다. 체온은 성인보다 다소 높은 37~37.5℃이다. 땀샘이 발달하지 않아 체온조절 능력이 미흡하여 외부 온도의 영향을 많이 받으므로 몸을 따뜻하게 해주는 것이 필요하다. 생후 1~2일경에는 끈끈한 태변을 보는데 모유 수유의 경우 하루 3~4회, 인공 수유의 경우 하루 1~2회의 변을 본다.

3) 감각 기능

신생아의 시각은 비교적 발달되지 않은 상태에 있다. 눈의 크기가 작고 망막구조가 불완전하며 시신경도 덜 발달되어 있다. 출생 후 영아는 물체에 초점을 고정시키지 못하고 가시거리도 제한돼 있으나 1개월경에는 사물에 초점을 맞추고 응시가 가능하다. 신생아는 높고 강한 소리에 민감하게 반응하며 2주경에는 사람의 목소리와 다른 소리를 구별할 수 있고 3주경에는 낯선 사람의 목소리보다는 부모의 목소리에 더 민감하게 반응한다. 입술과 혀 외에는 그다지 발달하지 않은 상태이며 피부접촉을 통한 자극은 신생아의 생존에 필수적이어서 촉각에 의존하여 주변 환경을 인지한다. 이 시기에 안아주고 얼러주는 행동은 양육 못지않게 중요하다고 볼 수 있다.

신생아의 미각은 태내에서도 어느 정도 기능을 하며 출생 시에도 여러 가지 맛을 구분할 수 있다. 생후 5일 후 쓴맛과 단맛을 구별할 수 있게 되며, 쓴맛, 신맛, 짠맛보다는 단맛을 더 좋아한다. 후각은 다른 동물에 비해 덜 발달해 있으나 출생 초기부터 상당히 발달해 있다. 생후 며칠 내에 어머니와 다른 여성의 냄새를 구별할 수 있고 초콜릿과 같은 달콤한 냄새에 이완되고 즐거운 표정을 짓는다. 그리고 신생아기의 정신구조는 미분화되어 있으며, 본능적인 삶의 체제를 살고 있기 때문에 배고프면 울고, 자고, 젖을 먹는 것이 대부분의 일상이다.

4) 반사운동

신생아기에는 반사운동에 의한 행동을 보이는데, 이는 유해한 자극으로부터의 보호하는 기능 외에 영아의 기본 욕구를 충족시키는 기능을 한다. 원시반사는 영아의 생존과는 관계없는 반사로 인류의 진화과정의 흔적으로 보인다. 구체적인 예로 빨기반사(sucking reflex)는 입술이나 입에 닿는 모든 것을 빨려는 운동을 말하며, 탐색반사(rooting reflex)는 입술이나 입 근처 뺨에 무엇이 닿으면 자동적으로 머리를 돌려 빨려고 하는 반응을 말한다. 또한 쥐기반사 혹은 잡는반사(grasping reflex)는 무엇이나 손에 잡힌 것을 꽉 쥐고 놓지 않는 반응을 뜻하며, 바빈스키반사(Babinski reflex)는 발바닥을 부드럽게 자극하면 발가락을 발등 위쪽으로 부채처럼 펴는 것을 말한다. 모로반사(Moro's reflex)는 경악 반응(startle response)이라고 하는데, 갑작스런 큰 소리를 들었을 때 팔과 다리를 쫙 벌리고 손가락을 펴면서 머리를 뒤로 젖히는 반응을 보이는 것을 말한다(최미현, 2000).

5) 정서적 발달

신생아기의 정서는 미분화 상태에 있기 때문에 잠을 자거나 젖을 빠는 등의 극히 본능적 정서에 의해 지배된다. 심리적 발달은 주로 감각기관을 통해 대상의 성격을 인지하고 이에 반응함으로써 이루어진다. 신생아는 출생 직후부터 감각적 탐색을 통하여 자신의 주변 환경과 접촉을 시작하면서 그 경험을 통하여 사물을 판단하고 적응능력을 발달해 간다.

6) 신생아 돌보기

신생아는 땀을 흘리지 않으므로 매일 목욕시킬 필요는 없다. 그러나 여름에는 매일 목욕을 시켜야 되고, 겨울에는 1주일에 서너 번 목욕시키면 충분하다. 화상에 주의하기 위하여 목욕물의 온도를 꼭 확인해야 한다. 신생아의 수면 습관은 어머니의 아기 돌보는 방식, 정서적 안정, 가족들의 가치관 등 여러 가지 환경적 영향을 받는다. 연구에 의하면 어머니의 스트레스는 아기가 밤에 자주 깨는 등 나쁜 수면 습관에 영향을 준다고 한다. 신생아는 질식에 노출되기 쉬우므로, 입과 코를 막는 것, 목이나 가슴에 압박을 주는 것, 특히 푹신푹신한 이불 같은 곳에 아기가 엎드려 있을 경우 얼굴이 눌려 질식사할 수 있으므로 주의해야 한다.

7) 사회복지실천의 관심 대상이 되는 신생아기의 문제와 사회복지의 역할

(1) 영양

신생아기의 성장 가능성을 최대로 하기 위해서는 적절한 영양을 갖춘 음식을 충분히 먹는 것이 필요하다. 이 시기의 영양실조는 몸무게에만 영향을 주는 것이 아니라 그 이후의 모든 발달에 영향을 미치기 때문에 영양과 관련된 부분의 사회복지적 지원서비스가 필요하다. 출산 후 1~2일 사이에 젖이 나오기 시작하는데 이를 초유라고 하며 영양이 풍부할 뿐 아니라 질병에 대한 면역체를 다량 함유하므로 가능한 한 먹이는 것이 좋다. 수유는 모유의 장점 외에도 밀접한 신체접촉으로 아기에게 안정감을 줄 수 있다.

(2) 모성보호

특히 신생아기는 모성을 통하여 사회화해 가는 시기이므로 무엇보다 안정된 모성보호가 필요하다. 신생아는 긴장상태를 해결해 주고 만족을 가져다주는 모성인물에 대하여 기본적인 신뢰감을 형성한다. 만약 신생아기에 불안정하고 불규칙적인 모성보호가 이루어질 경우 신생아는 기본적으로 타인에 대한 불신감을 갖게 되며 이후 사회화 과정에도 부정적인 영향을 미친다.

(3) 신생아의 장애 조기진단

신생아 초기의 운동능력이나 건강상태를 평가하기 위해서 Apger 검사와 브라젤튼(Brazelton) 신생아 행동평가 척도가 사용된다. Apger 검사는 맥박, 호흡, 근육상태, 반사능력, 피부색 등 다섯 가지 영역에서 7점 이하인 경우에는 반드시 즉각적인 조치를 받아야 하는데 영아돌연사 증후군으로 사망하는 영아는 이 점수가 낮은 경향이 있다. 브라젤튼 신생아 행동평가는 신생아가 주위 환경에 어떻게 반응하는가를 알아보는 행동검사다. 신생아의 주의집중력, 활동수준, 근육상태, 스트레스에 대한 생리적 반응, 사람 얼굴과 목소리에 대한 사회적 반응 등을 평가한다. 자극에 대해 얼마나 빨리 반응하는가와 얼마나 빨리 되돌아가는가도 포함된다(김미경, 2008).

4 영아기

영아기는 출생 후 1달 이후부터 2세까지의 시기를 의미한다. 이때는 생애 단계 중 가장 많은 변화를 경험하는 기간으로써 신체적, 정신적, 사회적 기타 인간발달의 행동이 가장 현저하게 나타난다. 이 시기의 영아는 직립보행이 이루어지고 말을 하기 시작한다. 아울러 엄마로부터 젖을 떼면서 개체성을 획득하여 가는 것도 이때부터 시작된다. 서툴고 둔하지만 점차 정교화되고 분화되어 의미 있는 행동을 형성해 가는 것이 이 시기의 큰 특징이라 볼 수 있다. 이러한 빠른 성장 중에서도 더욱 괄목할 만한 성장을 보이는 부분은 뇌로, 생후 6개월에는 성인의 30%, 두 살이 되면 50%까지 발달한다.

영아기 전반에는 주로 감각기관이 발달하고, 후반에는 지능이 발달한다. 또한 성인의 도움에서 점차 독립해 가는 능력이 형성되는 시기이며, 수유와 이유의 방법이 영아의 발달에 지대한 영향을 미치고, 발달 요인에 따라서 발달의 정도에 개인차가 나타난다. 언어가 획득되어 상호작용이 가능함으로써 자기와 타인에 대한 개념과 대인관계에서의 기본적 태도가 형성되고 인지능력과 정서 표현이 가능하게 되어 사회화가 시작된다. 이와 같이 영아기에 행해지는 모든 발달들은 성인이 된 후의 성격이나 신체 등에 큰 영향을 준다.

프로이트는 이 시기를 구강기라고 부르며, 젖을 빨아서 욕구를 만족시키는 시기로 보았다. 에릭슨은 기본적인 신뢰감 혹은 불신감이 형성되는 시기이며, 피아제는 감각운동기로 지적인 능력이 감각적 경험에 기초하여 발달하는 시기로 보았다. 영아기에는 신체발달, 언어발달과 사회성발달을 위한 애착형성과 인지발달을 위한 영역에서 급속한 성장이 이루어지는데, 영아기의 애착발달은 양육자와의 유대관계 형성을 통해 형성된다. 성과 개인에 따라 차이가 있으나 급격한 신체적 성장이 이루어지며 이에 따라 운동발달이 두드러지게 나타난다. 영아기의 운동발달은 운동능력의 향상뿐만 아니라 다양한 환경과의 접촉을 통하여 계획적인 탐색을 실시할 수 있고 자발적인 목표추구가 가능하다는 점에서 그 의의가 크다(김경희, 2004).

1) 신체적 발달

이 영아기의 성장발육은 머리에서 다리로, 몸통 부위에서 팔다리와 같은 하위 부위로 진행되는데, 생후 1년~1년 반 동안에 감각기관이 현저하게 발달한다. 남자아이가 여자아이보다 좀더 무겁고 키도 크다. 반면에 신경체계와 골격이 여자아이가 더 성숙한 경향을 보이는데, 성숙 정도의 차이는 호흡, 소화, 수면과 같은 삶의 초기 단계에서의 생존을 위한 기능에 중요한 영향을 미친다. 체중 미달의 아기들은 태어날 때 그리고 태어난 후에 질병이나 다른 문제에 취약하다. 건강한 영아의 경우 신장은 1년 동안 1.5배, 체중은 세 배 정도 증가한다. 두 돌 무렵이면 신장은 성인의 절반가량, 체중은 출생 시의 네 배가량이 된다.

영아의 골격은 성인의 골격보다 크기도 작고 숫자도 작을 뿐 아니라 매우 유연하고 부드럽다. 또한 발달의 원칙에 따라 손, 손목의 뼈가 발, 다리보다 더 빨리 단단해진다. 두개골의 뼈는 봉합되지 않아 6개의 숫구멍은 피부막으로 덮여져 있는데 점차 단단해지면서 두 돌이 되기 전에 무기물로 채워진다. 출생 시 근육조직의 35%가 수분으로 구성되나 점차 두꺼워지고 단단해진다. 머리와 목의 근육이 몸통이나 사지의 근육보다 먼저 성숙한다. 치아는 7개월경 나기 시작해 2년 반까지 스무 개의 유치가 난다.

2) 생리적 기능

생후 6개월부터 점차 밤에 자고 낮에 깨는 성인의 수면양상을 보인다. 생후 18시간의 수면에서 두 살이 되면 12시간으로 감소한다. 이는 출생 시 미성숙했던 뇌가 1~2년 동안 빠르게 성장한 결과이다. 생후 5~6개월부터는 모유만으로는 아기의 발달에 충분한 영양을 공급할 수 없으므로 젖 이외의 음식을 제공하는 것이 필요하다. 영양이 적절하게 공급되지 못하면 신체의 발달뿐 아니라 정서 및 인지적, 사회적 발달 또한 순조롭게 진행되지 못한다. 대변과 소변을 통제할 수 있는 근육과 신경의 미성숙으로 인해 생후 6~7개월 이전에는 직장이나 방광이 꽉 차서 반사에 의해 대소변을 배출한다.

3) 운동기능의 발달

운동기능을 관장하는 대뇌피질의 발달은 영양 상태와 환경으로부터 받는 자극의 종류와 양에 의해서도 영향을 받는다. 소근육 운동기능의 발달은 팔, 손, 손가락의 순으로 발달한다. 출생 시에는 잡기반사 능력이 있지만 이를 통제하는 능력은 없다. 6개월이 되어야 매달려 있는 물체를 잡을 수 있으며 첫돌이 지나야 자기 앞에 던져진 물건을 집을 수 있다. 대부분의 영아에서 발달의 순서는 비슷하지만 발달의 시기에는 상당한 개인차가 있다.

영아들의 발달 이정표에 따라 성장 정도와 장애 정도 등을 살펴볼 수 있다. 영아의 신체적 발달은 근육조절의 발달에서부터 시작된다. 머리와 목을 가누고, 가슴과 등의 근육이 발달하며, 다리의 근육이 가장 늦게 발달한다. 이동운동, 조직기능운동, 감각기능 운동 순으로 발달한다. 발달단계는 영아에 따라 순서나 시기가 다를 수 있다. 여러 가지 감각적, 운동적 과제를 잘 수행하는 것은 영아의 성숙 수준, 환경적 조건 등에 달려 있다고 볼 수 있다(권형자, 2006).

영아기의 발달 이정표

- 2개월: 엎드린 상태에서 가슴을 들기
- 3개월: 엎드린 상태에서 고개 가누기
- 4개월: 뒤집기
- 6개월: 혼자서 앉기
- 7개월: 붙잡고 서기
- 8개월: 기기
- 10개월: 붙잡고 걷기
- 12개월: 혼자서 걷기
- 17개월: 계단 오르기
- 18개월: 엉덩이로 내려오거나 뒤로 내려오기
- 24개월: 달리기, 팔을 위로 들어 공 던지기

4) 감각과 지각기능의 발달

주위 환경으로부터 오는 여러 가지 자극을 감각기관을 통해 받아들이는 것을 감각이라고 한다면 지각은 이러한 감각에 의미를 부여하는 과정이라고 볼 수 있다. 우선 감각기능을 보면, 영아의 시각능력은 가장 늦게 성숙하는 감각기능이다. 출생 시 시각조절에 필요한 뇌 회로가 충분히 성숙되지 않아 첫돌 무렵에 시력이 1.0에 가까워져 정상 시력이 된다. 2개월부터 삼원색의 대부분을 이해할 수 있고, 형태 지각에 있어서는 전체보다는 부분을, 정지된 것보다는 움직이는 것을, 흑백보다는 컬러를, 직선보다는 곡선을 선호한다. 또한 형태가 색이나 명암보다 더 영아의 주의를 끌며 특히 인간의 얼굴을 선호하고 그중에서도 눈을 가장 선호한다.

형태 지각은 2개월경의 영아는 움직이는 패턴을 감지하고 7개월경에는 행복한 얼굴과 무서운 얼굴 표정을 식별할 수 있다. 깊이 지각에 있어서는 영아들이 기면서 떨어져 본 경험에 의해 획득되는 것으로 보인다. 깊이의 지각은 6개월경에 형성된다. 4~6개월이 되면 소리가 나는 방향을 정확하게 알아보며 낮익은 목소리를 구별할 수 있고 음악을 들으면 좋아한다.

영아는 다양한 냄새를 식별할 수 있는데 모유 수유를 하는 영아의 경우 엄마의 젖 냄새를 알아볼 수 있다. 2~3개월경에는 특정한 맛에 대한 기호가 생길 정도로 발달한다. 영아기 말기가 되면 미각이 매우 발달하는데 이때에는 다양한 음식을 제공하여 장차 편식의 습관을 억제할 수 있다(이옥형, 1992).

생후 6개월이 지나면 영아는 촉각을 이용해 주위 물건을 탐색하기 시작한다. 따라서 촉각은 영아가 자신의 환경에 대한 지식을 획득하는 주요한 수단이 된다. 영아는 온도 변화에 대해 민감한데 체온보다 낮은 온도에 더 민감하다. 통합감각은 어떤 감각을 통해 익힌 물체를 다른 감각에 의해 알아보는 능력을 말한다. 감각과 지각능력은 여러 연구에서 생애 초기에서 통합되어 있다고 알려져 있으며 이런 능력은 경험에 의해, 성숙과 학습에 의해 상당한 정도로 발달해 간다.

5) 인지적 발달

인지는 인간이 정신적 사고과정을 의미하는 광범위한 개념으로 생물학적 성숙뿐 아니라 경험의 영향을 받는다. 인지적 성장 또한 영아기에 급속도로 이루어지는데 몇 가지 반사 능력을 가지고 태어난 영아는 점차 목적의식을 가지고 행동하는 존재로 바뀐다. 영아기의 인지발달에는 청각적, 시각적, 후각적, 촉각적 자극이 필요하며 타인과의 관계형성에 기본이 되는 언어적 상호작용은 매우 중요한 역할을 한다.

영아는 자신의 감각운동 경험을 바탕으로 어떤 행동이 환경 내에 있는 대상에게 어떤 영향을 줄 것이라는 것과 같은 인과관계(cause-effect relationship)를 예상하는 능력을 갖는다. 언어가 발달하지 않은 영아는 지각과 환경탐색을 통하여 개념 형성의 기초를 구축하며 운동기능이 활발해짐에 따라 세상을 이해하고 조작하기 위한 감각운동유형이 복잡해진다. 영아기에 발달하는 감각운동지능 중 가장 중요한 발달은 울면 우유를 준다와 같은 현상들 간의 인과관계를 이해하는 것이다. 영아는 반복적 경험과 실험을 통하여 이러한 현상들 간의 예언적 관계를 학습한다.

또한 영아기에는 대상영속성(object permanence)을 획득하는 시기이다. 환경 내에 있는 물체들은 손에 닿지 않거나 눈에 보이지 않을 때에도 여전히 존재한다는 것을 이해하게 되는 것이다. 대상의 영상을 마음속에 지속할 수 있는 능력이 이 시기 이후에 오는 여러 가지 복잡한 표현적 사고발달의 첫 번째 단계이다. 만 2세경이 되면 부모의 행동을 모방하거나 동물이나 움직이는 사물 등 친숙한 사물을 상징화하여 놀이를 시작하며 점차 동화나 TV에서 보고 들은 이야기들을 상징화하는 놀이로 확대된다. 이러한 상징놀이를 통해서 영아는 사회, 신체 및 내적 세계를 실험하고 이해하며, 현실적으로 불가능한 것도 다룰 수 있게 되고 언어적인 제한을 보충한다.

이 시기에는 감각운동기의 사고를 한다. 세상에 대한 인식은 감각기관과 운동기능에 의해 이해하는 것에 국한한다. 자신의 주위에 있는 대상들의 독특한 속성을 파악하기 위해 자신의 본능적인 반응을 변형시켜 나가며 또 이 본능적인 반응을 주위 세계를 탐색하기 위해 사용한다. 언어나 추상적인 개념은 포함하지 않으며 자신이 이해하고 기억하는 것은 직접 보고, 듣고, 느끼고 행동하는 것에 의존한다. 즉, 감각기관을 통해 받아들인 정보가 인지발달의 중요한 내용이다. 새로운 자극과 이전의 자극을 구별할 수 있는 능력의 기억력을 갖는다.

영아기의 인지발달의 단계를 정리해 보면 다음의 〈표 8-1〉과 같다.

표 8-1 영아기의 인지발달단계

시 기	단 계	발달내용
출생~1개월	반사기	반사행동이 환경과의 접촉을 통해 적응적인 방향으로 수정
2~3개월	1차 순환반응기	반복행동을 통하여 점차 대상의 특성을 발견하고 그 대상의 요구에 따라 반응 수정(의미 없이 주먹 쥐었다가 펴기)
4~7개월	2차 순환반응기	활동 자체보다는 환경 내의 변화에 흥미를 갖고 활동을 반복하며, 자신의 행동과 그 행동에 따라 나타날 수 있는 결과를 예측할 수 있게 됨으로써 자신의 욕구충족(4개월경이면 딸랑이를 흔들면 소리가 난다는 것을 알고 흔든다.)
8~11개월	2차 도식협응기	친숙한 행동이나 수단을 사용하여 새로운 결과를 얻으려 하며 따라서 영아의 행동은 의도적이고 목적적(자신이 듣기 위해서가 아니라 엄마를 놀래주기 위해 딸랑이를 흔드는 행동을 한다. 자신의 업무를 수행하는데 방해되는 것을 제거할 수 있다.)

12~18개월	3차 순환반응기	친숙한 행동으로 목표에 도달할 수 없는 경우 전략을 수정하여 사용하며 도식 자체가 크게 변화하게 되고 능동적으로 새로운 수단 발견(목적을 위한 행동을 하면서 시험과 시행착오가 반복된다. 장난감을 찾기 위한 움직임이 시작된다.)
18~24개월	통찰기	행동하기 전에 사고를 통하여 행동결과 예측이 가능해지며 수단과 목적의 관계에 대한 정신적 조작 가능(지적으로 종합하는 새로운 수단 → 행동하기에 앞서 미리 자기 행동의 결과를 평가하면서 행동한다.)

출처: Piaget & Inhelder, 김경희(2003) 수정 보완.

6) 언어적 발달

영아기의 언어적 발달은 인지발달 및 사회성 발달과 밀접한 관련성을 지니게 되는데, 처음에는 모방에 의해 이루어지기 때문에 자극적인 환경이 중요하다. 울음은 언어발달의 첫 단계로 자신의 욕구를 표현할 수 있는 유일한 수단이다. 3~4개월의 옹알이는 최초의 말소리로 신체적 성숙에 의해 나타나는 근육활동의 결과이며 농아도 처음에는 옹알이를 한다. 상대방의 입장을 이해할 수 있는 능력이 없기 때문에 처음에는 기쁨을 주는 놀이의 기능으로 시작하지만 이후에는 옹알이가 환경의 영향 때문에 하게 되며 주위의 반응이 없으면 하지 않는다. 옹알이는 주변의 강화에 의해 모국어를 습득하는 기제가 된다.

5~6개월에는 '마마', '빠빠' 등의 유의미어를 재잘거린다. 이를 통해 사랑의 관계를 경험한다. 12개월 정도에는 하나의 단어를 사용하여 언어 표시를 하는데, 의사전달을 위해 사람, 요구, 활동 등을 나타내는 단어를 명령하듯이 사용한다. 18개월경에는 두 개의 단어를 결합하여 의사나 감정을 좀더 의미 있게 표현할 수 있다. 24개월에는 어휘 수가 증가하여 250~300개의 단어를 이해하며, 명사와 동사 외에 형용사도 구사할 수 있다. 문장을 만들기 위해 두 개 이상의 단어도 연결시킬 수 있다. 보편적으로 50개 정도의 단어도 말할 수 있을 때 가능하며 초기의 형태는 명사와 동사로 이루어지는 문장이며 자기중심적 특성을 갖는다. 따라서 이 시기에는 부모가 영아의 질문에 성실하고 지혜롭게 답변해 주고 새로운 세계를 경험할 수 있는 기회를 제공해 주면 언어가

일찍 발달한다.

7) 사회심리적 발달

(1) 정서의 발달

정서란 일반적으로 자극에 직면하여 발생하거나 자극에 수반되는 여러 가지 생리적 변화, 눈에 보이는 행동 등의 반응을 말한다. 미분화된 정서는 시간이 지나면서 점차 분화된 감정으로 발달하고 다른 사람의 정서를 이해하고 또 자신의 정서를 규제할 수 있다. 1차적인 정서로 기쁨과 분노, 공포를 들 수 있는데, 기쁨은 미소나 웃음 등으로 표현되며 출생 직후에 나타나는 배냇미소는 선천적이고 반사적인 것이다. 4주경에 영아는 갑작스럽게 움직이는 물체들과 같은 외부자극에 대해 미소를 보인다. 6~10주경에는 사람의 얼굴에 대해 사회적 미소를 보이며 3개월경에는 친숙한 사람과 그렇지 않은 사람에 대하여 다른 미소를 보인다. 9~10개월경에는 까꿍놀이 등에 미소를 보이며 1년 후에는 자신이 원인을 제공한 사건에 대하여 미소를 보인다.

분노의 표현은 자신이 원하는 바를 표현하는 수단이므로 가장 보편적으로 나타난다. 출생 초기에는 배고픔이나 불쾌감을 표현하기 위하여, 이후에는 자신의 욕구가 좌절됐을 때 더욱 강하게 표현된다. 4~5개월경에는 울음의 형태에서 성난 목소리로 소리를 지르게 되며 분노는 두 살 때에 최고조에 달하며 사랑과 수용으로 대치되지 못하면 공격성으로 발전하게 된다. 이후 점차 사회적으로 수용되는 방식으로 분노를 표현하게 되고 자신의 감정을 숨기는 것이 필요하다는 것도 알게 된다.

공포는 심리적 · 신체적 위험에 대한 반응으로 나타난다. 출생 초기에는 부모로부터 보호받기 때문에 공포의 감정을 유발하는 자극이 별로 없다. 6개월경에 인지발달로 인해 새로운 공포감을 가지기 시작하며 친숙하지 않은 대상에 대하여 경계심을 갖는다. 그 가운데서도 애착이 형성된 사람과의 분리나 낯선 사람과의 위협적인 상호작용은 공포를 유발시키는 선천적 요인이 된다. 불안의 정서는 공포반응과 밀접한 관계가 있다. 영아기의 불안은 애착행동과 낯가림과 관련되는데 어머니와의 분리가 주된 원인이다.

2차정서는 1차정서보다 늦게 나타나며 좀더 복잡한 인지능력을 필요로 한다. 자아의 인식이 2차정서에 있어 필수적이며 당황, 수치, 죄책감, 질투, 자긍심 등을 포함하는 2차정서는 거울이나 사진으로 자신을 알아보기 전에는 출현하지 않는 것으로 보인다. 1개월경의 영아는 자신의 신체가 자신의 것이라고 아직 인식하지 못한다. 8개월경에도 자신의 신체와 다른 사람의 신체를 정확히 구분하지 못하는 경우가 있다. 한 살 때에 비로소 자신과 타인을 분명하게 구분할 줄 알며 장난감을 빼앗기도 하고 다른 아이를 때리기도 한다. 2차정서는 이외에도 자신의 행동을 평가하는 능력까지도 필요로 한다. 영아의 정서반응에 대한 분화과정을 정리해 보면 〈표 8-2〉와 같다.

표 8-2 영아의 정서반응 분화과정

시기	감정분화 내용
2개월	불쾌감은 울음 등을 통하여 표현하며 즐거움은 미소를 짓는 방법으로 표현
3개월	분노의 감정 분화 욕구가 충족되지 않을 때 분노를 발산하게 되고, 호기심을 보이며, 익숙한 얼굴에 즐거움과 행복감 등을 보인다.
6개월	공포감이 분화되며 분노의 감정 증가 무서움의 감정을 느끼게 된다.
12개월	직립 보행이 가능해지면서 의기양양의 감정과 성인에 대한 애정이 증가되는 양상을 보인다. 일의 전후관계를 이해하고 그에 따라 정서적 반응을 보인다.
18개월	다른 아기에 대한 애정과 질투의 감정 분화, 성인에 의한 애정과 질투를 동시에 느끼기도 한다.
24개월	불안, 자랑스러움, 수치심 등과 같은 자의식이 발달한다.

출처: Bridges(1932), 김경희(2004) 수정 보완.

(2) 기질의 발달

기질이란 개인의 행동양식과 정서적 반응유형을 의미하는 것으로 활동수준, 사회성, 과민성과 같은 특성을 포함한다. 기질연구가들은 영아의 이런 기질적 특성은 성인기의 성격의 토대가 된다고 보며 기질은 유전의 영향을 많이 받지만 쌍생아 연구결과에 의하면 환경에 의해서도 변할 수 있다고 본다. 부모의 태도와 영아의 기질 간의 상호작용은 쌍방적 원칙에 근거하기 때문에 타고난 기질과 그를 사회화시키는 사람의 기질 간의 상호작용의 산물이다.

(3) 애착의 발달

이 시기의 영아들은 사회적 애착관계를 확립한다. 사회적 애착이란 영아와 보호자 사이에 형성되는 친밀한 정서적 유대감이자 긍정적 관계로서 아버지와는 주로 놀이를 통해, 어머니와는 계속적인 상호작용을 통해 애착관계를 형성한다. 애착은 종족보존을 위해 주위환경에 적응하는데 필요한 요소로서 애정이나 사랑과 같은 긍정적 정서의 의미를 지닌다. 영아기에 형성된 애착은 이후 인지, 정서, 사회성 발달에 중요한 영향을 미친다. 일반적으로 안정된 애착관계를 형성한 영아는 유아기, 아동기에 들어서도 자신감, 신뢰감 등의 안정된 정서를 나타내며 문제행동을 덜 보이며 좌절을 잘 참아내는 것으로 나타난다.

최초의 애착은 생후 6~7개월경에 양육자를 포함한 소수에 의해 형성된다. 애착관계가 형성되면 영아는 환경을 능동적으로 탐색하며 낯선 사람과도 상호작용을 할 수 있다. 그러나 양육자가 자주 바뀌거나 양육방식의 변화는 낯선 사람에 대한 불안(stranger anxiety), 격리불안(separation anxiety) 등을 경험하게 하는데, 부모와의 분리 경험으로 인해 부모와의 접촉을 회피하는 불안-회피경향의 애착관계를 형성하거나 분노감을 표시하는 불안-저항경향의 애착관계를 형성할 경우에는 원만한 사회적 관계를 형성하고 유지하는데 어려움을 겪게 될 가능성이 높다. 에릭슨은 이 시기의 영아들이 자신을 돌보아 주는 사람과 긍정적인 정서관계를 확립해야 하며, 그러지 못할 경우 환경에 대한 기본적인 신뢰감이 형성되지 않는다고 하였다. 영아기의 애착형성 단계를 정리해 보면 〈표 8-3〉과 같다.

표 8-3 애착형성의 단계

단 계	시 기	애착형성 내용
1단계	출생~3개월	빨기, 소리가 나는 쪽으로 머리 돌리기, 쥐기, 붙잡기, 웃기, 응시하기, 울기, 미소짓기, 눈으로 따라가기 등의 다양한 신호체계로 자신을 돌봐주는 사람과 가까움의 관계를 유지하려고 한다. 아직 애착이 형성되지 않은 단계로 낯선 사람과 남겨져도 별로 개의치 않는다.
2단계	3~6개월	익숙한 대상에게 더 많은 반응을 보인다(애착 표현). 애착형성의 가장 결정적인 시기로서 몇몇 친숙한 사람에게만 선택적으로 반응을 보이며 낯선 사람에게는 낯가림을 한다. 어머니와의 관계에서 더 많이 웃거나 미소 지으며 옹알이하며 낯선 얼굴과 친숙한 얼굴을 구별할 줄 알지만 아직 분리불안은 보이지 않는다.
3단계	7~24개월	낯선 사람에 대한 불안(낯선 성인의 출현에 대하여 영아가 긴장이나 불편을 보이는 현상)과 격리불안(엄마에게서 떨어질 때에 분노와 절망을 보이는 현상)을 보인다. 능동적으로 타인과의 신체적 접근을 추구하며 부모와 분리되기 싫어하는 분리불안이 나타난다. 또한 대상이 눈에 보이지 않아도 그 대상이 존재한다는 사실을 인식할 수 있는 대상연속성이 형성된다. 이미 애착이 형성된 사람에게 적극적으로 접근하며 애착상대가 떠나면 분리불안을 보인다. 분리불안은 모든 문화권에서 보편적으로 나타나며 돌 전후에 나타나기 시작하여 15개월까지 계속 증가한다. 분리불안은 영아가 대상영속성의 개념을 획득했음을 의미한다.
4단계	24개월 이후	격리불안은 두 살이 되면 잠시 떨어지는 것을 용납할 수 있는 정도로 완화된다. 능동적으로 자기가 애착하는 대상에 신체적 접근을 추구한다. 부모의 애착행동을 유발하기 위한 다양한 행동 시도/ 두 살 말경이 되면 영아는 정신적 표상과 언어의 발달로 인해 이미 애착을 형성한 사람과의 행동을 예측할 수 있게 됨으로써 분리불안이 감소한다.

출처: Ainsworth(1972), 한국심리학회(2000) 수정 보완.

(4) 사회성의 발달

6개월이 지나면서 영아는 정서와 관련된 얼굴 표정을 분간하기 시작하며 다른 사람의 정서에 의해서 영향을 받는다. 영아의 정서는 성인과 마찬가지로 다른 사람의 정서를 자신의 행동의 길잡이로 삼는데 이를 사회적 참조라고 한다. 사회적 참조는 대개 모호한 상황에서 발생하는데 이때 부모의 얼굴 표정은 영아에게 어떻게 행동해야 하는지 알려주는 길잡이 역할을 한다.

상황에 따른 정서의 적절한 표현은 사회적 적응에 도움이 된다. 첫돌 무렵에 영아는 자기 몸을 흔들거나 입술을 깨물거나 불쾌한 사건이나 사람을 피함으로써 부정적인 정서유발을 감소시키는 책략을 발달시킨다. 18개월 때에는 부정적인 정서를 숨길 줄 알게 되며 두 살경에는 넘어졌을 때 어머니가 함께 있을 때만 울음을 터뜨린다. 세 살경에는 자기감정을 더 잘 숨긴다.

8) 사회복지실천의 관심 대상이 되는 영아기의 문제와 사회복지사의 역할

영아기 때는 신체와 뇌의 급격한 성장이 이루어져 성장급등기라고 한다. 두뇌발달의 결정적 시기이며 이 기간 동안의 영양결핍은 두뇌발달을 저해하는 요인이 된다. 뇌의 발달은 생물학적 요인뿐 아니라 환경적 요인에 의해서도 영향을 받기 때문에 영아들의 성장에 사회적 · 환경적으로 적합한 여건을 마련해 주는 것이 매우 중요하다. 보육시설 등 안정되고 편안한 탁아서비스 등도 제공되어야 한다.

(1) 기형

영아기의 사회복지실천에서 고려해야 할 측면은 선천적으로 불완전한 신체적 기능에 의한 부분이다. 신체적 측면에서 영아가 선천적으로 기능이 불완전하거나 기형일 때 생존에 필요한 여러 가지 활동을 수행하는 데 어려움을 겪을 뿐 아니라 부모와의 상호작용에도 제약을 받는다.

(2) 정신지체

인지적 기능으로 인한 문제는 정신지체가 대표적인 문제이다. 정신지체는 영아기를 포함하는 발달의 기간 중에 일어나며 명백한 평균 이하의 지적인 기능과 더불어 적응행동에서 나타나는 결함을 가리킨다. 인지적 측면에서 영아가 동년배들과 같은 속도로 개념이나 기능을 인지적으로 이해하지 못할 때 정신적 발달이 지체되었다고 말할 수 있다. 그리고 영아는 어른이 생각하는 것보다 훨씬 능력이 있으며 태어난 후 곧 여러 가지 복잡한 행동을 수행하는데, 적절한 감각적 자극이나 책임 있는 보호가 지속적으로 심하게 결핍되면 발달이 저해될 수 있다.

(3) 사회적 애착의 문제

사회적 측면에서 영아기의 사회적 애착의 확립의 문제는 특히 사회복지실천에서 관심을 가져야 할 영역이다. 지속적이고 책임 있는 보호가 결핍된 경우 영아는 반응이 없고 언어발달에서 늦으며 위축되고 주위 사람들에 무관심하며 불안한 관계를 형성하는 등의 문제를 보인다. 자신이 애착하는 대상으로부터 지속적으로 분리될 경우 심각한 심리적 문제가 초래된다. 영아기의 사회적 애착의 결핍은 이후의 아동기와 청소년기에서도 자부심, 불안 증가와 언어발달 지체, 호기심 감소, 사회적 부적응, 인지적 발달 및 사회적 적응 등에 지장을 가져올 수 있다.

(4) 정서적 문제

정서적 측면의 문제도 중요하게 다루어져야 한다. 부모가 영아의 기질에 따라 양육행동을 조절한다면 그 결과는 보다 조화로운 것이 되며 그렇지 못한 경우 부모와 영아 모두 갈등을 경험한다. 가령 많은 부모들이 까다로운 영아에게 쉽게 화를 내고 처벌적 훈육을 하는데 이것은 조화롭지 못한 양육의 예이며, 이 경우 영아는 까다로운 기질이 계속 나타나고 사춘기에 문제행동을 더 많이 보인다.

이러한 문제 있는 영아들을 위한 사회복지사의 역할로는 장애의 조기 발견 및 교정, 특수교육기관 소개, 양질의 탁아, 보호자에 대한 상담, 장애아와의 상호작용을 위한 특수훈련 등을 들 수 있다.

Chapter 09
유아기와 아동기

CHAPTER

09 유아기와 아동기

유아기는 걸음마기와 학령전기로 구분되며, 걸음마기는 3~4세이고, 학령전기는 대략 유아가 유치원에 들어가는 연령인 5~6세이다. 아동기는 초등학교를 입학해서 졸업하는 7~13세 정도까지의 시기를 일컫는다. 학령전기까지 유아는 거의 전적으로 가족의 영향하에 있으나 아동기부터는 학교라는 사회적 영향력이 새롭게 등장한다는 점에서 이전 시기와 구별된다.

1 유아기

유아기는 걸음마기와 학령전기로 구분된다.

1) 걸음마기

걸음마기는 세 살에서 네 살까지로서, 발견, 창의력, 호기심과 행동의 사회문화적 증상을 개발시키는 나이이다. 여러 가지 점에서 특히 대소변 처리와 자립성 그리고 자기 간호능력이 유아에게 형성되면 부모는 한숨 돌리게 되는 위안의 시기이다. 정서 및 심리발달이 가장 중요한 시기이며 부모의 영향이 가장 크게 미치는 시기이기도 하다. 매우 활동적이며, 끊임없이 움직이고 말을 한다. 풍부한 활동의 동기는 자기주장과 지배에 대한 욕구에서 비롯되는데, 개인으로서 자신을 의식하기 시작하며 특징적인 반항과 고집, 자기주장이 나타난다. 에릭슨은 이 시기를 자율성 대 수치심 혹은 회의감의 시기로 설명하였다.

(1) 신체적 발달

이 시기의 유아들은 꾸준히 성장하며 영아기에 비해 팔다리가 확장되며 머리의 비율이 점차 작아진다. 지금까지 보이던 통통한 모습, 소위 젖살이 빠지고 날씬해진다. 근육과 골격이 강해지고, 신경세포가 성숙하면서 뛰고 공놀이를 할 수 있는 큰 근육 운동과 미세한 근육 운동 기술이 발달한다. 젖니가 다 생겨서 두세 살 사이에 어른 키의 절반까지 자라며 이 시기의 초반에 스무 개의 젖니가 다 나서 잘 씹을 수 있다. 체중증가율 1.8~2.7kg/년이며, 평균체중 14.6kg이고, 신장증가율 7.5cm/년, 평균 신장 95cm이다(최미현, 2000).

(2) 운동기능의 발달

세 살 정도가 되면 걷는 능력은 아주 정교해지며 달리기와 뛰기도 가능해져 이를 즐긴다. 세 살경에는 계단 오르내리기, 세발자전거 타기 등이 가능하다. 손기능이 능숙해져서 흘리지 않고 숟가락질하기, 옷 입기, 모서리 맞춰 종이접기, 가위로 종이오리기 등을 할 수 있다. 그림을 그리고 글씨를 흉내 내기 시작하고 혼자서 이를 닦고 용변을 보고 손도 잘 씻는다. 옷의 뒷단추 끼우는 것을 도와주면 거의 완벽하게 옷을 입고 신발의 왼쪽과 오른쪽을 가르쳐 주면 거의 완벽하게 신발을 신는다. 적목 9~10개로 탑을 쌓거나 세 개의 적목으로 다리를 만들 수 있다. 목이 좁은 병에 작은 구슬을 능숙하게 넣는다. 원을 보고 그리면 십자를 모방하여 그리고 그린 것에 이름을 붙인다. 사람 모습을 그리지는 못하지만 얼굴 모양으로 원을 그린다.

(3) 인지적 발달

이 시기의 유아는 직관적 사고단계로서 여러 사물과 사건을 표상하기 위하여 많은 개념을 형성하나 불완전한 분류능력, 전도추리, 중심화 경향, 비가역성, 자기중심성의 사고 특징을 보인다. 사물이나 사건의 개별적 특성만을 고려하여 추리하며, 타인의 관점과 역할을 고려하지 않은 채 자신의 입장에서 세계를 지각한다. 이 시기에는 그림그리기를 통해 성장 정도를 알 수도 있다. 동그라미에 눈, 코, 입 표시→귀와 머리 첨가→팔과 막대기 같은 손가락→다리→몸통을 표시하는 과정을 거친다.

주의집중 시간이 길어지고, 혼자서 완벽하게 식사를 하며, 시리얼이나 우유와 같이 간단한 음식을 준비할 수 있다. 상차림을 도울 수 있고, 그릇을 깨지 않고 물기를 닦을 수 있다. 자신과 다른 사람의 성별을 알고, 평행놀이 및 연합놀이와 간단한 게임을 배우기 시작하지만 자주 자신만의 규칙에 따른다.

피아제의 인지발달단계 중에서 전조작적 사고의 초기에 해당하며 영아기에 형성된 도식이 내면적 사고 세계에서 묘사되고 상징화되는 시기이다. 대상이 눈앞에 없는 상태에서도 모방할 수 있는 능력, 정신적인 영상을 간직할 수 있는 능력, 상상 속에서 그리고 묘사할 수 있는 능력을 갖고 있다. 상상놀이를 통해 개인적인 의미를 갖는 상황이나 인물을 창출한다. 세 살경에는 상상력이 발달하기 시작하여 창조적으로 놀이를 할 수 있다. 진흙이나 모래, 블록 등으로 물건을 쌓거나 만들기를 좋아하고, 간단한 모양을 그릴 수 있다. 이것은 사회복지실천에서 그림이나 놀이치료를 통해서 문제 아동의 내적 세계를 이해하고자 하는 전제하에 시도되는 것이다(이종복 · 전남련, 2007).

(4) 언어적 발달

말하는 능력이 급성장하며, 그림을 그리고, 글을 읽고 쓰는 법을 배우는 시기이다. 900개 단어 정도의 어휘를 사용하여 전보문 같은 말을 한다. 서너 개 단어로 된 완전한 문장을 반복 사용하며, 누가 주의를 기울이거나 말거나 끊임없이 많은 말과 질문을 한다. 좀더 길고 복잡한 문장을 사용하여 말할 수 있고, 자신의 감정이나 생각을 비교적 정확하게 표현할 수 있다. 좀더 긴 이야기를 흥미 있게 들을 수 있다. 상징적으로 사고하기 시작하나 다른 사람의 입장이 되어 생각하지 못하며, 공감 능력이 없다.

세 살이 지나면서 대명사, 전치사, 관사, 조동사들이 서서히 나타나기 시작하고, 형용사적 개념은 크고, 작은, 좋고 나쁜 식으로 시작, 길고 짧은, 높고 넓은 수준으로 발전해 간다. 의문문 사용이 가능해지고, 만일 ~ 때문에라는 말도 가능해진다. 네 살경에는 어휘가 비약적으로 증가하며 긴 대화를 할 수 있다. 기초적인 문법규칙을 요하는 문장을 구사할 수 있다. 이 시기 특유의 자신감이 언어 사용에도 반영되어 종종 자기 자랑하는 말을 쓴다. 언어와 사고가 통합되는 첫 단계는 대상이나 사물의 이름에서 시작되는데, 언어의 발달에서 어휘력을 증가시키는 것은 모방에 주로 의존한다(민영순, 1994).

언어발달의 단계

- 1년: 감각적 자극에 의해서 여러 가지 소리를 내다가 구어를 모방하는 소리를 내기 시작한다.
- 2년: 언어와 구절을 이해하기 시작. 어휘를 쓸 줄 알고 두 단어로 이루어진 구절을 사용하기 시작한다.
- 3년: 사고 관찰 욕구를 전달하기 위해 언어를 사용하며 구어에 대한 이해는 거의 완성된다. 어떤 어휘에 대해서 분명한 발음을 할 수 없는 이유는 아직 제한된 발음능력과 성인 문법에 대한 지식의 한계 때문이다.
- 4년: 광범위한 어휘를 습득하며 대부분의 기초적인 문법규칙을 요하는 문장을 구사할 수 있다. 이로써 언어의 기초는 네 살경에 확립되며 이러한 기본적인 언어의 확립이 이루어진 후에 비로소 더욱 정교하고 복잡 미묘한 언어적 기술이 발달한다.

(5) 사회심리적 발달

① 사회화의 발달

이 시기의 말 즈음되면 기본적인 사회화를 위한 과제들이 성취되어야 한다. 유치원을 다닐 준비로 대소변 가리기, 혼자 먹고 옷 입기, 울고 화내는 것을 적절히 통제하는 능력 등이 필요하기 때문이다. 관찰과 다양한 경험을 통하여 사회적 전통이나 가치관을 흡수한다. 또한 부모, 조부모, 형제자매, 교사, TV나 만화의 주인공들의 모방을 통해 이루어진다.

② 자아통제(self control)의 발달

자아통제란 요구에 일치하는 능력, 상황에 따라 행동을 수정하는 능력, 행동을 연기하는 능력, 타인의 지시를 받지 않고 사회적으로 바람직한 행동을 하는 능력을 의미한다. 타인의 요구에 순응할 수 있고, 상황에 맞추어 행동을 조절하거나 지연시킬 수 있는 능력으로 자의식의 발달과 함께 형성된다.

이와 같이 자기통제는 충동의 통제와 환경에 대한 지배를 통해 발달한다. 충동의 통제란 초보적인 시간 감각이 생김으로써 미래에 대한 이해가 가능하고 따라서 충동의 만족을 지연시킬 때 좌절감을 덜 느낀다. 영아기에 형성된 신뢰감이 충동 통제의 밑바탕이 된다. 욕구가 궁극적으로 충족되리라는 것을 알게 됨으로써 분노나 초조와 같은 감정의 격렬함이 감소된다.

그리고 이 시기에는 발달하는 언어능력과 상상력이 좌절감을 다루는 중요한 기술이자 도구가 되는 것을 배운다. 자신의 욕구와 느낌을 언어로 잘 표현할수록, 상상을 통해 문제가 해결된 상황을 예견해 볼수록 자신의 분노와 좌절을 다루기 쉽다. 그리고 환경에 대한 지배란 일상생활의 다양한 활동에 참여하고 결정함으로써 환경을 지배하고 그것을 통해 자기통제를 형성하고자 한다. 예를 들면 옷이나 음식을 스스로 선택하려고 하거나 가사활동에 참여하고, 가족활동에 대한 결정에 참여하는 것 등을 포함한다.

자아통제능력 획득은 대소변 훈련에서 시작되는데, 이 대소변 훈련은 개인의 자율성과 사회적 요구의 갈등이 최초로 일어나는 장으로서 이러한 갈등의 성공적 해결이 자아통제능력의 발달을 가져온다. 또한 부모로부터의 행동제한이나 형제와의 경쟁에서 무능력을 지각하게 될 때 분노를 표출하게 되는데, 부모의 언어적 설명이나 벌에 의해 분노를 통제하는 방법을 학습하며 무엇이든지 혼자서 해보려는 시도를 통해 환경통제능력을 발달시킨다.

이 시기의 유아는 부모와 자신이 분리된 별개의 존재라는 사실을 인식한다. 이에 따라 자기가 원하는 방식대로 하려고 하며 많은 것을 요구한다. 이러한 자기 주장적이고 반항적인 행동을 통해 자율성이 발달하는데, 이러한 특성은 서너 살경에 절정에 달한다. 따라서 이 시기를 제1반항기라 한다(나동진, 2008).

③ 정서의 발달

이 시기의 유아는 사랑, 분노, 공포, 좌절감, 애정, 불행, 질투, 부러움, 대범함, 호기심, 자존감, 수줍음, 수치감과 모욕감 등 여러 가지 감정을 다루고 언어와 같은 적절한 방식으로 표출하며 충동이나 사회적 요구 간의 균형을 유지할 수 있는 방법을 배운다. 감정은 아직도 배고픔, 피곤 같은 신체적 상태에 의해 영향을 쉽게 받는다. 공감 및 사랑의 능력이 보다 발달하나 질투나 경쟁적 상황에서는 쉽게 무너지는 취약성을 보인다. 이 시기의 불안과 두려움은 신체적 손상, 사랑 또는 자존심의 상실과 연관되어 있다. 특히 어둠과 취침에 대한 공포를 가질 수 있다.

또한 이 시기의 유아는 모든 현상에 대해 강한 호기심을 갖게 되는데, 호기심을 강력하게 제지하게 되면 죄책감이 형성된다. 이러한 죄책감은 특정한 대상이나 상황에 대한 불합리한 공포로 발전되는 경우가 많다. 여전히 주관적이기는 하나 협동, 공유할 수 있는 능력이 서서히 생기기 시작하며, 불안은 의지하는 대상의 상실이나 인정받지 못함과 관련되어 있다. 그리고 유아는 불안을 감소시키기 위하여 자신의 감정을 감추거나 가장하는 방어기제와 적응기제를 사용한다. 참는 능력이 다소 생기지만, 네 살 이전에는 다른 사람의 관점을 인지하기 어렵다. 이 시기의 유아는 다른 사람의 기분을 이해할 수는 있으나 모든 사람이 자신과 동일한 방식으로 상황을 이해한다고 생각하며 자신의 관점과 타인의 관점을 정확하게 구별할 수 없다. 따라서 대인관계 사이의 갈등을 객관적으로 해결하지는 못한다.

④ 상상력의 발달

걸음마기에는 언어의 신속한 발달의 결과로 유아들은 새로운 세계를 경험한다. 유아는 언어라는 상징적 매체를 통하여 주변 상황을 이해하게 되며, 상상의 세계를 펼치고 환상과 꿈의 세계를 가질 수 있다. 때때로 꿈과 현실세계를 혼돈하게 되어 남모르게 하는 생각, 감정 등에 대하여 죄악감이나 불안, 공포 등을 가질 수 있다.

이 시기 유아들은 놀이와 같은 상상의 세계에 도취된다. 놀이와 상상은 매우 중요한 학습이 된다. 놀이는 우선 재미있고 원하는 활동이며 자기의 감정을 표현하고 자기가 일상생활에서 경험한 것을 반복하여 흉내 내고 배운다. 또한 일상생활에서 수동적으로 경험한 것이나 감정적인 경험, 즉 불안이나 공포심이 따르는 경험도 이러한 놀이를 통해서 적극적으로 되풀이하여 이유 없는 불안이나 공포심을 해소할 수 있다. 예를 들면 병원에 갔을 때 의사에 대한 공포감이나 불안을 의사놀이를 통해서 되풀이함으로써 불안을 해소하고 다음 경험에 대하여 준비하는 기능을 갖는다(이소희 외, 2005).

(6) 사회복지실천의 관심 대상이 되는 걸음마기의 문제와 사회복지사의 역할

① 부모의 양육태도

이 시기의 중요한 발달과업은 자율성(autonomy)을 확립하고 자기 주장적인 독립성을 확립하며 공격적인 충동을 억제하고 그것을 조절할 수 있는 능력을 획득하는 것이다. 고집이 세고 부정적이어서 자기 마음대로 되지 않으면 공격적인 행동을 보이는 시기이기 때문이다. 부모가 일관된 태도로써 허용되는 것과 허용되지 않는 것을 분명히 하여 유아들이 자신이 할 수 있는 것과 할 수 없는 것을 배우게 해야 한다.

유아의 부적합 행동을 받아주지 않고 야단을 치고 벌을 주며, 어떤 행동은 받아들이고 장려하고 좋은 행동임을 격려해 주기를 그 행동이 일어날 때마다 되풀이하는 부모의 일관된 태도와 행동을 통해 유아는 자기의 주장을 펼 수 있는 능력이 생긴다.

자기 주장적 행동이나 부정적 태도에 대하여 어머니가 어느 정도로 어떻게 통제하느냐 하는 문제는 중요하다. 근본적으로는 깊은 사랑으로서 유아의 행동을 받아줄 수 있으나 본능적인 사랑으로만 부족하고 때때로 무서운 표정이나 화난 음성으로 또는 손바닥을 때린다든지 엉덩이를 가볍게 때린다든지 하는 가벼운 신체적인 벌을 사용하여 유아를 통제할 수 있어야 한다.

이 시기에 유아는 어머니와 공생적 의존관계에서 어머니로부터 분리되어 개별화가 이루어져야 한다. 어머니가 지금 자기 옆에 없어도 어딘가에 있는 것이고 자기가 원하면 항상 올 수 있다는 것을 믿음으로써 어머니와 떨어져 있어도 불안을 적게 느낀다. 또한 어머니를 새로운 세계를 탐색하는 기초로 삼을 수 있게 된다. 이러한 것이 진정한 의미에서 심리적인 자아의 탄생(psychological birth)이라고 할 수 있다. 이를 위하여 올바른 부모의 양육태도와 자녀와의 올바른 관계 형성을 위한 프로그램이 사회복지실천현장에서 필요하며, 특히 일관적이고 성숙된 부모의 양육을 위한 집단모임과 아동교육을 위한 부모역할 훈련프로그램이나 훈육프로그램을 개발하여 실시할 필요가 있다.

② 자폐증

이 시기의 유아에게 관심 있게 지켜봐야 할 문제는 자폐증(autism)을 들 수 있다. 자폐증이란 외부에는 거의 관심을 두지 않고 강하게 내부에만 몰두하는 상태로서 정신질환의 일종이며, 전형적인 자폐증은 생후 30개월 이전에 시작된다. 증상은 대인관계 형성장애, 언어장애, 변화에 대한 저항, 같은 행동의 반복, 자해 행동과 같은 행동장애 등으로 나타난다. 이 자폐증의 원인은 신체적, 뇌기질적 요인, 유전적 요인, 정보처리론적 견해에 의해 발생한다. 이를 위한 사회복지사의 역할로는 정보제공, 개입기관 소개, 부모에 대한 정서적인 원조, 개입경비 지원 서비스, 동일 질병 부모 간의 네트워킹 등으로 설명할 수 있다(나병현, 2004).

③ 전염병

이 시기의 유아들에게는 감염성 장애로 수두, 디프테리아, 홍역, 볼거리, 백일해, 소아마비, 풍진, 성홍열, 결막염, 구내염 등이 자주 발생할 수 있으므로 예방접종을 철저히 해야 한다. 다양한 유아 관련 문제에 대한 정보제공과 부모에 대한 정서적인 원조, 치료기관 소개 등의 서비스가 필요하다.

2) 학령전기

학령전기는 5~6세 사이의 유치원 시기라고 할 수 있다. 호기심이 왕성하고 다른 유아와 협동하거나 단체 활동을 하는 등 사회적인 상호작용이 증가한다.

(1) 신체적 발달

학령전기의 유아들의 신체적 성장이 지속적으로 이루어진다. 5세에는 출생 시에 비해 체중이 다섯 배 이상 증가하고, 신장은 두 배 정도 성장한다. 운동기능도 발달하게 되는데, 5세 유아는 4세 유아보다 조용해지며 덜 활동적이지만 행동이 더 정교해지고 목표 성취에 좀더 집중할 수 있다. 수영, 롤러스케이트, 율동, 줄넘기, 작은 공 던지기와 같은 여러 가지 다른 형태의 스포츠를 통해 다양한 방식으로 그들의 몸을 사용하고 싶어 하고 또한 매우 빨리 필요한 동작들을 배운다. 그림은 형태가 분명해지고 사각형과 삼각형을 그릴 수 있다. 6세 무렵에는 신체적으로 좀더 독립적인 활동이 가능하고 도전적인 활동을 즐기는 경향도 나타난다.

(2) 인지적 발달

이 시기 유아들은 인지적 발달 중에서 지각활동에 가장 두드러진 변화를 갖는다. 지각활동이란 감각기관을 통해 들어온 외계의 사물과 사건을 인지하는 활동을 말한다. 성인과 달리 사물과 사건을 정서적 또는 주관적으로 파악하게 되는데, 사물을 인상이나 생김새에 따라 파악한다. 예를 들면 초목이 흔들리는 것을 춤춘다고 하거나 걸상다리가 부러진 것을 보고 아플 것이라고 느끼는 것 등을 들 수 있다. 영속적인 기억은 3~4세경부터 발달하여 6세경에 이루어진다. 정서적인 것, 구체적인 것을 잘 기억하며, 전체적으로 기억한다. 그래서 춤을 추다가 중간에 틀리거나 다음 장면이 생각나지 않을 때는 처음부터 다시 시작하면 가능하다(나병현, 2004).

이 시기의 유아들은 자기중심적, 직관적, 물활론적 사고를 한다. 그래서 상대방의 입장에서 사태를 보기 어려우며, 사물의 한 가지 특성에만 집중하여 직관적으로 사고한다. 예를 들면 솜 한 근이 무거운가, 쇠 한 근이 무거운가 하고 물으면 쇠 한 근이 무겁다고 답한다. 또한 사물이 살아 있다고 생각하여 해를 그릴 때 눈, 코, 입을 그린다. 또한 이 유아들은 상상력이 풍부해지고 물활론적 사고에 따라 장난감이나 여러 물건을 가지고 상상의 나래를 펼친다.

(3) 언어적 발달

4세경부터 사용한 일상어는 5~6세경까지 성인이 사용하는 기본 형식의 언어를 구사한다. 이 시기에 일종의 노이로제 증상으로 유아들에게서 나타나는 말더듬이 현상이 있는데, 호흡과 발음 간에 나타나는 긴장적 협응 장애로 인하여 언어 유창성에 결함을 보이는 언어장애라고 할 수 있다. 선천적인 뇌기질 장애나 후천적인 불안, 강박 등이 원인이다. 3~5세경에 시작되며, 남아가 여아보다 세 배 정도 많다. 대부분 수개월 혹은 수년 후에 자연적으로 치유된다. 음에 대한 민감도는 4~5세에 절정에 달한다(이옥형 외, 1992).

(4) 사회심리적 발달

① 성역할의 발달

이 시기 유아의 발달과업은 부모의 관계를 관찰함으로써 성역할(sex role)과 가치관을 배우는 것이다. 가정과 사회의 독특한 관습과 법칙, 전통적인 생활습관을 풍부히 함으로써 성인이 되었을 때의 사회적인 역할(social role)을 배운다. 유아는 부모가 생각하는 문화적인 성역할 기준에 맞추어 자녀가 행동하도록 격려하거나 처벌하는 과정을 통해 부모의 기대와 문화적 기준에 맞는 성역할 기준을 이해하고 내면화하게 되는 것이다. 가족 내에서 어머니뿐 아니라 다른 가족구성원들에게 관심을 갖게 되고 특히 아버지에 대한 관심이 늘어난다.

성에 대하여 관심을 보이고 부모에게 질문을 한다. 더 나아가 어머니와 아버지의 관계나 역할을 이해하게 되며 부모의 부부관계에 호기심을 갖게 되고 성과 관련된 사회적 관계 성향에 관심을 나타내고 자신의 성에 걸맞는 행동을 하려 한다. 이에 따라 동성의 친구와 어울리며 성에 따라 옷차림, 놀이, 직업에 대한 사회적 기대를 의식하고 이에 따라 행동하고자 한다.

3세경에는 남자, 여자라고 이야기할 수는 있지만 옷이나 머리 길이에 의해서 피상적으로 판단하며 6세 이후가 되어야 성의 불변성에 대해 인지적으로 깨닫는다. 놀이에서도 4세가 지나면 자신의 성과 관련된 행동을 취하게 되는데, 남아-신체적, 공격적인 역할, 여아는 인형, 옷과 같은 놀이를 한다. 의사-간호사 놀이나 소꿉놀이는 자기가 관찰한 엄마, 아빠의 관계를 재연하고, 부모의 역할을 모방하거나 되풀이함으로써 앞으로 성인이 되어 해야 할 사회적 역할을 미리 준비한다는 의미도 있다.

② 자아개념의 발달

자아개념이란 각자가 자기 자신에 대해 가지는 신념, 가치, 태도 등을 일컫는 말로써, 자신에게 의미 있는 타인(significant others)과의 상호작용을 통해 형성된다. 5~6세 유아는 타인의 처지를 충분히 고려하지는 못하나 타인의 기대나 규범에 비추어 자신을 평가하고 기준에 못 미칠 경우 자기비판이나 좌절감을 경험하기도 한다(나병현, 2004).

그 이후 유아들은 부모로부터 분리되어 또래와의 상호작용에 적극적으로 참여하는 과정에서 자신의 것을 지키기 위해 싸우고, 더 많은 것을 획득하기 위해 경쟁하며, 공동의 목적을 달성하기 위하여 협동하는 과정에서 인지적 성장뿐만 아니라 사회적 발달이 촉진된다. 또래들과의 사회적 활동에 참여하면서 점차 자신의 행동에 타인의 요구를 고려해야 한다는 것을 받아들이며 자신의 관점에서 벗어나 남의 관점을 이해하기 시작한다. 즉, 자신이 생각하는 것과 다른 친구가 생각하는 것이 꼭 같지 않다는 것을 깨닫게 되는 것이다.

이 시기는 자기중심성과 왕성한 활동으로 인해 부모나 또래들과 갈등을 초래하는 경우가 많다. 다른 사람들과의 상호의존성을 의식하지 못하는 자기중심적 존재에서 자의식을 가진 인간으로 성장할 수 있기 위해서는 사회성을 증진시킬 필요가 있다. 공동의 목표달성을 위한 규칙에 따라 행동하는 협동놀이, 유아의 행동에 제한을 가하면서 사회적 기준의 훈육 등이 요구된다. 초기에는 자신의 독립성을 탐색하기 위해 원시적인 방식으로 고집하지만 자율성이 발달함에 따라 자신의 독자성을 표현하는 데 있어 더 자주적이고 지속적인 방식으로 변화해 간다(서강식 외, 2008).

③ 주도성의 발달

에릭슨은 이 시기의 유아들의 특성으로 주도성 대 죄의식을 설명하고 있는데, 신체적 활동성과 왕성한 상상력을 발휘하여 다양한 탐구와 탐색을 시도하게 되고, 어떤 목표를 행동으로 옮기려는 욕구와 자신이 하고자 하는 것에 대한 도덕적인 판단 사이에 갈등이 생겨난다. 이 시기를 잘 넘기면 목표를 추구하는 용기를 가진 책임감 있는 성인이 되지만, 반대의 경우 자신을 억누르거나 죄책감이 많은 어른이 될 수도 있다.

격려 속에서 충분한 만족감을 경험하게 되는 경우에는 주도성이 길러지는 반면 그러지 못할 경우 죄의식을 경험하게 되고 결국 자신의 역량을 최대한으로 발휘하는데 주저한다. 친구들과의 놀이를 통해 상호작용을 배우게 되고, 이 시기를 성공적으로 수행하면 주도성과 더불어 책임의식이 발달할 수 있다.

④ 방어기제의 발달

5~6세 정도 되면 자신의 감정을 감추거나 가장하는 방어기제를 사용한다. 방어기제란 고통스러운 상황에 적응하여 정신건강을 유지하려는 무의식적인 노력으로써, 불안, 좌절, 죄책감 등의 상황에서 자존감을 유지하고 실패, 박탈, 죄책감 등을 줄이려는 시도를 말한다.

⑤ 사회성의 발달

이 시기는 집단놀이에 더 많은 흥미를 갖게 되는데 또래와의 집단놀이 과정에서 협동과 상호작용의 즐거움을 경험하고 역할관계의 상호성을 학습하며 이를 통하여 자아중심성이 어느 정도 완화된다. 이 시기 유아들은 집단놀이를 통해서 규칙과 협동을 습득하게 되는데, 술래잡기나 공받기 등 몇 개의 쉬운 규칙을 지닌 집단놀이에 흥미를 갖는다. 걸음마기의 상상놀이와 아동기의 팀 스포츠 사이의 과도기적 놀이 형태라 할 수 있다. 또한 또래와의 집단놀이에서 구체적인 물건을 교환하거나 협력활동을 통해 우정을 경험한다. 그러나 아직도 자아중심성이 남아 있기 때문에 이 시기의 또래와의 우정은 오래 유지되기 어렵고 극단적인 좌절감을 유발하기도 한다.

이 시기의 유아들은 부모나 가족구성원뿐 아니라 놀이방, 유치원 등에서의 또래 접촉을 통해 협조적 놀이를 함으로써 친구관계가 형성되고 사회성이 생겨난다. 이 시기의 초반에는 순간적으로 관심이 있는 것을 지켜보며 주위를 서성거린다. 즉 다른 아이들이 노는 것을 지켜보거나 다른 아이들의 놀이와는 상관없이 독립적으로 논다. 점차 독립적으로 놀기는 하지만, 비슷한 장난감을 가지고 가까이서 놀이를 한다.

그후에는 다른 아이들과 함께 장난감을 나누어 쓰며 서로 빌려주기도 한다. 더 커서는 집단에서 협동놀이가 가능해진다. 일의 분담이 되기 시작하고 한두 명의 아이가 주로 리드한다. 블록 쌓기와 같은 만들기, 병원놀이 등의 소꿉장난, 끝말잇기와 같은 규칙이 있는 게임도 가능해진다. 대개 단순 반복적인 놀이에서 실생활에 가까운 놀이의 형태로 발전해 간다. 아이들은 앞에 열거한 여러 가지 놀이를 오가면서 사회의 한 구성원으로 자라난다(이훈구, 2002).

(5) 사회복지실천의 관심 대상이 되는 학령전기 문제와 사회복지사의 역할

① 아동학대

이 시기의 유아에게 사회복지실천의 대상이 되는 문제는 아동학대이다. 사회복지실천에서 실시되는 프로텍티브 서비스(유아보호서비스)는 학대받거나 방치되는 유아를 보호하기 위하여 주어지는 매우 강력한 형태의 아동복지 프로그램이다. 프로텍티브 서비스 사회복지사는 유아를 학대하거나 방치하는 가족의 욕구와 학대받는 유아의 욕구를 다 조사한 뒤에 직접 서비스를 제공하고 그러한 욕구를 충족시켜 주기 위해 개입하거나 적합한 기관에 연결해야 한다.

아동학대를 알 수 있는 신체적 지표로는 타박상(손자국, 벨트자국, 색깔), 열상(할퀸 자국, 이로 문 자국), 골절, 화상(담뱃불, 다리미, 밧줄), 머리 손상(두개골 골절, 혈종, 멍든 눈), 내과 손상(비장, 신장, 장 등의 손상, 복막염) 등이다. 또한 행동적 지표로는 극단적으로 온순하거나 수동적인 경우, 공격적인 행동이나 공개적으로 적의를 표출하는 경우, 나이에 비해 지나치게 어른스럽거나 거꾸로 지나치게 의존적인 경우, 언어지체, 사회성지체, 운동지체 등의 발달상의 지체가 나타나는 경우이다(김경희, 2003).

이러한 증상을 갖고 있는 유아에 대해 학대라는 진단을 내리기 위해서는 다음과 같은 과정이 필요하다. 또래 아이들에 비해 너무 자주 다치는 것은 아닌가, 다양한 형태로 혹은 특정한 모양으로 상해를 입지는 않았는가, 또래 아이들에게는 일어날 것 같지 않은 상해인가, 상해를 입은 것에 대한 설명을 납득할 수 있는가 등이다(나병현, 2004).

학대자들은 자신의 유아기에 학대받은 경험을 갖고 있거나 낮은 자존감, 사회적 고립, 적절한 양육 지식의 결핍, 불안정한 결혼관계, 극도의 스트레스, 의사소통 기술의 결여, 분노 감정의 조절능력의 부재, 배우자의 학대, 사회적 고립 등의 모습을 보인다. 또한 학대유아들은 기질이나 질병, 장애로 신체적 요구가 더 필요한 경우가 많은 경향을 보인다. 학대가족의 환경은 만성적 스트레스이며 이혼, 가난, 실직, 불우한 가정, 잦은 이사, 알코올중독 그리고 약물중독이 포함된 상황이 많다.

유아의 신체적 학대, 신체적 방임 그리고 성적 학대와 유기의 문제를 해결하기 위해서는 우선적으로 가정폭력방지법의 관련 조항을 철저히 이행하여야 한다. 아동보호종합센터를 비롯한 사회복지기관에서는 아동학대 예방사업뿐만 아니라 학대유아를 위한 일시 보호프로그램, 의료 및 심리상담과 치료 등을 실시해야 한다.

② 아동방임

또 하나 사회복지실천현장에서 자주 볼 수 있는 유아문제는 아동방임이다. 생명유지에 필요한 필수 요소들인 의식주, 의료적 보살핌 및 교육의 박탈을 포함하는 신체적 방임과 애정, 관심 그리고 정서적 양육에 대한 유아의 요구를 충족시키지 못하는 것을 일컫는 정서적 방임으로 나누어 볼 수 있다. 방임의 지표로는 질병, 지도감독의 소홀, 보호의 부재, 부적절한 주거환경, 가정과 개인의 비위생, 영양상태의 결핍 등이다. 방임부모의 특징은 사회적 관계형성이나 일상적 과업 수행이 어려운 고립된 경우, 어린 시절에 충족되지 못한 욕구에 대한 분노와 슬픔에 압도되어 있는 경우이며, 학대부모의 특징과 유사하다(나병현, 2004).

③ 성 학대

그리고 이 시기의 유아에서 볼 수 있는 문제는 성 학대와 관련된 영역이다. 성 학대란 가해자를 비롯한 다른 사람의 성적 자극을 위해 유아(18세 이하)을 이용한 유아와 성인(피해자보다 다섯 살 이상 많은 사람) 간의 접촉과 상호작용이라 할 수 있다. 단순히 이성 간의 학대뿐만 아니라 동성 간의 성학대도 있다. 가해자의 특성으로는 60%가 가족 내에서 발생하며, 나머지 40%도 기존의 지인이라는 연구결과가 있다(Tower, 1989).

성 학대의 진행과정을 보면 학대자가 우선 유아에게 접근을 시도하며 유아의 반응을 실험한다. 그 다음은 성적 상호작용을 하면서 친밀감을 유지한다. 그리고 협박과 죄의식을 이용하여 둘의 관계를 비밀로 하도록 종용한다. 그러나 질병 감염 및 신체 손상으로 폭로되면서 문제화된다. 폭로 이후 유아는 불안정과 죄의식, 분노 등으로 힘든 생활을 한다. 이러한 문제를 가진 유아들에 대한 사회복지사의 역할로는 유아보호서비스 의뢰, 치료 알선, 학대자에 대한 상담과 치료, 재정적 지원, 법정 증언, 성 학대 예방

교육프로그램 수립 등을 들 수 있다(나병현, 2004).

④ 부부갈등

이 시기에는 부모의 원만한 부부관계의 중요성이 부각된다. 남성, 여성의 구별을 명확하게 해주고 성에 대한 질문을 하면 사실 그대로를 이해할 수 있는 간결한 말로 설명해 주어야 한다. 남성과 여성의 역할을 이해하도록 부모들의 부부관계를 통하여 모델이 되어 준다. 다양한 사회적 경험과 문화적 경험을 하도록 도와주어 지적인 호기심과 상상력을 높여 주고, 생에 대한 목적의식과 주도권이 수립되도록 한다.

부모의 이해성 있는 태도와 변함없는 친절은 여전히 필요한데 적절한 어린이집이나 유치원을 선택해서 이 시기의 발달을 도와주어야 한다. 그리고 부모 자신의 양육방식을 재검토 해보아야 하는 시기인데, 행동에 대해 반드시 적절한 보상을 해주고 명백한 규칙에 따라 처벌하는 방식긍정적인 으로 키워야 한다. 특히 남을 존중하고 다른 사람과 협력하는 모델의 역할을 부모가 해주어야 하는데, 아이를 존중하는 태도는 아이의 자신감을 불러일으키고 남을 존중하는 태도를 심어주기 때문이다. 그러므로 양육방식에 대한 사회복지사의 교육 및 훈련프로그램이 부모들에게 제공되어야 한다.

⑤ 공격행동

또한 학령전기의 유아들에게는 공격적 혹은 공포증적 행동이 문제가 되는 경우가 있다. 이 시기의 아이들은 주먹질을 하고, 발로 차고, 물어뜯고 할퀴는 행동을 하기도 한다. 남성호르몬의 영향으로 남아들에게서 이런 모습이 많다. 대개 초등학교 들어갈 무렵이 되면 이런 모습은 줄어든다. 하지만 욕구불만, 심한 체벌 등으로 인해 공격적인 행동이 더 심해지는 아이들도 있다. 폭력적인 TV나 비디오 시청이 문제를 악화시키기도 한다.

뿐만 아니라 극단적으로 집 이외의 장소나 사람에게는 말을 하지 않는 함구증이나 지나친 수줍음, 엄마와 떨어지기가 힘들어 놀이방이나 유치원에 가기 싫어하고 적응이 어려운 이별불안 장애, 지나친 자위행위 등의 행동을 보이는 유아도 사회복지현장에서 만난다. 또한 이 시기에는 동물, 어두움, 귀신, 괴물, 천둥번개, 병원 등에 대한 두려움이 많아진다. 공상과 현실을 구별하기 어렵기 때문이다. 대개는 나이가 들어가면서 점차 이런 모습은 줄어든다. 일부는 지속적인 공포증으로 발전하기도 한다.

2 아동기

아동기는 조직적인 학습생활로 들어가는 초등학교 시기(7~12세)로서, 지적으로나 심리사회적으로 균형 있게 성장하는 시기라고 볼 수 있다. 가정이라는 보호적 환경에서 벗어나 학교라고 하는 새로운 환경에 적응하는 것을 배워야 한다. 학교에 간다는 것은 부모와 격리되며 새로운 친구를 사귀게 되고 선생님이라고 하는 새로운 권위자를 인정해야 한다. 나아가 부모로부터의 독립을 연습하고 친구들과 집단생활을 함으로써 집단의식이 형성되는 시기이기도 하다. 또한 이 시기는 새로운 지식과 기술을 연마하여 장차 성인으로서, 직업인으로서 생활할 수 있는 기반을 마련하는 시기이다. 이러한 과업을 완성하는 동안 자신의 일을 성공적으로 할 수 있다는 자신감과 만족감을 획득하는 것이 중요하다. 이러한 자신감과 만족감은 앞으로의 일생 동안 새로운 지식을 쌓고 기술을 획득하는 동기가 되기 때문이다.

프로이트는 이 시기를 잠복기라고 설명하면서 성적인 본능이 상대적으로 약해지며, 사회화과정, 교육, 학습과정에 적극 참여하는 시기로 보았다. 에릭슨은 이 시기를 근면성 대 열등감의 시기로 설명하면서 학교에서 타인과 함께 공부하고 협동하면 근면성이 발달하지만, 가정, 학교, 또래와의 관계에서 무력감을 경험하게 되면 열등감을 키우게 된다고 하였다. 학교라는 작은 사회를 경험하면서 많은 지적 능력을 발전시키고 친구를 통하여 사회의 가치관, 규범을 획득하는 시기이다. 또한 친구관계에서 아동은 자기주체성을 확립하고, 스스로 무엇인가를 주도적으로 할 수 있는 능력, 자신감, 근면성을 발전시킨다. 과업을 성공적으로 달성하지 못하거나 학교, 사회가 편견 있는 태도로 아동을 대하면 열등감이 형성된다.

피아제는 이 시기를 구체적 조작기라고 설명하면서 약 7세에서 11~12세까지로 설정하고 있다. 이때 보존 개념을 획득하고 논리적 조작이 가능하며, 사물들 사이의 관계성을 이해하는 시기이다. 구체적으로 사물의 측정, 사물의 인과관계 등을 직접 관찰하여 학습할 수 있는 시기인 것이다.

또한 이 시기에는 남녀의 성 구별이 진전됨으로써 동성끼리 모여서 놀이나 학습을 하는 경향이 강하며, 이러한 집단 속에서는 위계(hierarchy)가 형성되며 사회구조 형성의 기초가 형성된다. 지식을 습득하고 기술을 연마하는 동안 부모나 타인으로부터 인정을 받게 되면 자신감과 만족감을 가질 수 있으나 인정을 받지 못하든지 친구관계가 원만하지 못하면 열등감이 생기기도 한다. 이 시기의 발달과업은 동료와의 사귐이나 상호작용을 통하여 집단의식이나 사회성을 길러서 규율과 법률을 준수하고 민주시민으로의 자질을 함양하는 시기이다.

1) 신체적 발달

이 시기는 신체발달이 점진적이고 지속적으로 완만하게 이루어지며, 전체적인 신체의 체계가 안정되는 시기이다. 키가 1년에 약 6cm 정도씩 신장되어 120cm에서 145cm 정도로 성장하고, 몸무게는 22kg에서 35~38kg 정도에 이르게 되며 여아가 남아보다 발달이 앞서는 현상을 보인다. 몸통보다 팔과 다리의 성장이 빨라져서 학령전기에 비해 팔다리가 길어진다.

뇌의 발달이 촉진되어 8세에 성인의 90%에 달하며, 12세경 뇌 중량은 성인의 95%정도에 이르게 되어 지적발달의 뒷받침이 된다. 뇌의 각 부분은 더욱 효율적으로 기능한다. 뼈의 성장이 빠르게 이루어져 성장통을 겪기도 하며, 젖니가 빠지고 영구치로 바뀐다. 유치가 빠지는 것은 명백한 신체적 성숙을 의미하는 것으로, 새로운 단계에 들어갈 수 있는 새로운 능력을 보여주는 현상이라고 할 수 있다(Rogoff, Sellers, Pirrotta, Fox, 1975; 장휘숙, 2004 재인용). 뼈와 근육의 성장이 균형 있게 이루어지고, 폐의 발달은 10세까지 완만하게 진행된 이후 급격히 발달한다.

이 시기에는 속도, 정확성, 안정성, 호응성, 역량, 협응, 유연성, 균형감각 등에 있어 훨씬 정교해지는데 이러한 운동능력은 신체적 성숙과 학습의 상호작용에 의해 결정된다. 달리기, 던지기 등 자신의 신체를 이용한 스포츠와 규칙과 질서가 가미된 조직적인 단체놀이를 즐길 수 있다. 운동발달은 신체적 발달뿐만 아니라 심리사회적 발달에도 영향을 미친다.

즉, 운동기술과 역량을 다른 아동과 비교하여 자신의 능력을 평가하기 때문에 아동기의 자존감과 자신감 형성의 밑바탕이 된다. 그리고 운동능력이 떨어지는 아동은 대체로 소심하고 내성적인 특성을 보이는 반면 운동능력이 뛰어난 아동들은 쾌활하고 창조적이며 자기 자신을 적극적으로 표현하는 성격을 보이는 경우가 많다. 또한 운동능력이 뛰어난 아동들은 다른 아동으로부터 부러움의 대상이 되는 반면 운동능력이 떨어지는 아동들은 멸시의 대상이 될 수 있다. 이처럼 운동기능의 발달은 자아개념과 사회적 관계 형성에도 영향을 미친다.

미각이 발달하며, 지적 기능이 분화에 따라 객관적인 지각이 가능하다. 이웃집, 다른 나라, 우주 등에 대한 정확한 공간 개념이 형성되어 공간 지각으로 전환된다. 6~7세에는 공간 개념이 형성되고, 8세에는 시간 지각능력이 생성되어 과거, 현재, 미래를 정확히 이해하게 되고, 9세 이상은 한두 번 가본 곳이면 혼자서 교통수단을 이용하여 찾아갈 수 있다. 그리고 계획한 일을 시간표에 따라 규칙적으로 실행에 옮길 수 있다.

2) 인지적 발달

피아제에 의하면, 이 시기에 아동은 이전과는 질적으로 전혀 다른 조작적 사고가 가능하다고 한다. 그러나 그 조작은 완전히 추상적인 것은 아니며 구체적인 현실과 연결되어 있기 때문에 이 시기를 구체적 조작기라 부른다. 이 시기에 아동은 보존, 분류, 서열의 개념을 획득한다. 보존이라 함은 동일성, 가역성, 보상성의 원리에 대한 이해를 토대로 형태가 바뀌어도 양이나 부피와 같은 물리적 부분은 변화하지 않는다고 하는 사실을 인식하는 것을 의미한다. 분류는 대상이 공통적으로 지니고 있는 차원에 따라서 물체를 분류하고 통합하는 능력과 위계적 방식으로 하위집단으로 나열하여 하나의 새로운 집단으로 분류할 수 있는 능력으로, 이러한 능력은 사물들 사이에 어떠한 관계 규칙이 있음을 인식함으로 가능해진다. 조합은 수를 조작하는 능력으로 더하기, 빼기, 곱하기, 나누기와 같은 셈을 할 수 있다. 이와 같이 구체적 조작사고의 발달에 따라 현상들 간의 인과관계를 추론할 수 있고 물리적 세계의 규칙과 대상 사이의 관계를 지배하는 원리를 이해하고 그 원리에 따라 대상을 분류한다.

자기중심적 사고에서 탈피하여 타인의 입장을 추론할 수 있게 되며, 공정성, 합법성, 권위에 대한 존중 등과 같은 사회적 관계와 관련된 개념도 획득한다. 그러나 아직은 추상적으로 추론하고 다양한 가능성을 고려하지는 못한다. 질문하고 탐구하고 행동해 봄으로써 학습하는 시기이다. 언어능력이 발달하고 추상적 개념의 이해가 증가하며 어휘력이 향상된다. 직접 경험을 기억하는 능력이 현저하게 향상되는데, 맹목적으로 암기하는 기계적 기억은 8~14세까지 급격하게 발달하고 그후에는 완만하게 발달하며 20세 이후에는 쇠퇴한다. 이러한 아동기의 지적발달은 학교교육을 받으면서 더욱 강화된다(김경희, 2004).

3) 자아의 발달

아동기에는 자기이해에 대한 이해가 증가한다. 자아개념은 개인이 자신의 것으로 동일시하는 개인적 특성에 대한 지각이나 느낌으로써 성장기 동안의 경험을 통해 형성한다. 즉 자기 자신에 대해 갖고 있는 개인적 가치감이나 긍정적 평가로서 근면성과 열등감의 발달과 밀접한 관계를 갖는다고 할 수 있다. 아동이 새로운 것에 많은 호기심을 갖고 사회에서 필요한 기본적 기술을 열심히 익혀나가고 그 과정에서 교사나 부모의 물질적 보상이나 칭찬, 친구의 관심을 듣게 되면 근면성과 높은 수준의 자아존중감을 형성한다. 그러나 어떤 일에 있어 성공보다는 실패를 더 많이 경험하고 그 결과로 사회적 관계망으로부터 부정적 평가를 더 많이 받게 되면 열등감과 낮은 수준의 자아존중감이 발달한다.

또한 자신을 다른 아동들과 비교하는 일이 잦기 때문에 자기 비판적이고 열등감에 빠지기 쉽다. 특히 주목할 것은 또래의 피드백에 매우 민감한 시기여서 새로운 것을 시도하려 하지 않는 경향성이 있다는 것이다. 자아존중감이 높은 아동은 모든 일에 솔선수범하고 능동적으로 행동한다. 이에 반하여 자아존중감이 낮으면 새로운 과제에 직면하였을 때 불안을 경험하게 되고 솔선해서 행동하기 어려워진다.

자아개념은 자신의 능력, 신분, 역할에 대한 전반적 인식인 전체적 자아개념, 순간적인 기분에 의해 영향을 받는 일시적 자아개념, 타인과 상호작용 시 다른 사람이 자신을 어떻게 되었으면 하고 바라는 이상적 자아개념으로 구분될 수 있다. 이러한 자아개념은 자기 존재에 대한 정서적인 느낌인 자아존중감으로 드러나기 때문에 자신에 대한 객관적인 평가와 타인의 견해 수용 능력 등에 의해 재조정된다. 이것은 학업적 자아존중감, 사회적 자아존중감, 신체적 자아존중감으로 분화된다(설기문, 1998).

4) 언어적 발달

이 시기에는 글씨를 바르게 쓰고, 자신의 생각을 글로 표현하는 능력이 점차 발달한다. 기억력이나 주의력이 향상됨에 따라 사용하는 어휘 수, 언어적 표현력이 증가한다. 아동들은 유머나 농담을 즐기며, 지나칠 만큼 말이 많아진다. 창의적인 언어 표현을 사용하며, 사실에 근거한 질문을 많이 한다. 이야기 꾸미기, 동극, 인형극 등을 좋아하고, 성공적으로 읽고 쓰기를 학습한다(최미현, 2000).

자기중심성에서 벗어나 자기의 입장과 타인의 입장 간의 차이를 이해하고 타인에게 자기의 의사를 효과적으로 전달할 수 있는 의사소통의 기술이 발달한다. 지능이 높을수록 어휘 수가 많고, 여자가 남자보다 조숙하며, 어른들과 접촉이 많은 아이가 언어능력이 높다. 나이별로 보면 7세경에는 어휘 수가 약 3,000개 정도로 늘어나 표현도 좀더 정교해진다. 8세에는 언어활동이 급속히 발달하여 9세가 되면 긴 이야기도 읽을 수 있고 하나의 주제로 길게 대화를 나눌 수 있다. 글에 대한 이해력도 현저하게 증가하며, 이후에는 점차 추상적인 개념을 이해하면서 독해력이 발달한다. 그리고 언어가 완전한 도구가 되어 미묘하고 섬세한 정서를 표현한다.

언어의 발달은 유전보다도 환경의 지배를 많이 받게 되는데 가정환경, 교육적 기회, 생활 문화적 배경과 사회계층에 크게 좌우된다. 언어 발달에 미치는 주요한 요인으로는 지능, 신체, 성별, 형제자매 수와 출생순위, 가정환경, 부모의 사회경제적 지위, 지역 간의 차이 등을 들 수 있다. 이 시기의 언어발달 지도를 위해서는 언어장애 원인을 제거하고 교사나 부모가 언어 환경 개선을 위해 바른 언어를 써야 한다. 그리고 읽기,

듣기, 쓰기 등은 한 인간의 전체 성장과 연관되어 계획되어져야 할 것이다.

5) 정서적 발달

비교적 정서적으로 안정된 시기이다. 처음에는 정서적 표현이 미분화 상태였으나, 죄책감, 수치감, 자랑스러움, 공포감과 불안, 분노, 애정 등과 같은 보다 복잡한 정서를 경험한다. 연령이 증가하면서 전체적 표현은 부분적으로, 직접적 표현은 간접적으로 그 표현 양식이 다듬어진다. 정서적 통제와 분화된 정서표현이 가능하다. 또한 이 시기에는 하나의 사건에서 한 가지 이상의 정서를 경험할 수 있다는 것을 알게 된다.

다른 사람의 감정을 상하지 않게 하기 위해 자신의 감정을 숨길 수 있고 다른 사람의 감정에 민감하며, 공감도 할 줄 알고 자신의 감정을 표현하는 능력이 증가한다. 감정이 변할 수 있다는 것을 알게 되고, 반드시 자신이 다른 사람을 불편하게 만드는 것은 아님을 알게 된다. 상상적, 가상적인 것, 비현실적이고 초자연적인 것에 대한 공포가 많아져 미래의 위험을 예상할 때 생기는 약한 공포반응인 불안이 생긴다. 사회적 관계 범위가 넓어지면서 욕구좌절이나 행동에 방해를 받고 놀림을 당하거나 꾸중을 듣는 경우가 많아지며 다른 아동과 비교, 무시당하는 경험을 많이 하게 됨으로써 분노의 감정이 빈번하게 발생한다. 그러나 분노의 감정발생 빈도는 높아지지만 스스로 분노감정을 잘 통제하고 보다 간접적인 방식으로 분노를 표현한다.

불안은 아동의 상상력 발달과 관련되어 나타나는 심리적 반응으로 이 시기에는 주로 부모나 선생님의 기대를 충족시키지 못할 때 따르는 질책이나 벌, 성적 하락이나 운동능력 미발달에 대한 친구들의 조롱 등에 대한 불안이 크다. 특히 가정생활과 학교생활 사이에 조화가 이루어지지 못할 경우 불안정서가 강해져 공포증이라는 정서장애로 나타나는데 가장 대표적인 것이 등교거부증, 학교공포증이다(김미경, 2008).

아동기의 정서에 영향을 주는 요인으로는 피로상태, 수면상태, 출생순서와 환경, 영양상태, 건강상태와 깊은 관련이 있다. 이러한 아동의 정서발달은 성인이 되어서 사회적 관계를 위한 기초가 되므로 바른 지도가 필요하다. 그래서 아동의 성장수준, 요구수준들을 고려하여 정서발달을 지도해야 할 것이다.

6) 사회심리적 발달

(1) 학교와 사회적 발달

아동의 인지발달과 심리사회적인 발달에 가장 큰 영향을 주는 장은 학교이다. 학교의 가장 중요한 역할이 사회화인데, 사회화란 개인 자신이 속한 사회의 가치, 역할, 행동을 습득하여 그 사회의 구성원이 되어가는 과정으로써, 일생 동안 계속되지만 대부분 아동이기에 이루어지는 것이다.

또한 학교에서는 사회적 규범을 학습하게 되는데, 학교는 가정과 직장 사이의 전환적 기관의 역할을 하면서 아동에게 사회생활의 규범을 학습하는 경험을 제공한다. 수업과 지도, 상과 벌에 의한 사회적 강화, 사회적 비교 등 학교에서는 아동의 사회적 발달을 도모하고 모든 학생을 획일적인 기준을 적용하는 학교 운영과정을 통해 공평성을 습득한다. 사회적 강화는 아동의 행동을 바르게 형성하고 발달시키기 위해 칭찬, 비난, 특권, 처벌과 같은 강화를 사용하며 아동의 능력과 성취도를 비교하여 동일한 사회적 지위를 가진 아동의 사회적 지위를 차별화한다.

그리고 학교를 통해 특수성을 배우게 되는데, 가정 내에서 부모와 지속적으로 관계 맺는 것과 달리 교사와 학생의 관계는 일시적이라 할 수 있다. 뿐만 아니라 자신의 일을 처리하고 그 책임을 받아들이는 것을 통해 아동은 자주성을 획득한다. 그리고 성취감도 배울 수 있게 되는데, 탁월성의 기준에 도달하기 위한 노력과 그 결과로 획득된다고 볼 수 있다. 이러한 것들이 아동이 학교생활을 통해 얻게 되는 가장 중요한 규범이라 할 수 있다.

저학년일수록 교사의 영향을 많이 받으며 고학년이 될수록 친구의 영향을 많이 받는다. 교사는 아동의 사회화 과정에 많은 영향을 미치고, 교사의 행동이나 지도방법에 의해서 아동은 사회적으로 바람직한 행동과 관련된 규범을 학습하게 되며, 자신의 사회적 지위에 따르는 사회적 정체감을 형성한다. 교사의 태도 못지않게 아동이 교사의 태도를 어떻게 받아들이는가는 매우 중요하다(김봉환 외, 2006).

교사 자신의 정서적 안정과 학생에 대한 이해심은 교사가 갖추어야 할 첫째 조건이다. 아동의 정신건강에 부정적인 영향을 주는 교사 유형으로는 첫째, 과민한 교사, 지나치게 변화를 좋아하는 교사, 잔소리가 많고 성가시게 구는 교사 등은 불안정하고 침착성이 없고 무게가 없는 성격을 지닌 교사로서 학생들로 하여금 역시 침착성 없이 흥분하기 쉽고 질서 없는 성격의 특성을 갖게 한다. 둘째, 자애롭지 않고 염려와 보살핌이 결핍되어 있는 교사, 매사에 혼란과 불안정한 교사는 학생들을 비굴하고 결단성이 없으며 방황하게 만든다. 셋째, 매사에 냉담하고 흥미 없는 교사는 무기력하고 목적 없는 학생을 만든다. 넷째, 지배적 교사는 학생들을 지나치게 지배적이고 매사에 공격적인 반면 오히려 겁쟁이를 만든다.

(2) 친구와 사회적 발달

이 시기의 아동들은 친구관계의 경험을 통해 심리사회적 발달이 이루어진다. 아동기에 가질 수 있는 새로운 경험이라 할 수 있다. 9세경이 되면 아동은 집단을 형성하여 행동하기를 좋아한다. 즉, 강한 연대감과 소속감을 가진 또래 친구집단을 형성하여 조직적인 활동을 하기를 좋아한다. 짝패집단에 참여한 아동은 집단 내에서 상호작용을 통하여 자기표현을 할 수 있는 기회를 갖게 되므로 성취감을 경험하게 되며 상호의존적 감정을 공유함으로써 우정이 싹트고 자아중심성을 극복하고 서로 협동관계를 맺는다.

또래로부터의 승인에 의해 자아존중감이 발달하고 용기, 인내, 정의감, 지도력, 진정한 우정과 같은 좋은 사회적 태도가 발달한다. 그러나 짝패집단 참여를 통하여 반사회적 행동을 학습하고 이를 행동화하는 경우도 있어 사회적 발달에 부정적 영향을 미칠 수도 있다.

또래관계가 중요한 이슈로 등장하면서 아동의 유능감에 영향을 미친다. 또래집단 안에서 또래의 압력, 거절, 승인, 순응을 배우고, 사회적 발달을 촉진하는 또래집단의 행동기준이나 태도, 가치관, 신념을 배우며, 정서적 안정감을 형성한다. 또한 세계에 대해 협동과 협상을 배우고, 규칙을 만들거나 어기며, 외모, 성숙정도, 운동기술, 학업성적이나 지도력 등에 따라 서열이 정해져 지도자나 추종자 역할을 경험하면서 타인의 관점을 이해할 수 있다. 타인의 관점을 이해할 수 있게 되면서 눈치, 즉 사회적 맥락을 해석한다. 자극평가 능력이 증가하면서 갈등의 해결과 사회적 문제해결 능력이 증진된다(최미현, 2000).

저학년에서는 집이 가깝거나 앉는 자리가 가까운 친구를 사귀는 경향이 있으나 학년이 올라갈수록 성격이 맞는 친구를 선택하는 경향이 나타난다. 친구들과 어울리며 삶에 관련된 여러 측면에 다양한 방식이 있다는 것을 알게 된다. 친구집단의 경험을 통해 또래집단의 사회적 규범과 압력에 민감해지고, 급우와의 상호작용을 통하여 자아중심적 관점이 감소되고 협동, 경쟁, 협상의 원리를 체득하며 사회적 규칙이나 압력에 반응하는 방법을 학습한다.

특히 이 시기는 이성의 친구보다는 동성의 친구에 대한 애정이 더욱 강해지며 애정의 표시로 친구가 원하는 일이면 무엇이든지 해주고 싶어한다. 그리고 자신의 애정을 방해하는 경쟁자에 대해서는 강한 질투의 감정을 느낀다. 그리고 특히 마음에 드는 친구와 절친한 이원적 관계를 형성하여 개인적 사건과 비밀을 털어놓고 둘만이 알 수 있는 비밀기호를 만들어 의사소통을 하기도 한다. 급우들과의 관계는 고학년이 될수록 강화된다. 성인의 승인보다는 또래의 승인을 받고 싶어하는 아동기의 특성 때문에 교사의 영향력은 점차 줄어든다.

또래 친구집단 참여를 통하여 비행과 같은 비사회적 행동이나 반사회적 행동을 학습하고 행동화하는 경우가 발생하여 사회적 발달에 부정적인 영향을 미칠 수도 있는데, 집단따돌림이나 담배, 가출, 흡연, 본드와 같은 비행행동에 참여한다. 아동이 왕따가 되는 경우 높은 수준의 불안과 우울, 낮은 존중감과 부정적 자아개념이 형성되어 부적응적 행동을 보이며, 그 영향이 오랫동안 지속된다.

(3) 단체놀이와 사회적 발달

아동이기에 이르면 단체놀이를 선호하게 되는데, 단체놀이를 통해 노동배분의 개념과 개인의 목표가 단체의 목표에 종속하게 된다는 것을 인식하고, 각자에게 부여된 지위와 역할을 충실히 수행하여야만 놀이의 승리를 보장받을 수 있다는 사실을 인식한다. 단체목표를 위하여 개인적 목표의 성취를 유보시키고 의기투합하여 협동하고 약한 성원을 도와야 한다는 것을 알게 된다. 아동은 단체놀이의 실패에 따르는 사회적 비난을 회피하기 위하여 더욱 노력하고, 서로 협력하는 유용한 경험을 하게 되어 경쟁의 본질과 승리의 중요성을 학습한다.

특히 이 시기의 아동들은 신체적으로 조정 통합할 수 있는 능력과 인지적으로 여러 규칙을 한꺼번에 다룰 수 있는 능력이 발달하여 거의 모든 형태의 성인 스포츠를 할 수 있다. 팀 스포츠에 참여함으로써 아동은 집단의 목표를 개인적 목표보다 상위에 놓는 것을 배우며, 분업의 원리와 경쟁의 여러 측면을 깨우친다. 집단 속에서의 자신의 상대적 위치, 팀 승리를 위한 전략, 구성원의 장단점에 대한 판단과 이에 따른 역할 분배, 상황 판단, 승리와 패배의 경험 등을 통해 아동의 발달이 촉진된다.

7) 도덕성 발달

아동기에는 가족과 사회의 도덕적 규칙을 내면화하고 내면화된 규칙에 따라 행동을 수정하는 시기를 맞는다. 피아제에 의하면 이 시기의 아동의 도덕적 판단은 타율적 도덕성에서 자율적 도덕성으로 발달해 간다. 도덕성의 발달을 설명하는 이론들을 살펴보면 〈표 9-1〉과 같다.

표 9-1 도덕성 발달 요인

이론	관점
인지발달이론	도덕적 갈등상황에 대한 판단양식의 변화
행동주의	환경적 보상과 처벌에 대한 반응의 결과
사회학습이론	모델행동의 관찰을 통해 도덕적 행동 학습 도덕적으로 올바른 행동을 하는 모델에 대한 관찰학습을 통해 친사회적 행동을 학습하며 비행에 따르는 처벌을 관찰 학습함으로써 비도덕적 행동 억제
정신분석학	오이디푸스 또는 엘렉트라 콤플렉스의 해결과정에서 동성의 부모를 동일시함에 따라 도덕성 발달 아동의 성적 충동과 공격적 충동이 부모의 훈육에 의해 통제되는 과정에서 아동은 부모의 도덕적 기준을 내면화하고 양심과 초자아 발달

8) 사회복지실천의 관심 대상이 되는 아동기 문제와 사회복지사의 역할

(1) 영양

이 시기의 신체적 성장에 필수적인 영양 공급이 적절히 이루어지지 못할 경우 신체발달에 많은 제한을 받게 되므로 가정형편이 어려운 학생들을 위하여 사회복지기관에서는 결식아동을 위한 도시락 배달이나 중식서비스 등의 프로그램을 실시하여 아동의 신체발달을 지원해야 한다. 비만아동을 위하여 기관에서는 아동의 영양관리 프로그램과 비만교실 등을 개설하여 비만으로 인해 사회적으로 소외되고 심리적으로 위축된 아동을 지원해야 한다. 모의 맞벌이 등으로 인하여 방과후 적절한 보호를 받지 못한 아동들을 위하여 사회복지기관에서는 방과후 아동보호프로그램, 아동 기능교실 등을 운영해야 한다.

(2) 열등감

아동기에 학교에서 잦은 실패 경험을 하고 주위로부터 부정적 평가를 받게 되면 부정적 자아개념이 형성되고 열등감이 강화되기 쉬운데, 이를 위하여 아동의 열등감을 우월성 추구의 동기로 변화시키기 위한 개인 상담이나 치료뿐만 아니라 주위의 집단치료 프로그램을 실시하는 등 아동의 열등감 극복을 위한 다각적 개입을 하는 것이 바람직하다. 배움의 중요성을 강조하고 많은 일에 성공을 경험할 수 있는 기회를 마련해 줌으로써 자신감을 길러 주고 열등의식에 사로잡히지 않도록 도와주어야 한다.

(3) 왕따

집단 따돌림(이지메) 혹은 왕따의 문제는 최근 학교의 큰 사회적 문제로 대두되기 시작하였다. 집단에서 어느 한 사람을 따돌리는 것은 오래전부터 어느 사회에서나 있어 온 현상이나 최근 초·중등학교에서 심각한 문제로 부각되고 있다. 직접적인 따돌림(외부에서의 공격)과 간접적인 따돌림(사회적 소외, 배제)이 있다. 가해학생의 특성은 강한 신체, 강한 반항심 및 지배욕구, 자기 과시, 비행 연루, 낮은 학업성취, 열악한 가정환경 등의 특성을 보이며, 피해학생의 특성은 비만 혹은 허약, 시골에서 전학 온 학생, 내성적이고 예민한 성격, 낮은 자존감, 수동적이고 소극적이며 적응력 부족의 특성을 보인다(나병현, 2004). 왕따 아동의 치료와 지원을 위하여 교사와 또래집단을 대상으로 한 적극적인 학교사회복지적 개입과 집단사회복지적 접근이 요구되며, 아동가족에 대한 상담과 치료가 필요하다.

(4) 거짓말

이 시기에는 아동의 거짓말이 문제가 된다. 거짓말은 처벌 및 책임 회피, 부끄럽거나 당황스러운 감정을 피하기 위해서, 또래의 환심이나 존경을 받기 위해서 하지만, 부적절한 가정환경, 부모갈등, 거부적인 부모, 신체학대, 성 학대, 방임과 같은 아동의 삶에 있어서 다른 중요한 문제와 관련되어 나타나기도 하기 때문에 주의 깊게 다루어야 한다. 거짓말은 나중에 성장 후 나타나는 훔치기, 무단결석, 약물남용, 공격적 행동이나 다른 반사회적 행동과 같은 문제행동의 신호일 수 있고, 거짓말을 많이 하는 아동이 성장 후에 반사회적 인격 장애, 경계선 인격 장애와 같은 심각한 정신병리가 발생할 가능성이 높다. 그리고 거짓말은 단독으로 나타나기도 하지만 반항성 장애, 품행장애와 같은 심각한 소아기 정신 병리의 한 증상일 수도 있다.

이러한 거짓말을 효과적으로 다루는 사회복지사는 흥분하지 말고 침착한 태도를 취하면서 나쁜 것은 아이가 아니고, 아이의 행동이라는 점을 말해준다. 아동으로 하여금 왜 자신이 거짓말을 했는지를 이해할 수 있도록 도와준다. 그리고 그 상황에서 어떻게 행동했어야 하는지를 알게 해준다. 평소에 자신의 실수를 솔직하게 말하는 것을 칭찬해 준다. 의심스럽지만 명확한 증거가 없다면, 아이의 말을 진실이라고 믿는다. 심하게 매를 때리거나 처벌하는 것은 해롭다(이명재 외, 2005).

(5) 도벽

이 시기의 아동에게는 도벽이 문제가 되기도 한다. 도벽은 자신의 소유가 아니거나 가지고 있어서는 안 되는 그 어떤 것을 소유하고 있는 경우로 간주한다. 남자아이의 10%, 여자아이의 2.5~5%에서 일어난다. 사소한 물건을 훔치는 행동은 만 5~8세 사이에 가장 많이 일어나고 그후로는 점점 줄어든다. 만 10세 이후에 훔치는 행동은 심각한 문제라고 볼 수 있다. 대개는 거짓말과 동반되고 학업부진, 청소년 비행, 성격장애에 선행해서 나타난다. 마음속의 공허감을 다스리는 수단으로 물건을 훔친다. 즉, 우울증의 증상으로 물건을 훔치기도 하며, 학교생활에서 좋지 않은 성적이 압박감을 주어 훔치는 행동으로 나타나기도 한다.

이러한 도벽문제를 다루는 사회복지사는 그냥 묵인해서는 안 되며 즉각적으로 대응하는 것이 필요하다. 침착성을 유지하고, 아이의 설명을 들어본다. 남의 것을 들고 오는 것은 나쁘다는 명백한 메시지를 전하면서도 아이의 존엄성을 존중해 주는 태도를 취한다. 같이 가서 값을 치르고, 사과를 시키는 것이 매우 중요하다. 잘못을 고백했거나 물건을 돌려주고 난 후에는 부끄럽고 힘든 일을 마친 자녀의 노력을 칭찬해 준다. 용돈이 부족하고 좋은 옷을 입고 싶어서 그랬다면, 또래에 비해 용돈이 어떤지를 진지하게 다시 고려해 본다. 정말 추가적인 돈이 필요하다면 아르바이트 등을 통해서 스스로 돈을 벌어 보는 경험을 하면서 책임감을 키워 주는 것도 방법이다(손연숙 외, 2008).

이와 같이 사회성 미발달로 인하여 나타나는 상습적 거짓말, 도벽, 가출, 무단결석, 환각제 흡입 등의 다양한 문제를 통칭하는 품행장애 아동을 위해서는 사회복지사는 품행장애 문제를 해결할 수 있는 임상적 지식과 실천기술을 갖추어야 한다. 기관에서는 건전한 놀이지도나 여가프로그램을 개발하여 개입함으로써 아동기의 품행장애 문제의 발생을 예방할 수 있어야 한다.

(6) 특수교육

사회복지제도적인 측면에서 아동이 시각장애, 청각장애, 언어장애인 경우 감각기관의 장애를 지닌 아동들을 위해 사회복지현장에서는 재활 및 치료프로그램을 개발하여 실시하여야 한다. 정서발달에 문제가 있는 아동들을 위해서는 아동의 정서발달을 지원할 수 있는 예술 및 놀이 프로그램과 개인 상담이나 가족치료 프로그램도 실시할 필요가 있다. 장애아동의 조기치료와 재활을 위해서는 장애아의 조기치료 및 조기교육기관 그리고 특수교육기관들이 증설되어야 하며 장애인복지에 대한 전문훈련을 받은 사회복지사와 기타의 전문가들이 배치되어 전문서비스를 제공할 수 있어야 한다.

(7) 학습장애

이 시기의 아동들은 학습장애(learning disability)를 보이는 아동들이 나타나는데, 뚜렷한 생리학적 이상이 없는데도 학습에 어려움을 겪는 증상으로서, 대체로 뇌가 정보를 받아들이고 처리하여 이용하는 방식에 문제가 있어서 발생하는 것이다. IQ 검사를 기준으로 아동에게 기대할 수 있는 성취수준에 비해 실제의 성취수준이 현저하게 낮다. 단어의 뜻을 잘 이해하지 못하거나 문법에 따라 단어를 연결시키지 못한다. 말하고자 하는 내용을 언어로 잘 표현하지도 못하며, 들은 내용의 초점을 파악하지 못한다.

또한 시각과 인식에 관련된 문제를 갖는데, 공간적 관계를 잘 이해하지 못하고 글자나 단어를 거꾸로 파악한다. 그리고 운동장애를 겪는데, 본 것을 동작으로 전환하기 어려워하고, 섬세하고 정확한 운동 능력이 부족하다. 특히 과잉행동으로 일정 시간 동안 진행하는 활동에 관심을 집중하지 못하고 외부의 조그만 자극에도 주의를 빼앗기며, 가만히 있지 못하고 끊임없이 움직임을 보인다. 학습장애 아동은 실패로 인한 수치감, 무력감, 열등감, 실패에 대한 두려움, 회피 등의 특성을 갖는다. 학습장애의 경우 사회복지기관에서는 언어, 지각, 운동과 관련된 문제들을 근원적으로 해결해 줄 수 있는 프로그램과 학습장애아와 그 가족에 대한 지지와 심리적 문제해결에 목적을 둔 치료프로그램을 개발하여 실시해야 한다(김영심, 2003).

(8) 우수아와 천재아

사회복지현장에서는 우수아와 천재아의 아동에 대한 접근도 필요하다. IQ 120 이상을 우수아, 특히 140 이상을 천재라고 한다. 이 아동들은 감수성, 응용력, 창의력, 계획성 등이 뛰어나는데, 우수아와 보통아의 차이는 5세경에 현저하게 나타난다. 이 아동은 학교의 교육에 흥미를 잃고 엉뚱한 행동이나 불량 행동으로 기우는 경향이 나타나기도 하기 때문에 학교생활에 잘 적응할 수 있도록 지도하거나 영재학교로의 전학 등을 고려할 필요가 있다(나병현, 2004).

(9) 정신지체

이 시기의 아동과 만나게 되는 사회복지실천현장에서의 문제는 정신지체(mental retardation)를 갖는 아동의 문제이다. 정신지체란 지능이 평균보다 훨씬 낮아(IQ 70점 이하, 오차 범위 5%) 이 때문에 적응 기능에 결함이 나타나는 상태로서 발달기(출생~18세 사이)에 발생한다. 최근에는 지적장애(cognitive disability)라는 표현을 쓴다. 지적장애아는 주의집중, 기억, 자기조절, 언어발달, 학업성취, 사회적 발달, 동기 등의 영역에서 결함을 보인다(최순남, 2004).

(10) 분리불안 장애

최근 들어 이 시기의 아동들이 학교공포증, 등교 거부증의 문제를 보이기도 한다. 분리불안 장애(Separation Anxiety Disorder: SAD)는 아동이 가정이나 부모와 떨어질 때 느끼는 과도한 불안을 나타내는 말이다. 이러한 아동들은 부모와 함께 있기를 바라고 부모와 떨어지는 것을 지나치게 두려워한다. 심한 경우 구토, 설사, 두통 등과 같은 신체적 증상이 나타나기도 한다.

초등학교 입학 직후에 나타나는 증상으로서, 부모와 떨어지는 데 대한 격리불안의 한 형태라고 할 수 있다. 등교 1시간을 전후하여 심한 열이 나거나 배가 아픈 증상이 나타나기도 한다. 가정생활과 학교생활에 조화가 이루어지지 못할 경우에 공포증이라는 정서장애로 나타난다. 분리불안 장애는 아동이 어떤 생활상의 스트레스를 경험한 후에 나타나는 경우가 많다. 이런 스트레스의 예로는 부모의 이혼이나 죽음으로 인한 상실감, 애완동물의 죽음, 새로운 동네로 이사를 하는 것 등이 있다. 이와 같은 불안장애는 행동치료적 접근이 보편적으로 사용되고 있으므로 음악치료가 즐거운 치료적 환경에서 효과적일 수 있다(Nelson, 2004).

(11) 주의력결핍 과잉행동장애(ADHD: Attention Deficit Hyperactivity Disorder)

이 장애는 초등학교 아동의 3~5%에서 발생되는데, 집중력, 사회적, 정서적, 충동성 문제가 지속되고 대인관계의 곤란과 자긍심 저하, 자극 민감성, 불안, 정서적 가변성을 보인다. 심각한 정신과적, 반사회적 문제를 보이는 경우도 있는데, 심하게 우울에 빠지거나 자살을 시도하기도 하고 알코올이나 약물 남용을 보이는 경우가 많다.

이러한 장애를 해결하기 위해서는 인지-행동치료, 사회기술 훈련, 부모교육, 아이의 교육프로그램의 조정을 포함한 다른 치료적 접근들을 병행하는 것이 효과적이며, 부모교육을 통해 부모들이 동시에 여러 가지를 요구하기보다는 한 번에 한 가지씩 지시하는 것과 같은 행동관리 기술을 배우도록 해야 한다. 사회복지사는 ADHD 아동으로 인해 겪는 부모의 심리, 경제, 교육적인 문제와 이에 파생되는 욕구들을 상담해 주어야 한다.

이 시기 아동들의 다양한 문제를 해결하기 위한 사회복지사의 역할은 인지장애 혹은 발달장애가 있는 사람 및 그 가족의 의사결정에 도움을 주는 조력자의 역할, 클라이언트의 요구에 부응하는 자원을 연결하는 중개자의 역할, 정보를 제공하는 교육자의 역할, 지지서비스를 관리하는 조정자의 역할, 필요한 서비스를 위한 정책을 개발하는 협상가, 혹은 옹호자의 역할 등을 들 수 있다(원호택 외, 2000).

Chapter 10
청소년기

CHAPTER

10 청소년기

청소년기는 급속한 신체적 변화와 인지적 발달을 경험하며 아동기와 청년기를 연결하는 다리의 역할을 함으로써 자아정체감 확립과 더불어 성인 생활준비를 위한 여러 과제에 집중하는 시기이다(류종훈, 2005). 이 시기에는 신체발육이나 인지적 성숙, 사회적 행동양식 등 아동기에서 이루지 못한 인간적 성숙과 사회화가 급격하게 이루어진다.

청소년기가 사람이 살아가는 동안 경험하는 일반적인 시기를 지칭하는 문화적 개념이라면, 사춘기는 신체적으로 성숙하여 자식을 낳을 수 있는 시기를 일컫는 생리적 개념이며, 성호르몬 분비 증가에 의해 생식기의 급격한 성장과 더불어 2차 성징을 보이는 시기라고 할 수 있다. 여자는 10~13세에 사춘기의 변화가 시작되며 남성은 이보다 2년 정도 늦다고 볼 수 있다.

우리나라의 아동복지법에서는 아동을 18세 미만의 자로 규정하고 있고, 청소년기본법에서는 청소년을 9~24세로 규정하고 있다. 청소년기의 연령 구분은 법이나 학자에 따라 차이가 있으나 사춘기의 연령층인 12~13세에서 19세까지로 보는 것이 보편적이다. 민법에서는 19세 미만을 미성년으로, 소년법에서는 19세 미만을 소년으로 보고 있다. 각종 선거에서 투표권도 18세가 되어야 부여한다. 우리나라의 경우 19세 미만의 청소년에게는 유해업소의 출입을 금지하고 있다. 우리나라에서 인생진로를 결정하는 가장 중요한 시기는 주로 고등학교를 졸업하는 18세경이다. 또한 사회적 통념상 대학생은 청소년이라기보다는 청년으로 규정하는 경향이 농후하다(김동배, 2005).

학술적으로는 청소년기에 대한 정확한 연령 구분이 이루어지지 않고 있는데, 불러

(Buhler, 1993)는 청소년기와 초기 성인기를 한데 묶은 15~25세를 청소년기라고 하였고 (김애순, 2005), 레빈슨(Levinson)과 동료(1974)는 17~24세의 단계를 사춘기로 지정하면서 가족을 떠나고 독립하는 것이 특징이라고 하였다(김규수 외 역, 2002).

청소년기 초기에는 자기주장이 뚜렷해지고 부모에 대한 반항심이 커지는데, 부모의 정당한 요구에 대해서도 일단은 거부부터 하며 부모들과의 대화보다는 친구들과의 관계를 더욱 소중하게 생각한다. 점차 시간이 지나면서 부모에 대한 이유 없는 반항은 어느 정도 사라지고, 스스로 생각하는 능력이 발달하기 시작한다. 부모의 의견을 주의 깊게 받아들이면서, 서서히 부모로부터 심리적으로 독립하려는 노력을 하게 되는 것이다. 친구들과의 관계를 중요하게 생각하면서도 무조건 친구들과 동일화하려는 경향에서는 서서히 벗어나려고 한다. 친구들을 바라보는 관점도 비판적이 되어 차츰 자신과 생각이 비슷한 친구들과 그룹을 형성한다.

또한 자신이 누구인가, 커서 무엇이 될 것인가, 어떤 이성을 사귈 것이며, 어떻게 살아갈 것인가, 정치적인 이념은 어떤 것을 택할 것인가 등 심각한 인생문제에 대해 깊이 생각한다. 이 시기를 통해 청소년은 인내심을 기르고 다방면에 대한 깊은 관심을 키워, 보다 폭넓은 세계로 나갈 준비를 하는 것이다. 한마디로 자아의 주체성을 확립하는 것이다. 대인관계에 있어서도 상호 신뢰에 의한 대인관계가 시작되고, 책임감이 커진다. 서로를 이해하고 배려하는 성숙한 인간관계가 확립되는 시기이다(김도환, 2002).

1 신체적 발달

1) 체격의 변화

청소년기에 신장과 체중이 급격히 늘어나는 성장급등 현상을 보인다. 성장급등 현상은 신장과 체중뿐만 아니라 근육, 골격, 신경, 얼굴, 내장, 생식기관 등에도 나타난다. 간장, 폐활량, 소화기능 등이 현저하게 발달하고, 특히 내분비선의 발달이 특징적이다.

성호르몬의 분비로 남자는 어깨가 벌어지고 각진 외모가 되며, 여자는 골반 부위가 발달하고 체지방이 증가한다. 전체적으로 둥근 외모가 된다.

남자와 여자의 성장 급등에 격차가 있어서, 여자의 성장 급등이 먼저 시작되어 11~13세에는 여자가 남자보다 키가 더 크고 힘도 더 세지만, 성장이 멈출 무렵에는 남자가 여자보다 더 크다. 여자는 약 17세에 신장이 가장 많이 성장하며, 남자는 약 21세까지 성장한다. 그러나 급속한 성장이 신체의 모든 부분에서 균등하게 일어나지 않으므로 초기에는 다소 어색하고 불균형한 상태가 되어 자부심에 부정적인 영향을 미치기도 한다.

2) 성적 변화

청소년기에는 내분비선 자체에 성장이 활발하여 뇌하수체와 성선이 발달한다. 뇌하수체는 다른 내분비선의 활동을 자극하거나 억제하고 여러 호르몬을 분비하게 하여 남성호르몬인 안드로겐과 여성호르몬인 에스트로겐을 분비시켜 여러 가지 신체적, 성적 특징의 변화를 가져온다.

이 호르몬에 의해 생식기관이 발달하여 남자는 15세 전후로 음모가 나고 음경이 확대되며 전립선이 발달하여 사정하는 능력이 생긴다. 여자는 13세 전후로 음모가 나고 유방이 커지며 월경이 시작된다. 또한 월경 개시, 음모 발생, 유방의 융기, 골반 확대, 피하지방의 증가 등이 나타난다.

남자 청소년들은 몽정을 한다. 몽정이란 수면 중에 사정하는 현상으로 성적인 긴장을 이완하기 위한 자연적인 수단이다. 10대 후반에는 한 달에 한 번 정도 경험한다. 청소년들은 성적 쾌감을 얻기 위해 자신의 성기를 자극하는 자위행위를 하게 되는데, 미국의 경우, 19세의 모든 남자와 대부분의 여자가 자위를 경험한 적이 있다고 한다. 이 시기 청소년은 자위행위에 대해 죄책감이나 수치심을 가지기 쉽지만 비정상적이거나 해로운 행위가 아니라 성적 긴장을 해소하는 정상적인 수단이라고 할 수 있다.

이 시기에는 변성이 이루어지는데 보통 사춘기 말기에 남자 청소년의 음성이 두드러지게 낮아진다. 피부의 변화로 피지선의 활동이 증가하여 땀구멍이 커지고 여드름이 생긴다. 이 여드름은 외모에 대한 스트레스와 자신감 상실의 원인이 되기도 한다.

여자, 남자 모두 자신의 성적 성숙에 대한 불안과 기대감을 동시에 가지게 되는데, 성적 성숙을 동반하는 청소년기의 급격한 신체적 발달은 매우 자연스러운 현상이지만, 청소년들에게는 이전에 겪어보지 못하였던 새로운 경험이므로 당황하고 불안과 긴장감에 휩싸이게 된다.

3) 뇌의 발달

청소년기에는 뇌가 아주 많이 변화하는 것으로 알려져 있다. 뇌구조와 기능의 변화가 청소년기 인지능력의 급격한 발달, 동기, 주의력, 정서적 측면의 변화와 관련되고 있다. 특히 전두엽이 관여한다고 알려져 있는 실행기능인 논리 전개나 동기부여, 그리고 사리분별과 같은 더 복잡한 고도의 기능들은 청소년기에 지속적으로 발달하고 성인기까지도 발달과정이 지속된다.

또한 뇌의 발달은 감정적인 것과도 밀접한 연관이 있다. 건전한 이성 친구를 사귀며 남자와 여자의 차이에 대해 인식하고 서로의 장점을 배우는 경험을 한 경우, 봉사활동을 하며 자신과는 다른 환경에서 살고 있는 사람들이 있다는 것을 깨닫는 경우, 급격히 발달하는 지적 능력, 추상적 사고, 인지적 관심을 이용하여 친구들과 스터디 그룹을 만들거나 자신만의 분야를 파고들면서 청소년기를 지낸 경우에는 뇌의 발달이 좀더 폭넓고 깊이 있게 이루어질 수 있다.

4) 운동기관의 발달

청소년기에는 근육조직의 증가와 아울러 근력의 증가도 함께 이루어지는데 대체로 남자의 근육발달이 여자보다 앞서게 되므로, 여자의 운동능력 또는 운동에 대한 흥미가 상대적으로 낮다. 이러한 운동발달에 있어서의 성에 따른 차이는 남녀의 근육발달의 차이와 심장, 폐 등 내부기관의 발달의 차이뿐만 아니라 여자의 월경에 수반되는 정신적 변화와 사회적 관습의 제약 그리고 신체적 미에 대한 개념 차이 등에 의해서 고착화된다.

5) 신체적 발달과 심리적 반응

청소년기에서 이러한 급격한 신체변화에 대한 심리적 반응은 다음과 같다(김애순, 2005). 첫째, 청소년들은 사정능력의 발달과 체모의 발달로 인한 남성다움, 가슴 발육과 생리 시작으로 여성으로서의 성숙 등이 성인이 된다는 만족감을 느끼게 한다. 둘째, 성역할에 대한 동일시를 강화한다. 즉, 청소년기의 신체적 변화는 남자는 좀더 남자로서, 여자는 좀더 여자로서 자신을 받아들이도록 한다.

셋째, 신체적 변화 중에서도 특히 성적 성숙에 따라 일어나는 현상이나 몽정불안이나 여드름 등으로 인하여 좌절감을 경험하거나 불편함과 당혹감을 가짐으로써 청소년들로 하여금 양면적인 감정으로 반응하게 한다. 청소년들은 월경과 사정 등 생리적 변화에 대하여 성적인 성숙에 대한 만족과 불안을 동시에 느끼게 되는 것이다. 넷째, 이와 같은 급속한 자신의 신체적 변화에 관심이 집중이 되어서 청소년들은 자기도취적인 상태에 빠지는 경향이 있다. 다섯째, 자신의 신체 이미지를 충족하기 위해 여자의 경우에는 무리한 식이요법을 하거나 남자의 경우는 근육 만들기 등에 신경을 쓰게 된다.

이 신체적 변화의 성숙 속도 차이는 또래보다 일찍 성숙한 남자가 적응력, 자신감, 공격성, 이성 간의 사랑 등에서 앞서고 긍정적 자아개념을 형성한다. 하지만 좀더 나이 많은 남자들과 어울리게 됨으로써 반항적이고 비행적인 행동을 하게 될 가능성도 있다. 여자의 경우에는 일관된 연구 결과를 얻지는 못했으나 일찍 성숙한 여자가 불안정하고 부정적인 자아개념을 형성하기도 한다고 한다. 그러나 실제로 청소년기에는 신체상의 매력에 대한 지각과 자신감 사이에 높은 상관이 있으며 여자가 남자보다 외모에 대한 불만이 높다는 연구결과들이 있다(김도환, 2002). 외모에 대한 욕구충족을 위한 부정적 증상인 거식증, 폭식증 등 섭식장애의 대다수는 여성이며 대부분 청소년기에 시작된다.

청소년기의 급속한 신체발달은 운동능력에서도 보인다. 인간의 구체적인 신체발달의 차이에서 오는 운동능력은 여러 면에서 중대한 영향을 미치게 되는데, 운동능력이 있으면 자신을 가지고 활동할 수 있어 성취감을 갖게 되고 사회적으로 높은 평가를 받게 된다. 그로 인해 능력을 인정받게 되면 정서적으로 안정감을 갖게 되고 명랑한 정서를 가지면서 건전한 성격발달에도 영향을 준다. 반면에 운동능력의 발달이 늦은 사람은 자연적으로 사회적 부적응에 빠지게 되며 그것이 다른 발달에도 영향을 주어 발달이 늦어지고 열등감이 형성되는 악순환이 될 수 있다(김태련, 1996).

청소년기 운동발달은 성격발달과도 밀접하다. 신체적 성장이 빠른 경우는 지도력 발휘, 학교생활 안정적, 인지능력, 사회적 대처기술의 발달이 빨리 이루어짐에 따라 긍정적 교우관계를 갖지만, 신체적 성장이 느린 경우는 부정적 자아개념과 계속적인 의존욕구, 자율성에 대한 반항적 추구와 구속으로부터의 자유 추구, 공격적 행동을 하게 된다. 조숙한 경우는 성인기가 되었을 때 문제해결능력이 상대적으로 높고, 성숙이 늦은 경우는 신체발달에 좌절감, 부정적 자아개념을 형성, 의존적 욕구가 강화되어 심리적 발달이 지연된다. 이와 같이 청소년기의 급격한 신체적 발달은 자신과 타인에 대한 지각의 변화를 일으키고 심리사회적 발달에 많은 영향을 미친다.

2 인지적 발달

청소년기는 피아제가 말한 형식적 혹은 추상적 조작기에 해당하는 사고가 이루어지기 시작하는 시기로, 새로운 지식을 습득할 뿐만 아니라 지식을 이해하고 이용하는 방법이 달라진다. 추상적이고 가설적인 가능성에 대해 논리적으로 사고하고 추리를 하는 능력과 연역귀납적인 문제해결능력이 발달한다. 모든 가능성을 체계적으로 검증할 수 있는 종합적 분석이 가능해지며, 확률에 대한 이해를 한다. 즉, 복잡성이 증가하고 가능성에 대해 생각하게 되며 정보처리의 속도와 효율성이 증가한다는 것이다.

이러한 인지발달적 변화를 통하여 청소년들은 이전과는 다른 청소년기 특유의 독특한 사고와 행동특성을 보인다. 두 범주 이상의 변수를 실제로 조작하지 않은 채 정신적으로 다룰 수 있다. 또한 사건이나 관계가 미래에 변화한다는 것을 사고에 고려해 넣을 수 있다는 것과 일어날 수 있는 사건들의 연속에 관해 가설을 세울 수 있다. 그리고 자신의 행동결과를 예측할 수 있다. 일련의 진술이나 문장에서 논리적 일관성의 유무를 구분한다. 자신과 자신이 속한 세계에 대해서 상대론적 입장에서 생각할 수 있게 된다. 즉 자신의 가치관이나 행동양식은 자기가 속한 사회의 규범 때문이라는 것을 이해함으로써 다른 사회에 속한 사람은 그 사회의 규범에 따라 자신과 다른 방식으로 행동할 수 있다고 기대한다. 따라서 다른 사람에 대한 이해와 포용력이 증가한다.

사회적 인지와 도덕성 발달과 연관을 보이는데, 사회적 관점에서의 조망이 가능해지고 동시에 자기중심성이 줄어들게 된다. 도덕적 추론의 발달은 대인관계에서의 판단, 사회 체계의 유지, 사회적 계약과 일반적인 권리, 보편적인 윤리적 원칙을 이해할 수 있게 된다. 이러한 인지의 발달은 자신의 사고를 비판적으로 검토할 수 있고, 자신과 세계에 대해 상대론적 관점에서 이해하도록 하지만, 미래에 일어나게 될 일에 대한 지나친 염려로 과도한 불안감을 경험하기도 한다.

또한 청소년기에는 시간에 대해 좀더 성숙한 이해를 하게 되고 죽음의 불가역성에 대해 좀더 명확히 깨닫게 되며, 도덕적 판단의 다양성 및 상대성에 대해 인식하게 된다. 이러한 인식의 확대는 철학, 정치, 종교에 대한 관심으로 확대되기도 하며 이러한 것은 청소년의 사고를 깊게 해주기도 하지만, 지나치게 자신만의 생각에 빠져들게 하기도 한다(장휘숙, 2004). 이를 위하여 청소년기에는 이질적 성원으로 구성된 동년배집단에 참여하여 다양한 경험을 하는 것이 필요하며, 학교수업을 통해 논리적 사고능력을 키워나가야 한다.

3 자아정체감의 발달

청소년기는 자아인식이 보다 다양해지는 시기이며, 자신을 발견하는 시기다. 에릭슨은 청소년기를 정체성 대 역할혼미의 시기로 설명하면서 자신이 수행하는 다양한 역할을 검토하고 그것들을 하나의 자기 인식으로 통합하여 자기정체성을 확립해야 함을 강조하였다.

자아정체감은 객관적인 자아정체감과 주관적인 자아정체감으로 구분할 수 있다. 객관적 자아정체감은 집단정체감이나 국가정체감으로도 불리며 어떤 집단의 역사, 전통 및 가치관 등에 자신을 포함시켜 귀속감이나 소속감을 통해 자기 자신을 느끼는 것을 말한다. 주관적 정체감은 개별적 정체감이라고도 하며 개인적 정체감(personal identity)과 자아정체감(ego-identity)으로 다시 나뉜다.

개인적 정체감은 어떤 개인에게 놓인 상황이나 시대에 따라 다소 다른 모습으로 존재할지라도 그와 관계없이 여전히 나라고 인식하고 있는 측면으로서 자기 자신의 동질성과 지속성에 대한 느낌이라고 할 수 있다. 자아정체감이란 개인적 정체감보다 더 넓은 의미를 포함하는 것으로 대인관계, 역할, 목표, 가치 및 이념 등에 있어서 자기가 지니는 고유성 즉 자기다움에 대한 자각과 이에 부합되는 자기 통합성과 일관성을 견지해 나가려는 의식 혹은 무의식적인 노력이라고 할 수 있다.

확고한 자아정체감은 개별성, 통합성, 지속성 등의 특징을 지닌다. 개별성은 가치나 동기, 관심을 타인과 공유하더라도 자신을 타인과 구별되는 고유한 존재로 인식하는 것이며, 통합성은 자신의 욕구, 태도, 동기, 행동양식 등이 전체적으로 통합되어 있다는 느낌이자, 지속성은 과거, 현재, 미래로 시간이 경과하여도 자신은 동일한 사람이라는 인식이다.

자아정체감 형성이 청소년기에 중요한 과업으로 등장하는 이유는 급격한 신체적 변화와 성적 성숙이 이루어짐에 따라 스스로 통제, 억제할 수 없는 내적 충동이 증폭되면서 자신에 대한 존재에 의문을 갖게 되기 때문이다. 또한 아동기에서 성인기로 옮아가는 과도기적 단계에서 나타나는 불확실한 지위로 인하여 역할의 변화와 그에 따른 적응의 문제가 발생한다. 그리고 진학, 전공 선택, 이성문제, 교우관계 진로와 직업선택 등과 관련된 선택과 결정의 중요한 시기이기 때문이기도 하다. 특히 청소년기에는 현저한 인지발달이 이루어지기 때문에 자기의 주관적인 세계 속에서 보다 추상적이며 내재적인 자아를 탐색하게 된다.

청소년기에는 이론 전개와 개념적 사고를 중시하여 철학, 과학, 예술에 대한 높은 흥미를 가지고 토론과 비판을 좋아하고 수준 높은 서적을 즐겨 읽는 등 지적인 세계를 추구한다. 또한 미래에 대한 계획을 세워서 야망을 펼치려고 하는 등 창의적이고 적극적인 행동과 사고를 하나 지식이나 경험을 바탕으로 한 구체적인 것이라기보다는 추상적이고 관념적인 것이 대부분이다. 또한 현실 비판적인 성향이 강해지면서 전통적 권위에 반항하고 사회의 부조리를 제거하려는 시도를 보이기도 한다. 그러나 현실이 자신의 이상과 일치하지 않을 때는 좌절과 분노와 함께 가치관 갈등을 겪으면서 반항, 저항, 일탈 행위까지 나타난다.

반면, 자아의식의 발달로 외톨이처럼 혼자 생각하거나 혼자 있고 싶어 하며 자신과 타인을 비교하여 타인 앞에서 심하게 위축되며 열등감에 휩싸이기도 한다. 이러한 자아정체감을 확립하기 위해서는 자신의 장단점을 방어기제 개입 없이 그대로 인정하는 자기 객관화, 자신을 있는 그대로 받아들이는 자기수용, 이상실현을 위한 경험 기회의 확대, 지혜와 용기를 통한 성취의 경험, 남의 조언을 구할 수 있는 열린 마음 등이 필요하다(류종훈, 2005).

4 정서적 발달

청소년기에는 2차적 성적 특징의 발달과 그로 인한 성적 충동으로 인해 성적 색채가 강한 정서를 보이며, 극단적 정서경험과 변화를 수반하기 때문에 청소년기를 질풍노도의 시기라고 부른다. 여러 측면에서 급격히 일어나는 변화와 발달에 대처할 수 있는 충분한 지식이나 기술을 아직 갖추고 있지 못하기 때문에 항상 불안과 혼란 속에서 끊임없이 긴장하고 갈등한다(김경희, 2004).

자신의 능력에 대한 확신 부족, 신체 이미지에 대한 자신 부족, 장래에 대한 확신 부족으로 정서적인 불안정을 경험하게 되고 이상과 현실 사이의 괴리를 목격하고 실존적 공허감에 빠지기도 한다. 정서의 특징은 이상주의와 낭만주의, 감상주의적 경향이 짙으며, 청소년기 후기에 이르면 이성을 통해 정화된 조용하고 고상한 정서가 표현되어 나타난다. 청소년들은 감수성이 대단히 예민하여 쉽게 흥분하고 동요되며 다른 사람의 비판이나 훈계, 간섭 등에 지나치게 민감하다. 또한 지나치게 남을 의식하고 남들 앞에서 부끄러움을 많이 느끼며 자신을 남과 비교하여 평가하기도 한다. 청소년의 정서적 불안 상태는 감정의 양면성에서 가장 잘 나타난다.

극과 극을 달리는 자기 갈등적이고 모순된 감정을 보임으로써 혼란과 갈등에 휩싸여 있다. 의존과 독립, 무관심과 열성, 순종과 반항, 환희와 우울, 기대와 실망, 우월감과 열등감, 희망과 절망, 자기애와 자기혐오, 이기주의와 이타주의 등의 양극의 감정이 동시에 나타나거나 단시간 내에 격렬한 변화를 자아낸다. 이러한 감정의 양면성은 심신의 불균형을 조장하기 때문에 모든 행동에 있어서 일관성이 없고 다소 무책임하게 보이기도 한다.

그 결과 친구의 희로애락에는 온갖 관심을 쏟으면서 부모의 노고는 무시하거나 부모나 기성세대의 몰지각한 행동을 신랄하게 비판하면서 부모나 어른에게 인사를 하지 않고 자신의 일을 다른 사람에게 미루는 등 생각과 의지, 행동 간에 일관성이 결여되어 있다. 이러한 정서적 부적응은 우울증, 정서장애, 정체성장애, 약물남용, 자살, 가출, 도벽, 폭력 등과 같은 다양한 정신장애와 비행 그리고 범죄 행위로까지 발전되어 개인뿐만 아니라 사회에 바람직하지 못한 결과를 초래하기도 한다.

5 사회심리적 발달

1) 가족관계

청소년기의 특징적인 사회적 발달 중의 하나는 부모나 가족으로부터 분리되어 친구나 자기 자신에게 의존하려는 경향이 높아진다는 점이다. 부모에 대한 종속적이고 의존적인 관계에서 벗어나 자율적인 사고와 행동을 할 수 있는 독립적인 성인으로서 성장 발달하기 위해 부모나 다른 성인으로부터 정서적으로 독립하려는 심리적 이유가 일어난다. 청소년이 심리적 이유를 추구하는 과정에서 부모에게 반항하는 행동적 특성 때문에 청소년기를 제2의 반항기라고 부른다. 그러나 부모들은 자녀가 하나의 독립된 인격체로 성장하기를 원하지만 그들이 스스로 판단하고 결정하기에는 아직 경험이나 지식이 부족하다고 생각한다. 이렇게 어린아이 취급을 하려는 부모에게 자신의 정신적 자주성을 강하게 주장하면서 반발하거나 비판적인 태도를 취한다.

2) 친구관계

독립을 요구하는 청소년기에는 자유롭고 상호 대등한 수평적인 횡적 인간관계를 원칙으로 하는 친구관계가 중요시된다. 즉 서로 뜻이 같고 자신의 요구나 고민을 이해하고 격려해 주면서 깊이 사귈 수 있는 친구를 요구한다. 청소년기의 사회적 발달에 큰 영향을 주는 요소는 또래 집단이다. 또래 집단은 강한 집단의식과 유대관계, 사회적 기술, 사회적 통찰력 등을 기르는 계기를 마련한다. 또한 집단 내 자신의 지위와 역할을 예측하고 평가하며, 심리적인 안정감과 소속감을 주면서 자아정체감을 형성시키고 사회적 적응과 정신건강에도 도움을 준다.

여자들은 서로 얘기를 하면서 친밀감을 쌓고, 남자들은 스포츠 등의 활동을 같이 하는 것이 우정을 견고하게 해준다. 청소년기 동안에 우정의 의미와 질은 끊임없이 변화한다. 자기 또래의 친구들로부터 소외당하지나 않을까 하는 불안 속에서 그들의 행동기준에 동조하여 그들과 똑같이 생각하고 행동하려고 노력한다.

또한 청소년기에는 성역할 정체감의 형성과 이성관계를 형성한다. 동성 친구와의 경험, 신체적 변화, 성인 남녀에게 주어지는 성역할 행동에 대한 사회적 기대 등을 의식하면서 확고한 성 정체감을 형성한다. 청소년기 전기에는 이성 친구에 대한 관심이 높아지지만, 실제로는 동성의 친구들을 더 많이 사귀며 가장 친한 친구 역시 동성의 친구인 경우가 많다. 점차 청소년기 후기에 이르면 이성 간의 친밀한 관계가 이루어진다.

3) 컴퓨터나 스마트폰과 가상공간

오늘날의 청소년들에게 있어서 컴퓨터와 스마트폰은 의사소통과 정보수집의 장이자 게임이나 블로그 등 취미와 여가생활의 매체로 자리 잡아 가고 있다. 컴퓨터와 스마트폰의 활용은 대인관계를 통한 자기의 정체성을 확립해 가야 하는 시기에 가상의 공간에서 가상의 인물들과 접촉하면서 자기 중심의 세계에만 몰입하는 등 부정적인 측면이 사회문제로까지 번져가고 있다. 스트레스 해소의 공간을 넘어 중독 증상으로 나타나는 컴퓨터나 스마트폰의 몰입은 최근 청소년들에게 커다란 문제로 대두되고 있다.

6 사회복지실천의 관심 대상이 되는 청소년기 문제와 사회복지사의 역할

청소년기는 개인적으로 행복하고 사회적으로 인정받을 수 있는 책임 있고 유능한 성인으로 성장할 수 있도록 올바른 이해를 바탕으로 한 각별한 지도와 배려가 필요한 시기이다. 그러나 사회복지현장에서는 청소년기를 갈등과 방황, 혼동, 반항 등의 침체 시기의 부정적 존재로 평가하고 있는 것이 현실이다. 사회복지사들의 부정적인 시각과 고정관념은 청소년들을 바람직하지 않은 방향으로 왜곡시켜 지도하는 원인이 되기도 한다. 따라서 청소년들을 사회의 다른 구성원들과 마찬가지로 그들 나름대로의 독특한 개성을 가지고 있는 개인으로서 인정하고 그들이 성숙한 성인으로서 성장하도록 도와주는 것이 중요하다.

1) 비행문제

청소년기에 가장 많은 문제로 분류되는 것이 청소년 비행문제이다. 청소년에 의해 저질러지는 범죄뿐만 아니라 무단결석, 가출, 음주, 유행 업소 출입 등 신분에 어긋나거나 규범을 위반하는 행동도 포함한다. 비행의 원인으로는 하위계층의 일탈적 생활, 우범지역에의 거주, 기회의 불평등, 유년기의 불행한 경험에서 초래된 성격장애, 불충분한 인지발달 등을 들 수 있다.

과거 5년 동안 청소년의 폭력범죄가 증가 추세에 있다. 특히 15~25세 사이의 사망원인 중 살인이 제2위이다. 폭력성과 연관된 가장 강력한 요소는 아버지나 아버지를 대신할 사람이 없는 환경에서 성장한 경우이다. 이러한 비행문제를 해결하기 위해서는 가족복지정책의 확대를 통해 가정기능을 강화하고, 학교교육을 통해 인간성을 회복시키며, 경제적 불평등 완화와 같은 사회구조적 개선을 통하여 청소년비행의 발생을 사전에 예방해야 한다. 처벌 위주보다는 성격과 행동의 교정과 사회복귀에 초점을 둔 사회복지적 개입이 필요하다. 일반 사회복지기관에서는 청소년의 비행을 사전에 예방하기 위하여, 청소년 가족상담 및 치료를 실시함과 아울러 인근 학교와 연계하여 활발한 학교사회사업을 실시하여야 한다.

소년 비행

법적으로 다음 세 종류의 행위를 총칭하는 개념이다.

① 14세(형사책임연령) 이상 19세 미만의 소년에 의한 범죄행위

② 10세 이상 14세 미만의 소년에 의한 촉법 행위 : 형벌법령에 저촉되는 행위를 하였으나 형사책임 연령에 달하지 않았기 때문에 형사책임을 묻지 않는 행위

③ 우범 : 10세 이상 19세 미만의 소년으로서 보호자의 정당한 감독에 복종하지 않는 성격, 불량교제 등 그 자체로서는 범죄가 아니지만 범죄를 범할 우려가 있다고 인정되는 행위

2) 청소년의 자살

최근 들어 청소년의 자살문제도 매우 심각하다. 자살은 청소년 사망 원인의 2~3위를 차지하고 있으며, 청소년의 약 60% 이상이 자살을 생각해 본 적이 있다고 응답하였다고 한다. 청소년 자살의 원인은 학업, 임신, 부모의 이혼, 실연, 과잉 성취욕 등과 같은 과도한 스트레스와 부모의 정신질환, 학대, 의사소통 부재로 인한 가족문제, 우울증, 낮은 자존감 등의 심리적 문제, 충동 등과 같은 것을 들 수 있다(나병현, 2004).

청소년 자살의 경향성을 보면 남자보다 여자가 자살 기도율이 높으나 성공률은 남자가 높다. 청소년 자살은 대부분 충동적이어서 자살 기도 실패 후 1~2년 이내에 정상으로 복귀되는 경우가 많으므로, 자살예방과 신속한 전문적 위기개입이 필요하다. 자살동기의 탐색, 자살시도의 심각성 평가, 의사소통과 개방, 균형유지 등의 기술이 필요하다(권중돈, 2005).

3) 성문제

청소년기는 성적인 충동이나 성적 행동도 비약적으로 증가하는 시기이기 때문에 청소년들의 혼전성교 및 임신도 문제가 되고 있다. 최근 성교를 하는 10대 비율이 증가하고 첫 성경험 나이가 어려지는 경향을 보이고 있다. 비행청소년을 포함한 초·중등학생의 17%가 성경험, 사랑하면 성관계가 가능하다는 응답은 45.7%로 나타났다. 청소년 성문제의 원인은 생리적 성적 충동, 성교육 부재, 향락 문화의 영향, 매춘 등 경제적 요인 등도 포함된다(나병현, 2004).

특히 십대 미혼모 문제가 대두되고 있는데, 점차 증가하는 추세(미혼모의 약 50%가 10대)를 보이고 있다. 십대 미혼모는 사회경제적 수준이 낮은 가정이나 가정갈등과 이혼한 부모를 둔 경우에 더 흔하다. 십대 미혼모의 75%가 학업 중단, 약 90%가 입양을 보내고 10% 정도가 가족이 양육하는 것으로 나타났다. 십대 임신의 문제는 인공유산의 위험성이 높다는 점이다. 그리고 산전관리가 제대로 이루어지지 못해 출산 시 산모와 아이 모두에게 높은 신체적 위험이 나타난다. 학업 중단에 따른 직업의 불안정과 빈곤, 아동 학대, 자녀의 정서적 · 지적인 문제, 학업부진, 우울감과 자신감 없음과 같은 장기적으로 부정적인 영향을 주는 요인이 되고 있다. 아이의 아빠와 결혼해도 대개 이혼으로 끝난다.

또한 원조교제 혹은 미성년 성매매에 참여하는 청소년들이 늘고 있는데, 이 청소년들은 붕괴 가족, 아동 학대, 강간 피해자에서 많이 나타난다. 많은 수가 약물 남용과 함께 나타난다. 사회복지기관에서는 청소년을 대상으로 성에 대한 올바른 이해와 가치관 형성을 위한 프로그램을 실시할 필요가 있다(엄신자, 2007).

4) 외모지상주의

청소년들은 외모의 변화를 끊임없이 또래들과 비교하며 자신의 부족한 점에 대해 생각하고, 자신이 완벽하지 못하다고 생각한다. 남자들은 자신의 키, 체중 및 근육의 양, 성기의 크기 등에 민감해지며 여자들은 체중에 지나치게 신경을 쓰고 정상 체중임에도 불구하고 자신이 뚱뚱하다고 생각한다.

이러한 청소년들의 외모지상주의 열풍은 다이어트에 집착하면서 섭식장애의 문제로 드러나게 된다. 거식증은 자발적인 단식으로 지나치게 날씬함을 추구하여 과소 체중(표준 체중의 85% 이하)을 유지하는 경우를 말한다. 체중증가에 대한 심한 두려움, 스스로를 과체중이라고 보는 왜곡된 신체상을 갖게 되며 월경불순도 경험하게 된다. 이 거식증 환자의 95%가 여성이며, 대개 청소년기에 나타나기 시작한다(김남순, 2006).

섭식장애의 하나인 폭식증은 과도한 음식물 섭취 후 자발적인 구토와 설사제 등 약물 복용, 단식, 과도한 운동 등 부적당한 보상 행위를 반복하는 것을 말한다. 만성적 구토와 약물복용으로 인한 근육피로, 허약, 마비, 불규칙한 심장박동, 신장 손상, 위경련, 위궤양 등의 증상을 호소한다. 대개 정상체중 범위에 있기 때문에 수년간 가족이나 친구가 모르는 경우가 많다. 청소년기 후기나 청년기에 시작된다.

또 다른 섭식장애는 강박적 과식이다. 이것은 스트레스나 고통을 일시적으로 회피하기 위해 과도하게 음식을 취하는 경우가 이에 해당한다. 표준 체중을 20% 이상 초과할 경우 개입이 필요하다. 고혈압, 당뇨 등을 유발하며, 자신의 식이 유형과 과체중에 대해 수치심과 당혹감을 느끼며, 우울증에 걸리기 쉽고 자존감이 낮은 상황을 보인다(나병현, 2004).

이를 위하여 사회복지사는 청소년기의 부정적 신체 이미지로 인하여 야기될 수 있는 여러 가지 심리적 문제나 증상을 다루어야 한다. 사회복지기관에서는 의료기관 등과 연계하여 청소년기의 신체변화 이해를 위한 교육프로그램, 식이요법 지도, 몸매관리 프로그램 등을 개발 · 실시함으로써, 청소년들의 건전한 신체발달을 지원할 필요가 있다.

5) 부모 자녀 간의 부정적 관계

청소년기는 자율성에 대한 욕구와 보호받고 싶은 욕구 사이에서 양가감정을 느끼는 시기이다. 의존심이 강해질 때 부모에 대한 반항, 무관심, 언쟁 등이 더 심해지기도 하며, 부모와 부딪히는 사소한 문제들로 갈등 및 언쟁을 하기도 한다. 부모들은 청소년기의 이런 발달학적인 특성을 이해해야 한다. 자녀에게 항상 관심을 가져야 하지만, 지나친 간섭은 피하는 것이 좋다. 청소년기의 반항은 대부분 일시적인 현상이며, 시간이 지나면 저절로 해결되므로 지나치게 걱정할 필요가 없다. 부모의 지나친 간섭은 역효과를 가져오기도 하기 때문에 어느 정도까지는 자녀의 반항을 눈감아 주는 편이 좋다. 후기 청소년기 후기로 가면 대부분 새로운 평형 상태에 이르며 분쟁은 줄어들고 청소년은 좀더 자율성을 획득하게 되고 가정의 의사결정에 참여하게 된다.

또한 청소년기는 비밀이 많은 시기이고 부모도 노화가 시작되는 시기이기 때문에 자녀에 대한 자신의 반응이 혹시 지나친 것은 아닌가를 심각하게 자문해 보아야 하며, 보다 여유 있고 너그러운 태도로 자녀를 대할 수 있도록 노력해야 한다. 청소년들의 부모에 대한 평가는 때로는 왜곡되어 있기도 하고 때로는 냉정할 정도로 정확하기도 하다. 이 시기에 부모가 자식의 분리 즉, 개별화를 이루지 못하면 청소년의 부모로부터의 분리 혹은 독립을 방해하거나 지연시킬 수 있다.

하지만 이와 함께 자녀에 대한 계속적이고도 충분한 관심은 잃지 말아야 한다. 평소 자녀와 함께 자연스럽게 이야기를 나눌 수 있는 분위기를 조성하여 자녀의 친구 관계와 이성문제, 장래의 계획 등에 대해 진지한 대화를 나누도록 한다. 대화를 통해 관심과 사랑을 표현해야 하며, 이 시기의 청소년들은 사실 부모의 도움을 절실히 필요로 하고 있다. 따라서 부모의 경험을 이야기해 주고, 자녀들의 생각을 들어줌으로써 자녀가 이 시기의 발달 과제들을 제대로 성취할 수 있도록 도와주어야 한다. 여기서 중요한 점은 부모들이 서로 일치된 견해와 일정한 원칙을 갖고 자녀를 대해야 한다는 점이다.

또한 이 시기는 사랑과 관심의 중요성이 부각되는 때인데, 평소 부모의 사랑과 관심이 충분했던 가정의 자녀들은 대체로 이 시기에 이르러서도 부모의 말을 잘 받아들인다. 그러나 그렇지 않은 경우, 자녀들은 부모를 진지한 의논의 상대로 생각하지 않는 경향이 있으며, 이에 따라 문제의 해결과정 또한 어려워진다. 더구나 자녀들을 자신만의 인생을 가진 별개의 개체로 보지 않고 무리하게 부모 자신의 뜻을 강요하려 한다면 문제는 더욱 복잡해진다. 사회복지관에서는 청소년과 그 가족을 대상으로 한 가족관계 강화프로그램을 개발하여 실시하고, 가족상담이나 가족치료를 보다 강화해 나가야 할 것이다.

6) 부정적 친구관계

친구관계는 서로 사회적인 행동을 북돋우고 학업성취를 촉진하는 긍정적인 영향을 주는 경우도 있고 비행 행동이나 술, 담배 등을 시작하게 하는 부정적인 영향을 주기도 한다. 부모와의 관계가 서로 소원하고 응집력이 떨어지는 가족의 경우에는 부모보다 친구의 영향을 받기 쉽다. 자신의 길을 찾고 가치 체계를 확립해나가는 데 있어 부모보다 친구에게 의지하는 경우에는, 특히 친구가 비행 행동을 하거나 반사회적인 태도를 보이는 경우에는 여러 문제행동의 위험요인이 될 수 있다. 그러므로 사회복지실천에서는 청소년들의 건전한 친구관계를 형성할 수 있는 집단프로그램과 비행 또래집단의 의미 있는 타인의 탐색을 통한 개별상담 등이 병행되어야 한다.

7) 정체성 위기

마르샤(Marcia, 1966)는 정체성에 문제가 있는 유형을 다음의 정체성 유실, 유예,

혼란으로 구분하였는데, 유실은 부모나 사회의 가치관을 그대로 채택하며 독립적인 의사결정도 없고 위기를 경험하지도 않는 상태를 말한다(김애순, 2005). 유예는 정체성의 확립을 위해 능동적으로 노력하나 항상 의사결정과정에 있으며 위기상태에 처해 있는 상태이다. 정체성 혼란은 자신이 갖고 있는 정체성이 사회적으로 적합한지 혹은 자신에게 적합한지를 잘 모르는 상태를 말한다. 이러한 현상이 발생하는 이유는 자신감의 저하로 자신이 무엇을 좋아하고 잘하는지 판단을 할 수 없게 된 경우, 이상과 현실에 큰 차이가 있는 경우, 부모가 특정 역할을 강요하여 자신의 진짜 모습이 어떤 것인지 잃어버린 경우, 부모와의 갈등으로 모델로 삼을 수 있는 성인상이 없는 경우 등이다.

또한 특수한 경우로 부정적 정체감을 갖는 경우도 문제의 상황으로 거론될 수 있는데, 개인적 성공에 대한 부모나 사회적 지원을 받지 못한 결과로써 형성된 사회적 가치관과 정반대가 되는 자아개념을 말한다. 예를 들어 비행청소년, 건달 혹은 깡패들이 갖고 있는 정체감이다.

이러한 정체성 위기에 처한 경우는 친구들과 얘기를 나누고, 부모님, 학교 선생님 혹은 전문가와 상담을 하고 다양한 경험을 하며 고민을 하는 것이 도움이 될 수 있다. 사회복지현장에서는 이러한 청소년에게 올바른 자아정체감 형성을 위하여 자아성장, 자기주장훈련, 인간관계 수련 등과 같은 청소년의 자아발견과 원만한 대인관계 형성을 지원할 수 있는 집단상담 프로그램을 개발하여 실시해야 한다. 그리고 진로지도, 청소년 자원봉사활동 프로그램 등과 같은 다양한 수련프로그램을 실시하여 청소년들이 다양한 사회경험을 통해 자신의 개성과 자질을 발견할 수 있도록 원조하여야 한다. 사회복지기관에서는 여가 및 인성개발 프로그램을 개발하여 청소년의 전인적 성장을 지원하여야 할 것이다.

8) 지나친 인지적 발달의 강조

대학진학이라는 우리나라 청소년들의 최대 목표에만 국한되어 전인적 성장이 무시되고 있는 청소년기의 지원을 위해 사회복지기관은 다양한 체육활동, 문화예술 활동,

자원봉사활동 등과 같은 프로그램이나 여가 및 수련프로그램을 개발하여 실시함으로써 청소년기의 신체적 · 정서적 · 사회적 전반의 올바른 성장을 도모해야 할 것이다.

9) 우울증

청소년 우울증의 치료는 청소년뿐만 아니라 가족 및 학교도 모두 참여하는 대규모적 접근을 통해 최선의 결과를 얻을 수 있다. 치료 시에는 우울한 청소년뿐만 아니라 우울증에 걸린 부모에게도 신경을 써야 한다. 그리고 청소년과 연관성이 있는 가족과 학교를 참여시켜 청소년에게 효율적인 대인 스트레스 대처 요령을 가르치는 것도 중요하다.

10) 도덕성의 내면화

청소년기에서는 복잡한 문제에 대한 도덕적 판단을 해야 한다. 이들은 도덕적 상황에서 요구되는 정의의 개념과 공정한 원칙을 이해하고 다양한 조망을 고려해야 한다. 이에 영향을 줄 수 있는 요인으로 부모, 친구, 대중매체, 학교 등이 있다. 청소년기 이후 도덕성 발달은 다양한 참조집단과의 상호작용을 통하여 도덕적 규칙의 문화적 상대성을 인식하면서 이루어진다.

Chapter 11
청년기

CHAPTER

11 청년기

청년기는 20세에서 40세에 이르는 시기로서 신체적 · 지적인 면에서 인생의 가장 정점에 해당하며, 청년기 이전의 시기를 준비기라고 한다면 청년기 이후는 이제까지 준비해 온 것을 실현하고 구체화하고 통합화하여 다음의 인생을 대비하는 중요한 의미를 갖는 시기라고 할 수 있다. 심리사회적 측면에서는 다른 사람을 보살피는 능력이 심화된 사람은 타인과의 상호관계에 집중할 수 있다. 부모로부터의 심리적 · 경제적 독립을 시작하며, 직업과 결혼, 군대 등의 환경변화에 따라 다양한 역할 탐색과 선택을 하는 시기이다.

특히 우리나라의 경우 고등학교 교육이 대학 진학을 위한 준비 차원에서 이루어지고 있으므로, 대학생 시기에 이르러서야 학생들은 비로소 자기 자신에 대해서 새롭게 탐색하며 인간관계 및 사회적응 기능의 습득을 위한 시간적, 심리적 여유를 누리게 된다(설기문, 1998).

청년기의 기준은 아동기나 청소년기처럼 새로운 신체적 기능이나 인지적 능력의 획득에 의한 것이 아니라 사회적 · 문화적 요소를 적용하게 된다. 즉, 연령, 신체적 · 생리적 · 심리적 · 사회적 성숙도 등의 기준을 들 수 있다. 성숙도는 안정된 직업이나 결혼에 대한 준비 태도, 자아정체감의 정착 정도 등이 포함된다. 청년기의 발달기준에 대해 연구한 학자들의 구체적인 내용은 〈표 11-1〉과 같다.

표 11-1 청년기의 발달에 관한 연구들

학자명	기준 내용	기타
스펙트 & 크레그 (1987)	• 새로운 신체적 기능이나 인지적 능력의 획득에 의해 구분되는 것이 아니라 주로 사회적, 문화적 요소에 의해 결정	
그랜트 (1965)	• 직업의 선택, 가족의 부양, 직장에서의 인정, 전문가가 되기 위한 활동 • 훌륭한 멘토와 역할모델 존재의 영향이 중요	성인발달의 종단적 연구
레빈슨 (1978)	• 꿈과 희망에 대한 명확한 정의 획득 • 멘토의 발견 • 직업의 선택과 경력 및 발전 • 친밀한 관계 형성	청년기의 발달과제
굴드 (1978)	• 자기신뢰와 자기수용, 삶에 대한 전적인 책임 수용 • 생활기술의 발달 • 분석적·비판적·논리적 목표지향적 사고 • 삶에 대한 신중함과 자신의 한계 인식 • 노력에 입각한 능력의 개발과 성장추구	

하지만 청년기에는 아직도 이상을 추구하고 현실 사회나 어떠한 주의에 대해 정서적으로 반항하며 사회적 책임의 수행을 혁신에 의해서 이루려고 하는 미숙한 젊음을 지니고 있기 때문에 완벽함을 갖고 있지는 못하다.

1 신체적 발달

청년기는 신체적 건강상태와 신체적 힘, 생식기관, 운동능력, 근육과 내부기관의 기능이 최고조 상태에 있는 시기이다. 과제 수행 능력도 30세경에 정점에 달하며 최고의 수작업 능력을 보인다. 시력과 청력은 20세경에 가장 좋으나 그 이후부터는 뚜렷이 감소된다. 다른 감각기관, 즉 촉각, 후각, 미각은 45~50세까지 안정적으로 지속된다. 그러나 이 시기에 심한 흡연이나 과도한 음주, 스트레스 등은 건강에 악영향을 미칠 수 있으므로 신체적 건강상태를 유지하기 위해서는 규칙적인 운동과 체계적인 신체관리, 적절한 영양공급이 필요하다.

2 인지적 변화

일반적으로 인지적 능력은 청년기 이후에 감퇴한다고 알려져 있으나 특정한 영역의 인지적 능력만 감소하며 많은 부분이 유지된다(Turner & Helms, 1983; 유승구 역, 1993). 즉, 학교교육이나 일상생활에서의 경험을 통해 얻게 되는 언어능력, 어휘력, 일반상식, 사회적 상황에 대한 반응을 나타내는 결정성 지능과, 생물학적으로 타고난 지능에 의한 공간지각, 추상적 추론, 지각속도를 나타내는 시각화 능력은 연령이 증가함에 따라 향상된다고 알려져 있다(Bayley, 1966; 박혜원 2005, 재인용). 그러므로 청년기의 인지변화를 정확히 판단하기 위해서는 각 개인의 교육수준, 사회경제적 지위, 건강상태 등을 동시에 고려해야 한다.

그리고 청년기에는 창의성은 절정에 이르게 되며, 새로운 문제해결 방안의 발견을 특징으로 하는 문제 발견적 사고가 발달하고, 이원론적 사고에서 벗어나서 다원론적 사고를 한다.

3 사회심리적 발달

청년기는 자아정체감을 확립한 후 이성과 친밀한 사회적 관계를 맺고 나아가 결혼을 하여 배우자, 가족, 친지 등과 관계를 넓히게 되는 시기이다. 에릭슨은 이 시기의 발달과업을 친밀감과 고립의 개념으로 정리하였다. 가족 이외의 사람들과 친근한 관계를 형성하는 것은 인생의 동반자를 구하는 사랑으로 변화된다. 친밀감이란 사랑의 정서적 요인으로 상호이해, 격의 없는 정다운 대화, 정서적 지원을 포함하며, 자신의 정체성을 잃을지도 모른다는 두려움 없이 타인과 개방적이고 지지적이며 조화로운 관계를 형성하는 능력을 의미한다.

반면, 열정은 사랑의 동기유발 요인으로 신체적 매력, 성적욕망을 포함한다. 또한 전념 또는 헌신의 감정도 나타나는데, 사랑의 인지적 요인으로 애정적 관계를 유지하기 위한 약속과 책임감을 의미한다.

바람직한 이성교제는 이성에 대한 이해, 원만한 이성관계, 성숙한 인격 형성 등 많은 유익을 제공하지만, 원만하지 못한 이성교제는 청년들의 정서적, 심리적 문제와 직접 관련이 될 만큼 큰 갈등 요인이 되고 있다(Lloyd & Cate, 1985; 최순남, 1989 재인용). 이성교제에 대한 태도가 결혼생활에도 이어지므로 이성교제는 결혼생활의 준비 과정으로서 매우 큰 중요성을 갖는다고 할 수 있다.

친밀감의 과업을 성취하기 위해서는 개인적 감정표현도 서로 허용하고, 자신을 가치 있고 유능한 존재로 인식해야 한다. 그리고 친구 및 이성 친구의 지지체계가 필요하다(설기문, 1998). 이러한 과제에서 실패한 사람은 청년기에 고립감이 형성되어 정체감 혼란을 초래하게 되며 자아도취에 빠지거나 사회적 관계를 회피하여 타인과의 진정한 관계 형성 자체를 맺지 못한다.

4 자율성 발달

가족으로부터의 심리적 독립과 경제적 독립은 자율적 의사결정에 대한 타인의 비판을 극복함으로써 가능해진다. 부모들은 자녀가 성장함에 따라 그들에게 부과하던 금지나 제한을 감소시킴으로써 청년기의 자녀들이 독립성을 획득하는데 기여할 수 있으며, 가족의 의사결정 시 자녀들을 참여하도록 격려하고 행동의 한계에 대한 설명을 해주면 청년들은 스스로를 독립적인 개체로 지각하고 부모의 가치관을 신뢰하며 문제해결을 위해 기꺼이 부모와 의사소통을 하게 된다.

부모로부터 독립하여 자립적인 생활을 영위하기 위해서는 먼저 사회적으로 요구되는 기술을 습득해야 한다. 청년기에 부모로부터 분리, 독립하여 자율성을 찾는 과정에서 대부분 양가감정을 갖게 되는데, 부모가 청년의 분리와 독립에 대해 어떠한 태도를 보이는가가 매우 중요하다.

5 청년기의 발달과업

청년기에는 우선 개인적 가치와 목적을 설정하고 진학, 군 입대, 취업과 배우자를 선택하며 자신의 도덕적 가치관과 정치적 이념을 선택해야 하는 발달과업이 있다.

1) 결혼

결혼은 청년기에 친밀감과 성숙한 사회적 관계를 성취하는데 중심이 되는 배경이다. 결혼을 결정하는 요소로는 자신의 정체감이 충분히 확립되어서 결혼 후 장기간에 걸친 상대방에 대한 헌신에 두 사람이 얼마나 준비가 되어 있는가 하는 것이다. 한편 결혼 적령기를 바라보는 주변사람들의 기대에 부응하기 위해 결혼을 선택하기도 한다.

점차 결혼을 하지 않거나 결혼 연령을 늦추는 경향이 나타나고 있으며, 재혼, 연상녀나 동갑과의 결혼, 초혼남과 재혼녀의 결혼이 증가하는 추세이다. 또한 외국인과의 결혼도 많아지고 있다.

결혼하지 않은 커플이 공개적으로 함께 사는 것을 동거라고 한다. 동거를 용인하는 사회 분위기에 따라 점점 증가하는 추세에 있다. 결혼이라는 장기적인 의무 없이 우정, 사랑, 성적관계를 나눈다는 이점이 있다. 결혼 전 동거부부가 동거 경험이 없었던 부부보다 결혼생활에 만족하지 못하다는 연구결과도 있다.

결혼하지 않고 혼자 사는 경우를 독신생활이라고 하는데, 독신생활의 이점은 보다 많은 직업선택의 기회, 활기찬 생활, 변화에의 자유, 여러 사람과 우정을 맺을 수 있는 기회, 다양한 성행위의 가능성 등을 들 수 있다. 불리한 점은 결혼이 주류인 사회에 적응하는 문제, 친구나 가족의 수용에 대한 근심, 독신이 자존감에 미치는 부정적인 영향 등을 들 수 있다

(1) 결혼의 이유

결혼은 자녀에 대한 욕구, 경제적 안정, 사회적 지위, 사랑, 부모의 바람, 도피, 임신, 공통의 관심사 등에 의해 하게 된다. 결혼의 이점은 결혼을 통해서 가족을 형성할 수 있다는 점과 합법적인 성행위의 출구를 제공한다는 점, 정서적 안정 등을 얻게 된다는 것이다. 실제로 기혼자의 인생만족도가 독신자, 이혼자, 사별자보다 약간 높게 나타났는데, 그 이유는 결혼에서 행복을 찾거나 행복한 자가 결혼하거나 하는 경우이다.

실제로 결혼은 건강을 가져다주는데, 기혼자, 특히 남성의 경우 독신자보다 좀더 오래 산다는 연구결과가 이를 입증한다. 건강한 사람이 결혼을 하게 되고 기혼자가 독신보다 좀더 안전하고 건강한 생활을 할 가능성이 높기 때문이다. 사별했거나 이혼한 남성은 기대수명이 독신보다 짧은 경향을 보인다. 결혼은 개인의 성장을 가져오는데, 결혼은 부부가 많은 문제에 부딪히고 함께 결정을 해나가는 가운데 서로 생각을 나누고 성장하는 장을 제공하기 때문이다(나병현, 2004).

(2) 결혼 상대자의 선택과정

결혼 상대자는 상호작용의 가능성과 기회가 있는 관계망에 의존하여 선택된다. 우선 상대방에게 자신에 관한 정보를 드러내기 시작하며 상대방의 사회적 배경, 가치관, 성격 등에 있어 자신과의 유사함을 지각한다. 상대방에 대해 긍정적인 평가를 하고 호감과 친밀감을 느끼며 서로 자유롭고 솔직한 자기표현을 통해 자신을 드러내는 영역이 확장되면서 긍정적이고 지지적인 반응으로 관계의 신뢰수준을 높인다. 역할조화와 공감의 발견으로 관계가 지속된다. 서로의 역할을 수용하여 확정하고 동반자로서의 정체감과 일체감을 느낀다. 다른 사람에게 시도해 보지 않은 자신을 드러내는 위기를 극복

했다는 감정이 존재한다. 둘의 관계는 확신을 갖게 해주는 편안함과 공감이 형성된다(곽형식 외, 2002).

(3) 결혼에 대한 적응

결혼생활은 서로 익숙하지 않은 가족문화를 갖고 있는 청년들이 만나서 이루어지는 결합과정이기 때문에 결혼 초기에는 상호 적응의 시간이 필요하다. 이 시기에 결혼에 대한 서로 간에 심리적 헌신을 확보해야 한다. 그리고 결혼관계가 허용하는 한계를 깨달으면서도 어느 정도의 자유를 느낄 수 있어야 한다. 사회 계층적, 문화적 배경의 차이에서 갈등이 일어나며 결혼 후 4년 이내에 이혼율이 가장 높다는 것이 이 적응기간의 중요성을 말해주고 있다.

2) 자녀 출산과 양육

자녀를 갖는 것은 삶에서 매우 중요한 사건이다. 자녀를 기르는 것은 성인으로서의 인식과 책임감, 부부의 삶의 방식과 결혼생활을 바꾸어 놓는다. 첫 자녀를 가진 후 잘 적응하기 위해서는 부모로서의 역할 변화에 대한 준비가 우선되어야 하며, 육아에 관련된 교육과 부부간의 역할과 책임에 대한 재정의, 또한 그에 대한 만족스러운 합의가 이루어져야 한다. 대부분 결혼 초기에 자녀를 출산하지만, 갈수록 시기를 늦추거나 적은 수의 자녀를 갖는 경향을 보이고 있다.

자녀양육을 통해서 청년기의 부모들은 애정의 기회 제공, 외로움 해소, 자녀의 성장을 통한 심리적 보상 등의 효과를 갖는다. 하지만 자녀양육의 스트레스도 적지 않은데, 결혼 초기에 형성되기 시작한 부부간의 친밀감 저하, 책임의 증가와 분담 문제, 양육에 맞추어 일정 짜기, 재정적 부담, 휴식과 수면의 방해, 피로감, 훈육 문제 등이 그것이다. 그러므로 아기를 처음 돌보는 몇 달을 잘 극복하는 것이 부부간의 유대를 지속시키거나 강화하는데 중요하다(나병현, 2004). 성공한 자녀양육을 위해서는 준비기간이 필요한데, 결혼 후 곧 출산하기보다는 적절한 시간적 여유를 가질 필요가 있다.

최근 들어 무자녀 부부도 늘어나고 있다. 자녀를 두는 것을 결혼의 중심 구성요소로 인식하는 경향이 강하지만, 자녀를 낳지 않기로 결정하는 부부도 생겨나고 있다. 무자녀 부부는 직업세계나 취미생활에 몰두하거나 부부간의 결혼관계에 집중할 수 있으며 즉흥적이고 자유로운 생활을 추구할 수 있다.

3) 취업

청년기는 직업을 선택하는 시기이다. 직업을 찾거나 직업에 대해 준비하는 과정에서 그 사람은 자신의 개인적인 능력과 특정한 직업이 갖는 요소들이 조화를 이루는지를 평가해야 한다. 직업에 대한 태도는 사회적 계층, 연령, 성, 성격 등에 따라 달라진다. 대부분의 사람들은 직업을 생존을 위해 필수적인 것으로 간주하지만, 어떤 사람들은 창의력을 발휘하거나 자부심을 획득하기 위한 기회로 간주하기도 한다.

또한 취업에 대해 전통적으로 남녀 간의 차이가 발생하는데, 남성은 직업을 자기정체감의 중심적인 부분으로 느끼도록 사회화되는데 비해, 여성은 직업에 대한 복합적인 사회화 경험을 갖고 있다. 직업과 성취에 대해 포부를 갖도록 사회화되거나 결혼과 모성의 역할에서 만족을 찾도록 사회화된다는 것이다. 여성이 결혼 여부와 관계없이 직업세계를 추구하려고 하는 경향성은 높아지고 있으나, 남성 중심의 직장 문화와 자녀 양육의 부담 등으로 상당히 어려움을 갖는다(나병현, 2004). 직업선택과정에 영향을 미치는 요인은 가족적 요인, 사회관습적 요인, 상황적 요인, 사회경제적 요인, 개인적 요인, 심리사회적 요인, 직업에 대한 정확한 정보 등을 들 수 있다.

직업을 제대로 선택하기 위해서는 무엇보다 자신의 능력, 흥미 그리고 자아기대, 자신의 성격적 특성의 이해가 필요하다. 그리고 그 직업의 고유하고 일정한 수준의 기술적 전문성에 대한 이해가 필요하다. 특히 그 직업을 통해 얻게 되는 지위와 정책결정에 관한 상하관계를 인식해야 하며 직업이 갖는 위험과 요구, 고유특성에 대해 정확히 인지해야 한다. 또한 동료들과의 인간관계 형성, 문화의 규범에 대해서도 알아야 한다(이종복 · 전남련, 2007).

그러나 실제로 직업을 선택하는 과정에서 이러한 직업적 정보를 얻는 것은 쉬운 일이 아니며, 따라서 최선의 직업에 대한 결정은 매우 제한된 정보에 입각해서 이루어지는 경우가 많다. 청년기는 직업에 대한 실험과 훈련의 단계라고 볼 수 있으며 이러한 과정에서 자기 직업의 장점과 요구하는 대가를 파악하고, 자신의 고유한 직업역할을 미래와 연결시켜 생각하여야 한다.

슈퍼(Super, 1957)는 직업선택은 직업과 관련된 자아개념의 발달과 밀접한 관련성이 있다고 보면서 직업선택의 단계를 설명하고 있다(김봉환 외, 2006). 직업개념 형성기(14~18세)에서는 직업활동을 하는 자신의 이미지를 자아개념에 포함시킨다. 희망직업 세분화기(18~21세)에서는 선택가능한 직업의 범위를 좁히고 그에 필요한 기술과 전문지식을 습득한다. 직업수행기(21~24세)는 직업훈련과 교육을 마치고 직업세계로 진입하는 단계이다. 안정기(25~35세)에는 자신에게 적합하다고 평가한 직업에서 어느 정도 안정을 이루는 단계이다. 공교화기(35세 이후~)는 자신이 선택한 직업 분야에서 높은 지위를 획득하고 능력을 인정받고 성공하는 단계라고 할 수 있다.

4) 성역할 정체감(sex-role identity)의 완성

성인이 된 이후에 사회적 역할을 적절히 수행하기 위해서는 청년기에 성역할 정체감을 형성해야 한다. 성역할 정체감이란 사회가 적절하다고 인정하는 남자 또는 여자로서 특징지어질 수 있는 특성, 태도, 가치관, 흥미 등을 동일시하는 과정으로 그 성에 따른 사회의 역할기대를 내면화하는 과정이다. 성역할 정체감은 아동기부터 형성되기 시작해서 청년기에 완성된다. 성역할 정체감은 시대에 따라 계속적인 변화를 가져오는데, 남성은 남성다워야 하고, 여성은 여성스러워야 한다는 전통적 성역할은 현대사회가 오면서 상당히 달라지고 있는 것을 볼 수 있다.

6 사회복지실천의 대상이 되는 청년기의 문제와 사회복지사의 역할

청년기에 등장하는 도전들에 압도당했거나 심각한 고통을 겪고 있는 청년기의 클라이언트들을 사회복지현장에서 만나는 사회복지사들은 그들로 하여금 현실적인 목표를 세울 수 있도록 도와주어야 하며 능력과 세계를 보는 방식, 기대 등도 함께 이해해야 한다.

1) 건강프로그램

청년기의 신체적 기능 상태를 지속적으로 유지하기 위해서는 규칙적인 운동이 필수적이다. 사회복지실천현장에서는 청년기를 포함하는 지역 주민들을 위한 운동시설을 설치하거나 체육활동 프로그램을 개발하여 실시할 필요가 있다. 보건소나 식품회사 등과 연계하여 건강한 가정 식단 꾸미기 프로그램을 개발하여 보급하고, 금주 및 금연교실 스트레스 관리프로그램을 개발하여 실시해야 한다. 신체적 발달문제는 거의 없지만 교통·안전사고 등으로 인하여 중도장애인이 될 가능성이 존재하므로, 중도장애인의 재활과 사회복귀를 지원할 수 있는 프로그램도 개발 · 실시되어야 한다. 장애인복지 전문기관과의 유기적 의뢰체계를 형성할 필요가 있다(임은희, 2005).

2) 군 적응훈련 프로그램

우리나라의 청년기 남자들은 2년간의 군대생활을 해야 한다. 조직적이고 획일적인 군대생활은 그동안 자신의 행동양식이나 사고 체계를 요구하기 때문에 부적응문제를 발생시킬 확률이 매우 높다. 최근 자살과 구타, 탈영, 성문제 등 군대 내 각종 문제들이 언론에 노출되면서 군대에도 사회복지적 접근에 많은 관심을 두고 있다.

이를 위하여 군 입대 전에 군에 대한 다양한 정보와 아울러 적응훈련 프로그램을 실시하여 개인적으로 군대생활에 적응할 수 있는 시간을 가질 필요가 있다. 그동안 선배 혹은 친구로부터의 비공식적 정보에 의한 군 입대 준비가 더 큰 적응문제로 지적되어 왔다. 그리고 군 입대 전 정확한 신체적, 정서적, 정신적 테스트를 통해 문제 있는 청년들에 대한 사전 통제 및 특별관리가 절대적으로 필요하다. 또한 정기적인 군대 내 실태 조사와 모니터링을 통해 문제를 사전에 예방할 수 있는 시스템을 갖추어야 한다. 군대생활을 하는 청년들의 생활실태와 복지욕구를 정확히 분석하고, 이를 근거로 한 상담 프로그램과 집단프로그램 등 군인사회복지 실천모델을 개발 · 실시해야 한다(이종복 · 전남련, 2007).

3) 결혼준비 프로그램

또한 청년기에는 이성교제와 결혼도 중요한 발달과업 중의 하나이므로 청년기의 사랑과 결혼생활에 대한 다양한 정보제공과 예비 부모교육 프로그램, 예비부부교실 운영 등을 실시하여 원만한 가정생활을 영위할 수 있도록 도와야 한다. 현재 우리 사회는 결혼 초기에 이혼하는 가정이 늘어나고 있어 이에 대한 대비책도 필요하다. 구체적으로 부부교실을 운영하여 신혼기의 결혼생활 적응과 가족생활계획 수립을 지원하고, 부부상담을 통해 부부갈등의 해결을 지원함으로써 부부간에 친밀한 관계를 유지할 수 있도록 해야 한다. 이혼을 사전에 예방할 수 있도록 부부상담 프로그램을 보다 강화하고, 주부클럽 등을 조직하여 상호 교류를 촉진하는 것이 필요하다. 최근 만혼의 농촌총각에 대한 복지서비스 제공도 필요하며, 특히 다문화가족의 확대에 따른 결혼준비 프로그램도 사회복지실천에서 중요하게 다루어져야 할 부분이다.

4) 취업 프로그램

청년기는 직업선택과 준비가 중요한 과업 중의 하나이므로 취업상담 및 진로상담과 같은 활동이 있는 사회복지실천현장에서는 적성, 취미, 흥미, 성격, 가치관, 태도, 자아기대, 개인의 인성과 같이 사회 · 경제적 · 환경적인 면을 고려하여 자신에게 알맞은 직업을 선택할 수 있도록 원조해야 한다. 그리고 직업에 대한 다양한 정보와 전문적인 자질을 기를 수 있도록 환경을 마련해 주는 것이 무엇보다도 중요하다. 현재 청년 실업률이 점차 높아지고 있는 상황에서 직업선택에 대한 큰 부담을 갖고 있기 때문에 다양한 방법으로 이들을 도울 수 있는 방법을 모색해야 한다.

그러므로 사회복지기관에서는 직업적성을 정확히 인식하여 직업을 준비할 수 있도록 청년들을 위한 직업적성검사를 실시하고 직업훈련, 고용정보제공, 취업알선 사업, 직업체험 프로그램 등을 전개해 나가야 한다. 건전한 사회적 발달을 도모할 수 있도록 직업상담과 취업알선 서비스 프로그램도 필요하다.

그리고 전문적인 직업훈련기관이나 노동부 산하기관과 유기적인 직업훈련 의뢰체계를 형성할 필요가 있다. 특히 처음으로 접하는 직장에서의 원만한 대인관계 형성, 직장생활과 개인생활의 균형유지 문제 등에 대한 정보를 제공하는 것도 사회복지기관에서 해야 할 중요한 과업이며, 취업과 상급학교 사이에 고민하는 청년들에게 진로선택을 도와줄 수 있는 상담프로그램을 개설하여 운영하는 것도 바람직하다.

사회복지현장에서는 청년층 직업훈련을 수요자 중심으로 전환해서 지속적으로 추진해야 한다. 그리고 IT 고급 직업훈련을 확대하고 고졸 미취업자의 취업 능력 제고방안을 마련해야 한다. 또한 해외 교육훈련을 지원하고 제대 군인의 직업적응 대비 훈련도 실시해야 한다. 그리고 직업세계와 노동시장에 대한 청년층의 인식 수준 제고를 위해 초·중등교육에서부터 직업세계에 관한 학습프로그램을 학교사회복지의 일환으로 운영해야 한다.

그리고 청소년 관련 복지기관에서는 취업이나 창업과 관련된 과목을 개설하여 학생의 직업의식 고취 및 관련 정보에의 폭넓은 정보를 습득할 수 있도록 해야 한다. 그리고 직업정보, 창업프로그램, 이력서 작성법, 면접기법, 프리젠테이션 기법, 회의진행방법 등에 대한 교육도 이루어져야 하며, 학교에서 직장으로의 이행과정에 대한 체계적 이해와 분석을 위해 직업세계와 노동시장에 관한 다양한 정보를 체계적으로 구축하고 청년들이 이에 쉽게 접근할 수 있는 프로그램을 개발해야 한다. 현장중심, 실무중심의 교과 과정 개편을 위해서는 실험 실습시간을 대폭적으로 늘이며 양적 팽창보다는 질적인 수준 향상을 도모해야 한다.

실업문제 해결을 위한 사회복지실천현장에서 장애인들의 직업재활을 위한 노력에도 불구하고 취업률이 매우 낮은 현실에 직면하게 되는데, 그 이유는 이윤의 극대화를 목적으로 하는 기업주가 비장애인의 2분의 1 수준의 생산력을 갖는 장애인에게 취업의 기회를 주지 않기 때문이다. 이러한 문제를 해결하기 위해 법적으로 장애인고용촉진법을 마련하여 장애인을 의무적으로 고용하지 않으면 기업이 불이익을 받도록 하였다. 그러나 제도적 뒷받침을 위한 정부의 구체적인 방안이 마련되어 있지 못하고, 아직도 많은 장애청년들의 실업에 좋은 대안이 만들어지지 못하고 있는 실정이다.

5) 이혼

청년기의 사람들이 겪고 있는 문제 중에서 사회복지실천의 대상에 이혼문제도 포함된다. 이혼율은 해마다 증가 추세를 보이고 있다. 이혼을 하게 되는 이유로는 성격차이, 가족 간 불화, 경제문제, 배우자 부정, 학대 등을 들 수 있다. 이혼은 부부와 자녀의 삶에 심각한 손상을 초래하나, 혼인을 지속하는 것이 더 치명적일 경우에는 이혼을 하나의 대안으로 받아들이는 추세이다. 이혼이 결혼생활의 어려움을 해결하는 대안이라고 할 수도 있지만, 이혼에 대한 스트레스도 적지 않다.

이혼은 부부관계를 인위적으로 해체시킴으로써 가족구성을 붕괴시키고 가족 개개인에게 변화를 요구한다. 이혼을 문제해결 수단의 한 가지로 긍정적으로 보기보다 부정적인 측면으로 보는 것은 이로 인한 여러 가지 부담이 크기 때문이다. 즉, 자녀양육의 문제, 경제적 · 사회적 문제, 정서적 적응의 문제, 결혼으로 발생한 인간관계의 단절, 경제적 독립, 이혼에 대한 사회적 편견, 이혼자로서의 새로운 정체감 형성, 법적인 문제들이 남게 되고, 가족원들이 그 사실을 받아들여 적응하기까지는 긴장과 갈등을 겪어야 한다.

이혼으로 인한 경제적 어려움이 남성에게도 없는 것은 아니나 그 양상은 여성과 차이가 있다. 여성의 경우 주거 및 생계의 어려움이 가장 심각한 문제로 대두되나, 남성의 경우에는 사업상의 어려움 혹은 이혼 시 재산분할의 문제로 인한 재산 감소 문제,

불규칙한 생활로 인해 수반되는 지출 과다 문제로 경제적 어려움을 느낀다. 따라서 남성들이 이혼 후 겪는 어려움은 절대적 빈곤의 문제라기보다 상대적 빈곤감으로 인한 심리적 갈등 또는 가정 내 살림을 직접 해야 하는 어려움이 더 크다고 볼 수 있다.

그리고 이혼은 남녀 모두에게 신체적 · 정서적 건강상의 문제를 야기한다. 이혼자의 자살률이 결혼자의 서너 배가 된다는 점만 보더라도 이혼이라는 사건이 부부에게 미치는 영향을 짐작할 수 있다. 이혼자들은 이혼 직후 극도의 정서적 불안정, 분노, 우울, 불안, 충동적 · 반사회적 행동 등을 나타내기도 한다(엄신자, 2007).

이혼은 한 가족의 해체를 의미할 뿐만 아니라 부부와 관련된 형제, 친인척, 친구들과의 관계도 변화시킨다. 아무리 형제라 하더라도 이혼자는 부담스러운 존재가 될 수 있다. 이들은 이혼자가 겪는 고통과 어려움을 이해하고 지지하기보다는 오히려 외면하고 싶어 한다. 특히, 집안 체면을 중시하는 가족일수록 이러한 현상은 두드러진다. 따라서 이혼자들은 혼자 자신의 고통을 감내해야 하고 때로는 가까운 가족들에게서 더욱 상처를 받기도 한다. 그리고 이혼 후 한부모가 양부모의 역할을 다하기에는 이해와 능력이 부족하고 결과적으로 의사소통의 어려움까지 따른다. 그리고 부모의 이혼에 의해서 가족 연대감이 파괴되었을 때 자녀들은 감정적 · 정서적 타격을 받는다. 따라서 이혼가정의 자녀들은 가정, 학교, 사회, 이성문제에 부적응 현상을 초래할 경향이 있다.

이혼 이후의 적응을 위해 사회복지기관에서는 우선 이혼자로서의 새로운 정체감을 형성할 수 있도록 도와야 한다. 이혼으로 인한 스트레스를 제대로 대처하기 위한 프로그램이 필요하다. 데이트를 하거나 새로운 친구를 사귀는 것과 같은 사회적 활동을 하고, 공부를 다시 시작하거나 학습에 관련된 활동을 하는 것이 좋다. 그리고 무엇이 잘못된 것인지를 숙고하고 이혼에 대해서 개인적으로 이해하고자 하는 노력과 아울러 이혼에 관련된 감정들을 표현하고 털어놓는 것이 중요하다. 취직을 하거나 자립을 시도하고 집을 가꾸며 아이들을 더 열심히 돌보는 것과 같은 가족에 관련된 활동도 좋다.

이혼은 한쪽 부모의 부재로 인해 부모역할의 문제가 나타날 수 있으므로 한부모 상태에서의 부모역할에 대한 교육과 함께 그러한 역할을 할 수 있도록 역할연습을 할 수 있는 프로그램이 필요하다. 그리고 한부모가족이 겪을 수 있는 여러 가지 어려움과 갈등을 해결할 수 있도록 해주는 가족상담이나 치료가 필요하다. 직업에 종사하고 있어 자녀와 함께 모일 수 있는 시간적 여유가 부족한 한부모를 위해 가족이 집에 있는 상태에서 사회복지사가 직접 방문하여 가족상담이나 가족치료를 하는 아웃리치 프로그램이 모색될 필요가 있다.

또한 가족구성원 모두가 모이기 어려운 경우, 자녀나 편모(혹은 편부)만을 대상으로 단기가족치료를 실시함으로써 가족문제에 도움을 줄 수도 있다. 가정봉사원 등을 파견하여 산후조리를 원조하거나 자녀양육을 지원하거나 한부모가족의 자녀들에 대한 양육지원 사업, 방과후 보호사업 등 다양한 사업도 필요하다.

그리고 한부모가족에게 잠재적으로 지지가 될 수 있는 공식적, 비공식적 지지망을 확인하여 이들을 한부모가족에게 연결해 줄 필요가 있다. 이들은 심리적인 단절감과 고립감을 느낄 뿐만 아니라 가족 내 여러 가지 문제로 함께 의논하고 얘기할 대상이 필요함을 느낀다. 따라서 친척이나 친구, 혹은 이웃이나 사회기관 중에 한부모가족에게 지지가 될 만한 자원을 찾아내어 한부모가족과 연계시켜 주어야 한다.

특히 자조집단을 형성하여 줌으로써 정기적인 모임을 통해 자신들에게 생길 수 있는 정서적·생활적 문제를 해결할 수 있는 지지체계를 마련할 필요가 있다. 동년배의 편모(혹은 편부)를 대상으로 10~12명 정도의 규모로 구성한다. 이들은 서로 자신들의 문제와 관심사를 논의함으로써 따뜻하고 지지적인 장을 제공하고, 서로의 정보를 교환할 뿐 아니라 지속적인 상호작용을 통해 도움을 주고받을 수 있다(손광훈, 2008).

6) 불임

불임이란 부부가 임신할 수 있는 능력이 없는 상태로, 일반적으로 1년 혹은 그 이상 정상적인 부부생활을 하지만 임신이 되지 않는 것을 말한다. 전체 부부 중 10~15%가 불임으로 추정되는데, 불임의 원인은 남성 40%, 여성 40%, 둘 다의 책임 혹은 원인 미상 20%를 차지한다. 여성의 경우는 골반염증질환, 배란 실패, 나팔관 폐쇄, 자궁경부의 비정상적 점액 등에 의해 불임이 되며, 남성의 경우는 환경오염 등에 의한 정자 수 부족, 건강상태 악화, 성행위 변화, 음낭과 고환의 고온, 스트레스, 감염, 신체적 이상, 약물 등이 원인이 되고 있다. 또한 부부 사이의 관계도 불임의 원인이 될 수 있는데, 성관계의 시기 및 빈도, 성 기술, 정자를 공격하는 여성의 항체 등이 그것이다(나병현, 2004).

불임상황에 놓인 클라이언트를 위한 사회복지실천에서는 불임에 대한 심리반응에 따라 적절한 대응이 필요하다. 남성과 여성으로서의 자신의 능력에 대한 심한 좌절감을 경험하고 있는 클라이언트를 위해 의학적인 불임 개입을 순차적으로 제안하거나 입양과 같은 제도를 통해 자녀양육의 기회 및 가족의 변화를 시도할 수 있는 기회를 제공한다(이소희 외, 2005).

Chapter 12
장년기

CHAPTER

12 장년기

장년기는 40세부터 노년기 시작 전인 64세까지로 규정한다. 그 이유는 노인복지법에 노인을 65세로 규정하고 있기 때문이다. 에릭슨은 이 장년기를 생산성 대 침체성의 특성을 보이는 시기로 규정하고 있는데, 생산성이란 자신보다는 타인, 현재보다는 미래를 위한 일을 하는 것으로 한 세대가 다음 세대에 물려줄 문화와 사회질서를 발전시킬 기초를 구축하는 것을 의미한다. 즉, 자신의 자녀에 대한 것뿐만 아니라 미래에 대한 진정한 관심을 내포하며 다음 세대를 양육하는 것이다. 이를 위해 자녀를 보호하고 직업생활에 능동적으로 대처하며 가정에 대한 책임과 사회적인 책임을 감당한다. 이러한 가정생활, 자녀양육, 직업역할을 만족스럽게 성취하지 못할 경우 침체에 빠지게 되는데, 침체란 심리적인 성장이 결핍되고 자신의 에너지와 능력을 자기만족을 위해서 사용하는 것을 의미한다. 자신의 무능력이나 열악한 환경조건 때문에 자신이 생각하던 인생의 목표를 달성하지 못하고 사회를 위해서도 의미 있는 기여를 하지 못했다고 느낄 때 침체를 경험한다.

어떤 사람들은 장년기를 인생의 전성기로 보는 사람이 있는가 하면 어떤 사람은 장년기를 인생의 쇠퇴기로 보는 사람도 있다. 장년기를 인생의 전성기로 보는 것은 경제적으로 상당히 안정이 되어 있고, 다양한 삶의 영역에서 경험을 통하여 다양한 삶의 지혜를 터득한 상태이며 집안에서 높은 지위와 책임을 갖기 때문이다. 장년기를 인생의 쇠퇴기로 보는 것은 이 시기에 신체적 퇴행이 이루어지기 시작하기 때문인데, 20대 이후에 노화가 지속되지만 장년기가 되어서야 신체적 능력의 감퇴와 노화를 실감하기 때문이다. 장년기의 위기를 잘 극복하지 못할 경우 침체된 삶을 살아갈 수밖에 없다(이종복 · 전남련, 2007).

장년기를 전환의 시기로 지적한 사람은 융(Jung, 1933)이다. 그는 사람들은 삶의 전반부에서 자신의 외부 세계를 다스리지만 삶의 후반부에서는 개인적인 한계와 질병이나 사망을 지배할 수 없다는 것을 이해하면서 점점 더 내면세계에 초점을 두기 시작한다고 했다. 외적인 변화와 함께 심리적인 공허감 내지 청소년들이 겪고 있는 정체위기를 새롭게 경험하는 시기의 중장년은 제2의 사춘기라는 표현으로 설명되곤 하는데, 슬기롭게 장년기를 극복해 갈 수 있도록 자기관리를 해야 한다(홍숙기, 2004).

1 신체적 변화

장년기에는 건강상태는 양호하지만, 신체적 능력과 육체적 힘, 반응시간, 건강이 감퇴한다. 신장이 줄어들고 허리둘레와 체중이 늘고 배가 나오기 시작하며 머리카락이 빠지고, 피부는 탄력이 줄고 주름이 생기며 수분 부족으로 갈라지기도 한다. 신진대사 활동이 둔화되어 활기를 잃고, 육체적인 힘이 약화되는 것을 느끼면서 건강유지에 보다 많은 관심과 주의를 가진다. 밤샘을 하거나 격렬한 운동 후 회복도 더디다. 심장 및 신장 기능이 저하되고, 위 효소분비가 저하되며, 질병에 대한 저항력과 회복력이 낮아진다. 관절염, 당뇨병, 심장병, 고혈압, 암, 전립선 비대, 담석증, 신장결석, 척추통증과 같은 성인병에 노출될 가능성이 높아진다.

감각기관의 변화도 오게 되는데, 시력의 변화로 돋보기를 착용하게 되고, 청각 신경세포가 둔화되며, 미각, 촉각, 후각 등도 서서히 둔화된다. 그러나 사냥, 낚시, 골프 등과 같이 육체적 에너지가 많지 않고 경험성이 중요한 활동의 경우는 나이가 들면서 더 잘 수행한다. 성적 변화로는 남성의 경우는 발기불능, 여성은 질의 탄력성 감소와 분비물질의 감소로 성교통과 염증 등의 증상을 경험한다.

이와 같은 노화는 이중적 기준을 갖고 있다. 흰머리, 거친 피부, 눈가의 주름은 남성에게는 탁월함, 숙련, 경험 등을 의미하고 매력으로 여겨지지만, 여성에게는 매력적이지 못하다는 표시로 받아들여진다는 것이다.

2 성적 변화

장년기에는 남녀 모두 갱년기를 경험한다. 여성의 경우 난자가 거의 다 배출되며 40대 후반에서 50대 초반 사이에 폐경을 경험한다. 폐경이란 여성호르몬(에스트로겐)의 생성이 감소하면서 월경이 멈추고 더 이상 임신할 수 없게 되는 것을 말한다. 폐경의 평균 연령은 51세이며, 2~5년간 신체 변화를 겪는다. 난소와 나팔관이 작아지며 자궁은 오그라들고 유방도 탄력을 잃고 작아진다. 근육의 탄력성이 줄어들고 폐경 여성의 약 4분의 1은 골다공증을 경험한다. 약 50%의 여성이 안면홍조(작열감)를 경험하거나 두통, 메스꺼움, 현기증, 골반통, 유방통증, 그리고 호흡장애 증상과 같은 다양한 신체적 증상과 심리적 증상을 경험한다. 그리고 이러한 심리적 변화는 역할변화까지 동반하게 되면서, 중년기 여성들에게 상징적 사건이 된다.

폐경은 중년의 여성들에게 심리적으로 긍정과 부정의 이중성 감정을 느끼게 한다. 즉, 월경의 성가심과 임신을 염려할 필요가 없다는 점에서 긍정적으로 느끼지만, 여성으로서의 매력을 잃었다는 생각에 우울, 불안, 자기비하 등에 빠지기도 한다는 것이다. 최근에는 여성주의적 시각에서 폐경을 '완경'이라는 표현을 쓰며, 여성의 가장 큰 특징이 출산을 종료하는 완성된 여성으로서의 지위를 획득하는 시기라는 뜻을 강조하고 있다.

남성들은 갱년기가 되면 호르몬의 생산이 감소되고 정자 수와 정자의 활동성이 저하되어 수정 능력이 감소됨에 따라 여성의 폐경기와 유사한 중년의 위기를 경험한다. 관절통, 피부노화, 피곤, 두통, 불면, 작열감, 가려움증, 발한, 식욕저하, 발기불능 등의 신체적 변화와 더불어 성적 흥미 감소, 불안, 우울, 자신감 결여, 집중력 저하, 자기 인생에 대한 전반적인 회의, 노화에 대한 두려움 등의 심리적 변화를 함께 겪는다. 장년기에 남성은 자기 삶의 모든 부분에 의문을 제기하고 재검토하면서 중년의 위기를 경험한다. 중년의 위기는 인생의 반을 지나 자신이 수행해야 할 과제에 비해 남은 시간이 짧다는 인식에서 비롯된다. 나이에 따른 신체적 변화, 부모로서 자녀양육 시 저지른 실수에 대한 후회, 직업에 대한 불만 등으로 인하여 정신적 허무감이나 불안, 우울 등을 경험한다.

3 인지적 변화

장년기에는 일상생활에 지장을 초래할 정도로 인지적 반응속도가 늦어지는 것은 아니지만, 기억력 감퇴현상이 나타난다. 비록 새로운 학습능력은 저하된다 하더라도 오랜 경험을 통해 획득한 지혜가 있기 때문에 문제해결능력은 높아진다. 청각적 기억은 40세 이후부터 일정하게 유지되고, 시각적 기억 역시 60세까지는 감퇴 없이 유지된다. 기억능력도 감퇴하는 것처럼 보이는 이유는 정보처리시간이 길어지기 때문이다.

블룸(Bloom)에 의하면, 약 4세까지 한 사람의 최대 지능의 50%, 8세까지 80%가 발달하고, 17세경에 정점에 달한 후 45세까지 평행을 유지하다가 그후 완만한 감소 추세를 보인다고 한다(Shaffer, 2005). 성인기 중기 이후에 지적 감퇴가 시작되며 이는 노화의 불가피한 결과라고 주장한다. 또 다른 연구에서는 60세 이전까지 지적 능력의 감퇴를 보이지 않으며, 70세가 넘어서야 점차로 감소하는 경향을 나타낸다고 지적하고 있다. 일반적으로 장년기에서는 유동적 지능은 떨어지는 경향을 보이나, 결정화된 지능은 지속되며, 특히 전체적으로 분석하고 통합하는 능력은 더 발달하는 것으로 본다.

4 사회심리적 변화

1) 가족생활의 요인

장년기의 부모는 가족성원의 지위에 따라 책임과 권리를 공평하게 배분해야 하며, 가족생활과 관련된 합리적 의사결정을 할 수 있는 능력을 지니고 있어야 한다. 그리고 가족성원들의 성장과 발달을 지원할 수 있는 안정된 가족환경을 조성해야 한다. 특히 성공적 가족관리를 위해 가족을 위한 시간계획과 미래목표를 설정해야 한다.

이러한 장년기에는 부모역할과 자녀역할을 동시에 수행하기 때문에 위기감을 느끼기도 한다. 결혼생활과 가정에 대한 재평가 및 과거와 미래, 성취 및 실패에 대한 생각에 집착하다 보면 불안, 우울, 집중력 감소, 피로 수면장애, 초조, 흥미 상실 등의 증상을 경험한다.

2) 자녀교육 요인

장년기의 부모는 아동의 변화에 맞는 자녀교육 및 훈육방식을 선택적으로 활용할 수 있는 능력을 지녀야 한다. 자녀가 청소년기로 이행하는 시기이기 때문에 청소년의 독립을 인정하는 방향으로 부모-자녀관계를 재조직하고, 전체적인 가족관계를 재조정해야 한다. 이러한 자녀교육이 제대로 이루어지지 못하면 가족 간의 불화가 발생하며, 자녀의 진학 및 비행 등으로 인한 심한 스트레스를 경험한다.

3) 직업적 성취 요인

장년기의 직업생활은 가족의 생계유지, 사회적 관계의 유지뿐만 아니라 자신의 생활 전반에 영향을 미칠 정도로 매우 중요한 요인이 된다. 즉, 직업적 성취도가 최고조에 이를 가능성과 직업적 전환을 해야 하는 가능성이 공존하는 시기가 바로 장년기이기 때문이다. 즉 직업적 성공의 기회이기도 하지만 직업을 바꾸어야 하는 위기상황에 직면하기도 하여 삶의 다른 영역에서 실패를 두려워하기도 한다는 것이다. 만족스런 직업생활과 효과적인 과업수행을 위해서는 직장의 상사나 동료로부터 신임을 얻을 수 있는 대인관계 기술을 습득해야 한다.

장년기는 가장 생산성이 높은 시기인 만큼 직업에서의 성취욕구도 높고 일도 많은 편이며, 따라서 직업에 따른 스트레스도 높다. 퇴직할 때까지 재직하는 것이 일반적인 경향이었으나 노동시장이 유연화됨에 따라 이직이 많아지고 조기 실직도 증가하고 있다. 장년기에 경험하는 실직은 청년기보다 훨씬 더 대응하기 어려우며, 재취업에 실패하거나 재취업하더라도 봉급이나 지위 면에서 하향 취업하는 경향이 많다. 장년기의 직업 스트레스는 과로사, 질병 등의 원인이 되고 있다. 2002년 조사에서는 40대 남성 사망률은 여성의 세 배로 보고되고 있다.

레빈슨(Levinson, 1978)은 중년기의 남성들은 직업에 갇힌 것 같다는 느낌, 성취감 상실, 지루함 등 직업에 대한 불만 증가로 직업을 전환하거나 결혼갈등, 자살시도, 수면장애의 심리적 위기를 겪는다고 설명하고 있다(김도환, 2002).

4) 여가활동 요인

장년기는 직업 활동, 생리적 욕구충족 등과 같은 생활시간을 제외한 잔여시간에 휴식, 기분전환, 사회적 성취 및 개인적 발전을 도모하는 활동이 필요한 시기이며, 여가를 통한 인간관계의 네트워크가 강화되기도 하는 시기이다. 과거로부터 이어져 온 사람들과 혹은 같은 여가활동을 하는 사람들과의 관계망이 중요시되기 때문에 장년기에는 한두 개의 동호인 모임이나 친구모임을 갖는 것이 심리적 안정감과 휴식에 도움을 준다.

그리고 여가시간이 많아질 퇴직에 대비하여 여가에 대한 예비사회화가 필요하다. 갑작스러운 노후생활은 무료함과 외로움을 줄 수 있기 때문에 노년기를 대비한 등산, 그림, 골프, 단전호흡, 음악감상 등의 스포츠나 문화 여가생활이 장년기에 이루어져야 한다.

5) 자아정체성의 위기

장년기의 여성은 자녀에 대한 염려, 남편과 노부모 걱정, 자아실현 문제 등으로 심한 위기감을 느끼는데 특히 자녀의 학업성적이나 진로 등 자녀문제로 큰 스트레스를 받는다(Troll, 1982; 박재간, 1995 재인용). 자아정체성은 자신이 더이상 아내, 어머니 역할을 수행하는 존재가 아니라는 자각을 하게 되면서 혼돈스러워지게 되고, 독자적으로 자아정체성을 수립하고자 하는 욕구에 직면한다. 품에 있던 자식들이 자기 갈 길을 가게 되면서 집에 홀로 있게 되는 여성의 경우는 텅 빈 감정을 느끼게 되고, 가전제품의 발달은 가정 내 여성의 가사노동으로부터 시간적 여유를 주고 주부역할을 감소시켜 주기 때문에 삶의 의미를 찾지 못하는 경우 우울증 유발의 요인이 되고 있다.

5 장년기의 발달과업

레빈슨(Levinson, 1978)은 장년기에 세 가지 발달과제를 제시하였는데, 첫째, 자신의 과거에 대한 재평가를 받고자 한다는 것이다. 이것은 자신의 죽음에 대한 의식이 강해진 것과 남은 시간을 현명하게 사용하고자 하는 의도에서 비롯된 것이라 할 수 있다. 둘째, 인생의 새로운 시작을 경험하는 것이다. 삶의 기존 구조에서 부정적인 요소들을 수정하고 새로운 요소들을 갖추기 위한 선택들이 이루어져야 한다는 것이다. 셋째는 장년기에는 개별화와 통합화가 이루어져야 한다. 젊음과 늙음, 파괴와 건설, 남자다움과 여자다움, 애착과 분리 등 양극의 중간에 처한 상태를 이해하고 이러한 상반되는 경향이 자신의 생활에 통합되어야 하는 것을 말한다. 장년기 이전에는 반대의 관계로 경험하던 상태나 경향, 즉 양극에서 그중의 하나에만 해당될 수 있고 동시에 둘의 상태를 취할 수 없다고 느끼던 것을 통합할 수 있어야 한다(김도환, 2002).

굴드(Gould, 1978)는 여기에 비합리적 가정(假定)을 벗어나야 한다는 과제를 추가로 부여하였다. 비합리적 가정이란 안전이 영원히 지속된 것이라는 가정, 자기가 사랑하는 사람들에게는 죽음이 일어나지 않을 것이라는 가정, 배우자 없이 사는 것이 불가능하다는 가정, 가족 밖에서는 어떠한 삶이나 변화도 존재할 수 없다는 가정, 자신만이 순수하다는 가정 등이다. 이러한 비합리적 가정에서 벗어나야 자신의 장점뿐만 아니라 단점도 분명하게 알게 된다는 것이다(김애순, 2005).

6 사회복지실천의 대상이 되는 장년기의 문제와 사회복지사의 역할

1) 건강문제

장년기는 신체구조의 변화와 신체기능의 저하로 인하여 성인병에 걸릴 위험성이 증가하는 시기이다. 그러므로 사회복지기관에서는 성인병 예방을 위한 건강교육이나 건강상태 프로그램을 실시하고 건강을 체크할 수 있는 간단한 검사도 제공해야 한다. 그리고 건강관리와 유지를 위한 운동시설을 설치하여 지역주민들에게 개방하는 것도 필요하다. 만성질병이나 장애를 앓고 있는 장년기 가정에는 가정봉사원을 파견하거나 간병인을 연결할 필요가 있으며, 중도장애인의 성인재활을 지원하기 위한 각종 재활 및 치료프로그램을 실시해야 한다. 갱년기에 나타나는 정서적·신체적인 변화에 잘 적응하고 장년기의 정신장애를 사전에 예방하기 위해서는 개인상담, 집단상담, 부부상담을 강화할 필요가 있다(이명재 외, 2005).

2) 직업과 실직에 의한 스트레스

장년기의 실직은 심각한 위기를 가져오기 때문에 이에 대한 대처 방안도 마련되어야 한다. 실직으로 인한 경제적인 손실보다는 심리적인 문제가 더 크게 작용할 수 있기 때문에 실업보호, 재정지원에 관한 상담, 재취업과 관련된 정보제공 등 고용과 관련된 서비스를 제공해야 한다. 장년기 사람들의 사회적 발달을 지원하기 위해서는 고용 관련 서비스를 가장 적극적으로 수행해야 한다. 즉, 직장인들의 스트레스와 긴장해소를 위한 다양한 상담 및 여가프로그램이 직업적 스트레스로 인한 다른 생활영역에의 부정적 영향을 예방할 수 있기 때문이다.

장년기에 처음으로 취업을 원하거나 재취업을 원하는 경우에는 직업훈련과 고용알선사업을 실시해야 하며, 자발적 직업전환을 원하는 경우에는 심리상담 서비스, 직업 및 창업정보제공, 장단기 직업훈련, 고용알선 등의 서비스를 제공해 주어야 한다. 비자발적 퇴직을 당한 장년기 성인을 위해서는 앞서 열거한 고용 관련 서비스 이외에 실직자를 위한 쉼터, 고용보험 수혜절차에 대한 상담과 가족에 대한 재정지원 서비스도 함께 실시해야 한다.

취업을 희망하지만 취업에 필요한 특별한 기술이 없거나 장애인을 포함하여 신체적 기능이 매우 낮은 사람들을 대상으로 한 부업알선이나 공동작업장 운영을 통하여 수입보전과 함께 자존감을 유지할 수 있는 기회를 제공해 줄 필요가 있다. 직업적 실패로 인하여 알코올이나 마약에 중독된 성인을 위해서는 단주집단이나 약물치료 프로그램을 직접 실시하거나 전문 의료기관에 의뢰해야 한다(이종복 · 전남련, 2007).

3) 성위기와 부부갈등

장년기에는 성위기를 경험한다. 장년기에 찾아오는 결혼의 위기는 성 만족도와 관련이 깊다. 성위기는 빈껍데기 결혼(empty-shell marriage)으로 이어질 수 있다. 배우자 상호 간에 애착을 느끼지 않으면서도 이혼으로 인한 경제적, 심리적, 사회적 불이익을 피하기 위해 결혼을 유지하는 상태를 말한다. 빈껍데기 결혼은 활력이 없는 관계로 권태와 냉담의 분위기를 갖거나 갈등에 길들여져 말다툼, 대립, 갈등, 긴장, 비꼬기 등이 만연된 부부관계를 보인다. 또한 소극적으로 적합한 관계로 행복하지는 않지만 그럭저럭 괜찮다고 느끼면서 살기도 한다.

이러한 부부갈등, 이혼 등으로 심리적인 고통을 받고 있는 사람들을 위하여 다양한 상담서비스가 마련되어야 하며, 성적 무능력으로 인하여 고통을 받는 중년 남성이나 그 배우자를 성치료 전문기관에 의뢰할 수 있는 체계도 갖추는 것이 바람직하다(박재간, 1995).

4) 빈곤

장년기에 빈곤하게 사는 사람들에 대한 지원은 사회복지현장에서 많이 볼 수 있는 사례이다. 빈곤이란 기본적 욕구가 충족되지 않을 정도로 물질적으로 부족한 상태이다. 빈곤으로 인해 의료서비스를 제대로 이용하지 못하는 경우가 많으며, 자녀들의 과외 및 학습지원 부재로 인해 빈곤이 대물림되는 경우가 많다. 빈곤으로 인한 가정불화와 아울러 자녀들의 청소년 비행 문제까지 이어지는 양상을 보이고 있다. 불안정한 결혼, 절망감, 낮은 자아존중감 등으로 사회생활에 실패하고 빈곤한 생활을 지속한다.

빈곤의 원인은 실업, 허약한 신체 건강, 정서적 문제, 약물중독, 낮은 교육수준, 성차별, 부채, 정신지체 등 매우 다양하며, 세대 간 전수되는 것이 특징이다. 빈곤의 원인을 제거하기 위한 사회프로그램이 필요하다. 특히 이혼 혹은 사별로 인한 한부모가족의 부양자의 경우, 소득원의 부재로 인한 어려움은 더욱 커질 수밖에 없다. 안정된 가족생활을 영위할 수 있도록 지원하는 사회지지체계의 개발이 필요하다.

5) 여성의 우울증

중년기의 남성은 사회생활과 직장의 일로 바쁜 반면에 여성은 직업이 없으며 하루 종일 집에서만 있게 되고 자신이 살아온 과거에 대한 삶의 회환과 후회를 느끼는 경우에는 소외감과 심리적인 고통을 경험한다. 소위 갱년기 우울증과 같은 심리적 상태가 이 시기에 많이 발생하므로 성인 자녀의 출가 이후에 부부간에 정서적 유대감을 발전시키고 관심을 유지시키는 것이 그 어느 시기보다 중요하다.

이를 위하여 사회복지실천에서는 여성의 잠재능력을 발견시켜 자아실현을 원조할 수 있는 여성 사회교육 프로그램과 여가선용 프로그램이 마련되어야 한다. 자원봉사활동이나 사회단체 활동, 문화여가활동 참여로 잠재능력을 발견할 수 있는 기회를 제공해 줌으로써 이들의 자아실현을 원조하고, 치료를 지원하기 위해 직접 심리치료를 실시하거나 정신병원에 의뢰할 수 있는 체계를 마련할 필요가 있다. 생리적 변화, 직업에서의 실패, 부부갈등과 이혼 등이 원인이 되어 나타나는 중년기 위기를 성공적으로 지원할 수 있는 프로그램을 실시해야 한다.

6) 여가생활

최근 들어 장년기의 성인들에게 사회복지현장에서 관심을 많이 기울이는 부분이 여가생활지원 부분이다. 인간의 평균수명 연장, 가족생활의 변화, 근로여건의 변화, 주 5일제 근무시행 등으로 인하여 여가 시간이 증가하고 있고 여가에 대한 인식도 예전과 다르게 많이 변화되고 있다. 여가는 직업 활동, 생리적 욕구충족, 휴식, 기분전환, 사회적 성취 및 개인적인 발전을 도모하는 중요한 활동이다. 그러므로 장년기에는 여가(recreation)에 대한 사회교육 프로그램이나 여가선용 프로그램에 참여하여 여가기술을 익혀두는 것이 좋다.

7) 가정해체

개인상담 및 가족상담을 통하여 가족 내 갈등을 사전에 예방하고, 아동, 청소년, 노인, 장애인의 보호와 재활을 지원하기 위한 각종 서비스를 실시하여 중년기 가족의 미흡한 기능을 보완해 주고, 부랑인 복지서비스, 시설 보호사업 등을 실시하여 해체된 가족기능을 대체해 주는 지원체계가 필요하다.

Chapter 13
노년기

CHAPTER

13 노년기

노년기는 인생의 마지막 시기이다. 1883년에 독일이 세계 최초로 실시한 사회보장체계의 수급 연령 기준을 65세로 정한 후 대체로 그 이후의 시기를 노년기로 보는 경향이나, 고령화 사회로 접어든 현실과 노인복지 문제를 고려할 때 75세 이하의 비교적 젊은 노인집단과 75세 이상의 최고령 노인집단으로 세분화하여 설명하는 경우도 있다.

한 사회에서 65세 이상이 전 인구에서 차지하는 비율이 7% 이상이 되면 그 사회를 고령화 사회(aging society)라 하고, 14%를 넘어서면 고령사회(aged society)라고 한다. 우리나라의 경우, 2,000년에 고령화 사회로 접어들었으며, 출산율 저하, 평균 수명 증가 등으로 인구 노령화의 속도가 빨라져 7%에서 14%로 두 배가 되는 기간이 약 22년 정도가 될 것으로 예상된다(프랑스 115년, 미국 71년, 영국 및 서독 45년).

펙(Peck, 1968)은 노년기의 세 가지 중요한 특징을 다음과 같이 설명하고 있다. 첫째는 자아 분화이다. 은퇴의 영향으로 오랫동안 종사해 온 직업에서 떠나 새롭게 시작하는 활동들에서 만족을 얻을 수 있도록 개인적인 가치가 재평가되고 재정의 되어야 한다. 이것은 은퇴라는 상실로 고통스러워하기보다는 지속적으로 활기 있는 삶을 사는 것이 성공적인 노화에 필수적이다. 둘째는 신체 초월이다. 은퇴 시기가 되면 대부분의 사람들은 신체적 약화를 경험하는데, 삶의 안락을 신체적인 건강과 동일시해 온 사람들은 건강의 쇠퇴를 큰 충격으로 받아들인다. 그러나 쇠퇴하는 건강에도 불구하고 삶을 즐기는 사람들도 있다. 이들의 가치체계에서는 삶의 만족에 대한 사회적, 정신적 요소들이 신체적 요소를 초월했다고 볼 수 있다. 셋째는 자아초월이다. 노년기에는 자신이 죽을 것이라는 것을 이해하고 받아들여야 한다. 이러한 적응은 오히려 후손을 위하여 자신의 삶을 좀더 의미 있는 것으로 만들고자 하는 적극적인 노력이다. 그러므로 성공적으로 노화하는 사람은 자아를 초월하여 인간의 문화를 영속화하고자 열심히 활동하는 사람이다(정옥분, 2005).

1 신체적 변화

노년기에는 신체에 외형의 변화가 오며 뇌의 기능이 저하되어 노화현상이 온다. 노화란 수정에서부터 시작되어 사망에 이르기까지 일생을 통해 계속적으로 일어나는 생물학적 자연 현상으로써 신체 전반에 걸쳐 일어나는 기능, 구조 및 생화학적 변화로 정의한다. 즉, 출생, 성장, 성숙 과정은 모두 정상적인 노화의 일부분이다. 노화로 인하여 내부 환경을 제어하는 능력이 떨어지고, 생존 확률이 감소한다. 노화현상은 반드시 65세 이후에만 발생하는 것이 아니다. 차차 나이가 들어가면서 이미 부분적으로 변화들이 발생한다.

체중은 60세 이후부터 세포 수 감소에 의한 조직 중량으로 감소되기 시작한다. 이것은 단백질 섭취량과 단백질 동화에 관련되는 성호르몬이 감소되기 때문이다. 췌장 및 흉선의 중량 감소가 현저하여 성인기에 비해 노년기에는 췌장은 약 60%까지, 흉선은 거의 관찰할 수 없을 만큼 감소한다. 그외에 간장, 신장, 부신, 골격근, 생식기, 뇌 등 거의 모든 조직의 중량이 감소한다. 골격근의 감소가 가장 현저하게 나타나며, 심장 박출량과 심장 박동능력이 감소하고 심장판막의 석회화로 각종 심장질환, 폐 질환, 신장질환에 걸릴 가능성이 높아진다.

피부의 탄력이 떨어져 주름이 늘고, 색소침착으로 노인성 반점이 나타나며 어깨가 구부정해진다. 감각이 전체적으로 둔화되는데, 촉각은 피부가 거칠어져 둔화되며, 기온 변화에 민감하여 더위와 추위에 잘 대처하지 못한다. 감각기관의 식별 능력, 감수성이 저하되는데, 짠맛 및 단맛의 역치가 상승하여 이들 맛에 대한 식별 능력이 현저히 감소하여 음식을 만들 때 지나치게 짜거나 달게 만드는 경향이 있다. 타액선의 위축에 의해 타액 분비 및 타액의 프티알린 양이 감소하기 때문에 음식을 먹을 때 꼭꼭 잘 씹어 먹어야 한다. 또한 치주질환과 치아 부식은 노인의 식욕 저하 현상을 가져오기도 한다. 장년기와 같은 열량을 노년기에 섭취하면 열량 초과 공급으로 비만해질 수 있으므로 영양 섭취의 균형에 신경을 써야 한다.

노인의 장은 위축, 연동 운동이 약화되며, 장벽의 근육이 약화되고 음식물의 통과 시간이 길어진다. 특히 복강 내 지방의 저장량이 많을 때 장관 운동, 소화 활동이 나빠진다. 이로 인하여 설사와 변비가 나타난다. 따라서 노년기에는 지방과 섬유질 공급으로 장벽을 적절하게 자극하여 변통이 원활하도록 해야 한다.

노인의 뇌 활동은 암기, 계산, 독서 등의 자극을 계속 주면 고연령까지 향상을 지속할 수 있다. 따라서 이러한 활동으로 치매를 방지할 수 있다. 노인들이 건강한 정신을 유지하기 위해서는 일상적으로 뇌의 활동을 자극하는 것이 제일 중요하며, 보람을 느낄 수 있는 적극적인 생활을 통하여 생활의 활력을 유지할 것을 권하고 있다.

노인은 명암에 대한 반응력이 저하되고 특히 야간의 시각능력이 저하되므로 야간 운전 시 주의가 필요하다. 또한 실명과 관계되는 백내장, 녹내장 등이 증가한다. 청각은 나이가 많아지면서 난청자가 많아지고 고음부와 저음부의 청력이 저하된다.

노화에 따라 소변을 저장할 수 있는 방광 용적이 줄어들고 방광의 근력 감소로 소변이 방광에서 불완전하게 방출되는 잔뇨 현상이나 요로 감염이 나타난다. 또한 야뇨증 혹은 야간 소변 횟수가 증가하는데, 이것은 낮에만 생성되던 소변이 노년기에는 24시간 똑같이 생성되기 때문이다. 그리고 노인이 되면서 휴식상태의 산소 소모량인 기초대사율이 감소하는 반면 탄수화물 대사율은 증가하여, 혈액 속 혈당 증가로 당뇨병에 걸릴 가능성이 높아진다.

노화와 함께 성기능, 생식기능에 있어서도 저하현상이 나타난다. 불완전한 발기문제로 인하여 성교 능력이 저하되는데, 여성보다는 남성의 기능 저하가 덜한 편이다. 그러나 70대 이상 노인들도 충분히 성적관계를 유지할 수 있다는 연구들은 많이 있다. 청·장년기에 비해 노년기에 성행위가 감소되는 원인은 신체적 요인 외에 배우자 상실, 노인의 성에 대한 부정적인 사회 인식, 실패에 대한 두려움, 심장마비에 대한 두려움 등 심리적·사회적 요인이 큰 것으로 나타났다.

펙(Peck, 1968)은 노인들이 이러한 신체적 노화에 성공적으로 적응하고 이를 극복하게 되면 생활만족도가 높아지지만, 신체적 노화에 지나치게 몰두하게 되면 생활만족도가 낮아지고 심리사회적 기능에 손상이 일어난다고 하였다(정옥분, 2005).

2 인지적 변화

노년기에는 지능검사 점수가 낮게 나오는데, 지적인 능력이 떨어졌다기보다는 청각 및 지각 능력 감소와 반응 속도가 늦어지는 것, 또한 이에 따른 불안, 젊은 세대 중심의 지능검사 문항이라는 점, 지적인 활동의 감소, 수행속도의 늦어짐 등에 의한 것으로 해석되고 있다. 또한 지능에는 여러 종류가 있으므로 특정 영역의 지능만을 근거로 지능의 약화를 주장할 수는 없는 것으로, 교육수준, 생활경험, 직업, 동년배집단 효과, 지능검사 시의 신체 및 건강상태 등의 영향을 많이 받는다고 할 수 있다. 그리고 창의성은 조금씩 감퇴되지만, 60~70세에도 20대와 동일한 수준의 창의성을 발휘할 수 있으며, 80세에도 여전히 중요한 일들을 훌륭하게 수행하는 경우가 많이 있다. 노년기에는 기억능력이 변화된다. 감각기억에서는 촉각기억이 가장 빠르게 감퇴하고, 시각기억은 50세 이후에 급속히 감퇴하지만, 청각기억은 70세 이후까지도 큰 변화 없이 유지된다.

기억은 외부에서 들어온 정보를 대뇌에 기록해서 저장했다가 어떠한 상황에 직면하여 의식적으로 되살려 내는 정신기능을 의미하며 단기기억, 최근기억, 장기기억, 최고기억으로 구분된다. 노년기에 이르게 되면 일반적으로 단기기억과 최근기억의 능력이 약화되며, 암기나 논리적인 기억능력이 더 많이 감퇴되는 것으로 알려지고 있다. 보는 것보다는 듣는 기억력이 뛰어나므로 노인들의 학습능력 증진을 위해서는 청각을 활용한 교육방법이 더욱 효과적이다.

단기기억에서는 통상 성인 초기에 7개 혹은 그 이상 기억하는 데에 비해 50대 이후 한 개씩 기억이 줄어들어 70대 노인은 4~5개 정도 회상해 낸다. 장기기억에서는 그림이나 사진과 같은 단서를 주고 그중에서 친구를 찾아낼 수 있는 능력인 재인(recognition) 과제보다 특별한 단서 없이 이전에 경험한 사건을 기억해 내는 능력인 회상(recall) 과제에서 더 저조한 기억능력을 보인다. 고등학교 졸업 3개월 후에는 80% 회상되며, 4년 후 60%, 20년 후 50% 이하를 회상할 수 있다. 재인의 경우, 졸업 후 50년에도 약 80% 재인된다(권석만, 2000).

연습이나 경험을 통한 학습능력은 연령이 높아짐에 따라 저하되는 것으로 알려져 있으므로 노인들의 학습능력을 증진시키기 위해서는 충분한 시간과 의미 있고 분명하게 구체적인 학습과제를 부과하고, 학습결과에 대한 즉각적인 피드백을 제공하는 것이 바람직하다. 노인들은 오랜 삶의 경험을 통하여 나름대로의 삶에 대한 지혜를 갖게 된다. 이러한 지혜는 지식과 실용적 능력을 결합하여 인생에 대해 더 큰 이해를 갖게 되는 개인적 지식의 통합체이므로 노년기의 인지기능 저하를 오랜 인생경험을 통해 획득한 지혜로 사용하여 보완해 나갈 수 있다.

3 정서 및 성격 변화

노년기의 성격특성을 보면 신체적인 능력이나 감각이 무뎌지면서 변화에 민감하지 못하고 좀더 무사안일주의적 성향이 늘어난다. 그리고 융통성이 적어져 어떤 행동을 함에 있어 큰 득이 없음에도 옛것을 고집하는 경향인 경직성이 증가한다. 오랫동안 사용해 온 물건이나 대상에 대한 애착심도 강해진다. 노인들은 정확성을 더 중시하는 것과 감각능력 및 몸 기능의 퇴화, 그리고 자신감 부족 때문에 조심성이 증대된다. 또한 노년기에는 경제적인 면뿐만 아니라 신체적, 정신 및 정서적, 그리고 사회적인 면에서 의존성이 증가된다.

노년기의 감정표현 능력의 저하는 연령의 증가에 기인한 것이라기보다는 감정표현을 억제하는 것이 사회문화적으로 보다 바람직한 것이라는 사회적인 압력에 순응한 결과라고 할 수 있다. 특히 방어기제의 변화와 관련하여 나이가 들수록 미성숙한 방어기제는 줄어드는 반면 성숙한 방어기제는 더욱 증가하는 경향성에 기인한다.

또한 노년기의 남녀의 성 역할의 변화는 성격의 변화를 가져온다. 남자들은 수동적이 되어가는 반면, 여성들은 더 능동적이며 권위적으로 되어간다. 특히 남성들의 경우 직장생활이 전부였다가 퇴직 후에는 점차 집에서 보내는 시간이 많아지고 집안일을 돕는 정도도 늘어난다. 여성들은 이때 출가한 자녀들을 방문한다든지, 친구와 함께 모임을 갖는다든지 하여 더욱 활동적으로 되는 경향이 있다. 뿐만 아니라 유산을 남기려는 경향이 강해서 대를 이을 제자를 키우거나 지식을 다음 세대에 물려주려고 한다(곽형식 외, 2000).

그러나 무엇보다 노년기의 가장 먼저 두드러진 성격적 특성은 우울증이다. 나이가 들면서 여러 가지 퇴행성 질병에 걸리거나 경제사정이 더 악화되는 일, 젊은이들이 일터로 빠져나간 집에 홀로 남게 되어 생기는 고립감, 가까운 친구나 가족의 죽음과 같은 일들이 우울증을 증가시킨다.

4 노년기의 발달과업

1) 사회적 관계망의 상호작용의 변화

노년기에는 퇴직, 배우자와 친구의 상실 등으로 인하여 사회적 관계망이 줄어든다. 2차집단과의 유대관계 및 참여 정도는 줄어들고 1차집단과의 관계가 사회적 관계의 중심이 된다. 즉, 가족이나 자녀, 친구가 핵심적 관계 축을 이룬다.

노년기의 원만한 부부관계의 유지는 삶의 만족도를 유지하는데 필수적인 요인이기 때문에 배우자의 사망은 정서적 지지의 상실을 의미한다(Kalish, 1976; 김옥희, 2004 재인용). 배우자 사망 후 슬픔에 따른 정서적 반응은 분노, 죄의식, 비통함, 불안감, 사망한 배우자에 대한 끊임없는 상념, 사회 활동에 대한 관심 저하, 불면증, 식욕상실, 체중감소, 우울, 죄의식 등으로 나타난다(Parkes, 1973). 슬픔에서 겨우 벗어나면 또 다른 어려움이 생긴다. 이는 고독감, 고립감의 문제이다. 특히 배우자와 함께 사회적 활동과 사교 활동을 함께 해온 중상류층일수록 배우자의 죽음은 남은 배우자를 사회적으로 고럽되게 만든다. 사별하고 난 직후 2~3년 사이에 홀로 남은 이의 사망률이 가장 높고, 홀아비가 과부보다 더 사별에 적응이 어렵다.

노년기에는 성인 자녀와의 사이에서 노인이 부양자의 지위에서 피부양자의 지위로 전환하는 과정에서 어려움을 겪는다. 특히 핵가족화, 소가족화의 영향으로 자녀와 별거하는 비율이 높아짐에 따라 노인과 자녀와의 연락이나 접촉빈도가 낮아지는 등 양적 관계에 있어서의 변화뿐만 아니라 정서적 유대관계도 소원해지는 등 관계에서 많은 변화를 보인다. 따라서 노년기에는 자녀체계들과 상호지원관계를 유지하는 것이 필요하며, 이를 위해서는 신체적 건강의 유지, 안정된 소득기반의 조성, 심리적 건강 등을 확보하여야 한다.

그리고 조부모의 역할을 수행하는데 필요한 기술, 인내, 지식은 부모에게 요구되는 것 이상으로 힘이 든다. 중류가정의 조부모를 대상으로 조사한 연구에서 다음과 같은 다섯 가지의 조부모 역할수행 양식이 있다. 첫째, 공식적인 유형으로 조부모의 약 3분의 1이 해당되는 가장 보편적인 유형이다. 손자들에게 관심을 갖고 필요할 때 돌봐 주기 등 자녀를 도와주지만 간섭하지 않도록 조심한다. 둘째, 즐거움을 추구하는 유형으로 손자녀들과 비공식적으로 재미있는 상호작용을 갖는 유형이다. 셋째, 대리부모의 역할을 하는 조부모로 자녀가 직업을 가진 경우에는 아이의 양육을 책임진 조부모들이다. 넷째, 가족의 지혜 원천으로 조부모 특히 조부가 지혜, 기술, 자원을 베풀고 부모 및 손자녀들은 이에 복종하는 다소 권위적 관계이다. 다섯째, 원거리형으로 생일 또는 명절 때나 방문하여 보통 손자녀와 거의 접촉이 없는 유형이다(정상승야 편, 1998).

조부모들은 손자녀들과의 원만한 관계에서 자부심과 만족을 느끼며, 조부모의 역할을 통해 자아개념과 목적의식에 새로운 의미를 부여한다. 손자녀들의 존재는 노인의 죽은 이후에도 자신의 흔적과 영향력이 지속된다는 것을 의미하며, 이것은 그로 하여금 자신의 죽음에 대해 편안하게 느끼도록 해준다. 조부모의 역할 중 한 가지는 조상으로부터 내려오는 지혜와 문화적 유산을 손자녀에게 전해주는 것이다. 손자녀의 존재가 노인의 심리적 만족에 중요하므로 손자녀가 없거나 그들과의 관계 형성에 실패한 것은 노인기 절망의 근원이 될 수 있다.

2) 사회적 지위 및 역할의 변화

사회적 지위나 역할은 일생을 통하여 변화하는데, 장년기까지는 사회적 지위와 역할을 획득하는 시기이나, 노년기에는 중요하고 가치 있는 지위와 역할을 상실하는 경우가 더 많다. 그래서 노년기는 상실의 시기, 역할 없는 역할을 가지는 시기라고 한다. 지위와 역할을 상실하는 반면 다른 지위와 역할을 획득하게 되는데, 예를 들어 직업인은 퇴직인으로, 생계 유지자 및 남편과 아내 역할은 피부양자, 독신, 조부모 역할로 전환된다. 노년기의 역할 전환은 항상 부정적 결과를 초래하는 것은 아니며, 역할 변화는 점진적으로 이루어지므로 심리적으로 준비할 수 있는 시간을 충분히 가지면 새롭게 획득한 지위와 역할에 만족한다.

노년기에는 새로운 사회화가 이루어져야 하는데, 사회화란 사회적 상호작용을 통하여 사회의 규범, 가치, 역할 기대 등을 학습하고 사회생활에 필요한 사회적 기술들을 발전시키게 하는 사회적 학습 과정이다. 노인들도 사회의 연령규범과 사회화에 대한 기대에 순응하여야만 적응적인 삶을 영위할 수 있다. 노인들이 연령에 적합하지 못한 행동을 하면 사회구성원들로부터 인정을 받지 못하고 비난이나 사회적 차별을 받게 될 가능성이 높아진다.

노년기에 가장 힘든 새로운 역할에 대한 적응은 자신의 배우자를 상실했을 때 일어난다. 많은 노인들에게 이러한 상실은 슬픔이나 우울뿐 아니라 극심한 역할혼란을 가져온다. 홀로 남은 여자 노인들의 문제 가운데 한 가지는 재정적 지원의 감소로 생계를 위한 역할을 담당해야 한다는 것이다.

재혼은 이 시기에 적응의 한 방법이 될 수 있는데, 황혼의 결혼(december marriage)은 새로운 상대와의 유대관계를 맺을 수 있기 때문이다. 또한 가정과 사랑과 성, 그리고 동반감 등 새로운 흥미와 관심을 발전시킬 수 있기 때문에 단지 성적욕구만으로 설명될 수는 없는 것이 사실이다. 성적인 이유 외에도 건강상의 이유, 경제적 독립, 자녀에게 얹혀살지 않아도 되는 자립의 이유, 누군가와 남은 생을 함께 할 수 있다는 동반감 등의 이유 때문에 노년기의 재혼은 큰 의미가 있다고 할 수 있다. 또한 자녀들과 친구들에게서 지지를 발견하고 또 의미 있는 활동에 참여하는 데서 즐거움을 찾는다.

실제로 이러한 상실을 극복한 사람들은 타인에 대해 동정적이고 공감할 수 있으며 삶의 가치를 충실히 인식하는 것으로 보인다.

3) 은퇴

은퇴란 어떤 사회적 지위에서 물러나 그 지위에 관련된 역할 수행을 중단하는 현상으로 대표적인 유형은 퇴직이다. 퇴직이란 신체 및 정신기능의 약화로 인한 노동 능력의 저하, 현대화에 따른 경제적 생산기술과 생산체계의 변화에 대한 적응 능력이 부족하여 노동시장에서 탈락되는 경향을 말한다. 퇴직의 단계는 퇴직 전 단계(은퇴에 대한 막연한 인식) → 밀월단계(일로부터의 해방으로 도취된 시기) → 안정단계(퇴직 이전에 퇴직 후 활동이나 사회적 관계에 대한 선택을 한 경우 퇴직 후 생활이 쉽게 안정화) → 휴식단계(충분한 이완과 휴식을 취하면서 지난 생을 반추해 보고, 퇴직 이후의 생활 계획 수립) → 환멸단계(퇴직생활에 대한 환상에서 벗어나 실망하거나 우울을 경험) → 재지향단계(어떤 일의 실천 가능성을 재고하여, 비교적 정확한 현실 인식을 하고 현실적 생활양식을 선택) → 일상화단계(생활변화를 일상적으로 처리) → 종결단계(독립적 생활이 감소되고 가족 등의 지지망에 대한 의존성이 증가)로 이루어진다.

노년기의 발달과업으로는 이러한 은퇴와 퇴직으로 수입은 급격하게 줄어들거나 상실되는 반면 지출은 지속적으로 이루어지기 때문에 경제적 어려움에도 적응해야 한다. 퇴직으로 인해 부부가 집에 같이 있는 시간이 많아짐으로써 생겨나는 문제를 현명하게 대처해야 한다. 그리고 사회활동 참여도가 낮아짐으로써 사회적 소외와 고독을 경험할 가능성이 높기 때문에 동년배나 다른 노인들과 관계 맺기 그리고 친구와 가족에 대한 관심을 유지하는데 신경 써야 한다. 특히 자원봉사나 종교활동으로 사회적 책임과 시민으로서의 책임을 지속할 필요가 있다. 특히 노년기의 각 단계에 만족스러운 생활공간을 찾아야 하는데, 자녀와 동거, 홀로 생활할 수 있는 아파트, 양로원, 시설 등 현명한 선택이 필요하다.

그리고 직업적 지위를 상실하게 됨으로써 부정적 자아개념을 형성할 가능성이 높아지고 자신의 가치를 낮게 평가할 가능성이 높아져 삶에 대한 만족도가 낮아질 수 있다. 여가 시간이 증가함에 따라 여가 활동의 참여도 증가된다. 성역할에 있어서 남성의 대외적 지위에 요구되는 수단적 역할과 여성의 가정 내 지위에 요구되는 표현적 역할 두 가지 역할 모두를 수행하는 경향이 높아진다.

4) 자아통합과 죽음

노년기에는 죽음을 준비하는 마음이 필요하다. 죽음의 실제에 대한 인식을 공유함으로써 가족원이 명확한 정보를 공유하고, 개방적인 의사소통을 통해 죽음에 대한 인식을 같이 하는 것이 필요하다. 가족에 따라 분노감이나 양가감정 혹은 실망감과 무능력감과 죄의식, 버려진 느낌 등 다양한 감정을 가지는데, 가족원들이 인내심을 가지고 받아들여 주어야 한다. 새로운 관계와 미래의 삶을 위한 재투자로 미래를 위해 에너지를 모두 죽은 사람에게 향하는 것이 아니라 새롭게 남은 삶을 위해 투자해야 한다는 것이다.

죽음에 대한 태도는 아동기에 시작하여 노년기에 이르기까지 장기간에 걸쳐 형성되는데, 노년기의 죽음에 대한 태도는 자아통합성의 성취 정도에 따라 차이를 보인다. 만약 노인이 자아통합에 이르게 되면 자신이 살아온 인생을 수용하고 두려움 없이 죽음에 직면하는 능력이 높아지지만, 절망에 이른 경우에는 죽음을 수용하지 못하고 타인을 원망하며 우울증의 경향을 보인다.

특히 노인들은 건강의 변화에 적응하고 신체의 변화에 몰두하지 말아야 한다. 새로운 생활사건에 비추어 개인의 가치, 자아개념, 존중감을 재평가하고, 삶을 검토하면서 스스로의 실망과 만족을 반성할 시간을 갖는 것이 필요하다. 이러한 과정을 통해 자신의 삶이 가치 있었다는 긍정적인 관점을 갖게 될 것이다. 긍정적인 관점을 갖지 못할 때 정신 병리를 경험할 수도 있다. 노년기는 죽음으로써 인생의 끝을 정리하므로, 죽음에 대해 수용할 수 있어야 하는데, 지금까지 살아온 삶이 비교적 충만하고 긍정적이었다고 생각하면 죽음을 준비할 수 있다(김청송, 2006).

5 사회복지실천의 대상이 되는 노년기의 문제와 사회복지사의 역할

지난 1981년 노인복지법이 제정되어 본격적인 노인복지서비스가 실시되기 시작하였다. 현재 시행되고 있는 노인복지서비스의 종류에는 소득보장, 의료보장, 시설보호 및 재가복지서비스 등 매우 다양하지만, 서비스 대상이 요보호노인에 국한, 서비스의 질적인 측면에 있어서도 많은 문제점도 안고 있다. 그러므로 보다 양질의 서비스를 제공하고, 노인의 세 가지 고통인 빈곤, 질병, 고독의 해결을 지원하기 위해서는 노년기의 신체, 심리 그리고 사회적 발달에서 나타나는 문제와 욕구를 면밀히 분석하여 적절한 대책을 수립해 나가야 할 것이다.

1) 건강악화

노년기에는 신체적 기능의 저하로 인한 만성질환으로 고통을 받을 가능성이 높다. 65세 이상 노인의 86%가 만성질환을 앓고 있기 때문에 노인들에 대한 건강보험 급여항목을 확대하고 의료비지원 사업을 실시하며 노인간호 전문인력 양성이 필요하다. 사회복지기관에서는 노인들을 위한 진료사업, 물리적 지원, 독거노인들을 위한 가정봉사원 파견사업 등을 내실화하고 노인의 건강유지와 증진을 위한 건강상담, 건강교육 및 각종운동 프로그램을 개발하여 실시할 필요가 있다.

기능 손상과 만성질환으로 인한 신체적 약화로 일상생활이 힘든 노인들을 위한 보호서비스와 요양서비스, 정서적 지지, 의료비 부담 및 간병, 의료시설 활용 등 적절한 사회복지서비스가 요구된다. 지역사회에 있는 보건소는 지역주민의 건강을 위한 기관이지만, 복지관과 연계하여 노인들을 대상으로 하는 프로그램을 만들어 노인들의 건강을 위한 서비스를 제공할 수 있다. 또한 활기찬 노년기를 위한 건강 수칙을 제정하여 노인들의 질병을 예방, 건강을 유지할 수 있도록 할 필요가 있다.

그리고 지역의 병원과 자원봉사자들을 통한 물리치료 사업도 좋은 프로그램이 될 수 있는데, 노인들은 신체적 기능이 저하되면서 뼈 속의 칼슘이 고갈되어 뼈의 질량이 감소하고 골밀도가 낮아짐으로써, 골절을 당하기 쉽고, 골다공증에 걸리기 쉬워진다. 그리고 운동능력이 감퇴해 몸을 움직이는데 많은 어려움이 있으므로 이런 노인들을 대상으로 사회복지사는 물리치료서비스를 실시할 필요가 있다.

그리고 재가노인들을 대상으로 실시하는 요양보호서비스와 가정봉사원 파견프로그램은 복지기관이나 시설을 찾아오지 못하는 노인들에게도 서비스의 접근성을 높일 수 있는 좋은 계기가 될 것이다. 재가노인들의 실태를 파악하고, 그들이 필요로 하는 욕구가 무엇인지 파악한 후 그 욕구를 채워줄 수 있는 자원봉사자들을 찾아 재가노인들과 연계할 필요가 있다. 특히 노인은 아파도 그냥 참고 넘어가거나 대수롭지 않게 생각하는데, 자기 자신보다 자식들을 먼저 생각하기 때문이다. 아프더라도 의사의 진료를 받고 몸 상태에 맞는 약을 처방받아 복용하는 것이 아니라 몸에 맞지도 않는 약을 복용하고, 나중에 병을 더 키운 뒤 그때서야 병원을 찾게 되는 경우가 많다. 이렇게 건강에 대해 정보가 없는 노인들에게 자신의 몸을 어떻게 돌봐야 하는지에 대한 정보를 제공해 주고, 병원에 자주 가지 않는 노인들을 상담해 주는 서비스를 만들어 실시할 필요가 있다(이종복 · 전남련, 2007).

2) 치매

노년기의 치매는 사회복지실천의 현장에서 자주 접하게 되는 문제이다. 정상적으로 활동하던 사람이 뇌의 각종 질환으로 인하여 지적능력을 상실하게 되는 경우가 이에 해당된다. 기억장애, 언어장애, 시 · 공간 지각 능력 저하, 성격 및 감정의 변화, 그밖에 추상적 사고장애, 계산력 저하 등 뇌의 여러 기능이 전반적으로 떨어진다. 제일 많은 원인은 알츠하이머 병과 혈관성 치매이며, 이들이 전체 치매에서 차지하는 비율은 80~90%이다. 알츠하이머 병은 뇌세포들이 하나, 둘씩 원인도 모르게 죽어가면서 치매 증상들이 발생하는 병인 반면, 혈관성 치매는 뇌혈관 질환이 누적되어 나타나는 치매로서, 고혈압, 당뇨병, 고지혈증, 심장병, 흡연, 비만한 사람에게 많이 나타난다.

치매는 자신뿐만 아니라 가족에게 더 큰 고통을 안겨다 준다. 대부분의 노인들은 치매에 걸리지 않고 자신의 마지막을 평안하게 보내기를 바라지만 치매가 정확히 어떻게 걸리는 것인지, 어떻게 예방해야 하는지에 대해서는 잘 모르고 있는 경우가 많다. 노년기에 인지적 변화로 나타날 수 있는 치매를 예방하기 위해서도 치매예방 프로그램을 개발하여 실시하고 치매로 의심되는 노인에 대해서는 정확한 진단을 받을 수 있도록 전문 의료기관에 의뢰하여야 한다. 따라서 사회복지기관에서는 치매노인의 부양가족을 지원할 수 있는 상담, 교육사업, 가정봉사원 파견서비스 등을 실시할 필요성이 있다(권중돈, 2005).

3) 우울증

노년기에 접어들면서 어떤 생활 사건들의 경험이 뇌 기능의 변화를 발생시켜 우울증을 유발한다. 이 노년기 우울은 노인에게 나타나는 가장 일반적인 정서 문제라고 할 수 있다. 노년기에 우울증에 걸리기 쉬운 생활사건의 예로는 퇴직 등 사회 · 경제적 능력의 상실, 가까운 사람(배우자, 자손, 친구 등)의 사망, 신체기능의 저하, 자녀와의 불화 등을 들 수 있다.

우울증은 계속되는 우울, 불안 혹은 공허감, 절망적인 느낌, 염세적 사고, 죄책감, 무가치 혹은 무기력감과 같은 증상을 나타낸다. 또한 성생활을 포함하여 즐거웠던 일이나 취미생활에서의 의욕 및 흥미상실, 불면, 아침에 일찍 깨거나 과다한 수면, 식욕 감소나 체중감소, 과식이나 체중증가, 가족에게 부담이 된다는 생각, 외로움, 무력감, 힘이 없고 피로하여 몸이 처지는 기분을 갖는다. 특히 죽음이나 자살에 대한 생각, 자살기도, 초조감, 쉽게 짜증이 남, 집중력 및 기억력 저하, 의사결정을 하는 데 있어서의 어려움, 만성 두통, 소화기 장애 또는 만성 통증, 변비 등 치료에 잘 반응하지 않는 것 등이 주된 증상으로 나타난다.

이러한 우울증을 극복하도록 사회복지사는 노인들을 도와야 하는데, 무조건 참지 말고 스트레스를 줄이는 노력을 하도록 안내해야 한다. 즐거운 생각을 하도록 하고 사회적으로 고립되지 않도록 도와야 한다. 기분을 좋게 하는 활동에 참여하면서, 문제해결책을 찾는 적극적인 태도를 갖도록 지도해야 한다. 무엇보다 노인 스스로를 사랑하고 다른 사람을 용서하는 태도를 기르도록 해야 한다(권육상, 2001).

4) 빈곤

노년기의 사람들은 대부분 소득원이 없이 살아가는 경우가 많아 빈곤한 생활을 할 확률이 높다. 연금이나 개인자산소득, 자녀들의 용돈 등에 의지하는 경우가 많다. 장년기에는 대부분의 소득원이 취업에 의한 소득이었기 때문에 퇴직에 의한 소득상실은 장년기의 생활수준을 그대로 유지하지 못한다는 것을 의미한다.

특히 경제활동에 참여하지 않은 여성의 경우 혼자 살 경우 빈곤은 더욱 심화될 확률이 있으며, 노인의 빈곤은 점차 사회적 문제로 자리 잡아 가고 있다. 그러므로 사회복지현장에서는 노인들을 위한 일자리사업이나 노인형 아르바이트, 활동실비가 제공되는 자원봉사활동 등에 참여하도록 권장하는 것이 필요하다.

5) 배우자의 상실에서 오는 문제

배우자 사별 후에는 상실에 대한 분노, 고독, 고인의 생존 시 잘 대해주지 못했다는 후회와 죄책감 등으로 고통스러워하며, 신체적으로는 식욕부진, 불면증 등을 겪게 된다. 배우자 상실에 대한 남녀의 반응이 상이한데, 남편과 사별한 여성은 버림받은 것같이 느끼며, 아내와 사별한 남편은 수족을 잃은 것 같은 느낌이 든다고 한다. 여성은 일을 함으로써 비탄을 잊어버리는 경향이 있으나, 아내를 잃은 남성은 일상이 더욱 혼란스럽게 되는 사례가 많다.

그러므로 배우자 상실에서 오는 다양한 문제들을 해결하기 위해 사회복지현장에서는 자조집단프로그램 개발 및 가사역할대행 서비스, 말벗 상담 등의 역할이 필요하다. 또한 배우자 상실로 인한 노년기의 심리적인 발달을 지원하기 위해 노인상담뿐만 아니라 효과적인 여가활용을 도모할 수 있는 프로그램을 개발해야 한다. 예를 들면 노인대학, 경로당 및 주간보호시설 등에서 노래교실이나 여가프로그램, 문화관광프로그램 등을 개발하고 실시하여야 한다(이인정 외, 2004).

6) 죽음

노년기에는 죽음에 대한 준비도 필요하다. 질병에 의한 죽음의 준비는 다음의 다섯 단계를 거쳐 이어진다. 처음에는 부정의 단계로서 불치의 병을 인정하지 않고, 의사의 오진이라고 생각한다. 다음은 분노의 단계로서 '왜 나만 죽어야 하는가?'라고 하면서 건강한 사람을 원망하고 주변 사람들에게 화를 낸다. 세 번째는 타협의 단계로서 죽음을 받아들이고 해결하지 못한 인생의 과업을 해결할 때까지라도 살 수 있도록 기원하며 불가사의한 힘과 타협하려고 한다. 네 번째는 우울의 단계로 주변 사람과 일상생활에 대한 애착을 보이고, 이런 것들과 헤어져야 한다는 점 때문에 우울증이 나타난다. 마지막으로 수용의 단계를 거치게 되는데, 죽음 자체를 수용하고, 마음의 평화를 회복하여 임종에 직면한다(최순남, 2002).

이러한 죽음을 준비하고 스스로 넘어설 수 있도록 사회복지현장에서는 '아름다운 이별'과 같은 죽음 대비프로그램과 유서 쓰기 혹은 사진첩 정리 등과 같은 집단프로그램 및 개인상담을 통해 자신의 삶을 정리하도록 지원해 준다.

7) 호스피스

호스피스는 죽음을 앞둔 말기환자와 그 가족을 사랑으로 돌보는 행위로써, 죽음이란 삶의 자연스러운 과정이라는 것을 인식시키고, 이를 바탕으로 정신적 · 육체적 고통이 완화되도록 도와줌으로써 환자가 여생 동안 인간으로서의 존엄성과 높은 삶의 질을 유지하면서 죽음을 평안하게 맞이하도록 돕는 서비스를 말한다. 호스피스는 치료행위(curing)가 아닌 돌봄 행위(caring)에 초점을 두어 환자의 가정에서 제공되며, 독립된 호스피스 시설, 병원, 양로원 및 기타 장기요양시설에서 제공되기도 한다. 호스피스는 연령, 종교, 인정, 질병의 종류를 불문하고 제공된다.

다시 말하면 현대의학이 주는 말기 환자나 임종자의 비인간적인 대우에 대해 반대하고 고도로 발달한 현대과학기술로 인한 비인간화, 비인격화 현상에 대한 반대로 전개되기 시작한 인간의 존엄성 회복운동이라 할 수 있다. 우리나라에서도 의학, 간호학에서뿐만 아니라 사회복지현장에서 호스피스 활동이 확대되고 있다. 병원, 요양시설, 가정에서 주로 활동한다.

8) 역할변화에 대한 부적응

노년기의 사람들과 함께하는 사회복지사는 노인의 역할 변화를 준비하는 프로그램을 실시해야 한다. 사회적 역할의 축소로 인해 자존감과 자부심이 저하될 수 있으므로, 퇴직 후 삶에 대비하게 하고, 자존감과 자신감을 고취하기 위한 기존 능력이나 새로운 기술을 개발할 수 있도록 원조해야 한다. 고독과 소외의 문제를 극복하도록 효과적인 여가활동을 도모할 수 있는 프로그램 즉, 가을 소풍을 가거나 온천관광을 가는 프로그램을 개발할 필요가 있다. 다양한 서비스를 통해서 노인들은 새로운 친구를 만들거나 봉사자들과의 유대가 더 좋아짐으로써 고독과 소외의 문제를 극복할 수 있다. 반면, 노인에 대한 편견이나 차별을 줄이기 위한 일반인들의 교육을 포함한 다양한 프로그램도 필요하다.

9) 은퇴 준비

모든 나라에서 은퇴 연령 혹은 정년제를 두고 있으며, 이는 신체적, 정신적 퇴화로 인해 사회적 의무로부터 해방되어 쉬어야 한다는 은퇴이론에 기반한다. 이와는 반대로, 활동이론은 노인도 계속 활동을 해야 신체적, 정신적 건강과 행복을 유지하고 사회의 일원으로 적응해 나갈 수 있다고 보는 시각도 있다. 개인에 따라 은퇴는 이제까지의 의무에서 벗어나 자유를 만끽하며 여생을 편안히 쉴 수 있는 기회가 되기도 하지만, 사회로부터 배제되어 쓸모없는 존재가 되었다고 느끼기도 하여 노인 우울증의 원인이 되기도 한다.

그러므로 노인에게 새로운 생활을 창조하고 사회에 적응할 수 있는 적당한 역할을 제공해야 한다. 은퇴한 노인들에게 서비스를 제공하는 사회복지사는 일할 수 있고 일하고자 하는 노인에게 고용의 기회를 제공해 주어야 한다. 노인들은 일을 하고 싶지만,

자신들을 받아주는 곳이 없어 가지 못할 뿐, 일에 대한 의욕은 젊은 사람 못지않기 때문이다.

노인들에게 고용의 기회를 제공하기 위해서 후원자 · 자원들을 동원하여 노인고용의 필요성 취지를 알리는 간담회나 세미나 등 홍보프로그램을 실시할 필요가 있다. 그리고 은퇴준비교육과 공동작업장 등의 프로그램으로 직업 상실감과 우울증 문제를 해결하고 은퇴를 끝이 아닌 새로운 시작으로 받아들일 수 있도록 해야 할 것이다. 이를 통해 노인들에게 자신감을 줄 수 있고 자신과 같은 입장의 다른 노인들과 함께 더 좋은 노후를 위해서 노력할 수 있다.

10) 취업

사회가족 내 노인들이 지각하는 차별감 중에서 정서적 차별을 가장 많이 느끼는 것으로 나타나고 있다. 이것은 노인 부양이나 노인 관련 정책개발에 있어서 노인의 정서적 욕구충족과 관련된 면을 충족시켜 줄 수 있는 방안을 제시해야 함을 강조하는 것이라 할 것이다. 우선, 정년이 55세 전후로 되어 있는 현 노동정책의 개선으로 고령노동자의 근로안정을 보호하고 노후복지를 준비하기 위한 사회보장제도가 실천되어야 할 것이다. 고령사회에 대비하고 노인층에 대한 불평등한 노동정책을 개선하기 위하여 연령차별금지법이 제정되어 노인사회적 참여기회를 확대하고 노인의 빈곤을 완화할 수 있는 노력이 포함되어야 할 것이다.

그리고 임금과 생산성을 유지시킬 수 있도록 임금체계 및 인사체계를 개선하는 노력과 성 · 연령 등 차별의 실상을 파악하고 이를 개선하려는 노 · 사 · 정 · 시민의 공동노력과 기업문화개선이 요구된다. 고령근로자를 새로운 직종과 새로운 분야에 재배치함으로써 고령자 고용문제를 해결하기 위한 인간자원개발 교육 · 훈련을 제공해야 할 것이다.

Chapter 14
이상행동의 이해

CHAPTER

14 이상행동의 이해

1 이상행동의 개념

이상행동(abnormal behavior)을 정의하기란 쉽지 않다. 일상생활에서 비정상적이라고 간주되는 행동들은 이상행동, 부적응행동, 정신장애 등 여러 가지 용어로 혼용되고 있다(권석만, 2003). 일반적으로 이상행동이란 심리적 장애로 자기 자신이나 타인의 건강, 긴장 그리고 행복한 삶을 저해하는 일탈 행동으로, 객관적으로 관찰될 수 있고 측정가능한 비정상적 행동을 의미한다. 빠르게 변화하고 있는 인간환경은 많은 사람들에게 가치관의 혼란과 여러 가지 적응상의 문제를 야기하고 있으므로, 우리는 그 정신건강과 장애에 관한 이해가 필요하다.

이상행동과 유사한 용어로 부적응행동과 정신장애 등을 들 수 있다. 부적응행동은 적응을 개인과 환경 간의 원활한 상호작용이라고 보는 관점에서 환경적 욕구에 적절하게 대응하지 못해서 여러 가지 문제를 일으키는 행동을 가리킨다. 따라서 부적응행동은 이상행동을 더 넓은 의미의 역기능적 행동을 포함하는 것으로 볼 수 있다. 정신장애는 일련의 이상행동이나 정신병적 증상들로 구성된 증후군을 말한다.

2 이상행동의 특성

로젠한과 셀리그만(Rosenhan & Seligman, 1989; Forty Studies That Changed Psychology 50, 2005 재인용)은 이상행동을 정의하는데 있어서 필요조건과 충분조건의 개념을 사용하며, 어떤 사람이나 행동을 비정상이라고 결정하는데 고려해야 할 특성을 다음과 같이 제시하였다.

1) 고통

이상행동은 고통스러운 특성을 나타낸다. 예를 들면, 우울증이 있는 여자는 비참하고 고통스러워서 하루하루를 보내는 것이 견디기 힘들 정도이다. 또한 극심한 불안, 우울, 분노, 절망 등으로 인한 정신적인 고통은 개인의 삶을 매우 불행하게 만든다. 이처럼 어떤 사람이 심리적으로 심각한 고통을 겪을 때 흔히 비정상으로 간주한다. 하지만 고통의 존재로만 이상행동이라 정의할 수 없고 이상행동을 분간해 내는데 고려되는 조건의 하나로 보아야 한다.

가령 조증(mania)의 상태에 있는 사람은 의기양양하고 현실성이 없는 포부를 실현될 것으로 확신하며 희망과 즐거움에 차 있다면, 고통은 없으나 명백한 이상행동으로 간주할 수 있다. 그리고 일상생활에서 매우 아끼고 사랑하던 것을 잃었을 때 고통스러워하는 것은 비정상적인 반응이 아니다.

2) 부적응

이상행동의 두 번째 특성은 부적응이다. 개인의 인지적, 정서적, 행동 기능이 저하되거나 손상되어 적응에 지장을 줄 때 부적응으로 간주하며 이것은 이상행동을 정의하는 근본적인 요소이다(Wakefield, 1999; 권선중 역, 2005 재인용). 어떤 행동이 적응적인가 아니면 부적응적인가 하는 것은 그 행동이 그 사람으로 하여금 특정한 목적의 성취를 얼마나 가능하도록 해주는가에 따라 다르다.

구체적으로 적응적 행동은 세 가지 측면 즉, 그 행동이 그 사람의 생존을 증진시키는가, 그 행동이 개인의 안녕(well-being)을 증진시키는가, 그 행동이 사회의 안녕을 증진시키는가를 충족시키는 것이라고 할 수 있다. 개인과 사회적 안녕이란 일할 수 있는 능력 및 타인들과 만족스러운 관계를 조성할 수 있는 능력에 관한 것이다. 예를 들면, 우울증이나 불안장애와 같은 이상행동은 대인관계와 일을 방해하며 삶의 만족을 저해한다. 이러한 저해의 정도가 심할수록 더 분명히 이상행동이라고 말할 수 있다.

3) 비합리성과 불가해성

이상행동의 세 번째 특징은 비합리성과 불가해성을 갖는다는 것이다. 즉, 어떤 사람의 행동이 합리적이지 않고 그 행동을 이해할 수 없을 때 그 행동과 사람을 비정상이라고 정의한다. 이러한 기준에 의해 이상행동으로 간주될 수 있는 대표적인 예가 정신분열증의 주요 증세인 사고장애이다. 그 구체적 증상은 객관적 현실에 전혀 기반을 두지 않은 인식, 비합리적이고 터무니없는 생각, 한 사고에서 전혀 연관성이 없는 다른 사고로 이어지는 정신적 과정 등으로서 객관적인 이해가 불가능하다.

4) 예측불가능성과 통제력의 결핍

이상행동의 네 번째 특징은 예측불가능성과 통제력의 결핍을 보인다는 것이다. 사람들은 타인으로부터 일관성과 자신을 통제할 수 있는 능력을 기대한다. 일관성이 결여된 사람에게서는 무엇을 기대해야 할지도 모르고 또 어떻게 반응해야 할지도 모른다. 사람들은 누구나 환경을 통제하고 싶어 하고 또 자유를 유지하고자 하는 욕구를 지니는데, 이러한 욕구는 타인에 대해서 예측 가능할 때에만 충족할 수 있다(Brehm & Brehm, 1981; 곽상만, 1997 재인용).

즉, 예측가능한 세계에는 일관성과 통제가 존재하지만 예측불가능한 세계에서 사람들은 무기력하고 위협받는 것처럼 느낀다. 어떤 사람에게 있어 자신의 행동에 대한 일상적인 통제가 갑자기 무너졌을 때 또는 그 사람이 그렇게 행동하는 원인을 이해할 수 없을 때 그 사람에 대해 통제력을 상실했다고 간주하고 그러한 행동을 이상행동으로 정의한다.

5) 비인습성

이상행동의 다섯 번째 특성은 비인습성이다. 사람들은 어떤 행동에 대하여 인습적인가 또는 비인습적인가에 대한 판단이 이상행동을 규정하는 기준이 되기도 한다. 각 문화마다 성문화되어 있지는 않지만 사람들이 직관적으로 알고 행동의 지침으로 사용하는 규율들이 존재하고 이를 준수한다는 것은 사회적 적응을 의미하기 때문이다. 이러한 불문율을 어긴 비인습적인 행동들은 불쾌감을 주며 비정상적인 것으로 간주된다.

앞에서 지적한 요소들 중에서 더 여러 가지 항목에 해당할수록 그리고 그 증상이 더 심할수록 이상행동이라고 확인할 수 있다. 반대로 어떤 행동이나 사람을 이상행동으로 규정하려면 이러한 요소들 중에서 적어도 한 가지는 반드시 존재해야 한다.

3 이상행동의 판단기준

정상을 벗어난 이상행동은 그 준거에 따라 이상행동의 의미도 달라진다.

첫 번째 준거는 통계적 기준이다. 한 개인이 보이는 행동이나 정서가 다른 사람들이 동일한 상황에서 보이는 것에 비해 얼마나 일탈되어 있는지에 따라 정상과 이상을 구분한다. 대부분의 사람들이 하지 않는 행동을 혼자 한다든지 또는 여러 사람이 하는 행동을 혼자하지 않을 경우 이 행동들은 통계적 기준으로부터 이탈되었기 때문에 이상행동이라 말할 수 있다. 용어 사용자 간에 의미의 공유가 용이하며, 문화나 인종에 의한 차이를 최소화할 수 있다.

두 번째 준거는 사회적 혹은 문화적 기준이다. 한 사회의 규범이나 관습으로부터 크게 벗어나거나 사회적 규정에서 크게 벗어나 용인될 수 없는 행동을 했을 경우 이상행동이라고 간주할 수 있다. 개인의 사회적 적응성을 강조하는 입장이며, 사회문화적 차이에 의해 영향을 받는다.

세 번째 준거는 행동적 기준으로서 개인의 행동이 자신이나 사회에 해로운 영향을 줄 때 이상행동으로 규정하는 것을 말한다.

네 번째 준거는 주관적 · 심리적 기준이다. 이 기준은 개인이 경험하고 있는 심리적 · 정신적 갈등의 정도가 얼마나 심한가에 따라서 정상과 장애를 구분하는 것이다. 주관적으로 느끼는 우울이나 불안, 혹은 죄책감 등이 지나쳐서 고통을 느끼는 경우이다.

다섯 번째는 상식적 기준이다. 타인에 의해서 판단되는 것으로 다른 사람의 행동을 보고 잘 적응하지 못하고 있다고 생각될 때 이상행동이라고 간주한다.

여섯 번째는 전문적 기준이다. 이 기준은 의사나 상담가의 심리학적 평가나 정신과적 진단방법에 의해 판단되는 것으로, 객관적인 기준을 제공한다.

4 이상행동에 대한 설명모델

이상행동에 관한 이론은 아직 충분히 설명되지 못하고 있기 때문에 이상행동의 이론이라고 말하기보다는 모델이라는 용어를 사용하고 있다. 이상행동에 대한 기술 및 설명모델은 다섯 가지로 분류할 수 있다.

1) 생물학적 모델

생물학적 모델은 이상행동의 원인을 세균, 유전적 요인, 생화학적 이상, 뇌의 역기능 등 개인의 생리적 손상에 의해 발생하는 것으로 보는 입장이다. 즉, 신경계 및 내분비계 등에 이상이 생기거나 손상이 있어서 심리적 과정이 영향을 받는 것으로 본다. 그래서 생리적 모델, 의학적 모델 혹은 질병 모델이라고도 한다(이현수, 2002).

세균에서 이상행동의 원인을 찾는 것은 16세기에 유행하던 심리적 장애가 매독균에 의해서 일어난다는 것을 입증함으로써 성립되었다. 과거나 현대에나 정신분열증 환자는 같은 증상을 보인다는 사실에 입각해서 생물학적 모델은 심리적 장애가 유전적으로 전해지는 질병이라고 설명하고, 이 증상이 체내의 불균형한 생화학적 요인에 의해 일어난다는 가설로 설명하고 있다.

또한 이상행동이 뇌의 특정한 영역의 역기능에 의해서 초래된다고 본다. 그러므로 생물학적 모델은 이상행동의 치료를 신체적 질병의 치료와 같은 방식으로 추구해야 한다고 본다. 그리고 약품에 의해서 이상행동을 치료하고자 하는 시도는 실제로 우울증이나 정신분열증, 불안장애 등에서 상당한 효과를 보였다. 이상행동에 대한 육체적 치료는 몇몇 특정한 장애에 대해서는 효과적이나 치명적인 부작용을 동반하는 경우가 있다.

2) 정신역동적 모델

정신역동적 모델에서 이상행동이란 무의식적 혹은 의식적으로 마음에 영향을 미치는 인간 내부의 힘, 욕망, 동기 등에 의해 불안이 야기되며 불안이 이상행동을 일으키는 주요한 원인이라고 보는 입장이다. 프로이트는 원초아, 자아, 초자아 간의 갈등이 심리적 고통을 유발하며 이것이 불안이라고 하였다(나병현, 2004).

이 모델에서 이상행동에 대한 치료는 현재 겪고 있는 증상의 제거뿐만 아니라 어린 시절의 경험으로 왜곡되어 형성된 태도, 인식, 행동을 포함하는 퍼스낼리티 자체를 변화시키는 데에 둔다. 이를 위하여 무의식 속에 억압되어 있는 이드의 갈등이나 외상을 의식화하여 자아가 원만한 기능을 하도록 돕는다. 즉, 사고와 행동의 변화를 시도하며, 현재의 관계에서 유년기의 갈등을 검토하고 무의식에 억제된 것을 의식하도록 추구하여, 환자 스스로 갈등의 원인을 이해하고 갈등에 대한 해결을 찾도록 유도하는 것이다.

3) 행동주의적 모델

행동주의적 모델에 의하면 인간의 삶에서 이상행동을 포함한 정신적인 측면과 행동은 환경에서 이루어진 학습의 결과라고 보고 심리적 문제가 환경의 변화에 의해서 치료될 수 있는 것으로 간주한다. 즉 두려움, 불안, 불감증, 우울증 등의 유사한 행동들은 모두 학습에 의해 이루어졌으며, 따라서 이러한 행동들은 성장과정에서 주변 환경의 영향으로 인하여 바람직하지 않는 행동이 습득된 것으로 보고 그 행동을 약물사용이나 정신분석 없이 학습원리에 의해서 수정될 수 있다고 주장한다. 환경적 요인이 변화되면 그 사람은 이전의 부적응적 행동이나 습관을 버리고 새롭고 적응적인 습관을 획득하게 될 것이다. 고전적 조건형성에서는 무조건 자극과 어떤 자극이 연합되었는가에 따라 공포나 부적응행동이 학습된다고 보는 입장이며, 조작적 조건형성에서는 이상행동 후에 강화가 주어지면 그 행동이 형성된다고 보는 입장이다.

이 모델에서의 이상행동 치료적 기법은 선택적 긍정적 강화와 선택적 차별이 있는데, 선택적 긍정적 강화는 치료자가 증가시키기를 원하는 표적행동을 선택해서 그 행동이 일어날 때에 긍정적 강화를 체계적으로 해줌으로써 그 행동을 증가시키는 방법이다. 예를 들면, 주로 젊은 여성들에게서 볼 수 있는 식욕부진 신경증은 음식을 먹지 않으려는 이상한 식습관에 빠져서 체중이 급속히 줄게 되고 급기야 생명까지 위태롭게 되는 이상행동이다. 이때에는 환자가 먹는 것보다 훨씬 더 원하는 강화물을 사용해서 음식을 먹으면 그 강화물을 갖거나 누리게 해주는 것이 선택적 강화이다. 이때 강화물은 관찰을 통하여 그 사람이 좋아하는 것으로 선택해야 한다.

선택적 차별은 클라이언트의 문제행동을 표적행동으로 선택하여 이 행동이 일어날 때마다 그 사람이 싫어하는 사건을 적용함으로써 그 행동이 일어날 확률을 감소시키는 방법이다. 예를 들면, 자폐증 어린이들은 흔히 자기 학대 행동을 하는데 자신을 때리거나 학대할 때마다 매 또는 찬물과 같은 혐오스러운 충격을 준다. 그러면 자기학대 행동이 벌을 가져온다는 것을 학습하게 되고 그러한 횟수가 줄어든다.

4) 인본주의적 모델

인본주의적 모델은 잘못된 인식과정을 이상행동의 원인으로 간주하여 왜곡된 인식을 바꿈으로써 이상행동이 치유될 수 있다고 보는 입장이다. 인본주의는 인간의 존엄과 가치 그리고 이성을 통한 자기실현의 가능성을 강조하는 철학이다. 로저스의 인본주의 모델은 정신의학, 심리학, 사회복지, 집단지도, 상담에 영향을 주었다. 심리치료에 대한 그의 공헌으로 가장 지적할 만한 것은 치료자와 클라이언트 사이의 관계가 긍정적인 치료적 변화를 하도록 정형화한 것이다. 그리고 사회복지, 교육과 결혼에 있어서 인본주의적 변화를 고취시키는데 열중하였다.

도와주는 사람이 진실성을 경험하고 진실하게 의사소통하며 보호적인 관계를 유지할 때, 이러한 관계 속에서 그리고 깊은 비심판적 이해 속에서 클라이언트의 성장잠재력이 발현되는 경향이 있다고 하였다. 또한 인간중심 모델의 기본 이론은 '만일~한다면'의 가설유형으로 간략히 말할 수 있는데, 만일 진실성, 긍정적 존중, 공감적 이해와 같은 조건들이 치료자의 태도에서 나타난다면 성장적 변화가 클라이언트에게서 일어나게 될 것이라고 하였다(Meador & Rogers, 1996; Harold S.Hackney, 2004 재인용).

5) 인지적 모델

인지적 모델은 심리적 장애의 원인을 잘못된 사고에서 찾는 입장이다. 인지적 모델에서 다루는 사고의 유형은 기대, 평가(appraisal), 귀인(attribution), 신념 등이다(Rosenhan & Seligman, 1989). 이러한 사고에 문제가 있다면 그 왜곡된 사고나 부정적 사고를 바꿈으로써 개입이 가능하다고 보았다. 인간은 본래 자아실현의 능력을 지니고 태어나지만, 자아실현의 과정에서 실패하거나 자아성장이 왜곡되었을 때 이상행동이 나타난다고 보았다. 그러므로 인지적 모델에서는 심리적 장애의 원인을 잘못된 사고에서 찾는다.

예를 들면 어떤 사람이 우울증이라고 할 때에 그 원인을 그의 신념이나 사고에서 살핀다. 아마도 그 환자는 자신의 삶에서 일어나는 사건에 대해 자기가 전혀 통제력이 없다고 생각하기 때문에 수동적이 되고 결국은 병적인 우울증에 빠질지도 모른다는 것이다. 그러므로 인지적 치료의 초점은 왜곡된 사고를 바꾸는 것으로 인지적 치료자는 심리적 문제를 가진 사람에게 부정적 사고를 찾아내어 그것과 대조되는 과거의 긍정적 증거들을 직시하게 하여 부정적 사고를 바꾸도록 이끈다.

6) 통합적 입장

통합적 입장은 스트레스 모델이라고도 한다. 즉, 스트레스와 개인의 특성에 의해 생겨난 취약성이 이상행동으로 나타난다고 보는 입장이다. 생물심리사회적 모델이라고도 하는데, 이것은 개개인의 심리적, 사회적, 생물학적인 측면에서의 스트레스들이 체계이론과 전체론 등의 관점에서 어떻게 진행되어 이상행동을 유발하는지에 대한 설명을 하고 있다.

5 이상행동의 평가

이상행동을 평가하는 방법에는 다음과 같은 것이 있다.

1) 임상적 면접

임상적 면접은 클라이언트를 직접 만나 대화를 통해 파악하는 기법이다. 클라이언트의 말뿐만 아니라 태도, 행동, 억양 등으로부터 정보를 확보할 수 있다. 성공적인 면접을 위해서는 클라이언트와 면접자 간의 좋은 관계(rapport) 형성이 중요하다(나병현, 2004). 클라이언트가 면접자를 지지적이고 위협적이지 않으며 자신을 드러내는 데 대해 격려하는 사람으로 인식할 때 정직하게 자기에 관해 이야기하게 되며, 심리적 문제의 진단에 필요한 정보를 제공할 수 있다. 임상면접이 일상적인 대화 및 여론조사와

한 가지 다른 점은 응답자가 질문에 대답하거나 또는 대답하지 않는 방식에 주의를 기울인다는 점이다. 면접방법에는 비구조적 면접과 구조적 면접이 있다.

(1) 비구조적 면접

전혀 조직적이지 않은 대화로 이루어지므로 융통성이 있다. 이러한 유형의 어떤 면접도 서로 같은 결과를 내지 않으며 따라서 신뢰도와 타당도는 아주 낮다. 다시 말해서 면접자가 이상행동의 어떤 모델에 방향을 둔 사람인가에 따라서 끌어내는 정보의 내용이 판이하다. 만일 심리 역동적 모델을 추구하는 면접자라면 어린 시절의 경험, 꿈의 내용과 같은 정보를 확보하려 할 것이고, 행동이론가라면 현재 문제가 되고 있는 클라이언트의 행동, 그러한 행동을 둘러싸고 있는 현재의 사건이나 경험들에 초점을 맞춰 대화를 전개해 나갈 것이다.

(2) 구조적 면접

면접자가 물어봐야 할 질문이 표준화되어 있어 신뢰도와 타당도는 높다. 구조적 면접의 대표적인 예인 DIS는 임상전문가나 일반 면접자에 의해 사용될 수 있도록 선별 정리된 질문들로 이루어져 있다.

2) 심리검사

심리검사는 구조화되어 있으면서도 다양한 기법이 이용되고 있다.

(1) 목록식 심리검사

첫째, 객관성 심리검사는 '그렇다, 아니다'로 대답할 수 있는 다양한 질문이 자신의 경우에 해당되는지 답변을 고를 수 있도록 제시해 놓고 있는 검사 방법이다. 목록식 심리검사는 매우 구조화되어 있으며 따라서 신뢰도가 아주 높다. 예를 들면 MMPI (Minnesota Multiphasic Personality Inventory 다면적 인성검사)는 비정상행동을 측정하는 열 가지 임상 척도(건강염려증, 우울증, 히스테리, 반사회성, 남성/여성 특성, 편집증, 강박증, 정신분열증, 경조증, 사회적 내향성)와 응답자의 검사태도를 측정하는 네 가지 타당도 척도로 이루어져 있다. 그리고 상당히 투사법적 함축을 띤 질문지형 성격검사로 550개의 문항을 포함하고 그중 16문항이 중복되어 총 566문항으로 구성되어 있다.

최근 목록식 심리검사는 진단을 목적으로 하는 병원 중심의 임상 척도로 활용될 뿐만 아니라 개인의 인성 특징을 평가하여 상담 및 정신치료 예방을 목적으로 하는 데도 널리 이용되고 있다.

(2) 투사적 검사

투사적 검사는 다양한 반응을 유발시킬 수 있을 정도로 모호한 일련의 표준 자극을 피검자에게 제시하는 심리평가 도구이다. 잉크반점이나 그림과 같은 무의미한 자극을 사용하여 내면을 드러내도록 하거나 메시지가 분명치 않은 그림을 보고 이야기를 꾸미게 함으로써 무의식적 갈등, 불안, 충동 등을 알아보기 위한 검사법이다. 심리역동적 모델에 입각한 치료자들에게 평가의 초점은 주로 무의식적 갈등, 잠재적인 두려움, 성적 또는 공격적 충동, 드러나지 않은 불안과 같은 것이기 때문에 투사적 검사를 자주 사용한다. 예를 들면 로샤 잉크반점검사, TAT검사 등이 있다.

로샤 잉크반점검사(Rorschach test)

로샤 검사는 투사법의 일종으로 직접적인 방법이나 질문에 의해서는 분명히 알 수 없는 인격의 내면을 무엇인가를 투사시켜 밝혀내는 검사이다. 로샤(Rorschach, 1921)에 의해 창안되었으며, 일련의 막연하고 무의미한 잉크 얼룩에 의해 한 사람에게서 일어나는 지각 반응을 분석하여 그 개인의 인격 경향을 추론하는 검사다. 이 검사는 열 장의 카드로 되어 있고 각각의 카드에는 잉크의 얼룩무늬가 있다. 흑백 카드가 다섯 장, 색채 카드가 다섯 장 있는데, 순서대로 보여준 후 무엇으로 보이는가, 또는 어느 부위를 무엇으로 생각했나 등을 묻고 이에 답하게 된다. 각각의 카드에 대한 반응 내용, 반응의 총수 등에 의해 해석을 하며, 노련한 전문가에게 상담을 받는 것이 좋다.

TAT(Thematic Apperception Test)

어떤 방식으로든 해석될 수 있는 모호한 그림이 그려져 있는 카드를 보고 현재 어떤 상태이며, 과거는 어떠하였고 미래에는 어떻게 될 것인지 이야기를 만들도록 하여 내면의 갈등, 불안 등 심리적 역동을 해석해 내는 기법이다.

(3) 지능검사 혹은 적성검사

정신지체에 대한 진단에서 핵심적인 역할을 하며 신뢰도·타당도가 가장 높다. Stanfortd-Binet 지능검사나 WAIS 등이 대표적이다. 지능검사는 때로는 적성검사나 IQ 검사로 불리는데, 개인의 현재 정신능력을 평가하기 위한 표준화된 절차를 말한다. Binet 검사는 정상 아동과 정신지체 아동을 감별하기 위한 목적으로 제작하였다. 이 검사는 30개의 문항을 난이도 수준에 따라 상향식으로 배열했다. 몇 년 후 이를 연령 수준별로 개정하여 정신 연령의 개념을 도입했다. 이후 L형과 M형의 동형검사를 제작, 연령 범위를 확대, IQ를 도입하는 등 정신 연령을 도입한 지수 산출 방법의 단점을 극복하기 위해 개정되어 왔다. 하지만 실제로 활발히 사용되지는 못하고 있다.

집단용 지능검사는 일시에 많은 피검자의 정신능력을 변별하기 위한 간편성과 경제성 때문에 발달되었다. 시초는 군대 알파 검사, 군대 베타 검사이며 언어, 수리, 추리 능력을 내용으로 하고 있다. 이후 요인 분석의 영향으로 각 하위검사마다 동질적인 문항을 구성하여 제작하는 경향이 널리 퍼졌다.

(4) 객관성 성격검사

한국아동인성검사(Korean Personality Inventory for Children: KPI-C)는 워트(Wirt)와 보웬(Broen, 1969)이 처음 개발한 검사로 국내에서는 표준화 작업을 거쳐 1997년 초판 발행되었다. 이 검사는 아동을 잘 아는 성인(부모)의 보고를 통해 아동의 행동, 정서, 인지 등의 일반적인 심리 특성을 측정하는 검사다(안병환 역, 2003). 아이들은 자신의 정서나 다른 심리 상태에 대한 표현 능력이 제한되어 있으므로 보호자로부터 아이에 관한 포괄적인 정보를 얻는 것이 중요하다. 검사 결과가 프로파일 형태로 제시되어 아동의 성격 특성을 한눈에 파악할 수 있다. 대상은 4~14세이고, 소요시간은 약 40분 정도이다.

성격유형검사인 MBTI(Myers-Briggs Type Indicator)는 심리학자 융의 심리 유형 이론을 바탕으로 하여 Katharine C. Briggs와 Isabel Briggs Myers(1941)에 의해 연구 개발된 성격유형검사 도구이다. 융이 말하는 선천적으로 타고나는 개인의 심리 경향을 발견하고, 그 경향에 따라 개인의 성격과 그 개인이 환경에 반응하는 태도가 다름을 이해함으로써 자신과 타인의 성격 특성을 이해하는 데 아주 유용하게 사용되고 있는 도구이다(김홍국, 2001). 전 세계적으로 널리 쓰이는 도구이며, 우리나라에서도 진로상담·부모교육·사원연수 등 다양한 분야에서 활발하게 사용되고 있다. 일반적인 상담 기관에서 쉽게 받을 수 있다.

어린이 및 청소년 성격유형검사인 MMTIC(Murphy-Meisgeier Type Indicator for Children)는 칼 융의 심리 유형 이론에 근거하여 개발된 도구이다. 어린이들과 청소년의 심리발달 과정에 있어서 성격 이해, 학습 지도, 대인관계 형성, 진로 지도에 도움을 주고 있고, 청소년 상담 분야에서도 활발히 활용되고 있는 심리검사이다.

(5) 신경심리검사(neuropsychological testing)

신경심리검사는 다양한 심리적 기능을 측정함으로써 뇌의 손상 유무, 손상의 정도와 부위를 평가하는 검사이다. 뇌의 특정한 부위가 손상되면 그에 해당되는 심리적 기능에 이상이 나타난다. 이러한 원리를 이용하여 지적능력, 언어기능, 주의집중력, 기억력, 지각기능, 수행능력, 문제해결능력, 성격, 감정상태 등을 측정함으로써 뇌의 손상 상태를 평가하는 도구가 신경심리검사이다. 다양한 심리적 기능을 종합적으로 평가하는 대표적인 신경심리검사로는 Halstead-Reitan 신경심리검사와 Luria-Nebraska 신경심리검사가 있다.

Halstead-Reitan 신경심리검사(HRNB: Halstead-Reitan Neuropsychological Battery)는 지능, 언어지식, 촉각인지, 손가락운동, 시각, 감각기능 등을 평가하는 13개의 개별적 검사로 구성되어 있다. 뇌손상이 있는 반구와 영역을 평가할 수 있을 뿐만 아니라 뇌손상의 진행과정과 손상유형(예: 내인성 종양, 외인성 종양, 뇌혈관장애)을 평가할 수 있다.

Luria-Nebraska 신경심리검사(LNNB: Luria-Nebraska Neuropsychological Battery)는 운동, 리듬, 촉각, 시각, 언어이해, 언어표현, 쓰기, 읽기, 산수, 기억, 지적 과정의 열한 개의 소검사로 구성되어 있으며 신경심리학적 기능을 포괄적으로 평가할 수 있다. 이 검사는 환자의 결함을 평가할 때 요구되는 소검사만을 선별적으로 실시할 수 있기 때문에 검사시간이 짧으며 검사도구와 절차가 간편한 장점이 있다.

뇌손상으로 인한 지각적 정확성 여부를 평가할 수 있다. 이는 아홉 개의 도형을 정확하게 그려내는 것인데, 시간제한은 없으며, 모사단계에서는 보고 그리도록 하고, 이후 회상단계에서는 자극 없이 기억나는 대로 그림을 그리도록 한다. 이 검사는 연필을 잡고 종이에 그릴 수 있는 운동기능이 요구되는 검사이기도 하다. 모사하는 과정에서 나타나는 다양한 오류들과 회상률을 근거로 대략적인 지적 손상 여부를 평가한다.

3) 관찰기법

관찰기법은 언어란 부정확하며 문제를 과장할 수 있다는 전제하에 외양적 행동을 직접 관찰하여 내면의 상태를 추론해 내는 방법이다. 관찰에 입각한 행동평가는 치료적 접근에 중요한 역할을 한다. 예를 들면, 여러 사람 앞에서 말해야 할 경우 매우 긴장된다고 말한 사람을 평가하고자 할 때 사람들 앞에서 말하도록 한 후 행동평가 서식을 이용해서 1분 간격으로 관찰하여 문제행동의 존재 여부를 표시하는 것을 말한다.

6 이상행동의 진단

이상행동의 진단은 클라이언트의 행동이나 심리상태에 따라 특정한 심리적 장애로 범주화하는 것이며, 이것은 흔히 장기간에 걸친 복잡한 과정이다. 클라이언트의 문제를 특정한 이상행동으로 진단하는 것은 다음과 같은 측면에서 유용하다(Rosehan & Seligman, 1989).

첫째, 이상행동은 여러 가지 증상을 동반하는데, 특정 유형의 장애(예: 우울증, 정신분열증 등)로 진단함으로써 이러한 많은 증세를 간략한 전문적 용어로 포괄할 수 있다. 둘째, 정확한 진단은 그 장애를 치료하는데 가장 효과적인 몇몇 치료방법을 제시하는 역할을 한다. 셋째, 클라이언트의 문제를 특정한 유형의 이상행동으로 진단함으로써 그 문제의 원인에 대한 통찰력을 갖게 해준다.

가장 널리 사용되는 지침은 다차원적 진단지침서로 구성된 DSM-5로 불리는 미국정신의학협의회의 정신장애 진단 통계편람이다. DSM-5에는 심리적 장애를 분류하고 치료계획을 세우는 것을 도와주기 위한 13개 유형의 정진장애 범주를 제시하고 있다.

표 14-1 DSM-5 장애 전체 목록

<table>
<tr><th>DSM-5 정신장애 범주</th><th colspan="3">DSM-5 하위장애</th></tr>
<tr><td rowspan="15">01. 신경발달장애</td><td colspan="3">지적장애(지적발달장애)</td></tr>
<tr><td rowspan="4">의사소통장애</td><td colspan="2">언어장애</td></tr>
<tr><td colspan="2">음성장애(말소리장애)</td></tr>
<tr><td colspan="2">소아기-발병 유창성 장애(말더듬증)</td></tr>
<tr><td colspan="2">사회적(실용적) 의사소통장애</td></tr>
<tr><td colspan="3">자폐스펙트럼장애</td></tr>
<tr><td colspan="3">주의력결핍 과잉행동장애</td></tr>
<tr><td rowspan="3">특정학습장애</td><td colspan="2">읽기장애</td></tr>
<tr><td colspan="2">쓰기장애</td></tr>
<tr><td colspan="2">산술장애</td></tr>
<tr><td rowspan="5">운동장애</td><td colspan="2">발달성 협응장애</td></tr>
<tr><td colspan="2">산동증적 운동장애</td></tr>
<tr><td rowspan="3">틱장애</td><td>일과성(일시적, 잠정적) 틱장애</td></tr>
<tr><td>만성(지속성 운동) 또는 음성 틱장애</td></tr>
<tr><td>뚜렛장애</td></tr>
<tr><td rowspan="5">02. 파탄적, 충동조절 및 품행장애</td><td colspan="3">적대적 반항장애(반항성 장애)</td></tr>
<tr><td colspan="3">간헐적 폭발장애</td></tr>
<tr><td colspan="3">품행장애</td></tr>
<tr><td colspan="3">반사회성 성격장애</td></tr>
<tr><td colspan="3">절도광(병적 도벽)</td></tr>
<tr><td rowspan="7">03. 불안장애</td><td colspan="3">분리불안장애</td></tr>
<tr><td colspan="3">선택적 함구증</td></tr>
<tr><td colspan="3">범불안장애</td></tr>
<tr><td colspan="3">사회불안장애(사회공포증)</td></tr>
<tr><td colspan="3">공황장애</td></tr>
<tr><td colspan="3">광장공포증</td></tr>
<tr><td colspan="3">특정공포증</td></tr>
</table>

04. 외상 및 스트레스 관련 장애	반응성 애착장애	
	탈억제성 사회적 유대감 장애	
	외상 후 스트레스 장애	
	급성 스트레스 장애	
	적응장애	
05. 급식 및 섭식장애	이식증	
	되새김장애(반추장애)	
	회피적/제한적 음식섭취장애	
	신경성 식욕부진증	제한형
		폭식-제거형
	신경성 폭식증	
	폭식장애	
06. 배설장애, 배변장애	유뇨증	
	유분증	
07. 조현병 스펙트럼 장애	조현병	
	망상장애	
	단기정신병적 장애	
	조현양상장애	
	조현정동장애	
08. 우울장애	주요 우울장애	
	지속성 우울장애	
	파괴적 기분조절(부전)장애	
	월경 전 불쾌장애	
09. 양극성 장애	제I형 양극성 장애	
	제II형 양극성 장애	
	순환성 장애	
10. 강박 및 관련 장애	강박장애	
	신체이형장애	
	수집광(저장장애)	
	발모광(털뽑기 장애)	
	피부뜯기 장애(표피박리장애)	
11.해리장애	해리성 정체성 장애	
	해리성 기억상실	
	이인성 장애(이인증/비현실감)	

<table>
<tr><td rowspan="4">12. 신체증상 및 관련 장애</td><td colspan="2">신체증상장애</td></tr>
<tr><td colspan="2">질병불안장애</td></tr>
<tr><td colspan="2">전환장애</td></tr>
<tr><td colspan="2">인위성 장애(허위성 장애)</td></tr>
<tr><td rowspan="10">13. 성격장애</td><td rowspan="3">A군</td><td>편집형</td></tr>
<tr><td>조현성</td></tr>
<tr><td>조현형</td></tr>
<tr><td rowspan="4">B군</td><td>연극성(히스테리성)</td></tr>
<tr><td>자기애적</td></tr>
<tr><td>반사회성</td></tr>
<tr><td>경계성</td></tr>
<tr><td rowspan="3">C군</td><td>회피성</td></tr>
<tr><td>의존성</td></tr>
<tr><td>강박성</td></tr>
</table>

출처: 임수진 편저(2021). DSM-5 진단기준. BTB Books.

각 적응기능에 관해 1점에서 100점까지 평가한다. 100점에 가까울수록 모든 면에서 우수한 적응기능을 가진 것을 의미하며 점수가 낮아질수록 심각한 적응문제를 나타낸다. 이러한 적응기능의 평가는 치료계획을 세우고 치료결과를 예측하는 데 유용하다. 또한 다른 기간 동안의 기능에 대해서도 평가한다.

7 이상행동의 유형

1) 불안장애

사람은 위협을 받거나 스트레스를 주는 상황에 처하면 불안과 긴장감을 느끼며 그 상황을 회피하고자 하는데 이것은 지극히 정상적인 반응이다. 그러나 대부분의 사람들이 어려움을 느끼지 않는 상황임에도 불구하고 심한 불안을 경험한다면 불안장애로 간주된다. 불안장애의 일반적인 내적 증상은 공포증, 걱정, 위통, 철회적 행동, 메스꺼움, 구토, 어지럼증, 강박증, 불면증, 우울증, 은둔이며, 외적인 증상은 불복종, 거짓말, 도둑질, 싸움, 파괴성, 부적절한 죄책감, 욕설, 울화, 가출 등으로 나타난다(나병현, 2004).

성인 증상의 반 이상이 15세경에 발병하는데, 아동기의 불안장애는 후속되는 정신병리적 어려움을 증가시킨다. 21%는 성인기에 신경증, 14%는 성격장애로 나타난다. 두려움을 잘 느끼는 학령 전 아동이 5년 후 신경증을 일으킬 가능성이 높고, 불안해하는 11세경의 아동은 성인기에 불안장애와 우울증을 일으키기 쉽다. 아동기의 공포증은 성인기의 다른 장애들로 이행되는 경향이 있다.

불안장애의 원인은 유전적 요인(부모가 불안장애인 경우는 통제집단보다 유병률이 일곱 배가 더 높음), 신경학적 요인(7세경의 두 군데 이상의 경미한 신경학적 손상의 신호는 청소년기의 불안으로 연결), 기질적 요인(친숙하지 않은 사람들에 대한 행동적 억제, 새로운 상황에서 부끄러워하고 수줍고 억제하는 경향성으로 표현됨), 개인적 요인(과도한 자기통제), 대인적 요인(과잉 관여적인 부모와 과잉 의존적인 아동 사이에서 발생) 등이 있다.

불안장애에 대한 치료적 개입으로 주로 행동적 치료기법이 사용되는데, 체계적 둔감화, 대량 노출법, 모델링, 인지적 자기관리법 등이 사용된다. 불안장애는 다음과 같이 구체적으로 유형화되어 나타난다(나병현, 2004).

(1) 공포증(phobia)

두려워해야 할 객관적 이유가 없는데도 불구하고 어떤 대상이나 장소에 대해 심한 두려움을 느끼는 경우이다. 폐소공포증(claustrophobia), 광장공포증(agoraphobia), 고소공포증(acrophobia), 사회공포증(social phobia), 단순공포증(specific phobia) 등의 양상으로 나타난다. 공포증 환자의 60%는 광장공포증으로서 공공장소, 시장, 대중교통수단 등 많은 사람을 접하는 장소에 가면 공포를 느낀다. 폐소공포증이란 좁고 갇힌 공간에 가면 심한 공포를 느끼게 되는 경우로 과거에 아무 도움을 받을 수 없는 고립상태나 갇힌 경험 등이 있을 경우 발생한다. 그래서 엘리베이터를 사용하지 못한다. 사회공포증이란 다른 사람이 자신을 자세히 관찰하는 것 같아서 여러 사람이 모이는 장소에 가면 수치심을 느끼거나 공황상태에 빠지는 경우이다. 단순공포증은 뱀이나 개, 쥐 등 특정 사물에 대한 공포를 갖는 경우에 해당된다. 고소공포증은 높은 곳에서 심한 공포를 느끼는 경우이다.

(2) 공황장애(panic disorder)

갑자기 강렬한 불안에 사로잡히는 공황발작을 주된 증상으로 하는 정신장애로서, 발작이 6주 동안 6회 이상 나타나면 공황장애로 진단한다. 증상은 호흡장애, 심장박동 증가, 흉부 통증, 현기증, 강한 두려움, 절박감 등이며, 보통 5~20분간 지속되고 드물게는 수시간 지속되기도 한다. 장애가 진행되면 환자는 사기를 잃고 의존적이 되며, 우울해지고 심장혈관장애를 일으키기도 하고 종말에는 자살을 기도하게 된다.

(3) 일반화된 불안장애(generalized anxiety disorder: GAD)

약하고 만성적인 불안이 지속적으로 또는 여러 상황에 걸쳐서 존재하는 경우이다. 안절부절하고 쉽게 놀라며, 긴장하고 신경과민 상태가 지속된다. 참을성이 없고 화를 잘 내며, 불면증, 주의산만 등을 경험하고 우울증을 동반한다.

(4) 강박장애(obsessive compulsive disorder: OCD)

자신의 의지와 상관없이 스스로 통제할 수 없는 반복적 사고나 무의미하고 틀에 박힌 행동의 반복으로 고통을 겪는 경우이다. 강박적 사고의 내용은 근심, 의심, 반감, 모독 등의 터무니없는 생각들로 그러한 생각을 떨쳐버리는 것이 불가능하다. 예를 들어 세균에 감염될까 봐 하루 종일 닦고 청소하는 경우가 이에 해당된다. 그러나 완벽성을 추구하려는 강박성 성격(compulsive personality)과는 구분된다.

(5) 외상 후 스트레스 장애(post-traumatic stress disorder)

인간이 겪을 수 있는 보편적인 범위의 고통을 벗어난 특정한 사건을 겪은 후 정신적 상흔에 의해 나타나는 장애이다. 홍수, 지진, 화재, 전쟁이나 성폭행 등을 겪은 후 꿈, 공상, 환상 등을 통해 사건을 되풀이해서 경험하면서 공포, 불안, 분노, 죄의식 등에 사로잡히며, 때로 무감정해지거나 심인성 기억상실증, 유사 자극 회피 등의 반응을 보인다.

(6) 격리 불안장애(Separation anxiety disorder)

아동기에 많이 나타나는 증상으로 애착대상과의 격리에 대해 과도한 불안을 보이는 경우이다. 애착대상이 떠나갈 때 떼쓰기, 떨어져 있는 것에 대해 비통함을 나타내며, 애착대상과 헤어질 위험에 대해 비현실적이고 지속적인 걱정을 하거나 격리가 예상될 때 두통, 위통과 같은 신체적 증상을 보이는 경우이다. 격리 불안장애를 보이는 원인은 불안정한 애착관계를 유지해 왔거나 예측불가능하고 통제되지 않은 격리 상황을 경험하고, 불안에 대한 기질적인 취약성을 갖고 있는 경우이다.

2) 신체형 장애

심리적인 원인에 의해 다양한 신체적 증상을 나타내는 경우이다. 흔히 다양한 신체적 증상을 나타내지만 의학적인 검사에서는 아무런 신체적 이상도 발견되지 않는 것을 말한다. 신체적 증상의 발생과 유지에 심리적 원인이 기여하는 것으로 추정된다. 신체형 장애는 의도적으로 거짓 신체장애를 꾸며대는 꾀병과는 다르며, 자신의 의식적인 의도와는 달리 무의식적 과정을 거쳐 신체증상이 나타나기 때문에 본인은 그러한 증상이 왜 생겼는지 알지 못하고, 신체질환이 없다는 의사의 설명에도 쉽게 납득하지 못한다.

(1) 신체화 장애(somatization disorder)

신체화 장애는 의학적으로 원인을 알기 어려운 신체적 불편감과 증상을 경험하고, 이를 다른 사람에게 호소하는 동시에 질병이 있다고 생각하여 치료를 받으려는 경향(Lipowski, 1988; 한인영, 2000 재인용)이다. 신체화 경향이 두드러지게 나타나서 여러 신체적 증상을 호소하고, 이로 인해 적응상의 현저한 어려움이 나타날 때 신체화 장애로 진단된다.

두통, 복통, 피로, 메스꺼움, 구토, 위장장애, 시력장애, 협응 운동이나 균형의 장애, 마비 혹은 국소적 쇠약, 삼킴 곤란 또는 목에 걸린 덩어리, 발성 불능, 환청, 접촉이나 통증에 대한 무감각, 물체가 여러 겹으로 보이는 복시, 시력 장애, 난청 또는 경련 등의 증상이 하나 이상의 형태로 나타난다. 자신의 증상을 과장되고 극적인 방식으로 표현하며, 이러한 증상이 자신의 삶에 미치는 부정적 영향을 장황하게 설명하는 경향이 있다. 불평이 많으며, 흔히 우울, 불안 증상이 나타난다.

동양 문화권에서 더 빈번하게 관찰되는데, 그 이유는 심리적인 문제를 비정상적인 것으로 보는 반면, 신체적 증상에는 더 허용적인 문화 때문에 신체적 증상으로 표출되는 것이다. 즉, 부정적 감정의 표현을 제한 혹은 억제하는 사회적 분위기로 인해 감정이 신체적 통로를 통해 표출되는 경향이 생겨난다.

2차적 이득(secondary gain) 대 1차적 이득(primary gain)

어떤 장애의 증상표출을 통해 무의식적 갈등과 불안을 회피하고 심리적 고통을 완화하는 것이 1차적 이득이라면, 2차적 이득은 증상을 통해 얻게 되는 부수적 이득을 의미한다. 불쾌감을 신체증상으로 대치함으로써 불쾌감을 회피할 수 있고, 신체증상을 통해 자신의 고통을 타인에게 전달할 수 있다. 또한 스스로를 처벌하는 신체화를 통해 죄책감을 해소할 수 있고, 신체적 증상 호소를 통해 타인의 마음을 움직여 자신이 원하는 바를 얻어낼 수도 있다. 이러한 과정을 통해 현실적인 의무와 책임에서 해방될 수 있고 타인의 동정과 관심을 얻을 수 있다. 그리고 경제적인 이득을 얻을 수 있는데, 이러한 2차적 이득이 강화요인으로 작용한다.

(2) 전환장애(conversion disorder)

전환은 심리적 갈등이 신체적 증상으로 전환되어 나타나는 것을 말한다. 과거에는 히스테리성 신경증이라고 불리던 것으로서, 갑자기 귀가 들리지 않거나 눈이 보이지 않는 갑작스러운 감각기능의 상실이나 근육마비 등의 신체증상을 보이지만 이러한 증상이 신체적 질병이 아닌 심리적 갈등에 의해 일어나는 경우이다. 다양한 신체증상을 호소하는 신체화 장애와 달리 운동기능의 이상, 신체 일부의 마비, 감각기능의 이상, 갑작스러운 신체적 경련과 발작 등 신경학적 손상과 관련된 한두 가지 분명한 이상을 호소한다.

(3) 통증장애(pain disorder)

신체의 특정 부위에 원인을 알 수 없는 통증이 지속되어 적응에 어려움을 겪는 경우이다. 통증이 시작, 유지, 악화되는 과정에 심리적인 요인들이 관여되어 나타난다. 주로 두통, 흉통, 복통, 관절통, 사지통이 흔히 호소하는 통증들이다. 통증은 개인의 주관적 경험으로써 심리적 요인이 중요한 역할을 한다.

(4) 건강염려증(hypochondriasis)

신체적 증상이나 감각을 비현실적으로 부정확하게 인식하여, 자신이 심한 질병에 걸렸다는 집착과 공포를 갖는 심리장애를 말한다. 개인의 신체증상에 대한 잘못된 해석을 근거로 한, 심각한 질병을 갖고 있다는 두려움이나 생각에 집착하게 되고, 이러한 집착은 적절한 의학적 평가 및 안심을 시키는데도 불구하고 지속되고 결국 사회적, 직업적 또는 다른 중요한 기능 영역에서 임상적으로 심각한 고통이나 장해를 초래한다. 초기 청소년기에 흔히 나타나며, 만성적인 경과를 밟는다. 이러한 건강염려증은 보다 만성적인 질병인 암이나 간경화 등으로 잘못 해석되기 때문에 지속적인 걱정, 불안을 보인다.

(5) 신체변형장애(body dysmorphic disorder)

자신의 외모가 기형적이라고 잘못된 생각에 집착하는 심리장애이다. 타인이 보기에는 정상적임에도 불구하고, 당사자 스스로 자신의 외모에 대해서 기형적이라고 믿고 이에 대해 걱정하며 집착한다. 때로 신체적 특이성이나 기형적 요소가 약간 있는 경우에, 이런 특성에 대한 과도한 관심과 집착을 나타낼 수도 있다. 주로 얼굴의 특성 즉 코, 턱, 치아, 광대뼈, 비대칭, 눈썹, 털, 입술, 피부, 이마, 점, 주름살 등에 대해 기형적이라고 생각하는 경우가 많고, 성형수술을 통해 모습을 바꾸려고 하나 수술 후에도 불만족하거나 또 다른 신체적 특성에 집착하는 경향이 있다. 얼굴 외에 유방, 엉덩이, 손, 발, 성기 등의 부위도 관심의 초점이 될 수 있다.

거울을 보거나 확대경을 사용하여 신체적 결함을 세심하게 관찰하거나 자신의 외모를 과도하게 치장하는 행동에 많은 시간을 보낸다. 흔히 사춘기에 많이 발생하고, 남자보다는 여자가, 미혼 여성에게 자주 발생한다. 우연한 사건에 의해 자신의 신체적 특성에 주목하게 되고, 이에 대해 선택적 주의를 기울이기 시작하면서 신체적 특성이 점점 더 심각한 것으로 여긴다. 심리적인 이유를 받아들이지 않으며, 심리치료를 거부한다. 때로는 집착이 강하여 망상적인 수준에 이르는 경우도 있다. 이를 신체망상이라고 한다.

(6) 정신생리적 장애(psychophysiological disorder)

위궤양, 심장병, 천식, 암과 같이 사고와 감정에 의해 발생하거나 영향을 받는 육체의 질병을 말한다. 생리적, 육체적 증상이 존재하고 심리적으로 큰 의미를 갖는 사건이 이에 선행하며 그 사건이 신체적 문제의 시작이나 악화에 기여한 것으로 판단되는 경우이다. 신체형장애의 경우 신경이나 조직의 손상이 없이 마비나 통증이 일어나는 반면, 정신생리적 장애의 경우 실지로 신체에 손상이 있다는 점에서 구별된다.

3) 해리장애(dissociative disorders)

해리(dissociation)는 자기 자신, 시간, 주위환경에 대한 연속적인 의식이 단절되는 현상을 말한다. 즉 기억과 정체감에 영향을 주는 갑작스런 의식의 변화를 말한다. 해리는 마음 혹은 의식이 통일성을 상실한 상태에서 발생된다. 일상생활에서 겪을 법한 정상적인 경험에서부터 심한 부적응상태를 초래하는 병리적 해리장애까지 광범위한 연속적인 심리적 현상이다.

해리성 기억상실은 이미 기억에 저장되어 있는 개인에게 중요한 정보를 갑자기 회생시키지 못하는 장애로서, 단순한 건망증으로 설명할 수 없으며 뇌기능장애 때문도 아니다. 어떤 특정한 사건과 관련되어, 심적 자극을 준 부분의 일부 혹은 전체를 기억 못하는 경우도 있고, 때로는 전 생애나 그중 일정기간에 대한 기억상실을 보이기도 한다. 그러나 새로운 정보를 학습하는 능력은 있다.

해리성 배회장애는 자신의 과거나 자기 신분이나 주체성에 대한 기억을 상실하여 가정 및 직장을 떠나 방황하거나 예정 없는 여행을 하게 되는 장애이다. 예기치 못하게 갑자기 새로운 장소로 옮겨가서 새로운 신분과 직업으로 삶을 시작하며, 자신이 과거에 누구였는지는 잊어버리고 만다.

다중성격장애라고 불렀던 해리정체장애의 소유자는 뚜렷이 구분되는 두 가지 이상의 성격을 갖고 있는데, 성격이 번갈아 가면서 환자의 의식을 지배한다. 이인화(depersonalization) 장애는 자기소외감이나 비현실감이 심하여 생활상의 지장을 가져다줄 경우에 해당된다.

4) 정동(情動)장애(affective disorder)

기분이 너무 좋거나 우울한 것을 주 증상으로 하는 정신장애이다.

(1) 우울증(depression)

우울한 기분에 빠져 의욕을 상실한 채 무능감 · 고립감 · 허무감 · 죄책감 · 자살충동 등에 사로잡히는 일종의 정신질환이다. 우울증만 나타나는 극단적 우울증과 조증과 번갈아 나타나는 양극적 우울증(조울증)이 있다.

(2) 조증(mania)

우울증과 대조적으로 특별한 이유 없이 기분이 충천되어 있는 상태이다. 자신의 능력을 과대평가하고 자극을 받는 대로 비약하는 경향이 강하여 과대망상에 빠지거나 과대행동이 나타나기도 한다. 그 정도에 따라 경조증, 급성조증, 정신착란성 조증으로 분류한다. 경조증은 말을 수다스럽게 한다거나 자신감 넘치고 사교적이며 주변의 일을 맡아 처리하기 좋아한다. 그러나 행동이 유치하며 사소한 일에도 곧 실망하는 충동형이다. 급성조증은 심신이 흥분되어 있고 항상 즐겁고 명랑하다. 자신의 능력이나 경제적 성공 및 출세에 대해 과대망상에 차 있다. 감정의 기복이 심해서 때로는 친절하고 야비하고 공격적이며, 아집에 사로잡혀 다른 사람의 입장을 수용하지 못한다. 앞뒤 생각 없이 돈을 쓰며, 성생활이 난잡한 경우도 있다. 정신착란성 조증은 매우 흥분되어 있으며 웃음이 그칠 줄 모르는 상태가 지속된다. 증상이 발작하면 옷을 찢고 가구를 부수는 등 파괴행위를 자행하기도 한다.

5) 정신분열증(schizophrenia)

일반적으로 정신병으로 알려져 있는 증상들을 보이는 정신장애이다. 정신분열장애 환자는 현실접촉이 상실되어 버린 상태이다. 정신장애 중 가장 심하고 전체 인구의 1% 정도를 차지할 정도로 가장 흔하다. 사고장애(망상), 지각장애(환각), 근육운동장애(기이한 행동이나 부동자세), 정서장애(무반응, 무감정) 증상을 보인다(나병현, 2004).

(1) 편집형 정신분열증

가장 흔한 형태의 정신분열증으로서 체계적인 과대망상이나 피해망상, 의심, 환청, 환각 등의 증상을 보인다.

(2) 혼란형 정신분열증

퇴행적 증상을 동반하며 체계가 결여된 망상과 환각을 보인다. 어린애처럼 유치하고 자주 울거나 낄낄대고 웃으며, 외모를 등한시하여 목욕도 하지 않고 머리도 빗지 않으며, 대소변을 함부로 보는 등의 행동을 한다.

(3) 긴장형 정신분열증

가장 특정적인 증상은 운동장애로서, 혼미하고 긴장된 상태로 움직이지 않거나 거꾸로 운동이 병적으로 활발해져서 손발을 마구 흔들어 댄다. 이러한 운동장애는 약물개입에 의해 효과적으로 통제되기도 한다.

6) 성격장애

성격장애를 가진 사람치고 자신의 성격이 잘못되었다고 믿는 사람은 극히 일부에 불과하다. 대부분의 성격장애 환자들은 자신의 성격에는 아무런 잘못이 없으며, 잘못이 있는 것은 다른 사람이나 상황이라고 생각한다. 이들도 심리적 문제를 경험하기도 하고 경우에 따라서는 전문가의 도움을 구하기도 한다. 그러나 이때에도 전문가의 도움을 통해 해결하고자 하는 것은 자신의 성격 자체가 아니라 성격장애로 인해 초래되는 부부간의 불화라든지 주위 사람들과의 마찰로 인한 스트레스, 업무수행의 비효율성에서 오는 스트레스 등인 경우가 대부분이다.

지속적이고, 융통성이 없으며, 부적응적인 행동 및 내적 경험의 유형이라고 정의된다. 예를 들면, 분열성 성격장애, 자애성 성격, 반사회적 성격, 정신병질 등이 있다. 어떤 사람의 행동양식이 사회적 기대로부터 심하게 벗어나 있고 부적응적이어서 심각한 개인적 고통을 야기하고 사회적, 직업적 기능을 손상시킬 때 성격장애라고 진단한다(나병현, 2004).

(1) 편집성 성격장애(paranoid pd)

타인에 대한 지속적인 불신과 의심을 보인다. 타인의 무해한 행동에서 항상 숨겨진 동기와 의미를 찾고자 하며, 이용당하거나 속지 않을까 염려하고 그 증거를 탐색한다. 하찮은 것에 예민하고 질투심이 많고 논쟁적이며 자주 긴장한다.

(2) 정신분열성 성격장애(schizoid pd)

사회적 관계를 형성하는 능력이 결핍되어 타인의 감정에 무감각하고 사회적 참여에도 관심이 없다. 고립자로서 혼자만의 취미를 추구하고 가끔 백일몽에 빠진다.

(3) 정신분열형 성격장애(schizotypal pd)

사고, 인지, 대화, 행동에 오랫동안 지속된 기이함이 있으며, 이는 눈에 띌 정도로 심각하긴 하지만 정신분열증으로 진단될 만큼 심하지는 않다. 극도로 미신적이며 자기 자신과 환경으로부터 벗어나 있는 느낌을 갖는 이인화를 경험하기도 한다.

(4) 경계성 성격장애(borderline pd)

자기정체감의 결핍, 급격한 기분의 변화, 극단적으로 상대를 이상화했다가 마음에

안 들면 형편없는 사람 취급하는 등 극도로 불안정한 대인관계, 충동적이며 불안정한 감정, 일관성 없는 자기 이미지 등의 증상을 보인다. 신경증과 정신분열증의 경계선상에 있다.

(5) 반사회적 성격장애(antisocial pd)

사회의 도덕적, 법적 기준을 존중하지 않으며, 타인의 권리에 대해 무감각하고 무관심하다. 비행이나 범죄와 연루되기 쉬우며 사회병질자(sociopath)라고도 한다.

(6) 강박적 성격장애(compulsive pd)

사소한 것, 규칙, 스케줄 등에 마음이 사로잡혀 있으며 완전주의를 추구한다. 쾌락보다는 일과 생산성을 추구하며, 실수나 약점에 대해 가혹한 도덕주의자로서 자신뿐만 아니라 타인에게도 완벽을 요구하며 따라서 대인관계를 저해한다.

(7) 히스테리 성격장애

히스테리성 성격장애자들은 흥분을 잘하고 감정적인 사람들로서, 다양하고 극적이며 외향적이고 자기 주장적, 자기 과시적이며 허영심이 많다. 다른 사람들의 관심과 주의를 끌기 위해 과장된 표현을 하지만 실제로는 의존적이며 무능하고 지속적으로 깊은 인간관계를 맺지 못한다. 자신이 관심의 중심에 있지 않으면 불편해 하고, 감정이 빠른 속도로 변화하고 피상적으로 표현되며 자신에게 관심을 집중시키기 위해 지속적으로 외모를 사용한다. 지나치게 인상적이고 세밀함이 결여된 형태의 언어를 사용하며, 자기극화, 연극성 그리고 과장된 감정의 표현을 보인다. 다른 사람이나 상황에 의해 쉽게 영향을 받는다.

(8) 자기애성(자기도취적) 성격장애

자기애성 성격장애자들은 자신의 중요성에 대하여 비현실적이고, 과장된 느낌을 가지고 있다. 이런 속성을 과장이라고 한다. 이 장애명은 그리스 신화 나르키소스(Narcissus)에서 유래하는데, 그는 우물에 반사된 자신의 모습에 반한 사람이다. 이 장애인들은 타인이 자신을 칭찬하고 자신의 욕망과 요구를 충족시켜 주는 존재로 인식하기 때문에 타인의 욕구에 대해서는 민감하지 못하다. 그들은 자신이 특별하다고 생각하기 때문에 높은 지위에 있는 사람만이 자신의 욕구와 문제를 이해할 수 있다고 생각한다. 그들은 자기 자신의 삶에 대하여 과장된 포부를 가지고 있기 때문에, 보다 성공적이고 아름답고 총명한 사람들에 대하여는 분개한다. 자기 목표달성에 사로잡혀 있고, 이를 달성하기 위해 타인을 이용하는 것은 아무것도 아니라고 생각한다. 자신이 보여주는 것이 쇼임에도 불구하고 이것 때문에 종종 고통을 받는다. 타인과의 관계형성은 사회성이든 직업 관련이든 애정관계든 간에 타인에 대한 생각을 자기만족의 수단으로 생각하여 왜곡되게 된다. 또 그들은 우월감, 자만심, 타인의 상호작용관계를 훼방하는 특징을 보인다.

7) 성장애 및 성정체감 장애

성적 흥분을 경험하기 위해 괴이한 상상이나 행동하는 것을 말한다. 관음증, 노출증, 이성의 복장을 착용하거나 이성의 물건, 즉 팬티나 스타킹 등을 수집하여 그것을 만지고 냄새 맡음으로써 성적 만족을 얻는 의상도착증, 가학증, 피학증, 소아애, 동물애, 사체애 등의 성도착증(paraphilia), 발기불능, 조루, 불감증과 같은 성욕 기능 부전, 자신의 성별에 대하여 극히 불편해하고 이성을 동일시하는 성정체 장애 등이 이에 포함된다.

8) 물질 관련 장애

알코올, 아편, 코카인, 암페타민 등 다양한 물질을 복용한 결과 사회적 또는 직장에서의 기능이 손상될 정도로 행동이 변한 상태를 말한다.

9) 섭식장애

섭식장애는 체중의 증가와 비만에 대한 강박적인 걱정과 함께 왜곡된 신체상을 가지고 있다. 건강하게 체중을 유지하기 위한 음식 섭취를 적절히 통제하지 못한다. 자신의 체형과 체중을 어떻게 지각하느냐에 따라 자기평가가 쉽게 변한다는 점이다. 이 섭식 장애는 일차적으로 체중이나 음식에 대한 집착이 주문제가 된다고 볼 수 있지만 이보다 더 중요한 문제는 자기개념의 장애라고 보아야 한다.

(1) 신경성 식욕부진증(anorexia nervosa)

나이와 키가 최소한의 정상수준보다 낮은 체중을 유지하고, 체중증가나 비만에 대한 극심한 두려움을 가지고 있다. 체중과 체형에 대한 경험과 의미, 지각이 크게 왜곡되어 있다.

(2) 신경성 폭식증(bulimia nervosa)

폭식 후 체중증가를 막기 위한 부적절한 보상방법을 시도한다. 폭식과 이에 대한 부적절한 보상행동이 평균적으로 적어도 주2회씩 3개월 동안 일어나야 한다.

10) 수면장애

수면에 곤란을 느끼는 것으로 수면의 양이나 질, 그리고 시기에 장애를 갖고 있는 것이다. 유사수면 곤란증으로는 악몽이나 몽유병 등도 포함된다.

11) 충동통제장애

행동이 부적절하고 외견상 통제 불능상태에 있다고 보는 경우가 이에 포함된다. 간헐적 폭발장애(다른 사람에게 재물파괴나 신체적 부상을 줌), 도벽(습관적으로 도둑질을 하지만 그 이유가 돈 때문이거나 그 물건을 사용하려고 하는 것이 아님), 방화벽(고의적으로 불을 질러 쾌감을 느낌), 병적 도박, 머리카락 뽑기 증세 등이 그것이다.

12) 기타

적응장애는 주요한 생활 스트레스 자극이 발생한 후 뒤이어 정서 증상이나 행동 증상이 발달한 것을 지칭한다. 섬망, 치매, 기억상실장애 및 기타 인지적 장애는 인지가 심각하게 손상된 장애가 포함된다. 성적저하와 같은 학업문제, 전문적 도둑질 같은 반사회적 행동, 일을 하지 않기 위해 신체적이거나 심리적 증상을 고의로 나타내는 꾀병, 형제나 배우자와의 관계가 나쁜 대인관계 문제, 하는 일에 대한 불만족을 나타내는 직장문제, 신체적 혹은 성적 학대, 사별, 약물복용의 거부 등과 같은 의료적 처치에 대한 불복종, 종교적이거나 영적인 문제, 전학이나 입학과 같은 일시적 생활 관련 문제 등의 허위성 장애 등이 있다.

8 이상행동과 관련된 사회복지사의 역할

이상행동에 대한 이해는 개인의 역기능적 행동의 변화를 목표로 하는 사회복지실천의 지식 기반이 되므로 중요하다. 보편적인 인간의 행동과 발달에 대한 지식과 더불어 이상행동에 대한 기본적인 지식도 사회복지실천을 위해 갖추어야 할 기초지식으로 간주해야 할 것이다. 구체적으로 이상행동에 대한 지식은 심리적 장애나 사회적 일탈에 관련된 이론 및 개념을 적절히 이해하고 적용할 수 있게 되고 이상행동에 대하여 올바른 평가를 내릴 수 있게 되며 이러한 평가를 바탕으로 적합한 사회복지실천을 확립할 수 있도록 해주기 때문에 사회복지사에게 유용하다.

사회복지현장에서 이상행동과 관련하여 사회복지사는 부적응이나 이상행동을 제일 먼저 접촉하게 되는 전문가로서 이상행동 여부를 판단해야 하므로, 충분한 지식을 바탕으로 적절한 개입이 이루어질 수 있도록 진단을 정확히 할 필요가 있다. 사회복지사가 이상행동의 진단에서 항상 가장 중심적인 역할을 해야 한다는 것은 아니지만 이상행동의 범위와 증상에 대하여 충분히 알고 있음으로써 적절한 개입이 적용되도록 할 수 있다. 스스로의 진단이 힘들 경우는 외부 전문가, 자원, 서비스의 연결이 이루어지도록 정보를 확보하고 연결해 줄 필요가 있다.

사회복지사는 의뢰(referral)의 역할을 한다. 사회복지사가 이상행동에 대해 정확한 진단이 이루어진 후에 그에 따라 적합한 전문가, 자원, 서비스의 연결이 이루어지도록 각각에 대한 정보를 확보하고 연결해 주는 역할을 한다.

또한 사회복지사는 이상행동에 대한 치료를 담당한다. 사회복지사의 이상행동에 대한 치료는 두 가지 차원에 따라서 그 양식이 달라진다, 첫째, 책임의 정도로서 문제의 유형에 따라서 사회복지사가 치료에 대한 1차적 책임자가 되기도 하고, 정신과 의사를 돕는 2차적 역할을 담당하기도 한다. 둘째 차원은 치료의 초점이 클라이언트의 행동이나 성격의 변화에 주어지는가 또는 환경의 변화에 있는가에 따라 사회복지사의 치료자로서의 역할이 달라진다(채옥채 외, 2007).

사회복지사는 이상행동을 하는 클라이언트의 가족을 대상으로 활동한다. 클라이언트의 문제에 대해 더 잘 이해하기 위해 가족의 역사를 수집하는 것은 사회복지사의 기본적인 역할이다. 그리고 사회복지사는 클라이언트의 문제가 가족에게 주는 고통을 이해하고 그것을 극복하는데 필요한 지지와 개입을 해야 한다. 특히 클라이언트의 가족에게 이상행동에 대해 교육함으로써 그들이 클라이언트의 문제를 더 잘 알고 대응해 나갈 수 있도록 해준다. 이상행동에 관련된 전문적, 비전문적 인력, 그리고 지역사회를 대상으로 홍보와 교육활동을 함으로써 이상행동에 대한 편견이나 무관심을 감소시킨다. 이러한 활동은 클라이언트와 그 가족의 스트레스를 완화해 주는 효과와 더불어 이상행동에 관련된 프로그램들을 성공시키는 데 필요한 이해와 지지를 조성한다는 점에서 중요하다.

Test 08~14
문제은행

사회심리적 발달에서 노년기의 발달과업이 아닌 것은?

① 퇴직과 소득감소
② 동년배나 다른 노인과 관계 맺기
③ 질병, 배우자나 친구 상실에 대처하기
④ 사회적 권리와 시민으로서의 권리 찾기
⑤ 죽음 수용하기

정답 4번(사회적 책임과 시민으로서의 책임 지속하기)

콜버그의 도덕성 발달단계로 잘못된 내용은?

① 인습 3단계: 권위적인 인물의 승인 정도를 바탕으로 행동을 판단한다.
② 인습 2단계: 자신이나 사랑하는 사람에게 이익이 되는 정도에 따라 행동을 판단한다.
③ 후인습 5단계: 개인의 권리를 존중하고 사회계약을 유지하는 정도에 따라 행동을 판단한다.
④ 후인습적 도덕단계에서는 권위적 인물의 승인, 법률의 지지 정도에 따라 행동을 판단한다.
⑤ 전인습 1단계: 보상과 처벌의 기준에 따라 행동을 판단한다.

정답 4번(인습단계의 설명이다.)

다음 성격장애에 대한 설명으로 틀린 것은?

① 상황의 변화에 대처 능력의 결함으로 개인의 고통으로 사회적, 직업적 기능을 손상시킨다.
② 실수나 약점에 대해 가혹한 도덕주의자로 자신, 타인에게 완벽을 요구한다.
③ 급격한 기분의 변화와 충동적이며 불안한 감정을 보인다.
④ 사회적 관계형성의 능력이 결핍되어 대인관계가 어렵다.
⑤ 어린애처럼 유치하게 자주 울거나 웃으며, 퇴행적 증상을 동반하며 체계가 결여된 망상과 환각을 보인다.

정답 5번(정신분열증의 하나인 혼란형 정신분열증에 해당됨.)

이상행동의 설명모델에 대한 설명 중 연결이 맞지 않는 것은?

① 생리학적 모델: 이상행동은 개인의 생리적 손상에 의해 발생하는 것이다.
② 정신역동적 모델: 불안이 이상행동을 일으키는 주요 원인이다.
③ 행동주의적 모델: 정상적인 행동과 마찬가지로 이상행동도 학습된 것이다.
④ 인지적 모델: 심리적 장애의 원인을 잘못된 사고에서 찾는 것이다.
⑤ 인본주의적 모델: 의학적 모델 혹은 질병 모델이라고도 한다.

정답 5번(5번은 생리학모델의 설명임. 인간은 본래 자아실현의 능력을 지니고 태어났지만 자아실현의 과정에서 실패하거나 자아 성장이 왜곡되었을 때 이상행동이 나타난다고 보는 것을 인본주의적 모델이라고 함.)

이상행동의 유형 중 정동장애의 설명으로 바른 것은?

① 대부분의 사람들이 어려움을 느끼지 않는 상황에도 불구하고 심한 불안을 느끼는 것을 말한다.
② 신체질환처럼 보이는 신체 증상이 나타나지만 사실은 심리적 요인이나 갈등에 의해 그런 증상이 나타난다.
③ 기분이 너무 좋거나 우울한 것을 주 증상으로 하는 정신장애이다.
④ 마음이나 의식이 통일성을 잃은 상태를 말한다.
⑤ 정신장애 중 가장 심하고 가장 흔한 증상이다.

정답 3번(1번 불안장애, 2번 신체형장애, 4번 해리성 장애, 5번 정신분열증)

사회적 관계를 형성하는 능력이 결핍되어 타인의 감

정에 무감각하고 사회적 참여에도 관심이 없는 것은 다음 중 어떤 성격장애에 해당되는가?

① 편집성 성격장애
② 정신분열성 성격장애
③ 경계선 성격장애
④ 반사회적 성격장애
⑤ 강박적 성격장애

정답 2번(① 지속적인 불신과 의심, ④ 급격한 기분 변화, ④ 비행과 범죄에 의한 무감각적 도덕성, ⑤ 사소한 것까지의 완벽주의 추구)

전문적 준거란 무엇인가?

① 의사, 상담가의 면접이 필요 없다.
② 의사, 상담가의 면접이나 각종 심리검사 결과를 토대로 정상과 이상을 구분함.
③ 주관적으로 느끼는 우울이나 불안, 혹은 죄책감 등이 지나치게 고통을 느끼는 경우
④ 문화나 인종에 의한 차이를 최소화할 수 있음
⑤ 사회문화적 차이에 의해 영향을 받음

정답 2번(① 주관적 심리적 기준, ④ 통계적 기준, ⑤ 사회·문화적 기준

미국정신의학협회에서 발간한 DSM-Ⅳ는 정신장애를 다섯 개의 축으로 진단한다. 이중 맞는 것은?

① 축Ⅰ: 임상적 장애, 요주의 증상(V code)
② 축Ⅱ: 성격장애와 의학적 문제들
③ 축Ⅲ: 임상적 장애와 환경적 문제들
④ 축Ⅳ: 심리사회적, 정신지체
⑤ 축Ⅴ: 경계선 성격장애와 의존성

정답 1번(임상적 장애: 불안, 적응장애, 해리성 장애, 섭식장애, 허위성 장애, 충동조절 장애, 기분장애, 정신분열증, 성 및 성정체성 장애, 신체형장애, 기타 알코올 등 물질 관련 장애. V code: 정신장애에 속하지 않거나 진단평가의 범주에 포함시키기는 적절하지 않지만 정신장애가 될 소지가 많은 문제들. 예컨대, 학업문제, 종교문제, 직업문제, 배우자 간 문제, 부모자녀 문제, 아동학대, 반사회적 행동 등)

다음 발달의 특성 중 노년기에 해당하지 않는 것은?

① 역할의 변화
② 내향성, 의존성 증가
③ 감각 기능의 둔화
④ 갱년기
⑤ 보수적 성향

정답 4번(갱년기는 장년기에 해당하는 발달상의 특성이다.)

청소년이 자신이 좋아하는 연예인을 무조건 동일시하려는 것은 어느 발달단계에 속하는가?

① 주도성 대 죄의식
② 자율성 대 수치심
③ 친밀감 대 고립감
④ 근면성 대 열등감
⑤ 자아정체감 대 정체감 혼란

정답 5번(청소년기는 자신의 정체성을 형성하는 시기로 자신의 여러 역할을 하나의 정체성으로 통합하지 못하고 여러 상충되는 역할에 적응하지 못할 때 역할 혼란이 일어난다. ① 학령 전기, ② 유아기, ③ 청년기, ④ 아동기

아동기에 가정에서 학교로 생활중심이 바뀌며 나타나는 특성은?

① 부모로부터 독립한다.
② 친구와 어울리며 단체놀이를 선호한다.
③ 성정체감 확립
④ 부정적 정서에 자주 휩싸인다.
⑤ 이성의 친구와 새로운 관계를 형성한다.

정답 2번(또래의 친구와 어울리는 시기이다.)

결혼상대자의 선택과 결혼 결정의 단계 내용이 아닌 것은?

① 상호작용의 가능성과 기회가 있는 사람들 중에서 파트너가 선택된다.
② 상대방에게 자신에 관한 정보를 드러내기 시작하며 관계가 깊어지는 방향으로 상호작용한다.
③ 역할조화와 공감의 발견이 관계의 지속에 중요하다.
④ 서로 간의 관계에 대한 확신을 갖게 해주는 편안함과 공감이 형성된다.
⑤ 적응의 일부로 서로 간에 심리적 헌신을 확보한다.

정답 5번(결혼의 선택과 결정의 단계 이후에 적응단계에 필요한 과업이다.)

자아정체감의 성취를 위한 사회복지실천으로 가장 적당한 것은?

① 유예상태에 머무르는 청소년들에게 가장 맞는 한 가지의 역할을 제시한다.
② 정체감 유실에 빠진 청소년들은 가급적 부모와의 관계를 단절한다.
③ 부정적인 정체감을 형성한 청소년들은 처벌적이고 법적인 개입을 시도한다.
④ 정체감 혼란의 경우 소극적인 지도와 지시로 정체감을 확립하도록 시도한다.
⑤ 과거의 경험을 미래의 희망과 연결시켜 만족감을 얻는 방향으로 통합하도록 한다.

정답 5번(자아청체감은 과거와 미래와의 통합에 의한 만족적 선택 속에서 생겨나는 것이다.)

발달의 원리를 바르게 표현한 것은?

① 속도가 일정하다.
② 유전과 상관없고 환경의 영향을 받지 않는다.
③ 말초부터 중심부로 진행한다.
④ 개인차가 있다.
⑤ 발달은 성장기를 지나면 진행되지 않는다.

정답 4번

인간의 성장과 발달과정 중 발달원리의 내용이 잘못된 것은?

① 통합 → 미분화 → 분화와 과정
② 유전인자와 환경 간의 상호작용
③ 일정한 순서와 방향성
④ 끊임없는 변화과정
⑤ 개인차와 발달과업 미성취로 인한 성격형성에의 결함

정답 1번(미분화 → 분화 → 통합의 과정: 아기의 온몸으로 물건받기)

신생아의 발달과정 중 반사운동의 반응의 연결이 바르지 않은 것은?

① 빨리 반사 혹은 흡인 – 입술이나 입에 닿는 모든 것을 빨려는 운동
② 탐색반사 – 입술, 입 근처 뺨에 닿으면 자동적으로 머리를 돌려 빨려는 반응
③ 쥐기반사 혹은 잡는반사 – 손에 잡히는 건 쥐고 놓지 않는 반응
④ 바빈스키반사 – 발바닥을 부드럽게 자극하면 피하는 반응
⑤ 모로반사 – 큰 소리를 들었을 때 팔과 다리를 벌리고 손가락을 펴고 머리를 뒤고 젖히는 반응

정답 4번(발바닥을 부드럽게 자극하면 발가락을 발등 위쪽으로 부채처럼 펴는 경향)

장년기 위기에 해당하지 않는 것은?

① 소득 감소
② 건강에 대한 자신감 결여
③ 역할상실
④ 신체적 노화

⑤ 원하지 않는 퇴직

정답 3번(역할상실은 노인기이다.)

청소년기 친밀감을 성취하는 데에 관련이 깊은 사회적 관계의 장은?

① 부모　　② 이웃
③ 또래　　④ 직장
⑤ 지역사회

정답 3번(청소년기에는 동년배들과 성숙한 관계를 맺고 사회적 역할을 성취하며, 부모와 다른 성인들로부터 정서 및 경제적 독립을 갖추고 직업을 준비하는 등 친밀감 성취에 가장 중요한 관계는 동년배인 또래가 해당된다.)

기분이 너무 좋거나 우울한 것을 주 증상으로 하는 정신장애는 무엇인가?

① 해리성 장애　　② 정동장애
③ 신체화 장애　　④ 불안장애
⑤ 전환장애

정답 2번(해리성 장애: 마음 혹은 의식이 통일성을 상실한 상태. 이미 기억에 저장되어 있는 개인에게 중요한 정보를 갑자기 회생시키지 못하는 장애. 신체화 장애: 두통, 복통, 피로, 메스꺼움, 구토, 위장장애, 시력장애 등 무수한 문제로 의료적 처치를 받아오고 있으나 이러한 증상을 뒷받침할 만한 신체적 원인을 찾을 수 없고 결국 심리적인 요인에 의해 증상이 나타나는 것으로 여겨지는 경우. 전환장애: 과거에는 히스테리라고 불리던 것으로서, 갑자기 귀가 들리지 않거나 눈이 보이지 않는 갑작스러운 감각기능의 상실이나 근육마비 등의 신체증상을 보이는 것. 불안장애: 어려움을 느끼지 않을 상황에도 불구하고 심한 불안을 경험함.)

청소년기의 신체적 발달을 설명한 것 중 틀린 것은?

① 남성의 경우 음모가 나고 음경이 확대되며 전립선이 발달하여 사정하는 능력이 생김, 15세 전후
② 여성의 경우 음모가 나고 유방이 커지며 월경 시작, 13세 전후
③ 사춘기 말기에 소년의 음색이 두드러지게 낮아지는 변성현상이 나타난다.
④ 신장과 체중이 급격히 늘어나는 성장급등(the growth spurt)현상이 나타남.
⑤ 남성과 여성의 급등에 격차가 생겨 남성의 성장급등이 먼저 시작되고 후에 여성의 성장급등이 일어남.

정답 5번(여성의 성장급등이 먼저 일어나 11~13세에는 남성보다 키가 더 크고 힘도 세지만 여성의 성장이 멈출 무렵에는 남성이 여성보다 더 커짐. 여성은 약 17세에 자신의 최고 신장에 이르며 남성은 약 21세까지 성장함.)

다음 중 해리성 장애에 대한 설명으로 맞는 것은?

① 기분이 너무 좋거나 우울한 것을 주 증상으로 하는 정신장애
② 마음 혹은 의식이 통일성을 상실한 상태. 이미 기억에 저장되어 있는 개인에게 중요한 정보를 갑자기 회생시키지 못하는 장애
③ 두통, 복통, 피로, 메스꺼움, 구토, 위장장애, 시력장애 등 무수한 문제로 의료적 처치를 받고 있으나 이러한 증상을 뒷받침할 만한 신체적 원인을 찾을 수 없고 결국 심리적인 요인에 의해 증상이 나타나는 것
④ 과거에는 히스테리라고 불리던 것으로서, 갑자기 귀가 들리지 않거나 눈이 보이지 않는 갑작스러운 감각기능의 상실이나 근육마비 등의 신체증상을 보이지만 이러한 증상이 신체적 질병이 아닌 심리적 갈등에 의해 일어나는 경우
⑤ 스스로 통제할 수 없는 반복적 사고나 행동으로 고통을 겪는 경우

정답 2번(① 정동장애, ③ 신체화장애, ④ 전환장애 ⑤ 강박장애)

노년기에 나타나는 특징적 성격변화가 아닌 것은?

① 내향성 증가
② 조심성 증가
③ 우울성향 증가
④ 성역할 지각 변화
⑤ 융통성의 증가

정답 5번(융통성이 줄어들고 고집강화)

이상행동과 사회복지사의 역할을 설명한 것 중 틀린 것은?

① 사회복지사는 전문가로서 이상행동 여부를 판단해야 하므로 충분한 지식을 바탕으로 적절한 개입이 이루어져야 한다.
② 전문가, 자원, 서비스의 연결이 이루어지도록 정보를 확보하고 연결해 준다.
③ 치료에 있어서 사회복지사는 정신과 의사를 돕는 이차적 역할만 한다.
④ 클라이언트의 문제가 가족에게 주는 고통을 이해하고 그것을 극복하는데 필요한 지지와 개입을 한다.
⑤ 지역사회를 대상으로 교육 및 홍보활동을 함으로써 이상행동에 대한 편견과 무관심을 해소하고 지지를 이끌어 낸다.

정답 3번(사회복지사는 때로 일차적인 치료자의 역할을 하기도 함.)

청소년기의 심리사회적 발달에 대하여 쓴 글 중 틀린 것은?

① 동성보다 이성 친구를 많이 사귀며, 소년은 좀더 개방적으로 소녀는 단짝 친구를 사귀는 경향
② 청소년기 후기가 되면 부모로부터 독립하기 시작
③ 청소년 전기는 제2반항기로 부모나 교사보다 동년배와 결속, 집단에 속하려는 욕구가 강함
④ 자아정체감이 잘 확립되면 스스로 판단하고 결정을 내릴 수 있게 됨
⑤ 급격한 신체적 변화로 인해 성에 대한 관심과 이성에 대한 관심이 높아짐

정답 1번(이성보다 동성친구를 많이 사귐.)

장년기의 특징으로 올바르지 않은 것은?

① 불안 ② 우울
③ 자신감 저하 ④ 심각한 우울증
⑤ 신진대사 활발

정답 5번(신체적 변화 경험 시기, 허무 등 심리적 문제 경험시기이다.)

다음 이상행동의 준거의 설명으로 바르지 못한 것은?

① 행동적 준거: 개인의 행동이 자신 또는 사회에 해로운 영향을 줄 때
② 통계적 준거: 개인이 보이는 행동이나 정서가 다른 사람들과 동일한 상황에서 보이는 것에 비해 얼마나 정상적인 행동인가에 따라 구분함
③ 사회문화적 준거: 사회의 규범이나 관습으로부터 크게 벗어나 용인될 수 없는 행동이 나타날 때
④ 전문적 준거: 전문가와의 면접이나 각종 심리결과를 토대로 구분함
⑤ 심리적 준거: 개인이 경험하는 심리적, 정신적 갈등의 정도가 얼마나 심한가로 구분함

정답 2번(정상인가를 보는 것이 아니라 일탈 여부에 따라 구분함.)

청년기 직업 준비 시 고려 대상이 아닌 것은?

① 전문적 기술

② 권위적 관계
③ 직업적 요구와 위험
④ 동료들과의 인간관계
⑤ 남녀 역할의 차이

정답 5번

청소년기에 사회복지실천의 대상이 되는 것과 가장 거리가 먼 것은?

① 비행 ② 섭식장애
③ 자살 ④ 혼전 임신
⑤ 직업적 스트레스

정답 5번(청소년기에는 여학생들의 외모로 인해 섭식장애가 있고 비행과 자살, 성적인 호기심으로 혼전 임신 등이 있지만 직업 스트레스는 장년기에 속한다.)

청소년기의 심리사회적 발달 특징에 관한 설명으로 옳은 것은?

① 청소년기에는 이성을 집단으로 사귀는 것보다 개인적인 관계를 더 선호한다.
② 청소년기의 감정은 매우 안정되어 있다.
③ 또래집단에 소속하여 집단의 압력과 영향을 받게 된다.
④ 청소년기에는 부모나 교사의 지도를 잘 수용하는 경향이 강하다.
⑤ 매우 활동적이며, 자기를 의식하기 시작하여 반항과 고집, 자기주장이 나타난다.

정답 3번(청소년기에는 일대일보다는 또래집단으로 사귀는 시기이며 자기주장이 나타나는 시기는 학령 전기이다.)

태내기의 유전적 요소가 결정하는 개인적 특징에 대한 설명으로 틀린 것은?

① 태내기에 결정되는 유전적 요인들은 사람들이 성숙하는 속도에 영향을 미친다.
② 유전적 요소는 성장, 노화, 사망까지 영향을 미친다.
③ 운동능력의 발달, 지적인 능력의 변화, 퍼스낼리티의 발달에도 영향을 미친다.
④ 신체적 특징 중 대다수의 중요한 특징은 유전인자에 의해 결정된다.
⑤ 사회성, 활동적인 성격과 같은 기질적 측면에는 영향을 미치지 않는다.

정답 5번(사회성, 활동적인 성격과 같은 기질적인 측면에 영향을 미친다.)

굴드(Gould)의 장년기에 벗어나야 할 비합리적인 생각이 아닌 것은?

① 안전은 영원히 지속된다.
② 나와 내가 사랑하는 사람들에게는 죽음이라는 슬픔이 일어나지 않는다.
③ 배우자 없이도 살아갈 수 있다.
④ 가족 밖에서는 어떠한 삶이나 변화도 존재할 수 없다.
⑤ 나만이 순수하고 진실하다.

정답 3번(배우자 없이도 사회적으로 친교를 쌓고 여러 가지 경험을 통하여 인격발달을 도모할 수 있고 삶의 의미를 부여할 수 있다.)

청년기에 나타나는 주요 문제에 대한 설명 중 맞지 않는 것은?

① 결혼생활 초기의 긴장과 스트레스 완화의 문제
② 구직, 취업에 관련된 문제
③ 죽음과 임종에 대한 준비의 문제
④ 자녀양육문제
⑤ 이혼으로 인한 문제

정답 3번(죽음과 임종에 대한 문제는 노년기의 문제이다.)

노년기의 역할 변화로 수행되어야 할 역할수행 양식이 아닌 것은?

① 공식적인 유형으로 손자녀들에게 관심을 갖고 필요할 때 돌봐 주기도 하고, 자녀를 도와주면서 간섭한다.
② 손자녀들과 서로에게 재미있는 즐거움을 찾아 같이 즐긴다.
③ 자녀가 맞벌이하는 아이의 양육을 책임져준다.
④ 가족의 지혜 원천으로 지혜, 기술, 자원을 베풀고 부모 및 손자녀들은 이에 복종하는 다소 권위적인 관계를 형성한다.
⑤ 생일이나 명절 때나 방문하여 손자녀와의 접촉이 거의 없는 것은 원거리형이다.

정답 1번(조부모의 약 3분의 1에 해당하는 가장 보편적인 유형으로 관심을 갖고 도와주되 간섭은 하지 않도록 조심한다.)

다음 중 불안장애에 나타나는 현상이 아닌 것은?

① 흉부 통증 ② 설사
③ 현기증 ④ 심장박동 증가
⑤ 시력 저하

정답 5번(불안장애 현상이 아님.)

노년기의 인지적 변화에 대한 설명이 아닌 것은?

① 신체적 능력이 감소하는 것과 함께 인지적 능력도 감소하기 시작한다.
② 장년기에는 지적인 능력이 떨어지는 것이 아니라 수행속도가 느려진다.
③ 감각기억은 촉각기억이 가장 빠르게 감퇴하고, 청각기억은 70세 이후까지도 큰 변화 없이 유지된다.
④ 언어적 추론, 공간 개념 등을 포함하는 결정성 지능이 감소한다.
⑤ 특별한 단서 없이 이전에 경험한 사건을 기억해내는 능력보다는 그림이나 사진과 같은 단서를 보면서 기억하는 능력이 더 높다.

정답 4번(샤이(Schaie, 1999)의 종단적 연구에 의하면 단어 유창성, 공간지각 능력은 오히려 장년기에 정점에 달한다고 한다.)

신생아의 발달 중 감각기관의 반응에 대한 설명이 틀린 것은?

① 미각: 생후 5일 후 쓴맛 단맛 구별한다.
② 미각: 생후 1개월 후 쓴맛 단맛 구별한다.
③ 시각: 2~3개월 후 물체 움직임 파악(모빌)
④ 시각: 4개월경부터 색깔을 인식하기 시작한다.
⑤ 청각: 1주일 후 확실히 인식하며 2개월 후 엄마 목소리 인식한다.

정답 2번(생후 5일 후 미각 구분함.)

영아기 때 입술이나 입 근처에 어떤 작은 것 하나라도 닿기만 하면 자동으로 머리를 돌려 입으로 빠는 것을 무슨 반사라 하는가?

① 모로반사 ② 파악반사
③ 탐색반사 ④ 연하반사
⑤ 빨기반사

정답 3번(빨기반사는 입에 닿는 것은 무엇이든지 직접 빠는 반사운동이다.)

2세 정도가 되면 볼 수 없고 들을 수 없는 어떤 대상의 이미지를 생각할 수 있고 그 이미지를 활용해서 간단한 문제를 해결할 수 있다. 이는 지적발달 중 무엇을 획득한 것인가?

① 반응성 ② 대상영속성
③ 통찰성 ④ 자기통제 능력
⑤ 조작성

정답 2번(대상영속성: 눈앞에 보이지 않는 존재라도 그 존재가 완전히 사라진 것이 아니고 영속적이라는 것을 알고 눈앞에 보이던 것에만 전적으로 의존하는 것에서 차츰 벗어난다. 그리고 좀더 지적으로 발달하면 그 이미지를 활용할 수 있게 된다.)

태아에 영향을 주는 요인들이 아닌 것은?

① 약물　② 유전

③ 흡연　④ 나이

⑤ 호흡

정답 5번(출생 시 40~50회 정도로 복식호흡을 한다.)

청소년기 발달의 특징에 대한 설명이다. 맞지 않는 것은?

① 오이디푸스 콤플렉스가 다시 등장한다.

② 지각과 경험보다 논리적 원리에 지배받기 때문에 좀더 추상적인 사고가 가능하다.

③ 에릭슨에 따르면 이 시기에 청소년에게 새로운 사회적 갈등과 요구가 대두되고 그 결과 혼란과 당황함을 경험한다.

④ 청소년기에 경험하는 혼란과 방어는 자유로워지려는 시도로 주위의 중요한 성인이 해결책을 찾아주어야 한다.

⑤ 신체적, 인지적, 사회적 행동양식이 성숙하지만 여전히 미완성 단계다.

정답 4번(스스로 치를 수 있도록 지원해야 한다.)

태내의 발달과정이 바르게 나열한 것은?

① 수태/수정 → 발생기 → 배아기 → 태아기

② 수태/수정 → 배아기 → 발생기 → 태아기

③ 배아기 → 태아기 → 수태/수정 → 발생기

④ 발생기 → 수태/수정 → 배아기 → 태아기

⑤ 수태/수정 → 태아기 → 배아기 → 발생기

정답 1번(태내의 발달과정 순서를 나열한 것이다.)

이상행동의 평가 방법에 관한 설명 중 옳지 않은 것은?

① 신뢰도가 높은 검사도구는 측정 결과 오차의 범위가 좁다.

② MMPI는 정상인의 성격특성을 알아보는 데에도 활용된다.

③ 롤샤흐 잉크반점검사는 자신의 내면을 드러내는 일종의 투사법에 해당한다.

④ 관찰법은 피험자의 자기진단보다는 겉으로 드러나는 행동을 중시한다.

⑤ 면접자가 많거나 면접자의 역량이 떨어질 때에는 비구조적 면접이 효과적이다.

정답: 5번(면접자가 많을 경우는 구조적 면접이 효과적이다.)

노인이 죽음을 받아들이는 단계로 맞는 것은?

① 부인 → 격노와 분노 → 협상 → 우울 → 수용

② 격노와 분노 → 부인 → 협상 → 우울 → 수용

③ 부인 → 협상 → 격노와 분노 → 우울 → 수용

④ 부인 → 우울 → 격노와 분노 → 협상 → 수용

⑤ 우울 → 부인 → 격노와 분노 → 협상 → 수용

정답 1번(부인 → 격노와 분노 → 협상 → 우울 → 수용)

청소년기에 대한 피아제의 설명이다. 맞지 않는 것은?

① 청소년기 사고 수준을 형식적 조작사고라고 한다.

② 추상적 이론과 관념적 사상에 몰두하는 경향이 있다.

③ 자신의 사고를 비판적으로 검토하고 상대론적인 관점에서 이해할 수 있다.

④ 사고가 현실에 집중되어 자신의 미래를 예측하지 못한다.

⑤ 이질적 성원으로 구성된 또래집단에 참여해 다양함을 경험하는 것은 사고능력에 긍정적인 영향을 미친다.

정답 4번(청소년기에는 형식적인 사고능력이 발달해서 미래를 예측하기도 한다. 그러나 부정적인 영향으로 진학, 취업, 결혼 등 가까운 미래에 대해 지나치게 염려하는 불안을 경험하기도 한다).

직업 선택의 단계 중 틀린 것은?

① 직업개념의 형성기(14세~18세): 직업 활동을 하는 자신의 이미지를 자아개념에 포함시킨다.
② 희망직업 세분화 단계(18세~21세): 선택 가능한 직업이 없으므로 적성이 맞지 않고 자신이 원하는 직업이 아니더라도 직업을 선택한다.
③ 직업수행단계(21세~24세): 직업훈련과 교육을 마치고 직업세계로 진입한다.
④ 안정단계(25세~35세): 자신에게 적합하다고 평가한 직업에서 어느 정도 안정을 이루는 단계
⑤ 공교화 단계(35세 이후): 자신이 선택한 직업 분야에서 높은 지위를 획득하고 능력을 인정받고 성공하는 단계

정답 2번(선택가능한 직업의 범위를 좁히고 그에 필요한 기술과 전문지식을 습득할 단계이다.)

샌드위치세대는 무엇을 의미하는 표현인가?

① 장년기는 인생의 전환기이다.
② 장년기는 인생의 위기를 경험한다.
③ 장년기 성인은 부모역할과 자녀역할을 동시에 수행해야 한다.
④ 장년기에는 자신의 장점뿐만 아니라 약점도 분명하게 알게 된다.
⑤ 장년기에는 신체적 변화에 대한 적응을 해야 한다.

정답 3번(장년기 성인은 부모역할과 자녀역할을 동시에 수행해야 한다.)

발달의 특성으로 옳지 않은 것은?

① 인간의 성장과 발달은 삶의 모든 기간에 걸쳐 일어난다.
② 인간의 발달은 언어, 인지, 신체 등 발달의 한 부분만을 연구하면 된다.
③ 인간의 행동 변화는 인간의 성장해 온 그 문화와 사회적 환경을 반영한다.
④ 발달은 신체뿐 아니라 심리적인 측면과 사회적인 측면의 변화를 모두 포함한다.
⑤ 학습은 경험, 훈련, 또는 연습의 결과로서 일어나는 개인내적인 변화이다.

정답 2번(부분이 아닌 통합적으로 인간발달을 연구해야 한다.)

중년의 위기를 극복하기 위한 방법이 아닌 것은?

① 보편적인 스트레스 상황에 대한 이해와 적절한 대처방안 모색
② 과거의 경험과 판단에 의존한다.
③ 중년의 성적변화에 있어 배우자와 의사소통을 하며 이해해 나간다.
④ 중년에 남아 있는 무의식적인 성장 잠재력을 개발하여 새로운 이익과 가치를 창조해 낸다.
⑤ 장년기의 여성과 남성은 연령에서 경험할 수 있는 정적 변화를 이해하고 수용한다.

정답 2번(과거의 경험 및 판단에 의존하지 않으며 자기에게 다가오는 현실상황을 극복하는 새로운 사고와 대처방식을 발견한다.)

공포증의 종류로 볼 수 없는 것은?

① 광장공포증 ② 망상형공포증
③ 사회공포증 ④ 단순공포증
⑤ 폐쇄공포증

정답: 2번

은호는 과거를 전혀 기억하지 못한 채 다른 지역에서 다른 이름으로 살아가고 있다. 이러한 장애를 무엇이라 하는가?

① 강박장애
② 외상 후 스트레스 장애
③ 신체형 장애
④ 정동장애
⑤ 해리성장애

정답 5번(해리성장애란 해리성 기억상실증이라고도 한다. 큰 충격을 받으면 자신의 기억 중 일부가 사라지는 것으로서, 자신이 어떤 사람인지 가족은 누군지 정도는 기억난다. 즉 앞뒤는 기억나는데 중간이 기억이 없다든지 하는 증상)

청년기에서 직업선택에 영향을 미치는 요인이 아닌 것은?

① 사회적 요인
② 질병에 대한 요인
③ 적절한 기회와 상황적 요인
④ 사회경제적 요인
⑤ 개인 및 가족 관련 요인

정답 2번

아동의 자기개념 형성에서 가장 영향을 작게 끼치는 것은?

① 사회 ② 자긍심
③ 가족 ④ 친구
⑤ 경험

정답 1번(개인적 요인: 개개인의 연령과 경험, 가족 요인: 부모의 양육태도, 친구 요인: 친구집단, 또래집단)

노년기 발달과업으로 틀린 것은?

① 배우자 죽음에 대한 적응
② 신체적 및 사회적 생활반경을 재정의
③ 자기 동년배 집단과의 유대관계 약화
④ 자기의 평가기준을 새로이 설정
⑤ 퇴직과 경제적 수입 감소에 따른 적응

정답 3번(자기 동년배 집단과의 유대관계는 강화된다.)

폐경기와 유사한 현상으로 남자들에게 나타나는 것은?

① 갱년기 ② 신진대사 저하
③ 전성기 ④ 분노단계
⑤ 절망

정답: 1번

다음 중 장년기의 특성이 아닌 것은?

① 신체적 변화로 어려움이 있다.
② 성적 변화로 기능이 감퇴한다.
③ 인지적 변화, 정신적 기능은 장년기에 최고조에 달한다.
④ 부부관계의 유지와 가정운영에 별다른 문제가 없다.
⑤ 직장 적응에 있어 현재의 방식에 재정립을 해야 한다.

정답 4번(장년기의 부부관계에 위기가 올 수 있으므로 서로 끊임없이 노력해야 한다.)

각 발달단계의 심리사회적 특징에 대한 설명으로 틀린 것은?

① 걸음마기: 충동을 조정하고 통제하는 능력이 향상된다.
② 학령전기: 자아개념, 성역할이 발달한다.
③ 아동기: 학교와 친구관계, 팀 스포츠 경험을 특징으로 한다.
④ 청년기: 결혼과 자녀의 출산 및 양육, 직업의 세계를 특징으로 한다.
⑤ 청소년기: 직업에 대한 준비, 성역할 정체감을 특징으로 한다.

정답 5번(청년기에 대한 설명이다.)

아동기에 나타나는 발달의 특성으로 틀린 것은?

① 협동놀이에 관심을 갖는다.
② 부정적 정서에 자주 휩싸인다.

③ 친구와 어울리는 능력이 발달한다.
④ 가족으로부터 학교가 주된 활동장이 된다.
⑤ 선생님과의 새로운 관계를 형성한다.

정답 2번(아동기는 근면성 혹은 열등감이 형성되는 시기이다.)

이상행동과 관련한 사회복지사의 역할과 거리가 먼 것은?

① 전문가로서 이상행동 여부를 판단, 충분한 지식을 갖고 접근한다.
② 사회복지사는 때로 일차적인 치료자 역할을 한다.
③ 교육 및 홍보활동을 함으로써 이상행동에 대한 편견을 해소한다.
④ 클라이언트의 문제가 가족에게 주는 고통을 이해하고 필요한 지지를 한다.
⑤ 클라이언트의 문제에 무관심을 보이면 스스로 자생 능력이 생긴다.

정답 5번(클라이언트의 문제를 관심을 갖고 이해하는 데 있어 자료도 수집하고 적극적으로 극복할 수 있도록 도와주어야 한다.)

아동기(약 7~12세) 발달의 특징 중 맞지 않는 것은?

① 프로이트는 이 시기를 잠복기라고 하였다.
② 신체적으로 급격하게 성장하며, 전체적인 신체체계가 안정되는 시기이다.
③ 인지적으로 성숙하여 자신을 둘러싼 세계에 대해 사고하고 이해하는 것이 변한다.
④ 피아제는 이 시기를 구체적 조작기라고 하였다.
⑤ 아동기 전의 자기중심적 사고에서 타인을 이해하고 존중하는 사회적 사고로 성숙하고, 인간관계가 성숙해진다.

정답 2번(청소년기에 해당하는 설명이다.)

청소년기의 또래집단 및 친구관계에 대한 설명으로 바르지 않은 것은?

① 어떤 집단에 소속되어 소속감을 느끼고 싶어 한다.
② 이성에 대한 감정은 개인적인 접촉 없이 멀리서 좋아하는 형태의 짝사랑에 가깝다.
③ 이성관계는 배우자를 탐색하는 과정으로서의 의미를 갖는다.
④ 또래집단에 가입함으로써 집단의 압력과 영향을 받는다.
⑤ 이성관계가 새로운 관심의 대상이 되기 시작한다.

정답 3번(청소년기의 이성관계는 배우자를 찾기 위한 목적에서 이루어지는 것이 아니라 이성에 대한 이해와 성역할 및 성적 행동에 대한 기본적 태도를 형성하는 바탕이 된다.)

다음 〈보기〉에서 설명하는 장애는 무엇인가?

> 외모를 강조하는 사회적 분위기와 심리적인 부적응 등의 문제로 인해 정상적인 식사행동에 이상을 보이는 경우이다. 자신의 신체상을 왜곡하여 지나치게 많이 먹고 그에 따르는 체중증가를 막기 위해 구토, 이뇨제 등 약물을 사용하는 등의 부적절한 행동을 보이는 것이 특징이다.

① 품행장애 ② 틱장애
③ 전반적 발달장애 ④ 우울증
⑤ 섭식장애

정답 5번

청소년기에 나타나는 신체변화에 대한 심리적 반응과 거리가 먼 것은?

① 청소년들로 하여금 자신을 더욱 성인에 가깝게 해준다.
② 청소년기의 남자는 좀더 남자로서, 여자는 좀더 여자로서 자신을 받아들이도록 한다.
③ 성적 성숙에 따라 일어나는 현상들을 청소년

들로 양면적인 감정으로 반응하게 한다.

④ 소녀가 소년보다 외모에 대한 불만이 낮다.

⑤ 신체상의 매력에 대한 지각과 자신감 사이에 높은 상관이 있다.

정답 4번(소녀가 소년보다 외모에 대한 불만이 높다.)

다음 중 인지적 발달 특징과 거리가 먼 것은?

① 사건이나 관계가 미래에 변화한다는 것을 사고에 고려해 넣을 수 있다.

② 일련의 진술이나 문장에서 논리적 일관성의 유무를 구분할 수 없다.

③ 자신의 행동결과를 예측할 수 있다.

④ 일어날 수 있는 사건들의 연속에 관해 가설을 세울 수 있다.

⑤ 자신과 자신이 속한 세계에 대해서 상대론적 입장에서 생각할 수 있다.

정답 2번(일련의 진술이나 문장에서 논리적 일관성의 유무를 구분할 수 있다.)

발달단계의 개념에 대한 설명으로 틀린 것은?

① 개인차가 존재하지만 어느 정도의 연령대를 전후해서 발달단계를 구분할 수 있다.

② 각 발달단계는 고유한 특징이 있어 그 이전 단계나 이후 단계로부터 구분된다.

③ 발달단계는 발달을 위한 방향이 있다.

④ 최근에는 발달단계가 더 세분화되는 경향이 있다.

⑤ 새로운 발달단계는 그 이전의 단계까지 이루어진 발달과는 별개이다.

정답 5번(새로운 발달단계는 전 단계와의 연계 속에서 이루어진다.)

다음 중 정동장애에 관해 설명한 것은?

① 사회의 도덕적, 법적 기준을 존중하지 않으며, 타인의 권리에 대해 무감각하다.

② 사소한 것, 규칙, 스케줄 등에 마음이 사로잡혀 있으며 완전주의를 추구한다.

③ 마음 혹은 의식이 통일성을 상실하여 과거를 기억하지 못한다.

④ 보통 다른 사람들은 두려워하지 않는 것에 대해 심한 두려움을 느낀다.

⑤ 특별한 이유 없이 기분이 충천하여 과대망상에 빠지거나 과대 행동을 하기도 한다.

정답 5번(1번 반사회적 성격장애, 2번 강박적 성격장애, 3번 해리성장애, 4번 불안장애)

에릭슨이 주장한 청년기의 발달단계는?

① 근면성 대 열등감 ② 신뢰 대 불신

③ 친밀감 대 고립 ④ 자아통합 대 절망

⑤ 자아정체감 대 역할 혼란

정답 3번(① 아동기, ② 유아기, ④ 노년기, ⑤ 청소년기)

직업선택의 단계로 맞는 것은?

① 직업개념형성기 – 직업수행단계 – 안정단계 – 희망직업세분화단계 – 공교화단계

② 직업개념형성기 – 공교화단계 – 안정단계 – 직업수행단계 – 희망직업세분화단계

③ 희망직업세분화단계 – 직업개념형성기 – 직업수행단계 – 공교화단계 – 안정단계

④ 직업개념형성기 – 희망직업세분화단계 – 직업수행단계 – 안정단계 – 공교화단계

⑤ 공교화단계 – 직업개념형성기 – 직업수행단계 – 희망직업세분화단계 – 안정단계

정답 4번(직업개념형성기–희망직업세분화단계–직업수행단계–안정단계–공교화단계순으로 직업을 선택하게 됨.)

사회복지실천의 대상이 되는 문제 중 이혼에 관한 설

명으로 적합하지 않는 것은?

① 이혼은 부부와 자녀의 삶에 심각한 손상을 초래한다.
② 혼인을 지속하는 것이 치명적인 경우에는 이혼을 하나의 대안으로 받아들이는 추세다.
③ 이혼의 스트레스로 여자에게는 경제적 문제가 따르지 않는다.
④ 이혼은 결혼으로 발생한 인간관계의 단절을 가져온다.
⑤ 이혼에 대한 사회적 편견으로 어려움을 겪는다.

정답 3번(이혼하기 전 직업이 없었던 여성들은 경제적으로 많은 어려움을 겪는다.)

다음과 같은 성격장애 중 하찮은 것에 예민하고 질투심이 많고 논쟁적이며 타인의 무해한 행동에서 항상 숨겨진 동기와 의미를 찾고자 하는 장애는 어느 것인가?

① 반사회적 성격장애
② 강박적 성격장애
③ 정신분열성 성격장애
④ 편집성 성격장애
⑤ 경계선 성격장애

정답 4번

청년기(20~40세) 발달의 특징을 설명한 것 중 옳지 않은 것은?

① 자기신뢰와 자기수용을 선택하는 과정이다.
② 자아정체감을 형성한다.
③ 신체적 건강이 정점에 있는 시기이다.
④ 인간의 신체적 성숙은 청년기에 거의 완성된다.
⑤ 다른 사람을 보살피고 사랑하는 능력이 심화되는 시기이다.

정답 2번(자아정체감은 청소년기의 특징이다.)

다음은 노년기 퇴직자의 역할적응 단계를 나열한 것이다. 가장 옳은 것은?

① 퇴직 전단계 - 환멸단계 - 밀월단계 - 안정단계 - 재지향단계 - 종결단계
② 퇴직 전단계 - 재지향단계 - 밀월단계 - 환멸단계 - 안정단계 - 종결단계
③ 퇴직 전단계 - 밀월단계 - 재지향단계 - 환멸단계 - 안정단계 - 종결단계
④ 퇴직 전단계 - 재지향단계 - 안정단계 - 환멸단계 - 밀월단계 - 종결단계
⑤ 퇴직 전단계 - 밀월단계 - 안정단계 - 환멸단계 - 재지향단계 - 종결단계

정답 5번

사회복지실천의 관심 대상이 되는 학령전기 문제 중 가장 큰 관심의 대상은 무엇인가?

① 학습장애 ② 애착
③ 비행 ④ 좌절감
⑤ 공격성

정답 5번(학령전기에 남자 어린이들은 흔히 공격적인 성향이 증가한다. 아동의 공격성을 증가시키는 중요한 사회적 요인은 텔레비전과 같은 대중매체다. 대중매체의 내용을 통제하는 것은 사회복지의 직접적인 분야가 아니지만 아동의 행동상의 문제를 유발하거나 발달에 부정적인 영향을 미치는 상황에 대해서는 관심을 가져야 할 것이다. 학습장애는 아동기의 문제에 포함된다고 할 수 있다.)

장년기의 역할전도(role reversal)를 바르게 설명한 것은?

① 부부의 역할이 바뀌는 것이다.
② 자녀가 부모를 돌보는 역할을 맡게 되는 것이다.
③ 성 정체감의 혼란으로 성역할이 바뀌는 것을 의미한다.
④ 자신에게 주어진 역할 자체를 포기하는 것을 말한다.

⑤ 역할의 비중이 증가하는 것이다.

정답 2번(장년기에는 부모를 보호해야 하는 역할로 전환)

아동기의 친구관계 경험에 대한 설명으로 옳지 않은 것은?

① 친구는 자유의사에 따라 선택한다.
② 친구관계에도 지위의 차이는 존재한다.
③ 학교라는 사회집단의 일원이 되면서 겪는 경험이다.
④ 또래집단의 사회적 규범과 압력에 점점 더 민감해진다.
⑤ 친구집단은 아동에게 행동의 지침을 제공한다.

정답 2번(공평한 관계를 유지하고자 한다.)

발달과업에 대한 설명이다. 옳지 않은 것은?

① 발달과업은 사회에서 각 연령에 맞는 정상적인 발달이 어떤 것인지를 알게 해준다.
② 특정한 지식이나 기술 혹은 기능 등으로 구성되어 있다.
③ 개인이 환경에 적응하기 위해 필요하다.
④ 발달과업은 연령에 상관없이 일정하다.
⑤ 각 발달과업에 대해 성공하거나 혹은 실패한 경험은 이후 단계의 성취에도 영향을 미친다.

정답 4번(발달과업은 연령에 따라 달라진다.)

"고등학교 시절의 친구를 기억해 보라"와 같이 특별한 단서 없이 이전에 경험한 사건을 기억해 내는 것은?

① 장기기억 ② 감각기억
③ 단기기억 ④ 중·장기 기억
⑤ 과거기억

정답 1번(장기기억 중 회상에 해당된다.)

노년기에 발생하는 우울증의 원인이 아닌 것은?

① 배우자 상실
② 소득 감소와 낮은 지위
③ 퇴직
④ 죽음에 대한 불안
⑤ 과도한 스트레스

정답 5번(청소년기 자살의 원인이다.)

장년기의 신체변화라고 볼 수 없는 것은?

① 지방조직의 재분배로 인한 복부비만
② 시력 저하
③ 육체적 힘과 반응시간의 변화
④ 남성의 정액과 정자 수 감소
⑤ 청각 신경세포의 발달

정답 5번(청각 신경세포의 둔화가 두드러짐)

다음 중 장년기(40~64)의 특성이 아닌 것은?

① 경제적으로 안정이 이루어진다.
② 지적으로 성숙한 단계에 접어든다.
③ 인생의 전성기로 간주된다.
④ 일을 통해 구체적으로 자아를 실현한다.
⑤ 신체적 기능의 쇠퇴를 비롯해 위기를 맞게 되는 전환기이다.

정답 4번(청년기의 특징이다.)

다음은 청소년기에 관련된 용어이다. 잘못 연결된 것은?

① 정체감 혼란: 부모나 사회의 가치관을 자신의 것으로 선택하므로, 위기도 경험하지 않고 쉽게 의사결정을 내리지만 독립적 의사결정을 하지 못하는 상태
② 자아정체감: 자신의 독특성에 대한 비교적 안정된 느낌
③ 주변인: 아동으로서의 지위도 성인으로서의

지위도 부여받지 못한 청소년의 사회적 발달 특성에 대한 은유적 표현
④ 질풍노도의 시기: 극단적 정서변화가 이루어지는 청소년기에 대한 은유적 표현
⑤ 형식적 조작사고: 지각과 경험보다는 논리적 원리에 의해 지배를 받는 사고

정답 1번(1번의 내용은 정체감 유실이며, 정체감 혼란이란 정체감을 확립하기 위한 노력도 없고, 기존의 가치관에 대한 의문도 제기하지 않는 상태를 말함.)

인간발달에 대한 정의로 틀린 것은?
① 발달은 유전인자와 환경 간에 끊임없는 상호작용에 의해 이루어진다.
② 발달은 일정한 순서와 방향성을 가지고 진행된다.
③ 인간의 행동은 전체적이고 미분화된 신체운동으로부터 부분적이고 구체적인 행동으로 분화 발달한다.
④ 발달과정은 연속적이나 그 속도는 일정하지 않다.
⑤ 모든 개인은 발달에 있어서 속도, 정도, 질에 있어서 동일하다.

정답 5번(발달에는 개인차가 있다. 개인이 타고난 소질과 주어진 환경이 서로 다르기 때문이다.)

경계선 성격장애의 내용으로 잘 설명한 것은?
① 타인에 대한 지속적인 불신과 의심을 보임
② 고립자로서 혼자만의 취미를 추구함
③ 비행이나 범죄에 연루되기 쉬움
④ 질서를 중요시하고 완전주의를 추구함
⑤ 대인관계가 불안하고 자신에 대해 확신하지 못함

정답 5번(1번 편집성 성격장애, 2번 정신분열성 성격장애, 3번 반사회적 성격장애, 4번 강박적 성격장애)

청소년기 여성의 발달과정에서 나타날 수 있는 장애는?
① 자폐장애 ② 틱 장애
③ 학습장애 ④ 과잉행동장애
⑤ 섭식장애

정답 5번(섭식장애를 보이는 대다수는 여성이고, 대부분 청소년기에 시작된다. 거식증과 폭식증의 빈도가 가장 높다.)

노인성 스트레스와 우울증의 내용 중 틀린 것은?
① 원인으로 퇴직, 배우자 상실, 소득 감소와 낮은 지위, 신체 기능 저하, 죽음에 대한 불안 등을 들 수 있음.
② 우울증은 노인에게 나타나는 가장 일반적인 정서 문제임.
③ 우울증은 노인의 성격 자체를 변화시키기도 함.
④ 자신이 쓸모없거나 가족에게 부담이 된다는 생각을 함.
⑤ '왜 나만 죽어야 하는가?'라고 하면서 건강한 사람을 원망하고 주변 사람들에게 화를 냄.

정답 5번(죽음에의 준비단계 중 분노단계를 말한다.)

다음 중 청년기의 특징으로 옳은 것은?
① 물질에 애착을 갖는다.
② 사회적 역할이 급격히 저하된다.
③ 신진대사가 활발해진다.
④ 현실적으로 힘과 지위 권한이 하락한다.
⑤ 심각한 우울증에 빠지기도 한다.

정답 3번

이상행동과 관련하여 사회복지사의 역할 중 틀린 것은?
① 진단 ② 의뢰
③ 교육 ④ 주관적 상담
⑤ 홍보

정답 4번(진단, 의뢰, 교육, 가족상담, 홍보)

이상행동의 모델에 대한 설명 중 옳지 않은 것은?

① 생리학적 모델은 신경계 및 내분비계 등에 이상이 생기거나 손상으로 인한 심리적 과정의 영향으로 나타나는 행동을 말한다.
② 정신역동학적 모델은 인간의 내부세계를 이해하고 파악하는 인지적 구조형성 과정으로 지식의 구체적 내용의 결과로 일어나는 욕망, 동기 등에 의해 불안이 야기되어 일어나는 행동을 주요 원인으로 본다.
③ 행동주의적 모델은 유아기부터 환경에 의한 반복된 강화를 통해 행동을 배우는 것처럼 이상행동도 학습에 따라 강화가 주어지면 이상행동이 형성된다.
④ 인지적 모델은 정보 획득으로 활용하는 높은 수준의 정신과정으로 지적과정, 지각, 판단 능력의 부재로 심리적 장애의 원인을 잘못된 사고에서 찾아 왜곡되어 부정적으로 나타나는 행동으로 본다.
⑤ 인본주의적 모델은 인간은 성장과 자기증진을 위해 끊임없이 노력한다. 자아실현의 과정에서 실패하거나 자아 성장이 왜곡되었을 때 나타나는 행동을 말한다.

정답 2번(인지적 구조형성은 피아제의 인지발달이론에 해당됨.)

다음 이상행동의 유형 중 불안장애에 대한 설명으로 틀린 것은?

① 공포증은 두려워해야 할 객관적인 이유가 없는데도 불구하고 어떤 대상이나 장소에 대해 심한 두려움을 느끼는 경우
② 외상 후 스트레스 장애는 두통, 복통, 피로, 메스꺼움, 구토, 위장장애, 시력장애 등 무수한 문제로 심리적인 요인에 의한 증상으로 봄
③ 강박장애는 스스로 통제할 수 없는 반복적이고 지속적인 행동으로 고통을 겪는 경우 근심, 의심, 반감, 모독 등의 터무니없는 생각들을 떨쳐버리는 것이 불가능하며 자신의 의지와 상관없이 무의미하거나 틀에 박힌 행동을 반복하는 행동
④ 공황장애는 호흡장애, 심장박동 증가, 강한 두려움, 절박감 등으로 10~20분간에서 수시간 지속되며, 사기를 잃고 의존적인 장애를 보인다.
⑤ 일반화된 불안장애는 안절부절못하고 쉽게 놀라며, 긴장하고 신경과민 상태로, 참을성이 없고 화를 잘 내며, 불면증, 주의산만 등 우울증을 동반하는 장애

정답 2번(신체형장애에 해당됨.)

청소년기에 정체성을 확립해 나가는 과정에서 설명한 것이 아닌 것은?

① 정체감 혼미 ② 정체감 유실
③ 정체감 유예 ④ 정체감 성취
⑤ 정체감 선택

정답 5번(정체감 선택은 마샤의 정체성 확립 단계에 포함되지 않음.)

구체적 조작사고에서 아동이 성취하는 개념적 능력을 맞게 연결한 것은?

① 보존의 개념, 유목화의 개념, 상상적 추론의 개념
② 보존의 개념, 보상성의 개념, 조합의 능력
③ 보존의 개념, 유목화의 개념, 대상영속성
④ 유목화의 개념, 대상영속성, 조합의 능력
⑤ 보존의 개념, 유목화의 개념, 조합의 능력

정답 5번(아동기에 해당되는 능력임.)

인간발달이론 중 신생아의 발달 설명이 잘못된 것은?

① 신생아기: 출생 후 약 4주간
② 반사운동: 빨기반사 또는 탐색반사로 입술이나 입에 무엇이 닿으면 모든 것을 빨려는 운동
③ 바빈스키반사: 발바닥을 부드럽게 자극하면 발가락을 발등 위쪽으로 부채처럼 펴는 반사
④ 감각기관 반응: 미각(생후 5일 후), 시각(2~3개월), 청각(1주일 후 확실히 인식)
⑤ 모로반사: 갑작스런 큰 소리를 들었을 때 손에 잡힌 것을 꽉 쥐고 놓지 않은 반응

정답 5번(모로반사: 갑작스런 큰 소리를 들었을 때 팔과 다리를 짝 벌리고 손가락을 펴면서 머리를 뒤로 젖히는 반응, 쥐기반사: 무엇이나 손에 잡히면 꽉 쥐고 놓지 않은 반응)

아동기의 심리사회적 특징으로 옳지 않은 것은?

① 유아기에 비해 안정된 정서적 발달을 한다.
② 정서의 표현이 좀더 지속적이며 정적이나 여전히 직접적인 표현만 나타난다.
③ 정서가 발달하는 요인은 성숙, 학습, 정서의 조건화, 모방, 동정 등이다.
④ 사회성 발달은 학교의 친구들과 상호작용을 하면서 이뤄진다.
⑤ 아동의 사회화 과정은 도덕성 발달과 깊은 관련이 있다.

정답 2번(아동기의 정서표현은 유아기의 직접적 표현에서 간접적 표현의 변화가 일어난다.)

아동기에 나타나는 발달상의 특성 중 옳은 것은?

① 자신의 위치에서만 사물을 이해할 뿐 타인의 시각에서 조망하지 못한다.
② 정서의 지속기간이 짧고 강렬하며 변하기 쉽다.
③ 부모의 애착 행동을 유발하기 위해 다양한 행동을 시도한다.
④ 또래집단과의 상호작용을 통해 친구들과 어울리는 능력이 향상된다.
⑤ 자아정체감 탐색에 집중한다.

정답 4번(아동기에는 또래집단과 어울리면서 자아중심적 조망 감소, 상호작용을 통해 친밀감이 형성되는 등 사회성 발달)

인간성장의 발달 원리 중 발달 순서가 맞는 것은?

① 일정한 순서로 머리부터 하부로, 중심부터 말초부위로, 원 다음 세모와 네모 그리기
② 일정한 순서로 하부로부터 머리로, 말초부터 중심 부위로, 네모 다음 세모와 원 그리기
③ 일정한 순서로 머리부터 하모로, 중심부터 말초 부위로, 네모 다음 세모와 원 그리기
④ 일정한 순서로 하부로부터 머리로, 말초부터 중심 부위로, 원 다음 세모와 네모 그리기
⑤ 일정한 방향성을 갖고 한쪽 방향으로 끊임없이 변화한다.

정답 1번(일정한 순서와 방향성을 갖고 머리부터 하부로, 중심부터 말초 부위로, 걷기 전에 서기, 원 다음에 세모와 네모 그리기)

태내기 때 개입할 수 있는 사회복지실천에서 관심을 둘 수 있는 내용 중 가장 거리가 먼 것은?

① 임신부의 약물 사용
② 원치 않는 임신으로 임신부가 부정적인 심리 반응을 보이는 것
③ 빈둥지증후군
④ 임신 중 신체적 과로와 스트레스
⑤ 재정적 결핍

정답 3번(빈둥지증후군은 주로 자녀가 결혼을 해서 독립하는 시기로 장년기 이후에 나타난다.)

인간발달관계와 사회복지실천의 관심 대상 문제의 연결이 틀린 것은?

① 학령전기 – 아동학대

② 아동기 – 학습장애

③ 청소년기 – 비행

④ 청년기 – 거짓말

⑤ 노년기 – 만성질환과 기능손상

정답 4번(거짓말은 아동기)

영아기의 사회복지실천의 대상이 되는 문제가 아닌 것은?

① 자폐증 ② 애착의 결핍

③ 호기심 감소 ④ 언어발달 지체

⑤ 정신지체

정답 1번(자폐증은 걸음마기에 해당됨.)

청년기는 직업을 준비하고 선택하는 시기이다. 직업 준비 시 고려해야 할 사항이 아닌 것은?

① 나의 능력과 상관없이 주변에서 추천하는 직업을 갖도록 한다.

② 직업이 요구하는 고유한 특성들을 갖추어야 한다.

③ 직장의 구성원 간의 지위와 계급에 따른 상하관계를 파악하고 적응할 수 있어야 한다.

④ 특정한 직업에서 요구되는 전문적 기술과 능력을 구비해야 한다.

⑤ 동료들과의 인간관계에 있어 원만함을 이루어야 한다.

정답 1번(자신의 능력, 기호 등을 고려한 직업 선택)

학습장애에 대한 설명으로 바르지 않은 것은?

① 읽기, 쓰기, 셈하기 등의 기술을 익히는 데 문제를 가져오는 요인이 된다.

② 뚜렷한 생리학적 이상이 없다.

③ 시력, 청력 등 감각의 장애 때문에 일어나는 것이다.

④ 뇌가 정보를 받아들이고, 처리하여, 사용하는 방식에 문제가 있어서 발생한다.

⑤ 학습장애 아동들은 평균적으로 정상아동에 비해 지능이 낮다.

정답 5번(꼭 그런 것은 아니며, 지능보다는 학습 태도로 인해 성취수준이 현저히 낮은 것이다.)

걸음마기의 주된 사회복지사의 역할에 해당되지 않는 것은?

① 정보제공

② 양질의 탁아

③ 부모에 대한 정서적인 원조

④ 치료기관 소개

⑤ 동일 질병 부모들 간의 네트워킹

정답 2번(양질의 탁아는 영아기 사회복자사의 역할에 해당됨.)

다음 설명 중 틀린 것은 무엇인가?

① 성장: 신체 크기의 증대, 근력 증가 등과 같은 양적 확대를 의미한다.

② 학습: 경험, 훈련 또는 연습의 결과로써 일어나는 개인 내적인 변화이다.

③ 발달: 크기의 변화, 구조의 변화, 비율의 변화, 기능의 변화가 모두 포함된다.

④ 성숙: 신체 및 심리적 변화를 의미하며, 발달보다 광의의 개념이다.

⑤ 발달: 양적 감소, 구조의 단순화, 기능의 무능화 현상과 관련된 퇴행적 변화까지도 포함된다.

정답 4번(성숙은 부모로부터 받은 유전인자가 지니고 있는 정보에 따라 일어나는 변화이다. 반면 발달은 유전과 환경 사이의 상호작용에 의해 이루어지는 변화를 의미하므로, 발달이 더욱 광의의 개념이다.)

최근 부모에 의해 심각한 신체적 학대를 당하거나, 적절한 신체적 보호나 정서적 지지를 제공받지 못하고 방치된 아동들이 늘고 있다. 이러한 문제에 대한 적절한 서비스는 무엇인가?

① 프로텍티브 서비스 ② 소득 공제
③ 간병 서비스 ④ 횡단적 조사
⑤ 개입하지 않는다.

정답 1번(학령전기에 발생하는 여러 문제 중에서 가장 위급한 것이 아동 학대이며 이러한 문제에 대한 사회복지실천이 프로텍티브 서비스(protective service)이다. 프로텍티브 서비스 워커는 아동을 학대하거나 방치하는 가족의 욕구와 학대받은 아동의 욕구를 다 조사한 후에 직접적 서비스를 제공하고 그러한 욕구를 충족시켜 주기 위해 개입하거나 적합한 기관에 연결해 준다.)

영아기 발달에 대한 설명 중 옳지 않은 것은?

① 일정한 순서와 방향성이 있어 머리부터 하부로 발달한다.
② 개인차가 사람마다 존재한다.
③ 발달과업 미성취로 인한 성격형성에의 결함이 발생한다.
④ 환경과는 관계가 없고 유전인자의 영향을 받는다.
⑤ 연속적인 과정을 통해 끊임없이 변화한다.

정답 4번(유전인자와 환경이 상호작용하여 발달한다.)

학령전기의 인지발달과 관계없는 것은?

① 상상력이 풍부해지고 물활론적 사고에 따라 물체와 대화한다.
② 정서적인 것, 구체적인 것을 잘 기억하며, 전체적으로 기억한다.
③ 지각발달이 많이 이루어진다.
④ 사물을 인상이나 생김새에 따라 정서적 또는 주관적으로 파악한다.
⑤ 부모의 애착행동을 유발하기 위해 다양한 행동을 시도한다.

정답 5번(부모의 애착행동을 유발하는 시기는 영아기이다.)

영아기의 발달과제는?

① 모성보호 ② 자아통합
③ 근면성 ④ 친밀감의 형성
⑤ 애착관계의 형성

정답 5번(영아기 애착관계의 형성은 정서적 안정성과 대인관계의 중요한 기초가 되므로 매우 중요하다.)

콜버그의 도덕성 발달단계의 설명으로 올바르지 않은 것은?

① 후인습 6단계의 시대와 문화를 초월한 보편성에 근거하여 행동을 판단한다.
② 인습수준 3단계의 대인관계의 권위적 인물의 성인 정도를 바탕으로 행동을 판단한다.
③ 10~13세 사이에 인습적 수준의 도덕성 발달의 시기이다.
④ 10세 이전에는 후인습적 수준의 도덕성에 해당되는 시기이다.
⑤ 보상과 처벌의 기준에 따라 행동을 판단하는 시기는 전 인습 단계이다.

정답 4번(열 살 이전에는 전 인습적 수준의 도덕성에 해당되는 시기)

이상행동의 개념으로 정상, 비정상을 규정하는 준거로서 설명이 맞지 않은 것은?

① 사회문화적 준거-한 사회의 규범이나 관습으로부터 크게 벗어나 용인될 수 없는 행동
② 심리적 준거-주관적으로 느끼는 우울이나 불안, 죄책감이 지나쳐 고통을 느끼는 경우
③ 행동적 준거-사회에는 해로운 영향을 주지는 않지만 개인 삶에 치명적인 해를 끼칠 때
④ 전문적 준거-의사, 상담가의 면접이나 각종 심리검사 결과를 토대로 정상과 이상을 구분

⑤ 통계적 준거 – 일탈 정도에 따라 정상과 이상을 구분

정답 3번(개인이나 사회에 모두 해로운 영향을 끼칠 때 이상행동으로 규정함.)

팀 놀이(team play)를 통해서 아동이 학습할 수 있는 것은?

① 분업, 경쟁, 활동성 증가
② 개인의 이익중시, 협동심
③ 경쟁적 이기주의, 친밀감
④ 활동성 증가와 개인주의
⑤ 친밀감 형성과 개인 중심적

정답 1번

아동기의 지적발달로 틀린 것은?

① 보조개념, 유목화, 조합의 능력이 생긴다.
② 자기중심적이고 직관적인 사고에 머물러 있다.
③ 물리적 세계의 규칙과 대상 간의 관계를 지배하는 원리에 대한 통찰력을 갖는다.
④ 타인을 이해하는 사회적 사고로 성숙한다.
⑤ 양심이나 도덕관념이 발달한다.

정답 2번(걸음마기의 유아는 자기중심적이고 직관적인 전조작기 사고를 갖고 있다.)

인지적 발달에서 인과관계의 이해에서 영아는 자신의 감각운동 경험을 바탕으로 예상할 수 있는 행동이 아닌 것은?

① 0~1개월: 반사기
② 2~3개월: 일차순환반응(딸랑이를 흔들면 소리가 난다는 것을 알고 있음)
③ 8~10개월: 2차 반응조정: 자신이 듣기 위해서가 아니라 엄마를 놀래주기 위해 딸랑이를 흔드는 행동을 한다. 방해되는 것 제거
④ 11~18개월: 삼차순환반응(목적을 위한 행동의 시험: 시행착오, 장난감을 찾기 위한 움직임)
⑤ 18개월 이후: 지적으로 종합하는 새로운 수단. 행동하기에 앞서 미리 자기 행동의 결과를 평가 하면서 행동

정답 2번[2~3개월: 일차순환반응(의미 없이 주먹 쥐었다가 펴기) 4~7개월: 이차순환반응(4개월경이면 딸랑이를 흔들면 소리가 난다는 것을 알고 있음.)]

심리사회적 발달에서 정서적 분화의 단계가 아닌 것은?

① 1~2개월: 불쾌 호소
② 3개월: 분노(욕구가 충족되지 않을 경우) 호기심, 익숙한 얼굴에 즐거움, 행복감 등을 보임
③ 7개월: 무서움
④ 6~12개월: 일의 전후관계를 이해하고 그에 따라 정서적 반응을 보임
⑤ 18개월: 의기 양양, 애정의 증가

정답 5번(12개월: 의기양양, 애정의 증가. 18개월: 성인에 의한 애정과 질투. 1~2년: 불안, 자랑스러움, 수치심 등 자의식 발달)

다음의 걸음마기에 대한 내용 설명 중 틀린 것은?

① 대략 2세에서 4세까지의 시기
② 매우 활동적이며 자기를 의식하기 시작하여 반항, 고집, 자기주장이 나타나는 중요한 시기
③ 에릭슨은 자율성 대 수치심 혹은 회의의 시기라고 하였다.
④ 4세경에는 어휘가 비약적으로 증가하여 종종 자기 자랑, 상상력에 의해 꾸민 이야기, 사실과 상상을 혼합한 이야기를 하기도 한다.
⑤ 충동의 통제, 일상생활의 다양한 활동에 참여하고 결정하는 환경을 지배하여 자기통제를 하기에는 이른 시기이다.

정답 5번(충동의 통제, 일상생활의 다양한 활동에 참여하고 결정하는 환경을 지배하여 자기통제를 형성하는 시기이다.)

전조작기 아동의 인지발달에 대한 설명으로 옳지 않은 것은?

① 수와 종류에 대해 이해한다.
② 사물이나 사건의 개별 특성만을 고려하여 추리한다.
③ 피아제의 전조작기 중 직관적 사고단계에 해당한다.
④ 자신의 입장에서 세계를 지각한다.
⑤ 상위개념과 하위개념을 완전히 구별한다.

정답 5번(5번은 구체적 조작기에 해당된다.)

아동기에 속한 어린이에게 좀더 복잡한 사회적 영향을 발휘하는 원천은 무엇인가?

① 부모 ② 형제자매
③ 이웃 ④ 학교
⑤ 조부모

정답 4번(학령 전기 아동은 주로 가족의 영향하에 놓여 있다. 학교는 아동에게 가족 이외의 사람으로부터의 평가, 성공과 실패의 기회, 또래집단과의 경험을 제공하는 중요한 영향력의 원천이다.)

아동이 가족 외에 처음으로 경험하는 사회적 기관인 학교가 가지는 가족과 구별되는 특징으로 옳지 않은 것은?

① 아동의 통제와 교육에 대한 책임이 그들과 친족관계에 있지 않은 성인에게 주어진다.
② 아동은 학교가 끝나면 집으로 돌아감으로써 가족의 한 구성원으로서의 기능과 능동적인 참여를 지속한다.
③ 매 학년이 끝날 때마다 그 학년의 선생님과 관계를 끝내고 새로운 선생님과 관계를 확립한다.
④ 학교와 가족은 성인과 어린이의 구성 비율이 다르며, 학교의 아동 수가 훨씬 많다.
⑤ 아동은 구성원들의 연령 분포가 다양한 집단의 일원으로서 학교에 소속된다.

정답 5번(가족은 구성원들의 연령 분포가 다양하지만, 아동이 속해 있는 집단은 동일한 연령으로 구성되어 있다.)

태아 발달 과정 중 가장 중요한 시기로 급속하게 세포가 분열되고, 임신부의 영양 상태나 약물복용 여부가 가장 영향을 많이 미치는 시기는?

① 임신 초기 ② 임신 중기
③ 임신 말기 ④ 임신 기간 내내
⑤ 출산 당시

정답 1번(임신 초기는 1~3개월에 해당하는 가장 중요한 시기로 태아의 급속한 세포분열과 임신부의 영향 상태, 약물복용에 가장 영향을 받기 쉽다.)

콜버그의 도덕성 발달단계 중 어느 단계의 설명인가?

욕구충족의 수단으로서의 도덕성(자신이나 사랑하는 사람에게 이익이 되는 정도에 따라 행동을 판단)

① 전 인습수준 1단계
② 전 인습수준 2단계
③ 인습수준 3단계
④ 인습수준 4단계
⑤ 후 인습수준 5단계

정답 2번

아동기의 설명으로 맞지 않은 것은?

① 에릭슨은 근면성 대 열등감의 시기라고 했다.
② 신체발달이 점진적이고 지속적으로 이루어지며 여아가 남아보다 발달이 앞서는 현상을 보인다.
③ 언어보다는 반응행동 등의 직접적인 경험을 통해 환경을 이해한다.
④ 구체적 조작기의 시기로 보존개념을 획득한다.
⑤ 성장통을 겪으며 유치가 영구치로 바뀐다.

정답 3번(유아기의 설명이다.)

아동기의 사회적 발달에 영향을 주는 것이 아닌 것은?

① 친구관계의 영향
② 또래집단과의 경험
③ 성역할에 대한 정체감
④ 학교의 영향
⑤ 팀 스포츠에 대한 정체감

정답 3번(청년기)

영아기 애착형성과 발달에 관한 내용 중 거리가 먼 것은?

① 영아의 사회성 발달의 기본 원천이다.
② 다른 사람과 특수하고 긍정적인 정서적 유대 관계를 형성하는 과정이다.
③ 낯선 사람을 보면 긴장하고 불편함을 보인다.
④ 애착은 근본적으로 선택적인 특성이 있어서 소수의 제한된 대상에 대해 형성된다.
⑤ 영아기에 또래와 경험하는 애착은 이후 긍정적이고 친근한 인간관계 확립에 기초가 된다.

정답 5번(사회적 애착을 형성하는 과정에서 가장 중요한 일은 영아와 영아를 돌보는 양육자, 특히 부모(엄마)와 관계를 맺는 것이다.)

영아기 인지발달에 관한 설명이다. 옳은 것은?

① 주로 감각기관과 환경탐색을 통해 개념을 형성한다.
② 주로 언어를 사용하여 경험을 조작한다.
③ 생후 9~10개월 정도가 되면 대상영속성 개념을 완전히 획득한다.
④ 인지능력이 정점에 달한다.
⑤ 자율적인 도덕성이 발달한다.

정답 1번(영아기는 주로 직관과 환경탐색, 경험 등을 통해 개념을 형성하는 시기이다.)

걸음마기의 자기통제에 대한 설명이다. 맞지 않은 것은?

① 충동을 조정하고 통제하는 능력이 향상된다.
② 환경에 대한 지배능력이 발달한다.
③ 자기통제의 방향은 충동에 대한 통제, 내적 심리에 대한 통제이다.
④ 상황에 따라 행동을 조절하거나 지연할 수 있다.
⑤ 자아통제능력의 획득은 대소변 훈련에서 시작된다.

정답 3번(학령 전기에서 보이는 자기통제의 방향은 자신의 분노에 대한 통제, 자신의 환경과 주변에서 일어나는 사건들을 스스로 통제할 수 있다고 느끼는 환경에 대한 통제로 나눈다.)

각 발달단계의 인지적 특징에 대한 설명이 틀린 것은?

① 영아기: 직관과 환경에서의 직접적인 탐색을 통해 개념을 형성한다.
② 걸음마기: 모방, 상상놀이를 즐겨 할 수 있다.
③ 아동기: 분류와 인과관계의 추론이 가능하다.
④ 장년기: 단기적 기억능력이 약화되기 시작한다.
⑤ 청년기: 시각, 운동적 융통성은 청년기를 전후로 향상된다.

정답 5번(청소년기를 전후로 향상된다.)

생후 9~10개월 정도에는 이것이 조금씩 형성되기 시작하여 만 2세 정도가 되면 완전히 확립한다. 이것이 없는 영아는 엄마가 눈앞에서 사라지거나 보이지 않으면 엄마를 찾고 불안반응을 보인다. 이것은 무엇인가?

① 대상영속성 ② 사회적 애착
③ 정서적 분화 ④ 분리불안
⑤ 낯가림

정답 1번(대상영속성은 어떤 사물이 눈앞에 보이지 않아도 여전히 존재한다는 것을 안다는 개념이다.)

걸음마기 아이들의 언어발달 과정 중 잘못 인식하고 있는 것은?

① 3세경엔 좀더 길고 복잡한 문장을 사용한다.
② 4세경엔 어휘가 증가하며 긴 대화를 할 수 있다.
③ 4세경엔 종종 자기 자랑하는 말을 쓴다.
④ 3세경엔 긴 이야기를 흥미 있게 듣는다.
⑤ 3세경엔 상상력에 의해 이야기를 꾸미고 사실과 상상을 혼합하여 이야기하기도 한다.

정답 5번(상상력에 의해 이야기를 하는 건 5세경에 발달한다.)

초자아가 발달하여 양심이 발달하기 시작하는 발달 단계의 특성이 아닌 것은?

① 항문기 ② 배변훈련기
③ 상징놀이 ④ 자율성 대 수치심
⑤ 가역적 사고

정답 5번(1~4번은 걸음마기이다. 5번은 아동기이다.)

다음 중 협응의 발달에 대해 맞게 설명한 것은?

① 상상력이 발달하기 시작하여 창조적 놀이를 할 수 있다.
② 상상력과 어휘증가로 현실과 상상을 동시에 혼합하여 말한다.
③ 타인의 요구에 순응할 수 있고 상황에 맞추어 행동을 조절하거나 지연시킬 수 있다.
④ 손기능이 익숙해져서 흘리지 않고 숟가락질, 옷 입기, 단추 채우기, 모서리 맞춰 종이접기, 가위로 종이 오리기 등을 할 수 있다.
⑤ 자신의 환경과 주변에서 일어나는 사건들을 스스로 통제할 수 있다고 느낀다.

정답 4번(①은 인지적 상상 능력, ②는 언어발달 능력, ③은 심리사회적 발달, ⑤는 환경에 대한 지배)

영아기의 인지적 발달의 설명으로 틀린 것은?

① 자기 마음속의 이미지의 시각적 형상으로 표상을 사용하기 시작한다.
② 대상영속성을 이해하기 시작한다.
③ 자신의 감각운동 경험을 바탕으로 어떤 행동이 환경 내에 있는 대상에게 어떤 영향을 줄 것이라는 것을 예상할 수 있다.
④ 영아의 생각은 너무나 구체적이기 때문에 예상하고 계획하는 등의 추상적 사고를 하기는 힘들다.
⑤ 보존개념을 습득한다.

정답 5번(양의 보존개념은 만 6~7세, 무게의 보존은 8~10세, 부피의 보존개념은 11~12세경에 인지한다.)

아동기의 사회성 발달과 관련이 적은 것은?

① 성역할에 대한 인식
② 도덕성의 발달
③ 자기개념의 형성
④ 또래친구와의 관계형성
⑤ 분리개별화 과정

정답 5번(분리개별화 과정은 걸음마기 사회성 발달 내용이다.)

다음 중 사회복지실천의 대상이 아닌 것은?

① 임신부의 연령이 매우 높거나 낮을 때 철저한 의료진단과 개입
② 불임부부에게 실현가능한 불임대책에 대한 정보를 제공
③ 임신한 부부에 대한 선천성 장애의 예방방법과 대책
④ 임신 중 사회경제적 불안정의 문제가 있는 클라이언트에게 적절한 의료적 보호를 위한 필요한 자원 연결

⑤ 불임부부를 대상으로 유전적 질병이나 약물 복용 등에 대한 선천성 장애의 예방방법과 대책을 제공

정답 5번(임신한 부부를 대상으로 하는 설명임.)

신생아 발달의 특징이 아닌 것은?

① 프로이트의 항문기에 해당
② 미소는 근육의 당김 현상
③ 미분화 전신 전체운동
④ 출생 후 4주간
⑤ 수면시간 18~20시간, 호흡은 40~40회, 복식호흡을 한다.

정답 1번(프로이트의 항문기는 걸음마기에 해당함.)

아동기 지적발달의 특징으로 옳지 않은 것은?

① 지각: 인간의 감각기관을 통해서 들어온 외계의 사물과 사건을 인지하는 활동이다.
② 사고: 지각, 이해, 기억 등을 기초로 하여 새로운 것을 생각해 내는 심리적 작용이다.
③ 기억: 경험이 끝난 뒤 얼마 동안 경험한 것을 축적하는 것이다.
④ 추상작용: 아동기에는 사물의 지각에서 색의 지각과 모양의 지각이 분화한다.
⑤ 수 개념: 아동기에 풍부하며, 이 시기를 동화기라고도 한다.

정답 5번(상상력에 대한 설명)

아동기에 나타나는 발달상의 특성 중 옳은 것은?

① 자신의 위치에서만 사물을 이해할 뿐 타인의 시각에서 조망하지 못한다.
② 정서의 지속기간이 짧고 강렬하며 변하기 쉽다.
③ 부모의 애착 행동을 유발하기 위해 다양한 행동을 시도한다.
④ 또래집단과의 상호작용을 통해 친구들과 어울리는 능력이 향상된다.
⑤ 자아정체감 탐색에 집중한다.

정답 4번(아동기에는 또래집단과 어울리면서 자아중심적 조망 감소, 상호작용을 통해 친밀감이 형성되는 등 사회성 발달)

학대받는 아동 및 부모에 대한 사회복지사의 역할로 적당한 것은?

① 학대아동과 부모를 함께 지내게 하면서 상담을 실시한다.
② 학대부모에게 부모교육이나 정신치료 상담을 실시한다.
③ 학대부모를 구치소에 수감하도록 한다.
④ 학대아동을 부모와 격리시킨 뒤 보호시설에서 양육한다.
⑤ 사회복지사가 직접 가정으로 찾아가 잘잘못을 따진다.

정답 2번(사회복지사의 역할은 아동서비스 의뢰, 치료, 알선, 학대부모에 대한 상담과 치료, 재정적 지원, 법적 증언, 성학대 예방교육 프로그램 수립)

피아제가 주장하는 만 5~7세 유아들에 나타나는 직관적 사고단계의 인지발달사고의 특징을 나타낸 것은?

① 연대성과 소속감
② 자아정체성
③ 자기중심성
④ 성역할 정체감 확립
⑤ 자기성찰, 자기개선

정답 3번

자녀 출산과 양육에 대한 설명 중 옳지 않은 것은?

① 자녀를 기르는 것은 부부의 삶의 방식 자체에는 영향을 주지 않는다.
② 자녀를 갖는 것은 삶에서 매우 중요한 사건이다.
③ 아기가 사랑을 주고 애정을 나눌 수 있는 기

회를 제공한다.

④ 아기를 처음 돌보는 몇 달이 부부간의 유대를 지속하는 데 중요하다.

⑤ 부부간에 육아에 대한 가치관이 일치하지 않는 것은 결혼생활에 긴장을 가져온다.

정답 1번(자녀를 기르는 것은 부부의 삶의 방식과 결혼생활을 바꾸어 놓는다. 근래에는 아이를 갖는 시기를 연기하거나 적은 수의 자녀를 갖는 부부가 증가하고 있다.)

일생 중 신체적 건강 상태가 가장 좋은 시기는?

① 아동기 ② 청소년기
③ 청년기 ④ 장년기
⑤ 노년기

정답 3번(청년기는 성인으로 자신을 정립하면서, 완전하게 성숙됨.)

청년기의 특징으로 맞지 않는 것은?

① 자녀의 양육을 책임진다.
② 감각기관의 둔화가 온다.
③ 군대생활을 한다.
④ 직업을 선택하는 시기이다.
⑤ 결혼하여 가정을 이룬다.

정답 2번(2번은 중년기의 특징)

또래집단의 친구선택 기준으로 맞지 않은 것은?

① 유사성
② 불신성
③ 친화성
④ 지리적 거리나 사귄 기간
⑤ 역할 모델(존경심)

정답 2번(유사성, 신뢰성, 친화성, 지리적 거리나 사귄 기간, 역할 모델(존경심) 등)

10대 임신의 문제가 아닌 것은?

① 출산 시 산모와 아이 모두에게 높은 신체적 위험
② 학업중단에 따른 직업의 불안정과 빈곤
③ 부부간의 역할과 책임에 관한 합의
④ 자녀의 정서적·지적인 문제
⑤ 아동학대

정답 3번(자녀양육의 준비) 이외에 학업부진 등이 있다.

다음 청년기의 배우자 선택과정 중 맞는 것을 고르시오.

① 라포단계: 사회적 배경, 가치관, 성격 등이 유사함을 지각한다.
② 유사성단계: 서로에 대한 역할 기대와 역할 수행을 상호보완적인 조화를 이루어 간다.
③ 상호결정단계: 서로 역할을 수용하여 확정하고 동반자로서의 정체감과 일체감을 느낀다.
④ 역할조화단계: 상대방에 대한 신뢰감이 증진되며 서로 자유롭고 솔직한 자기표현을 하는 단계
⑤ 자기공개단계: 상대방에 대해 긍정적인 평가를 하고 호감과 친밀감을 느낌

정답 3번(1번 유사성단계, 2번 역할조화단계, 4번 자기공개단계, 5번 라포단계를 말함.)

청소년이 자신이 좋아하는 연예인과 동일시하려는 경향은 어떤 발달단계의 특징 때문인가?

① 자율성 대 수치심
② 친밀 대 고립
③ 자아정체감 형성 대 정체감 혼란
④ 주도성 대 죄의식
⑤ 근면성 대 열등감

정답 3번(청소년기의 발달과업이다.)

피아제가 설명한 영아기 발달의 특징은?

① 기본적인 신뢰감 혹은 불신감의 형성
② 젖을 빨아서 욕구를 만족시키는 시기
③ 자기중심적, 직관적, 비가역적 사고의 특성
④ 지적인 능력이 감각적 경험에 기초하여 발달하는 시기
⑤ 구강기라 표현

정답 4번(① 에릭슨의 발달이론, ② 프로이트의 이론, ③ 피아제의 2~7세 발달을 설명, ⑤ 구강기는 프로이트의 이론이다.)

인간의 발달단계에서 가장 격정적이고 불안정한 시기이며, 동시에 발달의 어느 단계보다 많은 가능성을 가지고 미래를 위한 수많은 결정을 해야 하는 시기는 언제인가?

① 학령 전기 ② 아동기
③ 청소년기 ④ 청년기
⑤ 장년기

정답 3번(신체적 성숙이 급격히 이루어지며 정서적 변화가 급격히 일어나는 질풍노도의 시기 또는 제2의 반항기 이며, 사회적으로는 아직도 주변인에 머물러 있는 발달적 특징을 보인다.)

청소년기의 인지적 발달에 대한 설명으로 바른 것은?

① 모방과 상상놀이를 통해 인지적 발달이 이루어진다.
② 타율적인 도덕성에서 자율적인 도덕성으로 전환된다.
③ 보존의 개념, 유목화의 개념, 조합의 능력을 획득한다.
④ 정보와 상상력의 확대가 이루어진다.
⑤ 추상적 사고를 하며, 경험하지 않은 사건에 대해 인과관계를 추론할 수 있다.

정답 5번(청소년기의 형식적 조작기에 해당된다.)

사회복지실천의 대상이 되는 문제가 아닌 것은?

① 정신지체 ② 학습장애
③ 말더듬이 ④ 우수아와 천재아
⑤ 학교공포증, 등교거부증

정답 3번(말더듬이: 어떤 장애 때문일 수도 있으나 대부분은 수개월 혹은 수년 후 자연 치유)

아동기의 아동들에게 사회복지실천의 대상이 되는 문제 중 다른 것은?

① 집단따돌림
② 정신지체
③ 학교공포증, 등교거부증
④ 학습장애
⑤ 집단놀이

정답 5번(집단놀이 심리사회적 발달의 한 부분임)

정상, 비정상을 규정하는 준거에 대한 설명이다. 잘못 연결된 것은?

① 통계적 준거: 행동이나 정서, 지능이 다른 사람들에 비해 얼마나 일탈되어 있는지에 따라 규정
② 사회문화적 준거: 규범이나 관습으로부터 크게 벗어나 용인될 수 없는 행동으로 규정
③ 행동적 준거: 개인의 행동이 사회에 해로운 영향을 줄 때 규정
④ 심리적 준거: 심리적, 정신적 갈등의 정도가 얼마나 심한가에 따라 규정
⑤ 전문적 준거: 의사, 상담가의 면접이나 각종 심리검사 결과를 토대로 규정

정답 1번(행동이나 정서의 차이를 보는 것이지 지능의 경우는 제외)

학령전기의 심리사회적 특징 중 다른 것은?

① 성역할 발달

② 자아 개념의 발달
③ 주도성 대 죄의식
④ 초기적 수준의 도덕성 발달
⑤ 팀 스포츠의 경험

정답 5번(아동기의 사회적 특성)

다음 빈칸에 들어갈 알맞은 말은?

> 6~7세경이 되면 새로운 형태의 사고과정이 등장한다. 즉, 어린이들은 실제 행동을 통해서가 아니라 사고과정을 통해서도 많은 활동을 대상에게 수행한다. 이러한 사고의 단계를 피아제는 (   )(이)라고 불렀다.

① 모방능력　② 구체적 조작사고
③ 추상적 사고　④ 인지적 사고
⑤ 상상능력

정답 2번(구체적 조작사고가 발달함에 따라 어린이는 분류와 인과관계를 추론할 수 있으며, 물리적 세계의 규칙과 대상 간의 관계를 지배하는 원리에 대해 통찰력을 갖는다. 그 결과 과학, 역사, 수학 등의 학문적 영역에 접근할 수 있다.)

아동기의 인지발달에 관한 내용으로 옳지 않은 것은?

① 보존개념의 획득
② 대상영속성의 획득
③ 피아제의 구체적 조작기와 형식적 조작기 초기에 해당
④ 다른 사람의 시각에서 사물을 보는 능력 발달
⑤ 다양한 변수를 고려하여 상황과 사건을 파악하고 조사

정답 2번(대상영속성을 이해하는 단계는 영아기이다.)

이혼으로 인한 스트레스의 대응전략이 아닌 것은?

① 데이트 또는 새로운 친구의 만남을 위한 사회적 활동
② 공부나 상담자에게 의논하는 학습에 관련된 활동
③ 윤리적 규범을 탈피한 자유로운 이성교제
④ 이혼에 관련된 감정을 표현하고 털어놓는 것
⑤ 취직 및 자립을 시도

정답 3번

청소년기의 발달과업을 맞게 설명한 것은?

① 자기의 체계를 인정하고 자신의 역할을 수용한다.
② 경제적 독립의 필요성을 느낀다.
③ 새로운 자아정체감을 형성한다.
④ 직업을 선택할 준비를 한다.
⑤ 결혼과 가정생활을 준비한다.

정답 3번(1, 2, 4, 5번은 청년기의 발달과업이다.)

다음 설명 중 연결이 잘못된 것은?

① 영아기－피아제의 인지발달이론에 의한 감각운동기, 에릭슨의 신뢰감 대 불신감의 시기이다.
② 걸음마기－피아제의 전조작기에 해당되며, 에릭슨의 자율성 대 수치감, 회의감이다.
③ 아동기－피아제의 구체적 조작기에 해당되며, 에릭슨의 근면성 대 열등감의 시기이다.
④ 청소년기－피아제의 형식적 조작기에 해당되며, 에릭슨의 친밀감 대 고립감의 시기이다.
⑤ 장년기－피아제의 형식적 조작기에 해당되며, 에릭슨의 생산성 대 침체성의 시기이다.

정답 4번(친밀감 대 고립감의 시기는 청년의 시기이며, 청소년기는 정체성 대 역할혼미의 시기이다.)

참고문헌

곽상만(1997). 학습조직의 이론과 실제. 삼성경제연구소.

곽형식 외(2000). 인간행동과 사회환경. 경기: 형성출판사.

권석만(2007). 아론 벡: 인지치료의 창시자(상담과 심리치료 주요인물 시리즈 8). 서울: 학지사.

권석만(2000). 노년기 정신장애. 서울: 학지사.

권육상(2001). 인간행동과 사회환경. 유풍출판사.

권중돈(2005). 인간행동과 사회환경. 서울: 학지사.

권중돈 · 김동배(2005). 인간행동과 사회환경. 서울: 학지사.

권형자(2006). 교육심리학. 태영출판사.

김경희(2001). 발달심리학. 서울: 학문사.

김경희(2003). 아동심리학(개정판). 서울: 박영사(양영각).

김경희(2003). 아동심리학. 서울: 박영사.

김경희(2004). 정서심리학. 서울: 박영사.

김계현(1995). 상담심리학. 서울: 학지사.

김남순(2006). 교육심리학. 경기: 교육과학사.

김도환(2002). 청년기의 자기탐색(전 생애 발달심리학적 접근). 서울: 동인.

김동배(2005). 인간행동이론과 사회복지실천. 서울: 학지사.

김동배 외(2000). 인간행동이론과 사회복지실천. 서울: 학지사.

김동배 · 권중돈(1998). 인간행동이론과 사회복지실천. 서울: 학지사.

김미경(2008). 자폐장애 및 정서행동장애의 이해. 서울: 청목출판사.

김병욱(2004). 경제위기가 초래한 가족해체의 위기와 현실. 킴스정보전략연구소.

김봉호(1984). 세계사상대전집 46. 대양서적.

김봉환 외(2006). 학교 진로 상담. 서울: 학지사.

김상균 외(2001). 사회복지개론. 경기: 나남출판.

김신일(2003). 교육사회학. 경기: 교육과학사.

김애순(2005). 청년기 갈등과 자기 이해. 서울: 시그마프레스.

김연역(1992). 이상심리백과사전. 서울: 보이스사.

김영심(2003). 유아를 위한 놀이 속의 움직임교육. 서울: 대경북스.

김옥희(2004). 인간관계론. 서울: 박영사.

김용학(2004). 사회연결망이론. 서울: 박영사.

김정일(1996). 아하 프로이트. 서울: 푸른숲.

김종옥 · 권중돈(1993). 집단사회사업방법론. 서울: 홍익제.

김지탁(1997). 현대여가 위락론. 서울: 학문사.

김청송(2006). 이상심리학. 서울: 영진.com.

김춘경(2004). 아동상담(이론과 실제). 서울: 학지사.

김태련(1996). 청소년기의 발달과 발달과업. 청소년심리학. 한국청소년개발원.

김태련(2004). 발달심리학. 서울: 학지사.

김필진(2007). 아들러의 사회적 관심과 상담. 서울: 학지사.

김항인(1993). 콜버그의 정의공동체에 관한 연구. 서울대학교대학원 석사학위논문.

김혜란 · 홍선미 · 공계순(2001). 사회복지실천기술론. 경기: 나남출판.

김홍국(2001). 경력개발의 이론과 실제. 서울: 다산출판사.

김홍규 · 원애경(2007). 상담심리학. 경기: 양서원.

나동진(2008). 교육심리학. 서울: 학지사.

남궁달화(1995). 콜버그의 도덕교육론. 서울: 철학과 현실사.

대한신경정신의학회(1998). 신경정신과학. 서울: 하나의학사.

데이비드 버스 저. 권선중 역(2005). 마음의 기원. 나노미디어.

레이몬드 G. 밀텐버거 저. 안병환 역(2003). 행동수정. 서울: 시그마프레스.

로즈마리 스메드 몰가넷 저. 김춘경 역(2002). 중, 고등학교 학생들을 위한 집단상담 삶의 기술. 서울: 학지사.

류종훈(2005). 인간행동과 사회환경(사회복지총서 8). 서울: 동인.

문인숙 역(1984). 통합방법론. 서울: 홍익제.

민성길(1998). 최신정신의학. 서울: 일조각.

민영순(1994). 교육심리학. 서울: 문음사.

박재간(1995). 고령화 사회의 위기와 도전. 경기: 나남출판.

서강식 · 김태훈 · 이범웅 공저(2008). 초등교사를 위한 도덕과 교육원론. 인간사랑.

설기문(1998). 인간관계와 정신건강. 서울: 학지사.

손광훈(2008). 인간행동과 사회환경. 경기: 공동체.

손연숙 · 허홍무(2008). 인간행동과 사회환경. 범론사.

송명자(2004). 발달심리학. 서울: 학지사.

신성자 외(2000). 사회복지실천론. 고헌출판부.

신수진(2002). 현대 한국사회의 이중가치체계. 경기: 집문당.

신용일 외(1992). 교육심리학. 경기: 동문사.

안영진(2002). 새 아동발달 연구. 꾸벅출판사.

안창일(2008). 임상심리학. 서울: 시그마프레스.

임수진 편저(2021). DSM-5 진단기준. BTB Books.

엄명용 외(2000). 사회복지실천의 이해. 서울: 학지사.

엄신자(2007). 인간행동과 사회환경. 서울: 인간과복지.

엄태억(2006). 사회복지행정론. 도서출판 예전.

원호택 외(2000). 심리장애의 인지행동적 접근. 경기: 교육과학사.

원호택(1997). 이상심리학. 서울: 법문사.

원호택(2001). 이상심리학. 서울: 법문사.

유태용(1999). 문화란 무엇인가. 학연문화사.

윤길근 · 김성수 · 이영훈(2008). 교육심리학. 서울: 신정.

이건인(2008). 교육심리학. 서울: 학지사.

이경화(1999). 부모교육(사랑 · 결혼 · 부모). 서울: 학문사.

이광규(1992). 문화와 인성. 서울: 일조각.

이근홍(2006). 인간행동과 사회환경. 경기: 공동체.

이덕훈(1999). 신경영학원론. 서울: 학문사.

이면우(2004). 생존의 W이론. 서울: 랜덤하우스중앙.

이명재 · 전길양(2005). 인간행동과 사회환경. 서울: 대영문화사.

이선이(2003). 한국 현대 문화의 이해. 현실문화연구.

이소희 외(2005). 인간행동과 사회환경. 경기: 학현사.

이소희 · 손홍숙 · 홍숙자 외(2005). 인간행동과 사회환경. 경기: 학현사.

이영 · 조연순 공역(1997). 아동의 세계-태내기에서 청년기 발달까지. 경기: 양서원.

이영분 외(2001). 사회복지실천론. 서울: 동인.

이옥형 외(1992). 교육심리학. 서울: 집문당.

이용남(2002). 교육학과 교육(교육학의 현황과 미래). 경기: 교육과학사.

이인정 · 최해경(2004). 인간행동과 사회환경. 경기: 나남출판.

이종복 · 전남련(2007). 인간행동과 사회환경. 경기: 학현사.

이현수(1995). 이상행동의 심리학. 서울: 대왕사.

이현수(2001). 이상행동의 심리학. 서울: 대왕사.

이현수(2002). 이상행동의 심리학. 서울: 대왕사.

이형득 편저(1991). 상담의 이론적 접근. 서울: 형성출판사.

이훈구(2002). 사람 이해하기 – 심리학 강의. 법문사.

임은희(2005). 인간행동과 사회환경. 경기: 양서원.

장진선(2005). 인간관계 심리의 이론과 실제. 서울: 시그마프레스.

장휘숙(2004). 청년심리학. 서울: 박영사.

전경수(2005). 문화의 이해. 서울: 일지사.

전용호(2000). 정신지체인의 성 바로보고 바로잡아주기. 서울: 학문사.

전은석(200). 보건과 복지. 대경북스.

정대연(2004). 환경사회학. 아카넷.

정상승야 편 지음. 송대현 역(1998). 노년기의 임상심리학. 성원사.

정성희(2001). 가족사회학. 아카넷.

정옥분(2002). 아동발달의 이해. 서울: 학지사.

정옥분(2004). 발달심리학(전생애 인간발달). 서울: 학지사.

정옥분(2005). 결혼과 가족의 이해. 시그마프레스.

정우일(2004). 행정통제론. 서울: 박영사(양영각).

정현숙 · 유계숙(2003). 가족관계. 서울: 신정.

제럴드 코리. 조현춘 역(2003). 심리상담과 치료의 이론과 실제(제6판). 시그마프레스.

조휘일 · 이윤로(1999). 사회복지실천론. 서울: 학지사.

채옥채 · 박미은 · 서미경 외(2007). 인간행동과 사회환경. 경기: 양서원.

촌전효차 지음. 백운학 역(2002). 발달심리학사. 서울: 시그마프레스.

최미현(2000). 영유아 보육의 이해. 서울: 창지사.

최순남(2002). 인간행동과 사회환경. 경기: 법문사.

최순영(2002). 심리검사의 이론과 활용. 서울: 학지사.

최일섭(2006). 지역사회복지론. 서울대학교출판부.

최재석(1982). 한국가족연구. 서울: 일지사.

최재석(2002). 한국 초기사회학과 가족의 연구. 서울: 일지사.

최정윤(2005). 심리검사의 이해. 서울: 시그마프레스.

최정윤・박 경・서혜희(2001). 이상심리학. 서울: 학지사.

최준식(2000). 한국인에게 문화는 있는가(한국문화총서 4). 경기: 사계절.

추병완(1999). 도덕 교육의 이해. 서울: 백의.

토머스 데이븐포트 저. 노부호 역(2003). 조직의 변화를 리드하는 빅 아이디어. 서울: 21세기북스.

폴 홈즈, 송종용 역(1998). 현대정신분석과 심리극. 서울: 백의.

프로이트. 조대경 역(1993). 프로이트: 꿈의 해석(대학고전총서 9). Die Traumdeutung. 서울대학교출판부.

한국사회사업연구회(2002). 인간행동과 사회환경. 서울: 나눔의 집.

한국심리학회(2000). 현대심리학의 이해. 경기: 학문사.

한덕웅회(2004). 인간의 마음과 행동. 서울: 박영사.

한인영(2000). 의료사회사업론. 경기: 학문사.

행정학교재편찬회(2003). 행정학 제대로 알기. 서울: 백산출판사.

현외성 외(1998). 노인상담(이론과 실제). 유풍출판사.

홍대식 역(1988). 심리학 개론. 서울: 박영사.

홍득표(1999). 정치과정론. 경기: 학문사.

홍숙기(2004). 성격심리(상). 서울: 박영사.

홍순정(2004). 아동교육사. 한국방송통신대학교출판부.

황성철(2003). 사회복지행정론. 경기: 현학사.

황화진(2001). e-Business 시대의 경영정보시스템. 경기: 학문사.

임현철(1994). 콜버그의 정의로운 공동체에 관한 연구. 한국교원대학교대학원 석사학위논문.

Barler, R.(1999), 이팔환 역(2000). 사회복지실천이론의 토대, *The foundations of social work practice,* 서울: 나눔의집.

Beck, Aaron T. 민병배・유성진 역.(2008). 성격장애의 인지치료. 서울: 학지사.

Bell-Dolan, D., & Wessler, A. E.(1994). Attribution style of anxious children: Extensions from cognitive theory and research on adult anxiety. Journal of Anxiety Disorders, 8.

Blau, P. and Scott(1962). *W. Formal and Informal Organisations, San* Francisco, Charles Zastrow, 김규수 역(2002). *Understanding human behavior and the social environment,* 서울: 나눔의집.

Compton, Beulah R. and Burt Gallaway(1999). *Social Work Processes,* 6th ed., Pacific Grove, CA: Brooks/Cole.

Craig, G. J.(1996). *Human Development,* New Jersey: Prentice Hall, Inc.

David R. Shaffer. 송길연・장유경・이지연・정윤경 역(2005). 발달심리학. 서울: 시그마프레스.

David Reisman(1976). *Socialogical Economics.* London, Croom Helm.

Ellis, A (1993). *Rational-emotion Imagery: RET version,* The Ret resource book for pactioners.

Ellis,A. & Harper, R. A.(1975). *A new guide to rational loving.* New York: Institute for Rational Living.

Erving Goffman(1974). *Frame analysis: An essay on the organization of experience.* London: Harper and Row.

F. C. Power, A. Higgins, & L. Kohlberg(1989). *Lawrence Kohlberg's Approach to Moral Education,* New York: Columbia University Press.

Forty Studies That Changed Psychology 50: Explorations into the History of Psychological Research(2005). Hock, Prentice-Hall.

Gilovich, Thomas・Keltner, Dacher・Nisbett, Richard E.(2005). *Social Psychology,* W. W. Norton & Co Inc.

Greene R.R.& Ephross, P.H.(1991). *Human Behavior Theory and Social Work Practice. New York:* Aldine De Gruyer.

Harold S.Hackney. 임성문 역(2004). 심리상담의 과정과 기법(효과적인 상담자가 되기 위한 안내서), 서울: 시그마프레스.

Hartman R. K.(1978). Scale for ration Behavioral Characteristics of superior stdents, Exceptional Children 38.

Hoy, W. K. & Moskel, C. G.(1987). *Educational administration : theory, research, and practice,* New York : Random House.

J., Turner. 유승구 역(1993). 인지발달과 교육. 학문사.

Kirst Ashman & Hull G. H.(2001), *Generalist Practice with Organization & Communities,* Chicago Nelson Hall.

Lorin J. Elias, Deborah M.Saucjer. 김명선 역(2007). **임상 및 실험 신경심리학**. 서울: 시그마프레스.

Michael W.Eysench. 이영애 역(2004). **간단명료한 심리학**. 서울: 시그마프레스.

Minuchin, Salvador(2007). *Mastering Family Therapy,* John Wiley & Sons Inc.

Mosak, Harold H.(2007). *Early Recollections,* ROUTLEDGE.

Murray Bowen(1978). *Family Therapy in Clinical Practice,* Jason Aronson.

Nisbett, Richard E.(2003). *Culture of Honor: The Psychology of Violence in the South,* Westview Press.

Norlin, J. M. & Chess, W.A.(1997). *Human Behavior and the Social Environment: Social Systems Theory* (3rd ed.). Boston: Allyn and Bacon.

Parkes,C.M.(1973). Health after bereavement, Psychosomatic Medicine 34(5).

Piaget, J(1962). *Play, Dreams and Imitation in childhood,* New York: W.W.Norton.

Pincus A.& Minahan A.(1977). *Conceptual Framework for Social work practice Social Work,* Vol.22.No.5.

R. Wicks-Nelson. 정명숙 역(2004). **아동기 행동장애**. 서울: 시그마프레스.

Raymond Williams. 설준규・송승률 공역(1984). **문화사회학**. 서울: 까치.

Rhodes S. (1980). A developmental approach to the life cycle of the family, social work 58.

Richard Simpson. 이소현 역(2005). **자폐 범주성 장애(중재와 치료)**. 서울: 시그마프레스.

Robert E. Ornstein. 이태건 역(2000). **의식심리학**. 충북대학교.

Robert G. Meyer/Yvonne Hardaway Osbome. 김영애 역(1997). **이상심리학**. 서울: 하나의학사.

Robert W. Christinad 외. 소재무 외 역(2003). **스포츠 기술지도의 이론과 실제**. 대한미디어.

Russell A, Dolfman. 임상사회사업연구회 편(1997). **임상사회사업기술론**. 홍익제.

Salvador Minuchin(1974). 이명홍 역(1988). **가족과 가족치료**. 이대출판부.

Sarason, Irwin G. & Sarason, Barbara R.(2004). *Abnormal Psychology(The Problem Of Maladaptive Behavior),* Prentice Hall.

Schaie, K. Warner (Edt)(2001). *Handbook of the Psychology of Aging,* Academic Press.

Schriver, J. M.(1995). *Human Behavior and the Social Environment* - Shifting Paradigms in Essential Knowledge for Social Work Practice-. Boston: Allyn and Bacon.

Sigelman, C. K.(1999). *Life-Span Human Development* (3rd ed.). CA: Brooks/Cole Publishing Company.

Siporin M.(1980). *Introdution to Social Work Pratice,* New York : MacMillan Publishing Co.Inc.

Toseland, Ronald W. & Rivas, Robert F.(2005). *An Introduction to Group Work Practice*-with Myhelpinglab, Addison-Wesley.

W. Damon. 조강모 역(1997). **학생 도덕 발달과 열린교육**. 서울: 문음사.

Walter Mischel. 손정락 역(1995). **성격심리학**. 경기: 교육과학사.

Willian Crain. 송길연 역(2005). **발달의 이론**. 서울: 시그마프레스.

고무로 나오키. 김정환 역(2005). **교양경제학(세계 경제를 움직인 경제학 거장들과의 만남)**. 서울: 시아출판사.

나병현(2004). 한양사이버대학교 사회복지학과 인간행동과 사회환경 교안(미발간).

2006년도 한양사이버대학교 사회복지학과 학생들이 제공한 문제들.

찾아보기

인명

가터만 • 181
갤러웨이 • 167
게르마인 • 181
굴드 • 388
레빈슨 • 345, 387
로스 • 213
로저스 • 140
로젠한 • 413
로즈 • 188
마르샤 • 360
맥그로우 • 274
미나한 • 167
미누친 • 191
반두라 • 91
버나드 • 213
벡 • 126
분트 • 74
뷸러 • 344
블룸 • 385
셀리그만 • 413
손다이크 • 74, 78
스키너 • 79
아들러 • 58
에릭슨 • 49
오그번 • 218
왓슨 • 74, 76
웨런 • 274
윌리엄스 • 217
융 • 64, 383
코프카 • 274
콜버그 • 119
콤프튼 • 167
타나토스 • 26
타일러 • 217
파블로프 • 75
펙 • 394, 396
프랭클 • 140
프로이트 • 22
피아제 • 102
핀커스 • 167
허록 • 274
홀론 • 163
화이트 • 220
휠러 • 274

ㄱ

가계도 • 180, 192
가변성 • 50
가역성 • 115, 329
가역성의 원리 • 115
가역적 사고 • 116
가정봉사원 • 389
가정해체 • 392
가정환경 • 15
가족 • 187
가족 내 하위체계 • 190
가족 신화 • 190
가족과 문화 • 222
가족구성원 • 191
가족규칙 • 190
가족의 경계 • 190
가족의 항상성 • 189
가족의 형태 • 189
가족주의 • 221
가족주의적 문화특성 • 221

가족체계의 특성 • 188
가족치료 • 145
가족형상 • 61
가족형태 • 189
가치관 • 219
가치부여 과정 • 143
가치조건화 • 144, 146
가치체계 • 217
간직하기 • 47
갈등 • 28
감각 • 65
감각기능 운동 • 300
감각운동단계 • 109
감상주의 • 353
감정 • 65
감정의 양면성 • 353
감정이입 • 125
감정이입적 이해 • 155
감정표현 능력의 저하 • 398
강박장애 • 430
강박적 성격장애 • 438
강점 • 181
강제적 문화접변 • 218
강제적 조직 • 205
강화 • 82
강화계획 • 82
강화물 • 81
강화자극 • 81
개구기 • 288
개념 • 105
개념적 도구 • 180
개방집단 • 196
개방체계 • 55, 162
개인 • 158, 186
개인 고유의 생활사 • 13
개인 권리의 지향 • 123
개인 무의식 • 65
개인 상호 간의 기대 • 122
개인과 문화 • 222
개인심리학 • 58
개인적 무의식 • 66
개인화 • 128
개혁기법 • 181
객관성 성격검사 • 423
객관적인 자아정체감 • 351
객체화 • 122
갱년기 • 384
거시체계 • 178
거식증 • 348
거주환경 • 176
거짓말 • 338
건강 수칙 • 404
건강악화 • 404
건강염려증 • 433
걸음마기 • 312
격려 • 62, 147
격리 • 32, 88
격리 불안장애 • 431
격정단계 • 202
결손욕구 • 150
결정적 시기 • 277
결핍성 욕구 • 150
결혼 • 366, 368
결혼 상대자의 선택과정 • 369
결혼에 대한 적응 • 370
결혼의 이유 • 369
결혼준비 프로그램 • 374
경계 • 161
경계면 • 161
경계성 성격장애 • 437
경악 반응 • 295
경직성 • 188
경청 • 71, 155
계급 • 15
계속성의 원리 • 108
계약교섭단계 • 170
계열성의 원리 • 108
고독 • 409
고독감 • 399
고령사회 • 394

고령화 사회 • 394
고립 • 366
고립감 • 399
고용의 기회 • 409
고전적 조건형성 과정 • 76
고전적 조건화 • 81
고착 • 36
고착상태 • 42
고통 • 413
고혈압 • 383
골다공증 • 405
공감 • 145, 146
공격행동 • 326
공동작업장 운영 • 390
공동체감 • 63
공리성 • 123
공리적 조직 • 206
공유영역 • 166
공정성 • 330
공평성 • 333
공포 • 304
공포증 • 429
공황장애 • 430
과업집단 • 197
과업활동 • 199
과잉 일반화 • 128
과잉교정 • 88
과장과 축소 • 128
과제부여기법 • 63
과학적 관리 모델 • 208
과학적 사고 • 135
관계 • 166
관계 및 개인 상호 간의 동조 지향 • 122
관료제 모델 • 208
관료조직 • 206
관리자 • 17
관습 • 27, 219
관용 • 134
관절염 • 383
관찰기법 • 425
관찰자 • 43
관찰학습 • 94
교육자 • 17
교육집단 • 197
교환 • 162
구강기 • 38
구성 • 107
구성단위들 • 158
구성원 • 187, 201
구속력 • 177
구조적 면접 • 421
구조적인 모형 • 25
구체적 조작 • 115
구체적 조작단계 • 114
군 적응훈련 프로그램 • 373
굿이너프 • 217
궁극화 • 123
권위에 대한 존중 • 330
권위적 • 399
권한 부여적 관계 • 180
귀인 • 107
규범 • 15, 219
규범단계 • 203
규범문화 • 219
규칙적인 운동 • 373
균형감각 • 328
그림자 • 68
근로안정 • 410
근면성 대 열등감의 단계 • 53
금기사항 • 27
긍정적 강화 • 82
긍정적 관심 • 143, 145
긍정적 배려 • 147
긍정적 지향 • 142
기능적 공동체 • 213
기대 • 81
기대감 • 347
기본적 욕구 • 150
기쁨 • 304
기억력 감퇴현상 • 385

기준 • 219
기질 • 305
기초성의 원리 • 108
기형 • 308
기후 • 15
긴장 • 164
긴장형 정신분열증 • 436
꿈 • 45
꿈의 분석 • 46, 71
꿈의 실재론 • 114
꿈의 해석 • 23

ㄴ

나열 • 329
나이 • 284
난산 • 290
남근 선망 • 40
남근기 • 39
낭만주의 • 353
낮은 존중감 • 335
내면화 • 107, 187
내부적 옹호기법 • 181
내성법 • 74
내적 과정의 초월 • 93
내적과정 • 92
내향성 • 65
네겐트로피 • 162
네트워크 • 387
노동배분 • 335
노인고용 • 410
노인복지법 • 382
노인사회적 참여기회 • 410
노화 • 383
노화과정 • 57
노화현상 • 395
논리적 사고 • 109
논리적 사고능력 • 350
논박 • 131
농촌지역사회 • 214
뇌의 발달 • 347
눈치의 문화 • 221
능동적 • 399

ㄷ

다면적 인성검사 • 421
다양성 • 350
다원론적 사고 • 366
다중종결 • 163
단계성의 원리 • 108
단계주기 • 188
단기기억 • 397
단어연상검사 기법 • 70
단체놀이 • 335
단추누르기 기법 • 63
담석증 • 383
당뇨병 • 383
당황 • 305
대리강화 • 92, 97
대리조건형성 • 97
대상 • 25
대상영속성 • 109, 302
대안분만법 • 289
대인관계 과정의 문제 • 181
대인관계 기술 • 387
대표집단 • 197
대학진학 • 361
도구적 목적 및 거래지향 • 121
도구적 조건화 • 136
도덕성 발달 요인 • 336
도덕성의 내면화 • 362
도덕성의 발달단계 • 120
도덕성의 원리 • 27
도덕적 불안 • 28
도덕적 실재론 • 114
도덕적 이유 • 126
도덕적 입장 • 120
도덕적 판단 • 350
도벽 • 338

도시지역사회 • 214
도식 • 105, 127
독립 • 368
독립변수 • 220
독재 모델 • 207
돌봄 행위 • 408
동거 • 368, 369
동기과정 • 96
동기화 • 50
동등종결 • 163
동료 모델 • 210
동시학습전형 • 93
동원기법 • 181
동일성 • 329
동일시 • 31, 348
동일시전형, • 93
동정심 • 125
동화 • 106
등교거부증 • 332
땀샘 • 294
또래 친구집단 • 334
또래관계 • 334

ㄹ

라마즈분만 • 289
레크리에이션 집단 • 197
레크리에이션-기술 집단 • 197
로샤 잉크반점검사 • 422
리비도 • 26

ㅁ

말로 전달 • 46
메타 규칙 • 164
면적의 보존 • 116
명료화 • 46, 148
명제 • 105
명확성 • 161
모델링 • 136, 181
모로반사 • 295
모방 • 92
모성보호 • 297
모유 • 299
모험실행 • 135
목록식 심리검사 • 421
목표 • 25
목표관리 모델 • 211
몽정 • 346
몽정불안 • 348
무사안일주의 • 398
무시행 학습전형 • 93
무의식 • 24
무의식적 결정론 • 140
무자녀 부부 • 371
무조건자극 • 76
무조건적 • 145
무조건적 수용 • 136
무조건적인 관계성 • 76
무조건적인 긍정적 관심과 수용 • 155
무지 • 151
무통분만 • 289
문제 해결자 • 145
문제사정단계 • 169
문제해결과 의사결정 집단 • 199
문제해결능력 • 57
문제행동 • 148
문화변동 • 218
문화의 유형 • 219
문화의 특성 • 218
문화적 요인 • 13
문화접변현상 • 218
문화지체 현상 • 218
물질 관련 장애 • 439
물질문화 • 218
물활론적 사고 • 113, 320
미래목표 • 386
미로 실험 • 78
미분화 • 277

미성년 성매매 • 358
미숙한 젊음 • 365
미시체계 • 178
미혼모 문제 • 357
민감성 • 71
민법 • 344
민속 • 219
민습 • 219
민주주의 • 125
밀월단계 • 402

ㅂ

바빈스키반사 • 295
박탈된 행동 • 47
반대처방 • 63
반동형성 • 33
반사운동 • 295
반사행동 • 26, 110
반사회적 성격장애 • 438
반유토피아주의 • 135
반응 • 294
반응대가 • 88
반응력 • 396
반항 • 352
발달 • 51, 274
발달과업 • 50, 277
발달단계 • 12, 278
발달의 결정요인 • 276
발달의 원리 • 276
발달적 역사 • 58
방어기제 • 29
방어기제의 발달 • 323
배려 • 125
배아기 • 279
배우자의 상실 • 407
배종기 • 279
버터주기 • 47
벌 • 82
법 • 219
변이 • 187
변화 • 175
변화 가능성 • 140
변화노력의 종결단계 • 170
변화매개체계 • 167
보상 • 35, 59, 81
보상성 • 329
보존 • 115, 329
보존과정 • 95
보존성의 원리 • 113
보편성 • 218
보편적 원리 • 123
보호 모델 • 207
복종과 처벌지향 • 121
본능 • 25
본능적 정서 • 296
부끄러움 • 151
부모로부터 분리 • 368
부모역할 • 386
부모의 양육태도 • 318
부모자녀체계 • 187
부부갈등 • 326, 390
부부체계 • 187
부양자 • 400
부업알선 • 390
부적응 • 85, 174, 409, 413
부적응적 정서 • 133
부적응행동 • 412
부적절한 강화 • 85
부적절한 정서 • 131
부적절한 통제 • 85
부정 • 34
부정의 단계 • 408
부정적 강화 • 82
부정적 자아개념 • 335
부정적 친구관계 • 360
부피의 보존 • 116
부호화 • 95
분노 • 304
분노의 단계 • 408

분류 • 115, 116, 329
분리불안 장애 • 341
분만의 과정 • 288
분석심리학파 • 64
분화 • 166, 275, 277
분화된 정서표현 • 332
불가해성 • 414
불안 • 28, 332, 386
불안장애 • 428
불임 • 378
불확실성의 수용 • 135
비가역성 • 114
비구조적 면접 • 421
비물질문화 • 218
비심판적 태도 • 145
비연속적인 과정 • 109
비위협적인 환경 • 145
비이성적 • 132
비인습성 • 415
비정상적 발달 • 286
비지시적 • 148
비합리성 • 414
비합리적 • 132
비합리적 생각 • 129
비합리적 신념 • 132, 133
비행문제 • 356
비행행동 • 335
비현실적 • 132
빈곤 • 391, 407
빈도 • 77
빨기반사 • 295

ㅅ

사건 • 132
사고 • 65
사랑의 욕구 • 152
사례사 기법 • 70
사망률 • 400
사이버공동체 • 215
사이키 • 65
사정 • 169
사춘기 • 344
사회계약 • 123
사회변화대행자 • 18
사회복지사 • 201
사회복지사의 역할 • 16
사회복지학 • 12
사회에 대한 관심 • 134
사회적 관계망 • 180, 399
사회적 관심 • 60, 63
사회적 규범 • 333
사회적 대화집단 • 199
사회적 목표모델 • 200
사회적 문제 • 292
사회적 부조화 • 218
사회적 애착의 문제 • 309
사회적 편견 • 151
사회적 혹은 문화적 기준 • 416
사회제도 • 58
사회질서와 권위 지향 • 122
사회참여 기능 • 214
사회체계 • 160
사회통제 기능 • 214
사회화 • 122, 401
사회화 기능 • 214
사회화의 과정 • 220
사회화의 발달 • 315
사회화집단 • 199
사회환경 • 12
산소결핍증 • 290
산출 • 162, 165
삶의 만족도 • 399
상대성 • 350
상대화 • 121
상부상조의 기능 • 214
상상력의 발달 • 317
상상적 추론의 불가능 • 117
상식적 기준 • 416
상징성 • 218

상징의 사용기법 • 70
상징적 사고 • 113
상징화 • 32
상징화하는 놀이 • 302
상호결정론 • 93
상호교류 • 175
상호의존성 • 160
상호작용 • 13, 169, 176
상호작용 모델 • 201
생리적인 욕구 • 152
생물학적 모델 • 416
생물학적 문제 • 291
생물학적인 요인 • 13
생산·분배·소비의 기능 • 214
생산과정 • 96
생산성 • 382
생산성 대 침체성의 단계 • 54
생식기 • 41
생태계 • 177
생태도 • 180, 191
생태체계이론 • 172
생활과정 • 178
생활만족도 • 397
생활변천 • 181
생활양식 • 60, 217
서열 • 116
서열의 개념 • 329
선입관 • 151
선택적 추상화 • 128
섭식장애 • 348, 439
성 학대 • 325
성격구조 • 28
성격발달과정 • 58
성격심리학 • 92
성격유형검사 • 423
성격장애 • 436
성공지향 능력 • 50
성교통 • 383
성문제 • 357
성숙 • 109, 275
성숙도 • 364
성역할 • 348
성역할 정체감 • 372
성역할의 발달 • 321
성욕 • 48
성위기 • 390
성인기 • 55
성인병 • 383
성장 • 169, 275
성장 급등 • 346
성장률 • 285
성장발육 • 298
성장애 • 439
성장욕구 • 150
성장지향적인 동기 • 59
성장집단 • 198
성적 성숙에 대한 불안 • 347
성적 욕망 • 23
성정체감 장애 • 439
성취감 • 333
성취도 • 333
세발자전거 타기 • 313
소거 • 84
소극적인 벌 • 82
소근육 운동기능 • 299
소년 비행 • 356
소년법 • 344
소속감 • 152
소외 • 409
속도 • 328
속박된 경계선 • 191
쇠퇴기 • 382
수동적 • 398
수면장애 • 440
수용의 단계 • 408
수의 보존 • 115
수중분만 • 289
수치 • 305
수프 엎지르기 기법 • 63
순환적 원인론 • 171

스마트폰 • 355
스트레스 • 176
스포츠 • 354
승화 • 35, 42
시간계획 • 386
시너지 • 166
시험불안 • 76
식이요법 • 348
신경성 식욕부진증 • 440
신경성 폭식증 • 440
신경심리검사 • 424
신경증적 불안 • 28
신념체계 • 219
신뢰 • 155
신뢰감 대 불신감의 단계 • 52
신장결석 • 383
신체 초월 • 394
신체변형장애 • 433
신체적 미 • 347
신체형 장애 • 431
신체화 장애 • 431
실재론적 사고 • 114
실제하는 사건 • 133
실존주의적 접근 • 140
실직 • 389
실행단계 • 203
심리검사 • 421
심리적 문제 • 292
심리적 이유 • 354
심미적 욕구 • 153
심상적 표상체계 • 95
심장병 • 383

ㅇ

아니마 • 68
아니무스 • 68
아동방임 • 325
아동복지법 • 344
아동학대 • 324
아름다운 이별 • 408
안전에 대한 욕구 • 152
안정단계 • 402
안정상태 • 164
안정성 • 13, 328
알코올 • 282
암 • 383
압박 • 181
압축 • 37
애정 • 125
애착의 발달 • 306
애착형성 • 298
애착형성의 단계 • 307
야뇨증 • 148, 396
약물 • 282
약속 • 367
양가감정 • 359
양육 • 295, 370
억압 • 30
억제 • 37
언어 • 217
언어발달의 단계 • 315
업연 • 221
에너지 • 161
에로스 • 26
에스트로겐 • 384
엔트로피 • 162
엘렉트라 콤플렉스 • 40
엘렉트라(Electra) 신화 • 41
엘리스 • 130
여가생활 • 392
여드름 • 348
여성의 우울증 • 391
여성호르몬 • 384
역동성 • 70
역동적 평형 • 199
역량 • 328
역량을 강화 • 180
역전이 • 37
역지사지기법 • 63

역할 • 166
역할극 • 181
역할놀이 • 136
역할의 축소 • 409
연속성 • 115
열등감 • 59, 330, 337
열정 • 367
영아기의 발달 이정표 • 300
영아기의 인지발달단계 • 302
영아의 골격 • 299
영아의 두개골 • 294
영아의 시각능력 • 300
영아의 정서반응 분화과정 • 305
영양 • 281, 296, 336
영향력 행사기법 • 181
영향력 행사단계 • 170
예비사회화 • 387
예술 • 219
예언적 관계 • 301
예측불가능성 • 414
예행연습 • 95
오이디푸스 콤플렉스 • 39
오이디푸스(Oedipus) 신화 • 41
온화함 • 155
옹알이 • 303
옹호자 • 18
완경 • 384
완전히 기능하는 인간 • 143
왕따 • 337
외모지상주의 • 358
외부적 옹호기법 • 181
외부적 중재기법 • 181
외상 후 스트레스 장애 • 430
외적과정 • 92
외적체계 • 178
외향성 • 65
요양보호서비스 • 405
우수아 • 340
우연적 강화 • 88
우연한 행동 • 81
우울 • 386
우울의 단계 • 408
우울증 • 362, 406, 435
우월을 향한 노력 • 60
우월함 • 59
우주적 영생 • 124
운동기관의 발달 • 347
운동기술 • 329
원조관계 • 47
원조교제 • 358
원천 • 25
원초아 • 25
원형 • 65, 67
월경 • 346
위계 • 164, 328
유능성 • 175
유대관계 • 298
유리된 경계선 • 191
유연성 • 135, 161, 328
유전적 요인 • 285
유치 • 299
유해업소의 출입 • 344
은퇴 • 394, 402
은퇴 준비 • 409
음경 • 346
음모 • 346
음에 대한 민감도 • 321
의기투합 • 335
의뢰 • 442
의미 있는 타인 • 144
의미치료 • 140
의식 • 24
의식수준 • 43
의심 • 151
이동운동 • 300
이분법적 사고 • 128
이상주의 • 353
이상행동 • 412
이상행동의 진단 • 425
이상행동의 평가 • 420

이성적 • 132
이성적 존재 • 50
이완훈련 • 87, 136
이행 • 135
이혼 • 376
인간관계 • 387
인간관계 모델 • 208
인간자원개발 • 410
인간중심 접근 • 140
인간행동 • 12
인과관계 • 13, 301, 330
인과론적 사고 • 113
인본주의 • 140
인본주의적 모델 • 419
인습 수준(타율 도덕성) 단계 • 122
인지 • 93, 104
인지구조 • 105
인지기능 저하 • 398
인지발달단계 • 109
인지적 모델 • 419
인지적 시연 • 96
인지적 심상 기법 • 99
인지적 오류 • 127
인지적 자기지시 • 99
인지적 재구조화 • 98
인지정서 행동치료기법 • 130
인지치료 • 129
인카운터 집단 • 198
일관성 • 13
일반체계이론 • 158
일반화 • 123
일반화된 불안장애 • 430
일상화단계 • 402
일치성 • 155
일탈 행위 • 352
임상적 면접 • 420
임신부의 혈액 • 286
임의적 추론 • 127
임종자 • 408

ㅈ

자궁 • 280
자극 변별 • 84
자극-반응 연결 • 77
자극-유기체-반응 • 79
자극일반화 • 83
자긍심 • 305
자기 • 68
자기 규제 • 85
자기강화 • 97
자기경멸 • 136
자기도취 • 348
자기비판 • 129
자기수용 • 135
자기실현 경향 • 146
자기애성(자기도취적) 성격장애 • 438
자기에 대한 관심 • 134
자기조정 • 97
자기주장훈련 • 99
자기중심적 • 320
자기지시 • 134
자기효능감 • 97
자기효율성 • 108
자녀양육 • 370
자녀역할 • 386
자동적 사고 • 127
자료수집단계 • 170
자립 • 368
자발적 문화접변 • 218
자발적 조직 • 206
자발적 회복 • 84
자살 • 357
자아 • 27, 50, 51, 65, 66, 142
자아 분화 • 394
자아 통제력 • 43
자아개념 • 107, 146, 330
자아개념의 발달 • 322
자아방어기제 • 47
자아실현 • 150

자아실현 경향 • 143
자아실현 접근 • 140
자아실현에의 욕구 • 154
자아실현인의 특성 • 150
자아심리학 • 49
자아정체감 • 51
자아정체성의 위기 • 388
자아중심적 사고 • 113
자아초월 • 394
자아통제의 발달 • 316
자아통합 • 403
자아통합 대 절망의 단계 • 54
자연환경적 요인 • 13
자원 • 180
자위행위 • 346
자유연상 • 45
자유연상법 • 136
자유의지 • 140
자율성 • 368
자율성 대 수치심과 의심의 단계 • 53
자율성 발달 • 367
자조집단 • 197
자존감의 욕구 • 153
자주성 • 333
자폐증 • 319
잔뇨 현상 • 396
잘 들어주는 것 • 57
잠복기 • 41
잡는반사 • 295
장년기의 발달과업 • 388
장애 조기진단 • 297
재구조화 • 57, 134
재인 과제 • 397
재조건 형성 • 84
재지향단계 • 402
재혼 • 368, 401
재활 및 치료프로그램 • 389
저항 • 45, 352
저항극복 • 46
저항의 분석 • 46
적극적인 벌 • 82
적성검사 • 423
적소 • 177
적응 • 106, 174
적응성 • 174
적응적 정서 • 133
적합성 • 173
전개념적 사고단계 • 111
전립선 • 346
전립선 비대 • 383
전면적 통제시설조직 • 206
전문가체계 • 168
전성기 • 382
전염병 • 319
전의식 • 24
전이 • 36
전이단계 • 44
전이의 분석 • 44, 47
전이현상 • 44
전인습적(전도덕성) 단계 • 121
전체성 • 218
전체적 관점 • 64
전체적 인간관 • 159
전치 • 30
전환 • 32, 165
전환단계 • 96
전환장애 • 432
절정 경험 • 151
젊은 노인집단 • 394
점성의 원칙 • 52
정(情)의 문화 • 220
정년제 • 409
정동(情動)장애 • 435
정보 처리과정 • 127
정서장애 • 136
정서적 문제 • 309
정서적 왜곡 • 129
정서적 유대감 • 306
정서적 재교육 단계 • 44
정서적 통제 • 332

정신분석학 • 22
정신분열성 성격장애 • 437
정신분열증 • 436
정신분열형 성격장애 • 437
정신생리적 장애 • 434
정신역동적 모델 • 417
정신장애 • 412
정신지체 • 308, 340
정의공동체 • 125
정체성 • 161, 195
정체성 대 역할혼란의 단계 • 54
정체성 위기 • 360, 361
정확성 • 328
제2의 반항기 • 354
제2의 사춘기 • 383
제도 • 15, 219
제안 • 147
제왕절개분만 • 290
제지 • 63
조건반응 • 76
조건자극 • 76
조력 • 147
조력자 • 16
조부모의 역할 • 400
조산 • 291
조작 • 111
조작적 조건형성 • 79, 80
조작적 조건화 • 81
조작하는 반응 • 81
조절 • 106
조정기법 • 181
조증 • 413, 435
조직 • 15
조직과 문화 • 223
조직기능운동 • 300
조직체계의 특성 • 205
조합 • 329
존엄성 회복운동 • 408
종결단계 • 203, 402
종교 • 219
종속변수 • 220
종합품질관리 모델 • 210
죄책감 • 151, 305
주관적 경험 • 142
주관적인 자아정체감 • 351
주관적 · 심리적 기준 • 416
주관화 • 121
주도성 대 죄의식의 단계 • 53
주도성의 발달 • 322
주의력결핍 과잉행동장애 • 341
주의집중 과정 • 95
주창자 • 17
죽음 • 403, 408
준거틀 • 182
준비기 • 364
중간체계 • 178
중개자 • 17
중년의 위기 • 385
중독 증상 • 355
중립자극 • 76
중심화 경향 • 112
중재기법 • 181
중재자 • 16, 17
중재전략의 논의 • 133
즉시성 • 62
증상분석 기법 • 70
지능 • 104
지능검사 • 423
지리적 공동체 • 213
지역사회와 문화 • 223
지연 • 221
지적인 욕구 • 153
지지집단 • 198
지형학적 모형 • 24
직관 • 65
직관적 • 320
직관적 사고 • 113
직관적 사고단계 • 112
직면 • 44, 46
직업인 • 401

직접모방전형 • 93
진단 • 442
진단학파 • 48
진실성 • 145, 147, 155
질량의 보존 • 115
질병 • 284
질투 • 305
집단 개입모델 • 200
집단 무의식 • 65
집단 발달의 단계 • 202
집단과 문화 • 222
집단따돌림 • 335
집단사회복지방법론 • 145
집단의 역동성 • 199
집단의 유형 • 195
집단적 무의식 • 66
집단체계의 특성 • 194
집중력 감소 • 386

ㅊ

차별의 실상 • 410
착취력 • 177
창조적 자아 • 61
창조적 존재 • 50
창조적인 힘 • 59
척추통증 • 383
천재아 • 340
첫돌 • 293
청년기의 발달 • 365
청소년기본법 • 344
체계 • 160
체계성 • 218
체계적 둔감법 • 74
체계적 둔감화 • 87
초자아 • 27
초조 • 386
촉진자 • 17
최고령 노인집단 • 394
최근기억 • 397
최신성 • 77
최초 접촉단계 • 170
추동 • 25
추론 • 330
추진력 • 150
출산 • 288, 370
출산 횟수 • 284
출산과정의 영향 • 285
출산기 • 288
출생 순위 • 58
충고 • 147
충동통제장애 • 440
취소 • 33
취업 • 371, 410
취업 프로그램 • 374
치료 • 442
치료모델 • 200
치료집단 • 198
치료행위 • 408
치매 • 405
친구 • 334
친구모임 • 387
친밀감 • 366
친밀감 대 고립감의 단계 • 54
침체성 • 382
침투성 • 188

ㅋ

컴퓨터 • 355
콤플렉스 • 67
쾌락 • 25
쾌락의 원칙 • 26
클라이언트 • 57
클라이언트 체계 • 167

ㅌ

타협의 단계 • 408
탁월성 • 333

탐구기법 • 181
탐색반사 • 295
태교 • 286
태동 • 280
태모의 정서 • 284
태변 • 294
토큰경제 • 87
통계적 기준 • 415
통제 • 77
통제력의 결핍 • 414
통증장애 • 433
통찰 • 43
통찰기 • 111
통합 • 46, 187, 277
통합성 • 13, 50
통합적 사회복지방법론 • 167
통합적 입장 • 420
통합적인 존재 • 64
퇴직 • 387
퇴직 전 단계 • 402
퇴직인 • 401
퇴행 • 35
투과성 • 161
투과성 조직 • 206
투사 • 34
투사 기법 • 70
투사적 검사 • 422
투입 • 162, 165
투표권 • 344
특수교육 • 339
특수성 • 333
특정 유형의 장애 • 425

ㅍ

판단기준 • 415
판단력 • 50
패턴 • 70
페르소나 • 67
편집성 성격장애 • 437
편집형 정신분열증 • 436
평가자 • 17
평형 • 161
평형화 • 106
폐경 • 384
폐쇄된 둘레 • 161
폐쇄집단 • 196
폐쇄체계 • 162
폭식증 • 348
표적체계 • 167
풍습 • 15
풍토 • 15
프래믹의 원리 • 89
프로그램 • 201
피드백 • 398
피로 수면장애 • 386
피부양자 • 400

ㅎ

하위체계 • 166, 169
학교 • 333
학교 운영과정 • 333
학교공포증 • 332
학교수업 • 350
학교환경 • 15
학령전기 • 319
학문 • 219
학습 • 275
학습성 • 218
학습의 최적 조건 • 107
학습장애 • 339
학습조직이론모델 • 211
학연 • 221
한(恨)의 특성 • 220
한국문화의 특징 • 220
한국아동인성검사 • 423
한부모가족 • 378
함입 • 32
합리적 • 132

합리적 신념 • 133
합리적 의사결정 • 386
합리적 존재 • 50
합리적-정서적 치료법 • 131
합리화 • 29
합법성 • 330
항문기 • 39
항상성 • 164
해리 • 37
해리장애 • 434
해석 • 45, 147
해석자 • 43
행동 • 132
행동결과 • 133
행동결과 예측성 • 96
행동결여 • 85
행동경제 • 88
행동과다 • 85
행동규칙 • 163
행동반복 • 78
행동의 예언 • 77
행동적 기준 • 416
행동주의 • 77
행동주의이론 • 84
행동주의적 모델 • 418
행동체계 • 168
행동체계 구성단계 • 170
행동효과 • 133
헌신 • 367
현상학적 장 • 142
현실의 원리 • 27
현실적 • 132
현실적 불안 • 28
혈연 • 221
혐오기법 • 88
협동 • 335
협상가 • 17
협응 • 328
형성단계 • 202
형식적 사고 • 109
형식적 조작단계 • 117
형제체계 • 187
호기심 • 317
호스피스 • 408
호응성 • 328
혼란형 정신분열증 • 436
홍수법 • 88
환경 • 158, 160
환경 속의 인간 • 173
환경 속의 존재 • 50
환경결정 기계론 • 140
환경적 오염 • 283
환경적 요인 • 281
환류 • 165
환멸단계 • 402
활동 • 132
황혼의 결혼 • 401
회상 과제 • 397
회상기법 • 57
횡적 인간관계 • 354
후산기 • 289
후인습(자율 도덕성) 단계 • 123
훈습 • 46
휴식단계 • 402
흑백논리 • 128
흡연 • 283
흥미 상실 • 386
히스테리 • 22
히스테리 성격장애 • 438

기타

1차 강화물 • 82
1차 과정 사고 • 26
1차 순환반응기 • 110
1차적 이득 • 432
1차적인 정서 • 304
1차집단 • 196
2차 강화물 • 82
2차 과정 사고 • 27

2차 도식협응기 • 110
2차 성징 • 344
2차 순환반응기 • 110
2차적 성적 특징 • 352
2차적 이득 • 432
2차정서 • 305
2차집단 • 196
3차 순환반응기 • 110
X이론과 Y이론 모델 • 209
Z이론 모델 • 210

저/자/소/개

구혜영 한양사이버대학교 사회복지학과 교수
전) 여성가족부산하 농어촌청소년육성재단 이사장
전) 광진복지재단 이사장
전) 서울시자원봉사센터 센터장
이화여자대학교 정치외교학 학사
이화여자대학교 대학원 사회복지학 석사
가톨릭대학교 대학원 사회복지학 박사

인간행동과 사회환경 3판

초판발행 2009년 3월 10일 **1판 1쇄** | 2010년 3월 10일 **1판 2쇄** | 2010년 9월 10일 **1판 3쇄**
2012년 3월 10일 **1판 4쇄** | 2013년 3월 5일 **1판 5쇄** | 2013년 9월 10일 **1판 6쇄**
2판발행 2015년 3월 10일 **2판 1쇄** | 2015년 3월 20일 **2판 2쇄** | 2016년 3월 20일 **2판 3쇄**
2017년 3월 10일 **2판 4쇄** | 2017년 9월 10일 **2판 5쇄** | 2019년 3월 10일 **2판 6쇄**
2020년 9월 10일 **2판 7쇄**
3판발행 2022년 3월 10일 **3판 1쇄** | 2023년 9월 10일 **3판 2쇄** | 2025년 3월 10일 **3판 3쇄**

지은이 구혜영
펴낸이 최용구 | **펴낸곳** 도서출판 **신정**
주소 (04316) 서울시 용산구 원효로 89길 19 (원효로1가)
전화 02)3211-4782, 0266(영업부), 3211-4783(편집부), 3211-4784(팩스)
이메일 sjbook2002@naver.com | **홈페이지** www.sjbook.co.kr
등록 2001년 5월 11일 제13-702호
기획마케팅 최용구 장만동 최충구 송대용 | **책임편집** 석기은 황가연

ISBN 978-89-5912-776-4 93330
정가 23,000원